L. Grüneberg
P. Hauser

Erziehen als Beruf

Eine Praxis- und Methodenlehre

2. Auflage

Stam 0271

Inhaltsverzeichnis

2

C Grundformen des erzieherischen Handelns

D Sozialpädagogische Einrichtung Kindergarten

Sie finden uns im Internet unter: http://www.stam.de

Stam Verlag
Fuggerstraße 7 · 51149 Köln

ISBN 3-8237-0271-8

© Copyright 1995: Verlag H. Stam GmbH · Köln

Einführung

Was will dieses Buch?

Geht man vom Handeln in der Erziehung und von den Fähigkeiten dazu aus, dann läßt sich erzieherisches Handeln auf „Grundtätigkeiten" und die Fähigkeit dazu auf „Grundfähigkeiten" reduzieren.

Dieses Buch will Hilfe sein für die Ausbildung zur Erzieherin, zum Erzieher, zum Erlangen jener berufsnotwendigen „Grundfähigkeiten". Es will sein:

- Hilfe zum besseren Wahrnehmen[1] dessen, was in den sozialpädagogischen Arbeitsfeldern geschieht;
- Hilfe zum gezielteren Beobachten[2] von Prozessen, die im pädagogischen Feld ablaufen und von Personen, die dort handeln;
- Hilfe zum Darstellen und Beschreiben des Wahrgenommenen bzw. Beobachteten;
- Hilfe zum Planen der erzieherischen Arbeit;
- Hilfe zum Organisieren und Gestalten derselben;
- Hilfe zum Überdenken, Aufarbeiten und Verändern des erzieherischen Handelns;
- Hilfe zur Verbesserung der Zusammenarbeit (Kooperation).

Dieses Buch soll aber nicht nur eine Hilfe sein zum Erlangen einer Beobachtungs-, Darstellungs- und Handlungsfähigkeit im erzieherischen Bereich, sondern es will auch dazu verhelfen, daß Erzieherinnen und Erzieher das eigene Handeln immer wieder hinterfragen können. Es soll in diesem Sinne Reflexionshilfe sein.

Erziehen ist immer soziales Handeln. Studierende müssen deshalb befähigt werden zur Zusammenarbeit mit anderen Miterziehern. Diese Miterzieher sind nicht nur Kollegen. Es sind ebenso die Eltern, Kinder und all die Personen, die am Erziehungsprozeß beteiligt sind.

Erziehung findet – neben der Familie – in Einrichtungen statt, die aus pädagogischen Gründen in ganz bestimmter Weise personell besetzt und baulich gestaltet worden sind.

---

[1] Unter Wahrnehmung verstehen wir hier die Fähigkeit, erzieherisch Bedeutsames in einer Situation zu erkennen, um erzieherisch sinnvoll handeln zu können.
[2] Beobachten ist hier die Fähigkeit, eine bestimmte erzieherisch bedeutsame Situation absichtlich, geplant und unter bestimmten Gesichtspunkten aufzunehmen.

Eine Ausbildung, die die Wahrnehmungsfähigkeit, die Darstellungsfähigkeit, die Handlungsfähigkeit, die Fähigkeit zur Zusammenarbeit und zum Reflektieren der Arbeit zum Ziel hat, muß alle Fächer, die zur Ausbildung gehören, auf die künftigen Arbeitsfelder beziehen. Das Fach Praxis- und Methodenlehre, dem im wesentlichen die Vermittlung der oben genannten Grundfähigkeiten zugeordnet wird, ist Schnittpunkt aller Fächer sozialpädagogischer Ausbildung. Dieses Buch soll eine Hilfe sein für die Lehre des Faches Praxis- und Methodenlehre.

Darüber hinaus will es Schülern/innen mit möglichen sozialpädagogischen Arbeitsfeldern vertraut machen. Diese doppelte Zielsetzung bedeutet sowohl die Notwendigkeit als auch die Chance, daß sich in diesem Fach Theorie und Praxis einer Ausbildung begegnen und daß Theorie und Praxis in ihrer wechselseitigen Funktion wahrgenommen werden können.

Die Ausbildung muß, weil sie in die späteren Arbeitsfelder einführen und Theorie und Praxis in ihrer verklammerten Funktion darstellen will, einen dualen[1] Charakter annehmen. Dies bedeutet, daß in der Ausbildung neben der Schule andere Lernorte bedeutsam werden. Lernorte, die als Praxisfelder die späteren Arbeitsfelder repräsentieren. Auch die Fachschule für Sozialpädagogik muß als ein Lernort für die sozialpädagogischen Grundqualifikationen gesehen werden.

Zum Gebrauch des Buches sei vor allem auf die bei allen Texten stehenden Aufgaben verwiesen. Diese haben einmal vorbereitenden, vorarbeitenden Charakter, dienen aber auch der Erfolgssicherung und der Nachbereitung.

Die Stellung des Faches Praxis- und Methodenlehre im sozialpädagogischen Fächerbereich

Praxis- und Methodenlehre stellt ein eigenständiges Unterrichtsfach in der sozialpädagogischen Ausbildung dar. Ihre Existenzberechtigung liegt in der Notwendigkeit begründet, verschiedene Wissensgebiete in einer Zusammenfassung für den Erzieher in den sozialpädagogischen Arbeitsfeldern nutzbar zu machen.

So bietet z. B. die **Pädagogik** grundlegende Kenntnisse an über Bedürftigkeit und Fähigkeit des Menschen zur Erziehung, über die sich daraus ergebenden Erziehungsziele, über hilfreiche Erziehungsmittel und Erzieherverhaltensweisen, über Inhalte und Methoden und über verschiedene spezifische pädagogische Bereiche wie Medienpädagogik, Sexualpädagogik, Freizeitpädagogik usw.

Die **Psychologie** bietet Kenntnisse an aus ihren verschiedenen Bereichen wie z. B. aus der Entwicklungspsychologie, der Lern-, Sozial-, Verhaltens- und Wahrnehmungspsychologie. Sie verhilft auch dazu, Bedürfnisse, Defizite zu erkennen. Sie weist auf Formen von Fehlverhalten hin, auf ihre Ursachen und möglichen Heilverfahren.

---

[1] dual = zweiseitig, doppelt

Die **Soziologie** stellt gesellschaftliche Erscheinungen dar. Sie versucht, gesellschaftliche Entwicklungstendenzen, Gesetzmäßigkeiten gesellschaftlichen Handelns, gruppen- oder schichtspezifischer Verhaltensweisen aufzuzeigen und vermittelt Kenntnisse über soziologische Strukturen von Gesellschaft und Gruppen.

Dies sind jedoch nicht die einzigen Bereiche für eine solche Zusammenschau. Auch Kenntnisse aus dem Recht – besonders dem Jugendrecht –, der Medizin, der Leibeserziehung, Musik, Rhythmik, des Bildnerischen Gestaltens und der Berufskunde sind notwendig für die sozialpädagogische Arbeit. Alle diese Bereiche liefern Handlungsqualifikationen für die erzieherische Tätigkeit; sie erhalten jedoch ihrerseits eine neue Qualität und eine neue didaktische Dimension, die in die Praxis einbezogen werden muß.

Die Eigentümlichkeit des Faches Praxis- und Methodenlehre

Obwohl die Praxis- und Methodenlehre keinen eigenständigen wissenschaftlichen Bereich darstellt, ist sie doch ein selbständiges Unterrichtsfach. Sie kann als der **Kernbereich der Ausbildung zum/r Erzieher/in** betrachtet werden. Denn die Praxis- und Methodenlehre integriert die im vorigen Abschnitt dargestellten wissenschaftlichen Bereiche, um deren Erkenntnisse für das praktische Handeln im konkreten Arbeitsfeld nutzbar zu machen. Praxis- und Methodenlehre zielt auf das eigentliche Tun des Erziehers und vermittelt die dafür notwendigen Wissens- und Handlungsanleitungen. So kann die Praxis- und Methodenlehre als das Unterrichtsfach begriffen werden, um das sich als Zentrum die anderen Fächer herumgruppieren und ihm als Informationslieferant dienen.

Als weiteres Charakteristikum des Faches kann die überaus enge **Verbindung von Theorie und Praxis** gelten. Die Theorie bildet die Grundlage des Unterrichts und dient damit zugleich als Grundlage für das praktische Tun im jeweiligen Arbeitsfeld. Damit dient die Praxis auch der Erprobung der erworbenen theoretischen Kenntnisse. Zugleich ist sie aber auch Anschauungsfeld und Beobachtungsfeld für den Erwerb der späteren beruflichen Fähigkeiten.

Die Praxis ist das Übungsfeld zum Planen, Organisieren, Gestalten, und sie ist das Feld der Begegnung zwischen Erzieher und zu Erziehendem, der Vergewisserung und Überprüfung und letztendlich auch das Feld, das die Motivation zum beruflichen Tun aufrechterhält.

Nur die Befähigung in beiden Bereichen, sowohl der Theorie als auch der Praxis, erlaubt ein erfolgreiches erzieherisches Handeln.

Die durch die Praxis- und Methodenlehre vermittelten Qualifikationen[1] der Erzieherin und des Erziehers

In einem einführenden Kapitel können naturgemäß nur sehr allgemeine und globale Qualifikationen der Erzieher/innen angesprochen werden. Diese globalen Qualifikationen resultieren aus den Richtzielen dieses Unterrichtsfaches und bilden die Grundlage für die spezifischen Qualifikationen aus den einzelnen Themen- und Problemkreisen – den spezifischen Lernzielen.

Grundlegendes Ziel des Unterrichts in Praxis- und Methodenlehre ist es, die Lernenden zu befähigen, „als Gruppenerzieher in den sozialpädagogischen Arbeitsfeldern **selbständig und reflektiert zu handeln**"[2].

Diesem Ausbildungsziel sind **weitere Ziele** zuzuordnen:
- Kenntnis der Arbeitsbedingungen und Organisationsformen verschiedener Arbeitsfelder und erfolgreiche Auseinandersetzung mit deren Problemen;
- Fähigkeit zum methodischen Handeln in der erzieherischen Praxis;
- Fähigkeit zum kooperativen Handeln in relevanten[3] Arbeitsfeldern;
- Fähigkeit, gruppenpädagogische Erkenntnisse für das erzieherische Handeln zu nutzen;
- Fähigkeit zur verantwortlichen erzieherischen Tätigkeit in den verschiedenen Arbeitsfeldern;
- Wissen um die erzieherische Bedeutung der sozialpädagogischen Einrichtungen;
- Fähigkeit zur verantwortlichen Erziehung von Kindern und Jugendlichen aus anderen Kulturkreisen;
- Fähigkeit, theoretische Erkenntnisse in die pädagogische Praxis erfolgreich umzusetzen;
- Fähigkeit, das eigene pädagogische Handeln zu begründen, zu überdenken und gegebenenfalls zu verändern.[4]

---

[1] Qualifikation = Fähigkeiten, Befähigungen
[2] siehe Lehrplan des Faches Praxis- und Methodenlehre des Landes Bayern, S. 143.
[3] relevant = in Beziehung dazu stehen
[4] Kultus und Unterricht: Lehrpläne für die Fachschule für Sozialpädagogik – Berufskolleg – Lehrplanheft 19/1985. Neckar Verlag, Villingen-Schwenningen, S. 98, geändert durch Bildungsplan für die Fachschule für Sozialpädagogik – Berufskolleg – vom 29. 12. 1989 Lehrplanheft 50/1989 Reihe MXXXVI, Villingen-Schwenningen 1989.

Zum Umgang mit dem Buch

Bei allen Kapiteln ist der Blick auf die Differenzierung und Gewichtung der zu ent-wickelnden Grundfähigkeiten zu richten. Bei aller möglichen Akzentuierung hin-sichtlich der Grundfähigkeiten müssen aber gleichzeitig *alle* ausbildungs- und ar-beitsfeldbedeutenden Komponenten in ihrem wechselseitigen Zusammenspiel stets mitbedacht werden.

Ausbildungsbedeutend und später arbeitsfeldbedeutend sind folgende **Kom-ponenten:**

- **Das Kind, der Jugendliche,** an denen erzieherisches Verhalten sich ausrich-tet;

- **Ziele und Wertungen,** die Erziehung veranlassen, Richtungen angeben, Verhalten steuern, die zu reflektieren sind bis hin zur Sinnfrage, die verant-wortlich zu übernehmen oder auch neu zu setzen sind;

- **der Ort, die Institution** der Erziehung mit den bedingenden Strukturen;

- **erzieherisches Verhalten und Handeln** in seiner Institutionsorientierung, in seiner Bezogenheit auf die **jeweilige Handlungs- bzw. Lebenssituation** und nicht zuletzt die

- **Erziehenden** in ihrem persönlichen, sozialen und beruflichen Selbst-verständnis.

Es werden in den einzelnen Kapiteln zwar einzelne Grundfähigkeiten besonders her-ausgehoben – z.B. die Grundfähigkeiten „Analysieren", „Planen" und „Gestalten" im Kapitel C „Grundformen des erzieherischen Handelns". Aber gerade hier wie auch sonst müssen alle anderen Grundfähigkeiten mitbedacht werden. Die eben ge-nannten Grundfähigkeiten sind nur zu entwickeln und zu differenzieren, wenn auch die anderen Grundfähigkeiten wie „Beobachten", „Beschreiben", „Reflektieren" und „Kooperieren" mitgesehen werden. Dabei muß auch das wechselseitige Zu-sammenspiel aller Komponenten bewußt bleiben.

Über die rein berufstechnische Kompetenz hinaus müssen in der Ausbildung alle Unterrichtsfächer dazu beitragen, daß die künftigen Erzieherinnen und Erzieher ihre persönliche und soziale Identität finden können.

Was eine Erzieherin alles können muß!

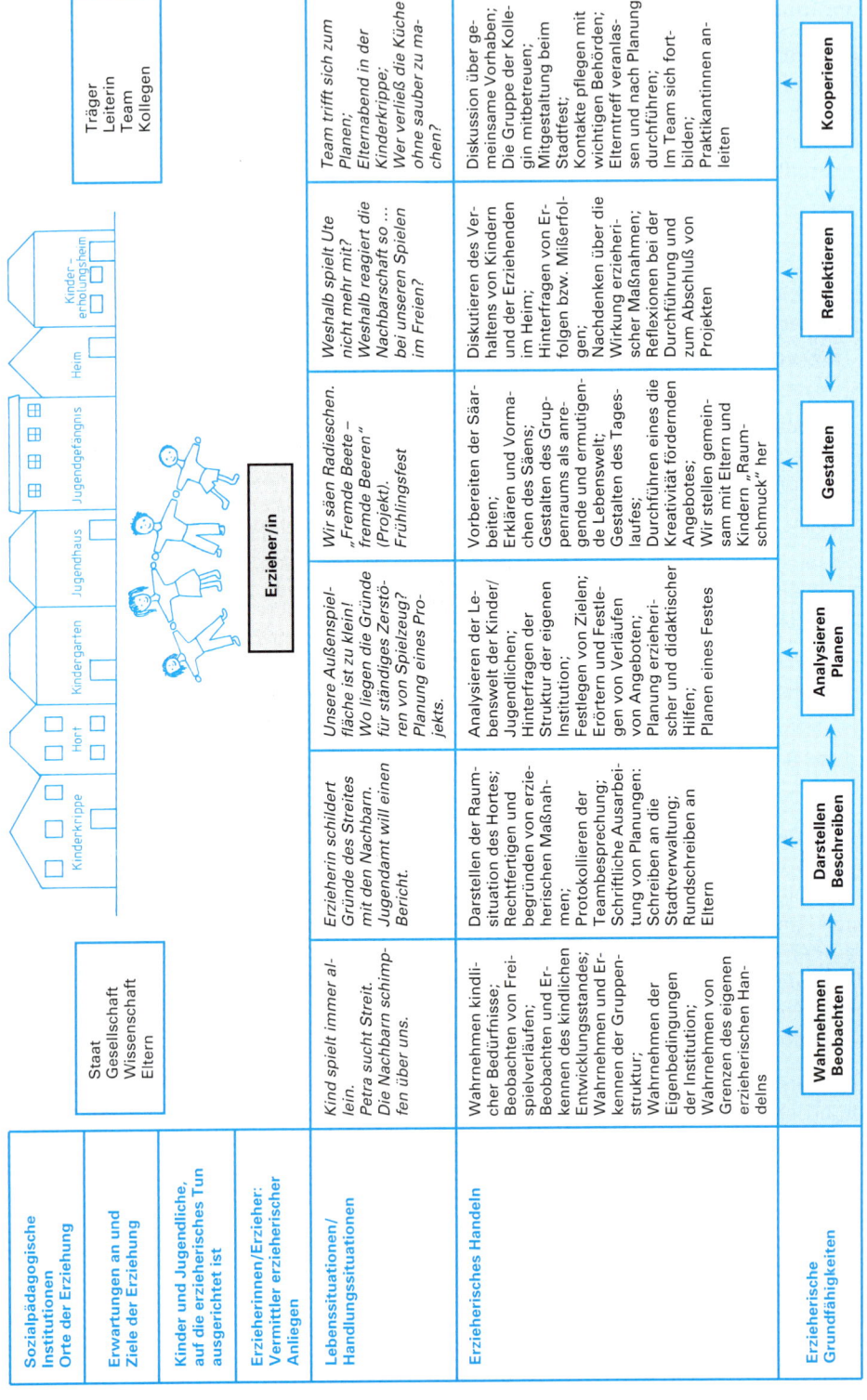

Sozialpädagogische Institutionen / Orte der Erziehung: Kinderkrippe · Hort · Kindergarten · Jugendhaus · Jugendgefängnis · Heim · Kindererholungsheim

Erwartungen an und Ziele der Erziehung: Staat · Gesellschaft · Wissenschaft · Eltern

Kinder und Jugendliche, auf die erzieherisches Tun ausgerichtet ist

Erzieherinnen/Erzieher: Vermittler erzieherischer Anliegen: Erzieher/in

Erzieherische Grundfähigkeiten	Wahrnehmen Beobachten	Darstellen Beschreiben	Analysieren Planen	Gestalten	Reflektieren	Kooperieren
Lebenssituationen / Handlungssituationen	Kind spielt immer allein. Petra sucht Streit. Die Nachbarn schimpfen über uns.	Erzieherin schildert Gründe des Streites mit den Nachbarn. Jugendamt will einen Bericht.	Unsere Außenspielfläche ist zu klein! Wo liegen die Gründe für ständiges Zerstören von Spielzeug? Planung eines Projekts.	Wir säen Radieschen. „Fremde Beete – fremde Beeren" (Projekt). Frühlingsfest	Weshalb spielt Ute nicht mehr mit? Weshalb reagiert die Nachbarschaft so ... bei unseren Spielen im Freien?	Team trifft sich zum Planen; Elternabend in der Kinderkrippe; Wer verließ die Küche ohne sauber zu machen?
Erzieherisches Handeln	Wahrnehmen kindlicher Bedürfnisse; Beobachten von Freispielverläufen; Beobachten und Erkennen des kindlichen Entwicklungsstandes; Wahrnehmen und Erkennen der Gruppenstruktur; Wahrnehmen der Eigenbedingungen der Institution; Wahrnehmen von Grenzen des eigenen erzieherischen Handelns	Darstellen der Raumsituation des Hortes; Rechtfertigen und begründen von erzieherischen Maßnahmen; Protokollieren der Teambesprechung; Schriftliche Ausarbeitung von Planungen; Schreiben an die Stadtverwaltung; Rundschreiben an Eltern	Analysieren der Lebenswelt der Kinder/Jugendlichen; Hinterfragen der Struktur der eigenen Institution; Festlegen von Zielen; Erörtern und Festlegen von Verläufen von Angeboten; Planung erzieherischer und didaktischer Hilfen; Planen eines Festes	Vorbereiten der Säarbeiten; Erklären und Vormachen des Säens; Gestalten des Gruppenraums als anregende und ermutigende Lebenswelt; Gestalten des Tagesablaufes; Durchführen eines die Kreativität fördernden Angebotes; Wir stellen gemeinsam mit Eltern und Kindern „Raumschmuck" her	Diskutieren des Verhaltens von Kindern und der Erziehenden im Heim; Hinterfragen von Erfolgen bzw. Mißerfolgen; Nachdenken über die Wirkung erzieherischer Maßnahmen; Reflexionen bei der Durchführung und zum Abschluß von Projekten	Diskussion über gemeinsame Vorhaben; Die Gruppe der Kollegin mitbetreuen; Mitgestaltung beim Stadtfest; Kontakte pflegen mit wichtigen Behörden; Elterntreff veranlassen und nach Planung durchführen; Im Team sich fortbilden; Praktikantinnen anleiten

Kooperieren: Träger · Leiterin · Team · Kollegen

A Erzieherisches Handeln in sozialpädagogischen Arbeitsfeldern

Beschreiben Sie das erzieherische Handeln, wie Sie es in der Praxis beobachtet haben, in Form von Aufgaben der Erzieherin/des Erziehers. Gliedern Sie nach Aufgaben:

a) des Wahrnehmens/Beobachtens
b) des Analysierens
c) des Planens
d) des Gestaltens
e) der Reflexion
f) der Kooperation

Erzieherische Grundfähigkeiten	Wahrnehmen Beobachten	↔	Darstellen Beschreiben	↔	Analysieren Planen	↔	Gestalten	↔	Reflektieren	↔	Kooperieren

1   Arbeitsfelder im Überblick

Schon in der der Ausbildung zur Erzieherin/zum Erzieher vorausgehenden Praxiszeit (Vorpraktikum) konnten Sie das Geschehen im Kindergarten, im Hort oder im Heim **wahrnehmen,** Sie konnten **„Ihre Beobachtungen"** machen und Sie mußten Prozesse, Sachverhalte **beschreiben.**

Diese bereits vorhandene Grundfähigkeit gilt es im Laufe der Ausbildung weiter zu entwickeln und zu differenzieren.

In diesem Kapitel werden spätere Arbeitsfelder[1], die in der Ausbildung neben dem Lernort Fachschule (Fachakademie) für die Schüler und Schülerinnen außerschulische Lernorte sind, in ihrer Funktion beschrieben, ebenso wird die Aufmerksamkeit auf erzieherisches Tun, erzieherisches Verhalten gerichtet.

Neben der Steigerung der Grundfähigkeiten **Wahrnehmen** und **Beobachten** sollen für die Grundfähigkeit **Darstellen/Beschreiben** bedeutsame Begriffe gewonnen werden.
Das Arbeitsfeld „Kinderkrippe" wird, als Beispiel dienend, in Geschichte und Struktur dargestellt.

Die oben genannten Grundfähigkeiten werden während der ganzen Ausbildungszeit hindurch herausgefordert und gefördert. Sie sollen sich immer berufsspezifischer und institutionsorientierter entwickeln, aber sich gleichzeitig durch in der Praxis erweiterte Erfahrungen entfalten.

Das Berufsbild läßt sich folgendermaßen beschreiben:

> Erzieherinnen und Erzieher versuchen, in Unterstützung oder Ergänzung zum Elternhaus, oft aber auch anstelle der Familie, Kinder und Jugendliche in altersgerechter Weise zu fördern.

Aus dieser sehr allgemeinen Beschreibung ergibt sich, daß sich der Erzieher sowohl für Einrichtungen des Elementarbereichs wie auch für die Arbeit mit Jugendlichen vorbereiten muß.

Das Schwergewicht der erzieherischen Arbeit hat sich gegenüber früher entscheidend verlagert. Vor dem Zweiten Weltkrieg wurde die Arbeit der Erzieherin vorwiegend unter fürsorgerischen und bewahrenden Aspekten gesehen. Das heißt, zusätzliche über die Familie hinausreichende Erziehung wurde in vielen Fällen nur dort für notwendig erachtet, wo die Entwicklung der Kinder und Jugendlichen als gestört oder gefährdet angesehen wurde.

---

[1] Wer sich einen Überblick über die Vielfalt der Aufgaben verschaffen möchte, der sei auf Dietrich v. Derschau verwiesen. In den von der Bundesanstalt für Arbeit herausgegebenen „Blättern zur Berufskunde" hat er mit anderen die Vielfalt der Aufgaben des Erzieherberufes zusammengestellt. (Bundesanstalt für Arbeit: Blätter zur Berufskunde. Band 2: „Erzieher/Erzieherin". 6. Auflage 1989, S. 5 ff.)

Nach dem Zweiten Weltkrieg verlagerten sich die Akzente mehr und mehr in den Bereich bewußter und gezielter Bildung und Förderung für alle Kinder und Jugendlichen. Als wesentliche Aufgabe wurde jetzt gesehen,

> „(...) die Kinder und Jugendlichen zu Selbsterfahrung und Selbstvertrauen, Selbstbestimmung und Selbstverwirklichung zu führen, zu gemeinschaftlichem und sozial verantwortlichem Verhalten und Handeln anzuhalten, ihre Entscheidungsfreudigkeit, ihre Lernbereitschaft und ihr kritisches Urteilsvermögen zu stärken und sie zu geistiger Beweglichkeit und schöpferischem Tun anzuregen".[1]

Wenn man diese Aufgabenstellung betrachtet, dann unterscheidet sich die Aufgabe der Erzieherinnen und Erzieher nicht von den Aufgaben, die im allgemeinen für alle pädagogischen und sozialpädagogischen Berufe gelten. Alle sind sie um Erziehung und Bildung bemüht. Damit ergibt sich für alle am Erziehungsprozeß Beteiligten der Zwang zu enger Zusammenarbeit.

Bei allen erzieherischen Berufsbildern, allen Aufgabenfeldern wird die Familie als erzieherisches Leitbild vorausgesetzt, auch dort, wo die Familie durch andere erzieherische Institutionen ersetzt wird. Es ist stets von einem „unterstützenden", von einem „ergänzenden" bzw. von einem „stellvertretenden" erzieherischen Handeln die Rede.

In der Fachliteratur finden sich meist nur die beiden Begriffe „familienergänzend" und „familienersetzend". Offensichtlich sind die beiden erstgenannten Funktionen der Unterstützung und Ergänzung in der Funktion familienergänzend zusammengefaßt.

Aufgabe

Überlegen Sie zusammen mit Kolleginnen und Kollegen, in welchen Institutionen Erzieherinnen und Erzieher eingesetzt sind.

a) Welche dieser Institutionen übernehmen nur einen Teil der Gesamterziehung?

b) Welche Einrichtungen übernehmen wenigstens für einen längeren Zeitraum die gesamte Erziehung und Versorgung des Kindes bzw. des Jugendlichen?

Wenn man von den altersspezifischen Aufgaben ausgeht, kann man die gefundenen Einrichtungen folgendermaßen gruppieren:

- Einrichtungen der **vorschulischen Erziehungsarbeit**
- Einrichtungen der **außerschulischen Erziehung** für Kinder und Jugendliche.

Kinderkrippen, Kindergärten und Kindertagesstätten werden ebenso wie andere Einrichtungen, die Kinder vor dem Schulbesuch aufnehmen, der ersten Gruppe zugewiesen. Diesen Einrichtungen wird vorwiegend eine familienergänzende Aufgabe zuteil.

Vorschuleinrichtungen, wie Vorschulkindergärten oder Sonderschulkindergärten werden in einigen Bundesländern eindeutig dem Schulbereich und zwar dem Grundschulbereich zugewiesen.

---

[1] Bundesanstalt für Arbeit (Hrsg.): Blätter zur Berufskunde. Bd. 2: Erzieher. 6. Aufl. 1989, S. 2.

Neben Familie und Schule treten im Schulkindalter und im Jugendalter eine Reihe von Einrichtungen, die ebenfalls familienergänzende Aufgaben übernehmen: Kinder- und Jugendhorte, Jugendzentren, Spielplatzbetreuung, gebundene und freie Jugendarbeit in Jugendgruppen, Freizeitstätten.

Neben diesen Erziehungseinrichtungen, die nach Altersgruppen getrennt werden und eine die Erziehungsaufgabe leistende Familie voraussetzen, gibt es eine Reihe sozialpädagogischer Einrichtungen, die anstelle der Familie wenigstens über einen längeren Zeitraum die Erziehungsaufgaben bestimmen und übernehmen: Waisenhäuser, Säuglingsheime, Kinderdörfer, Schülerheime (Internate), Erziehungsheime, Erholungsheime, Heime für Behinderte.

In zunehmendem Maße finden heute Erzieherinnen und Erzieher Arbeit in sozialpädagogischen Einrichtungen und in Einrichtungen für die Bildung und Freizeit Erwachsener, vor allem auch behinderte Erwachsene. Es sind dies: Rehabilitationsstätten, Kur- und Erholungseinrichtungen, Freizeitparks, beschützende Werkstätten, Einrichtungen für beschützendes Wohnen, usw.

Aufgabe

Klassifizieren Sie die unten aufgeführten Einrichtungen. Erstellen Sie dazu ein ähnliches Schema wie das unten vorgegebene, und ordnen Sie die Einrichtungen nach den Kriterien: familienergänzend/familienersetzend und vorschulisch/außerschulisch in die entsprechenden Spalten ein.
Wohin gehören Hort, Kindertagesstätte, jugendpsychiatrische Kliniken, Säuglingsheime, Jugendfreizeitheime, Kinderstationen, Lehrlings- und Jugendwohnheime, Kindergärten, sozialpädagogische Wohngemeinschaften, Häuser der Jugend, Einrichtungen für behinderte Kinder und Jugendliche, sozialpädagogisch betreute Spielplätze, Säuglingsheime, Kinderstationen im Krankenhaus, Kinderkrippen, Vorklassen, Schulkindergärten, Jugendzentren?

	familienergänzend	familienersetzend
vorschulisch	*Kindergarten*	*?*
außerschulisch	*?*	*Säuglingsheime*

Arbeitsfelder der Erzieherinnen und Erzieher sind sozialpädagogische Einrichtungen im vorschulischen bzw. außerschulischen Bereich. Diese können **familienergänzend** und **familienersetzend** sein. Eine Reihe von Erzieherinnen und Erzieher findet aber auch Arbeit in schulischen Einrichtungen wie Schulkindergärten und Sonderschulkindergärten. Zunehmend arbeiten Erzieherinnen und Erzieher in Einrichtungen, der Sozialarbeit, der Sozialpädagogik, der Rehabilitation, der Freizeitgestaltung, die nicht nur Jugendlichen sondern auch Erwachsenen dienen, wie Freizeitparks, Erholungs- und Rehabilitationseinrichtungen, Werkstätten für Behinderte, in der Reaktivierung in Altenbetreuungsstätten, Einrichtungen für beschütztes oder betreutes Wohnen.

Durch die Aufgaben und Funktionen einzelner sozialpädagogischer Einrichtungen ergeben sich bestimmte Schwerpunkte erzieherischer Arbeit. Zwar bemühen sich alle um eine möglichst optimale Bildung und Erziehung der anvertrauten Kinder und Jugendlichen. Jedoch werden sich aus dem jeweiligen Arbeitsfeld andere Schwerpunkte ergeben. So wird die Arbeit mit Behinderten andere Herausforderungen bringen als die Betreuung von zwölfjährigen Mädchen in einem Internat. Wir stellen im folgenden sozialpädagogische Einrichtungen vor und versuchen, Ausübungsformen des Erzieherischen aus den Eigenarten der Aufgaben der jeweiligen Einrichtung zu beschreiben. Es zeigt sich, daß hierbei jeweils verschiedene erzieherische Tätigkeiten, wie sie noch im Kapitel A 2 ausführlich zu besprechen sind, gefordert werden.

1.1 Der Kindergarten

Als eine Einrichtung für Drei- bis Sechsjährige wird er von Kindern verschiedenster Herkunft regelmäßig für mehrere Stunden täglich besucht. Die Öffnungszeiten liegen vormittags von 8.00 bis gegen 12.00 Uhr und nachmittags von 13.00 bis 17.00 Uhr. Manche Kindergärten sind an Kindertagesstätten angeschlossen. Diese Kindertagesstätten beherbergen neben dem Kindergarten meist noch Kinderkrippen und oftmals auch noch Kinderhorte.

Aus der geschichtlichen Entwicklung heraus ergibt sich für den Kindergarten eine zunächst bewahrende Aufgabe. Nach heutigem Verständnis ist neben dem Bewahren und Eingewöhnen vor allen Dingen die Begegnung mit gleichaltrigen Kindern von Bedeutung. Ebenfalls organisiert der Kindergarten eine neue Erlebnis- und Erfahrungswelt, die über die familiale hinausgeht. Der gravierende Unterschied zur Schule ist, daß zwar auch hier Lernen organisiert wird, aber aus dem Selbstverständnis des Kindergartens verstehen sich Lernprozesse als Angebote, die keiner benotenden Kontrolle unterworfen werden. Im Mittelpunkt der Arbeit steht das Spiel als die für diese Altersstufe grundlegende Lebens- und Lernform. Hierbei wird versucht, vor allen Dingen mit verschiedenen Spielmaterialien, in unterschiedlichen Spiel- und Erlebnisgruppen im Wechsel von Freispiel, von gelenktem Angebot, von Beschäftigung und Muße dem Kind einen Erfahrungsraum zu bieten, der eine aktive Auseinandersetzung mit der Umwelt in ihren sozialen und sachlichen Anforderungen ermöglicht.

1.2 Die Vorklasse; der Schulkindergarten

Es handelt sich hierbei um Halbtagseinrichtungen, die in der Regel an Grundschulen angeschlossen sind. In beiden Einrichtungen sind Erzieher neben Sozialpädagogen, manchmal auch neben Grundschullehrern tätig. Besucht wird die Vorklasse von Kindern, die noch nicht schulpflichtig sind.

In diesen Einrichtungen soll die Lernfähigkeit und die Lernbereitschaft des Kindes gesteigert werden, und zwar durch gezielte Angebote, um so für die künftige Einschulung gemeinsame Lernvoraussetzungen zu schaffen, die den Übergang in die

Grundschule entschieden erleichtern. Auch hier werden Formen des spielerischen Umganges gepflegt, die dann allmählich abgelöst werden durch der Schule gemäße Lernformen.

Der Schulkindergarten wird von Kindern besucht, die dem Alter nach bereits einschulungsfähig sein sollten, aber aufgrund gewisser Rückstände im Bereich des sozialen Verhaltens oder in anderen Entwicklungsbereichen (Kognition[1], Emotionalität[2], Motivation[3]) noch nicht die Schulfähigkeit haben. Auch hier wird durch gezielte Angebote die Lernbereitschaft, die Lernfähigkeit gesteigert, damit am Ende des Schulkindergartens ein Eintritt in die Grundschule möglich wird.

1.3   Die Kinderkrippe

Es soll hier nur eine ganz kurze Beschreibung gegeben werden, da eine ausführliche Darstellung in Kapitel A 3, S. 36 f. folgt. Die Kinderkrippe ist eine Einrichtung, die der Betreuung von Säuglingen und Kleinkindern bis zum Alter von drei Jahren dient. Es handelt sich um eine Einrichtung für Alleinerziehende oder für berufstätige Mütter, die ihre Kinder morgens in die Kinderkrippe bringen und sie nach der Arbeit wieder dort abholen. In den Krippen arbeiten hauptsächlich Kinderkrankenschwestern und Kinderpflegerinnen.

1.4   Der Kinderhort

„Der *Hort*[4] ist eine sozialpädagogische Einrichtung zwischen Elternhaus und Schule: In ihm werden Schulkinder nach Schulschluß, ggf. auch vor Beginn des Unterrichts, und zum Teil auch in den Ferien bis zum späten Nachmittag betreut. Die obere Altersgrenze für Hortkinder liegt meist bei 12 Jahren (7. Schuljahr); überwiegend besuchen jedoch Kinder bis zu 10 Jahren den Hort. Unter den Hortkindern befindet sich meist ein relativ hoher Prozentsatz von Kindern ausländischer Eltern, von Kindern mit Schul- und Erziehungsschwierigkeiten sowie Verhaltensauffälligkeiten. Horte wurden ursprünglich gegründet, um Kindern, deren Mütter berufstätig sind, für die Zeit bis zu deren Arbeitsschluß eine Bleibe zu schaffen. Der Auftrag wird damit nicht primär sozialpädagogisch orientiert. Hortarbeit wird aber nicht länger nur auf Beaufsichtigung, Hilfestellung bei den Hausaufgaben und gemeinsame Gruppenbeschäftigung und Spiele beschränkt bleiben. Ähnlich wie der Kindergarten ist auch der Hort als eine sozialpädagogische Einrichtung zu gestalten, die zusätzlich Lern- und Erfahrungsmöglichkeiten bietet, die Schule und Elternhaus heute oft nicht mehr geben. Damit ist der Hort nicht mehr nur ein Notbehelf für teilweise unbetreute Kinder. Ihm fallen eigenständige pädagogische Aufgaben zu, wie zum Beispiel vielfältige soziale Lernerfahrungen zu ermöglichen, in Gruppen zu Selbständigkeit und gemeinsam verantwortetem Handeln befähigen, Selbstorganisation anregen und sich mit gesellschaftlichen Anforderungen vertraut machen.

Darüber hinaus muß im Hort eine intensive und kontinuierliche Elternarbeit betrieben werden, im Rahmen derer auch Anstöße dazu gegeben werden können, welche anderen Formen der Kinderbetreuung (z.B. Nachbarschaftshilfe) denkbar und realisierbar wären.

---

[1] Kognition = Wahrnehmungs- und Denkfähigkeit
[2] Emotionalität = Fähigkeit, mit Gefühlen umzugehen
[3] Motivation = Gefüge der Antriebskräfte des Handelns
[4] Die Horte sind meist an Kindergärten bzw. Kindertagesstätten angeschlossen. In einigen Bundesländern haben Einrichtungen mit ganztägigem Kindergarten und Hort den Namen Kindertagesheim.

Ebenso muß der Erzieher um eine enge Zusammenarbeit mit der Schule bemüht sein und wissen, wie der Schulalltag der Kinder aussieht, um auch Hortkindern mit Schulschwierigkeiten angemessen helfen zu können. Der Hort sollte dabei aber auch ein Gegengewicht zur Schule bilden, in der auf die Einzelinteressen und Bedürfnisse der Kinder nicht immer im notwendigen Umfang eingegangen werden kann. Die Notwendigkeit einer solchen Zusammenarbeit gilt auch für eine Öffnung hin zur Jugendarbeit. Es liegt im Interesse der älteren Kinder und jüngeren Jugendlichen, daß hier Übergangs- und Kooperationsformen eröffnet werden.

In einigen Bundesländern arbeiten Erzieher auch an *Gesamtschulen*, die z.T. *Ganztagsschulen* sind, im außerschulischen Freizeitbereich, wobei deren Aufgaben weitgehend mit denen eines Horterziehers vergleichbar sind."[1]

1.5   Einrichtungen der Jugendpflege

In Häusern der Offenen Tür, im „Haus der Jugend", in Jugendzentren, in Jugendfreizeitheimen und auch auf sozialpädagogisch betreuten Spielplätzen erhalten Kinder und Jugendliche neben geplanten Freizeitangeboten zur Anregung ihrer schöpferischen und sozialen Kräfte vor allem Hilfen zur Entwicklung der Eigeninitiative und zur selbständigen Planung und Organisation ihrer Freizeit. Hier arbeiten Sozialpädagogen, Sozialarbeiter und Erzieher zusammen, um über größtmögliche Aktivierung der Jugendlichen und Kinder Gruppenbeziehungen und Gemeinschaftserfahrungen entstehen zu lassen. Hierin ist eine wichtige Ergänzung und Ausweitung der familialen Erziehung zu sehen.

Neben dieser mehr offenen Form der Jugendarbeit gibt es auch die organisierte, in festen Gruppen ablaufende Jugendarbeit, die von verschiedenen Trägern, z.B. von den Kirchen, wahrgenommen wird. Auch hier gilt dieselbe Intention: man stellt die Familie ergänzende Angebote im Freizeitbereich bereit. Bedeutsam ist bei dieser Jugendarbeit, daß ein Großteil der Arbeit vor Ort, also in und mit den Gruppen selbst wieder von Jugendlichen geleistet wird. Erzieher arbeiten in der Beratung, in der Planung, in der Supervision und auch direkt in den Gruppen.

1.6   Erholungsheime; Kinderstationen von Krankenhäusern; jugendpsychiatrische Kliniken

In diesen drei Bereichen sind Erzieherinnen und Erzieher tätig, um bei längeren Klinikaufenthalten oder bei Erholungsaufenthalten die notwendige erzieherische Arbeit zu leisten.

Die Kinder und Jugendlichen sind während der stationären Therapie oder während der Erholung von der Familie getrennt. Der Erzieher hat die Aufgabe, Heimwehreaktionen aufzufangen und abzubauen, dafür zu sorgen, daß sich die Kinder und Jugendlichen möglichst rasch, um einer erfolgreichen Therapie willen, in die Institution integrieren. Der Akzent liegt weniger in der erziehenden und bildenden Tätigkeit, als vielmehr in der begleitenden Unterstützung therapeutischer Maßnahmen, weil in diesen Institutionen an erster Stelle der Gesundungs- und Erholungsprozeß des Kindes steht.

---

[1] Bundesanstalt für Arbeit: Blätter zur Berufskunde. 2–IV A. 6. Auflage 1989, S. 13f. Siehe auch Kap. E.

1.7 Internate; Schülerheime

Kinder und Jugendliche, die eine Schulform besuchen möchten, die nicht vom Heimatort erreichbar ist, leben in Internaten, in Schülerheimen; ebenso Kinder von Eltern, die beruflich einen längeren Aufenthalt im Ausland auf sich nehmen müssen, die aber wünschen, daß die Kinder an einer bestimmten Schule bleiben können.
Internate und Schülerheime geben den Kindern Unterkunft und Verpflegung und erzieherische Hilfen. Hier hat der Erzieher vor allem die Aufgabe, die bisherige häusliche Erziehung mit zu ergänzen und die Kinder im Hinblick auf das schulische Bildungsziel und in der Gestaltung der Freizeit zu unterstützen. Diesen Internaten sind Lehrlings- bzw. Jugendwohnheime in etwa gleichzusetzen. Auch hier fallen bei jungen Menschen, die in der Ausbildung stehen, ähnliche Aufgaben an.

1.8 Kinderheime; Kinderdörfer

Das Kinderheim tritt stellvertretend für die Familie ein, wenn diese entweder nicht mehr vorhanden ist oder für längere Zeit an der Erziehung des Kindes gehindert ist. Der Erzieher versucht, den Kindern die Familie zu ersetzen, soweit dies in einem Heim möglich ist. Gerade diese Kinder müssen in besonderer Weise umsorgt werden. Als Bezugsperson haben die Erzieher hier auch emotionale Bedürfnisse zu befriedigen sowie die Kinder beim Aufbau ihrer Wertvorstellung zu unterstützen. Bei vielen dieser Kinder sind oftmals Erziehungsdefizite vorhanden, die das Kinderheim auszugleichen hat. Hier sind über Erziehungspläne gezielte Hilfen anzubieten. Eltern, soweit sie vorhanden sind, sind über eine entsprechende Arbeit auf die Erziehungsarbeit wieder vorzubereiten, das Kind selbst sollte ebenfalls für eine Rückkehr in die Familie vorbereitet werden. Ist dies nicht möglich, dann streben diese Heime die Vermittlung einer Pflege- oder Adoptionsstelle an.
Im *Kinderdorf* leben meist verwaiste Kinder und Kinder, deren Eltern oft an ihrer Betreuung gehindert sind, in familienähnlichen Gruppen. Hier werden besonders Erzieherinnen eingesetzt.

1.9 Heime und Einrichtungen der Erziehungshilfe

„Heime und Einrichtungen der *Erziehungshilfe* nehmen Kinder, Jugendliche und junge Erwachsene mit Erziehungsschwierigkeiten und daraus sich ergebender besonderer Erziehungsbedürftigkeit auf. Es handelt sich um solche jungen Menschen, die infolge organischer Störungen oder Schädigungen, schwerwiegender Erziehungsmängel oder anderer negativer Einflüsse in ihrer Persönlichkeitsentwicklung benachteiligt sind und deutliche Zeichen auffälligen Verhaltens gezeigt haben (z.B. dauerndes Schuleschwänzen, Weglaufen von zu Hause, strafrechtliche Auffälligkeiten). Die Aufnahme in eine solche Einrichtung erfolgt in der Regel auf Antrag der Eltern, kann aber auch gegen deren Willen rechtlich durchgesetzt werden.

Diese Einrichtungen, die aus den früheren „Erziehungsheimen" hervorgegangen sind, werden zunehmend als Verbundsysteme verschiedenartig vernetzter Angebote gestaltet (z.B. Erziehungsgruppen, interne und externe Wohngruppen, Wohngemeinschaften, betreute Wohnungen). Im Mittelpunkt ihrer erzieherischen Arbeit steht das Bemühen, die Verhaltensauffälligkeiten und ihre Ursachen mit sozialpädagogischen, heilpädagogischen und sozialtherapeutischen Hilfen zu beseitigen. Hier ist der Erzieher auf enge Zusammenarbeit mit anderen Fachleuten (z.B. Psychologen und Ärzten), angewiesen.

Je nach der Struktur der Einrichtung sind dem Erzieher sowohl schulpflichtige Kinder als auch schulentlassene Jugendliche anvertraut. Seine Aufgabe umfaßt also auch die Unterstützung der schulischen Bildungsarbeit, der Berufsfindung, Berufsvorbereitung und der beruflichen Bildung. Sofern dies möglich und erfolgversprechend ist, versucht der Erzieher bei einem Teil der jungen Menschen in Absprache mit den Fachkollegen, die die Familie betreuen, durch unterstützende Elternarbeit darauf hinzuwirken, daß die Familie die Erziehung wieder übernehmen kann. Den übrigen Jugendlichen versucht er Hilfen zu geben, die sie befähigen sollen, ihr Leben nach der Heimentlassung ohne elterliche Hilfe zu meistern.

Angegliedert an größere Erziehungsheime, seltener als selbständige Einheiten, werden *sozialpädagogische Wohngemeinschaften* oder Wohngruppen geführt. Dort sind ähnliche Aufgaben zu erfüllen wie in einem Heim der Erziehungshilfe. Die Erzieher haben hier auch die Aufgabe, den allmählichen Übergang vom Heim in die völlige Selbständigkeit zu erleichtern." [1]

1.10 Einrichtungen für behinderte Kinder und Jugendliche

„In *Einrichtungen für behinderte Kinder und Jugendliche* bzw. integrativen Einrichtungen finden sinngeschädigte, körperlich und geistig Behinderte entweder in Form einer Tagesstätte, in Internatsunterbringung oder in besonderen Heimen und betreuten Wohngemeinschaften Hilfe. Hier haben Erzieher in enger Kooperation mit anderen Fachkräften (z.B. Mediziner, Therapeuten) die Aufgabe, mit gezielten Angeboten und Hilfen die bei den Behinderten vorhandenen Sinneskräfte, körperlichen und geistigen Fähigkeiten zu entfalten, um die Behinderung zu überwinden oder weitgehend zu beseitigen und die jungen Menschen zu befähigen, trotz ihrer Behinderung ein möglichst selbständiges Leben zu führen. Dem Aufbau eines positiven Selbstwertgefühls und von Selbstbejahung trotz der Behinderung kommt hierbei besondere Bedeutung zu. Eine planvolle Förderung macht neben einer guten sozialpädagogischen Ausbildung zusätzliche Kenntnisse über die Art der Behinderung und die sich daraus ergebenden erzieherischen Konsequenzen erforderlich. Deshalb ist eine zusätzliche Qualifikation für diesen Aufgabenbereich durch Fortbildung oder Zusatzausbildung (z.B. in Heilpädagogik) für den dort tätigen Erzieher angeraten. In den letzten Jahren hat sich zunehmend der Gedanke einer gemeinsamen Erziehung von Behinderten und Nichtbehinderten durchgesetzt. Das Erziehungskonzept für eine solche Integrationsgruppe geht davon aus, daß dieses gemeinsame Leben und Lernen beiden zugute kommt. Abgesehen von der besonderen Qualifikation des Erziehers für diese Arbeit ist allerdings dafür eine besondere materielle Ausstattung und ergänzende therapeutische Betreuung Voraussetzung für ein solches Erziehungskonzept." [2]

Es wird deutlich erkennbar, daß das erzieherische Arbeitsfeld sehr umfassend ist. Es erfordert eine Fülle von Grundfähigkeiten, um in diesen Bereichen helfend, unterstützend, lenkend, führend, Impuls gebend tätig sein zu können. Im folgenden wird versucht, einen Überblick über Tätigkeiten zu geben, die eine solche Grundfähigkeit, sich erzieherisch angemessen zu verhalten, voraussetzen.

---**Aufgaben**---

1. *Erstellen Sie eine Liste der Tätigkeiten und Verhaltensweisen, die in allen Institutionen vom Erzieher gefordert werden.*

2. *Stellen Sie für einzelne Institutionen spezifische Tätigkeiten fest, die sich aus dem besonderen Charakter einer solchen Institution ergeben.*

---

[1] Bundesanstalt für Arbeit; Blätter zur Berufskunde. Band 2–IV A 20: „Erzieher/Erzieherin". 6. Aufl. 1989, S. 16.

[2] ebenda. S. 16f.

2 Erzieherisches Handeln[1]

Mit erzieherischem Handeln sollen diejenigen Handlungen und Verhaltensweisen von Erzieherinnen und Erziehern gemeint sein, die sie beruflich in der Erziehung ausüben. Sehen wir Erziehung als eine Folge von kommunikativen Aktionen zwischen Erziehern und Zu-Erziehenden, die sich als eine Hilfe zur Erlangung der Soziabilität[2], zum Mündigwerden und zur Selbstverwirklichung versteht, dann kann man nur jene Handlungen im eigentlichen Sinne als erzieherisch betrachten, die unmittelbar oder mittelbar eine solche Hilfe darstellen.

So wird man z.B. das Schreiben von Privatbriefen während des Freispiels kaum als eine erzieherische Tätigkeit bezeichnen, es sei denn, der/die Erzieher/in möchte mit einem solchen Handeln bewußt und absichtlich eine Reaktion auslösen, einen Prozeß des Nachahmens oder der Auseinandersetzung hervorrufen.

Definition

Liegt ein absichtsvolles und zielgerichtetes Handeln der Erziehenden vor, dann sprechen wir von intentionaler Erziehung; war hingegen keine Absicht vorhanden, löste aber das Verhalten von Erziehenden ohne daß es ihnen dabei bewußt war, einen Lernprozeß aus, dann sprechen wir von funktionaler Erziehung.

Aufgaben

1. *Suchen Sie Beispiele für unmittelbare und mittelbare Hilfestellung bzw. für intentionale Hilfen und funktionale Wirkungen.*
   Benutzen Sie dazu ein Raster wie das folgende:

	Intentionale Hilfen	**Funktionale Wirkungen**
unmittelbar	*Aufforderung an die Kinder, ein Bild zu malen*	*Kind ahmt freundlichen Dank nach, den es zufällig wahrnahm*
mittelbar	*Erzieherin stellt für das Freispiel bestimmte Bastelmaterialien bereit:* *z.B. Tannenzapfen, Watte, Eicheln, roten Filz, Kleber.* *Erzieherin bietet Knetmaterial nach einer Bilderbuchbetrachtung an.*	*Prozesse des „natürlichen" Lernens:* *z.B. Erkennen des Stütze-/Lastsystems beim Bauen;* *Ausdehnung von Gasen;* *Zusammenhang Licht–Wärme.*

---

[1] Vgl. auch Kap. C S. 119 ff.
[2] Soziabilität = soziale Formbarkeit als Grundvoraussetzung der Sozialisation
Vgl. Claessens, D.: Familie und Wertsystem. Eine Studie zur „zweiten soziokulturellen Geburt" des Menschen. Soziologische Abhandlungen Heft 4. Berlin 1962.

2. *Rekonstruieren Sie einen Tagesablauf im Kindergarten durch Beobachten oder Wiedererinnern möglichst vollständig. Versuchen Sie im Anschluß daran, die erzieherischen Tätigkeiten zu ordnen. Unterscheiden Sie hierbei zwischen Aktionen, die Sie eindeutig als eine erzieherische Hilfe ansehen (z. B. Vormachen einer Falttechnik) und solchen, die offenbar nichts mit einer solchen Hilfe zu tun haben (z. B. die Erzieherin telefoniert mit ihrem Verlobten).*
Legen Sie dazu eine Übersicht nach folgendem Muster an. Wenn Sie nicht eindeutig zuordnen können, verwenden Sie die Spalte mit den Fragezeichen.

Eindeutige erzieherische Hilfen	?????????????????	Eindeutige Tätigkeiten, die nichts mit Erziehung zu tun haben
?	?	?

Die Zuordnung zu den einzelnen Spalten ist nicht ohne weiteres sofort klar. So gelingt es zwar leicht, eine Reihe von Handlungen eindeutig als erzieherische auszumachen und zuzuordnen. Ebenfalls ist es ein leichtes, Handlungen wie das Telefonieren mit dem Freund, um einen abendlichen Theaterbesuch zu vereinbaren, als eine Tätigkeit, die nichts mit Erziehung zu tun hat, zu klassifizieren. Wo aber bringt man das Gespräch mit der Mutter unter, das zwischen „Tür und Angel" geführt wurde? Wo sind jene Bestellungen einzuordnen, die am selben Morgen aufgegeben wurden? Hat die Diskussion in der gestrigen Mitarbeiterbesprechung, in der über das Konzept des Kindergartens gesprochen wurde, auch den Charakter einer eindeutigen erzieherischen Hilfe?

2.1 Interagieren

Schema zur Rekonstruktion eines Tagesablaufs im Kindergarten

Zeit	Aktionen der Kinder	Aktionen der Erzieherin
8.00	Die Kinder werden von den Müt-	Erzieherin begrüßt die Kinder
8.30	tern gebracht	Erzieherin spricht mit einer Mutter
9.00	...	
9.30	...	...
10.00	...	...
10.30	...	...
11.00	...	...
11.30	Die Kinder werden von einem Er-	...
12.00	wachsenen abgeholt	
12.30		
13.00		
13.30	Die Kinder werden von ... wieder	...
14.00	gebracht	...
14.30	...	...
15.00	...	...
16.00	...	...
16.30	Die Kinder werden abgeholt	...

Beim Aufzeichnen der Aktionen der Erzieherin und der Handlungen der Kinder stellen wir fest, daß viele Handlungen der Erzieherin und der Kinder wechselseitig aufeinander bezogen sind, daß sich diese Handlungen gegenseitig beeinflussen. Solche Prozesse des gegenseitigen Beeinflussens nennt man **Interaktionen.** Damit ist bereits eine Grundtätigkeit des Erziehens sichtbar geworden: **Interagieren!**

Es wird unschwer erkennbar, daß man darunter viele Tätigkeiten verstehen kann; solche, die sich unmittelbar hilfegebend an das Kind, den Jugendlichen wenden und solche, die zwischen den Erziehenden ablaufen. Nicht nur der Personenkreis wechselt, sondern auch die Intensität bezüglich der erzieherischen Hilfeleistung ist verschieden.

Eine weitere Unterscheidung wird notwendig. Mit einer solchen Differenzierung der Handlungen und der ablaufenden Prozesse gelingt vielleicht eine bessere Zuordnung des erzieherischen Handelns.

Wolfgang Klafki versucht in seinem mit weiteren Autoren veranstalteten Funkkolleg „Erziehungswissenschaft"[1] bei der Analyse der Binnenstruktur Schule als einer pädagogischen Institution, die innerhalb der Schule ablaufenden Prozesse folgendermaßen zu gruppieren und damit auch erzieherisches Handeln zu erfassen:

1. Jene Prozesse, die sich aus dem Organisationsziel der Schule unmittelbar ergeben, sind zunächst „Unterrichten und Erziehen"[1].

2. Diesem Handeln in den oben erwähnten Prozessen gehen Entscheidungen voraus, die von den Erziehern, den Lehrern allein oder in Gruppen gefällt wurden. Als eine zweite Gruppe von Prozessen nennt *Klafki* jene des Entscheidens, sie sind „jenen Unterrichts- und Erziehungsprozessen der Sache nach vorgeschaltet"[2].

3. Neben den Erziehungs- und Unterrichtsprozessen und den Entscheidungsprozessen versucht *Klafki* noch eine dritte Gruppe zu skizzieren. Er nennt sie „Hilfsprozesse"[3]. Es sind Prozesse, die die beiden erstgenannten Prozeßarten ermöglichen sollen.

Aus der Gruppe von Hilfsprozessen hebt *Klafki*[4] fünf heraus, die ihm besonders wichtig erscheinen:

a) Registrierungsprozesse	z. B. Herstellen einer Statistik
b) Organisationsmaßnahmen	z. B. Aufstellen von Plänen für die Spielmaterialaufbewahrung
c) Kontrollvorgänge	z. B. Führen von Anwesenheitslisten, Führen der Aufsicht; Kontrolle der Gesundheitszeugnisse der Mitarbeiter durch die Leiterin
d) Informations- und Kommunikationsprozesse	z. B. Gespräche zwischen Mitarbeitern
e) Beratungsprozesse	z. B. Leiterin berät Erzieherin.

---

[1] Klafki, Wolfgang u.a.: Funkkolleg Erziehungswissenschaft 1. Fischer Taschenbuch 6106. 1970, S. 188f.
[2] Klafki u.a.: a.a.O., S. 189.
[3] Klafki u.a.: a.a.O., S. 189.
[4] Klafki u.a.: a.a.O., S. 191.
[5] Klafki u.a.: a.a.O., S. 191f.

All diese Prozesse, seien es nun Hilfsprozesse, Entscheidungsprozesse oder die aus den Organisationszielen hervorgehenden Erziehungs- und Unterweisungsprozesse sind im wesentlichen **Interaktionsprozesse.**

Je nach erzieherischer Aufgabe werden Schwerpunkte des erzieherischen Handelns und damit die Herausforderung an die erzieherischen Fähigkeiten verschieden sein. So wird z. B. ein Professor an einem Universitätsseminar wohl weniger die Fähigkeit zum Disziplinieren besitzen müssen, dafür aber werden ihm Aufgaben im Bereich der Übermittlung von Informationen in besonderer Weise gestellt. Einem Heimerzieher in einem Jugenddorf hingegen werden vielleicht gerade im Bereich des Interagierens und Kommunizierens besondere Anforderungen zugemutet.

2.2 Eingewöhnen, Einführen in Lebensordnungen

Um in einer Institution leben zu können, aber auch um sich selbst zu finden, bedarf es einer Phase des Eingewöhnens in die Einrichtung. Hier erwächst dem Erzieher eine besondere Aufgabe. Der Anfang entscheidet oft über die künftigen Möglichkeiten. Wird die Einrichtung vom Zu-Erziehenden positiv empfunden und rasch angenommen, dann kann erwartet werden, daß sich das Kind, der Jugendliche öffnet. „Unser Kind geht gerne in den Kindergarten" hört man oft von Eltern; aber leider sind auch andere Äußerungen sehr ernst zu nehmen, die ein Mißbehagen ausdrükken, wie z. B. „Mir stinkt die Schule ...".

Natürlich ist nicht nur die Eingewöhnung in die Institution eine bedeutsame Aufgabe. Ebenso ist es erforderlich, eine Atmosphäre in der Einrichtung zu schaffen, die sich positiv auswirkt, und all jene Maßnahmen zu ergreifen, die als pflegende Tätigkeiten zum Wohlbefinden des Kindes, des Jugendlichen in der Institution notwendig sind. Hier soll aber keinesfalls einer Verwöhnung das Wort geredet werden.

Aufgaben

1. *Beobachten Sie vor allem zu Beginn eines Kindergartenjahres oder wenn ein Kind neu in die Institution aufgenommen wird, das Verhalten der Erzieherin. Halten Sie das Ergebnis schriftlich fest.*

2. *a) Wie verhalten sich Jugendliche, wenn ein neuer Schüler in die Klasse kommt?*
   b) Wie wird ein solcher Neuling eingeführt?

3. *a) Welche Handlungen haben einen „einführenden" Charakter?*
   b) Welche versuchen, ein „günstiges Klima" des Umgangs zu schaffen?
   c) Wo werden „pflegende" Handlungen sichtbar?

Das Leben in sozialpädagogischen Institutionen erfordert von allen Beteiligten nicht nur eine Eingewöhnung, ein Einleben in vorhandene Regeln, sondern auch die Fähigkeit der zu Erziehenden, sich mit solchen Regelsystemen auseinanderzusetzen, sich mit ihnen aber auch zu identifizieren. Für die Erziehenden bedeutet dies, sich

Auseinandersetzungen über vorhandene Normen zu stellen, diese notfalls aber auch durchzusetzen, vorab dort, wo Gefährdungen Dritter zu befürchten sind. Es soll mit pädagogischen Mitteln versucht werden, Kindern und Jugendlichen zu sozialer Disziplin und zu Selbstdisziplin zu verhelfen.

Hierdeis versucht dem Wort „Disziplin" sein antiquiertes Gesicht zu nehmen.

> „1. Disziplin meint dasjenige Verhalten von Gruppenmitgliedern, das es der Gruppe ermöglicht, gemeinsam im Hinblick auf Gruppenziele zu handeln (= soziale bzw. Gruppendisziplin).
>
> 2. Disziplin meint dasjenige Verhalten eines Individuums, das es ihm ermöglicht, so zu handeln, daß die Erreichung von individuellen Zielen nicht gefährdet wird (= Selbstdisziplin)".[1]

Wenn man den Begriff des Disziplinierens richtig verstehen will, stellt man fest, daß es sich nicht um ein „Gängeln", um ein Bevormunden handeln darf. Gängeln meint jenes Überbehüten, das dem Kind, dem Jugendlichen keine Entscheidung in Hinsicht auf die Erreichung von Zielen und in Hinsicht auf die Wahl von Mitteln zur Erreichung von Zielen gestattet. Gängeln heißt auch: durch Vorschriften vollständig Wege vorgeben. Das ist mit Disziplinieren nicht gemeint.

Wenn aber Disziplinieren nicht Gängeln bedeuten soll, dann treten notwendig weitere Handlungsweisen des Erziehens hinzu. Diese Handlungsweisen könnte man als ein „Freigeben" des Zöglings, ein „Wachsenlassen" des Kindes oder des Jugendlichen und als ein sich „Zurücknehmen" des Erziehers bezeichnen.

Es scheint dabei nur auf den ersten Blick so, als ob diese Verhaltensweisen des Erziehers, dieses Sich-Enthalten von Handlungen im Gegensatz zum Führen und zum Disziplinieren stünden.

Der Erwerb von sozialer Disziplin und von Selbstdisziplin braucht Freiräume, braucht das Selbst-Entscheiden, das Selbst-Erproben, das selbständige Durchhalten des Kindes bzw. Jugendlichen.

Unter dieser Sicht löst sich der scheinbare Gegensatz auf: Führen oder Wachsenlassen, Disziplinieren oder Freigeben sind keine gegensätzlichen, sondern sich ergänzende erzieherische Handlungen.

Es kann also nicht mehr heißen: Führen *oder* Wachsenlassen, Disziplinieren *oder* Freigeben; vielmehr muß man sagen: Führen *und* Wachsenlassen, Disziplinieren *und* Freigeben.

Es gibt Verhaltensweisen der Erziehenden, die Prozesse des Disziplinierens unterstützen, aber auch solche, die sie beeinträchtigen, z. B. Unbeherrschtheiten u. ä. Disziplinieren als erzieherisches Handeln meint allerdings:

> „(...) nur jene Handlungen von Erziehern (...), die soziale Disziplin und Selbstdisziplin absichtlich und planvoll herbeiführen, erhalten und wiederherstellen sollen und Disziplinkonflikte vermeiden helfen"[2].

---

[1] Hierdeis, Helmwart u.a.: Basiswissen Pädagogik – Eine praxisbezogene Einführung. Band 2: Erzieherisches Handeln. München 1977, S. 16.
[2] Hierdeis: a.a.O., S. 17.

1. Beschreiben Sie Situationen, in denen soziale Disziplin zur Erreichung eines Gruppenzieles (z.B. Rollenspiel) notwendig wurde.

2. Geben Sie Beispiele für Selbstdisziplin bei Kindergartenkindern wieder.

3. Unter sozialer Disziplin versteht man auch das Einhalten von Regeln bzw. von ganzen Regelsystemen.
   a) Welche Regeln halten Sie für das Zusammenleben im Kindergarten, in der Jugendgruppe usw. für unumgänglich?
   b) Diskutieren Sie solche Regeln bzw. Regelsysteme in der Gruppe.

4. Sehen Sie einen Zusammenhang zwischen Selbstdisziplin und Schulerfolg? Zwischen Selbstdisziplin und sportlicher Leistung?

Es handelt sich beim Eingewöhnen in die Institution um Tätigkeiten des Erziehers, die es dem Kind, dem Jugendlichen ermöglichen sollen, rasch mit den Gepflogenheiten vertraut zu werden. Je schneller und je genauer es einem Kind, einem Jugendlichen gelingt, **mit der Institution und ihren Regeln und Normen zu leben,** desto sicherer wird sich dieses Kind in der Institution fühlen. Zumindest ist daraus keine Abwehr gegenüber der Institution zu erwarten. Für den Erzieher bedeutet das, daß notwendige Informationen klar und eindeutig und für den Adressaten verstehbar gegeben werden. Für die Institution und die in ihr Tätigen bedeutet dies, daß ein solches System von Regeln und Gepflogenheiten überhaupt vorhanden sein muß und daß es – wenn möglich – in der Einrichtung auch durchgängig eingehalten wird. In der Praxis heißt dies beispielsweise, das Kind mit den Räumlichkeiten vertraut zu machen, ihm die Wege zu verschiedenen Räumen zu zeigen, ihm behilflich zu sein im Tagesablauf, damit das Kind diesen kennenlernen und annehmen kann. Das bedeutet aber auch, daß dem Neuling Gelegenheit gegeben wird, die anderen Kinder kennenzulernen. Eine geschickte Gruppenleitung wird es ermöglichen, daß nach und nach – je nach Kontaktfähigkeit des neueinzuführenden Kindes – dieses die Möglichkeit zur Begegnung mit den anderen Mitgliedern der Gruppe erhält.

Weiter ist wesentlich, daß in der Gruppe eine **positive Atmosphäre** vorhanden ist, die jene Offenheit für die schon in der Gruppe Integrierten ermöglicht, den „Neuen" mit seinen Eigenarten, mit seiner Kleidung, mit seiner vielleicht fremden Sprache anzunehmen.

Es wird deutlich, daß nicht nur das Vertrautwerden mit einer Einrichtung, mit Räumen, mit Gegenständen wichtig wird, sondern daß durch diesen Prozeß des Eingewöhnens ganz neue Personenbeziehungen aufgebaut werden müssen. Außerdem wird sich durch das Hinzukommen neuer Mitglieder die Gruppe in ihrer Struktur verändern. Das kann zu einer Krise führen, in der die bisherigen Rollen der einzelnen Gruppenmitglieder in Frage gestellt werden. Für den Erzieher bedeutet dies, daß er sich nicht nur auf die neuen Mitglieder einlassen muß, er muß sich auch den Aufgaben der gewandelten Gruppenbedürfnisse stellen.

Zur Grundtätigkeit des Eingewöhnens zählen auch die Tätigkeiten des **Pflegens.** Nimmt man dieses Wort im einfachen Sinne, dann bedeutet es, auf Dinge wie auch auf Menschen acht geben, sie zu „beachten"; es bedeutet auch, sie zu behüten, damit sie sich in ihrer Eigenart erhalten können. Pflegen ist damit keine direkte erziehende Handlung, aber es bildet durch das Vorsorgen und Versorgen zuallererst die

Voraussetzung dafür (z.B. durch Stillen der Grundbedürfnisse Schlafen, Nahrung, Hygiene, Ordnung, Sicherheit usw.), daß Erziehen und Bilden überhaupt erst möglich werden.

> Die Tätigkeiten des Eingewöhnens, des Atmosphäre-Schaffens und des Pflegens sind gleichsam als die Voraussetzungen dafür anzusehen, daß Erziehung und Bildung günstiger verlaufen.

Aufgaben

1. Erkundigen Sie sich bei Ihrer Praxisstelle nach Verhaltenserwartungen, die an die Kinder gestellt werden.
   a) Wie werden solche Erwartungen den Kindern bekannt gemacht?
   b) Wie werden solche Verhaltenserwartungen durchgesetzt?

2. Kennen Sie Spiele, um Kontakt aufzunehmen? (Berührungskontakte, Sprechkontakte …)

3. Beschreiben Sie einige pflegende Handlungen, die während eines Praxistages das Kind unterstützen.

4. Stellen Sie mit Ihren Kolleginnen und Kollegen einen Katalog von Aufgaben für den Erzieher auf, die dem Kind das Eingewöhnen in einem Kindergarten, im Hort, im Heim ermöglichen sollen.

2.3 Entscheiden, Planen … Kontrollieren, Reflektieren

Aus der zu Beginn des Kapitels 2 festgelegten Definition von erzieherischem Handeln als eine bewußte, beabsichtigte Hilfe für das Kind zum Mündigwerden, zur Soziabilität ergibt sich, daß erzieherisches Handeln nicht nur zufällig sein kann. Es ist ein Handeln, das vor allem im Bereich erzieherischer Berufe **geplant** wird; es ist ein Handeln, das **zielgerichtet** ist.

Ziele müssen ausgewählt werden; diese Auswahl ist zu begründen. Außerdem sind im Rahmen planmäßiger erzieherischer Arbeit auch Vorentwürfe zu erstellen über:
● **Inhalte,** durch die Ziele erreicht werden sollen;
● **Methoden, Verfahrensweisen,** durch die Inhalte vermittelt werden können und
● **Medien** der Erziehung.
Diese Vorüberlegungen über mögliche Ziele, Inhalte, Verfahren und Medien nennen wir Planen.

Ausgangspunkt der Überlegungen zur pädagogischen Arbeit ist auch hier das Kind, der Jugendliche in seiner individuellen Lage, in seinen Bedürfnissen, seinen Stimmungen, seiner Reaktionsbereitschaft und in seinen Interessen. Doch kann eine solche Pädagogik, die sich nur an den augenblicklichen Stimmungen bzw. Interessen des Kindes orientiert, nicht ausreichen. Das heißt, erzieherische Planung ist auch genötigt, die Zukunft des Kindes gleichsam vorwegzunehmen: man fragt nach jenen Fähigkeiten, die das Kind für seine Zukunft brauchen wird, um an der Gesellschaft in ihren wirtschaftlichen, sozialen, kulturellen Bereichen teilhaben zu können. Planung trägt so immer ein Stück vorweggenommener Zukunft in sich, sie überwindet die Gegenwart des Kindes, sie bezieht sie zwar ein, aber orientiert sich ebenso an der Zukunft wie an der bisherigen Lerngeschichte des Kindes bzw. des Jugendlichen, d.h. an seiner Induviduallage. Mündigkeit bedeutet auch Fähigsein zum sozialen Verhalten. So müssen Interessen aus dem Umfeld des Kindes wie auch Ansprüche gesellschaftlicher Gruppen in Planungen mit berücksichtigt werden. Diese sind auf ihre Rechtmäßigkeit hin zu überprüfen und zu begründen.

Planen bedeutet im dargestellten Sinne, allein oder mit anderen, mit Kollegen, mit Eltern aber auch mit Kindern bzw. Jugendlichen zu überlegen, welche Fähigkeiten aus der Fülle der möglichen oder erwarteten beim Kind zu bilden sind, welche Inhalte sich hierfür eignen, welche Methoden der Vermittlung gewählt werden können und müssen, welche Medien angewandt werden sollten und welche überhaupt zur Verfügung stehen.

Aufgaben

1. *Überlegen Sie mit anderen, welche Fähigkeiten wohl von einem Kind von sechs Jahren erwartet werden können.*

2. *Welche Befähigungen werden wohl von einem Sechzehnjährigen in etwa zehn Jahren, also wenn er etwa 26 Jahre alt sein wird, erwartet?*

3. *Versuchen Sie, solche Befähigungen (Qualifikationen) als Ziele zu formulieren. (Bleiben Sie bei Ihrer Formulierung so konkret wie möglich.)*

4. *Versuchen Sie, eine Qualifikation aus dem Bereich der selbständigen Alltagsbewältigung so konkret wie möglich zu fassen (z. B. „Miteinander frühstücken", Kinder 5–6 Jahre alt).*

Bei der letzten Aufgabe entsteht vielleicht die Frage, was hier als Befähigung verstanden werden soll. Ist es nur das Essen und Trinken, das hier gemeint ist?

Aufgabe

Erweitern Sie die Aufgabe 4 nach folgendem Muster:

Zum Frühstück gehört auch die Zubereitung:

Fähig sein zum Erwärmen der Milch
    zum Schneiden des Brotes
    zum Decken des Tisches
    usw.

a) *Zum Frühstück gehört das richtige Essen und Trinken:*
    Fähig sein zum ...

b) *Zum Frühstück gehört auch das Abräumen und das Reinigen usw.*
    Fähig sein zum ...

Daraus wird deutlich, wie viele einzelne und sehr spezielle Fähigkeiten erlernt werden müssen, ehe man das Frühstück selbständig zusammen mit anderen oder allein zubereiten und einnehmen kann.

Unter all den vielen Befähigungen, die in Lernprozessen im Laufe der Zeit erworben werden, muß der Erzieher auswählen; er muß sich dafür entscheiden, welche der Teilqualifikation er in einem Lernprozeß ausbilden möchte. Am Ende der planerischen Überlegungen stehen also **Prozesse des Entscheidens.**

Diese Prozesse der Entscheidung brauchen aber, damit sie begründet werden können und damit eingeleitete Lernprozesse optimal organisiert und durchgeführt werden können, die **planerischen Vorüberlegungen.** Das heißt, Planen und Entscheiden gehören zusammen.

In diesem Zusammenhang ergeben sich unter anderem folgende Fragen:

● Welche Befähigungen sollen erreicht werden?
● Kann man diese Befähigungen in Teilqualifikationen zerlegen?
● Welche Inhalte wählt man, um die erwünschte Befähigung zu vermitteln?
● Welche Verfahren (Erzählen, Vorzeigen, Spielen usw.) nimmt man zur Vermittlung?
● Kann man Medien einsetzen? Welche sind vorhanden?
● Sind die Entscheidungen der Altersstufe des Kindes angemessen?
● Passen sie zur derzeitigen Situation des Kindes, der Gruppe?
● Welche Jahreszeit haben wir?
● Gibt es eine besondere Situation, einen außergewöhnlichen Anlaß?
● Wie wird diese Befähigung, die durch Lernprozesse gefördert werden soll, von der Gesellschaft, von den Eltern beurteilt?

Aber mit dem Planen, Entscheiden, Organisieren, Durchführen ist die pädagogische Arbeit keinesfalls abgeschlossen. Vielmehr stehen nach Abschluß der Durchführung erneute Überlegungsprozesse an, die feststellen sollen, wie erfolgreich z.B. die organisierten Lernprozesse gewesen sind, welchen Einfluß das Handeln des Erziehers auf die Jugendlichen hatte. Waren die Hilfen fördernd oder waren sie für einzelne hemmend?

Es werden oftmals Kontrollen und Nachüberlegungen notwendig. In der Pädagogik spricht man hier u.a. von **Lernzielkontrollen** bzw. von **Reflexion** über die pädagogische Arbeit.

Die bisher aufgeworfenen Fragen und aufgezeigten Grundtätigkeiten des Erziehers lassen sich auch in einer Graphik darstellen:[1]

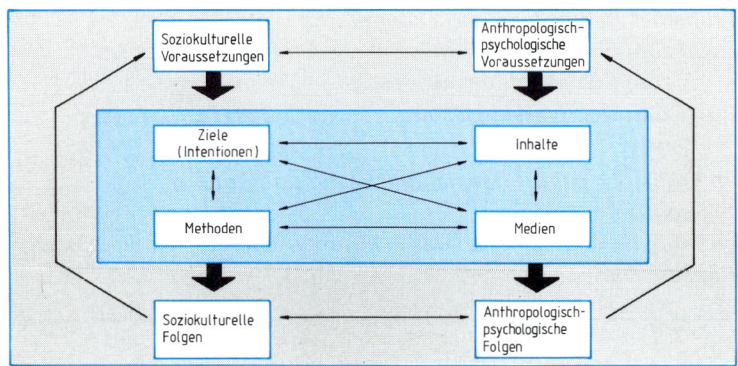

---

[1] Graphik (Heimann/Schulz-Modell) entnommen aus: Peterßen, W. H.: Gegenwärtige Didaktik. Positionen, Entwürfe, Modelle. Ravensburg 1977.

Dieses Modell der Analyse des Unterrichts kann ebenso zum Erfassen von erzieherischen Prozessen herangezogen werden.

In ihm wird die wechselseitige Abhängigkeit (= Interdependenz) nicht nur der Prozesse des Entscheidens, sondern auch von Bedingungen dieser Entscheidungen und Folgen sichtbar gemacht.

Kaum zu erfassen, aber für die Entscheidungen, das Durchführen und all das übrige erzieherische Handeln ebenso bedeutungsvoll, ist die Fülle der **situativen Gegebenheiten** (z.B. Wetter, Gruppenstimmung, Laune des Erziehers usw.).

2.4 Vorbereiten, Nachbereiten

Bis jetzt wurden vorwiegend Tätigkeiten des Vorüberlegens, der Vorbesinnung bzw. der Nachüberlegung beschrieben. Dabei bezog sich die Überlegung immer auf den Zweck der erzieherischen Handlungen. Ehe nun auf die „eigentlichen" Tätigkeiten des Erziehers eingegangen wird, wie z.B. **Lehren, Anleiten, Unterweisen, Beraten** usw., soll noch ein kurzes Wort zu den „vorbereitenden" und den „nachbereitenden" Tätigkeiten gesagt werden.

Damit meint man jenes Handeln, das in erzieherischer Absicht die Umwelt des Kindes gestaltet, die Materialien pflegt und bereitstellt, den Raum herrichtet, ihn neu ordnet, ihn zielbewußt strukturiert; aber ebenso den Raum nach einer Aktivität wieder in den alten Zustand versetzt, die Spielsachen aufräumt, den Raum säubert usw. Also all das, was man zu tun hat, ehe die eigentliche Tätigkeit des Erziehens und Lehrens beginnt oder endet.

---Aufgabe---

Beobachten Sie in einer Institution solche vorbereitenden und bereitstellenden Tätigkeiten. Listen Sie auf, welche zweckdienlich sind und welche nicht.

Zum Vorbereiten und Nachbereiten gehören nicht nur kurzfristig auszuführende Tätigkeiten, sondern auch jenes mittelfristige oder langfristige Pflegen des Materials, die Wartung von Medien und Spielgeräten usw. Auch die jahreszeitliche Gestaltung von Räumen ist eine vorbereitende Aufgabe. Die Kinder sind – wenn nicht aus methodischen Gründen Überraschungseffekte erzielt werden sollen – mit einzubeziehen. Sie können und wollen mithelfen, sie sollen mit „organisieren", und das nicht nur bei der Vorbereitung, sondern ebenso beim Nachbereiten, beim Aufräumen, beim Abbauen.

---Aufgaben---

1. Überlegen Sie, wo Sie für Kinder im Tagesablauf Aufgaben des Vor- bzw. des Nachbereitens finden können.

2. Erstellen Sie eine Liste für die Bereitstellung von Materialien, Kleidern und Utensilien für ein Rollenspiel (z.B. „Vogelhochzeit" u.ä.).

3. Planen Sie zusammen mit anderen, wie Sie den Gruppenraum im Kindergarten, den Wohnraum im Heim für bestimmte jahreszeitliche Ereignisse gestalten möchten (z.B. Fastnacht, Erntedank, Frühling, Sommerfest, St. Martin, Advent, Weihnachten, Fastenzeit, Ostern, Allerheiligen usw.).

Gerade die vorbereitenden und bereitstellenden Tätigkeiten enthalten ein starkes Moment der Aktivierung der Kinder.

Die gemeinsame Gestaltung der Lebens- und Lernwelt in sozialpädagogischen Institutionen kann indirekt auch erzieherisch wirken, indem sie die Beteiligten kreativ herausfordert, ihnen Mut macht, die Selbstachtung steigert und Mitverantwortung hervorruft. So gesehen wird „Vorbereitung" zu einem wesentlichen Element der Erziehung.

Vom Erzieher muß schon bei den Vorüberlegungen die Phase des Vorbereitens bzw. des Nachbereitens mitbedacht werden und nach den darin enthaltenen Möglichkeiten des gemeinsamen Gestaltens befragt werden.

Beispiele
– Wo können Kinder nicht nur bei der gelenkten Lerngelegenheit mitbestimmen, mitarbeiten, mithelfen?
– Wo kann eine Gestaltungsaufgabe gesucht werden?
– Wo kann sich der Erzieher hierbei zurückziehen? Wie weit muß er kontrollieren?

In vielen Fällen gelingen Aktivitäten, Projekte, gelenktes Lernen nur dann gut, wenn sich Kinder über Planung und Vorbereitung frühzeitig mit dem Vorhaben auseinandersetzen und identifizieren können, wenn das Vorhaben zu „ihrer" Sache geworden ist.

Aus der Haltung, „in eigener Sache" zu handeln, ergeben sich auch Motivationen, durch die sich Kinder auch zu den unangenehmeren „Nacharbeiten" wie Aufräumen, Reinigen, wieder in Ordnung bringen, ermuntern lassen.

Bemerkung:
Aus methodischen Gründen kann, um des Erzielens von Überraschungseffekten willen, mit „Gags" (verdeckter Tisch, verbundene Augen, Tasten im Korb usw.) gearbeitet werden. Doch schleifen solche Effekte rasch ab, d.h. sie können eine oben beschriebene Regelarbeitsform nicht ersetzen.

2.5 Begegnungen ermöglichen, Erlebnisräume gestalten, Lehren, Anleiten …

Der Begriff der Erziehung als eine Hilfe zur Soziabilisierung, zum Mündigwerden und zur Selbstverwirklichung beinhaltet notwendigerweise auch den der Lehre. Um mündig zu werden, um sich selbst verwirklichen zu können, bedarf es einer Fülle von Wissen und von Fertigkeiten, aber ebenso von Erkenntnissen und von Einstellungen, die es einem Individuum ermöglichen, sich selbst zu finden und in der Gesellschaft bestehen zu können.

Unter personalen wie auch unter sozialen Gesichtspunkten ist also erzieherische Hilfe immer auch Lehre. Es gilt jenes Wissen aufzubauen, ohne das der einzelne hilflos wäre; jene Fertigkeiten, jene Handlungsweisen einzuüben, die im Alltag immer wieder gefordert werden. Ein Erkennen von Zusammenhängen in allen wichtigen Lebensbereichen ist Voraussetzung für Mündigsein. Der Aufbau von Einstellungen, von Handlungsbereitschaften, die sich im Laufe des Lebens stabilisieren, macht den Menschen überhaupt erst sozialfähig. Da geht es nicht nur um das Alltagswissen und um die Einsicht in gegenwärtige Zusammenhänge, vielmehr gilt es auch in geschichtliche Dimensionen einzuführen, Fragen nach dem Sinn des Lebens zu stellen.

Das grundlegende Tun der Erziehenden bei der Vermittlung von Wissen, beim Hineinführen in Zusammenhänge, beim Anleiten zu Fertigkeiten, beim Aufbau von Einstellungen ist Lehren, ist Unterweisen. Hierbei muß nicht schulischer Unterricht gemeint sein. Auch jenes Handeln, das dem Kind z. B. Umweltbegegnung erlaubt, die zu einer Erkenntnis führen kann, ist Lehre. Auch ein zur Unterhaltung erzähltes Märchen kann belehrend wirken.

Eine Fülle von Tätigkeiten kann man unter diesem Begriff Lehre zusammenfassen. Im Kapitel C 3.1.3 sind sie dargestellt.

Bisher wurde der Begriff der Erziehung im wesentlichen nur personal begründet. Auch aus der Sicht der Gesellschaft ergibt sich Lehre als ein notwendiges Merkmal von Erziehung. Die Gesellschaft braucht das Übermitteln von grundlegendem Wissen und die Einführung in die gemeinsamen Werte und Normen, ohne die eine Gesellschaft nicht bestehen kann. Sie braucht Lehre aber nicht nur um der Tradition willen, sondern ebenso, um sich selbst weiterzuentwickeln.

Der Umfang der erzieherischen Tätigkeit „Lehren" ist nicht in jeder pädagogischen Institution derselbe. Schule wird sicher mehr Unterricht aufweisen als ein Kindergarten oder gar ein lockerer Spielkreis. Aber Lehre ist in allen pädagogischen Prozessen zu finden.

Der Tätigkeit des Lehrens entspricht von seiten des Kindes bzw. des Jugendlichen das Lernen, das Erfahrung machen, das Erkennen, das Gewinnen von Einsichten, aber auch das Bereitsein zum Handeln aus inneren Überzeugungen. Auch hier ist eine Vielzahl von Aktivitäten des Zugehens auf die Dinge der Welt möglich; eine Vielfalt, die der Vielfalt lehrender Tätigkeiten entspricht.

Aufgaben

1. *Stellen Sie mit Hilfe einer Doppelspalte auf einem Blatt darbietende Tätigkeiten des Erziehens und die entsprechende Aktivität des Kindes dar.*

Tätigkeit der Erziehenden	Aktivität des Kindes
Vormachen	Nachmachen
Erzählen	Zuhören
?	?

2. a) *Beobachten Sie einen Ihrer Lehrer in der Unterrichtsstunde, und benennen Sie seine lehrenden Tätigkeiten möglichst differenziert.*
   b) *Versuchen Sie dieselbe Beobachtung im Kindergarten bei einer Erzieherin während des Freispiels bzw. während eines gelenkten Angebots.*
   c) *Vergleichen Sie.*

Aus den Beobachtungsaufgaben wird ersichtlich, wo die Unterschiede bei den einzelnen lehrenden Handlungen liegen.

Gemeint sind zunächst jene Tätigkeiten des/r Erziehers/in, die das Lernen der Kinder **unmittelbar** in und durch Interaktionen einleiten, unterstützen, steuern. Es handelt sich hierbei immer um **sozial gesteuerte Lernprozesse,** die nicht nur einseitig gelenkt verstanden werden dürfen, da sie auch auf den Lehrenden zurückwirken. Auch vorbereitende Handlungen, die die Kinder mit einbeziehen, können Lernprozesse auslösen, erlauben Erfahrungen, die zu Verhaltensänderungen führen.

Neben dem unmittelbaren und direkten Einleiten und Steuern von Lernprozessen werden im Kindergarten andere Formen der Initiierung gesucht. Es sind die im Vorigen bereits genannten **mittelbaren** Tätigkeiten.

Dabei handelt es sich um ein Schaffen von Möglichkeiten im Hinblick auf Begegnungen mit Sachen und mit Menschen, die zu verhaltensändernden Erfahrungen werden können. Es sind die Räume zu gestalten, Materialien und Medien bereitzustellen, allenfalls hier und da ein Impuls zu geben. Gemeint sind all jene Prozesse, die im freien und gelenkten Spiel durch verschiedene Spielgaben Erfahrungen gestatten, die sowohl interaktiv verlaufen können als auch eine individuelle Auseinandersetzung gestatten. Bei solchen Auseinandersetzungen werden nicht nur Erkenntnisse gewonnen, Wissen vermehrt, Bereitschaften geweckt, sondern ebenfalls Verhaltensformen erworben und geübt, die z. B. im zwischenmenschlichen Bereich bedeutsam sind.

Aufgaben

1. *Sammeln Sie Handlungen aus dem Bereich der Kommunikation (Mitteilung) unter der unten aufgeführten Gruppierung. Übertragen Sie dazu die Tabelle in Ihr Heft.*

Kontakt-aufnahme	Ablehnung	Bejahung	Gleich-gültigkeit	Streit
Anblinzeln ?	Vogel zeigen ?	Zunicken ?	Achsel zucken ?	Beschimpfen ?

2. *Überprüfen Sie, ob all diese Formen, die Sie bei Kindern finden, „gesellschaftsfähig" sind.*

2.6   Beraten

Aus dem Verständnis von Erziehung als Hilfe zum Mündigwerden und zum Soziabelwerden ergibt sich, daß erzieherisches Handeln nicht nur aus Anweisen, Unterweisen, Belehren besteht.

Vielmehr sind Entscheidungsräume freizuhalten, sind Bereiche im Leben mit den Kindern, den Jugendlichen so zu gestalten, daß die jungen Menschen sich entscheiden müssen. Dabei ist pädagogische Hilfestellung oftmals notwendig, drängt sich aber nicht auf, sondern unterstützt allenfalls. Sie stellt damit eine Beratung dar.

Beratung versteht sich als eine persönliche Hilfe oder Einflußnahme in wesentlichen Fragen der Lebensgestaltung. Sie ist als sozialpädagogisches Handeln **Hilfe zur Selbsthilfe, Entscheidungshilfe.**

Ein wesentliches Merkmal der Beratung ist, daß das Kind, der Jugendliche aus freien Stücken Rat sucht und Rat annehmen kann. Er kann also Rat auch ablehnen.

Beratung als sozialpädagogisches Handeln enthält als Merkmal die **Freiwilligkeit.**

Auch diese Grundform pädagogischen Tuns ermöglicht eine Vielfalt von Handlungsweisen. Sie reicht unter Umständen vom fast beschwörenden Überredungsversuch bis zur fachlichen nüchternen Darlegung der Gesamtproblematik einer zu fällenden Entscheidung. Jedoch ist zu beachten: der Ratsuchende steht immer in einem bestimmten auch emotional besetzten Zwang, er ist betroffen. Für ihn ist der gesuchte Rat, die erwünschte Hilfe notwendig. Selbst einfach scheinende Fragen nach der Kleiderfarbe, dem Schnitt der Hosen usw. drücken eine Unsicherheit im Verhalten aus, die den Rat des Angesprochenen sucht.

Diese Not gestattet nur Ratschläge, die zum Wohl des Ratsuchenden dienen; sie gestattet nur Ratschläge, die zur Eigenentscheidung führen; dagegen erlaubt sie keine Ratschläge, die die Not „ausnutzen".

Aber es sind natürlich nicht nur „kleine" Alltagssorgen, die Rat erheischen. Der schnelle Wandel gesellschaftlicher Formen, der Traditionsschwund, neue Aufgaben und Probleme führen in vielen Bereichen zu Unsicherheiten des Handelns, des Entscheidens, des Bewertens, des Verstehens.

Die Folge sind eine Fülle von Institutionen, die der Beratung dienen.

Aufgaben

1. *Stellen Sie fest, welche Beratungsinstitutionen es in Ihrer Stadt gibt.*

2. *Nennen Sie typische Lebenssituationen, bei denen man Rat sucht.*

3. *Auch in Ihrer Umgebung gibt es Menschen, an die man sich wendet, wenn man Rat braucht. Versuchen Sie eine solche Ratgeberpersönlichkeit zu beschreiben.*

Exkurs

Das auf Seite 24 vorgestellte Gruppierungsschema zum Erfassen von erzieherischen Prozessen und des erzieherischen Handelns nach Klafki ist *eine* Möglichkeit, erzieherisches Handeln verstehbar und zusammenfaßbar zu machen.

Es gibt andere Autoren, die unter anderen Gesichtspunkten darauf abzielen, das Handeln der Erziehenden beobachtbar und verstehbar zu machen. *Helmwart Hier-*

deis u. a. versuchen, indem sie ein Schema von Grundtätigkeiten vorgeben, die Gesamtheit des erzieherischen Handelns als einen Teilausschnitt des „Erzieherverhaltens" zu sehen:

> „Das erzieherische Handeln ist ein Aspekt des Erzieherverhaltens. Während das Erzieherverhalten alle beobachtbaren Aktionen und Reaktionen meint, die mit der Rolle und den Funktionen eines Menschen als Erzieher zusammenhängen, bilden die Handlungen des Erziehers nur den bewußten, sinnorientierten, zielgerichteten Teil unter ihnen"[1].

Auch *Hierdeis* und die übrigen Mitautoren verstehen die Prozesse, die in den erziehenden Institutionen ablaufen, als Interaktionen[2].

Dieses interagierende Verhalten und Handeln des Erziehers ist in seiner Art und in seiner Intensität durch drei Variablen bestimmt:

- die **Persönlichkeit** des Erziehers, die von der eigenen Lebensgeschichte abhängt;
- die **Umwelt** des Erziehers;
- das **Kind** in seiner entwicklungsbedingten Eigenart[3].

Hierdeis reduziert das erzieherische Handeln auf wesentliche Grundtätigkeiten[4].

- Disziplinieren
- Entscheiden
- Kommunizieren und Informieren
- Interagieren
- Analysieren, Interpretieren
- Diagnostizieren
- Therapieren
- Beraten
- Organisieren

3 Arbeitsfeldbeschreibung: Kinderkrippe

In der folgenden Darstellung wird eine familienergänzende Einrichtung beschrieben. Der geschichtliche Hintergrund ihrer Entstehung kann nur angedeutet werden; er soll Verständnis für das Entstehen bzw. Weiterbestehen solcher erzieherischen Institutionen wecken. Bei der Darstellung der Hauptaufgaben werden gleichzeitig Benutzerkreis und Arbeitsweise der Einrichtung verdeutlicht.

Kinderkrippe

> „Die *Kinderkrippe* ist eine Einrichtung zur Betreuung von Säuglingen und Kleinkindern bis drei Jahren. Ihre Mütter sind, wenn sie berufstätig bleiben müssen oder wollen, oft in Ermangelung anderer Betreuungsmöglichkeiten auf eine solche Einrichtung angewiesen; sie bringen morgens ihre Kinder und holen sie nach Dienstschluß wieder ab.
>
> Zunehmend mehr Eltern betrachten inzwischen eine gut geführte Krippe als ein pädagogisch sinnvolles Angebot auch für ihre kleinen Kinder. Sie eröffnet wichtige Möglichkeiten des Aufwachsens mit Gleichaltrigen. Allerdings wird die Krippenerziehung gegenwärtig leider noch mehr unter pflegerischen als unter pädagogischen Gesichtspunkten gestaltet.
>
> In den Krippen sind daher gegenwärtig noch überwiegend Kinderkrankenschwestern und Kinderpflegerinnen tätig. Es ist aber heute unbestritten, daß auch für Kleinkinder sozialpädagogisch geschulte Fachkräfte (z.B. Erzieher) benötigt werden, da diese Ein-

---

[1] Hierdeis, Helmwart u. a.: Basiswissen Pädagogik – Eine praxisbezogene Einführung. Band 2: Erzieherisches Handeln. München 1977, S. 9.
[2] Hierdeis: a.a.O., S. 11.
[3] Hierdeis: a.a.O., S. 10f.
[4] Hierdeis: a.a.O., S. 13ff., 36ff., 53ff., 88ff., 109ff., 122ff., 143ff., 154ff.

richtungen vor allem pädagogische Aufgaben haben: Sie fördern insbesondere die sprachliche, motorische, emotionale und soziale Entwicklung der Kleinkinder und verbessern den Kontakt zwischen Eltern und Kind. Dabei müssen Arbeitsorganisation der Krippen und Tätigkeit der Erzieher an den altersspezifischen Bedürfnissen und den jeweiligen Bedingungen der Familie des einzelnen Kindes orientiert werden. So wird der Forschung entsprochen, daß schon in der frühesten Kindheit die pflegerischen Funktionen als pädagogische Situationen verstanden und durch sozialpädagogische Angebote ergänzt werden."[1]

3.1 Geschichtliches

Die Entstehung der Kinderkrippen geht in die Anfänge des 19. Jahrhunderts zurück. Die fortschreitende Industrialisierung löste mehr und mehr die Großfamilie auf. Damit ging ein Verlust an Erziehungsmöglichkeiten der Familien einher. Die Behütungs- und Versorgungsaufgabe konnte nicht mehr von anderen Familienmitgliedern wie Großeltern, Tanten oder sonstigen Verwandten getragen werden. Bei gleichzeitig zunehmender Verarmung in den Kleinfamilien wurde jedoch die Arbeit der Mutter in der aufkommenden Industrie notwendig. Das bedeutete, Kleinkinder blieben ohne Aufsicht, ohne Versorgung.

Es waren also vor allem **soziale Gründe,** die zur Entstehung von Kinderkrippen führten. Diese bestehen sicher zum Teil bis heute fort (z. B. niederes Familieneinkommen, alleinerziehende Mütter oder Väter). Aber ebenso wird heute der Wunsch nach solchen Einrichtungen aus dem emanzipatorischen[2] Verständnis, daß Arbeit zu eigenem, die Unabhängigkeit ermöglichendem Einkommen führt, immer wieder artikuliert.

Die Kinderkrippen entstanden im Zusammenhang mit anderen schon vorhandenen Einrichtungen der Kleinkinderziehung. Es gab schon die **Kleinkindbewahranstalten, Kleinkinderschulen, Volkskindergärten.** Es gab auch sogenannte „Pflegestellen" für teures Geld. In die Bewahranstalten wurden im allgemeinen nur Kinder aufgenommen, die bereits bewahrfähig, d. h. bei der Aufnahme etwa zwei Jahre alt waren. Das heutige Aufnahmemindestalter von drei Jahren für den Kindergarten wird erst etwa seit der Mitte der zweiten Hälfte des 19. Jahrhunderts gefordert[3].

Zwar wurden schon zu Beginn des 19. Jahrhunderts in Kinderbewahranstalten ebenfalls Säuglinge aufgenommen, aber da hier auch Kleinkinder bis zu fünf Jahren mit in der Institution betreut wurden, kann von einer eigenständigen Krippe nicht die Rede sein[4]. So gründete *Fürstin Pauline von Lippe-Detmold* 1803 eine „Aufbewahrungsanstalt für kleinere Kinder". Aufnahmekriterium war:

> „Die Kinder müssen schon von der Mutterbrust entwöhnt und noch nicht über vier Jahre alt seyn ...[5]."

[1] Bundesanstalt für Arbeit: Blätter zur Berufskunde. Bd. 2, 2–IV A; 6. Auflage 1989, S. 11f.

[2] emanzipatorisch = Selbstverwirklichung und Gleichstellung anstrebend

[3] Vgl. Zur Klassifizierung: Zwerger, B.: Bewahranstalt – Kleinkinderschule. Aspekte nichtfamilialer Kleinkinderziehung in Deutschland im 19. Jahrhundert (Studien und Dokumentation zur deutschen Bildungsgeschichte Bd. 17). Weinheim/Basel 1980, vor allem Abschnitt II S. 29 ff.

[4] Über die geschichtliche Entwicklung der Krippen orientiert: Reyer, Jürgen: Entstehung, Entwicklung und Aufgaben der Krippen im 19. Jahrhundert in Deutschland. In: Zeitschrift für Pädagogik, Heft 5/82, S. 715.

[5] Reyer: a.a.O., S. 716.

1819 gründete *Friedrich Wadzeck* in Berlin die erste Kinderbewahranstalt für Kinder im Alter von 9 Monaten bis zu 2 Jahren, deren Mütter tagsüber zur Arbeit gingen[1]. Die eigentliche Form der Kinderkrippe, die mit dem Säuglingsalter Kinder aufnimmt, ist jedoch später zu datieren. In der Literatur wird immer wieder der Franzose *Firmin Marbeau* als der eigentliche Begründer genannt[2].

Marbeau stellte als Mitglied einer Kommission zur Berichterstattung über Kleinkinderbewahranstalten fest, daß viele Kinder, die wegen ihres geringen Alters noch nicht in eine Bewahranstalt aufgenommen worden waren, in anderen Familien betreut wurden. Hierfür mußten die Mütter dieser Kinder einen großen Teil ihres Taglohnes selbst abgeben. So wurde auf seine Anregung am 14. November 1844 eine Krippe eingerichtet. Die Einrichtung bestand nach *Marbeaus* eigenen Aussagen[3] aus:

„Zwölf Wiegen, einige(n) Stühle(n), einige(n) Kindersessel(n), ein(em) Crucifix, ein(em) Rahmen, in welchem das Reglement der Krippe sich befand."

Im deutschsprachigen Raum wurde die erste Kinderkrippe 1849 in Wien auf Initiative des Arztes *Carl Helm* eingerichtet. Bald folgten in Wien weitere Krippen; so bestanden 1851 bereits acht Krippen und 1882 zwölf.

Die erste Krippe in Deutschland wurde 1851 in Dresden eröffnet. Es folgten 1852 Berlin, Frankfurt und Hamburg; 1854 München und 1857 Nürnberg. Im Vergleich zu den anderen Einrichtungen der Kleinkinderziehung blieb die Anzahl der Krippen doch recht klein. Die stärkste zahlenmäßige Entwicklung in Deutschland ist wohl in der Zeit von 1890 bis 1910 festzustellen. Um 1917 gab es etwa 300 Krippen[4].

Für die Zeit nach dem Zweiten Weltkrieg ergaben sich in den beiden Teilen Deutschlands völlig verschiedene Entwicklungen. Für die Bundesrepublik Deutschland finden sich folgende Werte: Auf je 1000 Kinder eines Altersjahrganges kommen etwa vier Krippenplätze; in der DDR hingegen stehen 1969 185 Plätze pro 1000 Kinder eines Altersjahrganges zur Verfügung; 1986 waren es 515.

In Berlin (West) wie auch in anderen Großstädten der Bundesrepublik Deutschland ist die Anzahl der Krippenplätze höher; in Berlin (West) stehen im Jahr 1969 für 1000 Kinder eines Geburtsjahrganges knapp 80 Plätze zur Verfügung (für 74799 lebendgeborene Kinder der Altersjahrgänge 1966, 1967 und 1968 standen 5708 Krippenplätze zur Verfügung)[5]; 1990 waren es 11764 für 65872 Kinder unter drei Jahren[6].

Diese nur zögerliche Ausbreitung der Institution Kinderkrippe erklärt sich vor allem durch viele Vorbehalte, die wegen **mangelnder Sozialhygiene** von Kinderärzten vorgebracht wurden. So wandte sich schon 1884 der Wiesbadener Kinderarzt *Pfeiffer* gegen diese Institution, da in der Kinderkrippe die Rate der **Säuglingssterblichkeit** wesentlich höher liege als bei der familialen Erziehung[7].

Die Auseinandersetzung um diese Institution dauert bis heute an. So führt *Pechstein*[8] eine Reihe von Untersuchungen an, die die **Hospitalismussyndrome** aufneh-

---

[1] Reyer: a.a.O., S. 716.

[2] Reyer: a.a.O., S. 715; Hederer, Josef und Köth, Marlies: Praxis- und Methodenlehre Teil 1, Institutionskunde. Bardtenschlager München 1975, S. 23.

[3] Reyer: a.a.O., S. 715.

[4] Reyer: a.a.O., S. 716 f.

[5] Pechstein, Johannes: Das junge Kind in Heim und Krippe. In: Hundertmark, Gisela/Uhlshoefer, Helgard: Kleinkinderziehung Bd. 3. Institutionen der Kleinkinderziehung. Kösel München 1972, S. 33.

[6] Jugendhilfestatistik zum 31. 12. 1990. Auskunft des Statistischen Bundesamtes Stand: Juni 1992.

[7] Reyer: a.a.O., S. 732., Pechstein: a.a.O., S. 30.

[8] Pechstein: a.a.O., S. 36.

mend, von einer schweren Benachteiligung der Krippenkinder sprechen. Gegenüber solchen Untersuchungen stehen vorläufige Felduntersuchungen des Deutschen Jugendinstituts, die bedeutsame Nachteile bei einer Krippenerziehung nicht feststellen konnten[1].

Hospitalismusprobleme beschäftigten auch Pädagogen der DDR, die sich mit der Krippenerziehung auseinandersetzten[2].

Vergleicht man die Auseinandersetzung und die Vorwürfe um die Kinderkrippe, dann erkennt man unschwer, daß vor allem Unzulänglichkeiten in der Organisation und in der Leitung festgestellt werden, vor allem, daß immer wieder das Bild einer in ihrer Erziehungskraft wohl oft idealisierten Familie als Vergleichsgrundlage herangezogen wird.

Solche Vergleiche haben sicherlich für die Ausbreitung ihre regulierende Wirkung. Auch bei der Gründung von Fabrikkrippen war eigentlich dieses Bild Hintergrund. So sollten Krippen einerseits der Mutter das Zuverdienen ermöglichen, aber doch durch einen vielerorts verlangten Stillzwang wenigstens ein Minimum an gegenseitiger Kontaktnahme zwischen Mutter und Kind ermöglichen. Hierauf hatte *Tugendreich* bereits 1910 verwiesen.[3]

Eine für die damalige Zeit in dieser Sicht vorbildliche Einrichtung war wohl die in Mannheim-Neckarau eingerichtete Kinderkrippe der „Rheinischen Gummi- und Celluloidfabrik".[4]

> „Das Zusammenleben von Mutter und Kind soll gefördert und nicht gehemmt werden. Die Mütter sollen alle Arbeitspausen ausnützen, deren Verlängerung bei Fortzahlung des vollen Stundenlohnes eine für den Arbeitgeber leicht erschwingliche, man kann wohl sagen geringfügige Last von unendlich großem Nutzwerte ist. ... Seit Gründung der Neckarauer Krippe wurde mit der denkbar größten Zähigkeit auf das Selbststillen hingearbeitet, und keine Mutter wurde im Unklaren darüber gelassen, daß ihr Kind sofort aus der Krippe entfernt werden würde, wenn die Mutter zwar selbst stillen könne, sich aber aus irgendeinem Grunde ihrer Mutterpflicht entzöge. Es ist auch eine erfreuliche Folgeerscheinung gewesen, daß das Selbststillen zugenommen hat, und daß alle hierzu befähigten Mütter diese Pflicht erfüllten."[5]

3.2   Gründe für die Krippenerziehung

Fragen nach den Gründen für die Krippenerziehung treten mit verschiedenem Akzent im Verlauf der Geschichte dieser Institution immer wieder auf.

Einmal ist es die mehr oder minder notwendige **Mitarbeit der Frau,** das Hinzuverdienen, um den Lebensunterhalt zu sichern oder heute auch vielfach den Lebensstandard zu halten[6].

---

[1] Schneider, Kornelia: Zur Situation der Krippenbetreuung. In: Zeitschrift für Pädagogik, Heft 5/1982, S. 738 ff. und die dort angeführte Literatur a.a.O., S. 747.

[2] Schmidt-Kolmer, E.: Diskussionsmaterial zu einem Erziehungsprogramm für Kinder in den Krippen. Potsdam 1966.
Schmidt-Kolmer, E.: Pädagogische Aufgaben und Arbeitsweisen der Krippen. Berlin (Ost) 1968.

[3] Tugendreich, G.: Die Mutter- und Säuglingsfürsorge. Stuttgart 1909/10, S. 379.

[4] Bensinger, C.: Die Kinderkrippe der Rheinischen Gummi- und Celluloidfabrik in Mannheim-Neckarau. In: Zeitschrift für Säuglingsschutz. 2/1910, H. 10, S. 345–349.

[5] Bensinger: a.a.O., S. 345.

[6] Vgl. hierzu auch die Wiener Untersuchung zitiert nach Pechstein: a.a.O., S. 34 f.

Weiter sind die **alleinerziehende Mutter** und heute auch der **Vater** zu nennen, die für das Kleinkind eine Stätte der Aufbewahrung suchen. Untersuchungen von Wien[1] geben bei über 25 % der Befragten den Grund „alleinerziehend" an.

Die sich auf die Arbeitszeit beschränkende Krippenerziehung ermöglicht eher, das idealisierte Bild der als notwendig für das Kind gesehenen Mutter-Kind-Beziehung aufrechtzuerhalten, als dies z.B. das Säuglingsheim, das das Kind ununterbrochen bewahrt, tut. Die Krippen werden in dieser Hinsicht schon seit ihrer Gründung als das kleinere Übel gesehen. Aus dieser Sicht bleiben sie dennoch ein Notbehelf, eine Institution für die Notfälle. Eigentlich sollte es anders sein.

> „Abhilfe ist dringend notwendig. Die natürlichste wäre wohl, jedem der in Rede stehenden Familienväter so viel Einkommen zu sichern, daß die Mütter nicht mit auf Erwerb ausgehen müßten. ... Dies ist aber eine soziale Unmöglichkeit".[2]

Familienstand der Mütter von Krippenkindern nach einer Untersuchung in Wien. (Nach: 1945.)[3]

Familienstand	Mütter der Kinder in der Krippe	
verheiratet in aufrechter Haushaltsgemeinschaft mit dem Mann	1362	(67,8%)
verheiratet bei *nicht* aufrechter Haushaltsgemeinschaft mit dem Mann (getrennt lebend)	41	(2,0%)
in einer Lebensgemeinschaft	139	(6,9%)
verwitwet	15	(0,7%)
geschieden	228	(11,3%)
ledig	225	(11,2%)
Summe	2010	(100 %)

Art der Erwerbstätigkeit der Mütter von Krippenkindern nach einer Untersuchung in Wien. (Nach: 1945.)

Beschäftigungsart	Mütter der Kinder in der Krippe	
Hilfsarbeiterin	696	(37,8%)
Facharbeiterin	161	(8,8%)
kleine und mittlere Angestellte (bis inkl. Maturaberufe)	798	(43,4%)
leitende Angestellte (Beamtin)	67	(3,6%)
freiberuflich Tätige und Selbständige	31	(1,7%)
Heimarbeiterin	22	(1,2%)
Mithilfe im eigenen Familienbetrieb	64	(3,5%)
Summe	1839	(100 %)
ohne Erwerbsberuf	171	(8,5% v. 2010)
insgesamt	2010	

---

[1] Pechstein: Tabelle: Familienstand der Mütter von Krippenkindern, a.a.O., S. 34.

[2] Fellner, A.: Der Volkskindergarten und die Krippe ... Wien/Leipzig 1884, zit. nach Reyer: a.a.O., S. 724.

[3] Aus: Pechstein, Johannes: a.a.O., S. 34 f.

Hauptmotive für die Krippenunterbringung der Kinder nach einer Befragung in Wien. (Nach: 1945.)[1]

1. Die Mutter muß verdienen zur Bestreitung bzw. Mitbestreitung des täglichen Lebensunterhalts, zur Anschaffung oder Vervollständigung der dringend notwendigen Wohnungseinrichtung oder aber zum Erwerb einer Wohnung	1424	(70,8%)
2. Durch das im Haushalt der Mutter *auch ohne ihren Geldverdienst* vorhandene Einkommen wäre zwar für das Wichtigste zum Leben und Wohnen gesorgt, aber das Erwerbseinkommen der Mutter ermöglicht ein etwas besseres Leben	122	(6,1%)
3. Die Befragte ist mit der Aufgabe als Frau und Mutter *allein* nicht zufrieden, weil sie sich davon nicht ausgelastet fühlt und weil sie somit „aus Liebe zum Beruf" außerhäuslich tätig ist	66	(3,3%)
4. Das Kind besucht die Krippe, weil die Mutter durch die ganztägige Beaufsichtigung und Pflege des Kindes (der Kinder) gesundheitlich und kräftemäßig (auch in nervlicher Hinsicht) überfordert wäre	36	(1,8%)
5. Die Mutter hat ihr Kind deshalb in die Krippe gegeben, weil sie darin einen Vorteil für seine Entwicklung bzw. Erziehung sieht	132	(6,6%)
6. Die Ursache des Krippenbesuches besteht in quantitativer bzw. qualitativer Wohnungsnot der elterlichen Familie	34	(1,7%)
7. Die Ursache des Krippenbesuches besteht darin, daß die Mutter bzw. ihr Mann (oder beide) noch eine Schule besuchen oder sonst noch in der Berufsausbildung stehen	28	(1,4%)
8. Die Mutter ist erwerbstätig geblieben, um weiterhin sozialversichert zu sein im Hinblick auf Pensionsberechtigung und Krankenkasse	23	(1,1%)
9. Sonstige Motive. Fast die Hälfte der hier zusammengefaßten Motive besteht darin, daß die Mutter wegen Arbeitskräftemangels im eigenen Familienbetrieb mitarbeiten mußte bzw. weil der eigene Familienbetrieb keine (weitere) bezahlte Arbeitskraft finanziell tragen konnte bzw. weil die Mitwirkung der Mutter aus Gründen der familiären Vertrauensstellung im eigenen Betrieb nicht entbehrlich schien	145	(7,2%)
Summe	2010	(100 %)

Neben den Argumenten, die vorwiegend das Pflegende, Aufbewahrende und das Schützen des Kindes als Funktion der Krippen erwähnen, tritt das Argument einer **frühen Förderung** immer wieder auf. Seit den 70er Jahren unseres Jahrhunderts wird es zu einem Argument, das auch als Begründung für eine sehr frühe öffentliche Kleinkinderziehung gegen die vorherrschende Familienerziehung in dieser Al-

---

[1] Aus: Pechstein, Johannes: a.a.O., S. 34 f.

tersstufe angeführt wird. Hierbei wird den Krippen eine zumindest ebenso günstige Erziehungswirkung zugeschrieben wie der Mutter-Kind-Beziehung[1].

Aber vor allem ist es der ständig zunehmende Wunsch von immer mehr Müttern, ihre Berufstätigkeit aufrechtzuerhalten. Hierfür sind zwei konkrete gesellschaftliche Wandlungen zu nennen, die unter anderem die Berufstätigkeit der Frau und damit der Mütter von Kleinstkindern bedingen. Einmal ist die Qualität und der Umfang der Ausbildung bei den Frauen gestiegen und führt somit zu einem vermehrten Wunsch nach beruflicher Teilhabe; zum anderen ist von einer verminderten Einschätzung der Dauerhaftigkeit der Ehe auszugehen; dies führt zum wahrnehmbaren Wunsch nach Sicherstellung von außerehelichen bzw. nachehelichen Lebensmöglichkeiten[2].

3.3   Neue Ansätze in der Krippenerziehung

Die beiden Argumente, die Möglichkeit früher Förderung von Kleinstkindern in familienergänzender Weise und das emanzipatorische, wirtschaftliche Argument, ergaben den verstärkten Druck in Hinsicht auf die Schaffung von neuen Platzangeboten, aber auch von neuen Formen der Krippenbetreuung. Hier ist über eine ganze Reihe von neuen Ansätzen zu referieren; von Versuchen, die sich auch an den internationalen Entwicklungen messen lassen.

In Berlin lief ab 1974 ein pädagogisches Modell für Kinder unter drei Jahren, das die „erzieherische Kompetenz und das professionelle Selbstbewußtsein der Erzieher bzw. der Betreuer" erweitern sollte[3].

Über die Erweiterung der Wahrnehmungsfähigkeit in Hinsicht auf den Entwicklungsstand der Kinder sollte ein **Mehr an Kommunikation** zwischen Betreuerin und Kindern erreicht werden.

---

[1] In diesem Sinne muß wohl auch die bereits zitierte Felduntersuchung des Deutschen Jugendinstituts gesehen werden.
Banerjee-Schneider, K.: Institutionelle Kleinkinderziehung in den Krippeneinrichtungen der Freien und Hansestadt Hamburg. In: Deutsches Jugendinstitut (Hrsg.): Kleinkinderziehung in Familientagespflege und Kinderkrippe. Berichte über Forschungsprojekte des DJI (Unveröffentl. Werkstattbericht) München 1980.
Über diese Untersuchung referiert gut zusammengefaßt:
Schneider, Kornelia: Zur Situation der Krippenbetreuung. In: Zeitschrift für Pädagogik, Heft 5/1982, S. 737–748.
So z.B. in einem die Familienerziehung ergänzenden Sinn ebenfalls die Materialien für die sozialpädagogische Praxis (MSP) 4, herausgegeben vom Deutschen Verein für öffentliche und private Fürsorge. Ferner: „Probleme der Tagesbetreuung von Kindern unter drei Jahren", Diskussionsbeiträge zusammengestellt von Brigitte Frauenknecht und Beate Irskens, Frankfurt 1979.
Ebenso die Materialien Bd. 8 „Ich wollte schon immer etwas mit Babys machen", von Beate Irskens, Françoise Piepho, Ulrike Schmauch, Frankfurt 1983.
[2] Frauenknecht: a.a.O., S. 19.
[3] Beller, E. K.: Ein pädagogisches Modell für Kinder unter drei Jahren. In: Deutscher Verein für öffentliche und private Fürsorge (Hrsg.): Materialien für die sozialpädagogische Praxis (MSP) 4. Frankfurt 1979, S. 66–76.

Ferner sollte die alltägliche Pflegesituation verstärkt pädagogisch genutzt werden. Einmal sollte über die Alltagsverrichtungen und Zuwendungen bei den Pflegeakten die **vertrauensvolle Beziehung** hergestellt werden, zum anderen wollte man erreichen, daß auch bei diesen Alltagssituationen über entsprechende Anreize bereits eine **Förderung** stattfindet, z.B.:

> „(...) die Ausschöpfung der Lernmöglichkeit im Verlaufe der Pflege. Während des Fütterns wird das Kind angeregt, seine Umwelt wahrzunehmen und zu erkunden. Das macht es für das Kind leichter, die Spannung zu ertragen, die sein Hunger erzeugt, während gleichzeitig die Befriedigung des Hungers im Verlauf des Essens die Motivation zum Lernen verstärkt[1]."

Weiter war es das Ziel, das Erziehungsverhalten so zu optimieren, daß eine verbesserte Förderung der Kinder möglich werden sollte.

1973 erließ das Land Nordrhein-Westfalen Richtlinien für eine **altersgemischte Tagesbetreuung** von Säuglingen und Kleinkindern[2] mit dem Ziel:

> „(...) durch die Altersmischung Säuglingen und Kleinstkindern ein höheres Maß individueller Zuwendung durch die Erwachsenen, im besonderen aber auch Anreize und Nachahmungsmöglichkeiten durch die älteren Kinder zu bieten[3]."

Diese altersgemischten Gruppen sollten die Stärke von 15 Kindern pro Gruppe nicht übersteigen und folgende Alterszusammensetzung haben: 2 Säuglinge, 4 Kleinstkinder und neun Kleinkinder (3–6 Jahre). Diese Gruppe sollte von erfahrenen Erzieherinnen oder graduierten Sozialpädagoginnen geleitet werden; diese sollten zusätzlich noch von einer Kinderkrankenschwester und einer Helferin (Kinderpflegerin) unterstützt werden.

Folgende **Räume** sollten zur Verfügung stehen:
- ein Gruppenraum als Wohn-, Spiel- und Krabbelraum,
- ein kleiner Gruppenraum (18–24 qm), angeschlossen an den größeren,
- ein Säuglingsraum mit drei Betten und Pflegenische; dieser Raum sollte mit dem Gruppenraum so verbunden sein, daß bei geöffneter Türe der Säugling bei Wachsein mit den älteren Kindern Kontakt aufnehmen könne,
- ein Schlafraum für Kleinstkinder,
- eine Garderobe,
- ein Waschraum mit Toilette.[4]

---

[1] Beller: a.a.O., S. 67.
[2] Ministerialblatt für das Land Nordrhein-Westfalen. Ausg. A, Jg. 26, 20. 12. 1973, Nr. 123, S. 2122 ff.
[3] Maar, Gisela: Tagesbetreuung von Säuglingen und Kleinstkindern in altersgemischten Gruppen. In: Deutscher Verein für öffentliche und private Fürsorge (Hrsg.): Materialien für die sozialpädagogische Praxis (MSP) 4. Frankfurt 1979, S. 77.
[4] Maar, Gisela: Tagesbetreuung von Säuglingen und Kleinstkindern in altersgemischten Gruppen. In: Verein für öffentliche und private Fürsorge (Hrsg.): Materialien für die sozialpädagogische Praxis (MSP) 4. Frankfurt 1979, S. 78.

Dieses Modell einer altersgemischten Betreuung lehnt sich an dänische Modellformen an; dort sollten bis zum Jahre 1980 rund 20 000 Plätze in folgender Gruppenform bereitgestellt werden:

> „Die dänischen Gruppen umfassen 16 Kinder zwischen 0,4 und 14 Jahren, darunter vier Kinder unter drei Jahren, 6 Vorschulkinder (3–6 Jahre) und 6 Schulkinder[1]."

All diese Projekte versuchen eine **verstärkte Individualisierung** beim Fördern und eine **bessere Integration** aller am Erziehungsprozeß Beteiligten (Kinder, Erzieher, Betreuer und Eltern) durch wechselseitiges Lernen zu erreichen[2].

Wenn man die Begründungen analysiert, dann kann man eindeutig eine Tendenz zu verstärkter pädagogischer Argumentation vor allem seit der Mitte der 70er Jahre erkennen[3].

Der 8. Jugendbericht von 1990 faßt die Begründungen für neue Ansätze in der institutionalisierten Erziehung auch für Kinder unter drei Jahren zusammen und fordert:[4]

1. Schaffung familienübergreifender Erfahrungswelten, um der „Verinselung" der Kinder vorzubeugen, zumal es keine öffentlichen und privaten Räume mehr gebe, die notwendige, kontinuierliche Erlebnisse, Begegnungen und Erfahrungen gewährten; die Spielfelder: Geschwistergruppe, Nachbarschaft, Straße, … fehlten weitgehend.
2. Schaffung von Institutionen auch der Betreuung von Kleinstkindern, damit sich die konfligierenden Ansprüche von Familie und Berufstätigkeit bei Müttern und Alleinerziehenden vereinbaren ließen. Eltern fühlten sich heute einem Erziehungsanspruch ausgesetzt, der früher anderweitig befriedigt werden konnte. Das für die Kinder notwendige Zeitbudget werde geringer; Lebensentwürfe von Frauen veränderten sich und beschränkten sich nicht mehr ausschließlich auf die Familie.
   Besonders betroffen seien die Alleinerziehenden. Für erwerbstätige Mütter oder Väter, die allein erziehen, standen 1987 gerade für etwa 8% der Kinder unter drei Jahren Plätze in Krippen, Tagesstätten oder Tagespflegen bereit. Man rechnete 1986 neben 28 353 Krippenplätzen und 25 735 vom Jugendamt genehmigten Tagespflegestellen noch mit der gleichen Zahl inoffizieller Tagespflegestellen, d. h. ca. 80 000 Plätzen.[5]
3. Gefordert wird eine „lebensweltorientierte" pädagogische Betreuung, der es gelingt, die getrennte Welt zwischen Kindern und Erwachsenen, zwischen Einzelkindern und fehlenden Geschwistern, zwischen Kleinfamiliewelt und Berufswelt, zwischen Familie und Nachbarschaft auszugleichen.[6]

In der heutigen Diskussion verstehen sich die meisten Institutionen, in denen Kinder bis zu drei Jahren erzogen werden, als Institutionen, die familienergänzend arbeiten. Eine gewisse Ausnahme sind die Kleinkind- und Säuglingsheime, in denen die Kinder nicht nur zu Teilzeiten des Tages untergebracht sind. Neben der Krippenerziehung haben sich schon immer sogenannte Pflegestellen oder Pflegenester um

---

[1] Maar: a.a.O., S. 79.
[2] Maar: a.a.O., S. 87.
[3] Schneider, Cornelia: Zur Situation der Krippenbetreuung. In: Zeitschrift für Pädagogik, Heft 5/1982, S. 737 ff. Zu diesem Thema ebenso das Heft 2/1982 der Zeitschrift für Pädagogik mit „Kindesentwicklung und Familienerziehung" als Grundthema.
[4] Bundestagsdrucksache 11/6576; Bericht über Bestrebungen und Leistungen der Jugendhilfe – Achter Jugendbericht – 1990, S. 94 ff.
[5] Achter Jugendbericht, 1990, S. 96.
[6] Achter Jugendbericht 1990, S. 94 ff.

die Kleinstkinder bemüht. Sie sind im wesentlichen einkommensorientiert. Sie finden dort einen Markt, wo die Berufstätigkeit der jungen Mütter stark herausgefordert wurde und wo keine besonderen pädagogisch orientierten Institutionen vorhanden sind.

Aus diesem Mangel entstanden in den letzten zwanzig Jahren immer mehr Initiativen, die von den jungen Eltern selbst ausgingen.

Spielkreise, Eltern-Kind-Gruppen

Die Initiative geht oftmals von jungen Eltern aus, aber auch Familienbildungsstätten oder Volkshochschulen initiierten solche wöchentlich ein- bis zweimal stattfindenden Kreise.

Ihre Bedeutung liegt darin, daß sich Eltern in gleicher Situation treffen und aussprechen können. Die kleinen Kinder lernen sich in gemeinsamem Spiel besser kennen. Es ist auch möglich, daß in gegenseitiger Absprache hier eine Entlastung für einzelne Mütter möglich ist (z.B. zum Einkaufen usw.). Eltern und Kinder spielen auch viel gemeinsam.

Baby- oder Krabbelgruppen

Oftmals entstand aus den losen und wenig strukturierten und wenig dauerhaften Spielkreisen der Wunsch nach einer dauerhafteren Lösung, die für die Eltern eine sichere und institutionell organisierte Entlastung bedeutete.

Die auf Dauer eingerichteten Krabbelgruppen ermöglichten Eltern die Befriedigung mehrerer Wünsche; sie konnten wenigstens Teilzeitarbeiten nachgehen und gleichzeitig für das Kind einen erweiterten Spiel- und Erfahrungsraum sicherstellen. Krabbelstuben sind täglich zwischen drei und sechs Stunden geöffnet. Im allgemeinen sind fünf bis zehn Kinder in einer Gruppe. Die Betreuung erfolgt durch festangestellte Bezugspersonen (Erzieherinnen) unter Mithilfe von Eltern. Relativ hohe Elternbeiträge, die festangestellten Arbeitskräfte müssen entlohnt werden, sind eine Last, die es weniger bemittelten Eltern leider oft nicht ermöglicht, ihr Kind einer solchen Krabbelstube anzuvertrauen.

Im neuen, am 26. 6. 1990 verabschiedeten Kinder- und Jugendhilfegesetz werden die Bundesländer aufgefordert, für einen bedarfsgerechten Ausbau von Taseinrichtungen und Tagespflegestellen Sorge zu tragen. Ausdrücklich wird hierbei auf die Unterstützung von „selbstorganisierten" Förderungseinrichtungen hingewiesen.

§ 25 des KJHG v. 26. 6. 1990[1]
„Unterstützung selbstorganisierter Förderung von Kindern. Mütter, Väter und andere Erziehungsberechtigte, die die Förderung von Kindern selbst organisieren wollen, sollen beraten und unterstützt werden."

---

[1] Gesetz zur Neuordnung des Kinder- und Jugendhilferechts v. 26. 6. 1990. Bonn. 3. Aufl. 1991, S. 19 und S. 51.

3.4 Entwicklung der Krippen

Vergleich der Entwicklung der Krippen in der Bundesrepublik Deutschland und in der ehemaligen DDR:

Jahr	BRD[1]			DDR[2]		
	Kinder[4] 0–3 J.	Krippenplätze	Krippenplätze für 1000 Kinder d. Altersgruppe 0–3 J.	Kinder[4] 0–3 J.	Krippenplätze/ Saisonkrippenplätze	Krippenplätze für 1000 Kinder d. Altersgruppe 0–3 J.
1965[3]	3 087 000	18 108	5,9	874 000	116 950 / 15 861	151,9
1970	2 605 000	17 457	6,7	744 000	166 412 / 9 481	236,4
1980	1 774 000	26 104	14,7	704 000	284 712 / 340	404,9
1986	1 798 000	28 353	15,8	672 000	346 087 / 369	515,6
1990[5]	2 144 000	38 127	17,8	—	—	—

Für die Bundesrepublik Deutschland zeigt ein Vergleich der Zahlen der Jahre 1976, 1980 und 1986, daß sich die Anzahl der Krippenplätze nicht wesentlich vermehrt hat:

Bundesländer	Anzahl der Krippenplätze		
	1976[6]	1980[7]	1986[7]
Baden-Württemberg	3 600	2 990	3 442
Bayern	3 362	3 401	3 004
Berlin (West)	8 638	9 469	10 814
Bremen	36	79	142
Hamburg	3 334	3 923	4 130
Hessen	1 350	1 872	2 240
Niedersachsen	1 509	1 540	1 841
Nordrhein-Westfalen	1 821	1 956	1 816
Rheinland-Pfalz	496	519	408
Saarland	76	164	115
Schleswig-Holstein	166	191	401
Bundesrepublik einschließlich Berlin (West)	24 388	26 104	28 353

---

[1] Statistische Jahrbücher der Bundesrepublik Deutschland 1975, 1982, 1988 u. 1991, herausgeben vom Statistischen Bundesamt Wiesbaden.
[2] Statistisches Jahrbuch der Deutschen Demokratischen Republik 1988, herausgegeben von der Staatlichen Zentralverwaltung für Statistik, Berlin (Ost) 1988, S. 346.
[3] Zahlen für 1965 nach: Pechstein, Johannes: Das junge Kind in Heim und Krippe. In: Hundertmark, Giesela/Ulshoefer, Helgard: Kleinkinderziehung. Bd. 3. München 1972, S. 32.
[4] Zahl der Lebendgeborenen 0–3 Jahre auf 1000 gerundet.
[5] Jugendhilfestatistik zum 31. 12. 1990. Auskunft des Statistischen Bundesamtes: Stand Juni 1992.
[6] Frauenknecht, Brigitte: Die Situation in der Tagesbetreuung für Kinder bis zu drei Jahren … In: Deutscher Verein für öffentliche und private Fürsorge (Hrsg.): Materialien für die sozialpädagogische Praxis (MSP) 4. Frankfurt 1979, S. 43.
[7] Auskunft des Bundesministeriums für Jugend, Familie, Frauen und Gesundheit.

Zur Demonstration der Zunahme noch ein Zahlenvergleich zwischen den Jahren 1976 und 1981:

Krippen	1976	1981	Zuwachs	in %
Zahl der Einrichtungen	857	1012	155	18,1
Zahl der Plätze	24 388	26 392	2 004	8,2

Auch hier zeigt sich, daß die beiden Städte Berlin (West) und Hamburg absolut Spitzenreiter sind und im wesentlichen die Vermehrung tragen. Von den neu eingerichteten Krippen in den Jahren 1976 bis 1981 fallen allein auf Berlin (West) 51 (=32,9%) und 34 auf Hamburg (=21,9%). Von den geschaffenen 2 004 Plätzen fallen auf die beiden Städte zusammen 1 641 (=81,8%).[1]

Der Vermehrung der Krippenplätze steht allerdings eine wesentliche Erhöhung der mütterlichen Berufstätigkeit gegenüber. Schon 1970 rechnete man mit rund 500 000 Kindern unter drei Jahren, deren Mutter berufstätig waren, d. h., es standen für etwa fünf Prozent dieser Kinder Krippenplätze bereit.[2]

Die Situation ist von Bundesland zu Bundesland verschieden. Aber auch dort, wo die stärkste Verbreitung an Krippen vorhanden ist, zeigt sich im Verhältnis der Anzahl der Kinder unter drei Jahren zum Platzangebot ein Defizit von mehr als 80%. Das ergibt eine Statistik aus dem Jahr 1990.[3]

Für 100 Kinder der Altersgruppe unter drei Jahren standen 1990 an Krippenplätzen zur Verfügung in:

Baden-Württemberg	1,1 Plätze
Berlin (West)	17,9 Plätze
Bremen	1,9 Plätze
Hamburg	9,8 Plätze
Hessen	1,8 Plätze
Niedersachsen	1,6 Plätze
Rheinland-Pfalz	0,5 Plätze
Saarland	0,7 Plätze
Schleswig-Holstein	0,7 Plätze

An dieser Stelle muß etwas gesagt werden über die Kosten. Je nach Ausstattung und personeller Besetzung müssen heute für ganztagsbetreuende Tagesstätten – sie umfassen Einrichtungen für die Betreuung vom Säugling bis zum Schulkind – bis zu 1 200 DM Kosten aufgewendet werden. Die Höhe der Elternbeiträge decken hiervon auch bei einer einkommensabhängigen Staffelung nur einen Bruchteil. Da

---

[1] Irskens, Beate/Piepho, Françoise/Schmauch, Ulrike: Ich wollte schon immer etwas mit Babys machen ... In: Verein für öffentliche und private Fürsorge (Hrsg.): Materialien für die Sozialpädagogische Praxis (MSP) 8. Frankfurt 1983, S. 31 f.

[2] Frauenknecht: a.a.O., S. 21.

[3] Jugendhilfestatistik zum 31. 12. 1990. Auskunft des Statistischen Bundesamtes: Stand Juni 1992.

das neue Kinder- und Jugendhilfegesetz die Länder zwingt, hier handelnd einzugreifen, bedarfsdeckend zu planen und Gestaltungen zu ermöglichen, werden in den nächsten Jahren wohl auch neue Formen einer zusätzlichen öffentlichen Finanzierung gefunden werden. Die derzeitigen Elternbeiträge z.B. für Kindertagesstätten freier Träger in Westberlin betragen bis zu 700 DM, in Kindergärten in Baden-Württemberg beträgt der Elternbeitrag für das erste Kind in Großstädten heute 100 DM und mehr. Für Nordrhein-Westfalen ergeben sich ähnliche Zahlen.[1]

3.5 Strukturen und Organisationsformen

Schon sehr früh wurde auf eine Trennung der Säuglinge und der anderen Kinder der Krippe geachtet. *Fellner* verlangte 1884:

> „Eine gut eingerichtete Krippe soll drei Räume für die Kinder haben und zwar ein Zimmer für die ‚Säuglinge', eines für die ‚Kriechlinge' und eines für die ‚Gehlinge'".[2]

Neumann stellte 1895 sogar ein Maximalraumprogramm für eine Krippe auf:

> „1. Warteraum für die Mütter; 2. Kleiderablage; 3. Badzimmer; 4. Aufenthaltsraum für die Säuglinge; 5.a) Aufenthaltsraum für die Kriechlinge; 5.b) Aufenthaltsraum für die Gehlinge; 6. Schlafraum; 7. Zimmer zum Säugen; 8. Isolierzimmer; 9.a) Küche; 9.b) Milchküche; 10. Waschküche; 11. Raum für Eisspind und Wirtschaftssachen oder Keller; 12.a) Wohnung für das Personal (mit Klosett); 12.b) Verwaltung; 13.a) überdeckter Raum; 13.b) Garten."[3].

Aber nicht nur über das Raumprogramm werden ausführliche Aussagen gemacht. Ebenso werden der Tagesablauf festgelegt, die Aufgaben des Pflegepersonals und die Nahrungszubereitung bis ins Detail beschrieben.

In der Krippe zu Wien-Breitenfeld wurden die Kinder täglich folgendermaßen aufgenommen:

> „1. Um 6 Uhr früh müssen alle Localitäten der Anstalt gereinigt, gelüftet und zur Aufnahme der Kinder hergerichtet sein ... 3. Diejenigen Personen, welche die Kinder bringen und abholen, dürfen sich nie länger, als unumgänglich nothwendig ist, in der Anstalt aufhalten. Hiervon sind nur die Mütter ausgenommen, welche die Kinder säugen. 4. Die überbrachten Kinder werden, nachdem ihre Namen in das Protocoll eingetragen worden, entkleidet, mit gestandenem Wasser mittelst Handtüchern gereinigt, gekämmt und mit der Wäsche der Anstalt bekleidet."[4].

In dieser Anstalt war neben zwei „Kindwärterinnen" noch eine „Magd zur Aushilfe" tätig und das für etwa täglich 10 Kinder. Das Personal mußte alle Arbeiten im Haus selbst verrichten und nach Möglichkeit im Haus wohnen.

---

[1] Siehe: Rechtliche Grundlagen der Horterziehung S. 285.
[2] Fellner, A.: Der Volkskindergarten und die Krippe ... Wien/Leipzig 1884, S. 42. Zit. nach Reyer: a.a.O., S. 718.
[3] Neumann, H.: Öffentlicher Kinderschutz, Krippen und Kinderbewahranstalten. In: Weyls Handbuch der Hygiene, Bd. VII. Jena 1895, S. 526. Zit. nach Reyer: a.a.O., S. 719.
[4] Zit. nach Reyer: a.a.O., S. 719.

Für die Berliner „Säuglingsbewahranstalt des conservativen geselligen Vereins" galten folgende Pflegeanweisungen (1852):

„**§ 30.** Die Wärterinnen müssen täglich jedes ankommende Kind einmal waschen und kämmen und dies Geschäft bei eintretender Nothwendigkeit wiederholen. Einrichtungen zum Baden der Kinder werden nach Möglichkeit getroffen werden. Soweit dieselben vorhanden sind, sind die Kinder abwechselnd jeden zweiten Tag zu baden.

§ 31. Bei dem Tragen und Unterstützen der Kinder haben die Wärterinnen mit der äußersten Vorsicht zu verfahren. Sie haben die Kinder hierbei mit beiden Händen zart an der Mitte des Körpers zu fassen und dieselben keinem gefährlichen Druck auszusetzen.

§ 32. Sie haben die Kinder unausgesetzt zu überwachen, sich von allen Bedürfnissen derselben zu überzeugen und darauf zu sehen, daß sie stets zugedeckt sind, eine bequeme Lage einnehmen und nie lange durchnäßt bleiben. Jedem schreienden Kinde ist sofort nachzusehen, um die Ursache seiner Unzufriedenheit zu erforschen.

§ 33. Keinem Kinde darf ein Vorzug der Pflege zu Theil werden.

§ 34. Der Bereitung der Speisen ist von der Wärterin, welche damit beauftragt wird, besondere Aufmerksamkeit zu widmen.
Es werden hierüber besondere Vorschriften erlassen werden."[1]

Über die Anweisungen zur richtigen Nahrungszubereitung erfahren wir bei *Fellner* 1884 folgendes:

„**§ 1.** Die Nahrung der Kinder von der Geburt an bis zum 8. Lebensmonat besteht bloß in Milch.

§ 2. Die Milch, die den Kindern gereicht wird, muß eine kuhwarme, d. h. eine nicht abgerahmte sein. Sie muß jedoch stets mit Wasser gemischt und im Verhältnis von 2 Deka = 1 Loth Zucker auf 1½ Liter = 1 Maß Milch gezuckert sein. Die Menge des zugesetzten Wassers richtet sich nach dem Alter der Kinder. Bei Kindern innerhalb der ersten 6 Lebenswochen nimmt man 2 Theile Wasser und 1 Theil Milch; von der 6. Woche bis zum 8. Monate gleiche Theile Wasser und Milch.

§ 3. Von der so gemischten Milch wird den Kindern in den ersten 6 Wochen 1 Deciliter (¼ Seitel), den Kindern von 6 Wochen bis zu 8 Monaten 2 Deciliter (½ Seitel) alle 2 oder 2½ Stunden gegeben.

§ 4. Die Kinder, die noch gesäugt werden, und deren Mütter 1–2mal des Tages kommen können, um sie anzulegen, erhalten in der Zwischenzeit dieselbe Nahrung, wie in § 2 und 3 angegeben ist.

§ 5. Vom 8. Monate bis zum vollendeten 1. Lebensjahre bekommen die Kinder 2 Theile Milch mit nur 1 Theil Wasser zu 2 Deciliter (½ Seitel) alle 2 oder 2½ Stunden; nebstdem aber zu Mittag Rindsuppe, mit ¼ Semmel eingekocht.

§ 6. Vom vollendeten 1. Lebensjahre bis zum 15. Monate bekommen die Kinder 2mal des Tages Milch zu 3 Theilen, mit einem Theil Wasser gemischt zu trinken; nebstdem zu Mittag eine Semmelsuppe (mit dem 4. Theil einer Semmel) oder eine dünne Gries- oder Reissuppe; ferner nachmittags ¼ Theil Semmel oder ebensoviel Zwieback in der Milch, die zu 3 Theilen mit 1 Theil Wasser gemischt ist.

§ 7. Vom 15.–20. Monat erhalten die Kinder zum Getränke nur gestandenes Wasser; zum Frühstück reine Milch mit ½ Semmel; um 10 Uhr ¼ Semmel; zu Mittag eingekochte Suppe und 3mal in der Woche etwas leichtes Gemüse (wie Spinat, Kochsalat usw.), die anderen 3mal eine leichte Milchspeise mit Reis, Gries, Zwieback; des Nachmittags wieder ½ Semmel in reiner Milch.

---

[1] Zit. nach Reyer: a.a.O., S. 719 f.

§ 8. Vom 20. Monate bis zum vollendeten 2. Lebensjahre dasselbe Frühstück; um 10 Uhr etwas Brot; zu Mittag 3mal in der Woche Gemüse, nebst eingekochter Rindsuppe, 3mal mit Reis, Gries oder Mehlspeise, dick eingekochte Milchspeise; nachmittags Brot.

§ 9. Abweichungen von dieser Nahrungsordnung können nur auf Grundlage besonderer individueller Verhältnisse vom Arzte im Einverständnisse mit dem Leiter der Krippe oder der leitenden Aufsichtsdame vorgenommen werden.

§ 10. Kinder, die entwöhnt werden oder eben entwöhnt wurden, ebenso Kinder, die kränklich sind, können auf Anordnung des Arztes eine andere geeignete Nahrung erhalten.

§ 11. Sämmtliche Speisen und Getränke der Kinder sollen kurz vor Verabreichung bereitet werden. Das Aufwärmen derselben auf dem Ofen ist verboten.

§ 12. Die Anwendung des ‚Zuzels' ist nicht gestattet und sind die Eltern aufmerksam zu machen, daß sie denselben den Kindern auch nicht nächtlicher Weile verabreichen.

§ 13. Eltern oder Besucher der Krippe dürfen für die Kinder keine Eßwaren mitbringen.

§ 14. Den Ankauf sämmtlicher Victualien besorgt über Auftrag der leitenden Aufsichtsdame die 1. Wartfrau."[1]

Über die Zuständigkeiten werden ebenfalls klare Aussagen gemacht. Als Träger treten in Wien wie auch andererorts Vereine auf.

Heute sind bei uns Gebietskörperschaften (Gemeinden, Landkreise) aber auch freie Träger zuständig. So stand im Jahr 1976 in fast allen Bundesländern der überwiegende Teil der Krippen in öffentlicher Trägerschaft.

Wie man sich das Raumprogramm einer Kindertagesstätte vorstellen könnte, ersieht man aus einem gemeinsamen **Musterentwurf der Arbeitsgemeinschaft der Landesjugendämter und Fürsorgeerziehungsbehörden,** der sich bei *Pechstein* auszugsweise abgedruckt findet:

Tagesstätten für Kinder bis zum vollendeten 3. Lebensjahr
Personalbedarf und Qualifikation
Leitung: eine staatlich geprüfte, pädagogisch erfahrene Kinderkrankenschwester.
Für Gruppen von Kindern bis zum Alter von 1 Jahr: eine staatlich geprüfte, pädagogisch erfahrene Kinderkrankenschwester oder erfahrene Kinderpflegerin, außerdem eine Hilfskraft; für Kinder von 1 bis 3 Jahren: eine pädagogische Fachkraft und eine Hilfskraft.
Hilfskräfte sind insbesondere:
1. staatlich geprüfte Kinderpflegerinnen im Anerkennungsjahr;
2. jugendliche Kräfte, die in eine sozialpädagogische Ausbildung streben, während ihrer praktischen Anleitung neben dem Besuch der Berufsschule für krankenpflegerische Berufe;
3. Schwesternschülerinnen während ihrer Ausbildung.

Größe oder Gruppen
Säuglinge (0 bis 12 Monate) bis zu 10
Krabbler (1 bis 2 Jahre) bis zu 12
Kleinstkinder (2 bis 3 Jahre) bis zu 15
Die Größe der Gruppen richtet sich jeweils nach der pädagogischen und pflegerischen Aufgabe, soweit sich keine Begrenzung aus bestimmten Gründen ergibt.

---

[1] Fellner: Der Volkskindergarten und die Krippe ... Wien/Leipzig 1884, S. 36 ff. Zit. nach Reyer: a.a.O., S. 720.

Raumbedarf
Räume für die einzelne Gruppe
Säuglinge:
1 Säuglingszimmer mit Pflegeraum 3,5 qm Bodenfläche je Kind
Sanitäre Einrichtung des Pflegeraums:
1 Säuglingsbadewanne   1 Ausguß
1 Topfspüle   1 Handwaschbecken für Personal
Krabbler:
1 Gruppenraum mit Sichtfenster vom Pflegeraum und 3,5 qm Bodenfläche je Kind
1 Ruheraum nach Bedarf
Sanitäre Einrichtung des Pflegeraums:
1 Kindertoilette   1 Topfspüle
1 Kinderwaschbecken   1 Ausguß
1 Kinderbadewanne   1 Handwaschbecken für Personal
Kleinstkinder:
1 Gruppenraum mit 3,5 qm Bodenfläche je Kind
1 Ruheraum nach Bedarf
1 Waschraum mit: 2 Kinderhandwaschbecken, 1 Kinderbadewanne, evtl. Fußwaschbek-
ken, je mit Handbrause, 2 Kindertoiletten, 1 Ausguß

Zusätzliche Räume für die gesamte Einrichtung:
für Säuglinge nach Bedarf 1 Aufnahmeraum
Isolierzimmer mit Handwaschbecken
bei der Aufnahme von mehr als 20 Kindern weitere Isoliermöglichkeiten
Milchküche mit Kühlschrank
Schrankraum für Kinderkleidung und Wäsche
Waschküche mit Spülvorrichtung für Windeln
Trockenraum
Kinderwagenraum (möglichst heizbar) mit Ausgang ins Freie
Büro, bei größeren Einrichtungen noch Personalraum[1].

Für den Tagesablauf gilt allgemein die Empfehlung, daß die tägliche Aufenthaltszeit nicht über acht Stunden gehen und daß der Tagesablauf aus psychologischen und organisatorischen Gründen einer strengen Zeiteinteilung unterliegen sollte.

Beispiel für die Gestaltung eines Tagesablaufs für Säuglinge

Uhrzeit	Ablauf
7.30–8.30	Ankunft der Babys
8.30–9.30	Körperpflege (Baden, Wickeln)
9.30	Füttern
im Anschluß daran	Ruhe (Schlafen)
12.00–13.00	Körperpflege (Reinigen, Wickeln)
13.00	Füttern
im Anschluß daran	Ruhe (Schlafen)
bis 16.30	Körperpflege (Reinigen, Wickeln)
im Anschluß daran	Heimkehr der Kinder

---

[1] Pechstein, Johannes: Das Junge Kind in Heim und Krippe. In: Hundertmarck, Gisela/Ulshoe-
fer, Helgard: Kleinkinderziehung, Bd. 3, Institutionen der Kleinkinderziehung. Kösel München
1972, S. 40 ff.

Für die Kinder, die bereits als „Krabbler" angesehen werden können, kann das Angebot erweitert werden:

Beispiel für die Gestaltung eines Tagesablaufs für Kleinstkinder

Uhrzeit	Ablauf
7.00– 8.00	Ankunft der Kinder
8.00– 9.00	Freispiel
9.00– 9.30	Körperpflege (Trockenlegen oder WC, Händewaschen, Kämmen)
9.30–10.00	Frühstück
10.00–10.15	Händewaschen
10.15–11.30	Beschäftigungen verschiedener Art (auch draußen)
11.45–12.00	Körperpflege
12.00–12.40	Mittagessen
12.45–13.00	Händewaschen
13.00–15.00	Ruhe (Schlafen)
15.00–15.20	Körperpflege
15.20–15.40	Nachmittagspause (Essen, Trinken)
15.40–17.00	Freispiel
	Heimkehr der Kinder

3.6 Probleme der Krippenerziehung

Wenn man dem Bundesfamilienbericht von 1974 folgt[1], ergeben sich für das Lebensmilieu des Säuglings und des Kleinstkindes folgende notwendigen **Grundqualifikationen des Sozialisationsmilieus**. Das Sozialisationsmilieu muß[2]:

> „(...) eine relativ **hohe Kommunikationsdichte** aufweisen, nicht nur um die notwendigen Pflege- und Versorgungsfunktionen dem Kind gegenüber zu sichern, sondern um jenes hohe Maß an sensorischer und sozialer Stimulation zu vermitteln, welches das Kind braucht, um lebensfähig zu werden.

> Die soziale Umwelt des Kindes bedarf darüber hinaus einer gewissen **Konsistenz**[3], weil das Kind stark verunsichert werden müßte, wenn es von denen, mit denen es umgeht, widersprüchlich behandelt würde – z.B. von dem einen für etwas Belohnung erfährt, was den anderen zu strafendem Verhalten veranlaßt.

> Im Zusammenhang damit steht, daß das Beziehungsmilieu des Kindes eine gewisse **Stabilität** braucht, „Dauerpflegepersonen", auf die es sich einstellen, zu denen es Vertrauen ausbilden kann.

> Schließlich muß das Erziehungsmilieu des Kindes eine gewisse **„Wärme"** besitzen und dem Kind eine **liebevolle Zuwendung** garantieren. Es ‚könnte sich im Kind kein Selbstwertgefühl bilden, wenn es nicht die Erfahrung gäbe, daß es selbst geliebt wird. Liebe ist in diesem Zusammenhang als eine Form unbedingter Belohnung interpretierbar; sie bewirkt die Bekräftigung des Kindes (auch unabhängig von Erfolg oder Mißerfolg seines Verhaltens) als das, was es ist'".[4]

---

[1] Bundesfamilienbericht 1974. Deutscher Bundestag, 7. Wahlperiode, Drucksache 7/3502.

[2] Bundesfamilienbericht: a.a.O., S. 58; Hervorhebungen vom Verfasser.

[3] Konsistenz = hier: längerdauernde Übereinstimmung zwischen ...

[4] Bundesfamilienbericht: a.a.O., S. 58; Neidhardt, F.: Strukturbedingungen und Probleme familialer Sozialisation. In: Lüsche, G./Lupri, E.: Soziologie der Familie. Sonderheft 14 der Kölner Zeitschrift für Soziologie und Sozialpsychologie. Opladen 1970, S. 149.

Die Sachverständigenkommission kommt bei vielen Bedenken zum Schluß, daß die Familie in Hinsicht auf die oben verlangte Grundqualifikation wohl am ehesten das besondere soziale Potential habe[1], um entsprechende Sozialisationsbedingungen zu erfüllen. Auch die neuere Literatur hält an dieser Grundeinsicht fest. So zeigt dies auch der 8. Jugendbericht, hrsg. Bundesministerium für Jugend, Familie und Gesundheit, Bonn 1990. Auch die zahlreichen Elterninitiativen gehen im Grunde bei den Kleinkindern von diesen Grundvorstellungen aus, wenngleich sie „eine Erweiterung, nicht den Ersatz des familiären Beziehungsrahmens" fordern.[2]

Für die Krippenerziehung bedeutet das, daß sie sich weitgehend an solche Grundstrukturen familialer Sozialisation angleichen sollte. Gut geführte Krippen schaffen es sicher heute auch schon, eine bestimmte Kommunikationsdichte zwischen dem Personal und den Kindern zu bilden, ja, das Kommunikationsfeld kann sich sogar noch gegenüber vielen Einzelkindfamilien erweitern durch die Möglichkeit, mit mehreren gleichaltrigen oder etwas älteren Kindern Kontakt aufzunehmen.

Auch könnte bei guter Ausstattung und bei genügend Raum die sensorische und soziale Stimulierung ebenfalls gut gelingen. Voraussetzung ist aber, daß die Anzahl der Kinder in der Gruppe nicht so groß ist, wie es sich noch immer in vielen Krippen zeigt[3]. Andererseits verteuern kleinere Gruppen die Krippenpflege erheblich.

Die Konsistenzproblematik ist wohl immer vorhanden, vor allem dann, wenn es nicht gelingt, elterliches Erziehungswollen und Krippenkonzept zur Übereinstimmung zu bringen. Hier kann eine intensive Elternarbeit und Elternmitbeteiligung zu einer besseren Übereinstimmung der Erziehungsvorstellungen führen.

Allerdings steht diesem Bemühen die starke Fluktuation und die oft nur kurze Aufenthaltszeit in den Krippen entgegen. *Beate Irsken* schildert, daß in vielen Einrichtungen die Verweildauer der Kleinstkinder oftmals nur ein Jahr beträgt[4].

Diese starke Fluktuation, die zum Teil auch dadurch bedingt ist, daß sich einzelne öffentliche und auch private Träger entweder auf Säuglinge allein oder aber nur auf Kinder von 1–3 Jahren spezialisieren, gefährdet nicht nur die Bemühungen um eine möglichst große Übereinstimmung der Erziehungsvorstellungen zwischen Eltern und Einrichtung. Damit ergibt sich auch kaum die Möglichkeit für das kleine Kind, in der Krippe dem Personal gegenüber das notwendige Vertrauen aufzubauen, das wiederum stimulierend wirken könnte, sich neuen sensorischen und sozialen Eindrücken zu stellen.

All den Bemühungen des Krippenpersonals um eine positive Gestaltung der affektiven Beziehung wird bei den faktischen Verhältnissen nur bescheidener Erfolg zuteil werden können.

---

[1] Bundesfamilienbericht: a.a.O., S. 58, S. 59.
[2] Siehe auch Hönigschmid, C. und Lachenmair, H.: „Eingefahrene Wege verlassen – Eltern greifen zur Selbsthilfe". In: Welt des Kindes. Heft 1. 1992, S. 6 ff.
[3] Auch die bereits erwähnten Richtlinien der Bundesarbeitsgemeinschaft der Landesjugendämter gehen noch von Gruppengrößen zwischen 10 und 15 Kindern bei zwei Kräften aus.
[4] Irsken, Renate: Die Situation der Tagesbetreuung für Kinder bis zu drei Jahren – Ein Überblick in Daten und Fakten. In: Deutscher Verein für öffentliche und private Fürsorge (Hrsg.): Materialien für die sozialpädagogische Praxis (MSP) 4. Frankfurt 1979, S. 27.

Um also die Erziehungsarbeit in den Krippen insgesamt zu optimieren, sollten folgende Bedingungen erfüllt sein:

- Die Krippe sollte sich als eine **Ergänzung zur familialen Erziehung** sehen; das bedeutet enge Zusammenarbeit mit den Eltern.
- Die **Gruppengröße** sollte unter 10 Kindern liegen.
- **Raumangebot** und **Spielumwelt** müssen stimulierend wirken.
- Die **Tagesabläufe** sind zu dynamisieren – in der Familie sind sie auch nicht nur starr nach Stundenplan organisiert.
- Das **Personal** sollte nicht dauernd wechseln und erzieherisch gut ausgebildet sein.
- Die Eltern sollten eine möglichst **hohe Verweildauer** anstreben, nur so kommen jene auch bei kleinen Kindern beobachtbaren Gruppenprozesse in Gang.

Ausblick

Die neueren Bemühungen um Erziehungsgeld und Anrechnungsfähigkeit der Kindererziehung auf Rentenregelungen werden sich wohl auch noch auswirken. Es wäre durchaus denkbar, daß sich der Trend, die Kinder erst gegen Ende des ersten Lebensjahres in eine Krippe zu geben, verstärkt.

Allerdings muß angenommen werden, daß sich der Druck auf die Politiker verstärken wird, vermehrt Einrichtungen für die Betreuungen von Kindern von 0 bis 3 Jahren zu schaffen.[1] Aus der Sicht der Sozialpädagogik sind neben den klassischen Einrichtungen vor allem die Initiativen vieler Eltern wie Spielkreise, Elterntreffs usw. wegen ihrer initiierenden Funktion zu beachten.[2]

Aufgaben

1. *Arbeiten Sie aus der Arbeitsfeldbeschreibung „Kinderkrippe" wesentliche Inhalte unter folgenden Gesichtspunkten heraus:*
   a) Aussagen über Krippenkinder,
   b) Aussagen über Erziehende und deren Qualifikation,
   c) Aussagen über erzieherisches Handeln,
   d) Aussagen über Ziele in der Krippenerziehung,
   e) Aussagen über instituielle Bedingungen.
2. *Im Kapitel B 4.2, S. 77 finden Sie ein Schema zur Beschreibung einer Institution. Überprüfen Sie, ob die im Schema genannten Merkmale sich in der Arbeitsfeldbeschreibung Kinderkrippe wiederfinden.*
3. *Fertigen Sie nach dem Schema Kap. B 4.2, S. 77 oder auch nach einem anderen Schema, das Sie mit Kolleginnen und Kollegen erarbeitet haben, eine Beschreibung einer Institution, in der Sie gerade praktizieren oder schon praktiziert haben, an. Achten Sie bitte auf die Amtsverschwiegenheit bzw. den Datenschutz; d. h. Sie können verschlüsselt darstellen.*
4. *Schildern Sie, soweit Sie schon in verschiedenen Arbeitsfeldern, z.B. Kindergarten und Kinderkrippe oder Hort oder Jugendtreff, praktiziert haben, „typisches", institutionsorientiertes erzieherisches Handeln bzw. Verhalten.*

---

[1] Siehe § 24 des Gesetzes zur Neuordnung des Kinder- und Jugendhilferechts (KJHG) vom 26. 6. 1990. Hrsg. Bundesministerium f. Frauen und Jugend. Köln ³1991, S. 16 f. u. S. 51.
[2] Ebenda § 25.

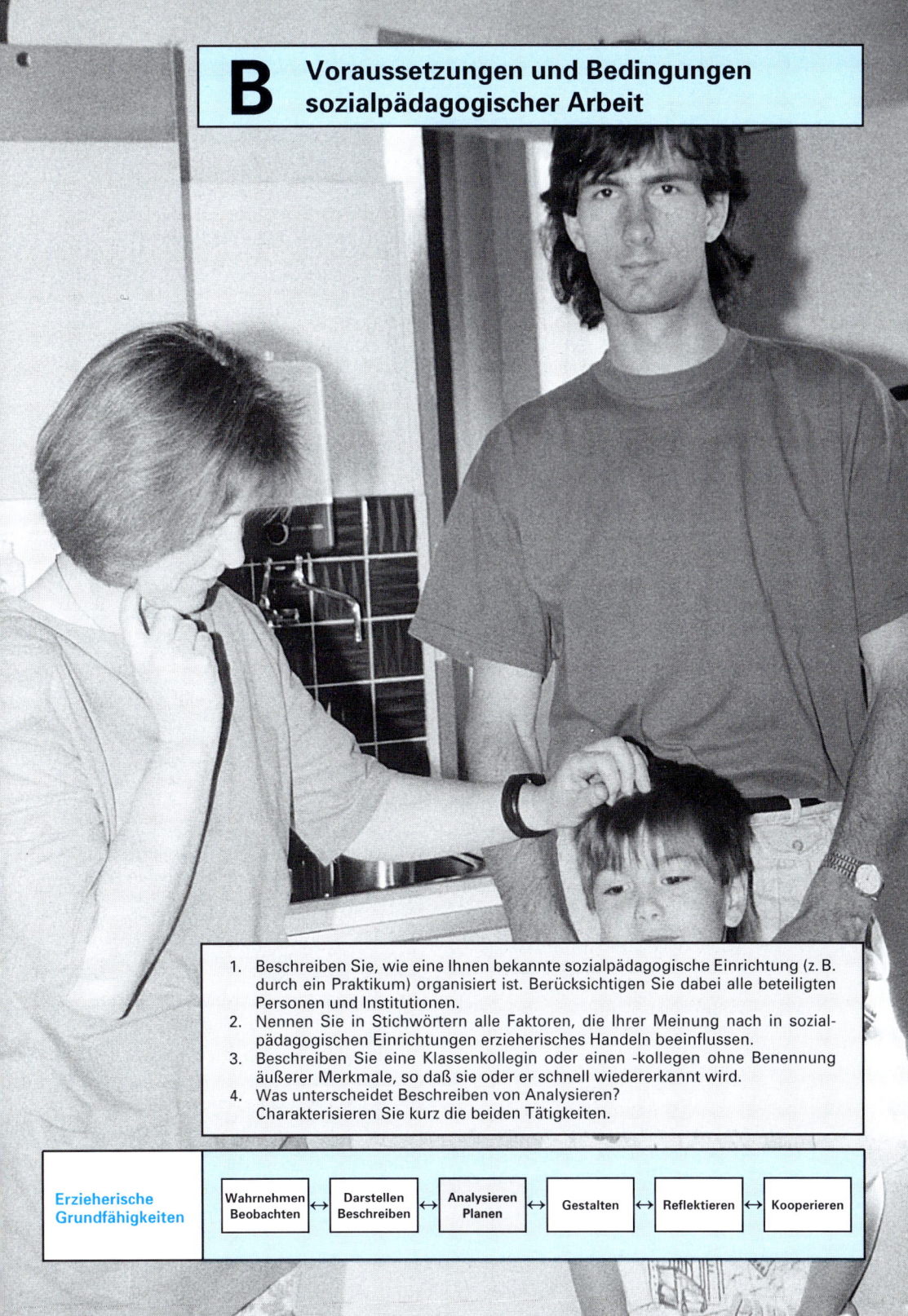

B Voraussetzungen und Bedingungen sozialpädagogischer Arbeit

1. Beschreiben Sie, wie eine Ihnen bekannte sozialpädagogische Einrichtung (z.B. durch ein Praktikum) organisiert ist. Berücksichtigen Sie dabei alle beteiligten Personen und Institutionen.
2. Nennen Sie in Stichwörtern alle Faktoren, die Ihrer Meinung nach in sozial-pädagogischen Einrichtungen erzieherisches Handeln beeinflussen.
3. Beschreiben Sie eine Klassenkollegin oder einen -kollegen ohne Benennung äußerer Merkmale, so daß sie oder er schnell wiedererkannt wird.
4. Was unterscheidet Beschreiben von Analysieren?
   Charakterisieren Sie kurz die beiden Tätigkeiten.

Erzieherische Grundfähigkeiten | Wahrnehmen Beobachten ↔ Darstellen Beschreiben → Analysieren Planen → Gestalten ↔ Reflektieren ↔ Kooperieren

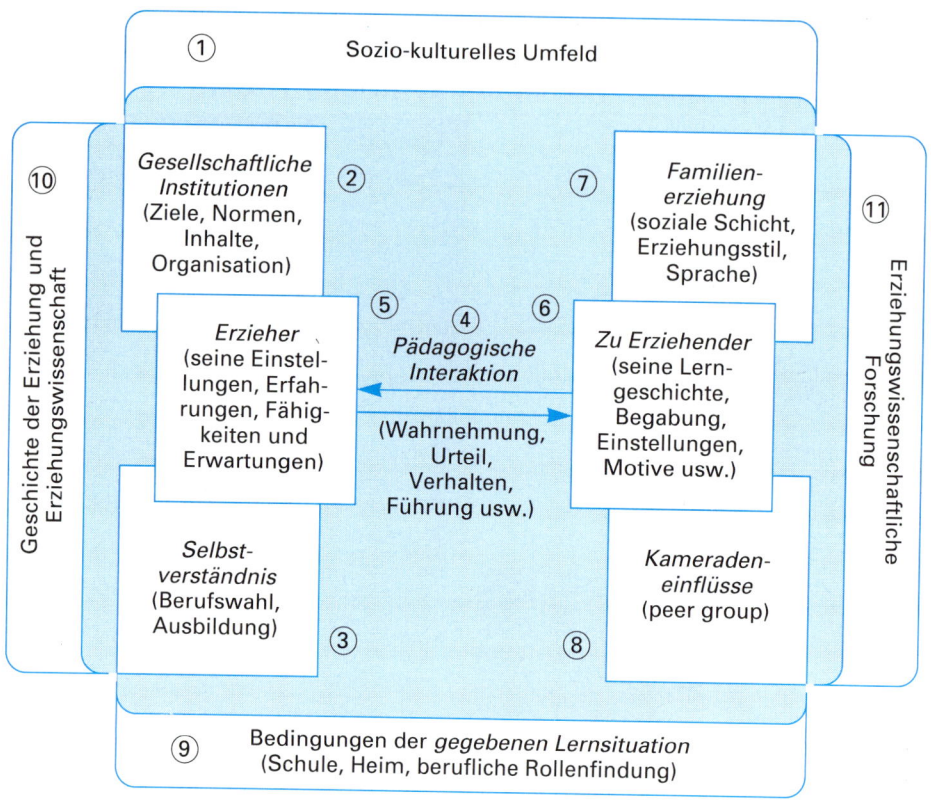

① Sozio-kulturelles Umfeld

⑩ Geschichte der Erziehung und Erziehungswissenschaft

Gesellschaftliche Institutionen ②
(Ziele, Normen, Inhalte, Organisation)

Familien-erziehung ⑦
(soziale Schicht, Erziehungsstil, Sprache)

⑪ Erziehungswissenschaftliche Forschung

Erzieher ⑤
(seine Einstellungen, Erfahrungen, Fähigkeiten und Erwartungen)

④ **Pädagogische Interaktion**

⑥ **Zu Erziehender**
(seine Lerngeschichte, Begabung, Einstellungen, Motive usw.)

(Wahrnehmung, Urteil, Verhalten, Führung usw.)

Selbstverständnis
(Berufswahl, Ausbildung) ③

Kameradeneinflüsse
(peer group) ⑧

⑨ Bedingungen der *gegebenen Lernsituation*
(Schule, Heim, berufliche Rollenfindung)

Zur Skizze des pädagogischen Feldes[1]

Pädagogische Interaktionen ④ sind in ein sozio-kulturelles Umfeld ① eingebettet, d.h. der Erziehungsprozeß wird stets von bestimmten gesellschaftlichen Gruppen geprägt, die z.B. durch politische Entscheidungen auf die Formulierung von Lern- und Erziehungszielen Einfluß nehmen. Mit den Zielen ②, an denen sich die öffentliche Erziehung orientiert, sind meist zugleich bestimmte Einrichtungen, Institutionen ② und Ausbildungsgänge ③ gegeben, die erzieherisches Handeln vorbereiten und ermöglichen.

Den Erziehern sind also Aufgaben und Ziele gesetzt, die sie nur innerhalb meist recht eng gezogener Grenzen eigenwillig interpretieren und ausgestalten dürfen. Den Zusammenhang zwischen Zielen, Institutionen und anderen Einflußfaktoren kann man sich am Beispiel „Leistungsprinzip" klarmachen:

Beispiel:

Das gesellschaftliche Ideal (Ziel) „individuelle Leistungstüchtigkeit" beeinflußt u.a. die Begabungsauslese in der höheren Schule (Institution), das Erziehungsmilieu in der Mittelschicht (Erziehung zur Leistungsbereitschaft) und damit allgemein die Lebenschancen des in unserer Gesellschaft heranwachsenden Kindes.

Das gegenseitige Verhalten von Erzieher und zu Erziehendem wird jedoch nicht nur „von oben" her normiert, sondern hat auch im engeren Sinne psychologische Voraussetzungen. Beim Zögling ⑥ ist es die Lerngeschichte, in der er bestimmte Fähigkeiten, Einstellungen und Erwartungen erworben hat. Die wichtigsten Außeneinflüsse auf die Lerngeschichte kann man in der Familienerziehung ⑦ und in den Kameradeneinflüssen ⑧ sehen. Auch die Fähigkeiten, Erfahrun-

---

[1] entnommen aus: *Telekolleg für Erzieher: Pädagogik II, 1975*[2].

gen und Erwartungen des Erziehers ⑤ gehen auf eine bestimmte Lerngeschichte zurück. Für das Verhalten des Erziehers sind jedoch von zusätzlicher Bedeutung: die Zwänge der gesellschaftlichen Zielvorstellungen ② und Institutionen sowie die prägenden Einflüsse der beruflichen Rollenfindung ③.

Im Mittelpunkt des pädagogischen Feldes steht das Interaktionsverhältnis ④ zwischen Erzieher und Kind. Die Fähigkeiten und Einstellungen des Lehrenden und des Lernenden treten in eine vielfältige Wechselwirkung miteinander. Der pädagogische Bezug als eine komplexe soziale Beziehungsstruktur entsteht. Diese Situation des Miteinander-Umgehens, oder wie die Wissenschaftler sagen, diese „Interaktions-Situation" ist die unmittelbarste Bedingung des Verhaltens von Erzieher und Kind.

Das pädagogische Verhältnis wird ferner von den charakteristischen Eigenheiten einer gegebenen Lernsituation ⑨ beeinflußt: das Wissens- und Machtgefälle kann groß oder klein sein, stabil oder zum Ausgleich hin tendierend, je nachdem, ob die pädagogische Interaktion etwa auf der Oberstufe des Gymnasiums oder in einer Strafvollzugsanstalt stattfindet.

Die bereits genannten Problembereiche werden von der allgegenwärtigen historischen Dimension der Geschichte der Erziehung und der Erziehungswissenschaft ⑩ durchzogen (am linken Rand des Modells). Ein weiterer Faktor, der heute alle Bestandteile des pädagogischen Feldes umgreift, ist die erziehungswissenschaftliche Forschung ⑪, die sich gleichermaßen auf konkrete Situationsbedingungen wie auf überdauernde Persönlichkeitsstrukturen, pädagogische Einrichtungen und Systeme von Wertvorstellungen richtet.

Arbeiten in sozialpädagogischen Institutionen erfordert neben der Orientierung an der Eigenart der jeweiligen Einrichtung, neben der Erkenntnis des Eingebundensein in die Einrichtungen mit ihren Strukturen und Bedingungen vor allem auch die Fähigkeit, die Strukturen, Komponenten und Bedingungen dieser Arbeitsfelder, die ja auch ein Teil der Lebenswelt der Kinder und Jugendlichen darstellen, wahrzunehmen. Erst dadurch wird eine sinnvolle Planung und Gestaltung der Arbeit möglich. Das Zusammenspiel aller wesentlichen Komponenten des pädagogischen Feldes gilt es zu durchschauen.

Das bedeutet: Steigerung der Wahrnehmungsfähigkeit und der Fähigkeit zur Analyse. Diese Fähigkeiten sind die Grundlagen für die Planung und Gestaltung der sozialpädagogischen Arbeit.

Das nun folgende Kapitel stellt beispielhaft solche Bedingungen vor und geht dabei auch auf die grundlegenden Fähigkeiten ein, die das gesamte erzieherische Handeln bestimmen und damit auch wesentliche Voraussetzungen erzieherischer Arbeit sind.

1 Institutionalisierung und Organisierung

Die sozialpädagogische Arbeit unterliegt – wie in anderen Arbeitsfeldern auch – ganz spezifischen, nur ihr eigenen Bedingungen. Die Berücksichtigung der Bedingungen ist eine notwendige Voraussetzung für eine erfolgreiche Arbeit in sozialpädagogischen Arbeitsfeldern. Im folgenden werden einige für alle sozialpädagogischen Arbeitsfelder gültige Bedingungen beispielhaft vorwiegend am Kindergarten dargestellt.

● Institutionalisierung

Jede Gesellschaft hat mehr oder weniger die Tendenz, Maßnahmen zu ergreifen, um allgemeine Belange zu regeln und ihre Erfüllung zu gewährleisten. Für die Sozialpädagogik sind diese Belange das Interesse der Gesellschaft an der Erziehung ihrer Mitglieder. Diese Erziehungsaufgaben werden von dazu beauftragten Gruppen, wie z.B. Lehrerinnen, Erzieherinnen, Sozialpädagogen usw., wahrgenommen. Mit der Zielsetzung solcher Gruppen sind bestimmte Verhaltenserwartungen an die Gruppenmitglieder verbunden und somit bestimmte Verhaltensmuster vorgegeben. Solche von Gruppen erzeugte und akzeptierte Verhaltensmuster stellen Institutionen dar.

> **Definition**
> **Institutionen sind relativ stabile soziale Gebilde, die ein für ihre Mitglieder verbindliches Verhalten verlangen, damit bestimmte gesellschaftliche Bedürfnisse befriedigt werden können.**

In diesem Sinne ist sowohl die Freundschaft zwischen Menschen eine Institution als auch ein Finanzamt oder ein Kindergarten.

Wenn also die sozialpädagogische bzw. erzieherische Arbeit die Erwartungen erfüllen soll, die die Gesellschaft an sie stellt, muß sie sich institutionalisieren.

Merkmale von Institutionen

1. Ziel- oder Zweckgerichtetheit

Institutionen bestehen, weil die oben erwähnten erzieherischen Aufgaben durch bestimmte Ziele definiert sind. Ganz allgemein gesagt, besteht das Ziel in der Befriedigung bestimmter gesellschaftlicher Grundbedürfnisse wie z.B. in der Befriedigung des Grundbedürfnisses nach Erziehung. Gäbe es solche allgemeinen Grundbedürfnisse nicht, gäbe es auch keine Institutionalisierung der Erziehung.

2. Relative Dauerhaftigkeit

Da Institutionen damit der Sozialisation[1] und Enkulturation[2] dienen und diese einen dauernden Prozeß darstellen, weisen Institutionen eine lange Lebensdauer auf. Diese lange Lebensdauer rührt oft auch daher, daß die Institutionen häufig nicht mehr den ursprünglich vorgegebenen Zielen dienen – diese verändern sich mit dem gesellschaftlichen Wandel –, sondern sich dem Wandel anpassen und sich neue Ziele geben. Durch die Lösung von den eigentlichen Zielen besteht aber die Gefahr, daß sie sich von ihrem eigentlichen gesellschaftlichen Auftrag lösen und zum Selbstzweck werden.

3. Relative Selbständigkeit

Die unterschiedlichen Aufgaben der jeweiligen Institution machen eine Spezialisierung der einzelnen Institutionen notwendig. Daraus ergibt sich eine relative Selbständigkeit der Institutionen. So läßt sich auch der spezielle Auftrag des Kindergartens verstehen, der zwischen Familie und Schule zu vermitteln hat. Hinsichtlich der Familie weist er eine ergänzende Funktion auf, in bezug auf die Schule besitzt er einen mehr vorbereitenden Charakter.

4. Repräsentation von Normen und Werten

Die von den Institutionen übernommenen Aufgaben lassen sich nur auf der Grundlage gesellschaftlich anerkannter Normen und Werte durchführen. Daher kann man diese Normen und Werte der Institutionen als Spiegel der Normen und Werte der

---

[1] Sozialisation = Prozeß der Einordnung des einzelnen in die Gemeinschaft
[2] Enkulturation = Hineinwachsen des einzelnen in die Kultur der ihn umgebenden Gesellschaft

Gesellschaft verstehen. Damit einher geht eine wechselseitige Beeinflussung zwischen Institution und Gesellschaft hinsichtlich der bestehenden Normen und Werte.

5. Angewiesensein auf gesellschaftliche Anerkennung

Eine Institution, die nicht durch die Gesellschaft getragen wird und deren Anerkennung nicht findet, kann – zumindest in einer demokratischen Gesellschaft – nicht lange überleben. Dies verdeutlicht gerade die Tatsache, daß manche Institutionen in der öffentlichen Diskussion stehen und um ihr Überleben kämpfen müssen.

6. Rollenstrukturierung und -differenzierung

Die vielfältigen Aufgaben einer Institution bedingen eine vielfältige Rollenverteilung[1] für ihre Mitglieder. Je vielfältiger solche Aufgaben und damit auch deren Zielsetzung, desto differenzierter muß eine solche Rollenstruktur geartet sein.

Aufgaben

1. *Suchen Sie Beispiele für Institutionen, die ihre frühere Zielsetzung aufgrund veränderter gesellschaftlicher Bedingungen zugunsten neuerer Ziele aufgaben.*

2. *Suchen Sie Beispiele für solche Institutionen, die Ihrer Meinung nach in der Gefahr stehen, ihre gesellschaftlichen Aufgaben zu verlieren und nur noch um ihrer selbst willen zu bestehen.*

3. *Nennen Sie institutionelle Einrichtungen, und machen Sie ihre relative Selbständigkeit deutlich.*

4. *Kennen Sie Einrichtungen, Institutionen, die stark in der öffentlichen Diskussion stehen und ihre Berechtigung beweisen müssen?*

5. *Kennen Sie allgemein anerkannte Normen, die auch im Kindergarten zu finden sind?*

6. *Formulieren Sie Erwartungen, die an die Erzieherinnen und Erzieher im Kindergarten gestellt werden.*

● Organisierung

Ebenso wie die Institutionen, so sind auch die Organisationen dazu da, soziale Bedürfnisse zu befriedigen. Organisationen weisen jedoch zum Teil andere Bedingungsfaktoren auf.

Je differenzierter die Gesellschaft in ihren gegenseitigen sozialen Beziehungen wird, um so differenzierter und vielfältiger werden ihre sozialen Bedürfnisse – man denke nur an die Institution Krankenpflege in der Großfamilie, die heute in Krankenanstalten durchgeführt wird. Sollen diese vielfältigen Bedürfnisse befriedigt werden, müssen leistungsfähige Institutionen diese Aufgaben erfüllen. Dazu müssen sie organisiert werden.

---

[1] Unter Rolle wird in der Sozialpsychologie ein Bündel von Erwartungen verstanden, die an eine bestimmte Position in einem sozialen Gefüge gestellt werden, zum Beispiel die Rolle der Mutter oder des Vaters in der Institution Familie.

Merkmale von Organisationen

1. Zielgerichtetheit

Da auch Organisationen deswegen bestehen, weil sie Bedürfnisse befriedigen sollen, besitzen sie wie Institutionen bestimmte Ziele, denen sie folgen. *R. Mayntz*[2] klassifiziert drei Hauptziele:

a) Soziale Kontaktpflege

Hierunter fallen alle Organisationen, die sich hauptsächlich zum Zwecke sozialer Kontaktaufnahme gebildet haben, wie z.B. Klubs, gesellige Vereine usw.

b) Soziale Einwirkung

Bestimmte Gruppen versuchen auf die Gesellschaft oder andere Gruppen verändernd einzuwirken, z.B. Krankenhäuser, Strafanstalten, Jugendhäuser, Schulen, Kindergärten usw.

c) Soziale Auswirkung oder Leistung

Damit sind solche Organisationen wie Parteien, Industrie- und Wirtschaftsbetriebe, Interessenverbände (z.B. Wirtschafts- und Gewerkschaftsverbände) usw. gemeint, die irgendeine Art von Leistung erbringen.

2. Relative Dauerhaftigkeit

Bei den ständig zu erfüllenden Aufgaben ist eine Dauerhaftigkeit der Organisation notwendig. Häufig stellen sich Organisationen, die ihre Aufgabe eigentlich erfüllt haben, neue Ziele, um weiterhin überleben zu können.

3. Autoritätsstruktur

Organisationen geben sich eine Ordnung, die festlegt, wer die Organisation führt, wer die Entscheidungsgewalt hat, wer die Entscheidungen auszuführen hat. Hier jedoch kommt es darauf an, wie diese Organisation gegliedert ist. So lassen sich z.B. in dieser Hinsicht autoritär und demokratisch gegliederte Organisationen nicht ohne weiteres gleichsetzen. In demokratischen Organisationen wird eine eher partnerschaftliche Beziehung ihrer Mitglieder vorherrschen, in autoritären Organisationen eher das Vorgesetzten-Untergebenen-Verhältnis. Ein Beispiel hierfür stellt insbesondere eine militärische Organisation dar.

4. Kommunikationsstruktur

Mit der Autoritätsstruktur hängt eng die Kommunikationsstruktur der Organisation zusammen. In autoritär gegliederten Organisationen ist sie einseitig von oben nach unten gerichtet. Die Kommunikation verläuft hier also einseitig in vertikaler Richtung. Je demokratischer eine Organisation gegliedert ist, um so mehr besitzt sie sowohl zweiseitige vertikale als auch horizontale Kommunikationskanäle.

---

[1] Vgl. Mayntz, Renate: Soziologie der Organisation. Reinbek bei Hamburg. 6. Aufl. 1972, S. 34.
[2] Mayntz, R.: a.a.O., S. 59.

5. Formalisierung

Aufgaben, die relativ beständig sind, benötigen für ihre Erfüllung Regeln. Diese Regeln tragen zur Formalisierung der Arbeitsgänge und der Beziehungen der Mitarbeiter bei. Je informeller[1] eine Organisation geartet ist, um so geringer ist der Grad der Formalisierung. Dies ist besonders bei solchen Organisationen günstig, die sich in ihrer Arbeitsweise ständig veränderten Situationen anpassen und immer wieder neuartige Aufgabenstellungen bearbeiten müssen.

6. Transformationsprozesse[2]

Der Transformationsprozeß einer Organisation besteht darin, daß sie für ihre Ziele einen bestimmten Einsatz von Zeit, Finanzen, Medien, Arbeit usw. erbringt, der in eine Leistung umgesetzt wird, z.B. in die Produktion von Waren, das Anbieten von Lehrgängen, Tanzveranstaltungen, Weinfeste usw.

Aufgaben

1. *Versuchen Sie, eine Autoritätsstruktur des Kindergartens zu erstellen!*

2. *Beurteilen Sie im Hinblick darauf die Kommunikationsstruktur des Kindergartens! Ist sie eine eher autoritäre oder eher demokratische Organisation? Wer gibt an wen Anweisungen?*

3. *Charakterisieren Sie den Kindergarten hinsichtlich seiner Formalisierung! Ist er eine eher informelle oder eher formelle Organisation?*

4. *Worin besteht der Transformationsprozeß des Kindergartens? Worin besteht sein Einsatz und worin seine Leistung?*

5. *Beschreiben Sie sozial markante Bedürfnisse, für die spezielle Institutionen geschaffen wurden (Beispiele: Liebe, Mahlzeiten, Trauer).*

● Institution und Organisation

Organisation und Institution stehen in engem wechselseitigen Bezug, sind aber nicht dasselbe.

Aufgrund der obigen Definitionen von Organisation läßt sich schließen, daß Organisationen dazu dienen, Institutionen möglichst wirkungsvoll zu machen. Organisationen dienen dazu, Institutionen auf möglichst zweckrationale Weise zu verwirklichen. Mit anderen Worten, mit Hilfe der Organisation soll eine Institution ihre Aufgabe erfolgreicher durchführen können.

Das heißt aber nicht, daß jede Institution auf Organisierung angewiesen ist. So ist es z.B. für eine Freundschaft – als Institution – nicht nötig, organisiert zu sein. Sie verliert ihre Aufgabe trotzdem nicht.

---

[1] Unter einer ‚formellen Organisation' versteht man eine Organisationsform, die die sozialen Beziehungen ihrer Mitglieder mittels Regeln, Gesetzen oder Statuten regelt, die meist auch schriftlich festgehalten sind. Unter einer ‚informellen Organisation' versteht man eine Organisationsform, die die sozialen Beziehungen ihrer Mitglieder spontan und ungeplant regelt.

[2] Hier wird Transformation im Sinne von Umsetzung, Übertragung verstanden.

Des weiteren heißt das nicht, daß jede Institution den gleichen Organisierungsgrad aufweisen muß. Ein Industriebetrieb muß besser durchorganisiert sein als z. B. ein Tanz-Club, wenn er seinen Aufgaben gerecht werden will.

Darüber hinaus besteht durchaus die Möglichkeit, daß sich die Organisation von der Verwirklichung der ursprünglichen Zielsetzung der Institution löst, zum Selbstzweck wird oder die ursprünglich mit ihr verbundene Institution durch eine andere ersetzt.

Aufgaben

1. *Suchen Sie nach Institutionen, die einen geringen Grad der Organisierung aufweisen. Erläutern Sie sie.*

2. *Suchen Sie Institutionen, die einen hohen Grad der Organisierung aufweisen. Erläutern Sie sie.*

---

2 Bedingungen der Erziehung am Beispiel Kindergarten

Das Handeln der Erziehenden vollzieht sich nicht in einem völlig freien Raum; es ist nicht unabhängig von äußeren Bedingungen. Es muß auf viele Faktoren Rücksicht genommen werden, die erzieherisches Handeln beeinflussen. Dies läßt sich aus der Überlegung schließen, daß, wenn das Praxisfeld von bestimmten Bedingungsfeldern beeinflußt wird, auch das damit verbundene erzieherische Handeln von bestimmten Bedingungen abhängig sein muß. Die Berücksichtigung dieser Bedingungen in der Erziehung stellt eine Voraussetzung für den Erfolg sozialpädagogischer Arbeit dar.

2.1 Soziale und personale Bedingungen

2.1.1 Die soziale Herkunft

Eine wichtige Aufgabe des Kindergartens ist es, die Familie in ihrer Erziehungsaufgabe zu unterstützen und in den Bereichen auszuhelfen, in denen die Familie in der modernen Industriegesellschaft keine Hilfe mehr geben kann.

Daneben soll der Kindergarten aber auch sozial benachteiligte Kinder so fördern, daß die für alle Kinder geforderte **Chancengerechtigkeit** gewährleistet ist.[1]

Sozial benachteiligte Kinder kommen aus Familien, die aufgrund ihrer sozialen Situation ihre Kinder nicht so erziehen können, wie es notwendig ist, um den Anforderungen der Erziehungs- und Bildungsinstitutionen genügen zu können.

---

[1] Vgl. Deutscher Bildungsrat: Empfehlungen der Bildungskommission. Strukturplan für das Bildungswesen, 4. Aufl. 1972, S. 110f.

Nun soll der Kindergarten die Kinder unter anderem auch auf die Schule vorbereiten. Kommen die Kinder aber schon mit unterschiedlichen Fertigkeiten und Fähigkeiten in den Kindergarten, so ist zu verhindern, daß diese Unterschiede durch die einzelnen Erziehungs- und Bildungsinstitutionen weitertransportiert und verstärkt werden.

Die Bildungssoziologie hat nachgewiesen, daß die soziale Schichtzugehörigkeit eine nicht unbedeutende Rolle bei dem Bildungsverlauf des Menschen spielt.

Kinder aus den sozialen Mittelschichten weisen ein besseres Sprachverhalten auf. Sie sind leistungsmotivierter und verfügen über Wertorientierungen, die sie zukunftsorientierter, individualistischer und aktivistischer denken und handeln lassen.

Hinzu kommen bessere finanzielle Bedingungen, die sich in besseren Wohnungsbedingungen, Lernbedingungen, Förderungs- und Unterstützungsmaßnahmen niederschlagen.

Damit wird erklärlich, daß der Kindergarten neben seiner grundlegend **ergänzenden** auch eine wichtige **ausgleichende** Funktion übernehmen muß. Aus dieser Doppelfunktion erschließt sich auch die Schwierigkeit der erzieherischen Arbeit, die der Erzieher in einer solch sozial **heterogenen Gruppe**[1] zu leisten hat. Er muß darauf achten, daß die in den Kindergarten eingebrachten Unterschiede dort nicht weiter zementiert, sondern durch seine Arbeit eher ausgeglichen werden. Andererseits aber darf er über der Sorge um die sozial benachteiligten Kinder die anderen Kinder nicht vernachlässigen. Dies stellt wiederum unterschiedliche Anforderungen in bezug auf Planung und Durchführung an den Erzieher.

So wird er beispielsweise bei einer Bildbetrachtung berücksichtigen müssen, daß Kinder aus einer sozial schwächer gestellten Familie geringere sprachliche Fähigkeiten aufweisen. Deshalb wird er bei diesen Kindern einfacher strukturierte Bilder oder Bildergeschichten auswählen, um die Kinder bei der sprachlichen Wiedergabe der bildlichen Darstellung nicht zu überfordern und dadurch vielleicht sogar Sprachhemmungen erst aufzubauen. Er muß also seine Anforderungen an die sprachlichen Fähigkeiten zuerst einmal herabsetzen und eine gezielte Sprachförderung betreiben.

2.1.2 Gruppengröße und Gruppenzusammensetzung

Eine weitere Rahmenbedingung des erzieherischen Handelns ist vor allem die Gruppe selbst.[2] Sie ist die eigentliche primäre Bedingung für das sozialpädagogische Tun, denn die Arbeit sozialpädagogischer Berufe erfolgt überwiegend in und durch Gruppen. Mit einer Veränderung der Gruppe, insbesondere der Gruppengröße und Gruppenzusammensetzung ergibt sich zwangsweise auch ein unterschiedliches Planen und Handeln des Erziehers.

---

[1] Eine heterogene Gruppe ist in bezug auf die Merkmale ihrer Mitglieder unterschiedlich, wie z.B. in bezug auf soziale Herkunft, Alter, Geschlecht, Fähigkeiten usw.
Unter homogener Gruppe wird eine Gruppe verstanden, deren Mitglieder etwa gleiche Merkmale aufweisen.

[2] Auf das erzieherische Handeln in und mit Gruppen wird in Kapitel C 5, S. 172 ff. noch gesondert eingegangen.

Grundsätzlich muß davon ausgegangen werden, daß jedes Kind in gleicher Weise den Erzieher benötigt, gleichgültig, welche Voraussetzungen es in den Kindergarten mitbringt. Vor diesem Hintergrund wird deutlich, wie schwierig es für den Erzieher ist, sich für eine bevorzugte Beschäftigung mit diesem oder jenem Kind zu entscheiden. Nur die Einsicht, daß es notwendig ist, die Benachteiligung bestimmter Kinder auszugleichen, rechtfertigt ein besonderes Bemühen um sie. Dieses besondere Bemühen wird um so schwieriger, je größer die Gruppe ist.

Dasselbe gilt für die Zusammensetzung der Gruppe. Eine **homogene** Gruppe ist leichter zu führen als eine **heterogene**. Dies läßt sich leicht schon an dem Merkmal ‚Alter' verdeutlichen. Je unterschiedlicher das Alter der Mitglieder, desto ungleicher sind der Wissensstand, die Fertigkeiten und Fähigkeiten im motorischen und manuellen Bereich. Die Kinder weisen außerdem ein ungleiches Spielverhalten auf, besitzen somit ungleiche soziale Fähigkeiten und Fertigkeiten.

Keineswegs ergeben sich damit nur Vorteile oder Nachteile bei der Entscheidung für oder gegen eine solche altershomogene bzw. altersheterogene Gruppe.

	Altersgleiche Gruppen	**Altersungleiche Gruppen**
Vorteile	Gleicher körperlicher und psychischer Entwicklungsstand, einfachere soziale Beziehungen zwischen den Kindern; einfacher planbare Angebote.	Natürlichere Situation, ungleiches Alter als Herausforderung zur Hilfestellung und Aktivierung zum Gleichtun; leichtere Eingewöhnung der Neuen.
Nachteile	Soziale Defizite durch das Fehlen jüngerer oder älterer Kinder; Aufnahmeschwierigkeiten, da immer ein Jahrgang neu eintrifft; am Ende stark auftretende Kindergartenunlust.	Schwierigere Planung der Angebote; Möglichkeit der Über- oder Unterforderung; Gefahr der Unterdrückung durch ältere Kinder.

2.1.3 Regeln

Selbst so selbstverständlich erscheinende Dinge wie Regeln, Hausordnungen usw. sind Faktoren, die die erzieherische Arbeit mitbestimmen und beeinflussen. Regeln bzw. Normen sind Größen, die Erziehende erstellt haben, um den sozialen Ablauf leichter und wirkungsvoller zu gestalten. Dies bedeutet aber auch, daß sie sich selber an solche Regeln zu halten haben. Sie können sie also nicht nach Belieben verändern oder außer acht lassen, da sie damit zu erkennen gäben, daß sie ihre Bedeutsamkeit selber nur gering einschätzen. Durch die Anerkennung und Befolgung von Regeln erlegen sie sich selber somit auch Grenzen auf, die sie bei ihrer Arbeit zu berücksichtigen haben.

Regeln sind also nichts anderes als **Hilfsmittel zur besseren Organisierung des Zusammenlebens.** Sie schränken zwar den einzelnen ein, vermitteln andererseits aber auch Sicherheit im Verhalten. Dies gilt insbesondere auch für die Kinder im Kindergarten. Regeln vermitteln Sicherheit, indem sie Verhaltensweisen zur Routine werden lassen. So können Regeln/Normen als Erziehungsmittel genutzt werden und wirksam werden. Routineverhalten läuft automatisch, gleichsam selbständig ab und macht frei für andere, wichtigere Überlegungen und Entscheidungen. Die Gewohnheiten erleichtern den Tagesablauf und haben deshalb einen lebenspraktischen Sinn.

Andererseits müssen Routinedinge, Gewohnheiten immer wieder auf ihren Sinn hin kritisch überprüft werden. Die Abhängigkeit des erzieherischen Handelns von Regeln kann ein einfaches Beispiel anhand von Zeiteinteilung deutlich machen: Pausenzeiten, Essens-, Ruhe- und Schlafzeiten steuern und beeinflussen die Planungen für das erzieherische Tun.

Wenn man durch erzieherisches Handeln bestimmte Ziele erreichen will, muß man Überlegungen anstellen, mit Hilfe welcher Mittel und Wege sie zu erreichen sind. Solche Mittel und Wege stellen Regeln dar. Regeln bzw. Normen sind demzufolge das Vehikel, mit dem das gesetzte Ziel erreicht werden soll. Dies soll an einem Beispiel verdeutlicht werden: Das Ziel „Ehrlichkeit" wird z.B. durch die Norm: „Du sollst nicht lügen" zu erreichen versucht.

Zudem stellen solche Regeln und Ordnungen ein Mittel zur Erleichterung des sozialen Miteinanders in den verschiedenen Arbeitsfeldern dar. Sie dienen dazu, den Tagesablauf und das Verhalten so zu regeln, daß Konflikte ein erträgliches Maß nicht überschreiten. Durch sie sollen auch Verhaltensweisen und Einstellungen so geleitet werden, daß diese gruppenkonform verlaufen. So wird erreicht, daß das erwartete Verhalten für den einzelnen deutlich wird und er dieser Rollenerwartung besser gerecht werden kann.

Aber auch hierfür gilt, daß diese Regeln und Normen – die ja ein Mittel zur Konfliktvermeidung und -lösung darstellen – gerade erst Konflikte heraufbeschwören können, wenn z.B. ihre unmittelbare Notwendigkeit nicht einsichtig gemacht werden kann. So muß bei der Erstellung solcher Regeln und Normen immer überlegt werden, ob die Einengung des einzelnen zugunsten der Organisation des Tagesablaufes und der Konfliktvermeidung und -lösung gerechtfertigt ist.

Aufgaben

1. *Beobachten Sie einzelne Kinder aus Ihrer Kindergruppe, und stellen Sie Vermutungen über deren familiären Hintergrund an.*
   Überprüfen Sie Ihre Vermutungen mit Hilfe der Gruppenerzieherin und/ oder der Kindergartenleiterin. Werden Sie sich klar darüber, was Sie zu Ihren Vermutungen führte.

2. *Stellen Sie mögliche Vor- und Nachteile der zukunftsorientierten, individualistischen und aktivistischen Denk- und Handlungsweise gegenüber.*

3. *Welche Vorteile lassen sich für die Bildung von gemischt-geschlechtlichen Kindergruppen finden?*

4. *Nennen Sie Beispiele für Konflikte im Kindergarten, die durch die Nichteinhaltung von Regeln entstehen können.*

2.1.4 Beteiligte und Betroffene

Neben den bisher genannten Bedingungen der Erziehung gibt es weitere, die Beachtung finden müssen. So ist jede Einrichtung in ihren Bedingungen und Auswirkungen sehr stark abhängig von den in ihr wirkenden Personen. Diese kann man in zwei Gruppen untergliedern: die Beteiligten, also die Personen, die das Arbeitsfeld gestalten (die Erziehenden), und die Betroffenen, die durch die Beteiligten beeinflußt werden (die Zu-Erziehenden).[1]

Beide Personengruppen bringen durch ihre persönlichen und sozialen Voraussetzungen ganz spezielle Bedingungen in die Erziehung ein, die dadurch sehr stark beeinflußt und verändert werden kann. Spätestens hier wird klar, daß die Beeinflussung sich nicht nur auf die Betroffenen, sondern auch auf die Beteiligten bezieht. Die individuellen Voraussetzungen, die die Kinder eines Kindergartens mitbringen, beeinflussen nämlich ihrerseits auch die Arbeits- und Wirkungsweise der Erzieher.

So unterscheiden sich z. B. die Kinder aus einem sozial gut gestellten Villenvorort in vielem von denen eines sozial schwach strukturierten Stadtteils, wie dies schon in bezug auf die soziale Herkunft der Kinder in Kapitel B 2.1.1 deutlich gemacht wurde.

Aber auch die Fähigkeiten bzw. die Ausbildung der Erzieherinnen und Erzieher spielen unter diesem Aspekt eine wesentliche Rolle. Mit der Persönlichkeit, aber auch mit der Ausbildung des Erziehers ist sein ihm eigenes Erzieherverhalten – sein Erziehungsstil – verbunden. Die Pädagogik konnte nachweisen, daß sich die unterschiedlichen Erziehungsstile in entsprechend unterschiedlicher Weise auf das Gruppenverhalten der Kinder auswirken.[2]

Außerdem spielen hierbei nicht nur die Beziehungen zwischen Erziehenden und Kindern eine Rolle, sondern auch die Beziehungen zwischen den Erziehenden auf der einen Seite und die Beziehungen zwischen den Kindern auf der anderen Seite.

2.2 Institutionelle Bedingungen

2.2.1 Baulichkeiten des Kindergartens

Auch die Art und Struktur des Gebäudes stellt eine das erzieherische Handeln beeinflussende Größe dar. Ein Kindergartengebäude oder ein Kinderheim ist z. B. erst dann ein Gebäude für Kinder, wenn sich die Kinder darin wohlfühlen, wenn sie es als „ihr" Heim, „ihren" Kindergarten anerkennen.

Das Hauptkriterium für diese Anerkennung ist wohl die **Bespielbarkeit** des Gesamtgebäudes, die wiederum von der **Außengliederung** und der **Binnengliederung** des Gebäudes abhängt.[3]

---

[1] In diesem Zusammenhang nimmt der Praktikant eine Sonderstellung ein, denn er ist sowohl Beteiligter als auch Betroffener.
[2] Vgl. hierzu die Ausführungen in Kap. D 3.2.2 S. 241 und C 5.3.2, S. 176 ff.
[3] Arbeitsgruppe Vorschulerziehung. Anregungen II: Zur Ausstattung des Kindergartens. Juventa Verlag, 2. Auflage 74, S. 16 ff.

Zur **Außengliederung** zählt zunächst die Gestaltung der Außenwandung. Hier stellen Erker, Nischen, Einbuchtungen usw. Kriterien für eine Bespielbarkeit dar. Auch die Möglichkeit, diese Gebäude eingeschossig oder mehrgeschossig zu bauen, bietet Gestaltungsmöglichkeiten für eine kindgemäße Gliederung des Gebäudes. Es gibt keineswegs nur zwingende Argumente für eine erdgeschossige Bauweise. Die Art des Gebäudes bietet häufig die Möglichkeit, ein Übergeschoß mit treppenlosen direkten Ausgangsmöglichkeiten zu bauen. Die Außengliederung sollte die Durchführung unterschiedlichster Tätigkeiten erleichtern: von gezielten Gruppentätigkeiten bis zum freiwilligen, individuellen Tun eines einzelnen Kindes.

Des weiteren zählen alle Wandöffnungen wie Türen und Fenster zur äußeren Form des Gebäudes. Sie sollten z.B. alle so konstruiert sein, daß sie von den Kindern selbst bedienbar sind und gute Sichtverhältnisse bieten. Türen sollten durchsichtig sein, ihre unteren Teile aber aus festem Material bestehen. Treppen nach außen sind, wenn möglich, zu vermeiden.

Gesichtspunkte der Sicherheit und funktionale Nutzung der Baulichkeit müssen gleichermaßen berücksichtigt werden.

Zur **Binnengliederung** zählt die Gestaltung der Innenräume. Grundsätzlich lassen sich die Innenräume eines Kindergartens in vier Bereiche einteilen:

1. Aufenthaltsbereiche für die Kinder
2. Aufenthalts- und Arbeitsbereiche für das Personal
3. Technische Nebenraumbereiche
4. Nicht-technische Nebenraumbereiche[1]

Grundsätzlich sollte mehr auf eine **funktionale Vielseitigkeit** als auf eine Spezialisierung der Räume geachtet werden. So läßt sich unschwer erkennen, daß eine klare Trennung zwischen den Raumbereichen in bezug auf ihre Funktionen nicht möglich ist.

Ob man nun eine funktionale Trennung der Räume vornimmt oder nicht, hängt von der Gewichtung der damit verbundenen Vor- und Nachteile ab.

Die Betonung der funktionalen Vielseitigkeit weist den Vorteil auf, daß der Erzieher mehr Nutzungsmöglichkeiten besitzt: starre Strukturen zwischen Tätigkeit und Raum werden aufgelöst, die Kinder besitzen mehr Ausweichmöglichkeiten, der Kindergarten kann somit insgesamt vielseitiger gebraucht werden.

Andererseits aber birgt sie für die Kinder die Gefahr der Desorientierung in sich. Damit wird auch das Lernziel „Orientierungsfähigkeit" möglicherweise in Frage gestellt, die Zuordnung von Raum und Tätigkeit wird erschwert. Für den Erzieher erhöht sich die Gefahr der Desorganisation, und möglicherweise vermissen die Kinder das nötige Gefühl der Geborgenheit in ihren Räumen. Trotz dieser Vorteile und Nachteile sollte man alle Räume grundsätzlich wie oben erwähnt als Mehrzweckräume konzipieren, wobei die Verwaltungsräume und die Küche eine in sich geschlossene Zelle bilden können.

Auf eine räumliche Differenzierung zwischen Aufenthaltsräumen und Verkehrsräumen[2] sollte ebenso grundsätzlich verzichtet werden.

---

[1] Vgl. Arbeitsgruppe Vorschulerziehung: a.a.O., S. 23.
[2] Unter Verkehrsräumen werden im Kindergarten diejenigen Räume verstanden, die hauptsächlich dem Durchgang dienen.

Ein weiterer wichtiger Gesichtspunkt der Binnengliederung ist die **Raumgröße,** die durch den Gesetzgeber eine bestimmte Mindestgröße erfährt. So sollen für ein Kind in der Regel 2,4 qm, mindestens jedoch 2,2 qm Bodenfläche im Gruppenbereich vorhanden sein. [1]

Weite, große Räume erleichtern eine flexible Nutzung und ermöglichen eine vielfältige Variation in Abhängigkeit von den erzieherischen Vorhaben. Aber auch im Zusammenhang mit der Variationsmöglichkeit der Räume läßt sich dem offenen Konzept ein gegliedertes, funktional geregeltes Konzept gegenüberstellen, das jeweils die obigen Vor- und Nachteile aufweist.

Aufgaben

1. *Ermitteln Sie die Funktionsüberschneidungen der oben aufgeführten vier Raumbereiche.*

2. *Erstellen Sie einen Grundriß Ihrer Praxisstelle, und vergleichen sie die qm-Zahl pro Kind mit der gesetzlich vorgeschriebenen qm-Zahl pro Kind.*

3. *Erstellen Sie einen Grundriß nach Ihrer Vorstellung für einen eingeschossigen Kindergarten mit zwei Gruppen zu je 25 Kindern. Begründen Sie ihn.*

2.2.2 Raumausstattung

Eng verknüpft mit der baulichen Verfassung einer Einrichtung ist die Art und Weise der Raumausstattung. Sie ist jedoch nicht absolut abhängig von ihr. Es ist durchaus denkbar, daß die baulichen Möglichkeiten eines Kindergartens nicht genutzt werden. Grundlegend gilt jedoch, daß die Möglichkeiten der Raumausstattung durch die Baulichkeit begünstigt werden.

Die Raumausstattung wird unterschieden in eine Ausstattung, die fest mit dem Gebäude verbunden ist und in eine solche, die durch das Mobiliar gebildet wird [2].

Zu den **festen Ausstattungseinrichtungen** zählen z. B. die Wände, Fußböden, Decken, Türen, Installationen. Diese festen Einrichtungsgegenstände sollten wie das Mobiliar sinnvoll für die Arbeit der Erzieher mit den Kindern nutzbar sein.

So sollten die **Wände** z. B. bemalbar und leicht zu reinigen sein. Die Kinder sollten die Möglichkeit vorfinden, bestimmte Dinge aufhängen oder anpinnen zu können: mit Metall- und Holzleisten lassen sich auch schwere Gegenstände befestigen. Spiegel für bestimmte Vorhaben aus bruchsicherem Glas müßten vorhanden sein.

Die **Decken** sollten lärmisoliert und mit festen Haken versehen sein, um bestimmte Gegenstände aufhängen zu können. Schienenvorrichtungen empfehlen sich ebenfalls.

Auch die **Fußböden** sollten lärmdämpfend gestaltet sein. Wichtig ist, daß sie rutschfest, fußwarm und möglichst leicht zu reinigen sind. Dies betrifft auch die Böden in

---

[1] Vgl. Richtlinien des Ministeriums für Arbeit, Gesundheit und Sozialordnung über die räumliche Ausstattung, die personelle Besetzung und den Betrieb der Kindergärten nach § 9 Abs. 1 Nr. 4 des Kindergartengesetzes vom 6. 12. 1982 – AZ-V 1530/218, GABC 1983, Nr. 7, S. 280.

[2] Vgl. Arbeitsgruppe Vorschulerziehung: a.a.O., S. 28 ff.

den Naßräumen. Für die **Türen** in den Innenräumen gilt wie für die Außentüren, daß sie durchsichtig sein sollten. Zu empfehlen sind Schiebetüren, sowohl aus Sicherheitsgründen als auch aus pädagogischen Gründen, denn diese erlauben nach Bedarf eine offene Raumplanung und größere Türöffnungen als die herkömmlichen Türen.

Für die **Installationen** gelten im besonderen Maße Sicherheitspunkte. Man denke an die Steckdosen, die durch besondere Maßnahmen gegen unbedachte Manipulation der Kinder gesichert werden müssen[1]. Alle elektrischen Installationen wie auch die sanitären Installationen müssen unter den Verputz gelegt werden. Weitere Sanitärkörper wie Becken, Wannen, Wasserhähne usw. sollten in unterschiedlicher Höhe und Größe angebracht werden. Alle Arten von Becken und Wannen müssen eine Überlauf-Sicherung aufweisen.

Einen weiteren interessanten Aspekt zur Raumausstattung liefert das Deutsche Jugendinstitut, das auch einen Sandspielplatz im Innengebäude einplant, der in unmittelbarer Nähe der Freispielfläche liegen soll.

Zu den **beweglichen Ausstattungseinrichtungen** sind zu zählen: Schränke, Regale (wobei hier zu berücksichtigen ist, daß für bestimmte Zwecke wie die Unterbringung von Schuhen, Kleidern oder auch Elektro- und Wasseranschlüsse, vielleicht Einbauschränke und -regale sinnvoller sind), Liege- und Sitzgelegenheiten, Tische, Lampen usw. Alle diese Gegenstände sollten unter folgenden Gesichtspunkten gesehen werden:[2]

- Veränderbarkeit der räumlichen Zuordnung;
- Veränderbarkeit durch wechselnde Kombinationsmöglichkeiten;
- Eignung für verschiedene Nutzungen (Umfunktionieren im Spielablauf durch Drehen, Kippen, Stapeln);
- Verwendungsfähigkeit für drinnen und draußen (wetterfest, leicht zu reinigendes Material);
- Vermeidung von Verletzungsgefahr durch entsprechende Formen und gerundete Kanten;
- Förderung und Anregung der Selbsttätigkeit der Kinder durch Gewichte und Formate, die die genannten Veränderungen möglichst ohne das Eingreifen Erwachsener gestatten;
- robuste und widerstandsfähige Verarbeitung der Materialien sowie klare, sinnvolle Formgebung."

Solche Forderungen kommen dem oben angeführten offenen Konzept entgegen, denn ihre Realisierung wirkt sich nicht nur vorteilhaft für die Kinder aus, sondern bietet dem Erzieher die erforderlichen Variationsmöglichkeiten, um gezielter und hilfreicher auf die Kinder einzugehen. Viel **zeitlicher Freiraum** wird gewonnen, der sonst durch eine zu geringe Variationsbreite der Raumausstattung entweder eingeengt oder gar verhindert wird.

Die Raumausstattung muß somit als ein Medium der Erziehung begriffen werden, denn ein vielfältiges, sinnvoll zu variierendes Material begünstigt das Planen und Handeln des Erziehers.

---

[1] Vgl. Arbeitsgruppe Vorschulerziehung: a.a.O., S. 33 f.
[2] Arbeitsgruppe Vorschulerziehung: a.a.O., S. 35 f.

1. *Suchen Sie Gründe, warum Lampen nicht fest installiert werden sollten.*

2. *Wie sollten Ihrer Meinung nach Stühle unter dem Gesichtspunkt einer funktionalen Umformbarkeit konstruiert sein?*

3. *Wie könnte man Steckdosen gegen unsachgemäßen Gebrauch absichern?*

4. *a) Welche Gesichtspunkte sprechen für den Einbau eines Sandspielplatzes im Innengebäude des Kindergartens und welche dagegen?*
   b) Was müßte bei einem solchen Einbau berücksichtigt werden?

5. *Suchen Sie nach Spezialkatalogen für Kindergartenausstattung, Spielbedarf usw.*

2.2.3 Träger und Finanzen

Die verschiedenen Institutionen werden durch verschiedene Träger unterhalten. Diese können staatlicher, kommunaler, privater oder kirchlicher Art sein. Vor dem Hintergrund allgemeingültiger, der Gesellschaft verpflichteter Ziele haben Träger aus ihren eigenen Anschauungen heraus bestimmte Ziele, die sie auch in ihren Institutionen zu verwirklichen suchen.

Alle Institutionen müssen zu ihrer Er- und Unterhaltung Geldmittel aufbringen. Damit werden vor allen Dingen das Personal und die Einrichtung, aber auch die Medien, mittels derer Lernprozesse unterstützt werden, bezahlt. Von den finanziellen Möglichkeiten der jeweiligen Institution hängt es also ab, inwieweit genügend Personal, eine zweckmäßige und freundliche Einrichtung und Baulichkeit sowie ausreichendes und sinnvolles Spiel- und Lernmaterial zur Verfügung gestellt werden können.

Aber auch hier muß bedacht sein, daß allein die Tatsache, genügend Geldmittel zur Verfügung zu haben, nicht ausreicht. Im Gegenteil kann damit die Gefahr bestehen, daß kreative Eigenaktivitäten des Personals und auch der Kinder eingedämmt werden.

1. *Schätzen Sie die jährlichen Kosten eines Kindergartens mit zwei Erziehern, zwei Anerkennungspraktikanten und sechzig Kindern.*

2. *Berechnen Sie die Höhe der jährlichen Elternbeiträge, und stellen Sie diese in ein Verhältnis zu den Kosten.*

2.3 Die Wechselwirkung zwischen dem Arbeitsfeld und seinen Bedingungen

In der Darstellung der einzelnen Bedingungen des Arbeitsfeldes wird alsbald deutlich, daß das Arbeitsfeld und seine Bedingungen eine besondere Beziehung aufweisen. Nicht nur das Arbeitsfeld wird durch die oben aufgeführten Faktoren geprägt; auch die einzelnen Bedingungen existieren in ihrer spezifischen Form, weil sie dem jeweiligen Arbeitsfeld entsprechen müssen. Es besteht also eine wechselseitige Abhängigkeit zwischen dem Arbeitsfeld und seinen Bedingungen. So ist z.B. die Auswahl der Raumausstattung vom jeweiligen Arbeitsfeld abhängig: Ein Kindergarten muß anders ausgerüstet sein als ein offenes Jugendhaus. D.h. die Bedürfnisse, die durch das Jugendhaus befriedigt werden sollen, machen eine ihnen entsprechende räumliche Ausstattung notwendig.

Die Ausstattung ist also von der Art und Weise, von der Zielrichtung des Arbeitsfeldes abhängig. Nur selten aber ist eine solche Institution in der Lage, die Ausstattung völlig nach ihren Vorstellungen auszuwählen. Häufig finden die Mitarbeiter des jeweiligen Arbeitsfeldes eine bestimmte räumliche Ausstattung schon vor, mit der sie sich abfinden müssen oder die sie nur Schritt für Schritt verändern können. Diese vorgefundene Raumausstattung verändert zwangsläufig manche Zielsetzungen. Der Erzieher ist gezwungen, einen Kompromiß zu schließen zwischen dem, was er ursprünglich wollte und dem, was er z.B. im Hinblick auf die räumliche Ausstattung verwirklichen kann.

Aufgaben

1. *Beschreiben Sie die Wechselwirkung zwischen der Bedingung ,Finanzen' und dem Arbeitsfeld ,Kindergarten'.*

2. *Inwieweit wirkt sich die Bedingung ,Jahreszeiten' auf den Kindergarten anders aus als auf das Heim?*

3. *Kann man eher momentan wirkende Wechselbeziehungen von eher dauerhaft wirkenden unterscheiden?*

---

3 Die Bedürfnisse des Kindes

Erst wenn der Erzieher die Bedingungen kennt, unter denen sich die Entwicklung des Kindes vollzieht, kann sein pädagogisches Handeln helfen, diese Entwicklung zu fördern. Eine solche Förderung und Unterstützung der kindlichen Entwicklung geschieht, indem der Erzieher die Bedürfnisse des Kindes beachtet und ihnen gerecht zu werden versucht.

Die Bedürfnisse des Kindes sind natürlich von denen des Erwachsenen verschieden, aber nicht in ihrer Art, sondern nur in ihrer Ausprägung. Die Entwicklungspsychologie betont, wie wichtig die frühe Lebensphase des Menschen für seine weitere Entwicklung ist. Die Anthropologie[1] weist auf die **Erziehungsfähigkeit,** aber auch auf die **Erziehungsbedürftigkeit** des jungen Menschen hin. Er steht allen Ein-

---

[1] Anthropologie = Wissenschaft vom Menschen

flüssen offen gegenüber und ist nach allen Richtungen hin erziehbar. Spätestens hier wird deutlich, welch große Verantwortung der Erzieher trägt. Er muß sich täglich fragen (lassen), nach welchem Menschenbild er erzieht, welchen Zielen er verpflichtet ist.

Die Entwicklungspsychologie zeigt im einzelnen, welche Bedürfnisse befriedigt werden müssen, damit das Kind eine optimale Entwicklung nehmen kann. Das Kindergartenkind zeichnet sich durch ein hohes Maß an **Lernfähigkeit** und **Lernbedürfnis** aus, die in allen Entwicklungsbereichen zu seiner Förderung genutzt werden können.

Es hat darüber hinaus **soziale Bedürfnisse**. Es möchte sich mitteilen, von anderen akzeptiert werden, sich durchsetzen. Es möchte sich aber auch – mit zunehmendem Alter zusehends stärker – in Freundesgruppen integrieren, als Gruppenmitglied anerkannt werden. Beim Aufbau solcher sozialer Bindungen braucht das Kind die Erfahrung der Verläßlichkeit, das Gefühl der Sicherheit.

Die Grundlage dazu bietet das in den ersten Lebensjahren in der Familie ausgebildete **Urvertrauen**. Das Kind möchte geliebt werden, das Gefühl des Angenommenseins erleben und selbst wieder lieben. Daneben stehen aber auch Gefühle des Widerwillens, der Leidenschaft, der Abneigung, mit denen das Kind umzugehen lernen muß. Es hat also auch **emotionale Bedürfnisse**.

Auf der Basis des Urvertrauens möchte das Kind ein eigenes Selbstvertrauen entwickeln, das die Vorstufe zum selbständigen Handeln ist. Wenn Geborgenheit und Vertrauen vorhanden sind, ist auch eine optimistische Haltung dem Neuen und Zukünftigen gegenüber möglich.

Kinder besitzen eine überaus große **Neugierde** an allen Dingen, die sie umgeben. Sie weisen einen großen Hang zum Entdecken auf, sind offen für alles Neue. Dieses Offensein ist die Grundlage für die Fähigkeit zur Wahrnehmung der Vielfalt ihrer Umwelt. Diese wiederum bietet das Fundament für das Lernen. So kann gesagt werden, daß das Kind grundlegend das Bedürfnis hat zu lernen, wenn es nicht durch Erziehungsfehler darin gehemmt wird.

Jedem Erzieher ist der ungeheuer große Drang der Kinder nach Bewegung vertraut. Dieser **Bewegungsdrang** hat die Aufgabe, motorische Abläufe zu üben, und birgt die Möglichkeit für das Kind, mittels der Bewegung die Umwelt zu erschließen. Dadurch macht es Lernerfahrungen und kann seine kognitiven Fähigkeiten ausweiten.[1]

Aufgaben

1. *Nennen Sie kindliche Bedürfnisse und vergleichen Sie sie mit denen der Erwachsenen.*

2. *Stellen Sie aufgrund des Textes dar, welche Funktion die menschlichen Bedürfnisse haben.*

---

[1] Vgl. Kap. D 3.2.1 „Eigenarten kindlichen Wahrnehmens" (S. 240 ff.).

4 Erzieherische Grundfähigkeiten

Mit diesen Bedürfnissen, die von den Kindern eingebracht werden, geht die Erwartung einher, daß der Erziehende den damit verbundenen Anforderungen gerecht werden kann. Vom Erziehenden wird erwartet, daß er diese Bedürfnisse der Kinder ganzheitlich befriedigen kann, sie in seinem erzieherischen Tun und Fördern aber auch nicht überfordert. Vor allem aber ist er lebendiges Vorbild für das Kind. Mehr als das, was er das Kind lehrt, ist das, was er als Mensch und Vorbild tut, wichtig für das Werden des Kindes. Aus der Lernpsychologie wissen wir, welch hohen Stellenwert das Nachahmungslernen im Bereich des Lernens innehat. Dies um so mehr, je jünger die Menschen sind. Dieses Wissen muß der Erziehende in seinem Umgang mit den Kindern berücksichtigen und sein Verhalten immer daraufhin kontrollieren, welche Auswirkungen es auf die Kinder hat. Nur so kann er einigermaßen sichergehen, daß sein Verhalten auch seinen Erziehungszielen entspricht.

Aufgaben

1. *Erläutern Sie den Begriff „ganzheitliche Erziehung", indem Sie den Gesetzestext auf S. 206f. als Vorlage nutzen.*

2. *Versuchen Sie den Zusammenhang zwischen Erzieherverhalten und Erziehungsziel durch ein konkretes Beispiel darzustellen.*

4.1 Wahrnehmen und Beobachten

Jedes genaue Beobachten beginnt mit Erlebnissen, die eine gewisse Verwunderung auslösen und damit den Anstoß geben zu einer Vertiefung des Erfahrenen, eben zur genaueren Beobachtung. So muß die Beobachtung des Verhaltens eines Kindes diejenigen Fehler ausschalten, die zu falschen Beobachtungsresultaten führen könnten. Sie muß wissenschaftlichen Anforderungen genügen.

> **Definition**
> **Die wissenschaftliche Beobachtung ist eine geplante und zielgerichtete Wahrnehmung, die sich nur auf ganz bestimmte Teilaspekte des Geschehens richtet. Ihre Ergebnisse müssen objektiv, zuverlässig und überprüfbar (wiederholbar) sein.**

Eine solche wissenschaftlich vorgehende Beobachtung soll ermöglichen, daß diejenigen Faktoren des Verhaltens näher bestimmt werden können, die den von ihnen abhängigen Verlauf von Prozessen steuern. Will man also bestimmte Prozesse besser **verstehen,** so ist es notwendig, die sie beeinflussenden Verhaltensweisen bestimmter Personen genau **beschreiben** zu können. Dies geschieht am besten mittels der systematischen Beobachtung, bei der man sich mit Hilfe eines Beobachtungsbogens auf ganz bestimmte wesentliche Momente des Geschehens beschränkt. Dabei kann man nach bestimmten vorgegebenen Feldern vorgehen. Folgende beobachtungsleitende Felder sind z.B. denkbar:

das **Verhalten:**
z.B. der Kinder, der Mitschüler, der Erzieher usw.;

in **Situationen:**

z. B. im Spielkreis, bei Konflikten, bei der Begrüßung usw.;

während bestimmter **Prozesse:**

z. B. bei geplanten Angeboten, während ausgesuchter Spielverläufe, Diskussionen usw.

Ein gezieltes Beobachten ist aber nur dann möglich, wenn vor der Beobachtung genau bestimmt ist, was man beobachten möchte. Man kann nicht alles an einer Situation gezielt beobachten, sondern nur bestimmte isolierte Teile des Gesamtverhaltens, die man **Kategorien** nennt. Will man z. B. die Kategorie ‚Aggressivität' bei einem Kind beobachten, so muß man wissen, welche Verhaltensmerkmale als aggressiv gelten sollen, damit diese auch im Beobachtungsbogen registriert werden können. Das kann über eine **Operationalisierung**[1] des Verhaltens geleistet werden. Man wählt Merkmale der Kategorie ‚Aggressivität' aus, die beobachtbar sind, wie z. B. *andere Kinder schlagen, Spielzeug zerstören, Erzieher beschimpfen* usw.

Diese beobachtbaren Verhaltensweisen beziffert man, d. h. sie werden codiert. Eine solche Codierung dient zur Vereinfachung des Beobachtungsbogens.

Beispiel

Kategorie	Operationalisierung: beobachtbare Verhaltensweisen	Codierung
Aggressivität	*Schlägt andere Kinder* *Zerstört Spielzeug* *Beschimpft den Erzieher usw.*	*1* *2* *3 usw.*

Beobachtungsbogen

Name:	Peter
Kindergarten:	St. Helena-Kindergarten
Gruppe:	1. Gruppe
Kategorie:	Aggressivität
Beobachter:	Nolle, P. Datum: 1. 12. 19..

	Zeit-intervall	Codierung: 1	2	3	4	5	usw.	Gesamtzahl Striche
1. Tag								
2. Tag								
3. Tag								
usw.								
							Gesamtzahl	

---

[1] Operationalisierung = eine Formulierung, die einen Begriff in beobachtbare Einzelhandlungen umsetzt.

Es bietet sich nun an, sich bei der Beobachtung auf bestimmte Zeitabschnitte zu beschränken:

- um eine nachlassende Aufmerksamkeit zu verhindern;
- weil das interessierende Verhalten sowieso nur zu bestimmten Zeiten stattfindet;
- weil die Beobachtung in mehreren kurzen Zeitabschnitten etwa ebenso gute Erkenntnisse erbringt wie die Beobachtung über einen längeren Zeitraum;
- weil situativ bedingte Verhaltensweisen so nivelliert werden.

Hierzu aber muß zuvor geklärt werden, ob die gewählten Zeitabschnitte für das zu beobachtende Verhalten repräsentativ sind. Bei der Entscheidung für ein solches Verfahren der Kurzzeitbeobachtung müßte der Beobachtungsbogen entsprechend verändert werden.

Fehlerquellen der systematischen Beobachtung

- Die gewählten Zeitintervalle können nicht als repräsentativ für das interessierende Verhalten gelten.

- Die gewählten Kategorien sind zu weit definiert; die zu beobachtenden Verhaltensweisen sind nicht nur für die vorgegebene Kategorie gültig.

- Die gewählten Kategorien sind zu eng definiert; es werden Verhaltensweisen, die zur Kategorie gehören, außer acht gelassen.

- Bestimmte Verhaltensweisen können mehreren Kategorien zugeordnet werden.

- Die Beobachter sind nicht genügend trainiert, um entscheiden zu können, welche Verhaltensweise welcher Kategorie zuzuordnen ist.

- Wahrnehmungsfehler.

- Soziale Erwünschtheit[1] usw.

Aufgaben

1. *Formulieren Sie zu den Kategorien ‚Selbständigkeit‘, ‚Spielbereitschaft‘, ‚Ängstlichkeit‘ jeweils sechs beobachtbare Verhaltensweisen.*

2. *Beobachten Sie in Ihrer Gruppe (Klasse) solche vorgegebenen, beobachtbaren Verhaltensweisen anhand eines kleinen spontanen Rollenspiels.*

3. *Vergleichen Sie Ihre Ergebnisse mit denen Ihrer Kolleginnen und Kollegen.*

---

[1] Soziale Erwünschtheit = Erscheinung, daß sich der Beobachtete so verhält, wie er glaubt, daß man es von ihm erwartet.

4.2 Beschreiben – Darstellen

Aufgabe

Arbeiten Sie aus dem Bericht über das Arbeitsfeld Kinderkrippe wesentliche Punkte heraus.
Auf welche Fragen gibt dieser Bericht Antworten? Formulieren Sie diese Fragen schriftlich und strukturieren Sie sie.

Wenn Sie das Ergebnis dieser Aufgabe betrachten, erkennen Sie, daß dieser Bericht sowohl versucht, dieses Arbeitsfeld als ein eigentümliches zu beschreiben und die Geschichte dieser Institution wiederzugeben, als auch Begründungen für die Inanspruchnahme dieser Institution zu geben. Es wird sichtbar, wie stark diese Institution sich ausgebreitet hat und welche Organisationsform in diesen Einrichtungen vorwiegend vorhanden ist. Es werden Aussagen gemacht über Raumangebot und über notwendige Materialien.

Aufgrund der Fragen, die Sie gefunden haben, läßt sich ein einfaches Raster zum Darstellen der Institution, in der Sie Ihre Praxis ableisten, erstellen. Hierzu gehört u.a. folgendes:

Die Institution muß benannt werden; es handelt sich also um einen Kindergarten, oder um einen Hort, oder um eine Tagesstätte. Der Organisationszweck der Institution sollte klar sein. Vielleicht gelingt es auch, über die Geschichte der Institution etwas zu erfahren, die Entwicklung dieser Institution nachzuvollziehen. Wichtig ist ebenfalls, wo die Einrichtung liegt und wie das soziale Umfeld aussieht. Zum sozialen Umfeld gehört nicht nur die geographische Lage, vielmehr kommen auch die Beziehungen zu pädagogischen, kulturellen und gesellschaftlichen Institutionen dazu.

Es müssen z.B. Aussagen gemacht werden über die folgenden Gesichtspunkte:

Wie sieht die Wohn- und Lebensform der Gegend aus, handelt es sich z.B. um ein Villenviertel oder eine sogenannte Slumgegend?
Wie sieht die Elternschaft der Kinder aus, die die Einrichtung besuchen? Sind es Beamte, Angestellte oder sind es Hilfsarbeiter?
Wer trägt den Kindergarten, d.h. wer finanziert ihn?
Wie viele Kinder besuchen den Kindergarten?
Anzahl der Gruppen? Wie groß sind die einzelnen Gruppen?
Wie ist die Verteilung zwischen Jungen und Mädchen?
Wieviel Erziehende bzw. weiteres Personal kommen auf jede Gruppe?
Sind sehr viele Geschwisterkinder in der Gruppe oder sind es nur Einzelkinder?
Wie ist die Altersverteilung in den Gruppen?
Werden altersgleiche Gruppen gebildet und/oder wird altersgemischt erzogen?
Wieviel Erziehende arbeiten in der Einrichtung? Wer leitet sie?
Wie ist die Mitarbeit und die Zusammenarbeit des Personals organisiert?
Welche Ausbildung hat das Personal?
Hat die Einrichtung ein besonderes pädagogisches Konzept? Wird die Arbeit z.B. religiös begründet?
Wie sieht der Tagesablauf in dieser Einrichtung aus? Ist dieser Tagesablauf sehr regelhaft festgehalten oder ist er mehr offen gestaltet?

Welches Raumangebot kann die Einrichtung für die pädagogische Arbeit zur Verfügung stellen?
Ist genügend pädagogisches Material bzw. Spielmaterial für die Kinder und Jugendlichen vorhanden?
Gibt es Kinder, die besonders auffallen?
Wie gehen die Erziehende mit solchen „auffälligen" Kindern um?
Wie ist die Zusammenarbeit zwischen Eltern und Institution?
Wie ist die Zusammenarbeit zwischen der Leitung der Einrichtung und dem Träger?

Mögliches Schema für die Beschreibung einer Einrichtung:
1. Organisationszweck der Einrichtung;
2. Geschichte und Entwicklung der Einrichtung;
3. Ort und soziales Umfeld;
4. Begründung der Arbeit, eventuell mit besonderem pädagogischen Konzept;
5. Angaben über Personalanzahl, Trägerschaft;
6. Anzahl der Kinder, Verteilung der Kinder nach Geschlecht, ebenso Angaben über Geschwisterkinder;
7. Gruppenanzahl, Gruppengröße, ferner Anzahl der Erziehenden bzw. sonstiger Mitarbeiter pro Gruppe;
8. Organisation: Leitung, Formen der Mitarbeit, Ausbildung der Mitarbeiter, Fortbildung der Mitarbeiter, Tagesablauf, Regelhaftigkeit des Tagesablaufs;
9. Raumangebot, Einrichtungsstandard, Materialien und Medien;
10. Zusammenarbeit mit Eltern, Angaben über die Zusammensetzung der Elternschaft:
    - Woher kommen sie?
    - Welcher sozialen Herkunft sind sie zuzuordnen?
    - Welche Erwartungen formulieren diese Eltern?
    - Wie formulieren sie sie?
    - Welche Formen der Zusammenarbeit mit den Eltern werden gepflegt (Beratungsgespräche, Hausbesuche, Elternabende ...)?

4.3 Analysieren

Hier wird zunächst einmal ein Wochenplan vorgestellt, wie er in jedem Kindergarten möglich wäre:

Beispiel für einen Wochenplan

Wochentag	Tätigkeiten im Kindergarten
Montag	Schneeglöckchen falten
Dienstag	Turnen: Führen und Folgen
Mittwoch	Backofen basteln
Donnerstag	Salzteig herstellen
Freitag	Religiöse Geschichte: „Der Zöllner"

Um einen solchen Wochenplan besser analysieren und bearbeiten zu können, greift man bestimmte Gesichtspunkte heraus wie z.B.:

1. Welche Fähigkeiten, Fertigkeiten, Funktionen und Techniken werden erworben?
2. Woraus ergeben sich diese Fähigkeiten, Fertigkeiten, Funktionen und Techniken?
   – Welche Anlässe gibt es für die entsprechenden Themen?
   – Liegen Interessen, Bedürfnisse der Kinder vor?
   – Welche Anliegen der Erzieher stehen hinter der Wahl der Themen?
   – Für wen, wozu sollen diese Fähigkeiten usw. beherrscht werden?
3. Besteht ein Bezug zwischen den zu erwerbenden Fähigkeiten usw. und den Interessen und Bedürfnissen der Kinder?
4. Werden mit den Themen Situationen des Alltags berührt?
5. Werden mit den Fähigkeiten, Fertigkeiten usw. übergeordnete Ziele angesprochen wie z.B. „Selbständigkeit", „Handlungsfähigkeit"?

Aufgaben

1. *Definieren Sie die Begriffe Fähigkeiten, Fertigkeiten, Funktionen, Techniken.*
2. *Suchen Sie selbst noch einige weitere Gesichtspunkte, die zur Beurteilung des Wochenplanes helfen könnten.*
3. *Versuchen Sie, den vorliegenden Wochenplan mit Hilfe der schon vorliegenden und der von Ihnen formulierten Gesichtspunkte zu beurteilen.*

4.3.1 Analyse von Erziehungszielen

Der Elementarbereich Kindergarten weist wie alle anderen Erziehungsbereiche Ziele auf, die zwar speziell für ihn – wenn auch nicht ausschließlich für ihn – formuliert wurden, aber letzten Endes solchen Zielsetzungen dienen, die gesamtgesellschaftlichen Erwartungen entsprechen. D.h. die Fertigkeiten und Fähigkeiten, die im Kindergarten vermittelt werden, sollen die Grundlage für solche Fähigkeiten sein, die das Kind später als Erwachsener aufweisen muß, um als vollwertiges Mitglied der Gesellschaft handeln zu können.

‚Erziehung' muß somit als eine Handlung begriffen werden, die immer mit einem Ziel verbunden ist. Das Erziehungsziel stellt also eine **Qualifikation**[1] dar, die das lernende Kind einmal besitzen soll. Solche Qualifikationen müssen aber beschrieben werden, damit man auch weiß, was erreicht werden soll. Diese Beschreibung wird durch die **Zielbestimmung** geliefert. Die Qualifikationen werden mit unterschiedlichen Mitteln erreicht, die der Erzieher nach bestimmten Kriterien auswählen kann. Zudem läßt sich eine Qualifikation in unterschiedlicher Form vermitteln. Die unterschiedliche Form des erzieherischen Handelns hängt dabei hauptsächlich von der Art der Zielsetzung ab. Diese Zusammenhänge lassen sich durch folgende Fragen aufhellen:

- Was soll im Kindergarten erreicht werden?
- Warum soll dies erreicht werden?
- Mit Hilfe welcher Themen/Inhalte soll das erreicht werden?
- Welche Mittel sollen es erreichen helfen?
- Welche Formen begünstigen es?

---

[1] Qualifikation = Fähigkeit

Diese Fragen verdeutlichen: Erzieherisches Handeln bedeutet nicht nur das Planen von Zielen, sondern zugleich auch das Analysieren von Zielen.

Wenn man nun eine solche Zielanalyse in einem bestimmten Arbeitsfeld durchführt, stößt man auf die Fragen, wen man in diesem Arbeitsfeld antrifft und welche Qualifikationen diese Personen schon besitzen. Die obigen Fragen müssen dann um folgende noch erweitert werden:
– Wer soll das Ziel erreichen?
– Welche Ziele wurden bisher schon erreicht?

Die Analyse muß also den Adressaten und seine Eingangsqualifikation mitberücksichtigen, wenn sie einigermaßen effektiv sein soll.[1]

Bei der Wahl von Zielen gibt es dementsprechend verschiedene Kriterien, die eine solche Auswahl von Zielen beeinflussen:

Auswahlkriterien von Zielen
- die Vorstellungen der Elternschaft
- die Vorstellungen des Trägers
- die Eingangsfähigkeit und -fertigkeit der Kinder
- die Tips und Informationen der Kollegen
- die zeitliche, materielle und personelle Situation
- die Interessen und Neigungen der Kinder
- die Informationen aus der Fachliteratur

Aufgaben

1. *Nennen Sie ein Ziel, das Ihrer Meinung nach im Kindergarten erreicht werden soll.*
2. *Erläutern Sie, warum (mit welchem Recht) dieses Ziel erreicht werden soll.*
3. *Stellen Sie dar, mit Hilfe welchen Inhaltes (Themas), welcher Beschäftigung Sie dieses Ziel erreichen wollen.*
4. *Welche Mittel dienen am besten zur Erreichung dieses Zieles?*
5. *Welche Form des erzieherischen Verhaltens entspricht am ehesten dem angestrebten Ziel?*
6. *Was beherrschen Kinder im Kindergarten von diesem Ziel schon?*

---

[1] Vgl. auch S. 30.

4.3.2 Zielsetzende Instanzen

Vielleicht schien es bisher so, als ob der Erzieher alle Ziele bestimmt, die im Kindergarten vermittelt werden. Dies ist jedoch nicht der Fall. Grundsätzlich findet der Erzieher diese Ziele schon vor. Er muß sich mit ihnen auseinandersetzen, sie auf ihre Richtigkeit und Gültigkeit untersuchen.

Viele Instanzen bringen Ziele ein – was ja die gesamtgesellschaftlichen Erwartungen ausmacht – und bestehen auf deren Berücksichtigung. Solche zielsetzenden Instanzen können sein:

- Kinder   – Wissenschaften
- Eltern   – Staat ⎫
- Mitarbeiter   – Kirche ⎭ Träger

Viele der von diesen Instanzen verfolgten Ziele werden jedoch nicht offengelegt, sondern wirken vielmehr latent (unausgesprochen). D.h. sie sind entweder unbewußt wirksam, werden nicht eingestanden oder gar verborgen, oder sie sind nicht ausdrücklich formuliert.

Ein Beispiel für solche latent wirkenden Ziele einer Familie, die eine freie Einstellung zum Rollenverhalten hat und die Bereitschaft aufweist, sich selbst der Kritik ihrer Kinder zu stellen, gibt *W. Klafki:*

> „*Marion:*   Mutti, können wir am Sonntag nicht zusammen nach Burg Bernberg fahren?
> *Frau A.:*   Von mir aus ja! Vati sagte gestern abend aber, wir wollten wieder mal nach Degershausen.
> *Marion:*   Och – da waren wir doch schon so oft!
> *Frau A.:*   Naja, schon, aber nun laß man, Vati fährt doch nun mal so gern dorthin. Mach bitte keinen Ärger darum!

Oder eine andere Szene:

> *Frau A.:*   Christian, ich geh' jetzt zum Friseur. Auf Wiedersehn!
> *Christian:*   Wiederseh'n Mutti!
> *Frau A.:*   Moment mal, was liest du denn da? Waas? Die Werbezeitung vom Damenfriseur?
> *Christian:*   Ja – Du, Mutti, hör' mal, unsere Musiklehrerin, Fr. Körner, hat wieder eine Klasse-Frisur! Die könntest du dir doch auch mal machen lassen! Die hier ist das, sieh mal! Findest du sie nicht flott?
> *Frau A.:*   Doch, die ist sehr hübsch! Die würde mir auch stehen.
> *Christian:*   Na also! Marion sagt auch, da sähst du bestimmt ganz schick aus. Warum läßt du die dir nicht mal machen? Ist das teuer?
> *Frau A.:*   Nein, nicht teurer als meine alte, die ich jetzt trage!
> *Christian:*   Na siehst du! Und du sagst ja selbst, daß du die Frisur schick findest. Laß dir die doch mal hinzaubern!
> *Frau A.:*   Ich möcht' ja schon, aber ob der Vati die mag?
> *Christian:*   Ach was, überrasch' den Familienvorstand doch einfach, der ist dann bestimmt ganz hingerissen. Es ist ja nicht so, als wenn du von Nußbraun auf Platinblond umschalten würdest! Nur mal ein bißchen mehr Schwung in der Form! Also los, klare Entscheidung!
> *Frau A.:*   Na, diesmal lieber noch nicht, da will ich doch lieber erst den Vati fragen." [1]

---

[1] aus: W. Klafki, Funkkolleg Erziehungswissenschaft 2. Fischer Bücherei, S. 18f.

Aufgaben

1. *Welche grundsätzlichen Ziele haben die Eltern?*

2. *Werden diese Ziele in dem Beispiel erreicht? Erläutern Sie Ihre Auffassung.*

3. *Was wirkt diesen Zielen im Verhalten der Mutter entgegen?*

4. *Wie muß das Erreichte bewertet werden?*

In ähnlicher Weise, möglicherweise sogar durchaus offen ausgesprochen, können sich die Ziele anderer Instanzen im Widerspruch zu denen des Erziehers im Kindergarten befinden.

Ein gutes Beispiel hierfür ist die **Sexualerziehung.** Viele Erzieher sehen in der Sexualerziehung im Kindergarten eine Notwendigkeit. Diese Ansicht stößt häufig bei Eltern oder auch bei anderen Instanzen auf Ablehnung.

Die Ursachen für diese Ablehnung gegenüber den angestrebten Zielen des Erziehers können vielfältiger Natur sein:

- Möglicherweise liegt einfach eine **Überforderung** vor. Die Eltern fühlen sich einem solchen Anliegen nicht gewachsen und lehnen dieses Anliegen ab.

- Andererseits kann es auch an einem **Mangel an Motivation und Information** liegen, der die Eltern vor einer bestimmten Zielsetzung zurückschrecken läßt.

- Eine weitere Möglichkeit kann in **Meinungsverschiedenheiten** liegen, die Eltern und Erzieher hinsichtlich dieser Zielsetzung aufweisen.

- Auch die **Angst vor möglichen nicht vorauszusehenden Konsequenzen,** die die Eltern fürchten, mag ein Grund für eine ablehnende Haltung sein.

Diese Überlegungen machen deutlich, auf welche Grenzen der Erzieher hinsichtlich seiner Zielsetzung stoßen kann, denn nicht jeder Vorsatz läßt sich durchführen. Der Erzieher muß sich darüber bewußt sein, daß er hinsichtlich seiner Zielsetzungen möglicherweise viele Barrieren überwinden muß, und daß zwischen seinen eigenen Vorstellungen und der gesellschaftlichen Gegebenheit eine Kluft bestehen kann. Nicht immer sind diese Barrieren leicht überwindbar.

4.3.3 Zielbereiche

Lernziele werden formuliert, um Fähigkeiten beim Kind zu bewirken oder zu verbessern. Diese Fähigkeiten lassen sich in vier wesentliche Fähigkeitsbereiche einteilen, nach denen auch die Lernziele einzuteilen sind:

- den psychomotorischen Bereich
- den affektiven Bereich
- den sozialen Bereich
- den kognitiven Bereich

Psychomotorische Lernziele

Den psychomotorischen Lernzielen werden alle jene Fähigkeiten zugeordnet, die im körperlichen, manuellen Bereich angesiedelt sind. Hierunter fallen Lernziele des Turnens, der Gymnastik, der Rhythmik, der Ballspiele usw., aber auch Lernziele des Werkens, Bastelns, Bauens usw.
Da alle motorischen Abläufe vor dem Hintergrund psychischer Abläufe zu sehen sind, wählte man dafür den Begriff „psychomotorisch".

Affektive Lernziele

Zu den affektiven Lernzielen rechnet man alle jene Ziele, die Fähigkeiten verlangen, die im Gefühlsbereich liegen, also die Dimension ‚Mögen' oder ‚Nicht-Mögen' in sich tragen. Hier geht es um Interessen, Einstellungen, Wertschätzungen, die es zu verinnerlichen (internalisieren) gilt. Solche Lernziele werden besonders durch Märchen, Erzählungen, Geschichten zu erreichen versucht.

Soziale Lernziele

Hierunter fallen all diejenigen Lernziele, die im Bereich des sozialen Handelns liegen. Es geht dabei um Fähigkeiten, die für den Umgang mit den Mitmenschen erworben werden müssen. Dies sind insbesondere das Kennenlernen und Einhalten von Regeln und Normen, die das Miteinanderleben ermöglichen. Ebenso Fähigkeiten zur Toleranz, Kooperation, Konfliktlösung wie auch zu einer angemessenen Form der Selbstbehauptung. Dazu eignen sich vor allem Lernziele, die in vielfältigen Formen des Spiels enthalten sind.

Kognitive Lernziele

Hierzu werden all jene Lernziele gezählt, die auf intellektuellen Fähigkeiten und Fertigkeiten beruhen. Hierunter zählen solche Fähigkeiten wie Wissen, Erkennen, Erinnern, Begriffe bilden, Problemlösung usw. Diese Lernziele werden besonders bei Nacherzählungen, Bildbetrachtungen, Sachbeschäftigungen usw. zu finden sein.

Aufgaben

1. Formulieren Sie einige Lernziele für den:
   a) psychomotorischen Fähigkeitsbereich,   c) kognitiven Fähigkeitsbereich,
   b) affektiven Fähigkeitsbereich,   d) sozialen Fähigkeitsbereich.
2. a) Stellen Sie fest, inwieweit Ihre psychomotorischen Lernziele nicht auch den affektiven bzw. den kognitiven Fähigkeitsbereich berühren.
   b) Untersuchen Sie im Hinblick darauf die übrigen Lernziele.
3. Untersuchen Sie einige Angebote/Beschäftigungen auf darin unterschiedlich vorkommende Lernzielbereiche.

4.3.4 Die Klassifikation von Lernzielen

Bei einer intensiven Beschäftigung mit Lernzielen, die den jeweiligen Lernzielbereichen zugeordnet sind, stellt man fest, daß ein Lernzielbereich in sich noch unterschiedliche Zielklassen birgt.
B. S. Bloom und andere entwickelten als erste ein Klassifikationsschema, das eine solche Einteilung in Zielklassen möglich macht. So kann man z.B. den kognitiven Lernzielbereich in folgende Klassen unterteilen[1]:

---

[1] Vgl. Matrix für Zielbeschreibungen in Lehrplänen des Landes Baden-Württemberg.

Zielklassen	Fähigkeiten	
Wissen	Informationen besitzen	Einblick in Wissensgebiete Überblick über Zusammenhänge Kenntnisse aufweisen
Können	Handlungen ausführen	Müheloses Verfügen über bestimmte Verhaltensmuster Beherrschen eingeübter Verhaltensmuster
Erkennen	Probleme bewältigen	Problemlage wird bewußt Problemlösungen werden einsichtig Problemlösungen werden verstanden und gegebenenfalls modifiziert
Bewerten	Einstellungen gewinnen	Einstellungen vergleichen Entsprechend der Einstellung zu bestimmtem Verhalten bereit sein Sich gemäß der Einstellung engagieren

Eine genaue Analyse dieses Klassifikationsschemas macht deutlich, daß die Lernziele hierarchisch aufgebaut sind: jeweils die vorhergehende Zielklasse ist die Voraussetzung für die nächstfolgende.

4.3.5 Zielebenen

Wenn man das Ziel: ‚Das Kind nimmt Rücksicht' etwas genauer analysiert, wird man feststellen, daß dieses Ziel bestimmte Teilfähigkeiten in sich schließt, die die Kinder beherrschen müssen, wenn dieses Ziel als erreicht gelten soll.

Andererseits aber läßt sich das Ziel ‚Das Kind nimmt Rücksicht' wiederum größeren Zielen unterordnen, so daß es selber auch nur als eine Teilfähigkeit betrachtet werden kann.

Daraus läßt sich ableiten, daß es verschiedene Zielebenen gibt.

„So entsteht das Modell einer hierarchischen Pyramide von Qualifikationen. ... An der Spitze einer solchen Pyramide stehen dann sehr allgemeine Zielformulierungen wie ‚Mündigkeit', ‚Fähigkeit zur Selbstbestimmung', ‚Fähigkeit zur Kommunikation mit den Mitmenschen' usw."[1] Nun gibt es in der Fachliteratur keine einheitliche Auffassung über die Anzahl der Zielebenen, so daß wir folgende Zielebenen vorschlagen:[2]

- Richtziele
- Grobziele
- Teilziele
- Feinziele

---

[1] Klafki, N. u.a.: a.a.O., S. 83.
[2] Vgl. hierzu Meyer, H. L.: Einführung in die Curricula Methodologie. Kösel Verlag München 1972, S. 15 f.
Materialien zur Planung der pädagogischen Arbeit in kommunalen Kindergärten. Hrsg. vom Landeswohlfahrtsverband Baden 1981, Kap. 5.1, S. 4.

Richtziele sind übergeordnete, alle anderen Ziele umfassende Hauptziele.

Beispiel

Die Kinder handeln in allen Situationen selbständig ohne Hilfe anderer.

Grobziele sind aus den Richtzielen abgeleitete Ziele, die in grober Form zum Richtziel hinweisen.

Beispiel

Die Kinder kennen die für sie relevanten Normen und Regeln und handeln entsprechend.

Teilziele wiederum sind Elemente des Grobzieles und beschreiben in deutlicher Form angestrebte Lernziele.

Beispiel

Die Kinder verhalten sich regelgerecht und selbständig zu Fuß im Verkehr.

Feinziele weisen den höchsten Grad an Eindeutigkeit und Genauigkeit auf und sind wiederum Elemente des Teilzieles.

Beispiel

Die Kinder bleiben bei roter Ampel stehen und überqueren die Straße erst bei grünem Ampellicht.

Diese Ziele stehen also in einem Ableitungszusammenhang, d. h. das Grobziel wird vom Richtziel abgeleitet, das Teilziel wiederum vom Grobziel usw.

Aufgaben

1. Ordnen Sie das Lernziel ‚Das Kind nimmt Rücksicht' der richtigen Lernzielebene zu.

2. Suchen Sie zu diesem Lernziel die anderen dazugehörigen Ziele, und ordnen Sie diese den anderen entsprechenden Lernzielebenen zu.

3. Was unterscheidet das Feinziel vom Richtziel? Charakterisieren Sie die Formulierung des Feinzieles.

4.3.6 Operationalisierte Lernziele

Wie der letzten Aufgabenstellung zu entnehmen ist, besitzt die Formulierung des Feinzieles eine andere Qualität als die vorgelagerten Lernzielebenen. Das Feinziel formuliert ein beobachtbares Verhalten. Es muß also Verhaltensweisen (= Fähigkeiten) angeben, die daraufhin überprüfbar sind, ob das Lernziel überhaupt erreicht wurde. Der Fachausdruck dafür heißt, daß solche Fähigkeiten „operationalisiert" werden müssen.

Definition

Operationalisierte Lernziele sind also solche Lernziele, die angeben, was man beobachtbar können muß, wenn das Ziel als erreicht gelten soll.

Damit kristallisieren sich **drei wesentliche Forderungen** an ein operational formuliertes Lernziel heraus[1]:

1. Die zu erreichenden Fähigkeiten müssen **beobachtbar** sein.

2. Es müssen die **Bedingungen** dabei genannt werden, unter denen die Fähigkeiten beobachtbar sind.

3. Ein **Maßstab** muß angegeben werden, der Auskunft darüber gibt, ob die Fähigkeiten als ausreichend gelten können oder nicht.

Vorteile einer Operationalisierung

a) Die Erziehenden besitzen eine bessere Kontrolle, ob die Lernziele erreicht wurden.

b) Die Erziehenden verfügen somit auch über eine bessere Beurteilungsgrundlage des eigenen methodischen Vorgehens.

c) Die Erziehenden können durch operational formulierte Lernziele die Lernvoraussetzungen der Kinder besser erkennen und, wenn nötig, die Lernziele entsprechend verändern.

d) Klar und eindeutig formulierte Lernziele erhöhen die Einsatzbereitschaft des Erziehenden, weil damit die Zufriedenheit mit seinem Handeln steigt.

e) Die Kinder erhöhen ihre Einsatzbereitschaft ebenfalls, weil ihnen klare Zielvorstellungen mitgegeben werden, die ihnen eine eigene Beurteilung hinsichtlich ihres Leistungsstandards erlauben.[2]

Nachteile einer Operationalisierung

a) Eine konsequent durchgeführte Operationalisierung aller Lernziele trägt die Gefahr in sich, daß nur noch praktisch durchführbare (= beobachtbare) Fähigkeiten verlangt werden, nicht aber auch theoretische.

b) Damit besteht auch die Gefahr, daß schwierigere Fähigkeiten gar nicht mehr gefordert werden. Die Ansprüche an die Kinder werden herabgesetzt.

c) Operational formulierte Lernziele erhöhen die Gefahr, daß die Lernenden nur noch reaktive Fähigkeiten erlernen. Selbständiges, spontanes und kreatives Lernen könnte gehemmt werden.

d) Eine Mitgestaltung des Lernens durch die Kinder wird möglicherweise verhindert. Die Flexibilität der Erziehenden verkümmert.[3]

---

[1] Vgl. Thiel, Siegfried: Lehr- und Lernziele. Workshop Schulpädagogik, Materialien 2. Otto Maier Verlag, Ravensburg, 4. Aufl. 1985, S. 30.

[2] Vgl. Messmer/Posch: Perspektiven für einen neuen Lehrplan. In: Messmer, R./Rumpf, H. (Hrsg.): Didaktische Impulse. Österreichischer Bundesverlag Wien 1971, S. 14 f.

[3] Vgl. Messmer/Posch: a.a.O., S. 14 f.

4.4 Planen

Die meisten Erziehenden (auch Eltern) haben bestimmte Vorstellungen von dem, was sie mittels ihrer Erziehung erreichen wollen. Doch häufig kennen sie nicht die Faktoren, die den Verlauf des Erziehungsprozesses bestimmen. So ist es auch zu erklären, daß viele Erziehende trotz ihrer guten Vorsätze die angestrebten Ziele nicht erreichen. Deshalb ist es notwendig, sich über diejenigen Faktoren klar zu werden, die den Erziehungsprozeß behindern oder fördern. Dies geschieht durch die Planung.

Eine solche **Planung der Erziehung:**

- erlaubt eine **sinnvolle Aufteilung aller Einzelschritte** und bietet Sicherheit durch die Strukturierung des Erziehungsprozesses;

- bietet die Grundlage und **Möglichkeit zur Rechtfertigung** bei eventuellen Kritiken oder Vorwürfen von seiten dritter Personen;

- erlaubt aber zugleich auch eine **bessere Eigenkontrolle;**

- ermöglicht eine **dauernde Auseinandersetzung** des Erziehenden mit seinen Zielen;

- bietet eine **gründliche Vorbereitung** auf die erzieherische Aufgabe;

- kann aber auch eine **Einengung** darstellen, weil man sich dadurch festlegt.

Definition:
Erzieherisches Planen bedeutet zum einen, daß – im Ausgang von den Fähigkeiten und Neigungen des Kindes und Jugendlichen – die erforderlichen Maßnahmen (Methoden, Erzieherverhaltensweisen, Erziehungsmittel usw.) eingeleitet werden, die das dem Kind oder Jugendlichen erreichbare Ziel ermöglichen. Zum anderen beinhaltet erzieherisches Planen die ständige Überprüfung, ob das Ziel erreicht wurde oder gar weitergesteckt werden sollte.

Für jede Planung – und damit auch Gestaltung – von Lernprozessen gibt es bestimmte Faktoren, die man berücksichtigen muß:

- Aufgaben der Institution
- Situation der Kinder
- Ziele
- Inhalte/Themen
- Methoden
- Medien/Materialien
- Vermittlungstechniken
- Zeit
- Ort
- Sozialformen beim Spielen und Lernen[1]
- Verlaufsstruktur von Lernangeboten[2]

Aufgaben der Institution

Die Aufgaben des Kindergartens ergeben sich aus dem Auftrag des Kindergartengesetzes. Seine Aufgaben sind demzufolge:

- Erziehung der Kinder
- Bildung der Kinder
- Zusammenarbeit mit Eltern
- Zusammenarbeit mit Trägern und Ämtern
- Pflege der Kinder usw.

Ziele

Aus den oben angeführten Aufgaben lassen sich spezielle Zielsetzungen ableiten, die die Grundlage für die weiteren Planungsschritte darstellen, z.B.:

- das Kind spielt selbständig
- das Kind löst Konflikte eigenständig
- das Kind nimmt Rücksicht
- das Kind wäscht sich selbständig
- das Kind wählt Spielangebote selbständig aus usw.

Situation der Kinder

Eine Planung ohne Berücksichtigung der Situation, in der sich die Kinder befinden, vernachlässigt, daß Erziehung für das Kind selbst geschieht.

Deshalb muß sich die Zielsetzung der Erziehung auch an der Situation der Kinder orientieren. Dazu bedarf es wesentlicher Angaben über diese Situation. Solche Angaben sind beispielsweise:

- die Situation der Einrichtung
- die Situation der Erzieher
- die Situation der Eltern
- die Situation der Kindergruppe
- die anthropogene[3] Situation der Kinder
- die soziokulturelle Situation der Kinder usw.

Inhalte

Die Inhalte oder Themen werden so ausgesucht, daß sie, gemäß dem Wissens- und Erkenntnisstand der Kinder, die Ziele erreichen helfen, z.B. durch:

- Rollenspiele
- Gesellschaftsspiele
- Waschen von Puppensachen
- Bauen in der Bauecke
- Freies Spielen usw.

---

[1] siehe Kapitel S. 146 ff.
[2] siehe Kapitel S. 130 ff.
[3] anthropogen = durch den Menschen verursacht, beeinflußt

Methode

Der Begriff ‚Methode' bezeichnet die Art und Weise des Vorgehens der Erzieher zur Erreichung des Erziehungszieles. Dabei wird eine sachgerechte Beziehung zwischen den Zielsetzungen des Kindergartens und den zielorientierten Inhalten/Themen auf der einen und den Methoden auf der anderen Seite hergestellt.

Eine Methode sollte also:

● den möglichst effektiven Weg zur Zielerreichung darstellen
● dem Erziehungsziel entsprechen
● dem Inhalt/Thema angemessen sein
● die Situation der Kinder wie z.B. Alter, Interessen, Begabung, Lernfähigkeit berücksichtigen
● vermittelbar, wiederholbar und variierbar sein
● die unterschiedlichen Zielebenen berücksichtigen usw.

Medien/Materialien

In Verbindung mit der Methode wählt der Erzieher die Materialien und Medien aus, die das Thema anschaulicher und somit besser verständlich machen, z.B.:

● Bildvorlage
● Waschmittel, Waschlappen, Seife
● Puppen
● Backzutaten

● Wolle, Holz, Papier
● Bausteine
● Faltblätter
● Schere, Klebstoff, Bindfaden usw.

Vermittlungstechniken

Mit dem Begriff ‚Vermittlungstechnik' ist die Verfahrensweise gemeint, mit der der Erzieher durch sein eigenes Verhalten und das damit verbundene Verhalten der Kinder zu dem angestrebten Lernziel kommt. Die Vermittlungstechnik ist ein Element der Methode. In Anlehnung an unterrichtstheoretische Begriffe könnte man folgende nennen:

● das darbietende Verfahren
● das fragend-entwickelnde Verfahren
● das Denkanstoß gebende Verfahren

● das aufgebende Verfahren
● das entdecken-lassende Verfahren

Ort

Mit dem Begriff ‚Ort' ist eigentlich der Lernort gemeint, von dem die Wahl des Inhalts abhängig ist. Je nach dem Ort, an dem der Lernprozeß stattfindet, muß das Thema unterschiedlich gewählt sein und umgekehrt. Solche Orte können sein:

● Schalterraum einer Post
● Waschraum im Kindergarten
● Gymnastikraum

● Spielplatz
● Waldspaziergang
● Rohbau eines Hauses usw.

Zeit

Genauso wie der Ort stellt auch die Zeit eine Größe dar, an dem sich die Wahl des Inhaltes orientieren muß. Solche Zeitphasen können sein:

● Jahreszeiten
● Wochentage
● Tageszeiten usw.

Aufgaben

1. Greifen Sie das Ziel ,Das Kind wäscht sich selbständig' heraus, und suchen Sie andere dazugehörende Faktoren. Benutzen Sie dazu den unten stehenden Arbeitsplan.

Aufgabe	Ziel	Inhalt Thema	Medien Materialien	Vermittlungstechniken	Zeit	Ort
?	Das Kind wäscht sich selbständig	?	?	?	?	?

2. Stellen Sie einen ähnlichen Arbeitsplan auf, indem Sie irgendeine beliebig gewählte Aufgabe als Vorgabe benutzen.
3. Benutzen Sie genauso ein beliebig gewähltes Thema.
4. Erläutern Sie die Art der Abhängigkeit von Medien/Materialien und Vermittlungstechniken.
5. Erläutern Sie, in welcher Weise alle Faktoren zusammenhängen. Geben Sie Beispiele dazu.
6. Zeigen Sie mit Hilfe des auf Seite 92 dargestellten Modells, welche Faktoren bisher nicht berücksichtigt wurden.
7. Stellen Sie dar, in welcher Weise diese hier nicht berücksichtigten Faktoren die oben dargestellten beeinflussen.
8. Suchen Sie aus Ihrer Erfahrung konkrete Lernangebote, die den auf S. 88 dargestellten Vermittlungstechniken entsprechen.
9. Stellen Sie Verhaltensweisen der Kinder dar, die den auf S. 88 genannten Vermittlungstechniken entsprechen.

4.4.2 Planungsschemata

Wenn der Erzieher das Spielen bzw. das Tun des Kindes bewußt lenkt, möchte er damit ein bestimmtes **Ziel** erreichen. Das Kind soll über das Spiel bzw. sein Tun Fähigkeiten erwerben, die der Erzieher gezielt anstrebt. Gezieltes Handeln bedarf jedoch der Planung. Bei Überlegungen, wie man eine Planung im Kindergarten durchführen soll, wendet man am besten ein immer wiederkehrendes Rezept an und benutzt ein bestimmtes Planungsschema. Dabei geht die Arbeitsplanung grundsätzlich von den **Aufgaben des Kindergartens** aus.[1] Die Aufgaben des Kindergartens bestimmen die Ziele, die der Erzieher erreichen will. Diese Ziele aber ergeben sich aus der **Richt- und Grobzielebene,** da diese Ebenen nur solche Ziele angeben, die noch nicht für das eigentliche Lernangebot operationalisiert sind.

Wenn man die Überlegungen hinsichtlich der Anforderungen, die sich aus der **Situation der Kinder** ergeben, nicht übergehen will, ist es unerläßlich, bei der Zielfindung die Situation, in der sich die Kinder befinden, mit einzubeziehen. Aus der Kombination dieser beiden Gesichtspunkte: Ziele und Situation, läßt sich dann ein passender **Inhalt (Thema)** zur Erreichung des Zieles erschließen. Entsprechend den Richt- und Grobzielen werden dann daraus ableitbare Teil- und Feinziele formuliert.

---

[1] Vgl. S. 205 f.

Sind Inhalt/Thema festgelegt, kann man im weiteren überlegen, mit Hilfe welcher **Methode** und darin eingebunden, mit welchen **Medien/Materialien** man Inhalt/Thema vermitteln will. Daran knüpfen Überlegungen an, welche **Vermittlungstechniken** in welchen **Sozialformen** anzuwenden sind, um die methodischen Schritte möglichst effektiv zu unterstützen. Nicht zuletzt gilt es auch, **Ort** und **Zeit** des Angebotes festzulegen.[1]

Aus dem bisher Gesagten läßt sich folgende Grafik entwerfen:[2]

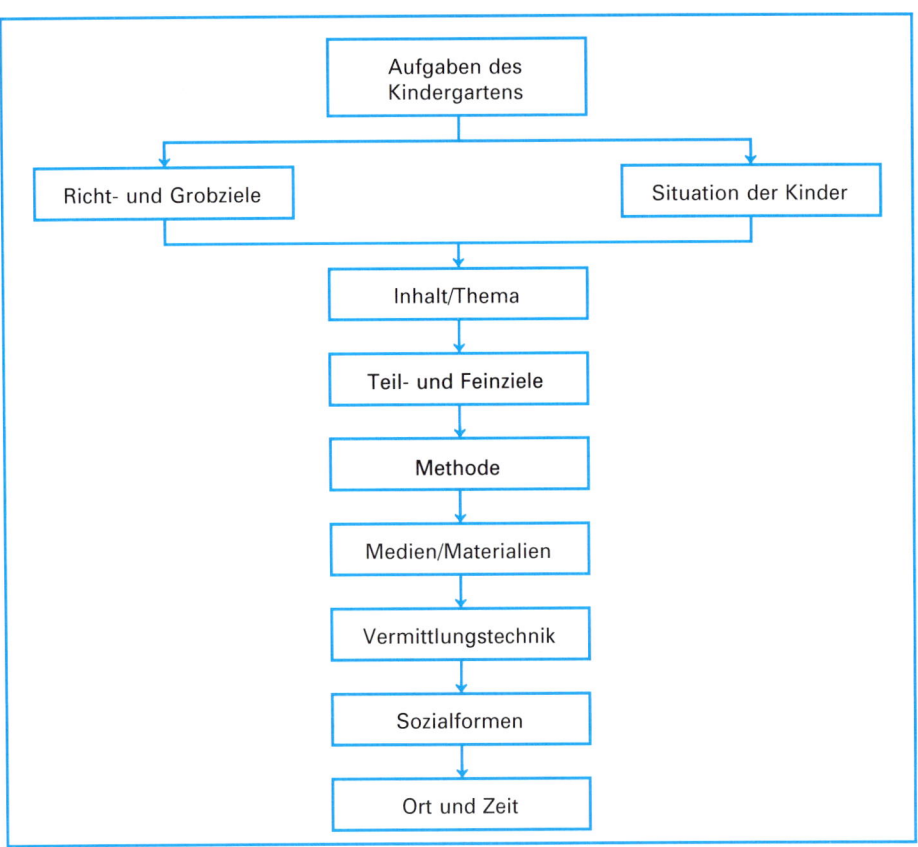

Dieses Planungsschema ist jedoch keinesfalls das einzig denkbare. Es strukturiert den geplanten Lernprozeß im wesentlichen aus der Sicht des Erziehers. Deshalb sind durchaus auch andere Schemata möglich.

---

[1] Vgl. S. 87 f.
[2] Vgl. hierzu Materialien zur Planung der pädagogischen Arbeit im kommunalen Kindergarten: a.a.O., S. 5.

1. *Erstellen Sie ein Schema, das von der Grundlage eines festgelegten Themas ausgeht.*

2. *Inwieweit kann eine von vornherein festliegende Zeitbestimmung Grundlage eines Schemas sein?*

3. *Vergleichen Sie das hier vorliegende Schema mit dem auf Seite 92 dargestellten Modell.*
   a) Welche Unterschiede stellen Sie fest?
   b) Welche Gemeinsamkeiten stellen Sie fest?
   c) Wurde die Situation der Kinder im Modell außer acht gelassen?
   d) Wenn nein, in welchen Faktoren finden Sie Berücksichtigung?

4. *Inwiefern könnte die Wahl bestimmter Medien/Materialien ein gewähltes Thema beeinflussen?*

5. *Welche Faktoren des Schemas beeinflussen die Wahl der Sozialform?*

4.4.3 Planung als didaktische Analyse

Überlegungen, die aus den Fragen der obigen Aufgaben abgeleitet werden können, machen es notwendig, das oben dargestellte Planungsschema einer differenzierten didaktischen Überprüfung zu unterziehen.

Überprüft man dieses Planungsschema genauer auf seine Aussagen, so stellt man fest, daß die dargestellten Abhängigkeiten keineswegs so einseitig und absolut verlaufen wie dargestellt.

So wird die Wahl der Medien und Materialien nicht allein durch die Methode bestimmt, sondern z. B. auch durch das gewählte Thema oder auch durch die Faktoren Ort und Zeit. Und: Wie die Methode die Wahl der Medien/Materialien bestimmt, bestimmt die Wahl der Medien/Materialien wiederum die Methode.

Diese Überlegungen weisen also eine **wechselseitige Abhängigkeit** der einzelnen Faktoren nach: jeder beeinflußt jeden. Das bedeutet wiederum, daß die obige Grafik anders dargestellt werden muß. Ziehen wir hier die Grafik von *Heimann/Schulz* hinzu, die schon auf S. 30 für die Darstellung von Planungs- und Entscheidungsprozessen des Erziehers benutzt wurde, so läßt sich eine Grafik entwickeln, die zum einen die wechselseitige Abhängigkeit jeden Faktors vom andern verdeutlicht, zum andern zugleich aber auch zeigt, wie der Entscheidungsprozeß mit der Wahl der einzelnen Entscheidungsfaktoren im Entscheidungsfeld in das Bedingungsfeld mit seinen einzelnen Bedingungsfaktoren eingebettet ist.

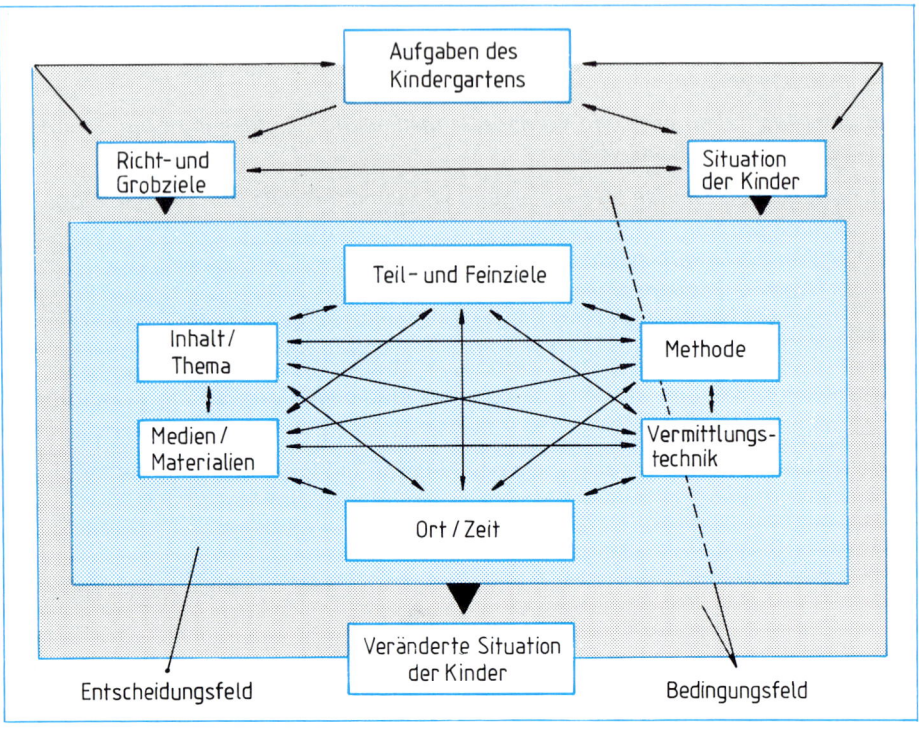

Hier wird ersichtlich, wie alle Faktoren sich wechselweise bedingen, wie z.B. das Ergebnis des gelenkten Lernprozesses die Eingangssituation des Kindes verändert, was wiederum einen Einfluß auf die Aufgaben des Kindergartens hat.

So gesehen ist Planung mehr als nur ein bloßes Festlegen der schrittweisen Vorgehensweise eines Lernangebotes, sondern die Darstellung und Analyse all jener Faktoren, die an diesem Lernprozeß der Kinder beteiligt sind. Planung ist somit zur **didaktischen Analyse** geworden.

Dieses Modell erhebt jedoch nicht den Anspruch, alle Faktoren zu berücksichtigen. Auch dieses Modell ist im wesentlichen aus der Sicht des Erziehers erstellt. Wie bei dem einfacheren Modell auf S. 30 fehlen hier z.B. Überlegungen zu dem eigentlichen Lernverlauf der Kinder oder Überlegungen zur Bewertung und Kontrolle des Gelernten.

4.4.4 Unterschiedliche Planungsansätze

Im Gegensatz zur Unterrichtsplanung aus schulpädagogischer Sicht lassen sich in der sozialpädagogischen Arbeit unterschiedliche Planungsansätze herausarbeiten, die alle hinsichtlich bestimmter Kriterien Gültigkeit haben.[1]

---

[1] Deutsches Jugendinstitut (Hrsg.): Arbeitsgruppe Vorschulerziehung: Anregung III: Didaktische Einheiten im Kindergarten. München 1973, S. 15.

Der disziplinorientierte Ansatz

Dieser Ansatz betont insbesondere solche Fähigkeiten, die Elemente wissenschaftlichen Denkens und Handelns enthalten. Dahinter steckt die Annahme, daß die Kinder in unserer verwissenschaftlichten Welt sehr früh an wissenschaftliche Methoden und Problemlösungsstrategien herangeführt werden müssen. Man glaubt, wenn die Planung didaktisch-methodisch gut genug aufbereitet sei, könne man die Grundgedanken und Erkenntnisse jeder Wissenschaft kindgemäß darbieten. Im Vordergrund stehen also allgemeine und formale Faktoren, die unabhängig von der jeweiligen Situation der Kinder gesehen werden.

Der situationsorientierte Ansatz

Dieser Ansatz geht davon aus, daß das pädagogische Handeln des Erziehers in einem Rahmen von Bedingungen geschieht, der durch die jeweilige Situation der Einrichtung, der Gruppe, der allgemeinen Situation des Kindes und des Erziehers bestimmt ist. Das Ziel dieses Ansatzes ist es, Kinder aus unterschiedlichen Lernverhältnissen zu befähigen, möglichst selbständig und kompetent denken und handeln zu können.

Dabei werden zum einen Situationen analysiert, um wünschenswerte Fähigkeiten und Fertigkeiten herausbilden zu können, und zum anderen wird bei der Anwendung von Curricula von besonderen Erfahrungen und auch von Alltagserfahrungen der Kinder ausgegangen. In diesem Ansatz wird dem sozialen Lernen mehr Bedeutung beigemessen als dem Erwerb isolierter Sachkompetenzen.

Der sozialisationsorientierte Ansatz

Dieser Ansatz orientiert sich an Erkenntnissen der Sozialisationstheorie. Sie beschreibt bestimmte Grundfähigkeiten, die den Menschen in die Lage versetzen, sein eigenes Ich im Verhältnis zu seiner sozialen Umwelt herauszufinden und immer wieder neu zu definieren, wie z. B. die Übernahme anerkannter sozialer Rollen oder den Erwerb sozialer Einstellungen. Die darauf fußenden Curricula zielen darauf hin, solche Fähigkeiten zu vermitteln.

Der funktionsorientierte Ansatz

Bei diesem Ansatz ist das zentrale Anliegen die Entwicklung von Fähigkeiten und Persönlichkeitsmerkmalen, die, wie beim disziplinorientierten Ansatz, relativ situationsunabhängig sind. Fähigkeiten und Persönlichkeitsmerkmale also, die in vielfältigen und unterschiedlichen Situationen angewandt werden können. Das Kind soll einen angemessenen Freiraum erhalten, um insbesondere in seinen sensomotorischen, emotionalen, motivationalen und kognitiven Fähigkeiten Voraussetzungen für seine spätere Schulfähigkeit und Lebensfähigkeit zu finden.

Vergleich

Bei einem kritischen Vergleich wird schnell ersichtlich, daß sich diese vorgestellten Planungsansätze auf hauptsächlich zwei praktizierte Ansätze reduzieren lassen:

- auf den funktionsorientierten Ansatz und
- auf den situationsorientierten Ansatz.

Diese beiden sollen in einem Vergleich gegenübergestellt werden.

Der funktionsorientierte Ansatz	Der situationsorientierte Ansatz
• Persönlichkeitsmerkmale (wie z.B. Intelligenz) sind das Ergebnis von Lernprozessen; • Die Kindheitsjahre sind durch besondere Aufnahmefähigkeit gekennzeichnet;[1] • Es geht in der Kindergartenerziehung immer um Fähigkeiten, Fertigkeiten, Funktionen usw. (wie z.B. motorische, kognitive, soziale, emotionale usw.), die zu trainieren sind; • Es geht somit immer auch um die Vermittlung ganz grundlegender Kulturtechniken (wie Rechnen, Schreiben, Lesen usw.); • Damit ist die Kindergartenerziehung immer auch Vorbereitung der Kinder auf die Schule.	• Kindergartenerziehung soll Kindern verschiedener Herkunft und mit unterschiedlichen Lernvoraussetzungen eine möglichst kompetente Lebensführung ermöglichen; • Soziales und instrumentelles Lernen müssen kombiniert werden, denn bloßes instrumentelles Lernen vernachlässigt den sozialen Aspekt des Handelns. Sach- und Sozialkompetenz müssen also zu gleichen Teilen vermittelt werden, nur so kann der Anspruch auf Autonomie in kompetenter Weise erfüllt werden; • Kindergartenerziehung soll sich an Lebenssituationen der Kinder orientieren.

Konsequenzen des funktionsorientierten Ansatzes

Wenn Persönlichkeitsmerkmale das Ergebnis von Lernprozessen sind, so bedürfen soziokulturell benachteiligte Kinder einer besonderen Förderung, da sie für ihre Lerndefizite nicht selbst verantwortlich sind. Solche soziokulturellen Benachteiligungen müssen also durch eine kompensatorische Erziehung ausgeglichen werden.

Die Forderung nach Chancengleichheit steht damit im Vordergrund.

Solche Überlegungen führten zur Aufstellung vieler Förderungsprogramme für die einzelnen Lernbereiche.

Dies kommt den vielen individuellen Neigungen und Interessen der Kinder entgegen. Das Lernen und Trainieren von Fertigkeiten, Funktionen usw. macht eine Gliederung in einzelne Lernschritte nötig. Dieses Verfahren erleichtert die Lernkontrolle, wodurch wiederum eine Erhöhung der Motivation zum Lernen erreicht werden kann.

Konsequenzen des situationsorientierten Ansatzes

Das Lernen der Kinder soll von Situationen ausgehen, die die Möglichkeit bieten, Kinder selbstbestimmt und kompetent denken und handeln zu lassen.

Der Kindergarten wird nach außen hin geöffnet. Er ist nicht mehr der einzige Lernort, er orientiert sich mehr am Gemeinwesen. Lernen und Alltag vermischen sich (z.B. durch den Besuch von Mülldeponie, Feuerwehr, Handwerk, Post usw.).

Die Kooperation aller am pädagogischen Prozeß beteiligten Personen und Gruppen wird notwendig (wie z.B. Elternmitarbeit, altersgemischte Gruppen der Kinder, Teamwork der Mitarbeiter usw.).

---

[1] Deshalb sprechen manche Autoren auch von einem entwicklungspsychologischen Ansatz.

Die methodischen Überlegungen im Vergleich

Der funktionsorientierte Ansatz	Der situationsorientierte Ansatz
Zielsetzung: Die zu erwerbenden Fähigkeiten und Fertigkeiten bestehen im Rahmen der grundlegenden kulturtechnischen Gegebenheiten und orientieren sich an den von Schule und Wissenschaft für erforderlich gehaltenen Lernbereichen.	*Zielsetzung:* Aktuelle Anlässe und eine Analyse der sozialen Rahmenbedingungen bestimmen diejenigen Ziele, die die geforderte Autonomie und Kompetenz vermitteln sollen.
Motivation: Die Motivation wird durch den Erzieher geliefert. Er setzt die Maßstäbe für den Lernerfolg, führt die Lernkontrolle durch und motiviert zu Leistungen.	*Motivation:* Die Motivation ergibt sich aus den Neigungen, Interessen und Bedürfnissen der Kinder als den Grundlagen des Tuns im Kindergarten.
Lernumwelt: Altersgleiche Gruppen. Förderung von Nachzüglern in Fördergruppen.	*Lernumwelt:* Altersgemischte Gruppen unter Einbeziehung aller möglichen sozialen Gruppen.
Didaktisches Vorgehen: Durch Operationalisierung der Lernziele gelangt man zu nachprüfbaren Lernschritten, deren Erfolg durch eine Lernkontrolle gemessen wird.	*Didaktisches Vorgehen:* Durch eine Situationsanalyse werden Ziele, Inhalte, Methoden, Medien, Materialien usw. ausgesucht und zu Projekten gemacht. Dabei entstehen immer sogenannte „didaktische Schleifen", zwischengeschaltete instrumentelle Lernprozesse, die wiederum zu weiteren Projekten führen.

Kritik der Ansätze

Der funktionsorientierte Ansatz	Der situationsorientierte Ansatz
Die Ziele werden von den Erwachsenen (bzw. der Erwachsenenwelt) vorgegeben, weil kindliches Lernen zum Zwecke der besseren Bewältigung der künftigen Schul- und Berufsfähigkeiten gelenkt wird. Hieraus entstehen relativ abstrakte Programme ohne wirklichen Bezug zur Lebenssituation der Kinder. Wesentliche Fragen und Probleme werden zum Teil ausgeblendet. Die geforderte kompensatorische Erziehung ist zu bejahen, aber es ist fraglich, ob auch eine kompensatorische Wirkung erzielt wird. Diese ist nur über eine individualisierende und differenzierende Vorgehensweise möglich. Dazu aber wäre weit mehr Erzieherpersonal nötig.	Situationsanlässe sollen Lernprozese in Gang setzen, diese werden von den Erziehern ausgesucht, nicht aber von den Kindern selbst. So muß die Situationsanalyse auch vom Erzieher durchgeführt werden und auf ihre kindgerechten Gegebenheiten überprüft werden. Auch dieser Ansatz kann auf instrumentelles Lernen nicht verzichten, und so werden auch Lernangebote aus Situationsanlässen und Situationsanalysen häufig als Zwang durch die Kinder erlebt. Zumal sich aus den Situationsanlässen und -analysen keineswegs immer angemessene Lernangebote formen lassen.

Fazit

Wenngleich der situationsorientierte Ansatz in der heutigen Kindergartenarbeit im Vordergrund steht, kann nicht übersehen werden, daß die Kindergartenerziehung ohne Lernangebote zum Zwecke des funktionalen Lernens nicht auskommen kann.

Vor allen Dingen dann nicht, wenn die Kindergartenerziehung weiterhin auf die Schule und Erwachsenenwelt vorbereiten und wenn der kompensatorische Charakter des Kindergartens beibehalten werden soll.

Damit wird auch das Argument relativiert, die Lernmotivation dürfe nur vom Kind selbst kommen. Funktionales Lernen setzt auch weiterhin eine gewisse Motivierung durch den Erzieher voraus.

Eine Ausklammerung eines der beiden Planungsansätze ist somit nicht möglich. Dies gilt auch für die anderen dargestellten Planungsansätze.

Aufgaben

1. *Suchen Sie Merkmale des funktions- und disziplinorientierten Ansatzes, die einander ähnlich sind.*

2. *Suchen Sie Merkmale des situations- und sozialisationsorientierten Ansatzes, die einander ähnlich sind.*

3. *Besteht ein Zusammenhang zwischen der Forderung nach der Operationalisierung von Lernzielen und dem funktionsorientierten Vorgehen in der Planung? Wenn ja, erläutern Sie ihn.*

4. *Suchen Sie Ziele, die sich aus der Situation im Kindergarten ergeben, und setzen Sie sie in Beziehung zu konkreten Zielen, die sich nach dem funktionsorientierten Ansatz ergeben.*

5. *Erläutern Sie, welche Planungsansätze eher dem freien Spielen, welche eher dem gelenkten Spielen zuzuordnen sind.*

4.4.5 Formen der Planung

Bei einem Vergleich dieser vier Planungsansätze fällt auf, daß sie in eine ‚offene‘ und ‚geschlossene‘ Form der Planung eingeteilt werden können.

Die **geschlossene Form,** die eher durch den funktions- und disziplinorientierten Ansatz repräsentiert wird, bevorzugt eine starr festgelegte Organisation von Lernschritten und Erfolgskontrollen, von der eine Abweichung kaum möglich ist.

Die **offene Form** dagegen erlaubt eine Abwandlung oder Erweiterung der Planung, wenn sie auf die konkrete Situation bezogen bleibt. Dieser offenen Form entsprechen eher der situations- und sozialisationsorientierte Ansatz.

Insgesamt ist eine Unterteilung in diese vier Planungsansätze eher theoretischer Natur; in der Praxis wird wohl eine Vermischung – wenngleich auch unterschiedlich stark – vorherrschen.

4.4.6 Planungsarten

Hinsichtlich der Planung kann man mehrere Planungsarten unterscheiden:

● **Die kurzfristige Planung**

Hierbei handelt es sich um geplante Angebote, wie sie der Erzieher häufig vornimmt, wenn er seine Beschäftigungen vorbereitet. Hier geht es um die Planung von kurzen, in sich abgeschlossenen Beschäftigungen.

● **Die langfristige Planung**

Im Gegensatz zu den kurzen, in sich geschlossenen Angeboten handelt es sich hier um Planungen für längerfristige Vorhaben, wie sie z.B. durch Teilcurricula, Erziehungspläne usw. dargestellt werden. Diese Planungen verlaufen also über eine längere Zeitdauer und können als eine Kette von kurzfristigen Plänen begriffen werden.

● **Die strukturierende Planung**

Strukturierende Pläne sind solche Vorbereitungen wie z.B. Organisationspläne, die der Institution helfen, ihre Gesamtabläufe besser zu regeln. Als Beispiele können Tages- oder Wochenpläne gelten, die nicht nur pädagogische Angebote planen, sondern die gesamten Abläufe (z.B. Pausenzeiten, Putzzeiten usw.) organisieren.

● **Die individuelle und/oder gruppenbezogene Planung**

Diese Planungsart bleibt auf eine oder mehrere Personen bezogen, wie es z.B. bei der Planung einer Einzelförderung eines ausländischen Kindes im Kindergarten der Fall sein kann. Dies kann sowohl eine kurzfristige als auch eine langfristige Planung beinhalten.

4.4.7 Planungsbeispiele

Auf der Grundlage der Darstellung der Grundfähigkeiten **Analysieren**[1], **Planen**[2] und des erzieherischen **Handelns**[3] werden im folgenden Beispiele von verschiedenen Listen und Plänen vorgestellt. Die Pläne sollen eine Vorlage bilden für eine **kritische Reflexion über Zweck und Aufgabe von Plänen**. Es werden hier also keine Ideal-Pläne dargestellt, denen nachgeeifert werden soll, sondern ganz alltägliche Pläne, wie sie im Kindergartenalltag erstellt werden.

Von einer Auswahlliste für Beschäftigungen, die mögliche Beschäftigungen erst einmal wahllos sammelt, über einen kleinen Rahmenplan, in dem bestimmte Lernangebote in einzelne Bereiche unterteilt werden, wird dann ein Jahresplan (Rahmenplan) vorgestellt, von dem wiederum ein einzelnes herausgegriffenes Thema die Vorlage bildet für einen Jahresplan zu diesem Thema.

Das letzte Diskussionsbeispiel stellt die Ausarbeitung einer Beschäftigung mit dem Thema „Rhythmik mit Tüchern" dar, die in einer Gruppe mit behinderten Kindern durchgeführt werden soll.

---

[1] Siehe S. 77ff.
[2] Siehe S. 80ff.
[3] Siehe Kap. C, S. 119ff.

Auswahlliste für Beschäftigungen

 1. Falten
 2. Fingerspiel einführen
 3. Gesellschaftsspiele (ein neues Spiel einführen) – Spiel-runde
 4. Einführen einer neuen Technik im Bereich „Bildnerisches Gestalten"
 5. Gestalten mit kostenlosem Material
 6. Gestalten mit Naturmaterial
 7. Kreatives Gestalten
 8. Formen aus entsprechendem Material
 9. Wand- oder Zimmerschmuck herstellen
10. Bauen/Konstruieren (Bauklötze o.ä./Sand)
11. Rhythmik mit Tüchern
12. Großflächiges Malen
13. Märchen oder Geschichte erzählen
14. Rhythmik
15. Backen
16. Nahrungszubereitung
17. Pflege von Gegenständen
18. Pflege von Tieren oder Pflanzen
19. Einführen eines Tisch-, Brett- oder Würfelspiels
20. Schreibspiele
21. Sinnesübungen/Kimspiele[1]
22. Spiele im Freien
23. Didaktische Spiele und/oder Arbeitsblatt
24. Sachgespräch/Experiment
25. Sprech- oder Sprachspiele
26. Singspiel oder Tanz einführen
27. Turnen
28. Singen – Liedeinführung
29. Klanggeschichte – Instrumentierte Geschichte
30. Instrumente basteln
31. Brett- oder Tischspiel herstellen
32. Rätsel – Ratespiele – Quiz
33. Zaubern

---

[1] Kimspiele = Spiele zur Steigerung der Sinneswahrnehmung; benannt nach dem „Juwelen-spiel" aus Rudyard Kiplings Roman „Dschungelbuch". Deutscher Bücherbund, München 1965, S. 164f.

Rahmenplan zur Themenfindung für Lernangebote

1. Bereich: Musik

Liedeinführung
Klanggeschichte
Instrumentierte Geschichte

2. Bereich: Kinder- und Jugendliteratur

Bilderbuchbetrachtung
Märchen oder Geschichte erzählen
Fingerspiel – Gedicht – Sprechspiele
Anlesen eines Buches

3. Bereich: Spiel

Spielrunde
Kimspiele
Rätsel – Ratespiele – Quiz
Schreibspiele
Brett-, Würfel-, Kartenspiele
Singspiel – Tanz
Geländespiele
Didaktische Spiele

4. Bereich: Umwelt- und Sachbegegnung

Sachgespräch
Experiment
Nahrungszubereitung
Backen
Pflege von Gegenständen, Wäsche, Kleidern
Pflege von Tieren/Pflanzen

5. Bereich: Gestalterische Tätigkeiten

Feinmotorische Übungen
Kreatives Gestalten
Konstruktives Gestalten
Gelenktes Bauen
Gemeinschaftsarbeit
Größere Werkaufgabe

6. Bereich: Bewegungserziehung

Turnen
Rhythmik

7. Bereich: Fest- und Feiergestaltung

Vorbereitung u. Durchführung eines kleinen Festes

8. Bereich: Religiöse Erziehung

Die Schöpfung
Unsere Kirche
Der barmherzige Samariter

Vorschul-Jahresplan (RAHMENPLAN)

Monat	Thema	Umwelterfassung	Naturbeobachtung	Begriffsbildung
August	**Einführung**	Meine Gruppe mein Kindergarten mein Weg zum Kindergarten	Blumen Sonne	Name und Wohnung der Kinder
September	**Erntezeit**	Familie, Haus Straße, Stadt, Land, Schülerlotsen	Bäume	Menge: 1, 2
Oktober	**Herbst**	Mein Körper Gesundheit Hygiene Ampeln	Obst	Einzahl – Mehrzahl, 1 – viele
November	**St. Martin Nikolaus**	Verkehr Verkehrs- schilder	Nebel, Wind Regen, Wolken	Menge: 3
Dezember	**Advent Weihnachten**	Post	Mond Sterne	Menge: 4, 5
Januar	**Schnee Eis**	Berufe der Väter und der Mütter	Reif, Frost Eis, Schnee	Menge: 6, 7
Februar	**Karneval**	Handwerker	Zootiere	Menge: 8
März	**Frühling**	Verkehrsmittel: Straßenbahn, Bus, Auto	Pflanzen	Menge: 9
April	**Ostern**	Polizei, Feuerwehr, Krankenauto	Haustiere	Menge: 10
Mai	**Blühen, Wachsen**	die Mutter Geschlechts- erziehung	Vögel	Menge: 11
Juni	**Sommer**	Eisenbahn Flugzeug	Licht und Schatten	Menge: 12
Juli	**Abschluß**	Fluß Schiffe	Sand, Stein Fische	Zahl und Menge

| Begriffserziehung | | musische Bildung | | Werkerziehung |
Form	Farbe	Bewegungs-erziehung	Musik-erziehung	*Entwicklung und Förderung der motorischen Funktionen*
Kugel Ball	Grundfarben: rot, blau	Raumerfassung	Morgenlieder Sommerlieder Kinderlieder	Malen mit Kleister-farbe Ausschneiden Kneten, Reißen
Kreis	Grundfarben	Einfache Signale	Herbstlieder	Kleiderfarben, Finger-, Fußmalen Reißtechnik
Kreis	Braun	Steigerung der körperlichen Sicherheit, Bodenübungen, Springen	Herbstlieder	Wachsstifte
Dreieck	grau	Partnerübungen	Martins- und Nikolauslieder	Falten
Stern	Gold Silber	Übungen mit Gegenständen, Bälle, Reifen	Weihnachtslieder	Falten, Schneiden Kleben mit verschiedenen Materialien
geteilter Kreis	Weiß Schwarz	Gymnastik, Bodenturnen	Schnee- und Eislieder	weißer Stift auf scharzem Papier, Scherenschnitt
geteiltes Quadrat	Farbenmischen	Stafettenlauf, Laufspiele	Spaßlieder	Krepp-Papier Drucktechnik
Dreieck Raute Sechseck	hell – dunkel	Ringe Seile	Frühlingslieder	Handwerkszeug: Hammer, Säge, Feile
Ei-Form	Färben mit Naturmaterial	Übungen zu Dritt und Viert	es war eine Mutter	Kratztechnik
Vertiefung der Formen	Tag- und Nachtfarben	Wurf- und Fangübungen	Mailieder	Weben
Kegel	Farbe auf verschieden farbigem Grund	Seilübungen	Sommerlieder	Mosaiktechnik
Wiederholung	Schattierungen	Geräte	religiöses Lied	Drucktechnik

Fortsetzung der Tabelle siehe nächste Seite

| Monat | Sprachpflege und Sprachförderung | | Sprach-erziehung | Entwicklung und Förderung der motorischen Funktionen | |
	Erzählungen Bücher	Gedichte Fingerspiele	Sprech-zeichen	Schreib-vorübungen	Arbeits-bögen
August	Märchen „Der Froschkönig" Bilderbuch „Das kleine rote Auto"	Himpelchen und Pimpelchen	Schaukel hin Schaukel her Kreis	rundherum	
September	Märchen „Vom dicken fetten Pfannkuchen" Bilderbuch „Pascal"	In unserem Häuschen sind schrecklich viel Mäuschen	Lirum Larum Löffelstiel	auf – ab	
Oktober	Bilderbuch „Kinder heut ist Wochen-markt"	Steigt ein Büblein auf den Baum	Mein Wagen hat vier Räder	Bögen	
November	Martins- und Nikolaus-geschichten	Regentropfen Fegt der Wind Nikolausgedichte	X ax, u und aus bist du	Dachziegel	
Dezember	Weihnachts-geschichten	Advent, Advent Weihnachts-gedichte	Schneck, Schneck, komm heraus	Rauch nach oben	
Januar	Schneewittchen Frau Holle Bilderbuch „Das kleine Gelb"	Winterlieder Rab rab	eine kleine Dickmadam	Rauch seitwärts	Arbeits-bogen 1–4
Februar	Tierbücher	Fasenacht lustige Lieder	Ist ein Mann in	Spirale nach unten	Arbeits-bogen 5–8
März	Peter und der Wolf	Frühlingslieder und Gedichte Schneeglöckchen	Morgens früh um 6	Blitze	Arbeits-bogen 9–12
April	Die Geschichte vom Fluß	Osterlieder	Abzählreime	zickzack	Arbeits-bogen 13–16
Mai	Vogelbuch	Tierlieder (5 Täubchen saßen)	Es regnet	Wortbild-karten	Arbeits-bogen 17–20
Juni	Hänschen im Blaubeerwald	Sommerlieder	meine mu, …	Zahlen	Arbeits-bogen 21–24
Juli	Kinder-Brockhaus	Kindermesse	lustige Reime	Punkte – Striche	Arbeits-bogen 25–28

Spielpflege

Spiele im Raum	Kreis-Tanz-Reigenspiele	Spielmaterial
Mein rechter Platz ist leer, ich sehe was ... Taler, Taler	Es geht eine Zipfelmütz Wer fürchtet sich vorm schwarzen Mann. Herr Fischer	Baukasten, Puppenecke, Perlen, Stecker, Muggelsteine, Fröbellegekästen, Lotto, Stäbe
Spiele am Tisch	Im Keller ...	Gesellschaftsspiele, Spitz paß auf, Farbdomino, Schnipp-Schnapp
Wortspiele, Gedächtnisübungen	Wollt ihr wissen	Konstruktionsspiele didaktisches Spielmaterial
Farbenspiel Domino	Brüderchen komm tanz ... Die Reise nach Amerika Der Sandmann	Memory Legespiele
Gedächtnisübungen	Wir kommen aus dem Morgenland	Mengendomino
Tanzspiele	Handwerkerspiele	Bildergeschichten
Wettspiele in Gruppen	Singspiele	Logisch Denken
Sinnesübungen in bezug auf Gehör	Volkstänze	Mengenlotto Erstes Rechnen
Sinnesübungen in bezug auf Geschmack	Rhythmische Spiele	Apfelbaumspiel
Würfelspiele	Seht her, das Tanzen	die Waage
Rhythmische Spiele	Spiele im Freien	didaktisches Spielmaterial
Spiele im Kreis	Tanzspiele	Logische Blöcke

Jahresplan für den Kindergarten zum Thema „Verkehrserziehung"

Herbst: (August), September, Oktober, November	
1 × wöchentlich	**Rhythmik** – Rhythmik zur Raumorientierung – Begriffbildung: rechts – links; neben – hinter; vor – zurück; oben – unten
	Bewegungserziehung – Bewegungssicherheit, Gleichgewichtsschulung, Reaktionsvermögen – entsprechende Übungen an Geräten und Spielen
Freispielangebote	– Puzzle und ähnliche Spiele zur Konzentrationsschulung – Helferspiele zur Schulung des Sozialverhaltens („Ene Mene Miste", „Bärenspiel" ...)
Beschäftigungen	– Gruppenspiele für Konzentrations-, Reaktionsschulung und Sozialverhalten (z. B. „Rechter Platz", „In den Brunnen gefallen", „Schlüssel" usw.) – Wetteruhr basteln, über das Wetter reden, Kinder erzählen lassen (Nebel, Regenwetter, es wird kälter!) usw. – mit einem Teil der Kinder einen größeren Parkplatz ‚besichtigen', über verschiedene Autos reden, etwas über LKW's erfahren (z. B. ist ein Reifen etwa so groß wie ein Kind!), etwas über größere und kleinere Busse erfahren usw. – Spaziergang bei Nebel: auf leuchtende Kleidung aufmerksam machen, den Kindern verständlich machen, was diese Kleidung bewirkt – daß sie keinesfalls ein Kind vor einem Unfall schützen kann usw.

Winter: Dezember, Januar, Februar	
1 × wöchentlich	**Rhythmik** s. o.
	Bewegungserziehung s. o.
Freispielangebote	– in der Bauecke eine Eisenbahnlinie und eine Stadt oder ein Dorf aufbauen – Kinder bauen sich aus Decken und Tüchern an vorher bestimmten Orten Hütten, besuchen sich (Kinder lernen, sich zu verständigen) – Spiele s. o. – Spiele, um Muster zu legen (bunte Farbplättchen, bunte Holzstifte ...)
Beschäftigungen	– in der Bauecke eine Straße auslegen (aus Filz, Plastik mit aufgezeichneten Straßen, Zebrastreifen, Wohnblocks) – Kinder spielen mit Autos, Figuren und eventuell mit Ampeln unter einem bestimmten Thema „Verkehr" (z. B.: „Mein Weg von zu Hause zum Supermarkt", „Ein Unfall hat sich ereignet" usw.; einige Kinder dürfen eventuell schon alleine in den Kindergarten kommen und nach Hause gehen: Kinder erzählen lassen, welchen Weg sie gehen und worauf sie achten sollen) – Gruppenspiele werden zum Thema „Verkehr" abgewandelt (z. B. „In den Brunnen gefallen", „Mein rechter Platz" usw.) – Kimspiele mit der Gruppe, um visuelle (z. B. „Ich sehe was, was Du nicht siehst"), taktile (z. B.: „Der Stuhl braucht Schuhe"), und akustische (z. B.: Weckerspiel) Wahrnehmung zu fördern

Frühling: März, April, Mai	
1 × wöchentlich	**Rhythmik** – „Reagieren auf Signale", z.B. auf Farben (rot, grün, gelb), auf verschiedene Musikinstrumente (Triangel, Trommel, Flöte) oder körpereigene Signale (wie Zublinzeln, Zuwinken, …)
	Bewegungserziehung – verschiedene Gangarten üben: gehen, laufen, rennen, hüpfen (eventuell in Verbindung mit einem Signal) – entsprechend dazu Spiele wie Staffellauf, Hindernislauf usw. – Seilspringen, Spiele mit größerem Seil (z.B. „Teddybär dreh' dich um")
Freispielangebote	– verschiedene Tischspiele s.o. – die Grundfarben vorstellen (z.B. wird jeder Tag ein bestimmter Farbentag, ein blauer, roter, grüner, gelber Tag; am „blauen Tag" wird nur mit blauem Spielmaterial gespielt oder nur mit blauer Farbe gemalt) – mit den Grundfarben die Kinder verschiedene Farbmischungen ausprobieren lassen (eventuell das Bilderbuch „das kleine Gelb" als Motivation verwenden)
Beschäftigungen	– Gruppenspiele s.o. – Wetteruhr s.o. – Sachgespräch über Helligkeit und Dunkelheit (auch im Herbst, vor St. Martin, möglich; eventuell wiederholen: im Frühling wird es wieder früher hell und abends bleibt es länger hell) – mit der Gruppe auf den Markt, zur Bücherei, zur Post gehen – Kinder auf Verkehr aufmerksam machen (verkehrsreiche Straßen, Ampelanlagen, Zebrastreifen, Bürgersteige), Verhalten der Kinder im Straßenverkehr erläutern, eventuell auf Leute aufmerksam machen, die sich richtig oder falsch im Straßenverkehr verhalten

Sommer: Juni – Juli (August)	
1 × wöchentlich	**Rhythmik** s.o.
	Bewegungserziehung s.o. – eventuell zum Turnen auch nach draußen gehen (Tautreten, Tauziehen, „Wettspiele")
Freizeitangebote	– Gruppenspiele s.o. – Tischspiele s.o. (Kartenspiele wie Quartett und Domino zum Thema Verkehr) – Ausmalen von „Verkehrsbildern" – im Sandkasten: Straßen, Parkplätze, Burgen mit Tunnel usw. bauen; Kinder bekommen Autos und Figuren zum Spielen; unter bestimmtem Thema spielen (s.o.) – später auch frei spielen
Beschäftigungen	– Kinder bringen von zu Hause ihre Dreirädchen, Fahrräder oder Roller mit, sie stellen ihre Dinge vor, Unterhaltung darüber, anschließend „Wettspiele" damit – im Hof des Kindergartens Straßen, Bürgersteige, Zebrastreifen aufmalen, gemeinsam wird Verkehr gespielt (einige Kinder können Ampeln spielen, Polizist sein usw.) – einen Verkehrspolizisten einladen, der sich das Verkehrsspiel im Hof ansieht und eventuell mitspielt; anschließend geht er mit den Kindern auch auf die Straße

Planungsbeispiel: Rhythmik mit Tüchern

Heidi Schüler   Oberbach-Schule
2BKSp2/1   Felstal
                                Mentorin: Frau Klar

Datum: 24. September 19..

Dauer: 25 Minuten

Anzahl und Alter der Kinder: 6 Kinder zwischen 11 und 14 Jahren

Rahmenthema: Rhythmik

Beschäftigungsthema: Rhythmik mit Tüchern

Ziele

Grobziel: Selbständigkeit und Anpassungsfähigkeit in
                  Phantasie, Geschicklichkeit und Gestalten

Feinziele: 1. Kognitive Dimension
                  - Die Kinder führen eigene Ideen aus
                  - Die Kinder handeln entsprechend meinen An-
                    weisungen

               2. Soziale Dimension
                  - Die Kinder nehmen Rücksicht auf die unter-
                    schiedliche Leistungsfähigkeit der anderen

               3. Psychomotorische Dimension
                  - Die Kinder bewegen sich frei im Raum
                  - Die Kinder drücken ihre Gefühle in Bewegung
                    aus

Erfolgs-
kontrolle: Die Kinder führen die Bewegungsaufgaben so gut
                sie können durch. Eine Kontrolle ist erst nach
                mehreren Übungsstunden möglich.

Medien/
Material: Sieben Rhythmiktücher, Musik
                Signal: Triangel

Didaktische Analyse

Die Kinder dieser Gruppe haben fast keine Erfahrung mit Rhythmik. Sie können wahrscheinlich nur wenige Ideen einbringen und ahmen lieber konkrete Übungsanweisungen nach. Meine Gruppe ist sowohl geistig als auch körperlich behindert. Rhythmik ist für sie also sehr wichtig. Für die meisten bedeutet es jedoch eine große Überwindung, überhaupt mitzumachen. Es ist zu erwarten, daß einige Angst haben und nicht zu motivieren sind, mitzumachen. Zwingen werde ich diese Kinder nicht.

Es ist aber zu erwarten, daß die Tücher und die Musik die meisten Kinder motivieren werden, mitzumachen. Bei musikalischer Untermalung sind sie gelöster und werden zur eigenen Aktivität herausgefordert.

B., 13 Jahre: schwer milieugeschädigt und verwahrlost. X-Beine, Knick-füße. Leidet an Wutausbrüchen. Ihm wird die Rhythmik-stunde Spaß machen, und er wird auch eigene Ideen mit einbringen.

U., 11 Jahre: Mongoloismus, hörgeschädigt, Muskelschwäche, Tolpat-schigkeit. Er wird nur schwer zu motivieren sein mitzu-machen. Ihn werde ich öfters an die Hand nehmen müssen, um die Übungen gemeinsam durchzuführen. Durch die Musik wird er etwas aufgelockert werden.

L., 14 Jahre: Mongoloismus, sehr aggressiv und laut. Sie wird die Kinder stören und versuchen, die ganze Aufmerksamkeit auf sich zu lenken. Wenn es nicht anders geht, werde ich sie in eine andere Gruppe bringen.

C., 11 Jahre: Gotischer Gaumen, Bein- und Fußfehlstellung, Handgelenk-anomalien (Spastikerin), Verformung des Kopfes, Krampfan-fälle (auch Weinen). Sie wird versuchen, so gut es geht, mitzumachen. Bei einigen Übungen wird sie Hilfestellung benötigen oder die Übungen vereinfacht durchführen.

F., 11 Jahre: Zwergwuchs, Muskelschwäche, Verhaltensstörungen. Wird versuchen, nicht mitmachen zu müssen. Sie kann man je-doch neu motivieren und durch Zureden dazu bringen, doch mitzumachen. Ideen könnte sie auch einbringen, will jedoch meistens nicht.

A., 13 Jahre: Über ihn weiß ich nur wenig. Er ist wohl am schwersten behindert. Er spricht kaum etwas, gibt gurgelnde Laute von sich und ist hypermobil. Um ihn muß ich mich am meisten kümmern, da er nicht fähig ist, meine Anwei-sungen selbständig durchzuführen. Er freut sich sehr, wenn er die Übung nachmachen kann (mit Hilfe). Für ihn ist es wichtig, Selbstvertrauen zu gewinnen, da er sehr ängstlich ist.

Die Stunde wird darauf hinausführen, daß ich die Übungen vormache und größtenteils auch mitmache. Bei diesen Kindern werde ich verstärkt Anweisungen geben müssen. Trotzdem werde ich mich, soweit es geht, zurückhalten.

Durch das freie Bewegen nach Musik lernen die Kinder die Bewegung als natürliches Ausdrucksmittel kennen. Die Musik hat eine befreiende Wirkung und ist eine Möglichkeit, Gestaltungskräfte zu wecken. Bei den Lernzielen wurden die wichtigsten herausgegriffen. Diese Ziele werde ich jedoch nicht in einer Rhythmikstunde erreichen können. Es sind einfache Ziele, auf die Gruppe abgestimmt. Von einigen Kindern erwarte ich mehr als von anderen, je nach Vermögen bzw. Art der Behinderung. Die Kinder sollen Selbstvertrauen entwickeln sowie Selbstbeherrschung und Bewegungskontrolle. Diese Dinge sind für das spätere Leben des Behinderten sehr wichtig. Auch die Reaktion und die sensomotorische Koordination werden durch diese Übungen gesteigert. Dadurch wird zugleich der Aufbau von störenden, ungesteuerten Antrieben geschult und Rücksichtnahme auf andere geübt. Später folgen dann die Partnerübungen. Durch Einbringen eigener Ideen werden Phantasie und Kreativität der Kinder gefordert. Eine Hauptaufgabe der Beschäftigung ist die gezielte Koordinationsschulung mit dem Ziel der Bewegungssicherheit. Mit Hilfe der Tücher versuche ich dies zu verwirklichen. Die Erziehung zur Gemeinschaft (auch Rücksichtnahme) wird in meinen Übungen ebenfalls berücksichtigt. Die Feinmotorik ist bei allen nur mangelhaft vorhanden. Durch das Tuch werden die Kinder zu fließenden Bewegungen und zur Verbesserung der Feinmotorik gebracht.

Thema

a) Stoffabgrenzung

Zur Ausbildung der Handgeschicklichkeit eignet sich das Tuch besonders gut. Durch seine Beweglichkeit regt es zu vielfältigen Bewegungsformen an, die die Geschicklichkeit üben. Tänze sollen nicht gestaltet werden.

b) Begründung der Methoden und Medien / Materialien

Der Einstieg soll bei den Kindern Spannung und Vorfreude auf das wecken, was danach kommt. Durch das Suchen der Tücher ist auch der Körperkontakt zwischen Erzieher und Kind vorhanden. Zuerst probieren die Kinder ihre Tücher aus und stillen ihren Bewegungsdrang. Dies fördert ihre Konzentrationsfähigkeit, die noch nicht so stark ausgeprägt ist.

In der Erarbeitungsphase greife ich Ideen der Kinder auf. Falls keine Ideen kommen, mache ich Vorschläge oder zeige Übungen vor. Nachher schalte ich ein ihnen bekanntes Musikstück ein, zu welchem sie sich mit den Tüchern bewegen sollen. Ich habe ein bekanntes genommen, weil dieses den Kindern Sicherheit vermittelt, sie den Rhythmus schon kennen und ihn leichter nachahmen können.

Als Abschluß dient ein kreativer Teil. Die Kinder bauen einen Berg und machen noch ein paar Übungen um ihn herum. Die Kinder lernen in der Hauptsache durch Nachahmung. Ich muß also darauf achten, daß die Übungen nachvollzogen werden. Ruhigere und etwas lebhaftere Phasen lösen sich voneinander ab. Ich habe Tücher gewählt, weil meine Gruppe sehr lebhaft und laut ist. Durch das Tuch und dessen Geschmeidigkeit/Leichtigkeit werden die Kinder zu ruhigen, geschmeidigen Übungen geführt. Die Musik stellt eine zusätzliche Hilfe dar. Das Signal (Triangel) paßt durch seinen langen Nachklang gut zum Tuch. Die Kinder lernen, auf Signale zu hören und zu reagieren. Dies wird noch nicht so gut klappen, weil die Kinder ihre Bedürfnisbefriedigungen nur schwer aufschieben können. Meine Anordnungen werde ich so knapp es geht halten und den Kindern genügend Zeit geben, sie nachzuvollziehen. Ich habe die leichten Rhythmiktücher gewählt, weil sie besser zu handhaben sind und fließendere und vielfältigere Bewegungsformen ermöglichen.

Raumgestaltung und Raumskizze

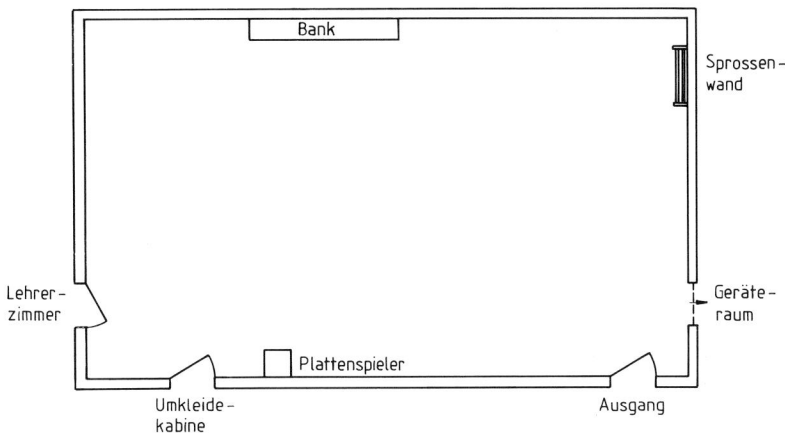

Die Beschäftigung wird im Turnraum durchgeführt. Hier werden die Kinder am wenigsten abgelenkt. Fenster sind außerhalb der Sichthöhe angebracht.

Sind die Kinder nicht bereit, eine Rhythmikstunde zu gestalten, werde ich ihnen vorschlagen, einen Tüchertanz aufzuführen oder uns mit Hilfe der Tücher zu verkleiden und ein Rollenspiel daraus entstehen zu lassen.

Wenn ein Kind Angst hat oder Schwierigkeiten mit dem Tuch, werde ich ihm durch Führen der Hände helfen. Es ist möglich, daß ein Kind keine Lust hat mitzumachen. Ich versuche, es neu zu motivieren und die vielen Möglichkeiten des Umgangs mit dem Tuch zu zeigen, wodurch das Interesse und der Wille zum Nachahmen geweckt werden sollen. Es könnte sein, daß keine Ideen von den Kindern kommen. Ich greife auf die letzte Turnstunde mit den Luftballons zurück und lasse sie probieren, ob diese Übungen mit dem Tuch nachvollziehbar sind, oder mache selbst Übungen vor (Anstoß!).

Aufgaben

1. *Erläutern Sie, welche der oben aufgeführten Pläne welche Planungsformen aufweisen.*

2. *Erläutern Sie, welche der oben aufgeführten Pläne welche Planungsarten darstellen.*

3. *Suchen Sie für die einzelnen Bereiche des auf S. 100 ff. dargestellten Rahmenplanes noch jeweils ein zusätzliches konkretes Lernangebot.*

4. *Erörtern Sie die Frage, ob die vorgestellte Ausarbeitung der Rhythmik-Beschäftigung auch für eine Kindergartengruppe geeignet ist.*

5. *Vergleichen Sie die einzelnen Pläne und erörtern Sie die Unterschiede.*

4.5   Gestalten

„Erlauschtes"

(Die fünfjährige Katrin und der dreijährige Daniel besuchen beide den Kindergarten. Sie berichten ihrem Opa über ihre Erlebnisse.)

K.: Weißt Du Opa, heute haben Evi und ich fast den ganzen Morgen im großen Kaufladen gespielt. Aber die großen Buben haben uns immer geärgert.
Dann ist die Susi (Erzieherin) gekommen und hat die Buben an den Maltisch mitgenommen. Und der Danny ist auch frech gewesen, er ist ...

O.: Hat der Danny nicht gespielt?

D.: Hab ein Turm gebaut und mit Auto gespielt.

K.: Aber im Stuhlkreis beim Singen ist der Danny nicht sitzengeblieben, er ist immer zu Micha gelaufen ...

D.: Micha ist böse, er hat mich beim Essen gehaut und immer gestritten ...

O.: Hast Du auch etwas gegessen, Kathrin?

K.: Ich hab einen Apfel dabei gehabt, den schneidet die Susi immer so lustig auf.

D.: Hab auch ein Apfel gessen.

O.: Was habt ihr für ein Lied gesungen?

K.: O ...

D.: Mutterkinder ... Winter ...

K.: Der Danny kann das noch nicht richtig. Soll ich es singen
(Beginnt sofort das Lied „Es war eine Mutter, die hatte vier Kinder ...")

K.: Und draußen im Hof ist der Danny in den Dreck geflogen ... Die haben sich geschubst ...

Kathrin erzählt noch mehr vom Kindergartenvormittag und auch, daß am Nachmittag „gar nie" viel Kinder da seien.
Der Opa lauscht und erfährt hierbei eine ganze Menge über den Tagesablauf.

„Alle Achtung," sagt er dann zu seiner Schwiegertochter, „da haben die Erzieherinnen aber eine Menge um die Ohren".

Gestalten bedeutet, allgemein gesagt, Dinge, die zusammengehören oder die man zusammenfügen möchte, in eine bestimmte Struktur zu bringen, ihnen eine bestimmte Gestalt zu geben. Hinter dieser Gestalt, die man erzeugen möchte, steckt immer eine Gestaltungsidee oder ein Zweck.

Von den Erzieherinnen und Erziehern wird die Grundfähigkeit *Gestalten* in einer jeweils spezifischen Weise gefordert. So ist Gestalten Aufgabe
- in Rücksicht auf die Lebenswelt der Kinder, der Jugendlichen;
- in bezug auf eine situative, bestimmte Bedürfnislage derselben;
- in richtiger Einschätzung der personellen, räumlichen und zeitlichen institutionellen Gegebenheiten;
- in der Wahrnehmung eigener Gestimmtheit und Betroffenheit;

aber ebenso in Hinsicht auf
- individuelle Förderung des Kindes/Jugendlichen zur Selbstfindung,
- Weckung der Soziabilität und Kreativität,
- kompetentes Handeln in der Welt von heute und morgen.

So bedeutet **Gestalten** unter anderem:
- Probleme im Rahmen der Lebenswelt, der gemeindlichen Umwelt der Kinder, der Jugendlichen aufzunehmen und diese nach Analyse und Planung aufzuarbeiten und gemeinsam zu lösen,
- Prozesse der Bildung und Erziehung in der sozialpädagogischen Einrichtung im Rahmen institutioneller Bedingungen und Möglichkeiten zu initiieren, zu steuern und zu organisieren,
- Erziehungspläne und Bildungspläne kreativ in situations- und bedürfnisangemessene Angebote umzusetzen,
- in Gruppen zu integrieren,
- einzelne und Gruppen anzuleiten,
- Materialien und Medien für Spiel, experimentellen Umgang usw. bereitzustellen,
- Räumlichkeiten, Planungen, Angebote zu einer ermutigenden, anregenden und „heimeligen" Lebensumwelt zu gestalten,
- Feste zu feiern und zu organisieren.

Die Schwerpunkte des Gestaltens hängen von den oben genannten Bedingungen und Möglichkeiten ab.[1] Sie sind teilweise institutionsgebunden, bestimmen aber auch den Alltag mit seinen Verläufen und Tagesplanungen.

Die meisten sozialpädagogischen Einrichtungen geben diesem Alltag eine bestimmte Struktur, einen geregelten Ablauf, der allerdings nach Bedarf variiert werden kann. Diese Tagesläufe sind zeitlich und vom Angebot her strukturiert.

G. Zeissner[2] hat einen solchen Tagesablauf skizziert:

Tagesplan: Montag

8.00 Uhr   *Empfang*
Begrüßung durch die Gruppenerzieherin. Kurzes Gespräch, Fragen nach dem vergangenen Tag, nach besonderen Ereignissen, nach dem Wohlbefinden des Kindes, eventuell ein kleines Scherzwort, Frage nach dem Vorhaben des Kindes u. ä.

8.00– 9.45 Uhr   *Freispiel*
wahlweise: Puppenecke, Bauecke,
             Würfelspiel, Gesellschaftsspiel

Die Erzieherin hat Gelegenheit zur Beobachtung, für Hilfestellungen und Anregungen

9.45–10.15 Uhr   *Frühstück*
Angebot, Aufforderung, sich allmählich vom Spiel zu trennen und die Hände zu waschen. Spielsachen, die im Verkehrsweg liegen, müssen weggeräumt werden, Materialien in der Bauecke können liegen bleiben, wenn die Kinder nach dem Frühstück weiterspielen wollen.

10.15–10.45 Uhr   *Gezielte Beschäftigung*
1. Gruppe: (jüngere Kinder) malen sich
Hilfsmittel: Spiegel und Wachsmalstifte

2. Gruppe: (ältere Kinder) Kinder fotografieren
andere Kinder (Portraitaufnahmen) der Gruppe
Hilfsmittel: einfacher Kassettenfotoapparat

Die Erzieherin gibt weitgehend Hilfestellung bei der 2. Gruppe: Suchen des Objekts – richtige Entfernung und Höhe!

10.45–11.45 Uhr   *Freispiel*
Bei Bedarf können die Kinder die gezielte Beschäftigung fortsetzen. Hierbei gilt: Der Entwicklungsstand und die Konzentrationsfähigkeit der Kinder ist zu berücksichtigen. Je jünger das Kind, um so geringer muß die Anforderung an die Ausdauer bei den gezielten Beschäftigungen gestellt werden. Bei den 3- bis 4jährigen sollte sie kaum 10 Minuten übersteigen, älteren Kindern kann eine Zeitspanne von 30 bis 45 Minuten zugemutet werden. Allerdings sollte sie dann nicht mehr überzogen werden. Die Erzieherin zieht sich zurück, die Kinder werden dann von selbst aufhören oder abschließen. Eine Wertung seitens der Erzieherin im Hinblick auf Tüchtigkeit oder Vervollständigung eines Werkes sollte unterbleiben. Hier zeigt sich der Unterschied zwischen dem Kindergarten und der Leistungsschule.

---

[1] Vgl. auch Kap. A „Erzieherisches Handeln in sozialpäd. Arbeitsfeldern" und Kap. C „Grundformen des erzieherischen Handelns".
[2] Zeissner, G.: Arbeitsbuch Kindergarten. München 1979, S. 266 f.

11.45–12.00 Uhr	*Schlußkreis*
	Abschlußspiel: Gesamtgruppe
	Ein Kind mit verbundenen Augen versucht ein anderes Kind zu ertasten und zu erraten.
12.00 Uhr	*Entlassung*
	Die Gruppenerzieherin verabschiedet sich von jedem einzelnen Kind. Sie wünscht ihm einen guten Heimweg und fragt, ob es ihm heute gefallen hat.
	Wiederholung des Hinweises, morgen Fotos von der Familie mitzubringen und nicht vergessen, nach den Namen der Familienmitglieder zu fragen.
Nachmittag:	freies Angebot:
	Die Kinder fertigen Portraits von sich gegenseitig an, indem sich immer ein Kind auf einen großen Karton am Boden legt. Die Umrisse des liegenden Kindes werden mit einem dicken Filz- oder Wachsmalstift abgezeichnet.

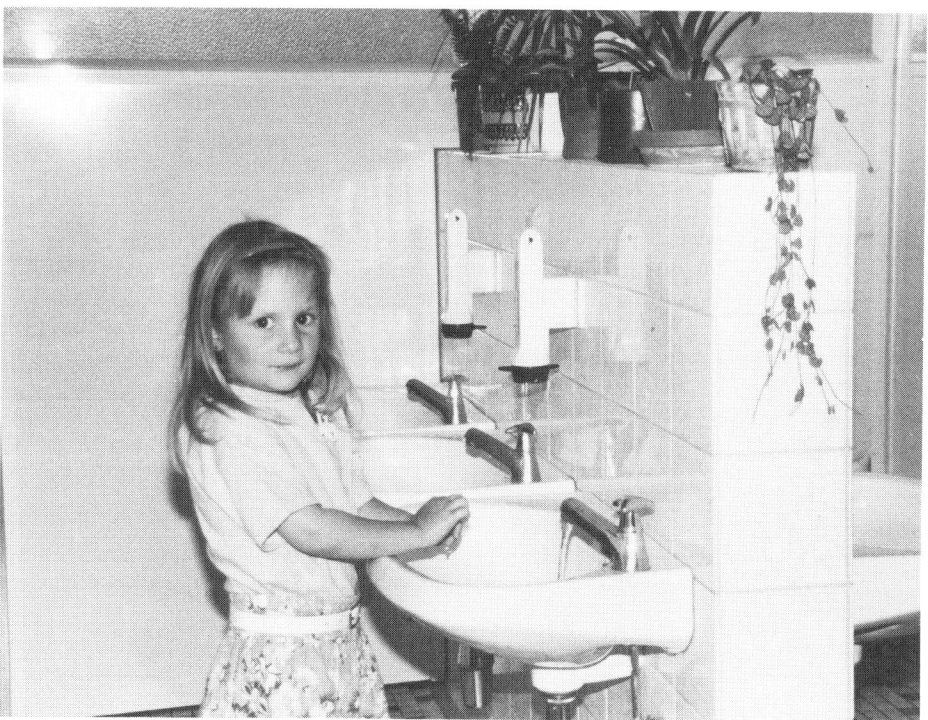

Da das Angebot weitgehend vom didaktischen Konzept – funktionsorientiert oder situationsorientiert bzw. lebensweltorientiert – abhängt, läßt sich ein solch formalisierter Tagesablauf nicht auf alle Einrichtungen und für eine Einrichtung nicht für alle Zeit übertragen. Wo nach einem situationsorientierten Konzept gearbeitet werden soll, werden sich immer wieder neu festzulegende Tagesverläufe je nach Stand des „Curriculums" ergeben, die dann wieder nach Abschluß eines solchen Projekts feste Strukturen erhalten können.

Aus der bisherigen Praxiserfahrung heraus kennen Sie Tagesabläufe und Tagespläne.

1. *Diskutieren Sie solche Tagesplanungen als eine Struktur von Zielsetzung, Angebot, Raum und Zeit im Hinblick auf den tatsächlichen Ablauf.*

2. *Vergleichen Sie Tagesplanungen und Tagesverläufe unter den Gesichtspunkten einer möglichen Auswirkung*
   – *auf das Spielverhalten,*
   – *auf die Kreativität,*
   – *auf eine beobachtbare Aggressivität.*

3. *„Gleitendes Frühstück" oder ständig gemeinsames Frühstück? Diskutieren Sie.*

4. *Reflektieren Sie zusammen mit Kolleginnen und Kollegen, ob bei eigenen Angebotsversuchen die eigene Stimmung, die eigene Betroffenheit einen Einfluß auf den Verlauf hatte.*

5. *Ein Kindergartentagesverlauf kann aber aus der Sicht des Kindes auch anders gesehen werden. Was meinen Sie zu der zeitlichen Aufteilung des im folgenden dargestellten Tagesablaufes?*

   Protokoll eines Zehnstundentages eines Kindergartenkindes

   „6.30 Uhr:
   Anette wird von ihrer Mutter im Kindergarten abgegeben. Sie wird von Beate begrüßt und ins Bett gelegt, obwohl sie um 5 Uhr aufgestanden und inzwischen völlig munter ist ...

   7 Uhr:
   Die zweite Kraft, Cilly, kommt, sie übernimmt die Schlafwache. Beate verläßt mit den Schulkindern den Raum, um in den Hort zu gehen.

   8 Uhr:
   Die Kinder dürfen aufstehen. Betten werden weggeräumt, Kinder angezogen. Doris, die neu hinzukommt, verläßt mit der Hälfte der Kinder den Raum. Anette ist mit dabei. Die Kinder dürfen jetzt spielen.

   9 Uhr:
   Endlich kommt Uschi, Anettes Gruppenleiterin. Alle 50 Kinder der Kindergartenabteilung versammeln sich im großen Raum zum Morgenkreis (es wird gesungen und gespielt) ...

   9.15 Uhr:
   Anettes Gruppe geht zum ersten Mal gemeinsam auf die Toilette. Die Kinder waschen sich die Hände ...

   9.35 Uhr:
   Frühstück ...

   10 Uhr:
   Die folgenden eindreiviertel Stunden sind der längste Zeitraum, innerhalb dessen die Kinder kontinuierlich spielen können. Je nach Wetterlage bestehen drei Möglichkeiten zur Gestaltung:
   a) gutes Wetter: Anettes Gruppe geht mit Doris spazieren ...
   b) gutes Wetter: Alle Kinder verbringen den Vormittag auf dem Spielplatz des Kindergartens ...
   c) schlechtes Wetter: Die Gruppe spielt im Gruppenraum ...

11.45 Uhr:
Erneuter gemeinsamer Toilettenbesuch, Händewaschen etc., anschließend Mittagessen.

12.30 Uhr:
Toilette etc., Ausziehen der Kinder.

13 Uhr:
Mittagsschlaf ...

15 Uhr:
Aufstehen, anziehen, Betten wegräumen, Toilette etc.

15.30 Uhr:
Kaffeetrinken. Die ersten Kinder werden abgeholt.

16 Uhr:
Cilly hat Dienstschluß. Sie übergibt je eine Hälfte ihrer Gruppe an Doris und Uschi. Durch das allmähliche Abholen der Kinder herrscht große Unruhe. Annette verliert ständig ihre Spielpartner und kommt zu keinem intensiven Spiel mehr. Die Auswahl des Spielmaterials ist beschränkt, um das Einräumen zu vereinfachen. Die Kindergärtnerin wird öfter von Eltern angesprochen. Sie kann sich den Kindern nicht mehr mit der notwendigen Aufmerksamkeit widmen.

17 Uhr:
Zu Anettes Gruppe kommen die Kinder von Doris, die inzwischen Dienstschluß hat. Kurz darauf wird Anette von ihrer Mutter abgeholt".[1]

6. Beim „Zehnstundentag"-Kindergarten treten die Mitarbeiterinnen zu verschiedenen Zeiten den Dienst an und beenden diesen ebenso.

   Sehen Sie Probleme hinsichtlich des Sozialgefüges der Gruppen, hinsichtlich des Informationsaustausches?

   Könnten solche „versetzten" Arbeitszeiten nicht auch für die Kinder Chancen bedeuten?

4.6   Reflektieren

Im eigentlichen Wortsinn bedeutet der Begriff „Reflektieren" ein „Widerspiegeln". Hier meint er Planung, Vorbereitung, Durchführung, „noch einmal an sich wie einen Film vorbeiziehen zu lassen", um im Anschluß daran sich und sein Handeln zu hinterfragen.

Möglicherweise erscheint einem das eigene Handeln immer als gut und richtig – dann wäre man der perfekte Erzieher. Es könnte aber auch sein, daß man zu Fehleinschätzungen kommt, weil man bestimmte Dinge im Erziehungsgeschehen (noch) nicht wahrnehmen kann.

Eine Reihe von Fragen sind im Hinblick darauf zu formulieren.

---

[1] Quelle: Großmann, W.: Kindergarten. Weinheim-Basel 1987. Zitiert nach: Hobmair, H. (Hrsg.): Pädagogik. Köln-München 1989, S. 340.

Wenn es gut lief!

● Ist das das Ergebnis meiner gründlichen Vorbereitung?
● Waren die Materialien und Medien richtig ausgewählt und eingesetzt?
● War mein Verhalten dem Bedürfnis der Kinder, ihrer Leistungsbereitschaft und ihren Fähigkeiten angepaßt?
● Waren die Kinder heute besonders brav, bei der Sache, eifrig?
● Habe ich die methodischen Schritte richtig geplant, an der richtigen Stelle ausreichend informiert, an anderer Stelle die Kinder gut aktiviert?

Es läuft nicht immer nur gut!

● Wo gab es störende Zwischenfälle? Weshalb?
● Versuchen Sie, genau festzustellen, wann, bei welchem Anlaß z.B. die Kinder ausgebrochen sind.

> **Beispiel**
> Vielleicht hat sich der Erzieher einen Versprecher geleistet, den ein und dann mehrere Kinder aufgenommen und lauthals kolportiert haben. Die Folgen: Lärm und Unordnung.

● War ich die Ursache der Störung?
● Waren es Kinder, die störten?
● Kam eine Störung von außen?
● War die Planung richtig?
● Habe ich die Kinder richtig eingeschätzt?
● Sind die Raumvorbereitungen, die Bereitstellung und der Einsatz von Medien und Materialien noch zu verbessern?

Die Fragen lassen sich beliebig fortsetzen. Es kann kein Rezept für eine Reflexion insgesamt geben. Wenn man ein Raster aufstellen will, dann lassen sich grob zwei Fragenbereiche unterscheiden. Die einen beziehen sich auf das Verhalten und Handeln des Erziehers, die andern Fragen beziehen sich auf das Handeln der Kinder. Diese beiden Fragebereiche müssen jedoch in einem Interaktionsgeflecht gesehen und reflektiert werden.

Reflexionen sollen eine Hilfe sein, sie sollen nicht zur Verzweiflung führen.

Reflexion soll die Hilfe bei der Kollegin, beim Kollegen suchen, wenn es nicht möglich ist, selbst ausreichende Erklärungen zu finden oder Abhilfe zu schaffen.

Reflexionen, die Probleme lediglich an andere Stelle versetzen und dort Schuld zumessen, sind im allgemeinen wenig hilfreich.

Die **Analyse des Verlaufsbeispieles eines lernzielorientierten Angebots** ergibt im Rückblick folgende Struktur:[1]

Planung und Organisation	● Überlegen und Festlegen von Zielen und Inhalten
	● Durchdenken von verschiedenen Möglichkeiten der Verwirklichung unter dem Gesichtspunkt der Bedürfnisse der Kinder und institutioneller Möglichkeiten
	● Entscheiden für eine Möglichkeit
	● Festlegen des Verlaufes (eventuell unter Einbezug von Alternativen)

[1] **Siehe Kap. C 3.**

Vorbereitung	• Gestalten des Raumes
	• Bereitstellen von Medien, Arbeitsmitteln und Materialien
Durchführung	• Leiten, Impulse geben, Anleiten, Korrigieren, Ermuntern, „Durchführen" usw., nach den Festlegungen des Verlaufsplans und unter den Bedingungen der aktuellen Situation.
	• Beachten der Verlaufsstruktur, der Interaktionsstruktur, der Sozialstruktur, des richtigen Einsatzes von Materialien, Medien und Arbeitsmitteln.
Nachbereitung	• Aufräumen
	• Weiterführen des Angebotes
Reflexion	• Weshalb lief es heute so gut?
	• Warum habe ich das Ziel nicht erreicht?
	• Was möchte ich beim nächsten Mal anders machen?
	• Wer könnte mir helfen?
	• Wo sollte ich mein Verhalten ändern?
	• Warum ist dieses Kind „ausgebrochen"? usw.

4.7 Kooperieren

Gemeinsam überlegen und handeln

Wer mit wem?

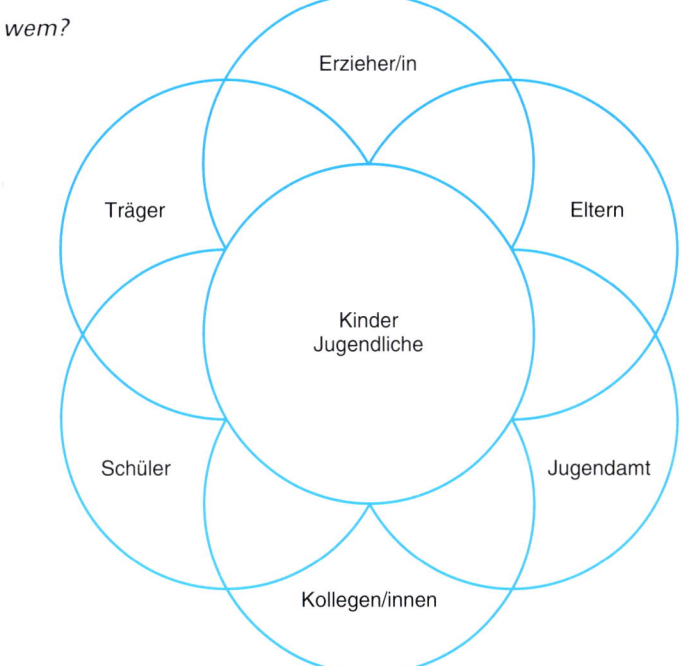

Vgl. auch Kapitel G: Elternarbeit, Öffentlichkeitsarbeit, Zusammenarbeit mit anderen Einrichtungen, Arbeitsorganisation und Zusammenarbeit im Beruf.

Warum Zusammenarbeiten?

Zusammenarbeit verbessert die Arbeitswirkung, optimiert das Verhältnis von Aufwand und Ertrag,

Zusammenarbeit ergänzt die Fähigkeit von einzelnen Erzieherinnen und Erziehern,

Zusammenarbeit gibt Sicherheit im gemeinsamen und persönlichen Handeln,

Zusammenarbeit korrigiert und verbessert das Verhalten und Handeln,

Zusammenarbeit macht Spaß,

Zusammenarbeit bringt für den Einzelnen neue Erfahrung, gibt Alternativen,

Zusammenarbeit eröffnet die Möglichkeit neuer Begegnung,

Zusammenarbeit hilft integrieren,

Zusammenarbeit mit Kindern und Jugendlichen zeigt diesen, daß wir sie „ernstnehmen"!

Die Fähigkeit zum „Zusammenarbeiten" ist eine wesentliche Grundfähigkeit. Sie kann für alle anderen Grundfähigkeiten bedeutsam werden.

- Gemeinsames Beobachten und Wahrnehmen gibt ein besseres, ein vielseitigeres Bild.
- Gemeinsam erarbeitete Fakten für das Darstellen machen Berichte und Beschreibungen vielgestaltiger und können mehrere Gesichtspunkte ergeben.
- Gemeinsames Analysieren von Voraussetzungen und Bedingungen nutzen reichhaltigere Kriterien, ermöglichen eher auch alternative Bewertungen und Urteile.
- Gemeinsames Planen und Gestalten führt zu abwechslungsreichen Angeboten; man kann sich gegenseitig unterstützen, einander zuarbeiten, sich auch spezialisieren.
- Gemeinsames Reflektieren kann das gemeinsame Überlegen, Planen und Tun aufarbeiten und dieses verbessern helfen.

Aber: Kooperation sollte nicht unter Gruppendruck stehen; sie darf auch kein Alibi für das Sich-Zurückhalten Einzelner werden.

Aufgaben

1. Beschreiben Sie die Art und Weise der Zusammenarbeit in der Praxiseinrichtung. Gibt es feste Termine oder wird nur aus Anlässen heraus zusammengearbeitet?

2. Wie sieht die Zusammenarbeit Ihrer Praxisstelle mit den Eltern, dem Träger der Einrichtung aus?
   Vergleichen Sie Ihre Erkenntnisse über diese Zusammenarbeit mit Ihren Kolleginnen und Kollegen.

3. Sie haben sicher schon in den Praxisstellen oder in der Schule Phasen oder wenigstens Momente einer sehr guten Zusammenarbeit erleben können. Versuchen Sie einmal zu ergründen, weshalb. Listen Sie auf, und besprechen Sie Ihr Ergebnis mit Ihren Kolleginnen und Kollegen.

C Grundformen des erzieherischen Handelns

1. Welche Vorteile haben Ihrer Meinung nach
   - das durch Erzieher/Erzieherinnen geplante und gelenkte,
   - das freie durch die Kinder selbst gewählte Tun?

2. Welche Persönlichkeitsfaktoren entscheiden möglicherweise darüber, ob eher die gelenkte oder eher die durch die Kinder selbst bestimmte Form gewählt wird?

3. Welche Vorteile erbringt die stärkere Einbindung von Institutionen und Personen des Gemeinwesens in die Kindergartenarbeit?
   Welche Konsequenzen hat dies für die Arbeit im Kindergarten?

| Erzieherische Grundfähigkeiten | Wahrnehmen Beobachten | ↔ | Darstellen Beschreiben | ↔ | Analysieren Planen | | Gestalten | ↔ | Reflektieren | ↔ | Kooperieren |

In den sozialpädagogischen Einrichtungen werden Handlungsabläufe in Form von erzieherischen Angeboten organisiert. Sie haben verschiedene Adressaten. Es können einzelne Kinder z. B. in einem Heim sein, für die im Rahmen der Einzelfallhilfe aufgrund eines Erziehungsplanes erzieherisch gehandelt wird. In den meisten Einrichtungen aber wenden sich die Angebote an Gruppen. In anderen Angeboten sollen Eltern oder Kinder und Eltern, in weiteren das Gemeinwesen oder sogar eine noch breitere Öffentlichkeit erreicht werden. Diese Angebote können sehr unterschiedlicher Art sein. Sie können sehr stark gelenkt sein, also sehr durch die Absichten und Handlungen der Erzieher und Erzieherinnen geprägt, sie können aber auch durch die Bedürfnisse der Kinder und Jugendlichen und ihren selbst gewählten Aktivitäten bestimmt sein.

Welche Form erzieherischen Handelns gewählt wird, kann nicht verordnet werden, sondern hängt zum einen von vielen zu bedenkenden Faktoren ab und zum andern auch von Einstellungen und Auffassungen der jeweiligen Erzieherpersönlichkeit.

Die Einzelfallhilfe wird im Kap. F „Heimerziehung..." näher besprochen. Der erzieherische Alltag mit seinen organisierten Abläufen wurde im vorangehenden Kapitel 4.5 „Gestalten" beschrieben. Formen der Feier und Feste finden sich in Kap. D 3.5. Unter Grundformen des erzieherischen Angebotes werden organisierte erzieherische Handlungsabläufe und Gestaltungsformen im Alltag sozialpädagogischer Institutionen verstanden. Im folgenden werden wesentliche Grundformen des erzieherischen Angebotes dargestellt

- das freie Spielen,
- das gelenkte Spielen und Tun,
- das situationsorientierte (lebensweltorientierte) Projekt.

Das Gestalten von Festen und Feiern, die Hilfe bei den Schulaufgaben, die Mitgestaltung des Alltags in Ganztages- oder Vollzeiteinrichtungen wie z. B. in Krippen und Heimen können ebenfalls als eine Grundform des erzieherischen Angebotes begriffen werden.

Ausführungen hierzu finden sich bei den Kapiteln Kinderkrippe, Hort, Heim und Lebens- und Erfahrungsbereiche des Kindes.[1]

1 Das Spiel

1.1 Die Bedeutung des Spiels für das Kind

Das Spiel ist für den Menschen von großer Bedeutung. Man denke nur an die ungeheuer große Zahl von Spielformen der Erwachsenenwelt, angefangen vom Würfelspiel bis zu den ‚Olympischen Spielen'.

Aus dieser Sicht ist das Spiel keineswegs eine nur dem Kind eigene Lebensform. Nur weist das Spiel des Kindes eine noch größere Intensität und Quantität auf als das des Erwachsenen.

Die Erwachsenenwelt ist leichter zu trennen in Spiel- und Ernstsituation, die des Kindes ist fast völlig durchdrungen vom Spiel.

---

[1] Kinderkrippe, Kapitel A; Hort, Kapitel E; Heim, Kapitel F; Lebens- und Erfahrungsbereiche des Kindes, Kapitel D.

Auch hier gilt, daß das Kind keineswegs ein völlig anderes Wesen als der Erwachsene ist. Es befindet sich nur auf einer anderen Entwicklungsstufe.

> „Auf der Entwicklungsstufe des Kindes besteht die Bestimmung und Erfüllung der menschlichen Existenz im Spielen".[1]

Das Spiel bietet die Grundlage für die Befähigung, das menschliche Dasein zu bewältigen.

Die Fähigkeit zum Spiel, die spontan genutzt wird, ist für das Kind die Grundlage für die **Aufnahme sozialer Beziehungen** zur Familie und zu Gleichaltrigen. Dabei macht es die Erfahrungen, die für sein späteres Sozialleben von großer Bedeutung sind. Spielend erwirbt es nach und nach die Fähigkeit, sich von den Eigentümlichkeiten der kindlichen Wahrnehmung zu trennen und die Umwelt immer realistischer wahrzunehmen.[2]

Spielend erwirbt das Kind auch immer größere Fähigkeiten in der **Bewegung**. Spiel und Bewegung ist eins. Ohne Bewegung kann kein Spiel stattfinden.

Das Spiel ist auch die Grundlage für den Erwerb der **Sprachfähigkeit**. Mimik und Gestik – also Bewegungen – begleiten spontane Äußerungen des Kindes, die spielend zu immer besseren Fähigkeiten des Sprechens führen.

Das Kind erschließt spielend seine Umwelt und erwirbt damit die Fähigkeit, sich in ihr zunehmend besser zu orientieren, sich in ihr zu bewegen und zu handeln.

Diese **Umwelterschließung** und die damit verbundene Orientierungs- und Steuerungsfähigkeit bilden die Grundlage für das notwendige Selbstvertrauen, das wiederum eine neue Erschließung der Umwelt ermöglicht.

Das Kind äußert sich spontan und versucht spielend unterschiedliche Ausdrucksmöglichkeiten. Dieses spielerische Ausprobieren verschiedener Ausdrucksmöglichkeiten unterstützt die Fähigkeit zu **kreativem Gestalten**.

Im Spiel mit anderen macht das Kind Erfahrungen mit **Regeln,** die es zu befolgen gilt, um das gemeinsame Vorhaben nicht zu gefährden. Solche Erfahrungen mit Regeln und Normen beispielsweise können gut genutzt werden für die Verkehrserziehung.

1.2 Spielformen

Die unterschiedlichen Formen des Spiels werden in den verschiedenen Altersphasen unterschiedlich häufig und intensiv gespielt.

Gestaltungsspiele

Darunter werden alle diese Spiele gezählt, in denen die Kinder Neues schaffen und gestalten können. Diese Spiele bieten die Grundlage zur Förderung des kreativen Gestaltens.

Hingabespiele

Hier steht nicht die äußere Aktivität des Kindes im Vordergrund, sondern mehr das innere Beteiligtsein an den Geschehnissen der Umwelt. Es ist ein Aufnehmen, ein Betrachten und Verfolgen der Dinge im Spiel mit innerer Hingabe.

---

[1] Lebensraum Kindergarten. Pädagogische Anregungen für Ausbildung und Praxis. Hrsg. vom Ministerium für Kultus u. Sport Baden Württemberg. Verlag Herder, Verlag Ernst Kaufmann, 1. Aufl. 1981, S. 17.
[2] Vgl. die Eigentümlichkeit des kindlichen Wahrnehmens und Denkens nach Piaget.

Rollenspiele

In diesen Spielen übernimmt das Kind andere Rollen, ahmt sie nach, spielt sie durch. So lernt es Rollenverhalten einzuüben, so kann es aber auch eigene Konflikte verarbeiten, indem es „so tut als ob".

Regelspiele

Mit zunehmendem Alter ist das Kind immer besser in der Lage, bestehende Regeln anzuerkennen und sich den Regeln entsprechend zu verhalten. Diese Fähigkeiten sind notwendig für die Übernahme von sozialen Rollen und die Verinnerlichung von sozialen Einstellungen, wie dies z.B. die Teilnahme am Verkehr verlangt.

Funktionsspiele

Das Kind übt die Funktion der Sinneswahrnehmung. Geschicklichkeit, motorische Abläufe werden immer besser beherrscht. Freude am Tun und damit zusammen-hängende Erfolgserlebnisse werden vermittelt. Leistungsmotivation kommt auf.

1.3   Spielverhaltensweisen

Das Kind weist im Kindergarten je nach Alter ein unterschiedliches Spielverhalten auf. Dieses unterschiedliche Spielverhalten ist ein Maßstab für den jeweiligen sozia-len Entwicklungsstand des Kindes. Im allgemeinen werden sechs solcher Spielver-haltensweisen unterschieden, die jedoch verschieden häufig im Kindergarten vor-kommen:

1. das Unbeteiligtsein
2. die Zuschauerrolle
3. das einsame Alleinspiel

4. das Parallelspiel
5. das assoziierte Spiel
6. das organisierte Spiel

Durchschnittliche Häufigkeit der 6 Kategorien des sozialen Verhaltens im Kindergarten auf ver-schiedenen Altersstufen (*Parten* und *Newhall*)[1]

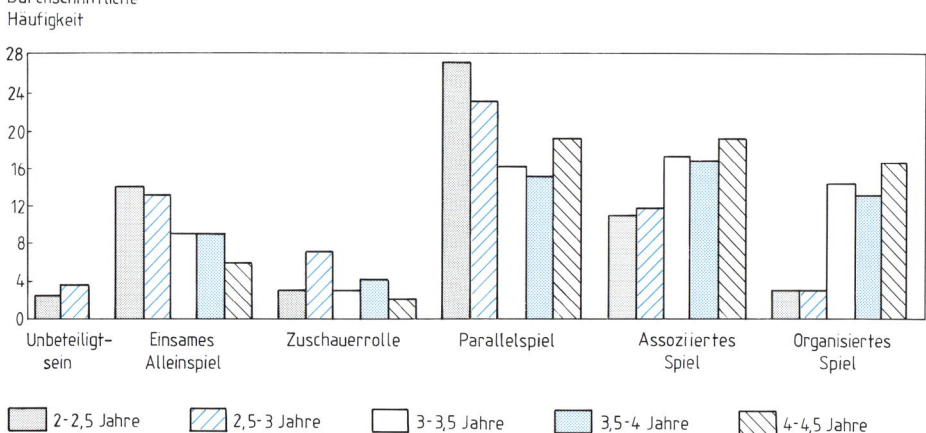

---

[1] Aus: Schenk-Danzinger, L.: Entwicklungspsychologie. Wien, 4. Aufl., 1974.

Das Abbild weist auf, wie das Spielverhalten zugleich auch das Sozialverhalten der Kinder widerspiegelt:

- **das Unbeteiligtsein** zeigt ein Desinteresse des Kindes an dem jeweiligen sozialen Geschehen der anderen Kinder auf.

- **die Zuschauerrolle** beinhaltet eine interessierte Hinwendung zum sozialen Geschehen. Das Kind beobachtet und nimmt wahr, was geschieht.

- **das einsame Alleinspiel** zeigt zwar schon ein nachahmendes Spielverhalten, ist aber noch völlig losgelöst von etwaigen Interaktionen mit anderen spielenden Kindern.

- **das Parallelspiel** bedeutet die erste soziale Hinwendung zum anderen Kind. Zwar spielt das Kind noch für sich alleine, aber es treten schon Interaktionen auf: ein Austauschen von Spielzeug, Streit um Spielzeug usw.

- **das assoziierte Spiel** ist ein Miteinander-Spielen. Es erfolgen vom Spiel abhängige Interaktionen, aber keine Arbeitsteilung oder das Spiel bestimmende Regeln.

- **das organisierte Spiel** ist eine Vorform des Regelspiels. Die miteinander spielenden Kinder berücksichtigen Regeln, die das Spiel leiten und organisieren. Damit ist auch eine Arbeitsteilung möglich.

Aufgaben

1. *Stellen Sie den Zusammenhang zwischen den Spielverhaltensweisen und dem Alter der Kinder dar. Begründen Sie ihn.*

2. *Welche Spielformen lassen sich tendenziell welchen Spielarten zuordnen?*

3. *Nennen Sie konkrete Beispiele für die einzelnen Spielformen.*

Spielweisen

In Anlehnung an die zwei wesentlichen Grundformen des erzieherischen Angebotes werden im allgemeinen zwei Spielweisen in der Kindergartenerziehung unterschieden:

- das freie Spielen
- das gelenkte Spielen

Das freie Spielen läßt sich vom gelenkten Spielen dadurch unterscheiden, daß es im Gegensatz zu letzterem in völlig spontaner und eigenständiger Form geschieht. Der Erzieher greift dabei in keiner Weise ein. Das Kind kann ohne jeden Zwang völlig frei spielen. Das gelenkte Spielen wird dagegen vom Erzieher angeregt. Es wird durch ihn strukturiert – daher wird diese Spielweise auch „strukturiertes Spielen" genannt –, indem er Tätigkeit, Materialien, Spielregeln usw. vorgibt.[1]

---

[1] Siehe auch S. 171.

2   Das freie Spielen

Das freie Spielen läßt freie, eigenständige Aktivitäten des Kindes zu. Es ist in seinem Spielen ganz von den eigenen Bedürfnissen geleitet, ist frei von Anleitungen, Weisungen und Vorschriften des Erziehers. Dieses freie Spielen der Kinder findet im sogenannten **Freispiel** im Kindergarten statt, wobei das Kind völlig unabhängig und selbständig bestimmen kann, was es tun will. Dazu zählt auch das „Nichtstun", wenn das Kind das Bedürfnis dazu hat. Es kann frei wählen zwischen Tätigkeiten, Materialien, Zahl der Spielpartner, Ort und Dauer seines Spielens.

2.1   Die Bedeutung des freien Spielens für das Kind

Grundsätzlich gelten auch hierfür die im Abschnitt 1.1 gemachten Ausführungen zur Bedeutung des Spiels für das Kind.

Es soll hier darüber hinaus die besondere Bedeutung des freien Spielens für die Entwicklung des Kindes dargestellt werden.

Emotionaler Bereich

Das Kind kann frei seinen Impulsen folgen. Dadurch hat es bessere Möglichkeiten, schöpferisch zu sein. Es kann Gegenstände gestalten, Personen darstellen, Tiergestalten nachahmen usw. Dabei erfährt es ein Gefühl der Macht und der Freude, wenn es erlebt, was es kann oder wenn es Personen oder Tiere nachspielt wie beispielsweise Vater, Mutter, Arzt, Verkäufer, Busfahrer bzw. Löwe, Elefant usw. Es kann Dinge tun, die ihm das Gefühl der Kraft und Freude vermitteln.

Motivationaler Bereich

Durch die selbständige, freie Wahl des Spielens erlebt das Kind Freiheiten, die es sonst – auch im Kindergarten – nicht hat. Es kann aus eigenem Antrieb Dinge tun, die ihm Spaß machen; kann aber auch Tätigkeiten unterlassen, die ihm mißfallen. Auf diese Weise entscheidet es alleine darüber, ob es eher Erfolgs- oder Mißerfolgserlebnisse erfährt. Es kann so oft Wiederholungen vornehmen, bis es die Tätigkeit völlig beherrscht. Das stärkt das Selbstvertrauen und motiviert zu schwierigeren Aufgaben.

Sozialer Bereich

Im frei gestalteten Spiel lernen die Kinder sich mit den Spielkameraden auseinanderzusetzen. Sie machen Erfahrungen der Anpassung, aber auch der Selbstbehauptung; vor allem aber geschieht dies ohne Einschaltung von Erwachsenen. So können die Kinder Verhaltensweisen erproben und einüben, die zum angemessenen Umgang mit den Bedürfnissen, Wünschen und Einstellungen anderer Menschen führen.

Kognitiver Bereich

Beim ungehinderten Spielen mit Gegenständen „begreift" das Kind deren Sinn und Funktion, indem es sie anfaßt, bewegt, aneinanderreiht, mit ihnen experimentiert. Es lernt sie symbolisch anstelle wirklicher Gegenstände zu verwenden wie z. B. einen Baumstamm als Auto. Es lernt Dinge zu vergleichen und zu unterscheiden, ihren Nutzen zu erkennen und sie zu bezeichnen. So lernt es allmählich begrifflich zu denken und eine logische Struktur seines Verstandes aufzubauen. Natürlich ist dies auch im gelenkten Spiel möglich, nur kann dort das Kind nicht völlig nach den eigenen Bedürfnissen handeln und lernen. Es kann nicht wie es will, beispielsweise Dinge so häufig wiederholen wie es selbst will oder aufhören und anderes beginnen, wann es möchte.

2.2   Planbare Voraussetzungen für das freie Spielen

Die dargestellte Charakterisierung des freien Spiels bedeutet jedoch nicht, daß eine Unterstützung und Hilfestellung durch den Erzieher beim freien Spielen nicht notwendig ist. Der Erzieher muß im Gegenteil das freie Spiel unterstützen, begleiten und die Voraussetzungen dazu herstellen.

Erzieherinnen und Erzieher müssen

- die notwendige Zeit einplanen;
- die geeigneten Räumlichkeiten herstellen;
- das entsprechende Spielmaterial bereitstellen;
- die beste Gruppenzusammensetzung herausfinden.

1. Einplanen der notwendigen Zeit

Es widerspricht den Grundsätzen des freien Spiels, dafür eine genau umrissene Zeitdauer einzuplanen. Das Kind kann nur seinen Bedürfnissen folgen, wenn es frei ist von zeitlichen Zwängen. Die Kinder sollten die Möglichkeit haben, ihre Spiele zu Ende zu spielen. Unterbrechungen stellen die Ziele des freien Spieles in Frage. Erfolgsergebnisse werden dadurch verhindert, die Motivation zum weiteren Tun wird vermindert. Nur eine **freie Verfügung über die Zeit** erlaubt selbst gestaltete Lernprozesse, die aus der natürlichen Situation des Kindergartenalltags resultieren. Solche Lernprozesse ergeben sich aus allen möglichen Aktivitäten, die die Kinder im Kindergarten durchführen können.

Die Zeiteinteilung wird im freien Spiel einzig und allein durch die Bedürfnisse der Kinder geregelt, die sich durch die jeweilige Situation der Kinder ergeben.

2. Gestaltung der geeigneten Räumlichkeiten

Die Bedeutung des Raumes für das Kind

Je jünger Kinder sind, um so mehr ist der Raum **Zufluchtsort**. Sie brauchen die Vertrautheit des ihnen bekannten Raumes, die Verläßlichkeit der bekannten Anordnung der Gegenstände im Raum. Das vermittelt Sicherheit und bietet die Möglichkeit des Rückzuges vor allzu bedrohendem Unbekannten.

Zugleich bietet der Raum als Zufluchtsort dem Kind auch die **Basis des Sich-Hinaus-wagens.** Das Gefühl, sich jederzeit zurückflüchten zu können in einen Raum der Sicherheit, ermöglicht erst das Wagnis, neue Räume zu erschließen. Es fördert den Mut, neue Dinge zu erfahren. Damit ist das Fundament gelegt für die Bereitschaft zum Lernen und zugleich für die Entwicklung des Selbstvertrauens.

Räume aber sind begrenzt. Somit wird der Raum auch zum **Grenzort.** Erst wenn diese Grenze überwunden wird, wenn das Kind sich darüber hinauswagt, können neue Räume erschlossen werden.

So wird der Raum zugleich auch **Lernort.** Die Möglichkeit zur Bewegung, zur Überbrückung des Raumes, setzt immer neue Erfahrungen und Erkenntnisse in Gang.

Das Herstellen der Räumlichkeiten[1]

Die Herstellung der Räumlichkeiten muß der großen Bedeutung des Raumes für das Kind und seiner Eroberung der Umwelt Rechnung tragen.

Soll das Kind den Raum als Zufluchtsort erleben, muß der Raum dem Kind vertraut sein. Deswegen sollten die Kinder einen bestimmten Raum als ihren Gruppenraum erleben können, den sie mitgestalten dürfen. Ein solcher Raum sollte **übersichtlich gegliedert** sein, damit eine schnelle Orientierung möglich ist. Dies wird ermöglicht durch die Aufteilung in:

● eine feste Bauecke, Puppenecke, Leseecke, Gruppenleitertisch usw.
● variabel gestaltbare Spielorte, die die Kinder situativ einzeln oder in Gruppen festlegen wie z.B. Kaufladen, beim Doktor, die Familie usw.

Als Zufluchtsort kann der Raum insbesondere dann erlebt werden, wenn er eigene kleine Räumlichkeiten ermöglicht wie:

● eine Kuschelecke
● ein eigenes kleines Häuschen, in das sich das Kind zurückziehen kann usw.

Das sichere Wissen um eine Rückkehrmöglichkeit an einen sicheren vertrauten Ort ermöglicht das Wagnis, sich in unbekannte Räume zu wagen, Neues zu sehen und zu erleben. Dies wird z.B. sichtbar, wenn jüngere Kinder zum ersten Mal zaghaft zur offenen Tür laufen, um zu sehen, wer draußen ist; wenn Neulinge zögernd und vorsichtig zur Spielecke gehen und beim Spiel den andern zusehen; wenn ältere Kinder Freunde in der anderen Gruppe besuchen.

Dies alles kann erlernt werden durch die Möglichkeit, sich aus eigenen kleinen Räumlichkeiten in andere hinauszubegeben. Dazu liefern Holzteile, Matten, Vorhänge, Trennwände usw. außerordentlich gute Materialien, um solch eigene kleine Behausungen zu schaffen.

Die Aufteilung in unterschiedliche Raumteile fordert damit zusammenhängend unterschiedliche Lernerfahrungen des Kindes. Die Bauecke vermittelt z.B. andere Lernprozesse als die Spielecke; der Maltisch wiederum andere als der Frühstückstisch usw. Unterschiedliche Raum- und Lernerfahrungen können ebenso beim Verlassen des Gruppenraumes und beim Betreten des Gymnastikraumes, des Waschraumes oder des Gartens gewonnen werden.

---

[1] Siehe auch Kap. B 2.2.2, S. 68 und C 3.1.1, S. 130f.

3. Bereitstellen des Spielmaterials

Als Spielmaterial lassen sich folgende Gegenstände bereitstellen:

- Gegenstände, die erst durch die Phantasie der Kinder zum Spielzeug werden (Gegenstände werden als Symbol benutzt).
  Beispiele
  Stühle, Steine, Ketten, Schuhe usw.

- Gegenstände, die ganz bewußt zum Spielen hergestellt werden (Spielzeug im engeren Sinn).
  Beispiele
  Autos, Puppen, Bauklötze usw.

- Gegenstände, die bewußt zum Spielen hergestellt wurden und mit ganz bestimmten pädagogischen Absichten verbunden sind (Pädagogisches Spielzeug).
  Beispiele
  Puzzle-Spiele, Logische Blöcke, Würfelspiele und strukturiertes Material

- Gegenstände, deren Handhabung erlernt werden muß, damit sie ihre eigentliche Bestimmung erhalten (Instrumente).
  Beispiele
  Trommeln, Flöten usw.

- Gegenstände, die für bestimmte Tätigkeiten hergestellt wurden (Werkzeug).
  Beispiele
  Zangen, Luftpumpen, Scheren usw.

- Gegenstände, die für bestimmte Tätigkeiten in bestimmten Räumlichkeiten hergestellt wurden (Geräte).
  Beispiele
  Gartengeräte, Putzgeräte, Turngeräte

- Gegenstände, deren Verwendung dazu dient, bestimmte Dinge erst herzustellen (Materialien).
  Beispiele
  Ton, Papier, Holz usw.

Dabei muß der Erziehende darauf achten, daß alle diese Spielgegenstände **pädagogisch sinnvoll** bleiben. Sie müssen dem Alter der Kinder angepaßt sein, von Aufforderungswert sein, eine mehrfache Verwendbarkeit aufweisen und übersichtlich angeordnet sein.

Das Spielmaterial sollte so ausgewählt sein, daß für unterschiedliche Entwicklungsstufen die jeweils entsprechenden Spielmöglichkeiten bestehen. Ideal sind solche Spielmaterialien, die sowohl für die jüngeren als auch die älteren Kinder einen **hohen Aufforderungscharakter** zum Spielen aufweisen wie z.B.: Kugeln, Kegel, Lego, Bauklötze, Bälle, Farben, Bastelmaterial usw.

Bei der Frage, was für ein Spielmaterial grundsätzlich zu bevorzugen ist, sollte man sich für Spielmaterial entscheiden, das dem Kind einen **großen Freiheitsraum** für die Anwendung beläßt. Damit besitzt das Kind, ohne an bestimmte Vorgaben gebunden zu sein, die Möglichkeit, kreativ tätig zu werden, seinen Intellekt ohne Eingrenzung durch vorgegebene Lösungen zu üben und zu schärfen.

Bei bestimmten Spielmaterialien (zum Teil auch bei sogenannten pädagogisch sinn-vollen) besteht die Gefahr, daß nur wenige, fest umrissene Fertigkeiten und Kenntnisse vermittelt werden, die nur solange Interesse wecken, bis diese geforderten Fertigkeiten beherrscht werden. Bei weiteren Aufforderungen durch den Erzieher, damit zu spielen, kann es sogar zu Widerwillen gegen solche Spielmaterialien kommen.

Je mehr Erfahrungen also Spielmaterial vermitteln kann, um so gewinnbringender ist es einsetzbar.

Deswegen ist es unabdingbar für Erzieherinnen und Erzieher, Spielmaterial so zu nutzen, daß es auf immer neue Weise Kenntnisse und Erfahrungen mit neuen Zusammenhängen erlaubt.

4. Die Zusammensetzung der Gruppe

Wie die Räumlichkeiten, das Spielmaterial und die zur Verfügung stehende Zeit, so ist auch die Gruppe ein Faktor, der die erzieherische Absicht des Freispiels durch eine unterschiedliche Zusammensetzung unterstützen kann.

Dabei ist zu überlegen, ob man einzelne Kinder oder gar kleinere Gruppen zu Spielgruppen bewußt zusammenstellt, damit sie den pädagogischen Absichten des Erziehers besser entsprechen.

So könnte man z.B. miteinander konkurrierende Untergruppen (sogenannte Cliquen) so arrangieren, daß sie durch das gemeinsame Spiel fähig werden zu kooperieren. Die Cliquenmitglieder lernen dadurch möglicherweise, sich gegenseitig zu akzeptieren und schon vorhandene Vorurteile abzubauen. Auf diese Weise ließe sich die soziale Struktur der Gruppe zu ihrem Vorteil verändern.

Ebenso läßt sich ein solches Arrangement auch für einzelne Kinder treffen. So kann man Außenseiter mit einzelnen Kindern zusammen bringen, um den Außenseitern soziale Erfolgserlebnisse zu vermitteln und ihnen dadurch Mut machen, sozialen Kontakt aufzunehmen. Dies kann auf der anderen Seite dazu führen, daß andere Kinder solche Außenseiter mit anderen Augen sehen lernen, sie schätzen lernen und auch ihr Anderssein akzeptieren. Schüchterne, gehemmte Kinder lernen im Kontakt mit anderen Kindern eher, ihre Ängste abzubauen und Vertrauen zu sich und anderen Kindern aufzubauen. Die Erfahrung, daß schüchterne Kinder durchaus mit anderen erfolgreich spielen und handeln, kann dazu führen, daß die anderen Kinder sie ebenfalls als Spielpartner akzeptieren.

2.3   Anforderungen an die Erziehenden

Das freie Spiel bietet – wenn man es als eine Methode versteht, dem Kind Lernprozesse zu vermitteln – die beste Möglichkeit, eine Über- oder Unterforderung des Kindes zu vermeiden. Darüber hinaus kann der Erzieher bei einer zu frühen Resignation weiteren Ansporn bieten.

Dies verlangt von den Erziehenden jedoch eine bestimmte **Einstellung** zum Kind. Diese Einstellung prägt auch das emotionale Klima in der Gruppe.

– Läßt die Erzieherin den Kindern großen Entfaltungs- und Spielraum im Vertrauen auf eine gewisse Selbstkontrolle der Kinder?
– Gibt Sie lieber mehr Vorgaben, um mögliche Gefahren schon im Vorfeld zu unterbinden?
– Weist Sie eine gewisse Risikobereitschaft auf?
– Glaubt Sie seine Ziele unbedingt erreichen zu müssen?
– Kann Sie auf seine Führungsrolle zumindestens zeitweise verzichten?

Es lassen sich noch viele solcher Fragen formulieren, die die unterschiedliche Einstellung des Erziehenden zum Kind und zu seiner Aufgabe charakterisieren. Diese Einstellung stellt die Grundlage für jedes erzieherische Tun im Kindergarten dar – auch für das freie Spiel.

Auf dieser Grundlage bauen die weiteren Anforderungen an den Erzieher auf:

● Beobachten   ● Planen   ● Vorbereiten.

Diese drei Tätigkeiten bedingen sich gegenseitig. Die **Beobachtung** soll dem Erziehenden Einsichten vermitteln in das Spielverhalten und die Spielbedürfnisse der Kinder, um dadurch Aufschlüsse für die Planung weiterer Freispielaktivitäten zu erhalten. Denn die **Planung** richtet sich einerseits nach diesen Spielverhaltensweisen und -bedürfnissen, und andererseits nach den Zielvorstellungen des Erziehenden. Die **Vorbereitung** hängt wiederum davon ab, wie das Freispiel geplant wurde.

Auf der nächsten Ebene liegen die Anforderungen:

● Dabeisein   ● Anregen   ● Mitspielen.

Dabeisein bedeutet nicht nur anwesend zu sein, sondern auch innerlich am Spiel der Kinder teilzunehmen. Dieses Dabeisein bedeutet aber auch eine bewußte Zurückhaltung. Man läßt die Kinder gewähren, läßt sie probieren, ohne sich einzumischen. Erst wenn deutlich wird, daß sie ohne Hilfe nicht mehr weiterkommen, wird man zu neuem Tun, zu neuen Lösungen anregen. Dabei wird man aber nur **anregen,** Anstöße geben, Vorschläge machen, Alternativen aufzeigen, niemals jedoch fertige Lösungen vorgeben. All diese Situationen bieten die Möglichkeit zum **Mitspielen.** Auch hier gilt, der Erziehende ist nur Spielpartner. Auch hierbei muß man Zurückhaltung üben und man muß sich dann wieder aus dem Spiel zurückziehen, wenn die Kinder imstande sind, allein weiterzuspielen. Er spielt nur solange mit, wie sein Mitspielen förderlich ist.

Aufgaben

1. **a)** Sammeln Sie einzelne Aktivitäten der Kinder, die im freien Spiel im Kindergarten möglich sind.
   b) Ordnen Sie sie den auf S. 124 f. genannten Entwicklungsbereichen zu.

2. Nennen Sie Spielanlässe für das freie Spielen, die sich aus den Grundbedürfnissen der Kinder ergeben und solche, die sich aus der jeweiligen Situation des Kindergartenalltags ergeben.

2. Wie müssen Erzieherinnen und Erzieher hinsichtlich der Zeit bei dem freien Spiel bzw. dem gelenkten Spiel planen?

3   Das gelenkte Tun

Im Gegensatz zum freien Spielen beruht das gelenkte Spielen wie auch das ziel-orientierte Angebot als gelenktes Tun auf Impulsen, die von den Erziehenden aus-gehen. Sie geben die Materialien, Ort, Zeit, Dauer, Spielregeln usw. vor. Dabei müs-sen sie an schon vorhandene Fähigkeiten und Fertigkeiten anknüpfen und verhelfen dem Kind auf diese Weise zu weiteren Lernprozessen. So ist es möglich, vorhande-ne Lerndefizite gezielt auszugleichen.

Im folgenden wird das gelenkte Spielen bewußt dem gelenkten Tun untergeordnet, da dieses das gesamte erzieherische Angebot im Kindergarten umfaßt, durch das lenkend Lernen und Spielen angeregt wird.

Beim gelenkten Tun gibt man bewußt und gezielt Anregungen für das Spielen und Lernen der Kinder. Ziel ist dabei immer, das freie Spielen so zu unterstützen, daß den Kindern weitere Entwicklungsfortschritte ermöglicht werden. Ausgangslage ist also der jeweilige Entwicklungs- und Fähigkeitsstand der Kinder.

Während beim freien Spielen das Kind selber bestimmt, was und wie es spielt – und damit selber bestimmt, was und wie es lernt – ist beim gelenkten Tun (und damit auch beim gelenkten Spielen) der Erzieher der Initiator der Lernprozesse. Er gibt Impulse und Anleitungen; er unterweist, regt an und gibt Ratschläge hinsichtlich des Was, Wie und Womit gespielt und gearbeitet wird.

Wenn gesagt wird, daß das gelenkte Tun bzw. Spielen das freie Spielen unterstüt-zen soll, so bedeutet dies, daß gelenkte Angebote nur Lern- und Spieldefizite aus-gleichen sollen. Es handelt sich dabei grundsätzlich nur um ein **das freie Spielen ergänzendes Angebot**. Man versucht damit, den Kindern zu helfen, den Anforderun-gen gerecht zu werden, die ihnen von seiten ihrer Umwelt gestellt werden, die sie alleine aber nicht bewältigen können.

3.1   Ein zielorientiertes Angebot

3.1.1 Vorbereiten

Im Rahmen der Vorüberlegungen und Planungen sowohl von freien Spiel- und Lernangeboten wie auch bei der Organisation zielgerichteten Lernens werden nach dem Planen Vorbereitungen notwendig.

Unter Vorbereitungen versteht man all die Arbeiten, die nach vollendeter Planung von der Erzieherin durchzuführen sind, ehe sie mit den Kindern in ein zielorientier-tes Lernangebot eintritt oder ehe die Kinder in ein arrangiertes Freispielangebot ein-treten. *Irmgard Büchin* versteht unter solchen Arbeiten: Raumvorbereitung; Klei-dung und Kleiderschutz; Materialvorbereitung; Vorbereitung für voraussehbare Zwischenfälle; Absprachen mit anderen Beteiligten (Erzieher, Eltern u. a.).[1]

Im folgenden werden einige dieser Arbeiten etwas näher erläutert.

1. Gestaltung des Raumes

Für die Arbeit mit den Kindern muß der Raum angemessen gestaltet und vorberei-tet werden. Ehe wir aber an die Gestaltung gehen, sollten wir uns einige wesentli-che Gesichtspunkte der Bedeutung des Raumes für das Kind klarmachen.

---

[1] Büchin, Irmgard: Kindgemäßes Erziehen im Kindergarten. Erziehung praktisch gesehen Bd. 11.
   1. Aufl. Bonz, Stuttgart 1978, S. 71f.

Funktionen des Raumes:

- Der Raum ist eine Hilfe für Orientierung.
- Der Raum ist Schutz.
- Der Raum ist Ort der Geborgenheit.
- Der Raum ist Ort für Erlebnisse.
- Der Raum ist Möglichkeit des Bewegens.
- Der Raum hat Grenzen.
- Den Raum kann man verlassen, man kann nach draußen gehen.[1]

Aus der Vielfalt von Bedeutungen und damit verbundenen Funktionen des Raumes für die Kinder ergibt sich auch eine Vielfalt von Gestaltungsansprüchen an den Raum. Für Berufspraktikanten und Erzieher, die am Beginn ihres Berufslebens stehen, sei hier noch angemerkt, daß Räume, in denen Kinder spielen und lernen, vor der Benutzung und selbstverständlich auch danach gründlich gereinigt und gelüftet werden müssen. Ferner empfiehlt es sich, vor wesentlichen Änderungsvorhaben erfahrene Erzieher zu fragen, ob die geplante Veränderung dem Spiel- bzw. Lernvorhaben angemessen ist, ob und wie die Kinder auf starke Änderungen reagieren könnten usw., vor allem dann, wenn der Raum dadurch fremd würde und die Funktion der Orientierung bzw. des Schutzes verlorenginge.

Für die Möglichkeiten einer Raumgestaltung sei ein Beispiel vorgegeben:

Beispiel 1. Ein Raum für eine Gruppe von ca. 20 Kindern: 6 m × 8 m = 48 qm, 3 Fenster (unterschiedlich groß). Grundmobiliar: eine feste Regalwand von 5,20 m Länge rechts neben der Eingangstür und vor dem rechten Fenster, 6 quadratische Tische 80 cm × 80 cm, 20 Kinderstühle, 4 Raumteiler-Elemente (verstellbar) 2 × 150 cm lang, 30 cm tief, 2 × 120 cm lang, 30 cm tief

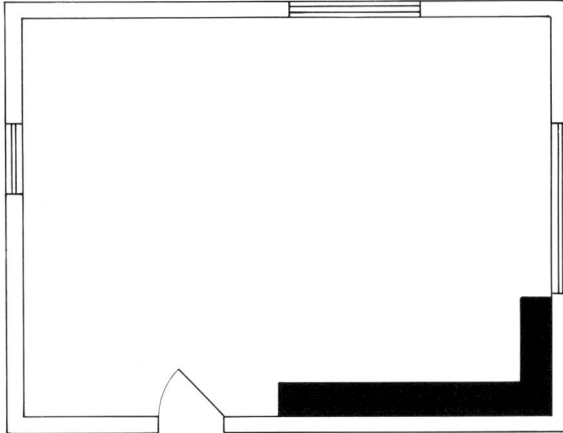

---

[1] Vgl. hierzu: Lebensraum Kindergarten. Pädagogische Anregungen für Ausbildung und Praxis. Hrsg. vom Ministerium für Kultus und Sport Baden-Württemberg. 1. Aufl. Herder/Kaufmann, Freiburg 1981, S. 22 ff.
Vgl. hierzu auch Kapitel B 2.2.1.

Beispiel 2. 20 Sitzplätze in Fensternähe, Leseecke, große Bewegungs- und Spielfläche

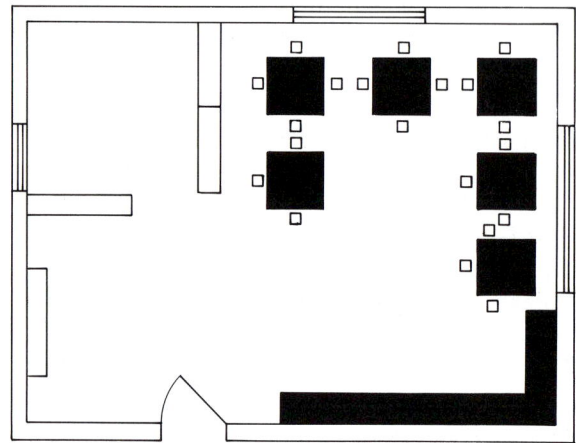

Aufgaben

1. *Betrachten Sie das vorgegebene Beispiel unter den Gesichtspunkten:*
   Lichteinfall;
   Raumteilung;
   Sitzordnung;
   Verwendung der Tische als Spiel- bzw. Arbeitstisch für Kinder;
   Verwendung der Tische als Demonstrationstisch bzw. als Materialtisch für die Erzieherin;
   Bewegungsfläche;
   Übersehbarkeit für den Erzieher usw.

2. *Betrachten Sie das vorgegebene Raumgestaltungsbeispiel, und beurteilen Sie es unter dem Gesichtspunkt der vorher besprochenen Funktionen des Raumes.*

3. *Entwerfen Sie unter Verwendung der Raumgestalt und der Raummaße ihrer Praxisstelle Raumgestaltungen für die verschiedensten Spiel- und Lerngelegenheiten.*

4. *Versuchen Sie zusammen mit den Mitschülern Grundregeln für die Raumgestaltung aufzustellen;*
   z.B.: Bei Bildbetrachtungen sollte das Licht voll auf das Bild fallen.

5. *Gestalten Sie mit Ihrer Kollegin den Raum vor Beginn eines Freispiels oder vor Beginn einer Lerngelegenheit, die Sie für die Kinder durchführen.*

Zur Vorbereitung des Raumes zählt auch die Beachtung des Fußbodenbelages (z.B. Steinboden, Kunststoffbelag oder Holzdielen usw.) und die Kontrolle seiner Beschaffenheit. Ist der Boden glatt, gebohnert? Ist er rauh? Besteht die Gefahr, daß sich Kinder verletzen? Auf Sauberkeit ist nicht nur bei den Beschäftigungen, bei denen die Kinder sich auf den Boden setzen, zu achten.

Lichteinfall und Helligkeit sind in vielen Räumen regulierbar. Bei bestimmten Angeboten kann man durch Erhellen, aber auch durch eine angemessene Abdunkelung die erwünschte Raumatmosphäre schaffen. Medien und Materialien wie auch die Arbeitsgeräte sind vorbereitend bereitzulegen, damit sie griffbereit vorhanden sind.

Für das Kind ist der einzelne Arbeitsplatz so vorzubereiten, daß genügend Platz für Bewegung und für die Unterbringung von Arbeitsmitteln und Materialien vorhanden ist. Die Kinder und die Gruppe können daran gewöhnt werden, die Vorbereitung der einzelnen Arbeitsplätze mehr und mehr selbständig zu übernehmen. Beim Umgang mit bestimmten Materialien und Werkzeugen muß der Tisch durch entsprechende Unterlagen geschützt werden. So sind für Mal- und Klebearbeiten Wachstücher oder Zeitungen verwendbar; ein ausreichender Schutz der Tische gibt dem Kind erst die Möglichkeit, sich dem Material voll zuzuwenden.

Vorsorglich werden ausreichend Abfallbehälter, Reinigungstücher usw. bereitgestellt, damit bei Zwischenfällen, z. B. Verschütten von Wasser, sofort gesäubert werden kann.

2. Kleidung und Kleiderschutz

Für die Berufskleidung von Erziehern gibt es eigentlich keine Vorschriften. Es sollte aber auf Zweckmäßigkeit, Sauberkeit und Ordentlichkeit geachtet werden, da der Erzieher durch seine Bekleidung vorbildhaft wirkt. Der Umgang mit Kindern und Jugendlichen im Erziehungsalltag erfordert sehr viel Bewegung, das muß bei der Bekleidung mitbedacht werden. Bei Bewegungsspielen, beim Turnen und bei der Rhythmik tragen Erzieherinnen und Kinder am besten Turnbekleidung.

Viele Beschäftigungen können zur Verschmutzung der Kleidung führen. Beim Malen, Kleben, bei der Zubereitung von Speisen usw. ist für ausreichenden Kleiderschutz Sorge zu tragen; Schürzen, Arbeitskittel, Malhemden sind bereitzulegen und von den Kindern zu tragen. Die Erzieher schützen ebenfalls ihre Kleidung (Vorbild). Saubere Schürzen werden von den Kindern lieber angezogen!

3. Herrichten und Bereitstellen von Medien und Materialien

Lernen, das sich allein vollzieht oder das durch Personen vermittelt wird, geschieht in vielen Fällen im Umgang mit Gegenständen. An solche Gegenstände, die man als **Lernhilfen** bezeichnen könnte, sind eine Reihe von Bedingungen zu stellen:

● Sie sollen zum Umgang auffordern,
● sie müssen funktionstüchtig sein,
● sie müssen der Lernsituation und der Lehrabsicht angemessen sein,
● sie müssen dem jeweiligen Entwicklungsniveau der Kinder entsprechen.[1]

---

[1] Vgl. hierzu: Lebensraum Kindergarten. Pädagogische Anregungen für Ausbildung und Praxis. Hrsg. vom Ministerium für Kultus und Sport Baden-Württemberg. 1. Aufl. Freiburg 1981, S. 25.

Je nach Funktion unterscheidet man bei diesen sächlichen Lernhilfen:

a) **Anschauungsmittel**

Hierunter fallen auch die audiovisuellen Medien wie Filme, Dias, Tonträger, Poster, Bilder. Durch Modelle kann ein Sachverhalt, der in der Wirklichkeit nicht immer oder nicht deutlich genug beobachtbar ist, dargestellt werden. Gute Anschauungsmittel ergeben einen starken Impuls zur Auseinandersetzung, provozieren Äußerungen der Kinder. Das bedeutet aber zugleich, daß man mit Medien, die die Kinder gleichsam überfahren können, zurückhaltend sein sollte.

b) **Arbeitsmittel**

Scheren, Messer, Malstifte, Pinsel, Werkzeuge im weitesten Sinne sind hier gemeint. Es sind also Geräte, die in die Hand der Kinder kommen, mit deren Hilfe etwas produziert werden soll. Bei allen Arbeitsmitteln ist auf Funktionstüchtigkeit, aber auch auf eventuelle Gefährdungen zu achten. Es sollten ausreichend Arbeitsmittel bereitgestellt werden. Beim Vorbereiten muß überlegt werden, wo diese Arbeitsmittel vor, während und nach der Verwendung aufbewahrt werden sollen.

Zu diesen Gruppen von Arbeitsmitteln zählen auch die Geräte, zu deren Gebrauch man erst angeleitet werden muß: z.B. Musikinstrumente, physikalische Geräte, wie Lupe, Magnete u.ä. Beim Einsatz dieser Arbeitsmittel ist stets zu überlegen, ob man beim Kind nur die Fähigkeit des Umgehens (z.B. Schneiden mit der Schere) vermitteln möchte oder ob man diese Schere, die Fähigkeit zum Schneiden voraussetzend, dazu benutzen möchte, um ein Werkstück herzustellen. Oftmals können beide Befähigungen gleichzeitig vermittelt werden.

c) **Materialien**

Diese Bezeichnung nehmen wir für all die Dinge, die sich bei der Auseinandersetzung verbrauchen, die sich verformen, die bearbeitet werden. Es sind Dinge, mit denen man spielen kann, wie Sand, Wasser, Knetmaterial.

Auch Stühle, Tische und andere Gegenstände können beim Spiel „umgeformt" werden, z.B. Tische zu einem Haus, zu einer Höhle. Neben gewerblich vorgefertigten Materialien, beispielsweise Papier für Faltarbeiten, Zeichenpapier usw., gibt es viele Dinge, die sich als Material zur spielerischen und zur lernenden Auseinandersetzung eignen. Denkt man nur an Blätter, Astholz, Pappschachteln u.ä.

Bei der Vorbereitung von Medien und Materialien ist auf folgendes zu achten:

Medien und Materialien	▶	Rechtzeitig besorgen! Ausreichende Anzahl bereitstellen! Richtig plazieren! Auf Funktionstüchtigkeit und Sicherheit achten!

Aufgaben

1. *Stellen Sie Listen für Medien, Arbeitsmittel und Materialien für eine Klebe-arbeit zusammen.*

2. *Fertigen Sie Anschauungsmaterial für die Lerngelegenheit „Wir bereiten eine Quarkspeise".*

3. *Richten Sie in der Praxisstelle verschiedene Arbeitstische für kleine Grup-pen her. Es soll mit Stiften gemalt werden; es soll ein kleiner Weihnachts-stern geklebt werden; Kinder dürfen kneten; usw.*

4. *In vielen Kindergärten gibt es (thematisch) bestimmte Spielecken, z.B. Puppenecke, Kaufladen, Bauecke, Lesenische, Kuschelecke. Überlegen Sie, wie solche Spielecken auszustatten sind. Fertigen Sie Listen und Skizzen.*

3.1.2 Verlauf eines zielorientierten Angebotes

Aus dem Bereich **Kreatives Gestalten** beabsichtigt die Erzieherin, den Umgang mit sogenannten **Zufallsmaterialien** (auch „wertlose Materialien" genannt) zu einem zielorientierten Angebot zu nutzen. An diesen Umgang knüpft sie folgende Erwar-tungen:

● Die Kinder gestalten aus den in einer Materialkiste bereitgestellten Materialien nach eigener Vorstellung. Herausgefordert werden Phantasie und Vorstellung. Gleichzeitig fordert und begrenzt die Form vorhandener und ausgewählter Mate-rialien die Vorstellungen von Raum und die Darstellungsmöglichkeit.

● Die Kinder lernen im Umgang mit den verschiedenen Gegenständen aus Pappe, Papier, Plastik, Blech, Holz u. a. deren Merkmale in Hinsicht auf Form und Material kennen.

● Die Kinder erleben den „Widerstand" des Materials. Kartons lassen sich nicht be-liebig biegen, dicke Pappe kann man nicht gut schneiden usw.

● Kinder erkennen und erproben Möglichkeiten des Zusammenfügens, hier das Zu-sammenkleben. Z.B.: zum Kleben braucht man „Klebeflächen", usw.

Als Gestaltungsidee schwebt der Erzieherin das Thema „Wir bauen eine Stadt" vor. Sie möchte allerdings die Kinder selbst diese Idee finden lassen. Zunächst über-denkt und plant sie den Verlauf und beginnt mit den Vorbereitungen. Zwölf Kinder sollen teilnehmen.

In einer Materialkiste hat sie schon seit einiger Zeit „wertlose Dinge" gesammelt.

1. Ergänzen Sie die folgende Sammlung in der Materialkiste unter der Gestaltungsidee „Wir bauen eine Stadt":
  – 8 Schuhkartons
  – 22 Streichholzschachteln
  – Schachteln und Dosen von Cremes usw.

2. Sammeln Sie in der sozialpädagogischen Praxis solche Materialien (auch Naturmaterialien) unter verschiedenen Gestaltungsanlässen, z.B. „Ostern"; „Schiffe im Hafen" usw.

3. Zum Zusammenbauen und gegenseitigen Befestigen müssen für die zwölf Kinder folgende Arbeitsmittel (Werkzeuge) bereitgestellt werden:
  – 12 Scheren
  – 5 Fläschchen mit Kleber
  – _?_ Buntstifte
  – _?_ Büroklammern usw.
  Suchen Sie weitere Arbeitsmittel, und stellen Sie eine Liste zusammen.

4. Fertigen Sie eine Skizze für die Raumplanung an, aus der die Arbeitsplätze der Kinder sowie die Standorte der Materialkiste und der Arbeitsmittel hervorgehen. Übertragen Sie dazu das unten vorgegebene Schema – in vergrößertem Maßstab – in Ihr Heft.

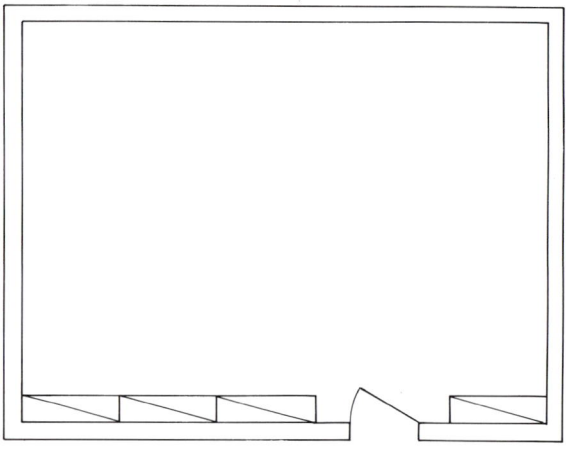

Auf den folgenden Seiten finden Sie ein kurzes **Verlaufsprotokoll** des Angebotes. In der ersten Spalte ist das Verhalten der Kinder, in der zweiten Spalte das Handeln des Erziehers beschrieben; in einer zusätzlichen Spalte könnte man noch andere „alternative" Verhaltensmöglichkeiten des Erziehers eintragen.

Verhalten der Kinder	Handlungen des Erziehers
Die Kinder betreten den vorbereiteten Raum.	Der Erzieher fordert die Kinder auf, an den Arbeitstischen Platz zu nehmen: „Ihr könnt euch hinsetzen, wo ihr wollt!"
Ute und Sylvia wünschen beide den Platz neben Petra. Beide ziehen am selben noch freien Stuhl.	Der Erzieher ordnet noch den Tisch mit den Werkzeugen und deckt ihn ab. Er nimmt den beginnenden Streit nicht wahr.
Ute haut Sylvia eine herunter.	Der Erzieher nimmt Sylvia tröstend in den Arm und bietet ihr einen Platz neben sich an. Er fordert die Kinder zur Stille auf.
Sylvia läuft weinend zum Erzieher und beschuldigt Ute.	
Ute hockt mit strahlendem Gesicht neben Petra.	
Die Kinder schauen dem Erzieher zu und beginnen zögernd und dann lebhafter zu sprechen. „Eine Garage", „Das gibt ein Schiff!" „Nein, es wird ein Haus!" „Fabrik". „Ein Bauernhof!" „Wir haben auch so ein Haus mit einem flachen Dach!"	Der Erzieher weist auf die in der Zimmermitte aufgestellte Materialkiste, entnimmt einige Kartons verschiedener Form und Größe, die er stumm und scheinbar zufällig zusammenbaut. Es entsteht ein Abbild eines Gebäudekomplexes.
Die Kinder stürzen sich auf die Materialkiste und hamstern die verschiedensten Dinge. Um einige Dinge entsteht ein starkes Gerangel. Doch dann beginnen die Kinder an ihren Tischen zu bauen.	Der Erzieher fordert die Kinder auf, selbst zu bauen. Der Erzieher schaut abwartend zu.
Die Kinder fügen die Dinge lose zusammen. Sie bauen Schachteln, Dosen, Papprühren zusammen, fügen sie auch ineinander. Die „Bauwerke" sind nicht sehr stabil, und die Kinder schauen immer wieder etwas hilflos zum Erzieher.	Der Erzieher geht von Kind zu Kind und gibt Hilfen. Der Erzieher fragt, gibt einen Tip, macht vor, hilft beim Halten, zeigt auf Wackliges usw. Dieser scheint die Not der Kinder nicht zu bemerken, er hilft Fritz gerade beim „Turmbau".
Franz nimmt Petra einen Karton weg. Das Mädchen wehrt sich, kratzt und schubst Franz. Die auf dem Tisch zusammengefügten und aufgestellten „Bauwerke" stürzen zusammen. „Jetzt können wir von neuem beginnen!" stellt Otto fest. „Wir sollten die Dinge zusammenkleben und sie dann bemalen!" ist die Forderung eines Kindes.	Der Erzieher trennt die beiden Streitenden und weist beide zurecht. Franz muß an Petra den Karton zurückgeben.
Die beiden Kinder verteilen die Arbeitsmittel. Die Kinder selbst holen sich die Arbeitskittel und helfen sich gegenseitig beim Anziehen.	Der Erzieher deckt den Tisch mit den Arbeitsmitteln auf und bittet zwei Kinder, die vorbereiteten Schalen mit den Klebeflaschen, den Scheren, Heftklammern … zu verteilen.
Die Kinder fügen erneut die Dinge wie Elemente zusammen und versuchen, sie miteinander zu verbinden.	Der Erzieher erklärt, wie die Elemente (Kartons, …) miteinander verbunden werden können. Er zeigt, wie man mit Büroklammern und Kleber die Elemente über gemeinsame Klebeflächen verbindet. Er macht es mehrfach vor.

Max hat Schwierigkeiten beim Zusammenfügen und Verkleben.	Der Erzieher beobachtet, hilft beim Festhalten, beim Kleben, gibt Ratschläge.
Otto möchte aufhören, er wendet sich von seinem Platz ab.	Der Erzieher lobt das bisher von ihm produzierte, er ermuntert ihn, doch weiterzuarbeiten.
Karl ist fertig und zeigt seine „Fabrik" stolz den anderen.	Der Erzieher lobt und er bittet Karl, sein Bauwerk auf dem Bauteppich aufzustellen. Er bittet Karl, doch Otto zu helfen.
Nach und nach beenden die Kinder ihre Werke. Es entstand eine ganze Reihe von „Gebäuden".	Der Erzieher begutachtet und lobt die Arbeiten.
Die Kinder benennen die „Bauwerke".	Der Erzieher fordert die Kinder auf, die „Gebäude" zu benennen.
Die Kinder beginnen sich zu langweilen, und sie laufen durch das Zimmer. Die Kinder gruppieren ihre „Häuser".	Der Erzieher ermahnt zu Ruhe, er bittet die Kinder, die Häuser auf dem Bauteppich um einen „Marktplatz" (Stück Pappe) aufzustellen. Drei Kinder dürfen nicht mehr gebrauchte Arbeitsmittel einsammeln.
	Der Erzieher heißt die Kinder, sich rund um den Bauteppich zu setzen. Gemeinsam wollen sie das Werk betrachten. „Ich weiß nicht, aber auf dem Marktplatz fehlt noch etwas!" sagt der Erzieher vor sich hin.
Sofort beginnen die Kinder zu raten. Die großen Kinder stellen sofort fest, daß zu einer Stadt auch Menschen, Bäume und Autos gehören.	
Die Kinder „beleben" den Platz.	Der Erzieher fordert auf, die „belebenden" Figuren aufzustellen. Der Erzieher nimmt eines der Häuser in die Hand und betrachtet es auffallend. Er beginnt zu fragen:
Einige Kinder stutzen und bemerken, daß noch Türen und Fenster aufgemalt werden sollten.	„Möchtest du in diesem Haus wohnen?" „Wie ist es denn innen in diesem Haus?" „Wie kommst du in dieses Haus?" „Kinder, das machen wir heute nachmittag; gleich kommen eure Mammis und Papis, um euch abzuholen". „Wir wollen vor dem Anziehen noch gemeinsam aufräumen".

Die hier aufgeführten Handlungen des Erziehers sind nicht die einzig möglichen; vielmehr lassen sich auch andere Verhaltensformen des Erziehers – und möglicherweise dadurch bedingt, auch ein anderer Verlauf des Angebots – vorstellen. So könnte der Erzieher ganz zu Anfang in unserem Beispiel den Raum und den Tisch mit den Arbeitsmitteln bereits geordnet haben, ehe die Kinder kamen, oder den sich anbahnenden Konflikt um die Sitzordnung durch den Vorschlag abbrechen, daß eins der beiden Mädchen sich neben ihn setzen könne.

1. Verlaufstruktur von zielorientierten Lernangeboten

Unser protokolliertes Beispiel zeigt stellvertretend für andere mögliche Lernangebote eine bestimmte Verlaufsstruktur.

Hinführungsphase

Zunächst gilt es, die Kinder an das Thema, an den Stoff heranzuführen. In unserem Beispiel ging es nicht um ein freies Spielen und Sich-Auseinandersetzen mit dem Material. Es waren beim Erzieher klare Erwartungen vorhanden in Hinsicht auf die zu erreichenden Qualifikationen. Die Kinder sollten also an das Thema herangeführt und für den Gegenstand erwärmt werden; sie sollten veranlaßt werden, sich mit den „wertlosen Materialien" auseinanderzusetzen und damit zu gestalten.

Hinführungsphase nennen wir jenen Abschnitt in einem lernzielorientierten Angebot, der die Kinder zur Auseinandersetzung motivieren soll. Hier wendet der Erzieher immer wieder neue Verfahren an, um eine Spannung zu erzeugen, ein Mittun anzuregen, ein Problem aufzuwerfen, eine Stimmung zu erzeugen. Bei unserem Beispiel steht eine Materialkiste mit Dingen im Raum. Die Erzieherin geht auf diese Kiste zu und zeigt mit einer auffordernden Geste auf diese Kiste; sie entnimmt einzelne Dinge und beginnt diese zusammenzufügen, und das Gefügte nimmt allmählich Gestalt an. Das alles macht die Erzieherin weitgehend stumm; sie spricht nicht, sie handelt. Eine solche in der Sache liegende Aufforderung nennen wir „Stummen Impuls".

Es gibt neben solchen stummen auch noch gesprochene Impulse, z. B. Fragen, Aufforderungen. Die Veränderung des Raumes kann ebenso impulsgebend wirken, wie eine vorangestellte Geschichte, ein verdeckter Korb oder eine „Wundertüte".

Die erzeugte Spannung dauert manchmal über die ganze Zeit des Angebotes. In vielen Fällen aber muß die Spannung immer wieder erzeugt werden, auch dann, wenn die Kinder in der Phase der eigentlichen Auseinandersetzung sind, in der Erarbeitungsphase.

Erarbeitungsphase

Die Kinder haben sich mit dem Material eingelassen; sie fügen zusammen, sie bauen. Nicht immer ist den Kindern eine so aktive Auseinandersetzung möglich. Beim Hören einer Geschichte, bei einem Sachgespräch sind andere Aktivitäten von den Kindern gefordert. Sie müssen zuhören; antworten; dürfen Fragen stellen usw.

Bleibt man bei der Struktur dieses Angebotes, erkennt man, daß die Phase der Erarbeitung, des aktiven Umgangs zwei Abschnitte aufweist. Im ersten Abschnitt bauen die Kinder, sie fügen die wertlosen Dinge zusammen. Es entstehen verschiedenartige, jedoch in sich instabile Gebilde.

Die Überleitung zum zweiten Abschnitt, zum Verbinden der Elemente zu festen Gefügen müßte eigentlich von der Erzieherin dann angeregt werden, wenn die meisten Kinder mit dem losen Zusammenfügen zu Ende kommen. Die Kinder haben nun die Möglichkeiten des Gestaltens erfahren können, sie konnten variieren.

Hier kommt der Erzieherin ein Mißgeschick zu Hilfe: der Streit zwischen Franz und Petra. Dieser Streit läßt die Bauwerke zusammenfallen. So beginnt eine echte Motivation, die aus dem Problem entsteht, daß Gebäude nicht fest zusammengefügt waren. Dieser zweite Abschnitt in der Erarbeitungsphase ist wesentlich durch die Arbeit des Verklebens gekennzeichnet. Das Gebäude nimmt nun nochmals Form an, die mit dem Verkleben endgültig festgelegt wird.

Abschlußphase

Eine abschließende und zugleich weiterführende Phase beginnt mit dem Beendigen des Verklebens. Die Kinder benennen die Bauwerke, sie stellen diese auf dem Bauteppich auf und gruppieren sie. Damit wäre die Arbeit abgeschlossen. Die Erzieherin möchte jedoch ein weiteres Angebot anschließen: Das Bemalen und Beleben dieser Bauwerke unter offenbar funktionalen Gesichtspunkten.

Damit ist eigentlich auch die Bedeutung der Abschlußphase gekennzeichnet. Sie ist Abschluß und Übergang. Dieses Abschließen muß nicht immer weiterleitend sein. Es muß nicht immer eine solche Form des Besprechens sein, Lieder oder Fingerspiele oder eine Geschichte können ebenfalls ein Angebot beenden.

Aufgaben

1. *Beobachten und protokollieren Sie in der sozialpädagogischen Praxis lernzielorientierte Angebote. Achten Sie hierbei auf auftretende Phasen, die oft durch deutliche Einschnitte gekennzeichnet sind.*

2. *Sammeln Sie eine Reihe von Einstiegen. Überprüfen Sie diese in Hinsicht auf die motivierende Wirkung. Sind sie immer der Sache angemessen oder sind es nur effektvolle „Gags"?*

3. *a) Wie werden solche Angebote abgeschlossen? Sind es echte Abschlüsse, d.h. ist die Auseinandersetzung beendet? Ist die Überleitung dort, wo sie angestrebt wird, aus der Sache heraus notwendig, wirkt sie gekünstelt?*
   b) Sammeln Sie solche Abschlüsse bzw. solche Überleitungen.

Die Schulpädagogik hat weitere Möglichkeiten der Strukturierung für lernzielorientierte Angebote bereitgestellt. Verschiedene Ausbildungsstellen für Erzieher verwenden auch für die Planung und den Verlauf solcher Angebote unterschiedliche Bezeichnungen. Manche begnügen sich auch nicht mit drei Phasen, sondern sie wählen vier und mehr Phasen.

Der Freiburger Schulpädagoge *Alfred Vogel* hat in einer bemerkenswerten Vielfalt diese Möglichkeiten dargestellt.[1] Wir übernehmen hier einige Beispiele von Gliederungsmöglichkeiten. Sie sind Strukturierungen des schulischen Unterrichts; aber die einfacheren Formen der Gliederung des Verlaufes können auch auf organisierte Lernprozesse im Kindergarten übertragen werden.

---

[1] Vogel, Alfred: Artikulation des Unterrichts. Verlaufsstrukturen und didaktische Funktionen. Reihe: Workshop Schulpädagogik, Materialien 3. Otto Maier Verlag Ravensburg [5]1976.

Vogel geht zunächst wie viele Schulpädagogen von einem Dreischritt im Lernprozeß aus. Er spricht von einer „Anfangssituation", „Mittelsituation" und einer „Schlußsituation"[1]. Zur Verdeutlichung übernehmen wir hier die folgende Graphik[2]:

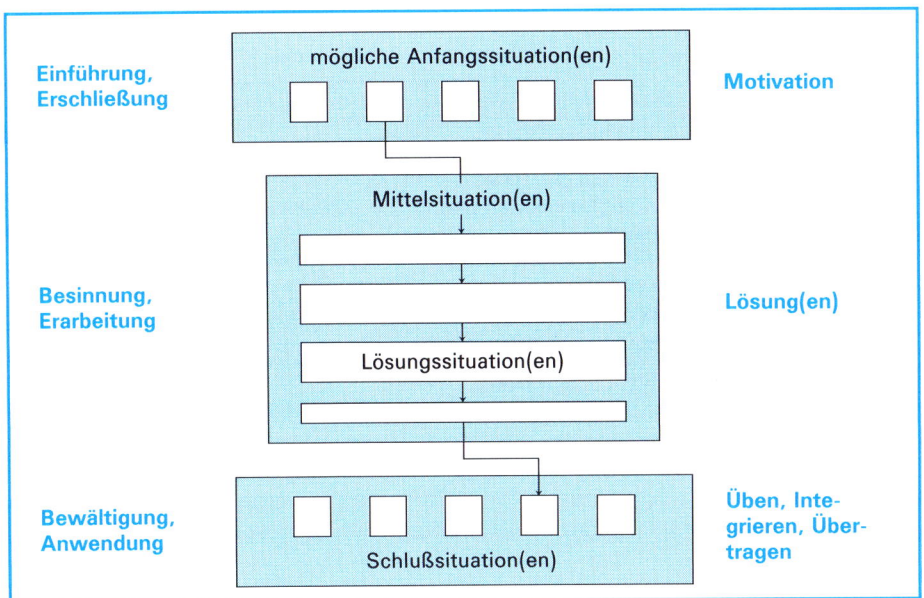

Aus der Graphik ist deutlich zu sehen, daß es für die meisten zielorientierten Lernangebote nicht nur eine mögliche Anfangssituation, nur einen Einstieg gibt. Am besten eignen sich jedoch Einstiege, die sich aus einem situativen Lernbedürfnis der Kinder ergeben. Andere Anfangssituationen orientieren sich an der Sache, am Problem, z.B. immer wieder beobachtete mangelnde Sorgfalt beim Umgang mit Mitmenschen (Drängeln, Nichthelfen usw.), beim Umgang mit Spielzeug usw.

Die Graphik zeigt weiter, daß es sich bei der Erarbeitung in der hier bezeichneten Mittelsituation nicht nur um einen Lernschritt handelt. Es laufen meist eine Fülle von solchen zu organisierenden Schritten ab. Diese werden zwar in der Verlaufsfestlegung logisch aufeinander aufgebaut, aber von der Verlaufswirklichkeit oftmals in eine andere Reihenfolge gelenkt.

Die letzte Phase des Abschlusses ist in der Graphik wieder in der möglichen Vielfalt dargestellt, d.h. es gibt eine Fülle des Verarbeitens, des Übens, des Vertiefens, des Übertragens usw.

---

[1] Vogel: a.a.O., S. 11f.
[2] Vogel: a.a.O., S. 10.

Exkurs: Ein Strukturmodell aus der Schulpädagogik

Hier ein Modell, das in der „Arbeitsschule" und in der „Freien geistigen Schularbeit" entwickelt wurde.[1]

Dieses Modell der Verlaufsstruktur ist deshalb interessant, weil es wiederum ein Grundmodell darstellt für die Arbeit mit Schulkindern und mit Jugendlichen. Wir folgen der Systematisierung durch *Otto Scheibner*[2]:

Stufen des Arbeitsvorganges:	Phasen des Arbeitserlebnisses
1. Ein Arbeitsziel oder eine gestellte Arbeitsaufgabe wird in den Willen aufgenommen.	1. *Arbeitsmotivierung*
2. Die Arbeitsmittel werden aufgesucht, bereitgestellt, geprüft, ausgewählt und geordnet.	2. *Arbeitsbereitschaft*
3. Ein Arbeitsweg als Plan wird entworfen und in Arbeitsabschnitte gegliedert.	3. *Arbeitsbereitschaft*
4. Die einzelnen Arbeitsabschnitte und Arbeitsschritte werden als in sich selbständige, aufeinander bezogene Teile ausgeführt und in Verbindung gehalten.	4. *Arbeitsvollzug*
5. Das Arbeitsergebnis wird erfaßt, besehen, geprüft, beurteilt, gesichert, eingeordnet, ausgewertet.	5. *Ablösung von der Arbeit*

Die Modelle für Verlaufsstrukturen von zielorientierten Lernangeboten haben alle den Versuch unternommen, ihre Struktur natürlichen Lernprozessen anzugleichen.

2. Interaktionsstruktur und Erziehungspraktiken (Vermittlungstechniken)

Das protokollierte Beispiel eines zielorientierten Lernangebots zeigt, daß das Handeln der Erzieherin wie auch das Handeln der Kinder wechselseitig aufeinander bezogen sind. Ein solches wechselseitiges Handeln nennt man Interaktion.

Bei den Aktivitäten der Erzieherin gibt es hierbei zwei Orientierungen; zum einen richtet sich ihre Tätigkeit ganz auf die Erreichung des Zieles: Sie handelt **zielorientiert**. Sie versucht aber auch die Bedürfnisse der Kinder wahrzunehmen und richtet sich nach dieser Bedürfnissituation; sie handelt also auch **kindorientiert**. Bei den organisierten und geplanten Lernangeboten überwiegt die Zielorientierung. Beim Freispiel hingegen dürfte der Akzent eher bei der Orientierung am kindlichen Bedürfnis liegen.

Weiter kann man verschiedene Schwerpunkte der Aktivität beobachten: In der Hinführungsphase ist die Erzieherin wesentlich aktiver als die Kinder; in der Erarbeitungsphase geht das Handeln fast ganz auf die Kinder über; in der Abschlußphase finden wir wechselnde Aktivitäten.

---

[1] Dieses Bemühen um eine stärker schülerzentrierte Unterrichtung ist ein durchgehendes Anliegen der Reformpädagogik der Zwanziger Jahre dieses Jahrhunderts. Hier seien stellvertretend Hugo Gaudig, Otto Scheibner und Georg Kerschensteiner genannt.

[2] Scheibner, Otto: Der Arbeitsvorgang in technischer, psychologischer und pädagogischer Erfassung. In: Freie geistige Schularbeit in Theorie und Praxis, im Auftrag des Zentralinstituts für Erziehung und Unterricht, hrsg. von H. Gaudig. Breslau Hirt 1928, S. 40.

Wird die Aktivität in einer Linie dargestellt, kommt man zu folgender vereinfachter Darstellung:

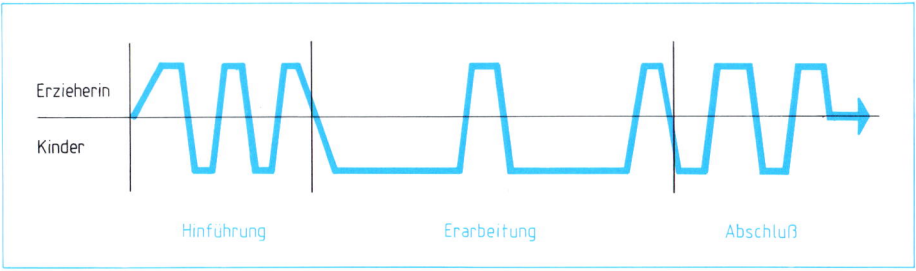

Im Interaktionsgefüge des protokollierten Lernangebotes verlaufen Prozesse verschiedener Art. Einmal die Prozesse, die mit dem Ziel „Wir bauen eine Stadt" unmittelbar zu tun haben. Es handelt sich dabei um Prozesse der **Information,** der **Darstellung,** des **Probierens,** der **Übung;** kurz um Prozesse des **Lehrens** und **Lernens.**

Daneben laufen andere Prozesse. Es gibt Verzögerungen, Streit, Verwirrung; es gibt Unruhe, Durcheinanderlaufen. Bei manchen Kindern ist die Erzieherin genötigt, diese zu ermahnen, sie zur Ordnung zu rufen, ermüdete Kinder zu ermuntern. Diese zweite Art der Prozesse hängt zwar mit der ersteren, im wesentlichen zielorientierten, Art zusammen. Sie hat aber nicht direkt lehrenden, sondern eher ordnenden, unterstützenden Charakter.

Die erzieherischen Handlungen, sowohl die informierend-lehrenden als auch die ordnend-unterstützenden, werden in der Pädagogik auch **Erziehungspraktiken**[1] genannt.

Dieser Begriff läßt sich noch weiter differenzieren, indem man unterscheidet zwischen Erziehungspraktiken mit vorwiegend **informierendem** Charakter und Erziehungspraktiken, die **anregen oder motivieren.** Ferner werden Erziehungspraktiken unterschieden, die **vorschreiben und kontrollieren** und solche, die eher **bewerten.**

Unter Erziehungspraktiken mit vorwiegend informierendem Charakter fallen Tätigkeiten wie:
erzählen, vorlesen, berichten, erklären, ergänzen, zusammenfassen, wiederholen.

Manche dieser informierenden Erziehungspraktiken können auch gleichzeitig anregend und motivierend wirken. Hierzu gehören unter anderem:
vormachen, vorzeigen, Probleme stellen, ermuntern, anregen, beraten, empfehlen, bitten, mahnen.

Mehr vorschreibende und kontrollierende Praktiken sind:
befehlen, beauftragen, anordnen, kontrollieren, beaufsichtigen, drohen, zwingen.

Nach *Weber* kommt jenen Praktiken, die vorwiegend bewertenden Charakter haben, besondere Bedeutung zu, da sie positiv bzw. negativ verstärkend wirken. Beispiele hierfür sind:
zustimmen, anerkennen, billigen, loben, belohnen, benoten, aber auch ablehnen, mißbilligen, tadeln, bestrafen.

---

[1] Der Begriff „Erziehungspraktiken" enthält den auf S. 88 dargestellten Begriff „Vermittlungstechniken".

Bei diesen Aufzählungen könnte leicht der Eindruck entstehen, daß es sich um ein einseitiges Handeln des Erziehers handelt.

Alle Tätigkeiten stehen jedoch in einem **Interaktionsgefüge,** d.h. sie sind wechselseitig aufeinander bezogen.

Aus dem Verständnis der ablaufenden Prozesse als Interaktionsgefüge muß man die Erziehungspraktiken immer zusammen mit den darauffolgenden bzw. den vorangegangenen Handlungen der Kinder wie auch des Erziehers sehen und verstehen.

Es ergeben sich dann beispielsweise folgende **vereinfachte Strukturen eines Handlungsablaufs:**

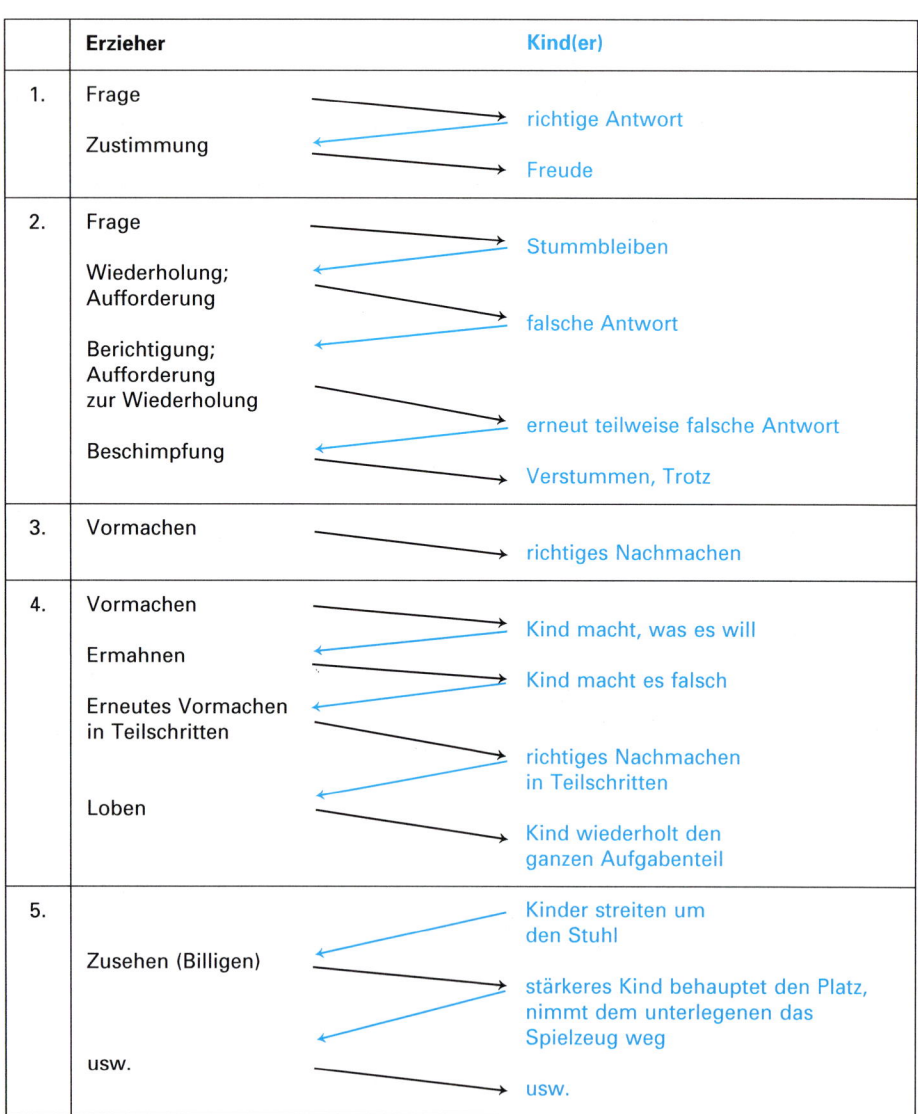

144

Die meisten erzieherischen Interaktionsformen verlaufen im Bereich der Sprache. Die Erzieherin erzählt; berichtet; sie gibt Anordnungen, Befehle; sie verbietet; sie bittet, etwas zu tun; sie antwortet und bestätigt.

Die Kinder selbst fragen die Erzieher, sie sprechen die Nachbarn an, sie wollen erzählen, erheischen eine Antwort und antworten selbst.

Der folgende Abschnitt Interaktion wird sich daher mit **Sprache, Gestik** und **Mimik** als Mittel zur Steuerung von erzieherischen und bildenden Prozessen befassen. Die Bedeutung und Funktion von Sprache, Gestik und Mimik für eine „lebensintegrierte Sprachförderung"[1] wird im Kapitel D 3.1.2 Spracherziehung behandelt.[2]

Hier versteht man also Sprechen, Gestikulieren und beispielsweise einen betroffenen Gesichtsausdruck als ein vom Erzieher mit eingesetztes persönliches Medium. Ob die Strukturierung eines zielorientierten Lernangebotes deutlich wird, ob die Kinder in eine erwünschte Sozialform eintreten, ob eine Erzählung richtig ankommt, ob eine Ermahnung den erwünschten Erfolg zeigt, ob Materialien und Werkzeuge von den Kindern richtig in Gebrauch genommen werden, hängt auch mit der Ausgestaltung der Sprache, Gestik und Mimik des Erziehers zusammen; zumal sprachliche Interaktionen die am häufigsten vorkommende Art erzieherischen Handelns darstellt. Dieses sprachliche Handeln ist fast immer von Gestik und Mimik begleitet, verstärkt bzw. unterstützt.

Welche Ansprüche sind an das Sprachverhalten des Erziehers zu stellen? Wie soll seine Sprache, seine Mimik, seine Gestik sein?

1. Die Sprache des Erziehers soll **konkret** sein. Sie muß sich je nach Altersstufe an Personen, Dingen und Prozessen aus der Lebenswelt der Kinder/des Jugendlichen orientieren. Zur Konkretheit gehört die Aktualität ebenso wie die Anschaulichkeit und die Bildhaftigkeit.

2. Die Sprache muß **deutlich** sein. Die Stimme soll **klar artikulieren**. Die Struktur muß beim gesprochenen Satz **einfach** und umkompliziert sein. Ein der Sprechsituation **angemessenes Sprechtempo** und ebenso die Sprechmelodie wird sich je nach Aufnahmefähigkeit verlangsamen oder heben oder senken; dabei soll der „tantenhafte" Ton möglichst vermieden werden.

3. Gestik und Mimik sind **ausdruckstark,** aber nicht übertrieben zu gebrauchen. Kinder erwarten hier Eindeutigkeit und Deutlichkeit. Das Begrüßen, das Willkommenheißen, das Auffordern, aber auch das Zurückweisen und das Ablehnen verlangen eine angemessene Gesichts- und Körpersprache. Nur so wird für das Kind Sinn und Inhalt der Botschaft erkennbar.

---

[1] Huppertz, Monika und Norbert: Rollenspiel und Vorschulmappe. Sprachförderung im Kindergarten. Reihe: Erziehung praktisch gesehen Bd. 5. Stuttgart: Bonz 3. Aufl. 1977, S. 21f.
[2] Siehe Seite 217 ff.

1. *Beobachten Sie in der Praxisstelle, wie Gespräche zwischen Erziehern und Kindern bzw. zwischen Kindern untereinander beginnen. Gibt es besondere Sprechanlässe?*

2. **a)** *Messen Sie bei einem zielorientierten Angebot, wie lange die Erzieherin insgesamt spricht und wie lange die Kinder. Vergleichen Sie die Anteile.*

   b) *Wie groß sind hierbei beim Sprechen des Erziehers*
   - *die motivierenden Sprechanteile,*
   - *die informierenden Sprechanteile,*
   - *die kontrollierenden und anordnenden Sprechanteile sowie*
   - *die bewertenden Sprechanteile?*

3. Soziale Struktur – Sozialformen

Die vorigen Abschnitte haben das Interaktionsgefüge nur unter dem Gesichtspunkt der Interaktion zwischen Erzieher und Kind gesehen und dabei völlig vernachlässigt, daß auch Interaktionen zwischen den Kindern ablaufen.

Blickt man erneut in das Verlaufsprotokoll, so liest man: „Die Kinder betreten den Raum". Wie haben sie den Raum betreten? Kamen sie einzeln? In einer Doppelreihe? Ungeordnet? Als „Schlange" oder als „Eisenbahn"? Leise oder lärmend?

Das Protokoll gibt hierüber keine Antwort. All die möglichen Arten, den Raum zu betreten, sind bedeutsam. Sie ermöglichen bestimmte Formen des Kontaktes, sie fordern zur Einordnung auf. Die zwölf Kinder mit ihrer Erzieherin zeigen eine soziale Struktur; sie stehen in einer gefügehaften Beziehung.

Wieder eine andere soziale Struktur entsteht, nachdem die Kinder Platz genommen haben und die Erzieherin mit dem Zusammenbauen begonnen hat. Sie sitzen an den Arbeitstischen und schauen dem Tun der Erzieherin gebannt zu.

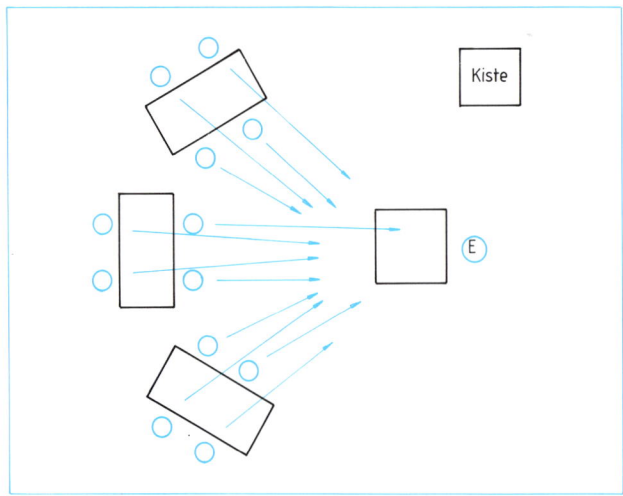

Während sie der Erzieherin zuschauen, „interpretieren" die Kinder das entstehende Gebilde. „Eine Garage", ... „ein Bauernhof". Die Struktur wechselt erneut, wenn sich die Kinder auf die Materialkiste stürzen. Es entsteht ein „Gerangel".

Mehrfach treten in der Gruppe Probleme auf. Es entsteht Streit, Kinder beginnen sich zu langweilen und verlassen den Platz usw. Es laufen Prozesse ab, die die soziale Form ändern. Der Erzieher muß sie wahrnehmen, muß darauf reagieren.

Vorab gilt es, diejenigen Situationen richtig zu erkennen, die zur Auflösung erwünschter sozialer Strukturen führen, um ihnen entgegenzuwirken. Bei der Planung und bei der Durchführung zielorientierter Lernangebote wie auch bei der Organisation des Freispiels müssen jene Sozialformen arrangiert werden, die für die intendierten Lernprozesse eine optimale soziale Struktur ermöglichen.

Einige Thesen[1] sollen die Bedeutung der sozialen Struktur bei zielorientierten Lernangeboten aber auch beim freien Spiel aufhellen:

- Mit dem Begriff „Soziale Struktur" werden die Beziehungen zwischen Kind und Kind und Erzieher erfaßt. Dabei ist der Begriff Struktur dynamisch zu verstehen: das bedeutet, daß Struktur nicht als eine starre Formation gesehen werden darf, sondern nur im situativen Kontext verstehbar wird.
- Innerhalb von Gruppen verlaufen Prozesse der Sympathie- und der Antipathiebildung, finden Unterordnungen und Überordnungen statt, werden Rolle und Status festgelegt, zugewiesen und übernommen.
- Die soziale Struktur ist bei Planung und Durchführung, soweit sie sichtbar wird, verantwortungsvoll zu berücksichtigen.
- Sozialformen versuchen, eine bestimmte äußere Form der Beziehungen festzulegen in der Absicht, dadurch Kommunikations- bzw. Lernprozesse besser zu steuern.
- Die Art und Weise des Einsatzes der Sozialformen beeinflußt wesentlich den Lernerfolg, die Atmosphäre, die Möglichkeiten zur Kommunikation, das soziale Handeln der Mitglieder einer Gruppe.

Sozialform: Frontalinformation

Die Erzieherin steht der Gruppe gegenüber; sie will die gesamte Gruppe ansprechen; sie will allen Kindern gleichzeitig etwas zeigen, eine Technik vorführen, einen Handgriff vormachen.

Die Aufgabe, die Demonstration, die Anweisung soll bei allen Kindern den gleichen Lernprozeß auslösen.

Die Kommunikation läuft von der Erzieherin zu den Kindern, Querkommunikation zwischen den Kindern findet nicht statt, ist sogar als störend zu sehen.

---

[1] Die Thesen stützen sich auf Ausführungen, wie sie auch im wesentlichen in der Schulpädagogik vertreten werden. Vgl. hierzu: Kösel, Edmund: Sozialformen des Unterrichts. Workshop Schulpädagogik Materialien 4. O. Maier Verlag ⁵1978 und die dort aufgeführte Literatur.

Folgende Erziehungspraktiken verlaufen in einer frontal informierenden Sozialform: Vorlesen, Erzählen, Vorzeigen, Vorführen, Vormachen, aber auch fragend entwikkelnde Lehrformen, die sich direkt an die ganze Gruppe wenden.

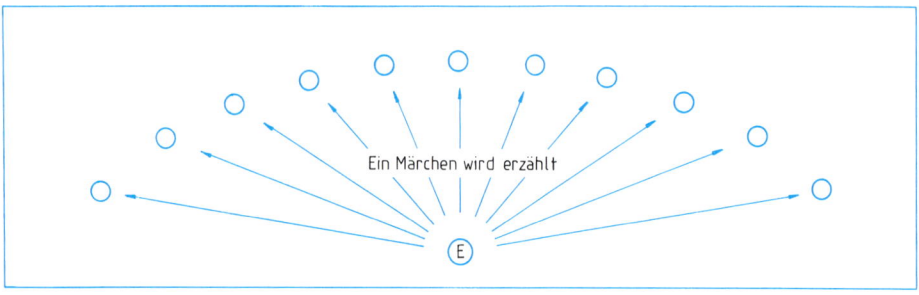

Ein Märchen wird erzählt

Sozialform: Gesprächskreis

Die Kinder sitzen im Kreis, im Halbkreis oder um einen großen Tisch. Die Erzieherin gibt Gesprächsimpulse. Die Kinder kommunizieren untereinander. Sie sprechen über eine Sache, über ein Problem miteinander. Die Erzieherin hält sich weitgehend zurück; sie gibt nur notwendige Ergänzungen, sie berichtigt, sie schlichtet, sie stößt erneut das Gespräch an. Diese Sozialform will eine vertiefende Auseinandersetzung mit Sachfragen, aber auch mit solchen Problemen, die eine Bewertung herausfordern. So ist auch das Einbringen eigener Meinungen erwünscht, jedoch unter der Voraussetzung, daß die Fähigkeit *zum Zuhören* in gleichem Maße entwickelt und geübt wird.

Darüber hinaus sind Regeln zu beachten: „Es spricht immer nur einer!" „Wir sprechen nur zur Sache!" „Reihenfolge der Meldung einhalten!" usw.

Als Erziehungspraktiken kommen vor allem gesprächsunterstützende Regeln zum Tragen: Impulse geben, bestärken, provozieren, problematisieren, auffordern zum Bewerten, ermuntern, Sachimpulse („Oh, ein Igel sitzt im Garten!") aufnehmen.

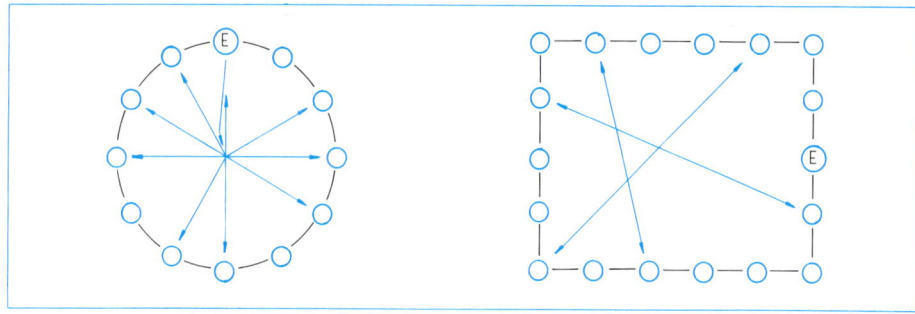

Vor allem in der Jugendarbeit werden die Formen des Gesprächskreises als Sozialform gerne gewählt. Bei Jugendlichen ist es auch möglich, daß der Erzieher die Rolle der Diskussionsleitung an einen Teilnehmer abgibt.

Sozialform: **Partnerarbeit; Kleingruppenarbeit**

Eine Reihe von Aufgaben lassen sich besser mit Partnern lösen. Gerade bei unserem protokollierten Angebot ist eine solche gegenseitige Hilfestellung nicht nur möglich, sondern bei der Aufgabe des Verklebens von Flächen notwendig. Hierbei verteilt der Erzieher die Aufgabe; die Partner selbst entscheiden über Abwicklung und Arbeitsteilung. Der Erzieher achtet darauf, daß auch das Kind mit geringerem Leistungsvermögen genügend herausgefordert wird. Der Verlauf einer solchen Partnerarbeit aus unserem Beispiel „Wir bauen eine Stadt" würde folgende Struktur aufweisen:

Verlaufsstruktur einer Partnerarbeit

1. Phase Beide Kinder erfahren *ihre* Aufgabe:
„Baut einen Bauernhof!"

2. Phase Die Kinder sprechen miteinander, was sie bauen wollen: Wohnhaus, Stall, Scheune, Schweinegatter …

3. Phase a) Sie suchen gemeinsam das Material, sichten es und fügen es vorläufig zusammen. Sie erörtern, was sie an weiteren Materialien brauchen.

b) Jedes Kind übernimmt den Auf- und Ausbau eines Arbeitsteils.

4. Phase Die Kinder bauen gemeinsam die einzelnen Teile auf und fügen sie zusammen. Wenn die „richtige" Form erreicht ist, verkleben sie die Teile. Während der ganzen Arbeit besprechen sie technische Details.

5. Phase Das gemeinsame Werk wird der Erzieherin vorgestellt und mit ihr besprochen.

Deutlich wird bei diesem Verfahren, das sich auch in einer Dreier- oder Viererkleingruppe abspielen kann, die große Dichte der Kommunikation. Jeder ist immer herausgefordert. Der Erzieher tritt in den Hintergrund, achtet jedoch darauf, daß keine zu große Dominanzen entstehen, greift dann ein, wenn die Kinder nicht mehr weiter wissen.

Im Rahmen der Aufgaben einer Gruppe kann die Partnerarbeit oder die Arbeit in Teilgruppen **aufgabengleich, arbeitsgleich** sein, d.h. jede Gruppe hat die gleiche

Aufgabe. Sie kann aber auch **arbeitsteilig** gestellt werden; jede Partnergruppe oder Kleingruppe hat aus der Gesamtaufgabe eine Teilaufgabe zu bewältigen.

In unserem protokollierten Lernangebot läuft die Lösung der Aufgabe „Wir bauen eine Stadt" zwar arbeitsteilig, aber meist in Einzelarbeiten ab. Nur an wenigen Stellen findet Partnerarbeit statt.

Eine partnerschaftliche Sozialform enthält viele Möglichkeiten des gegenseitigen Helfens und der wechselseitigen Kommunikation. Hierbei können auch individuelle Fähigkeiten aktiviert werden.

Allerdings muß auf ein Problem hingewiesen werden: Einzelne Kinder können bei der Arbeit in Kleingruppen zum Star werden, der dann die anderen dominiert. Statt des angestrebten Miteinanders führt das zu einer Unterordnung.

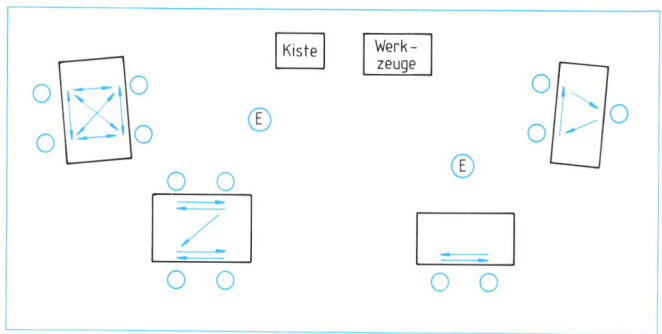

Sozialform: Einzelunterweisung, Alleinarbeit

Einzelne Kinder bekommen einen bestimmten Auftrag oder werden einzeln unterwiesen. Die Aufgabe muß vom Kind allein gelöst werden. Es findet keine Kommunikation mit anderen Kindern statt. Für die Verbesserung oder für den Erwerb kognitiver und pragmatischer Fähigkeiten kann Einzelunterweisung oder Alleinarbeit recht erfolgreich sein. Sie fördert auch die Selbständigkeit der Kinder, bietet aber fast keine Möglichkeit zu sozialer Erprobung.

Einzelunterweisung ist da notwendig, wo die Befähigung in einer Gruppe aufgrund der Schwierigkeit des Materials, des zu erlernenden Handgriffs, der Technik nicht erworben werden kann. Bei manchen Auseinandersetzungen mit der Umwelt, beim Auftauchen sozialer Probleme sind immer wieder individuelle Antworten vom Erzieher gefordert.

In allen Fällen der Einzelunterweisung, seien sie nun punktuell unterstützend oder intensiv länger zuwendend, ergibt sich eine dichte und meist exklusive Kommunikation zwischen Kind und Erzieher. Was hier zu einer Chance für das einzelne Kind werden kann, kann zugleich Vernachlässigung der Gruppe oder Verlust der Übersicht über die Gruppe bedeuten.

Wann welche Sozialform?

Aus unserem protokollierten Beispiel kann man erkennen, daß die **soziale Struktur der Gruppe immer in Bewegung** ist. Man sieht auch, daß die Erzieherin die Sozialform wechselt. Es gibt keine feststehende Regel dafür, welche Form man wählen muß, ebensowenig kann man die Häufigkeit des Wechsels der Sozialform festschreiben.

Die Entscheidung, welche Form man wählen und wann man wechseln soll, kann nur unter dem Gesichtspunkt der **Förderung von individuellem wie auch sozialem Lernen** erfolgen. Beim Wechsel sollte man sich allerdings bewußt sein, daß hierbei leicht Turbulenzen bei den Kindern entstehen können, vor allem dann, wenn die Kinder sich in der bisherigen Form wohlfühlten.

Aufgaben

1. *Beobachten Sie Spielsituationen im Kindergarten, und gruppieren Sie auf einem Beobachtungsbogen. Vermerken Sie die Änderung nach etwa einer Viertelstunde und einer Stunde.*

2. *Zeigen Sie bei unserem protokollierten Beispiel auf, wo deutlich die vorhandene soziale Struktur der Gruppe in Bewegung gerät.*

3. *Welche Sozialform zeigt sich in unserem protokollierten Beispiel in der Hinführungsphase, in der Erarbeitungsphase und in der Abschlußphase?*

4. *Protokollieren Sie in der Praxisstelle bei verschiedenen lernzielorientierten Angeboten die von der Erzieherin geplanten und angeordneten Sozialformen. Diskutieren Sie deren Zweckmäßigkeit. Diskutieren Sie auch die Zweckmäßigkeit des Wechsels der Sozialformen.*

4. Einsatz von Medien, Arbeitsmitteln und Materialien

In der Vorbereitungsphase eines zielorientierten Angebotes stellt der Erzieher die Medien und Materialien bereit. Im Verlauf der organisierten Lernprozesse setzt er diese Medien, Materialien und die Arbeitsmittel **verlaufsgemäß** ein. Verlaufsgemäß bedeutet:

- **Die Wahl des richtigen Zeitpunktes** des Einsatzes. Zu frühes Einsetzen kann z.B. zum Verlust einer möglichen Spannung führen; zu spätes Einsetzen kann hingegen überhaupt keinen Lerneffekt mehr hervorrufen, weil die Prozesse des Neuerwerbs bereits abgelaufen sind. Zu früh herumliegende Werkzeuge können zum Spielen und zur Ablenkung führen ... .

- **Die Art des Austeilens** der Arbeitsmittel und der Materialien. Manche Erzieher möchten alles selbst erledigen, damit alles „seine Ordnung hat". In unserem Verlaufsbeispiel nimmt die Erzieherin das entstehende und voraussehbare Gerangel in Kauf, sie läßt die Kinder auf die Materialkiste losstürzen. Es wäre auch denkbar, daß Kinder zum Austeilen benannt bzw. ausgelost würden. Eingeteilte Wochen- oder Tagesdienste können solche Aufgaben des Austeilens bzw. des Einsammelns auf Aufforderung des Erziehers übernehmen.

- Angaben über die **Plazierung** der Arbeitsmittel bzw. der Materialien.

- **Die Kontrolle der sachgemäßen Verwendung** der Materialien bzw. des Umgangs mit den Werkzeugen.

- Das **Aufräumen** von Materialien und Arbeitsmitteln nach Beendigung der Arbeit.

Der angemessene Umgang mit Medien, Arbeitsmitteln und Materialien wird auch deutlich bei folgendem **Verlaufsbeispiel:**[1]

Beispiel für den Verlauf eines zielorientierten Angebots

Aufbau/Lerninhalte	Kommentar	Medien
1. Hinführungsphase – wir sitzen am Tisch; – Erzählen des Beginns der Geschichte; – Betrachten der Bilder von Martina u. Franz; – Aufforderung an Gaby, die verdeckte Schale vom Materialtisch zu holen und auf den Tisch zu stellen;	– Identifikation mit Martina, mit deren Hilfe die ganze Beschäftigung durchgeführt wird; – Bilder, Steine usw. tragen zur Anschaulichkeit bei; – Gaby steht im Mittelpunkt	Bilder von Franz und Martina Schale mit gewaschenen Steinen
2. Erarbeitungsphase – Herausnehmen einzelner Steine und genaues Betrachten, Gespräch darüber und Zurücklegen der Steine; – Das links neben mir sitzende Kind beginnt zu würfeln; – Entsprechend der Anzahl der Augen legen die Kinder Steinchen auf ihren Fotokarton; – Lernkontrolle; – Das nächste Kind würfelt, wieviel Steine Martina im Park findet; – Zuordnen der Steine zu den bereits gewürfelten; – Lernkontrolle; – Weglegen der Steine, die das Kätzchen herunterwirft; die Anzahl richtet sich danach, wieviele auf den Kartons der Kinder liegen; – Lernkontrolle; (Falls notwendig, legt die Erzieherin einen passenden kleinen zum großen Stein in die zweite Materialschale) – *Motivation:* Ein Kind holt die zweite Materialschale, wenn in der Geschichte kommt: „Am Morgen kommt Franz" – Vergleich der auf dem Fotokarton liegenden Steine mit dem „richtigen" Stein;	– Außer Auge und Ohr wird der Tastsinn in den Lernprozeß einbezogen; – Eigene Erlebnisse mit Steinen können erzählt werden; – Die Kinder können hierdurch selbst den weiteren Spielablauf beeinflussen; – Auch wenn ein Kind die Zahlennamen noch nicht beherrscht, kann es durch genaues Beobachten die richtige Anzahl Steine auflegen; – Wiederholung; – Neue Variante zur Wiederholung der Zahlen und des Zählens; – Neue Motivation; – Möglichkeit zur Bewegung für ein Kind; – Dieser Lernschritt soll gewissermaßen entspannen;	Würfel Fotokarton austeilen zweite Materialschale

---

[1] Büchin, Irmgard: Kindgemäßes Lernen im Kindergarten, Hinweise zur Auswahl, Planung und Durchführung von Beschäftigungen. 1. Aufl. Stuttgart, Bonz 1978, S. 89 ff.

– Weglegen der „falschen" Steine;		dritte Materialschale
– *Problematisierung:* Ergänzen von 1 auf 4 an der Stelle in der Geschichte, bei der Franz Martina zählen hilft;	– Höchste Schwierigkeitsstufe; – Prinzip der Anschaulichkeit;	
– *Impuls:* Aufforderung, zu überlegen, wie wir Martina helfen könnten;	– Da bisher jedes Kind für sich gearbeitet hat, soll der letzte Lernschritt eine gemeinsame Aktivität sein;	
3. Abschlußphase		
– Jedes Kind darf auf seinen Karton so viele Steine legen, wie es Jahre zählt und die Steine mit nach Hause nehmen; – Aufräumen der Kartons	– Hierdurch soll nochmals ein emotionaler Bezug geschaffen werden.	

Aufgabe

Beobachten Sie bei zielorientierten Angeboten den Einsatz von Medien und Materialien.

Beantworten Sie dazu folgende Fragen:
a) Entsprechen die Medien und Materialien den Zielvorstellungen?
b) Werden Medien und Materialien zweckmäßig eingesetzt?
c) Ist der Umfang des Einsatzes angemessen? Reichen sie aus?
d) Sind zu viele Medien bzw. Materialien bereitgestellt?
e) Wer teilt die Medien und Materialien zu? Erzieher oder helfende Kinder?
f) Welche Funktion erfüllen die Medien bzw. Materialien in verschiedenen Verlaufsphasen?

4   Der situationsorientierte Ansatz

4.1   Theoretische Grundlagen

In der derzeitgen Diskussion über die verschiedenen Planungsansätze nimmt der situationsorientierte Ansatz einen herausragenden Platz ein. Dabei geht man davon aus, daß dieser Ansatz den Bedürfnissen der Kinder am gerechtesten wird. Denn wenn die kindlichen Bedürfnisse die Grundlage für das Lernen im Kindergarten sind, ist eine Überforderung der Kinder unmöglich. Lernprozesse geschehen dann aus dem ureigenen Interesse der Kinder an der behandelten Sache und sind somit nicht fremdbestimmt. Ob die Kinder das verstehen, was ihnen vermittelt wird, hängt von ihrem Bezug zu dem Ereignis ab; hängt von ihrem Interesse daran ab. Es kommt also besonders darauf an, die Bedürfnisse und Situationen zu finden und aufzunehmen oder zu schaffen, die die Neugierde der Kinder anregen und zu Fragen führen. Eine Lernsituation ist demzufolge nicht dann gegeben, wenn die Erzieherin sie geschaffen hat, sondern erst dann, wenn das Kind die damit zusammenhängenden Fragen zu den seinen gemacht hat.

Vor dem Hintergrund dieser Grundannahmen lassen sich folgende Schwerpunkte des situationsorientierten Ansatzes herausarbeiten:

1. Die Entwicklung von Lern- und Spielangeboten soll sich grundsätzlich nicht an fachlichen Lernzielen, sondern an Lebenssituationen der Kinder orientieren.

Dies muß in zweierlei Hinsicht verstanden werden:
Zum einen sind bestimmte Situationen aus dem Leben der Kinder zum Anlaß von Lernangeboten zu nehmen,
zum andern sind bei der Planung von Lernangeboten bestimmte Situationen daraufhin zu untersuchen, ob die Kinder durch sie auf eine möglichst autonome und kompetente Lebensführung vorbereitet werden können.

2. Die Orientierung an der Lebenssituation der Kinder verlangt auch die Einbettung des Kindergartens in das Gemeinwesen (wie z.B. Post, Krankenhaus, Feuerwehr, Polizei, Bäckerei, Altenheim) sowie alle sozialen Bezüge der Kinder (wie z.B. Freunde, Nachbarn und insbesondere Eltern) zur Grundlage von Lern- und Spielangeboten zu machen.

Lernen und Spielen findet also nicht nur im Kindergarten und nicht nur mit den Erzieherinnen statt, sondern gerade dort, wo für die Kinder Fragen entstehen, ihre Neugierde entfacht wird. Und dies geschieht mit Personen, die diese Lernorte außerhalb des Kindergartens repräsentieren wie z.B. Polizist, Arzt, Feuerwehrmann usw.

3. Grundlegendes Ziel ist das soziale Lernen. Jegliches andere Lernen hat sich dem unterzuordnen und muß mit ihm verzahnt werden.

Instrumentelle Fertigkeiten haben also nur dann einen Sinn, wenn sie dem Kind helfen, in Situationen ihrer Gegenwart oder ihrer näheren Zukunft selbständiger und kompetenter zu werden. Die Farben Rot, Grün und Gelb lernt man z.B. nicht zu unterscheiden, damit man malen kann, sondern weil man sie zu einem geregelten Verhalten im Straßenverkehr benötigt. Sachkompetenz hat demzufolge nur dann ihren Sinn, wenn sie der Sozialkompetenz dient.

Die Orientierung bei Lernangeboten an der realen Lebenswelt weist gegenüber instrumentellen Lernangeboten einen grundsätzlichen Unterschied auf: Lernen erfolgt nicht nur an ganz konkreten Situationen der Lebenswelt der Kinder, sondern auch durch die Veränderung dieser Situationen. Lernen erhält dadurch zunehmend Ernstcharakter. Die bisher mehr künstlichen Lernerfahrungen werden durch Erfahrungen ersetzt, daß bestehende Situationen veränderbar und damit auch zu verbessern sind.

4.2 Didaktische Schlußfolgerungen

Wie oben dargestellt ist, werden Lernangebote geplant, indem die Gesamtsituation der Kinder daraufhin untersucht wird, welche Anlässe genutzt werden können, um ihnen die geforderte Selbständigkeit und verbesserte Fähigkeiten vermitteln zu können. Durch diese Situationsanalyse werden einzelne Projekte entwickelt, in denen die Ziele, Inhalte, Methoden, Medien, Materialien, örtliche und zeitliche Vorgaben festgelegt werden. Natürlich kann dabei nicht völlig auf instrumentelles Lernen verzichtet werden. Häufig wird es während des Projektverlaufes zu Nichtverstehen von Abläufen, nicht vorhandenem Wissen kommen, was das Projekt zum Scheitern bringen könnte. Hier müssen dann Lernprozesse dazwischengeschaltet werden, die als „didaktische Schleifen" bezeichnet werden. In Form instrumenteller Lernprozesse bilden sie Verbindungsstücke zwischen den einzelnen Projektteilen.

Grundlage der Situationsanalyse sind insbesondere
● die aktuellen Lebenssituationen und
● die Biographien der Kinder.

4.3 Vorgehensweise

Der situationsorientierte Ansatz erfordert die Vorgehensweise in folgenden Schritten:[1]

1. Darstellung der Lebenssituation der Kinder
2. Analyse und Auslese von bedeutsamen Situationen
3. Erarbeitung von Handlungsvorschlägen
4. Planen eines Projekts
5. Durchführen des Projekts
6. Auswerten des Projekts

Diese Schritte werden im folgenden näher erläutert.

4.3.1 Darstellung der Gesamtsituation der Kinder

Die Gesamtsituation der Kinder läßt sich erarbeiten aus den verschiedenen Lebensbereichen, mit denen die Kinder tagtäglich in Berührung kommen wie z.B.:

Beispiele
● familiale Umwelt,   ● soziale Umwelt,   ● technische Umwelt,
● außerfamiliale Umwelt,   ● kulturelle Umwelt,   ● natürliche Umwelt.

Diese Lebensbereiche bergen Situationen oder Geschehnisse in sich, von denen die Kinder mehr oder weniger stark oder auch gar nicht betroffen sind. Die für die Kinder mehr oder weniger interessanten Situationen sind Bestandteil der zu schildernden Gesamtsituation.

Aufgabe

Benennen Sie aus jedem der oben genannten Lebensbereiche je zwei konkrete, für die Kinder möglicherweise zutreffende Situationen.

---

[1] Vgl. hierzu A. Krenz: Der „Situationsorientierte Ansatz" im Kindergarten, Herder 1991, S. 85 ff.

4.3.2 Analyse und Auslese von bedeutsamen Situationen

Die nun für die Kinder interessanten Situationen werden darauf untersucht, welche Einzelsituationen für die Kinder bedeutsam sind. Bedeutung haben all die Situationen, die für die Kinder einen Erfahrungs- und Lernbezug aufweisen. Dabei gilt, daß alle ermittelten Einzelsituationen auf ihre Verknüpfung miteinander hin untersucht werden müssen. In diesem Zusammenhang können auch solche Situationen wichtig sein, an die zuerst gar nicht gedacht wurde. So gewinnt natürlich die weitab liegende Schule eine Bedeutung, wenn einzelne Kinder traurig sind, daß in Kürze einige Spielkameraden nicht mehr da sein werden, weil sie in die Schule kommen. Bei der Sammlung von für die Kinder bedeutsamen Situationen kommt es also sowohl auf

● deren **Bedeutung** als auch auf   ● deren **Verknüpfung** mit anderen Situationen an.

Situationen sind demzufolge nicht nur aktuelle Ereignisse, sondern auch die im Hintergrund stehenden Zusammenhänge. Hier wird wieder deutlich, welch wichtige Funktion die Fähigkeit zur Wahrnehmung und Beobachtung für Erzieherinnen und Erzieher innehat.

Bedeutsame Situationen können in vielen Ereignissen und Gegebenheiten verborgen sein:

– in verbalen Äußerungen,
– in Gefühlsäußerungen,
– im Spielverhalten,
– in anderen Verhaltensweisen,
– in Zeichnungen,

– im Neubau nebenan,
– im Krankenwagen, der zum naheliegenden Krankenhaus fährt,
– in der Verkehrsampel vor dem Kindergarten usw.

Für die Sammlung bedeutsamer Situationen legt man sich am besten Sammelblätter an, die zum einen allgemein wichtige als auch für einzelne Kinder wichtige Situationen vermerkt.

Für die **Analyse** von bedeutsamen Situationen ist die Teamarbeit äußerst hilfreich. Bei diesem Arbeitsschritt kommt es darauf an, daß keine subjektiven Auffassungen zum Tragen kommen, sondern daß möglichst objektive Erkenntnisse über die Situationen und deren Zusammenhänge mit anderen Situationen gewonnen werden. Von der Genauigkeit der Analyse hängen die dann folgende Planung und die Durchführung der Projekte ab.

Aufgabe der Analyse ist es:
● die Bedeutung der Situationen für die Kinder zu ermitteln,
● die Beziehungen der Situationen zueinander und zu anderen Ereignissen zu erkennen,
● die Auslöser für das Entstehen der Situationen zu entdecken,
● die Auswirkungen der Situationen auf die Kinder aufzuspüren,
● die Gründe für das Verhalten der Kinder zu suchen,
● die Anlässe zu finden, die das Verhalten weiter aufrechterhalten oder gar noch verstärken,
● die Anlässe zu finden, die Situationen weiter aufrechterhalten oder gar noch verstärken,
● die Auswirkungen der Situationen auf die Erzieherinnen aufzuspüren.

Die **Auslese** von bedeutsamen Situationen soll diejenigen zur Auswahl bringen, die für die Planung und Durchführung von Projekten in Frage kommen.

Bei der Auslese sind vor allem folgende Kriterien abzuwägen:

- das besondere Interesse, das die Kinder der Situation entgegenbringen,
- der tatsächliche Lebensbezug der Situation,
- die geforderte Selbständigkeit des Kindes und
- die geforderten Fähigkeiten, die durch die ausgewählten Situationen erworben werden können,
- die Aktualität der Situation,
- die emotionale Bedeutung der Situation für die Kinder,
- der soziale Bezug insbesondere für die Kinder untereinander,
- die Größe und Stärke des Zusammenhanges von Situationen.

Bei der Auslese von bedeutsamen Situationen sollten soweit wie möglich auch die Kinder eingezogen werden. Dies ist durch einführende Gespräche möglich, die z.B. durch Interviews, eine Bilderwand mit entsprechenden Wünschen, eine Wandzeitung usw. eine weitere Klärung finden.

Nicht zuletzt hängt die Auslese von Situationen auch davon ab, welche Ziele man damit erreichen möchte und welche damit überhaupt erreichbar sind.

Aufgaben

1. *Welche Schwierigkeiten ergeben sich im Hinblick auf die auf S. 73 formulierte Definition einer zielgerichteten und geplanten Beobachtung für die Beobachtung bedeutsamer Situationen?*

2. *Welche Maßnahmen müssen ergriffen werden, damit die von einer Erzieherin beobachtete Situation nicht Gefahr läuft, völlig subjektiv dargestellt zu werden?*

3. *Vergleichen Sie die auf S. 78f. genannten Gesichtspunkte der Analyse mit den hier genannten Kriterien der Analyse. Gibt es Ähnlichkeiten?*

4. *Überprüfen Sie das auf S. 90 dargestellte Schema einer Planung, inwieweit es auch für eine Projektplanung brauchbar ist.*

4.3.3 Erarbeitung von Handlungsvorschlägen

Für die jeweils ausgewählte Situation lassen sich aufgrund von damit zusammenhängenden unterschiedlichen Aspekten und Problemen auch unterschiedliche Vorschläge erarbeiten, welche Erfahrungen die Kinder durch sie machen können.

4.3.4 Planen des Projekts

Aus jedem Handlungsvorschlag läßt sich nun ein Thema formulieren, das dann zu einem Projekt wird und dann wiederum in allen Einzelheiten geplant werden kann. Dabei kann das Thema sowohl noch sehr weit gefaßt als auch schon relativ eng formuliert sein. Im Zusammenhang mit dem situationsorientierten Ansatz wird unter dem Begriff Projekt folgendes verstanden:

Definition

Ein Projekt ist eine Möglichkeit, bestimmte Bereiche einer Situation zu untersuchen und so zu beeinflussen, daß die Kinder durch eigene Erfahrungen daraus lernen können. Dabei werden Lernorte und Personen aus dem Gemeinwesen mit einbezogen.

Für das Verständnis von Projekten ist wichtig, daß ein Projekt in der Regel kein abgeschlossenes Ende hat. Daraus entwickeln sich immer wieder neue Vorhaben, wie ja auch die Lebenssituationen sich ständig weiterentwickeln. Ein Projekt sollte so angelegt sein, daß die Kinder immer wieder neu einsteigen können, ohne den Bezug dazu zu verlieren. Projekte erlauben und bedingen außerdem weitere nebenher laufende Aktivitäten zur Klärung von Fragen, die mit einer bestimmten Situation einhergehen. Diese Aktivitäten können von Arbeitsgruppen durchgeführt werden.

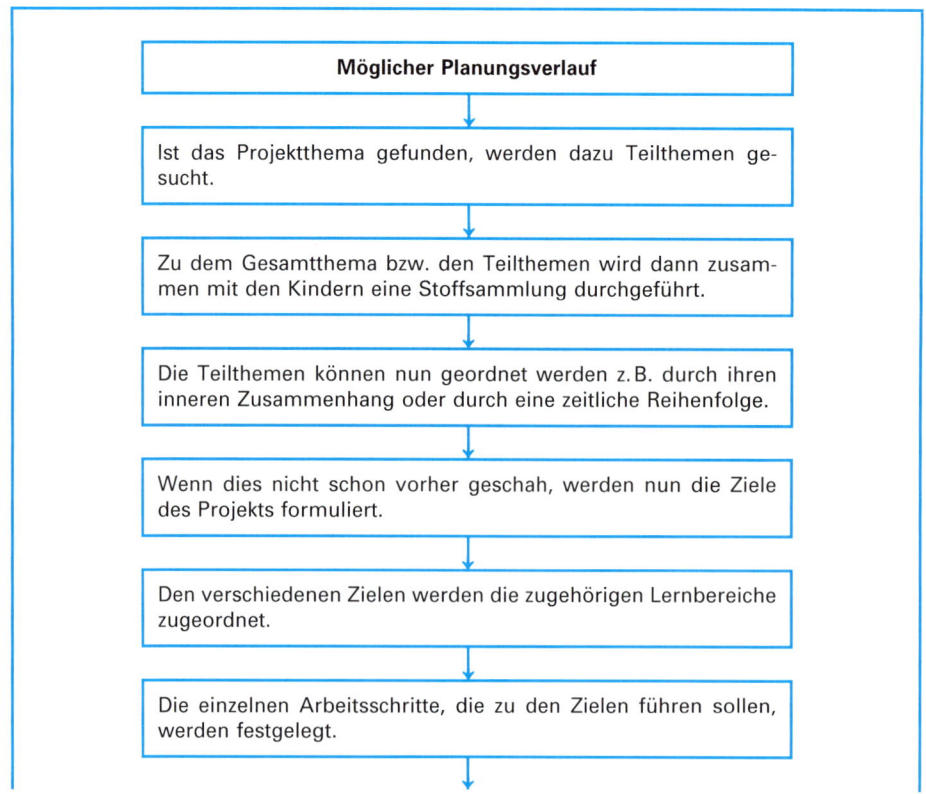

Möglicher Planungsverlauf

Ist das Projektthema gefunden, werden dazu Teilthemen gesucht.

Zu dem Gesamtthema bzw. den Teilthemen wird dann zusammen mit den Kindern eine Stoffsammlung durchgeführt.

Die Teilthemen können nun geordnet werden z.B. durch ihren inneren Zusammenhang oder durch eine zeitliche Reihenfolge.

Wenn dies nicht schon vorher geschah, werden nun die Ziele des Projekts formuliert.

Den verschiedenen Zielen werden die zugehörigen Lernbereiche zugeordnet.

Die einzelnen Arbeitsschritte, die zu den Zielen führen sollen, werden festgelegt.

Die dazugehörigen Methoden sowie Medien/Materialien werden ausgewählt.

↓

Zeit und Ort der einzelnen Arbeitsschritte werden in groben Zügen bestimmt.

↓

Überlegungen, mit wem eine Zusammenarbeit erfolgen sollte, wie z. B. mit Eltern, einer Schule, der Bibliothek, der Stadtgärtnerei, einem Arzt werden angestellt.

Das hier vorgestellte Planungsschema verdeutlicht, daß auch der situationsorientierte Ansatz systematisch und zielgerichtet vorgeht. Wenn er aber seinem Vorhaben treu bleiben will, die Bedürfnisse der Kinder und damit ihre Lebenswelt stärker in den Vordergrund treten zu lassen, muß die Planung offen bleiben für die Wünsche und Eigenaktivitäten der Kinder. Die Planung muß außerdem einen großen Raum lassen für unterschiedliche Aktivitäten der Kinder, da die Kinder sehr unterschiedliche Interessen, Neigungen und Bedürfnisse schon aufgrund ihres unterschiedlichen Alters aufweisen. Konsequenterweise muß es Kindern auch möglich sein, völlig aus dem Projekt auszusteigen und wenn sie die Neigung dazu verspüren, auch wieder einzusteigen.

Eine konsequent offene Planung hat auch kein definiertes Ende, sondern verlangt neue Planungen für weitere Erfahrungen, die aus den Fragen aufgrund der Erfahrungen des ersten Projektteils entstehen.

Die im situationsorientierten Ansatz formulierten Ziele sind demgemäß immer nur vorläufige Ziele, die durch weitergehende Ziele ergänzt werden.

Die Festlegung von Ort und Zeit kann deshalb auch nur als ein Angebot verstanden werden. Es muß den Kindern grundsätzlich möglich sein, diese selbst zu wählen.

Aufgaben

1. *Worin unterscheidet sich die Planung eines stark zielorientierten von einem mehr situationsorientierten bzw. lebensweltorientierten Angebotes?*

2. *Halten Sie eine Planung auch im Rahmen eines situationsorientierten Angebotes für weiterhin wichtig?*
   Begründen Sie Ihre Antwort.

3. *Begründen Sie, warum der situationsorientierte Ansatz eine offene Planung benötigt.*

4. *Um welche Planungsart handelt es sich im Rahmen des situationsorientierten Ansatzes?*
   Berücksichtigen Sie die auf S. 97 dargestellten Planungsarten.

4.3.5 Durchführen des Projekts

Wie gut die Durchführung des Projekts gelingt, hängt nicht zuletzt von seiner Vorbereitung ab und die wiederum von der Planung. In der Durchführung von Projekten zeigen sich die planerischen, organisatorischen und gestalterischen Fähigkeiten der Erzieherinnen und Erzieher. Außer diesen fachlichen Fähigkeiten werden nun aber zunehmend auch Fähigkeiten des „Projektmanagement" verlangt. Es gilt nun das Projekt am Laufen zu halten, zum einzelnen Arbeitsschritte ständig zu überwachen, die Ergebnisse zu überprüfen, zu sichern und zu koordinieren sowie für eine sinnvolle Weiterentwicklung zu sorgen.

Dabei müssen Prinzipien wie:

- Situationsbezogenheit,
- Ganzheitlichkeit,

- Integration und
- Mitbestimmung

ständig durchgehalten werden.

Aufgaben

1. *Was bedeuten die oben genannten vier Prinzipien? Erklären Sie sie näher.*

2. *Stellen Sie dar, in welcher Weise sie bei der Durchführung beachtet werden können.*

4.3.6 Auswerten des Projekts

Auch in der Projektarbeit ist die Reflexion über das durchgeführte Projekt ein wesentlicher Aspekt der gesamten Arbeit. Grundsätzliches Ziel jeder Auswertung ist die Verbesserung weiterer Vorhaben. Deshalb dreht es sich bei der Auswertung um die Fragen, was lief gut und was lief nicht gut? Die Bewertung dieser Fragen orientiert sich dabei am besten an den oben genannten Prinzipien, um dann einzelne Aspekte wie Zielsetzungen, Lernbereiche, Methoden, Medien/Materialien usw. zu hinterfragen. Ein sehr wichtiger Aspekt ist dabei der Lebensweltbezug des Projekts. Damit stellt sich die Frage nach der Verantwortlichkeit d.h. nach der Verantwortung der Erziehenden für die Auswahl der Situationen, geht es doch letztendlich um die Aufarbeitung von Ereignissen, die möglichst unmittelbar die Lebenswelt der Kinder betreffen und damit auch um deren positive Veränderung. Diese Frage, ob eine solche Veränderung stattfand und ob sie positiv bewertet werden kann, muß sehr ernsthaft reflektiert werden.

Aufgaben

1. *Erstellen Sie Fragen für die Reflexion der unter 4.3.5 dargestellten vier Prinzipien.*

2. *Überprüfen sie, welche Fragen für eine Reflexion, die auf S. 116 formuliert sind, auch für die Auswertung eines Projektes infrage kommen.*

4.4 Beispiele für bedeutsame Situationen

4.4.1 Probleme und Fragen

Lebenssituationen, in denen Kinder stehen, sind grundsätzlich Ernstsituationen. Die Kinder sind betroffen, die Situation ist lebensbedeutsam. Sie ist aber ebenso immer in einen Lebenszusammenhang gestellt, der sie mitbedingt und auch ihre Einmaligkeit bestimmt. Diese Lebenssituation ist aktuell.

Hier deutet sich ein Grundproblem der erzieherischen Ausbildung an, stellt sich die Frage der **Vermittelbarkeit**.

Zwar können Merkmale und Prinzipien situationsbezogener Arbeit beschrieben werden, ebenso können beispielhaft Praxisausschnitte geschildert werden, aber die Situation ist nicht wiederholbar.

So gerät die Ausbildung in die Problematik lehrhafter Vorgabe, wenn sie für die Planung und Gestaltung von didaktischen Einheiten, von Projekten, die aus bestimmten Lebenssituationen entstehen sollen, qualifizieren will.

Jede erzieherische Ausbildung, die auch für den didaktischen Ansatz „situationsorientiert/lebensweltorientiert" qualifizieren will, kommt in die Spannungsreihe:

Aktualität	versus	Vorwegnahme
Einmaligkeit	versus	Wiederholbarkeit
Einzigartigkeit	versus	Allgemeingültigkeit

Es gibt aber noch eine Reihe von Fragen und Problemen:

- Welche auf den Kindergarten zukommenden Probleme und Situationen sollen, müssen aufgenommen werden?

- Welches sind die Kriterien für die Aufnahme bestimmter Situationen?

- Ist bei der Aufnahme einer Situation der Lebensverlauf dieser Kinder betroffen? Sind Erzieherinnen/Erzieher befangen? Ist unser Kindergarten, Hort ... in Frage gestellt?

- Ist die angenommene Betroffenheit bei den Kindern echt, das heißt von den Kindern ausgehend?

- Wer entscheidet über die Aufnahme einer solchen Lebenssituation? Wer sollte bei einer solchen Entscheidung noch hinzugezogen werden?

- Reicht es, nur defizitäre aktuelle Situationen aufzunehmen, sollten nicht auch Lösungen für künftige Problemsituationen bereitgestellt werden?

- In welcher Weise muß man an die Situation herangehen, sie mit den Kindern oder mit anderen Mitbetroffenen aufarbeiten? „Hauptsache, wir haben darüber gesprochen", Oder?

- Welche Art und welchen Umfang der Aufarbeitung müssen, können wir den Kindern zumuten? Gibt es Alternativen?

- Wie meistern wir die organisatorischen und gestalterischen Probleme? Wo gibt es Fachleute?

- Gibt es Situationen, die für viele Kinder zutreffen, auf die man antworten muß und deshalb aufnehmen muß.

Hier zum Schluß unseres unvollständigen Katalogs fragen wir nach „Grundsituationen" unserer Kinder, nach Situationen also, die allen oder doch den meisten Kindern jetzt oder später begegnen können. Das Deutsche Jugendinstitut versuchte eine Antwort.

4.4.2 Das Curriculum „Soziales Lernen" des Deutschen Jugendinstituts

Dieses Curriculum war Teil einer in den 70er Jahren auf dem Höhepunkt stehenden Diskussion um Lehrpläne und Lehrinhalte einer Reform der Bildung. Lernziele sollten ständig aktualisiert; Lerninhalte und -methoden sollten im Hinblick auf gegenwärtige und zukünftige Lebenssituationen und Anforderungen ausgewählt und festgelegt werden. Unter dieser Vorstellung entwickelte das Deutsche Jugendinstitut in Zusammenarbeit mit Modellkindergärten in verschiedenen Bundesländern das oben genannte Curriculum „Soziales Lernen". Bedeutsam bei diesem Curriculum war neben dem aktuellen Bezug auf Lebensbewältigung die Forderung nach einem Lernen, das auch für die Zukunft qualifizierte. Das heißt, da diese Qualifikationen auch für Transferleistungen geplant waren, trugen sie alle auch ein Element des funktionalen Ansatzes in sich. Sie reichten damit wesentlich über eine reine Anlaßdidaktik hinaus.

Es wurden folgende „Didaktischen Einheiten" konzipiert und erprobt und 1981 in insgesamt 20 Bänden publiziert[1] (je 10 Text- und 10 Bildbände):

Bd. 1	Kinder im Kindergarten
	Kinder kommen in die Schule
	Was meine Eltern tagsüber tun
Bd. 2	Verlaufen in der Stadt
	Wohnen
Bd. 3	Kochen, Ausflug, Kinderfeste
	Wochenende
	Aufräumen, Essen, Einschlafen
Bd. 4	Große und kleine Kinder
	Geburt und Zärtlichkeit
	Junge und Mädchen
Bd. 5	Neue Kinder in der Gruppe
	Ausländische Kinder
Bd. 6	Kinder im Krankenhaus
	Tod
	Kinder allein zu Hause
Bd. 7	Werbung
	Fernsehen
	Wir haben Ferien
Bd. 8	Was Kinder gerne haben wollen
	Spielsituation
	Müll
Bd. 9	Über den Umgang mit Mädchen
	Behinderte Kinder
	Kinder und Alte Leute
Bd. 10	Meine Familie und Ich
	Kinder werden abgelehnt

---

[1] Curriculum „Soziales Lernen". Hrsg. Deutsches Jugendinstitut; München 1981.

Dieses sehr aufwendig gestaltete Curriculum wollte selbst ein offenes, sich weiter entwickelndes sein, reizte aber aufgrund seiner klug konzipierten Didaktik zur abschließenden Nachahmung. Es gab in den Kindergärten viele Anstöße für die Arbeit, aber es überholte sich teilweise auch wegen des vorgebenden Text- und Bildmaterials selbst.

Entscheidende Gründe für die „Zeitlichkeit" dieses Ansatzes nennt eine Mitarbeiterin des DJI Frau Hedi *Colberg-Schrader* (1991):

> „Eine Neuauflage des gesamten, sehr umfangreichen und kostspieligen Paketes kommt aus verschiedenen Gründen nicht mehr in Frage, nicht zuletzt deshalb, weil sich Schlüsselsituationen von Kindern, Lebenslagen von Familien und eben auch das Verständnis des Situationsansatzes weiterentwickelt haben."[1]

Colberg-Schrader u.a. sehen den ursprünglichen Ansatz durch die Entwicklung nicht als überholt sondern als fortgeschrieben an. Auch sie sehen, daß in den 90er Jahren die Familie nicht mehr dieselbe ist wie in den 70er Jahren. Die Teilhabe am gesellschaftlichen und am politischen Leben gestaltet sich anders, das Bewußtsein um Natur und Umwelt ist ständig gewachsen. Das Tempo des Wandels hat sich beschleunigt.

So verschieben sich Akzente. „Lebenssituationen" orientierten sich an der jeweiligen gegenwärtigen *und* zukünftigen Bedeutsamkeit in bezug auf Inhalte und die Auseinandersetzung. Jetzt dominiert der Alltag mit seinen Möglichkeiten. So definieren sich Schlüsselsituationen

Definition
Schlüsselsituationen sind Alltagssituationen, die Ernstsituationen und Lernsituationen werden.

Beispiele (nach *Colberg-Schrader* u.a.)
- Das neue Gartenhaus – ein Geschenk mit Folgen[2]
- Aggression und mutwilliges Zerstören[3]
- „Dazu bist Du noch zu klein" – Groß werden[4]
- Das Lebensumfeld der Kinder: Wohnumwelt – Soziale Beziehungswelt – Situation der Familien[5]

---

[1] Colberg-Schrader, Hedi u.a.: Soziales Lernen im Kindergarten. Ein Praxisbuch des DJI. München 1991, S. 276.
[2] Colberg-Schrader, a.a.O. S. 27 ff.
[3] Colberg-Schrader, a.a.O. S. 59 f.
[4] Colberg-Schrader, a.a.O. S. 98.
[5] Colberg-Schrader, a.a.O. S. 113 ff.

Wie ein solches Aufnehmen von Alltagssituationen geschehen kann, mag aus dem folgenden Text entnommen werden:

„Unsere Pläne für März 1990

Liebe Eltern,

vielleicht haben Sie das große Beobachtungsplakat an unserer Gruppenraumtüre bemerkt, auf dem wir festhalten, was uns an einzelnen Kindern bzw. an der Gesamtgruppe auffällt:

Was, wo und womit spielen die Kinder? Wie verhalten sie sich? Gibt es Kinder, die in der Gruppe zu kurz kommen? Welche Themen sind gerade aktuell ...

Diese Beobachtungen stellen den Ausgangspunkt für die Planung des pädagogischen Angebots dar, das ja an den Erfahrungen und Interessen der Kinder anknüpfen und nicht von uns ‚aufgesetzt' werden soll.

Was uns in letzter Zeit vor allem aufgefallen ist:

– Die Kinder streiten kaum noch miteinander.
– Die ‚neuen' Kinder haben es zum Teil noch schwer.
– Ein Teil der Kinder beteiligt sich nur ungern an Kreisspielen.
– Unser Spielzeug wird nicht gerade pfleglich behandelt.
– In der Puppenecke spielt kaum noch jemand – unser Benjamin liegt meistens irgendwo in einer Ecke, wenn nicht sogar im Backofen.
– Beliebtester Spielplatz ist nach wie vor die Bauecke, an manchen Tagen ist sie einfach zu klein.
– Muster aus verschiedenen Materialien zu legen, macht vielen Kindern zur Zeit großen Spaß.
– Unsere Experimentierpflanzen werden sehr sorgsam beobachtet und gepflegt, die Kinder kümmern sich selbständig darum.
– Bilderbücher sind der ‚große Renner', sogar die alteingesessenen Baueckenkinder machen es sich immer wieder mit einem Buch auf dem Sofa bequem.

Aus diesen Beobachtungen haben wir uns für die nächste Zeit schwerpunktmäßig zwei Dinge herausgegriffen:

– Zum einen wollen wir gemeinsam mit den Kindern überlegen, wie wir unsere Puppenecke umgestalten könnten,
– zum anderen wollen wir die Freude und das Interesse der Kinder am Genauer-Hinschauen aufgreifen und unterstützen.

Ein wenig sind wir schon in unser Thema ‚Schau die Welt genau an' eingestiegen, indem wir kleine Gucklöcher in schwarze Papierbögen geschnitten haben, durch die einzelne Bildausschnitte ganz detailliert betrachtet werden können. Zwei solche Guckkästen befinden sich auch an unseren Fenstern. Die Kinder sind ganz erstaunt, daß ‚man durch ein so kleines Loch viel mehr sehen kann'.

Ein großes Aha-Erlebnis brachte auch das Fensterfolienspiel in der Bauecke mit sich: Der Pfarrhof gegenüber wurde plötzlich grün, als sich ein Stück gelber Folie mit einer blauen deckte ... Dabei haben die Kinder ganz selbständig auf ‚Sinn-volle' Weise gelernt, welche Mischfarben sich aus den Grundfarben ergeben.

Solche Erfahrungen gehen über das bloße Sehen mit den Augen oder Lernen hinaus, hier be-greift das Kind tatsächlich: blau + gelbe = grün. Was Kinder über die Sinne erfassen, bleibt viel nachhaltiger in Erinnerung, als rein theoretische Übungen in Form von Vorschulmappen oder ähnlichem. Deshalb werden Sie in der nächsten Zeit noch mehr darüber hören." [1]

Deutlich ist auch ersichtlich, daß bei der diesem Elternbrief vorausgegangenen Situationsanalyse die Situation übersteigende Lernanlässe mitbedacht wurden und zukunftsträchtige Lernprozesse bei den Kindern angestrebt wurden.

---

[1] Colberg-Schrader u.a.: Soziales Lernen im Kindergarten. Ein Praxisbuch des DJI. München 1991, S. 120 f.

4.5 Beispiel einer möglichen lebensweltorientierten/situationsorientierten Verlaufsstruktur

Im Abschnitt 4.3 dieses Kapitels wird eine formalisierte Vorgehensweise für das Arbeiten im situationsorientierten bzw. lebensweltorientierten Ansatz gegeben.

Beim Aufzeigen der Verlaufsstruktur verzichten wir auf den allgemeinen ersten Schritt, die Lebenssituation der Kinder zu beschreiben. Das kann nur vor Ort in den Einrichtungen, in denen praktiziert und gearbeitet wird, geschehen.

Wir beginnen also mit dem 2. Schritt der Auswahl einer Einzelsituation aus dem Gesamt der Lebenssituation, mit einer Alltagssituation.

4.5.1 Alltagssituation – Ernstsituation – Lernsituation

Die erzieherische Alltagssituation
(realer Ausschnitt aus der Lebenssituation der Kinder eines Kindergartens)[1]

In der Nachbarschaft des Kindergartens befanden sich einige Gartenbeete mit Blumen und Beeren. Sie gehörten einer Fachschule, die in einem benachbarten Gebäude untergebracht war. Zwischen den Beeten und dem (recht kleinen) Spielplatz der Kinder gab es keinerlei zaunartige Abgrenzung. Es ereignete sich immer wieder, daß die Kinder in die Beete eindrangen, Blumen abrissen und unreife Beeren aßen. Die Leiterin der Fachschule beklagte sich. Sie erklärte, es sei doch Aufgabe des Kindergartens, den Kindern rücksichtsvolles Verhalten beizubringen. Aber alles Reden und Schimpfen der Erzieherinnen änderte nichts. Einige von ihnen begrüßten sogar die Unart der Kinder, da sie dem berechtigten Anspruch nach mehr Spielraum im Freien auf ihre eigene Weise Ausdruck verliehen.

Der erzieherische Alltag bietet eine Fülle von Problemen, denen sich das Team der Erzieherinnen/Erzieher stellen muß. Man hat darüber nachzudenken, nachzuforschen, nach Gründen zu fragen und bei Bedarf zu handeln.

Auch sind erneute Klagen der benachbarten Schulleitung ein möglicher Anlaß. Es können sich aber auch Mitglieder des Teams selber über die stetige Enge des Außenspielraums geärgert haben.

Zertrampelte Blumen, abgerissene Beeren führten zu geäußerter Mißbilligung bei der weiteren Nachbarschaft. Auch im Kindergarten nehmen immer wieder Kinder den anderen etwas weg, was diesen als Eigentum gehört ...

Wieder einmal findet ein Teamgespräch statt. Alle Klagen werden vorgebracht, analysiert, und man versucht, Handlungsbedarf festzustellen.

Man stößt auf Grundprobleme, auf Fragen, die für den Kindergarten, für sein erzieherisches Selbstverständnis **bedeutungsvoll** sind.

---

[1] Aus: Freudenreich–Grässer–Köberling: Rollenspiel. Hannover [2]1978, S. 173.

Was könnte stören?

- *Rücksichtsloses Wegnehmen durch einzelne Kinder, das auch auf das Verhalten der Kleinen abfärbt,*
- *das ewige Schimpfen der Nachbarn über die „schlechte Erziehung durch „diesen" Kindergarten, der eigentlich in diese gute Wohngegend überhaupt nicht hineinpasse,*
- *die viel zu kleine Außenspielfläche?*

Diese Probleme sind nicht nur für das pädagogische Selbstverständnis wichtig, sie sind ebenso bedeutungsvoll für die Kinder, die Eltern, die Träger der Einrichtung und auch für eine weitere Öffentlichkeit, vielleicht auch für die Kommune.

Es handelt sich bei den genannten Problemen offenbar um **Schlüsselsituationen**.

Das Team kommt zu keinem abschließenden Beschluß. Es vertagt sich. Es legt noch den nächsten Termin fest; zu diesem Treffen soll die Elternbeiratsvorsitzende geladen werden.

4.5.2 Handlungsvorschläge und Alternativen

Bei der nächsten Teambesprechung zusammen mit der Elternbeiratsvorsitzenden werden die erarbeiteten Schlüsselsituationen nochmals analysiert. Die zugrundeliegenden Fakten werden erneut erörtert. Es entstehen **Handlungsvorschläge,** die unter verschiedenen Aspekten (vgl. Kap. C 4.3.2, S. 157) überprüft werden; ebenso werden auftretende Konsequenzen besprochen, soweit sie vorhersehbar sind.

Aus den genannten Schlüsselsituationen heraus könnte man:

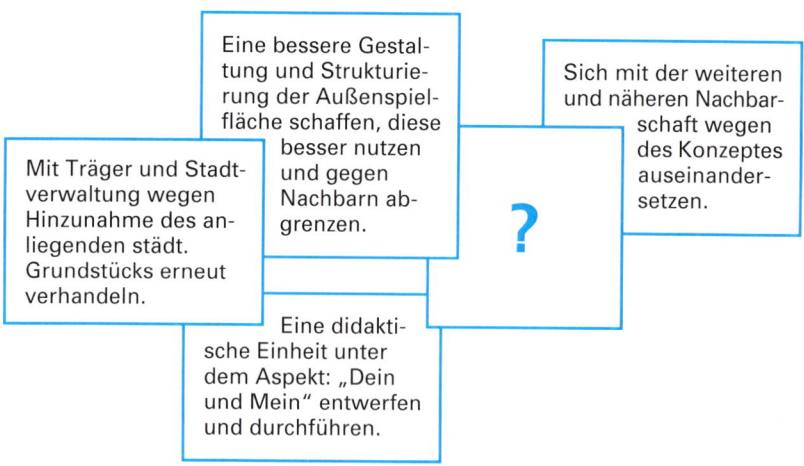

Eine Gewichtung unter den bereits oben genannten Kriterien wird dann zu einer Entscheidung führen. Bei solchen Gewichtungs- und Entscheidungsprozessen muß man alle Betroffenen beteiligen, also auch die Kinder.

Wir nehmen an, daß man sich in der Teambesprechung und dann im Plenum mit den Kindern und den Elternvertretern auf folgendes Projekt einigt, im dem auch die anderen Handlungsvorschläge ansatzweise mit aufgenommen werden können.

Aus dem Handlungsvorschlag, „sich mit der weiteren und näheren Nachbarschaft wegen des Konzeptes des Kindergartens sich auseinandersetzen", könnte ein **Projekt** mit folgendem Inhalt beschlossen werden:

> Wir wollen uns den anderen vorstellen

Es könnte weiter beschlossen werden, dieses Projekt mit einem „Tag des offenen Kindergartens" abzuschließen.

4.5.3 Planen des Projekts

a) Ziele aufstellen und daraus Teilthemen ableiten.

Beispiele

Eltern und „andere" sollen die Bedürfnisse der Kinder besser verstehen	Rollenspiele: „Was ich gerne tun möchte". Collagen: „Ich möchte gern" Kinderzeichnungen: . . . . . .
Die „anderen" sollen Arbeitsweise, Inhalte und Methoden der erzieherischen Arbeit kennenlernen . . .	Fotowand: . . . Einladung für Eltern (?), an einem Kindergartenalltag mitzuarbeiten; „Kindergartenzeitung" . . .
Die „anderen" sollen für die räumlichen Bedürfnisse, aber auch für die vorhandene räumliche Situation sensibilisiert werden	Basteln: „Wir bauen ein Haus für Kinder" Elternabende: „Wie kann die Spielwelt für Kinder gestaltet werden?"
	Eltern-Trägergespräch zur räumlichen Situation Eltern-Kinder-Mitarbeit: „Wir gestalten die Außenspielfläche" . . .

Betroffene beteiligen!

167

b) Verfahren festlegen und Arbeit verteilen:

- Beteiligte;
- Methoden und Arbeitsweisen;
- Medien und Materialien;
- Ort und Zeit und Abläufe.

4.5.4 Durchführen des Projekts/der Teilprojekte

a) Vorbereitungsphasen

Medien und Materialien werden sachgerecht aufbereitet und bereitgestellt
Einladungen geschrieben und versandt, ...
Räume ...

...

b) Durchführungsphasen

Hier laufen Aktivitäten ab, wie sie auch bei den anderen didaktischen Ansätzen
konzipiert werden. Wir verweisen hier auf Kap. C 3 „Gelenktes Tun", „Freispiel"
oder auf Kap. G „Zusammenarbeit mit Eltern, Öffentlichkeitsarbeit, Zusammenarbeit mit anderen Organisationen" aber ebenso Kap. E „Kindergarten" mit dem
dortigen Aufweis der verschiedenen Förderungsmöglichkeiten z.B. Fest und Feiern usw.

c) Nachbereitungsphasen

Beispiele

> Man sollte noch aufräumen ...
> Man muß noch ...
>
> ...
> Sollte man nicht noch jemand „Danke schön"
> sagen?
> „Das wollen wir wieder zurückbringen!"

4.5.5 Auswerten des Projekts

Welchen Erfolg hatte das Projekt
– für die Kinder, die Eltern, die Einrichtung?

Wie hat sich das Bild unserer Einrichtung in der Öffentlichkeit geändert?
– Konnten wir etwas zu unserem Vorteil verändern?
– Erhalten wir mehr Spielfläche?
– Sind die Beziehungen zur benachbarten Fachschule verbessert?
– Haben unsere Kinder bei der Begegnung auch ein besseres Verständnis für die Anliegen der Schule erhalten?
– Haben die Kinder „freien" Zugang zu den Beeren?
– Beginnen Verhandlungen zwischen Stadtverwaltung und Träger wegen einer möglichen Vergrößerung der Außenspielflächen?
. . .

Welche Wirkung hatte das Projekt auf unsere Kinder?
. . .

Hat sich die Durchführung unseres Projektes nachteilig ausgewirkt?

– Wurden manche Leute in ihrem negativen Bild vom Kindergarten bestätigt?
. . .

Wie wirkt sich das Projekt auf unser Selbstverständnis aus?
– Wurden wir in unserer Arbeit bestätigt?
– Wo müssen wir uns in Frage stellen?
. . .

Was ist noch zu tun? Z.B.: „Mein und Dein!", „Fremde Beete, fremde Beeren".
. . .

Aufgaben

1. Diese mögliche Projektstruktur hat viele Lücken. Versuchen Sie, diese aufzufüllen und anzureichern. Überlegen Sie auch Alternativen. Planen Sie auch alternativ unter der gleichen Überschrift „Wir stellen uns den ‚anderen' vor".

2. Es wäre auch ein Projekt aus der Schlüsselsituation „Fremde Beete, fremde Beeren" denkbar. Versuchen Sie einen Strukturentwurf.
   Vielleicht gelingt es, auch die Einbeziehung der oben genannten Fachschule zu berücksichtigen.

3. Erkundigen Sie sich, wo in einer der Praxiseinrichtungen nach dem lebensweltorientierten Ansatz gearbeitet wird. Protokollieren Sie Tagesläufe der dortigen Arbeit.

4.5.6 Grundstruktur

Ausgangslage

1. Schritt: Lebenssituation der Kinder, der Eltern, der Erzieherinnen und Erzieher, ...

Team mit Eltern, Kindern ... erkundet, beobachtet, analysiert, strukturiert, stellt Lebenssituation dar.

2. Schritt: Anlässe, Probleme, bedeutsame Situationen aus dem Leben der Kinder, der Institution, der Gemeinde, ...

Schlüsselsituationen

Team nimmt Problemsituationen oder bedeutsame Alltagssituationen aus dem Leben der ... auf, überprüft sie auf Bedeutsamkeit.

3. Schritt: Handlungsvorschläge und Alternativen

Festgelegtes Projekt

Team, Kinder, Eltern ... machen Handlungsvorschäge, überprüfen diese auf Angemessenheit zum Problem, zur Schlüsselsituation und legen Handlungsvorschläge als zu planende und durchzuführende Projekte fest.

4. Schritt: Planung des Projekts bzw. von Teilprojekten, Zielen und Verfahren

Team, Kinder, ... entwerfen/besprechen die Ziele, die Verfahren, die Durchführbarkeit, die Verläufe mit allen Folgerungen.

5. Schritt: Durchführung des Projekts mit allen Phasen

Team, ... und alle Betroffenen arbeiten, gemeinsam, einzeln oder in Kleingruppen.

6. Schritt: Auswertung des Projekts

Team, Kinder, reflektieren das durchgeführte Projekt, entscheiden über Weiterführung, Neuplanung, Neustrukturierung nach erneuter Analyse oder Abschluß.

Abschlußlage

Kinder sind für das Leben in ihrer Lebenssituation besser qualifiziert.
Die Lebenssituation hat sich verändert.

Grundformen des erzieherischen Handelns in der Übersicht

	Freies Tun	Gelenktes Tun		Lebensweltorientiertes Arbeiten
	„Freies Spielen"	„gelenktes Spielen"	(lern)zielorientiertes Angebot	„Projektarbeit"
Planung	geplante Offenheit	Planung von mögli-chen „Spielchancen"	zielorientierte Planung	Probleme, Anliegen aus der Lebenswelt der Kinder aufnehmend, analysierend, diskursiv weiterführend
Verlauf	unbestimmt	teilweise nach erzie-herischen Vorgaben, teilweise regelhaft	didaktisch/methodisch kontrolliert	offen, variabel, sich verzweigend; didaktische Schleifen möglich
Sozialform/ Interaktion	offen; je nach Spiel-form wechselnd	abhängig von gewähl-ter Spielform	festgelegt	offen, veränderbar; bedingt durch den Stand des Projektes bzw. der Teilthemen
Raum	frei wählbar; raumübergreifend	Spielorte teilweise festgelegt	festgelegt; strukturiert	Spiel- und Lernorte wechselnd wählbar, abhängig vom Projektverlauf
Medien/ Material	frei wählbar	absichtsvoll bereit-gestellt	unter didaktischen Ge-sichtspunkten ausge-wählt und eingesetzt	unter problemlösenden Gesichtspunkten bereitge-stellt; Zugriff nach Projektverlauf
Aktivität der Kinder	spontan, frei und offen	Spielorte, Spielformen selbst gewählt	abhängig von Verlauf und Planung und korrespondierend zur Aktivität des Erziehers	Lernsituation wächst aus der Ernstsituation, aus der Betroffenheit; Kinder bestimmen weitestge-hend mit
Aktivität des Erziehers	beobachtend, mitspielend	beobachtend, anregend; Impulse gebend	führend, lenkend, dar-bietend, erarbeitend, kontrollierend	beobachtend, analysierend, unterstützend, weiter-entwickelnd; Einbeziehung weiterer Beteiligter
	Freispielphase		*Angebotsphase*	*Von Projekten bestimmter Alltag*

171

5 Erzieherisches Handeln in und mit Gruppen

Die erzieherische Arbeit erfolgt vorwiegend in und mit Gruppen. Zwar bezieht sich das erzieherische Wirken grundsätzlich auf das einzelne Kind, jedoch geschieht das meist im sozialen Bezug der Kindergruppe.

Aus diesem Grunde müssen Erzieherinnen und Erzieher Kenntnisse besitzen über gruppenpädagogische Abläufe. Es gilt also,

> „(...) das Wechselverhältnis zwischen dem Individuum und der es umgebenden Gruppe zu durchschauen und dieses sogenannte soziale Interaktionsgefüge gegebenenfalls zu beeinflussen".[1]

Jeder hat schon einmal beobachtet, daß sich ein Kind in der Gruppe anders verhält als wenn es allein ist. Das Verhalten des Kindes wird also nicht nur durch seine individuellen Bedingungen gesteuert, sondern auch durch die Art und Weise seiner sozialen Beziehungen in der Gruppe, in der es sich aufhält.

Die Art, wie sich Kinder und Jugendliche zu Gruppen zusammenschließen, sich in ihr verhalten, wie sich die Gruppen verändern, welche Erfahrungen die Mitglieder dabei machen, all das sind Aspekte, die der Erzieher erkennen muß, um erzieherisch wirksam werden zu können.

Diese Aspekte aber sind zugleich auch schon Elemente der Gruppendynamik, so daß es wichtig ist, im folgenden auch auf den Begriff der Gruppenpädagogik näher einzugehen.

5.1 Merkmale von Gruppen

> **Definition**
>
> **Eine Gruppe ist ein soziales Gebilde mehrerer Menschen, die alle miteinander durch direkte Interaktion[2] und Kommunikation[3] in wechselseitiger Verbindung stehen.[4]**

Wenn eine Gruppe durch die Begriffe Interaktion und Kommunikation definiert ist, lassen sich folgende Merkmale herausarbeiten, die für alle Gruppen charakteristisch sind:

Merkmale von Gruppen

1. Relative Dauerhaftigkeit
2. Gemeinsames Ziel
3. Rollenstruktur
4. Normen und Werte
5. Symbole
6. Status
7. Wir-Gefühl
8. Einstellungen

---

[1] Iben, G.: Die Gruppenbeziehung im Erziehungsprozeß. In: Funkkolleg, Erziehungswissenschaft 1. Fischer Bücherei, Frankfurt 1970, S. 92.
[2] Interaktion = Wechselseitige Handlung, Beziehung
[3] Kommunikation = Mitteilung
[4] Vgl. Jilesen, M.: a.a.O., S. 24.

Erarbeiten Sie diese Gruppenmerkmale an dem nachfolgend wiedergegebenen Spiegelbericht über einen Fußball-Fanclub.

SPIEGEL-Redakteur Peter Seewald über den Hamburger Fußball-Fanklub „Die Löwen"[1]

„,Die Löwen', das ist nicht irgendeiner von hundert HSV-Fanklubs, die ‚Löwen' sind die Avantgarde in Hamburg und die ‚Macht in der Bundesliga', wie Blacky sagt, einer von ihnen. Ein wilder Haufen von 60 Rabauken, 30 aktiv, 15 jeweils im Knast, 15 Karteileichen. Blacky: ‚Wir sind die Geilsten. Wir saufen mehr, wir holzen mehr.'

Für schreckhafte Bürger sind die Jungen in den speckigen Jeans- und Lederjacken das personifizierte Böse, Teufelskerle im Sinn des Wortes. In der Westkurve des Hamburger Fußballstadions aber gibt es viele, die zu den ‚Löwen' aufschauen. Kindern ist ihre Nähe eine Auszeichnung; sie malen sich das Klub-Emblem mit dem brüllenden Tier auf die Westenärmel.

30 Leute sitzen am Tisch, von 18 (Mindestalter) bis 38. Ungebändigte Typen, manche zahnlos, aber fauststark, tätowiert von Kopf bis Fuß mit Spinnen, nackten Frauenleibern, Mickey Mouse. Joger trägt um den Hals ein Hakenkreuz, Ossi benutzt das Faschistensymbol als I-Punkt, wenn er seinen Namen auf die Gipshand schreibt.

Die Gang hat ein eigenes Zeremoniell, ein ihr typisches Gehabe entwickelt. Dazu gehört ein gerade inbrünstiger Körperkontakt. Sie küssen und schlagen sich und fallen sich auch nüchtern um den Hals. Immer wieder Kampfgebärden, und zack, schon kriegt einer wirklich eins auf die Nase, wegen eines Päckchens Tabak vielleicht oder weil einer einen dummen Spruch losgelassen hat.

Gewalt liegt immer in der Luft. Sie ist die Spannung, die alle bindet. Sind fünf von ihnen zusammen, knistert's schon. Keine U-Bahn-Fahrt, kein Spaziergang ohne Rüpeleien, Dosenschmeißen und Anmache. Es ist jene Form der Selbstdarstellung, die vor den Augen der Gruppe Bestand hat. Je härter der Typ, desto ‚geiler' und ‚tierischer', desto mehr ‚Bock'. Bloß kein Gelaber.

Um 15.30 Uhr eröffnen Fanfarenklänge aus den Lautsprechern den Kampftag. Das bewegt was in der Brust, keiner kann sich dem entziehen. Und mit dem Anpfiff legen die Fußballkinder los: ‚Wir wollen keine Gladbach-Schweine.' ‚Tierische Hauereien', speziell gegen erzfeindliche Klubs, werden immer einkalkuliert. Wenn es

dann zur Schlacht kommt, gilt nur ein Gebot: Bloß keine Feigheit vor dem Feinde. Ein ‚Löwe', der davonrennt oder gar seine markierte Weste auszieht, ist ein Mann ohne Ehre. Er muß Strafe zahlen und bezieht, wenn es nicht der Gegner erledigt, von den eigenen Leuten Keile.

Überhaupt, sagt Blacky, Zusammenhalt, das ist das Wichtigste, das Positivste noch im Leben. ‚Jeder hat doch mal sein Ding versucht, und jeder hat nur auf den Sack gekriegt.'

Die ‚Löwen' sind eine Schutz- und Trutzgemeinschaft von Jungen aus fast ausnahmslos zerrütteten Elternhäusern, Jung-Proleten, bepackt mit der Hoffnungslosigkeit jener, die, nach bürgerlichem Sprachgebrauch, auf die schiefe Bahn geraten sind. Im Strudel von Arbeitslosigkeit, Alkoholismus und Kriminalität ersticken Perspektiven für eine andere Existenz.

Es sei wie im Tierreich, erklärt ein Skin, ‚das sind Rangkämpfe', es müsse eben immer wieder ausgemacht werden, wer der Stärkere sei. Obendrein ein ‚geiles Gefühl'. Man wisse nicht, was kommt. Und wenn es dann nur der Nervenkitzel war, die leichten Hormonstöße, das Bewußtsein von Macht, wenn man im geschlossenen Block durch den Vergnügungsmarkt stampft.

Von den 60 ordentlichen ‚Löwen'-Mitgliedern stehen nur 30 in Lohn und Arbeit. Sergeant beispielsweise als Gerüstbauer, Doppeldusch als Cola-Kutscher, Hermann bei der Bahn. Bernd war bis vor 14 Tagen als Fahrer bei einem Personalservice, ‚so 'ne Verleihklitsche, die jetzt Pleite gemacht hat'.

80 Prozent der ‚Löwen' haben Gefängnis-Erfahrung, zu erkennen an der Spezialtätowierung an den Augenrändern, Pünktchen oder Strich. Für sie ist der Klub so was wie Heimat und Familie geworden, wo ‚irgendwie alle gleich sind'. Thorsten beispielsweise wurde früher immer wegen seiner Segelohren gehänselt, fand keinen Anschluß. ‚Hier im Klub', sagt er, ‚spielt das keine Rolle mehr, ob du groß bist oder klein, dies oder das denkst.'

Freilich denken in der Familie viele doch dasselbe. Mittlerweile ist ein Welt- und Feindbild gewachsen, das für alle Mitglieder schon fast ver-

---
[1] Quelle: Spiegel 48/1980.

bindlich ist: Erstens „Kanaker raus, ab nach Anatolien', zweitens wäre die Sache klarzumachen mit Rotfront, der Anarcho- und Hausbesetzerszene; Gelegenheit dazu muß in Hamburg nicht lange gesucht werden.

Wenn die ‚Löwen' ins Volksparkstadion ziehen, wie letzte Woche wieder, bekommen sie neben vielen wilden Schlachtrufen, in die sie selber einfallen, auch den Ruf nach Solidarität zu hören. ‚Gem-ei-ei-ein-schaft' singen irgendwelche Gruppen, aber diese Solidarität währt allenfalls bis zum Abpfiff."

5.2   Die Bedeutung der Gruppe für das Kind

Die Familie stellt in den ersten Jahren den einzigen sozialen Lebensraum für das Kleinkind dar. Danach gesellt sich die Gleichaltrigengruppe (peer group) hinzu, wie sie unbeaufsichtigte Spielgruppen oder die Gruppen im Kindergarten darstellen.

Auch wenn diese Gruppen noch nicht als voll entwickelte soziale Gruppen angesehen werden können, so weisen sie doch grundsätzlich die Funktion und Bedeutung auf, wie sie Kinder- und Jugendgruppen im allgemeinen für ihre Mitglieder aufweisen.

Die Gruppe stellt für das Kind den Raum dar für:
● eine Solidaritätsgemeinschaft
● die Suche nach der eigenen Identität
● den Erwerb sozialer Anerkennung
● das Einüben sozialer Verhaltensweisen
● den Erwerb sozialer Einstellungen

Grundsätzlich besitzen somit Kinder- und Jugendgruppen eine wichtige Sozialisationsfunktion.

Aufgabe

Suchen Sie konkrete Beispiele für die obigen Funktionen, wie sie in Kinder- und Jugendgruppen immer wieder vorkommen.

5.3   Gruppenpädagogik

Definition
„Mit dem Begriff Gruppenpädagogik soll ausgedrückt werden, daß es sich hier um bewußt pädagogisch ausgerichtete Arbeit in und mit Gruppen handelt, die auf bestimmten Grundsätzen beruht und sich bestimmter Arbeitsweisen bedient."[1]

Die Pädagogik benutzt also ganz bewußt die Tatsache, daß ein Mensch immer ein Mitglied einer Gruppe ist, um in und mit Hilfe der Gruppe erzieherisch tätig zu werden. Die Gruppe wird damit zum **Ort sozialen Lernens.**

---

[1] Kelber, Magda: Was verstehen wir unter Gruppenpädagogik? In: Müller, C. Wolfgang (Hrsg.): Gruppenpädagogik: Auswahl aus Schriften und Dokumenten. Beltz 1970, 1. Auflage, S. 127.

Dabei nutzt die Gruppenpädagogik bewußt die Möglichkeit, Gruppenprozesse in Gang zu setzen, um sie dann für ihre Zwecke zu beeinflussen. Dies geschieht jedoch vor dem Hintergrund, daß Pädagogik letztendlich immer das Ziel der Sozialisation – also auch das der Integration des Zu-Erziehenden in bestimmte soziale Systeme – im Auge hat. Da die Gruppenpädagogik **partnerschaftlich** orientiert ist, geht es ihr auch darum, die autoritäre Erziehung durch eine partnerschaftliche abzulösen.

Anwendungsbereiche der Gruppenpädagogik für den Erzieher stellen all die Arbeits- und Praxisfelder dar, in denen er tätig werden kann, z. B.:

– Kindergarten
– Heim, Hort
– Kindergruppen, Jugendgruppen
– offene Jugendarbeit
– Arbeit mit Behinderten, mit Außenseitergruppen
– Team-Arbeit
– Elternarbeit usw.

5.3.1 Prinzipien der Gruppenpädagogik

Ziele der Gruppenpädagogik

1. Ablösung autoritärer Einstellungen zugunsten demokratischer.
2. Entfaltung individueller Fähigkeiten in einem Raum gemeinsamen Tuns.
3. Gruppenpädagogisches Tun als Hilfe zur Selbsthilfe.[1]

Diese Ziele sollen nach *Kelber* durch folgende gruppenpädagogische Prinzipien verwirklicht werden:[2]

a) **Individualisieren**

„Der Leiter muß lernen, die Gesamtgruppe wie auch die einzelnen Mitglieder im Auge zu behalten."

b) **Mit der Stärke arbeiten**

Hier geht es „für jeden einzelnen darum, zunächst herauszufinden, wo seine Stärken liegen. ... Hier kann echte Bestätigung ermöglicht werden."

c) **Anfangen, wo die Gruppe steht**

„Bei einer Interessengruppe wird in dem jeweiligen Fachgebiet von dort aufzubauen sein, wo er die Grundlagen vorfindet, nicht tiefer und nicht höher."

d) **Sich mit der Gruppe – ihrem Tempo entsprechend – in Bezug setzen**

Dies heißt, „daß Schritt für Schritt in dem Tempo, in dem die Gruppe wirklich mitgehen kann, neue Gebiete erobert werden."

e) **Raum für Entscheidungen geben**

„In der Gruppe kann und muß gelernt werden, wie wir zu gemeinsamen Entscheidungen kommen."

---

[1] Vgl. Kelber: a.a.O., S. 130 f.
[2] Vgl. Kelber: a.a.O., S. 134 ff.

f) Notwendige Grenzen positiv nutzen

„Grenzen wirken dann am positivsten, wenn sie verständlich gemacht und nur dort eingesetzt werden, wo sie sachlich notwendig sind."

g) Zusammenarbeit mehr pflegen als Einzelwettbewerb

„Wo Wettbewerb um seiner fordernden Wirkung willen eingesetzt wird, soll er tunlichst die Form des Gruppenwettbewerbs finden, bei dem die Gruppe veranlaßt wird, ihren schwächeren Mitgliedern zu besserer Leistung zu verhelfen."

h) Sich überflüssig machen

„Dieser Grundsatz bedeutet, daß seine Rolle (als Erzieher, der Autor) von der eines Initiators mehr und mehr zu der eines Befähigers und Beraters wird."

5.3.2 Arbeitsweisen der Gruppenpädagogik

Die gruppenpädagogische Arbeit ist am besten anwendbar in kleinen, relativ dauerhaften Gruppen, so daß die Gruppe sowohl für den Erzieher als auch für die Gruppenmitglieder selbst überschaubar bleibt.

Diese Überschaubarkeit ist besonders wichtig für Erzieherinnen und Erzieher, denn will man die oben aufgeführten Prinzipien einhalten, muß man dementsprechende Arbeitsweisen benutzen:

Erzieherinnen und Erzieher müssen versuchen, durch **Beobachtung, Gespräche** und **Befragung** festzustellen, welches Eingangsverhalten die Kinder ihrer Gruppen aufweisen.

Dazu könnten folgende **Kriterien** dienen:

- Alter
- Geschlecht
- Anzahl der Geschwister
- Schon vorhandene Kenntnisse und Interessen
- Sprachfertigkeiten (Wortschatz)
- Psychomotorische Fertigkeiten (Turnen, Umgehen mit Werkzeug, Materialien usw.)
- Entwicklungsstufe der kreativen Gestaltung (z.B. Kritzelstufe oder Schemastufe des Zeichnens)
- Sozial-emotionale Fertigkeiten (Teilen können, Rücksicht nehmen, sich durchsetzen können, Frustrationen ertragen, Empathie usw.)
- Kognitive Fertigkeiten (Stand der Denkentwicklung, Wissen und Kenntnisse und Art und Weise des Umgehens damit, kombinatorische Fähigkeiten usw.)
- Sonstige Auffälligkeiten usw.

Anhand dieser Beobachtungskriterien kann man das Eingangsverhalten als Grundlage zur Beurteilung des aktuellen Entwicklungsstandes und der Entwicklungsgeschwindigkeit sowohl der Gruppe als auch des einzelnen Kindes verwenden.

Um weitere Aufschlüsse zu erhalten über Art, Ausmaß und Ursachen des Verhaltens, lassen sich verschiedene **Quellen nutzen** wie z. B.:

- Konferenzen
- Mitarbeitergespräche
- Elterngespräche
- Berichte
- Erziehertagebücher
- Auswertungen von Veranstaltungen
- Gespräche mit Müttern oder Vätern befreundeter Kinder
- eventuell Gespräche mit Vertretern von Jugend- und Sozialämtern usw.

Diese Quellen bieten die Möglichkeit, das durch den Erzieher festgestellte Eingangs-, Zwischen- und Endverhalten auf die Genauigkeit, den Wahrheitsgehalt mancher unterschiedlicher Quellen und auf die noch jeweilige Gültigkeit und Aussagekraft hin besser zu überprüfen.

Einen weiteren notwendigen Aspekt zur Einhaltung der gruppenpädagogischen Prinzipien bietet die **Ausrichtung des Erzieherverhaltens an den Möglichkeiten der Gruppe.**[1]

Bei den Möglichkeiten der Gruppe geht es in erster Linie um die Aufnahmefähigkeit der Kinder und deren Wahrnehmung und um die entsprechende Anpassung von seiten des Erziehers.

In zweiter Linie hängt damit aber auch der Erziehungsstil der Erziehenden zusammen, der wiederum mit dem jeweiligen Erziehungsziel korrespondiert. Werden z. B. Persönlichkeitsmerkmale wie Selbständigkeit, Selbstachtung, Verantwortungsbereitschaft und Rücksichtnahme angestrebt, so werden diese nach *Tausch* insbesondere durch folgende vier Dimensionen des Erzieherverhaltens gefördert:

Achtung–Wärme, nichtbewertendes Verstehen, Echtheit und **fördernde nichtdirigierende Aktivität.**

Die gegenteiligen Persönlichkeitsmerkmale werden eher durch die folgenden Dimensionen erzieherischen Verhaltens erzeugt:

Mißachtung–Kälte–Härte, Nicht-Verstehen oder Bewerten der Gefühle des Kindes, **Unechtheit–Unaufrichtigkeit, starke Dirigierung–Lenkung** und ein **geringes Ausmaß fördernder nicht dirigierender Aktivitäten.**[2]

Soll also z. B. das Ziel „demokratische Einstellung" erreicht werden, kann nur ein demokratischer, partnerschaftlicher Erziehungsstil zu seinem Erreichen verhelfen.

Diese geforderte Orientierung des Erzieherverhaltens an den Möglichkeiten der Gruppe und seiner Mitglieder macht eine beständige Überprüfung des eigenen Verhaltens notwendig. Hierzu muß ein Vergleich hergestellt werden zwischen dem eigenen beständigen Verhalten und den damit zusammenhängenden stabilen Persönlichkeitsmerkmalen einerseits, und dem häufig wechselnden Verhalten mit seinen eher situativ auftretenden, die Persönlichkeit weniger bestimmenden Merkmalen andererseits.

---

[1] Vgl. hierzu die Modelle auf S. 30 und S. 92.
[2] Vgl. Tausch, R.; Tausch, A. M.: Erziehungspsychologie. Verlag für Psychologie, Hogrefe. 8. Aufl. Göttingen 1977, S. 118 ff.

Erzieherinnen und Erzieher müssen ihr Verhalten aber auch am Vergleich orientieren zwischen den eigenen und den fremden Ansprüchen, die von außen an die Gruppe herangetragen werden.

> Als weiterer Schritt zur Einhaltung der gruppenpädagogischen Prinzipien kann die **Harmonisierung** und die **Aufeinander-Abstimmung** unterschiedlicher Entwicklungsstände der Kinder und deren **Integration** in das Gruppengeschehen gesehen werden.

Die häufige Tatsache, daß die Kindergruppen im Kindergarten altersgemischt sind, bietet einen guten Anlaß, solche Unterschiede der Fertigkeiten und Fähigkeiten durch die Kinder selbst ausgleichen zu lassen.

Bei vielen Beschäftigungen bietet es sich an, eine **Hilfestellung** der älteren Kinder einzuplanen. So lernen die älteren Kinder, ihr größeres Wissen den jüngeren Kindern gegenüber nicht als Macht auszuüben, sondern lernen Rücksichtnahme, kooperatives Verhalten und bekommen Erfolgserlebnisse vermittelt.

Die jüngeren Kinder erleben dagegen vorbildhaft ein Annehmen ihrer Unkenntnisse, empfinden Erfolgserlebnisse durch erfolgreiches Nachahmen der vorgemachten Tätigkeiten und lernen diese vorgelebte Verhaltensweise des Helfens wiederum an jüngere Kinder weiterzugeben.

Diese Möglichkeiten lassen sich auch hinsichtlich geübterer und ungeübterer, begabterer und unbegabterer Kinder nutzen.

Dem Erzieher kommt hierbei die Aufgabe zu, durch sein Auftreten und Verhalten ein Vorreiter in Sachen Harmonisierung unterschiedlicher Entwicklungsstände zu sein. Durch helfendes, bestimmte Mängel und Entwicklungsrückstände akzeptierendes Verhalten und entsprechende Gespräche lenkt er das Bewußtsein der Kinder in dieser Hinsicht. Dabei kann er vorhandene Vorurteile bestimmten Kindern oder Minderheiten gegenüber nutzen, um solche Vorurteile bewußt zu machen und abzubauen.

Hierzu eignen sich z. B. bestimmte sprachliche Eigenarten wie die Pflege von Dialekten oder kulturelle Eigenarten von ausländischen Kindern.

Aufgaben

1. **a)** *Welche gruppenpädagogische Prinzipien hängen mit der Erfassung des Eingangsverhaltens der einzelnen Kinder zusammen?*
   b) *Erörtern Sie den Zusammenhang dieser Prinzipien mit den Bedingungsfaktoren der auf S. 92 dargestellten Graphik.*

2. *Welche Nachteile ergeben sich möglicherweise für die Kinder einer altersgemischten Gruppe?*

3. *Welche Prinzipien der Gruppenpädagogik lassen sich mit welchen Faktoren der Planung von Lernangeboten des Schaubildes auf S. 92 vergleichen? Erläutern Sie Ihren Vergleich.*

5.4 Der Begriff der Gruppendynamik

> **Definition**
> Der Begriff Gruppendynamik bezeichnet alle dynamischen Handlungsabläufe zwischen den Gruppenmitgliedern, meint zugleich aber auch die Wissenschaft dieses Geschehens, also auch die Praxis der Beeinflussung solcher Prozesse.

Wie oben dargestellt, nutzt die Gruppenpädagogik die Prozesse, die in einer Gruppe ablaufen, um ihre Zielvorstellungen zu verwirklichen. Solche Prozesse können deswegen ablaufen, weil die Gruppenmitglieder gemäß der Definition der Gruppe miteinander in Interaktion und Kommunikation stehen.

Diese wechselseitigen Interaktionen und Kommunikationen drücken aus, daß jedes Gruppenmitglied durch ein anderes direkt oder indirekt beeinflußt wird.

Gemäß dem Lehrsatz der Sozialpsychologie: *„Man kann nicht nicht kommunizieren"* wird deutlich, daß jede Art von Verhalten, gleichgültig ob man schweigt oder spricht, Mitteilungscharakter für den anderen hat.

Je häufiger sich nun solche Interaktionen und Kommunikationen in der Gruppe vollziehen, um so intensiver verläuft der Prozeß in der Gruppe. Dieser Prozeß bzw. die Häufigkeit und Intensität der Interaktionen und Kommunikationen machen die Gruppendynamik aus.

Gesetzmäßigkeiten der Gruppendynamik

- Einflüsse auf die Gruppenatmosphäre
- Einflüsse auf die Gefühle der Mitglieder und auf das Wir-Gefühl der Gruppenmitglieder
- Machtstrukturen, Ranghierarchien
- Zielvorstellungen, Interessen der einzelnen Gruppenmitglieder und auch der Gruppe
- Existenz von Positionen und Rollen
- Existenz von Normen, Werten
- Existenz und Lösung von Konflikten
- Entstehung von Mehrheiten und Minderheiten
- Verschiedene Phasen der Gruppenbildung usw.

5.4.1 Gruppenprozesse

Phasen der Gruppenbildung

Die unterschiedlichen Phasen einer Gruppenbildung können als die Grundlage des Ablaufes von Gruppenprozessen betrachtet werden. Man geht dabei von der Sichtweise aus, daß auch eine Gruppe eine **Entwicklung** durchläuft, die in unterschiedliche Phasen eingeteilt werden kann. Bevor eine Gruppe entstehen kann, muß eine Ansammlung von mehreren Menschen vorhanden sein, die sich für eine gewisse Zeitdauer zu einer Gruppe zusammenschließen.

Bernstein/Lowy[1] haben ein solches Phasenmodell erstellt, das den Vorteil hat, alle wesentlichen Bereiche (wie z.B. die affektive Seite) zu berücksichtigen. Die Entwicklung einer Gruppe vollzieht sich nach *Bernstein/Lowy* in fünf Phasen, wobei über Dauer und Intensität nichts ausgesagt wird; nicht jede Gruppe durchläuft jede Phase. Es ist durchaus auch möglich, daß eine Gruppe in eine frühere Phase zurückfällt.

Bernstein/Lowy beschreiben aber nicht nur den jeweiligen Entwicklungsstand, sondern auch die mit der jeweiligen Phase verbundenen Aufgaben des Gruppenleiters, die in dem folgenden Schaubild mit den Begriffen **Intervention** (zielbewußte Einwirkung) und **Programm** (geplantes Angebot) abgedeckt werden.

Phasenmodell nach Bernstein/Lowy

	Programm (geplantes Angebot)	Intervention (zielbewußte Einwirkung)
1. Phase Voranschluß/ Orientierung	Die Kinder spielen allein; sie haben die Möglichkeit, kleine Erkundungsspiele und kurzfristige Angebote wahrzunehmen. Sachthemen stehen im Vordergrund.	Der Erzieher gibt den Kindern Spielraum für eigene Neigungen und Aktivitäten, fördert Einzelbeschäftigung.
2. Phase Machtkampf	Die Kinder haben die Möglichkeit, sich zu erproben, Aggressionen auszuspielen; sie können an Wettbewerben, Rollen- oder Geschicklichkeitsspielen u.a. teilnehmen.	Der Erzieher läßt Aggressionen zu, hilft bei Beziehungsproblemen und steckt Grenzen ab.
3. Phase Intimität	Die Kinder haben die Möglichkeit, selbst zu planen und Konfliktlösungen zu entwickeln und auszuprobieren. Längerfristige Aktionen und Gruppenprojekte stehen im Vordergrund.	Der Erzieher tritt öfter in den Hintergrund; er unterstützt die Gruppe beim Aufdecken und Lösen von Konflikten, hilft bei der Klärung von Gefühlen.
4. Phase Differenzierung	Die Kinder haben die Möglichkeit, gesprächsbezogene Angebote wahrzunehmen. Zusammenarbeit innerhalb der Gruppe sowie Aktivitäten mit anderen Gruppen stehen im Vordergrund.	Der Erzieher macht sich entbehrlich (gibt Hilfen zur Selbsthilfe); er stellt Bezüge zu anderen Gruppen her.
5. Phase Abschluß/ Auflösung	Die Kinder haben die Möglichkeit zu den unterschiedlichsten Aktivitäten; sie werden mit neuen Interessen und anderen Gruppen vertraut. Erinnerungsspiele und Gespräche stehen im Vordergrund.	Der Erzieher gibt eine Rückschau auf Aktionen, wertet das Gruppengeschehen aus; er unterstützt den Anschluß an andere Gruppen und bereitet die Auflösung der Gruppe vor.

---

[1] Vgl. Bernstein, S./Lowy, L.: Untersuchungen zur sozialen Gruppenarbeit. Lambertus Verlag, Freiburg 1975, S. 96ff.

Erläuterungen

1. Phase: **Voranschluß/Orientierung**

Die Gruppe besitzt noch kein Zusammengehörigkeitsgefühl (Wir-Gefühl). Die einzelnen tasten sich gegenseitig ab, erkunden sich gegenseitig. Die Befriedigung der eigenen Bedürfnisse steht im Vordergrund.

> **Beispiel**
>
> Die Kinder wenden sich allein den vorhandenen Spielen zu. Sie suchen Blickkontakt, wenden sich wieder ab, lassen sich ein bißchen helfen, spielen aber allein weiter.

2. Phase: **Machtkampf und Kontrolle**

In dieser Phase ringen die Kinder am stärksten um Positionen und Rollen. Sie lassen hier am ehesten den Wunsch nach Schutz durch den Erzieher spüren. Die Kinder versuchen ihren errungenen Status durch Aufstellen von Regeln abzusichern. Aggressionen treten in dieser Phase am stärksten auf.

> **Beispiel**
>
> Die Kinder suchen häufig engere Kontakte zum Erzieher, fordern seine Zuwendung; andere suchen die Auseinandersetzung, stellen ihn auf die Probe. Untereinander kämpfen sie um Sieg oder Niederlage.

3. Phase: **Vertrautheit oder Intimität**

Hier entsteht allmählich ein Zusammengehörigkeitsgefühl. Die Gruppenstruktur stabilisiert sich. Einzelne Kinder wagen aus der Gruppe herauszutreten, sich zu exponieren.

> **Beispiel**
>
> Einzelne Kinder übernehmen feiwillig bestimmte Aufgaben oder treten in bestimmter Hinsicht für die Gruppe ein.

4. Phase: **Differenzierung**

Die Gruppenstruktur ist nun vollends stabilisiert, es besteht großer Zusammenhalt. Die Rollen- und Statusunterschiede sind deutlich. Machtkämpfe werden nur in geringem Maße ausgetragen, dafür besteht große Neigung zu gegenseitiger Hilfestellung. Es besteht eine hohe Kommunikationsbereitschaft unter den Kindern.

> **Beispiel**
>
> Die Gruppe ist nun fähig, selbst Ziele zu finden, Absichten auszudrücken. Führerpositionen, Gefolgsleute, Cliquen haben sich herausgebildet.

5. Phase: **Abschluß oder Auflösung**

Die Auflösung der Gruppe besteht in der Trennung der Kinder voneinander. Schwerfallender Abschied wird gemildert durch die Aufnahme neuer Kinder und dem Aufbau einer neuen Gruppenstruktur. Bei Kindergartengruppen ist dies immer von außen gegeben, bei Jugendgruppen ist es meist das aufkommende Desinteresse am Erhalt der Gruppe und die Hinwendung zu anderen Gruppen.

Beispiel

Die Gruppe wird durch den Übergang von einigen Kindern in die Schule aufgelöst. Das Ende ist durch das Ziel gekommen, die Abgänger für die Schule vorbereitet zu haben.

Ein anderes, etwas einfacheres Phasenmodell bieten *Hederer/Träger* für die Bildung von Kinderspielgruppen an:

1. Dominanzstadium

„Am Anfang dominierten einzelne vitale Mitglieder. Sie bestimmten Handlungsabläufe und rivalisierten miteinander. Mit Dominanz ist hier nicht eine ,natürliche' Autorität durch Eigenschaften wie sachliches Geschick, Einfallsreichtum, Verträglichkeit gemeint, sondern das grobe Sich-Durchsetzen durch Körperkraft und Rauflust.
Allmählich entsteht eine Rangordnung. Kinder mit primär sachlichem Interesse haben gelegentlich Chancen, den Handlungsablauf mitzubestimmen, die leistungsschwachen und sozial randständigen Kinder haben keine.

2. Beruhigungsstadium

Mit zunehmender Zahl gelöster Aufgaben tritt das Dominanzstreben zurück. Nun kommen die Leistungsschwachen zum Zug. Die anderen Gruppenmitglieder bieten ihnen bei der Aufgabenlösung ihre Hilfe an.

3. Regelstadium

In diesem Stadium ist das Dominanzverhalten der Starken völlig abgebaut. Die Gruppe gibt sich Normen, auf deren Einhaltung besonders die Schwachen achten."[1]

Aufgaben

1. Erarbeiten Sie diejenigen wesentlichen Eigenarten der Gruppe in der jeweiligen Phase, die für die erzieherischen Absichten besonders wichtig sind.

2. Zeigen Sie, welche Vorteile, aber auch welche Gefahren die Anwendung eines solchen Phasenmodells für die Kindergartengruppe in sich birgt.

3. Welcher Zusammenhang läßt sich zwischen den Phasen der Gruppenbildung und den auf S. 123f. dargestellten Spielverhaltensweisen der Kinder herstellen?

---

[1] Hederer, J./Träger, K. (Hrsg.): Telekolleg für Erzieher. Pädagogik III. TR-Verlagsunion, München 1975, S. 147f.

5.4.2 Der Gruppendruck

Die Tatsache, daß die Gruppe in starkem Maße Einfluß auf das Verhalten des einzelnen Kindes ausübt, bezeichnet man mit dem Begriff „Gruppendruck".

Dieses Phänomen wurde in vielen Experimenten untersucht.

„ASCH (1951) ließ so in einem Experiment seine Versuchspersonen, die Studenten höherer Lehranstalten waren, eine Karte, der eine Linie von gegebener Länge aufgedruckt war, vergleichen mit anderen Karten, denen 3 Linien von verschiedenen Längen aufgedruckt waren (siehe Abb.). Durch paarweises Vergleichen der Karten sollte die Gruppe diejenige Linie bezeichnen, die die gleiche Länge hatte, wie die Linie auf der Standardkarte. Die Versuchspersonen waren in Gruppen zu 8 eingeteilt und rund um einen Tisch plaziert. Die Urteile wurden mündlich abgegeben, hörbar für alle. In Wirklichkeit war es nur eine Person in jeder Gruppe, die achte im Kreis, die die Karten in die Hand bekam, eine echte Versuchsperson, da die sieben andern vorher instruiert worden waren, falsche Urteile abzugeben. Es sollte untersucht werden, inwieweit der Druck der Gruppe den einzelnen zum Mitgehen zwingen konnte. Im ganzen wurden 123 Versuchspersonen nacheinander auf Platz Nr. 8 untergebracht und dem ‚Gruppendruck' ausgesetzt. Nach dem Versuch wurde jede einzelne Versuchsperson unter 4 Augen vom Versuchsleiter interviewt.

Das Resultat des Experimentes: ein Viertel der Versuchspersonen gab unabhängige Urteile ab und erklärte während des Interviews, daß sie das taten, weil sie voll und ganz auf ihre eigene Urteilskraft vertrauten. Nicht, daß sie den Druck der Gruppe nicht gespürt hätten, doch sie bewahrten trotzdem ihr Gleichgewicht und blieben ‚standhaft'. Gut ein Drittel gab ebenfalls unabhängige Urteile ab, erklärte aber während des Interviews, daß sie stark in Zweifel geraten seien und es ihnen ziemlich unbehaglich geworden sei, anders zu liegen als die übrigen der Gruppe.

Der Rest, ein gutes Drittel, unterlag dem Gruppendruck und wählte die gleiche falsche Linie, die die fingierten Versuchspersonen als die richtige bezeichnet hatten. Aufgrund ihrer Erklärungen im Verlauf des Interviews konnte man bei diesen ‚Konformen' wiederum zwischen 3 Kategorien unterscheiden:
1. Personen, die so stark von der Gruppe abhängig waren, daß sie selbst glaubten, sie hätten richtig gesehen und richtig geantwortet.
2. Personen, die ihr Urteil nach dem der Gruppe richteten, indem sie unkritisch aufgrund dem ‚Recht der Mehrheit' den Schluß zogen, sie müßten sich getäuscht haben, wenn alle anderen etwas anderes sagten.
3. Personen, die bewußt falsch geantwortet haben, weil sie nicht ‚anders' sein wollten.

Der Versuchsleiter hatte angenommen, daß die Widerstandskraft des Individuums gegenüber dem ‚Gruppendruck' davon abhängen müsse, wie grob der ‚Fehler' der Gruppe war. Er vergrößerte deshalb den Unterschied zwischen der Standardlinie und der Linie, die die unechten Versuchspersonen wählen sollten, in der Hoffnung, an einen Punkt zu gelangen, wo die Wahl der Gruppe so offensichtlich falsch war, daß selbst die unselbständigen Versuchspersonen sich vorurteilsfrei genug fühlen mußten, das zu sagen, was sie selbst für richtig hielten. Leider sagt ASCH, glückte dies nicht. Selbst, wenn der Unterschied zu den Linien, die die Gruppe als gleich angab, so augenfällig groß war, war immer noch jemand da, der der Gruppe nicht widersprach."[1]

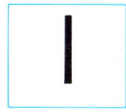
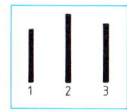

Standardlinie   Vergleichslinien

[1] Sjølund, Arne: Gruppenpsychologie für Erzieher, Lehrer und Gruppenleiter. Hrsg. von Ernst Meyer. 2. Auflage, Heidelberg 1976, S. 54f.

Eine Reihe von Untersuchungen bestätigte das Ergebnis von *Asch*. In weiteren Untersuchungen fand man heraus, daß das Verhalten der Versuchspersonen von ihrer **Persönlichkeitsstruktur** abhängt. Zwei wesentliche Persönlichkeitsgruppen unterscheidet man dabei:

- die **Konformen** und
- die **Selbständigen**.

Während die Konformen ein nur geringes Selbstverständnis, großen Respekt vor Autoritäten und eine starre Denkweise zeigten, waren die Selbständigen offener, selbstsicherer und zeigten keine Abwehrhaltung. Sie waren aktiver und als Führer rücksichtsvoller.

Erfahrene Erziehende wissen, daß man solche Unterschiede in der Persönlichkeitsstruktur auch schon bei Kindergartenkindern finden kann. Schon unter ihnen gibt es Führerpersönlichkeiten und solche, die man eher als „Mitläufer" bezeichnen kann.

Aufgaben

1. *Suchen Sie nach Einflußfaktoren, die diese Unterschiede erklären könnten und erläutern Sie, warum sie auf diese Weise wirken.*

2. *Welche Folgerungen muß man aus diesen Ergebnissen für das erzieherische Verhalten im Kindergarten ziehen?*

5.4.3 Die soziale Kontrolle

Wenn Menschen in Gruppen zusammenleben, so bilden sie ein mehr oder weniger stark **geregeltes Verhaltenssystem** aus. Über diese Regeln können sie sich mehr oder weniger einig sein, sich demzufolge auch unterschiedlich an diese Regeln anpassen.

Diese Regeln werden im sozialwissenschaftlichen Bereich mit dem Begriff ‚soziale Normen' abgedeckt.

Definition

„Soziale Normen sind Auffassungen darüber, wie man sich verhalten oder gerade nicht verhalten soll." [1]

Je wichtiger nun bestimmte Normen für die Gruppe sind, um so größer wird der Gruppendruck auf die einzelnen Mitglieder, diese Normen einzuhalten. Dazu werden bestimmte Sanktionen durch die Gruppe ausgeübt, d. h. Reaktionen, die sowohl strafender als auch belohnender Art sein können.

Definition

Soziale Sanktionen sind Maßnahmen, die dafür sorgen, daß die Normen eingehalten werden.

Der gesamte Prozeß der Verhaltensregulierung der einzelnen Gruppenmitglieder mittels des Normensystems und des Sanktionssystems wird als soziale Kontrolle bezeichnet.

---

[1] Jilesen, M.: a.a.O., S. 33.

5.4.4 Die soziale Gruppenstruktur

Die schon erwähnten Interaktionen und Kommunikationen in der Gruppe laufen aber in jeder Gruppe in für sie ganz spezifischer Art und Weise ab. Die Beziehungen der Gruppenmitglieder lassen sich demzufolge in besonderer Form charakterisieren.

> **Definition**
> **Die Gruppenstuktur ist die Bezeichnung für das Gruppengefüge, das sich aus den Gruppenmitgliedern bildet, die alle miteinander in sozialer Wechselbeziehung stehen.**

Dabei ist zu beachten, daß es nicht nur eine einzige Struktur der Gruppe gibt. Vielmehr erfolgt die Strukturierung in verschiedener Hinsicht: So gibt es beispielsweise eine Freundschaftsstruktur (affektive Struktur), eine Rollenstruktur, eine Kommunikationsstruktur usw. In ein und derselben Gruppe lassen sich somit unterschiedliche Strukturierungen feststellen, da es auf den Gesichtspunkt ankommt, unter dem man die Gruppe betrachtet.

Da in der Kindergruppe des Kindergartens die Gruppenstruktur vor allem unter dem Gesichtspunkt der **affektiven** Seite betrachtet werden muß, wird für die weitere Erörterung insbesondere die Freundschaftsstruktur bevorzugt. Eine solche Trennung ist allerdings nur theoretisch sinnvoll. In der Praxis sind diese Strukturen eng miteinander verknüpft.

Die Gesamtstruktur der Gruppe läßt sich mit Hilfe folgender Grundbegriffe verdeutlichen:

- soziale Position
- soziale Rolle
- sozialer Status
- sozialer Konflikt

Die soziale Position

> **Definition**
> **Der Begriff „soziale Position bezeichnet jeden Ort in einem Feld sozialer Beziehungen."[1]**

Er bezeichnet also den Platz, die Stelle, den bzw. die der einzelne in der Gruppe einnimmt.

Positionen sind prinzipiell unabhängig von dem einzelnen Menschen, der sie besetzt.[2] D.h. die Position der Kindergartenleiterin bleibt auch dann weiterhin bestehen, wenn Frau X., die diese Position bekleidet hat, stirbt. Mit dieser einen Position sind immer auch andere Positionen verbunden, und der einzelne kann mehrere Positionen in der Gesellschaft einnehmen; er befindet sich somit in mehreren Positionsfeldern.[3]

---

[1] Dahrendorf, Ralf: Pfade aus Utopia. Piper u. Co. Verlag, München 1967, S. 141.
[2] Vgl. Dahrendorf: a.a.O., S. 144.
[3] Vgl. Dahrendorf: a.a.O., S. 142.

Die soziale Rolle

Mit der sozialen Position ist immer eine soziale Rolle verbunden.

> **Definition**
> Die soziale Rolle gibt die Art der Beziehungen zwischen den Positionsträgern in einer Gruppe an. Sie ist ein Bündel von Erwartungen, die sich an das Verhalten von Positionsträgern knüpfen.[1]

Wie die soziale Position, so ist auch die soziale Rolle ein vom einzelnen prinzipiell unabhängiger Komplex von Verhaltensvorschriften. Ihr besonderer Inhalt – wie man sich zu verhalten hat – wird von der Gruppe bzw. Gesellschaft bestimmt. Dabei begegnen die in Rollen gebündelten Erwartungen dem einzelnen mit einer gewissen Verbindlichkeit des Anspruches.[2] Die Gewähr dafür, daß sich Träger von Positionen rollengemäß verhalten, bieten die an jede Rolle geknüpften Rollenerwartungen, die in **Muß-, Soll- und Kann-Erwartungen** unterteilt werden können.[3]

Hier wird der enge Bezug zwischen sozialer Rolle und sozialer Sanktion deutlich. Die **Verbindlichkeit der Rollenerwartung** kann nämlich an der Art der durch die Gruppe oder Gesellschaft verhängten Sanktionen gemessen werden.

Sowohl die Muß- als auch die Soll-Erwartungen werden negativ sanktioniert, die Kann-Erwartung jedoch positiv.

Der soziale Status

Einen weiteren Zusammenhang mit der sozialen Position und damit auch mit der sozialen Rolle weist der soziale Status auf.

> **Definition**
> Der soziale Status gibt den Grad der sozialen Wertschätzung an, die ein Individuum in der Gruppe aufgrund seiner Position und der damit verbundenen Rolle besitzt.

Je höher also eine Position in der Gruppe eingeschätzt wird, um so höher ist der davon abhängige soziale Status. Ein Mensch hat demzufolge verschiedene soziale Stati im Laufe seines Lebens, da er immer mehreren Gruppen angehört.

Beispiel
Rita ist das dritte Kind einer Familie. Sie kommt meist ungepflegt und ungewaschen in den Kindergarten. Ihre Kleidung ist zerschlissen und häufig auch zerrissen. Sprachlich wirkt sie gehemmt, von anderen Kindern wird sie selten angesprochen und selber bemüht sie sich nicht um Kontakt zu den anderen Kindern.
Rita ist aber Mitglied in einem Turnverein, in deren Frühturn-Abteilung sie aufgenommen wurde. Der Trainer verspricht sich viel von ihr, denn in ihrer Turngruppe ist sie die Beste. Sie gilt als das größte Turntalent der letzten Jahre. Die anderen Kinder bewundern sie und betrachten sie als ihre Führerin.

---

[1] Vgl. Dahrendorf: a.a.O., S. 144.
[2] Vgl. Dahrendorf: a.a.O., S. 145.
[3] Vgl. Dahrendorf: a.a.O., S. 147 ff.

5.4.5 Der soziale Konflikt

> **Definition**
>
> **Ein sozialer Konflikt tritt dann auf, wenn das Verhalten eines einzelnen oder einer Gruppe dem Verhalten anderer Personen oder Gruppen zuwiderläuft.**

Bezieht man die vorne gemachten Aussagen über das Rollenverhalten auf die obige Definition des sozialen Konfliktes, so wird einsichtig, daß **Verhaltenskonflikte** auch **Rollenkonflikte** sind. Anders ausgedrückt: es entsteht ein sozialer Konflikt immer dann, wenn ein Positionsinhaber widersprüchlichen und unvereinbaren Verhaltenserwartungen ausgesetzt ist. Dabei unterscheidet man zwischen

- dem Interrollenkonflikt und
- dem Intrarollenkonflikt.

Interrollenkonflikt

Jeder Mensch hat nicht nur eine Position in einer einzigen Gruppe inne, sondern mehrere Positionen in mehreren Gruppen und somit auch mehrere Rollen. Dadurch besteht die Möglichkeit, daß die Erwartungen von seiten der Umwelt an die eine Position im Widerspruch zu den Erwartungen an die andere Position stehen können.

> **Beispiel**
>
> Eine Erzieherin nimmt die Rolle der Gruppenleiterin in der Gruppe der Erzieher ihres Kindergartens ein; zugleich ist sie aber auch noch Familienmitglied, Parteimitglied und Handballspielerin in der 1. Mannschaft des Handballvereins.

Intrarollenkonflikt

Ein Intrarollenkonflikt besteht dann, wenn durch verschiedene Personen oder Gruppen an ein und dieselbe Position unterschiedliche Erwartungen gestellt werden.

> **Beispiel**
>
> An einem Elternabend trägt ein Elternpaar seine Vorstellungen hinsichtlich des von ihm gewünschten Erziehungsstiles der Erzieherin vor. Dem widersprechen andere Eltern, die einen ganz anderen Erziehungsstil für ihre Kinder wünschen. Es besteht aber auch die Möglichkeit, daß sich die Erwartungen des Trägers und die Vorstellungen des Erziehers widersprechen.

Erwartungen des Trägers → Rolle des Erziehers ← Erwartungen der Eltern

> **Definition**
>
> **Interrollenkonflikt ist ein Konflikt zwischen mehreren Rollen eines Positionsträgers. Intrarollenkonflikt ist ein Konflikt innerhalb einer einzigen Rolle eines Positionsträgers.**

1. *Erstellen Sie eine Liste von Normen, die vom Kindergarten formuliert werden, um den Tagesablauf besser zu regeln.*

2. *Nennen Sie Normen, die die Kinder untereinander beachten.*

3. *Suchen Sie nach Beispielen einer sozialen Kontrolle im Kindergarten.*

4. *Nennen und erläutern Sie verschiedene Positionen, die im Kindergarten vorhanden sind.*

5. *Erläutern Sie verschiedene Muß-, Soll- und Kann-Erwartungen, die an einen Erzieher gestellt werden.*

6. *Welche Sanktionen können möglicherweise bei einem Nichterfüllen der jeweiligen Muß-, Soll- und Kann-Erwartungen für die Erzieherin oder den Erzieher erfolgen?*

7. *Stellen Sie anhand des Beispieles von Rita auf S. 186 dar, ob ein Mensch verschiedene soziale Stati innehaben kann oder nicht.*

8. *Konkretisieren Sie die Beispiele für den Interrollenkonflikt und Intrarollenkonflikt.*

9. *Stellen Sie die wechselseitigen Beziehungen zwischen den einzelnen Grundbegriffen der Gruppenstruktur dar.*

5.5   Erfassung von Gruppenstrukturen

5.5.1   Grundzüge der Soziometrie

Die Soziometrie ist eine Methode zur Erforschung der Struktur sozialer Beziehungen, die besonders durch eine Abfolge gekennzeichnet sind, die von Zuneigung bis Abneigung reicht. Diese emotionale Dimension ist insbesondere eine Grundlage von Freundschaftsstrukturen. Grundlegendes Ziel der Soziometrie ist es, mittels der **Erhebung der gefühlsmäßigen Beziehungen** der Gruppenmitglieder einen Einblick in den Gruppenaufbau zu erhalten.

Hiervon ausgehend lassen sich drei hauptsächliche **Ziele der Soziometrie** ableiten:

1. Die Erforschung der **Gruppenstruktur**
   Bereiche: Schulen, Kindergärten, Heime, Industrie, Verwaltung, Wirtschaft usw.

2. Die Erstellung einer **Individualdiagnose**
   Hierbei wird die soziale Position und Rolle einer einzelnen Person in der sozialen Gruppe ermittelt und gedeutet.

3. Die **Kleingruppenforschung**
   Bei diesem Ziel geht es besonders um die Erhebung von Gesetzmäßigkeiten sozialer Abläufe, um Zusammenhänge der Gruppenstruktur mit unabhängigen Faktoren (wie z.B. Einkommen) und um die Veränderung der Gruppenstruktur (Gruppendynamik).

Begründer dieser Forschungsmethoden ist der Wiener Psychiater *J. L. Moreno*[1]. Sie sollten es ermöglichen, eine klare und wirksame Verständigung zwischen den Mitgliedern einer Gesellschaft herzustellen.

5.5.2 Erheben der Daten

Die Gruppenmitglieder werden aufgefordert, mündlich oder schriftlich ihre Zu- und/ oder Abneigung anderen Mitgliedern gegenüber Ausdruck zu verleihen.

Fragestellung

- Die Fragen können auf eine allgemeine Zu- und/oder Abneigung gerichtet sein:
  „Welche Deiner Kameraden magst Du am liebsten?"
  „Welche Deiner Kameraden magst Du am wenigsten?"
- Die Fragen können auf eine spezifische Beziehung bezogen sein (Interaktionen)
  „Mit wem kommst Du in den Kindergarten?"
- Die Fragen können indikativ sein (im Sinne objektiver Interaktionsbevorzugung)
  „Mit wem spielst Du meistens in der Bauecke?"
- Die Fragen können konjunktiv sein (im Sinne subjektiver Interaktionsbevorzugung)
  „Mit wem würdest Du gern spielen?"

Begrenzung der Wahlgruppe

Wenn das soziale Gefüge einer geschlossenen Gruppe erfaßt werden soll, ist eine Auswahl der zu untersuchenden Personen nicht notwendig. Erst größere Gruppen zwingen dazu.

Begrenzung der Wahlen

Den Befragten kann auferlegt werden, nur eine bestimmte Anzahl von anderen Gruppenmitgliedern wählen zu dürfen. Dies hat den Vorteil, daß die Auswertung und Interpretation leichter durchgeführt werden kann.

Allerdings kann das zu Verfälschungen bei der Auswertung und Interpretation der Ergebnisse führen. Das objektivste Ergebnis erzielt man bei einer unbegrenzten Wahl- und Ablehnungsmöglichkeit. Jedoch wird die Auswertung und Interpretation dadurch erheblich erschwert.

Statistische Berechnungen haben ergeben, daß eine Begrenzung auf fünf Wahlen oder Ablehnungen eine große Übereinstimmung mit unbegrenzten Wahl- oder Ablehnungsmöglichkeiten aufweist. Mehr Wahlmöglichkeiten verändern das Ergebnis nur noch unerheblich.

Da totalistische Wahlen (alle Gruppenmitglieder müssen vom Wähler eingestuft werden) eine Überforderung des Wählers bedeuten, wandelte man die Wahlen so ab, daß jedes Mitglied mit jedem zu vergleichen ist. Von jedem Paar muß dann die bevorzugte Person genannt werden.

Dieses Verfahren des Paarvergleichs erbringt zwar die sichersten Ergebnisse, ist aber außerordentlich aufwendig.

---

[1] Moreno, J. L.: Die Grundlagen der Soziometrie. Köln/Opladen 1967.

Intensität der Wahl

Zusätzlich kann verlangt werden, daß der Wähler die Wahlen oder Ablehnungen in eine Rangfolge bringt. Eine erste Wahl wird dann bei der Auswertung höher gewichtet als eine zweite oder dritte Wahl.

Wahlkriterien

Das Wahlkriterium kann konkreter oder allgemeiner Art sein. Die Wahlfragen bei objektiven Interaktionsbeziehungen werden auf konkrete Situationen bezogen, die das Kriterium für die Wahl sind; bei subjektiven Interaktionsbeziehungen werden sie auf allgemeine Situationen bezogen.

> „Welches Kriterium man wählt, hängt von der Gruppe, von der Situation und auch von den möglichen Konsequenzen des Tests ab. Manchmal wird der Test durchgeführt, ohne Konsequenzen für die Gruppenmitglieder zu haben, und dient lediglich pädagogischen oder wissenschaftlichen Zwecken. Der Lehrer oder Erzieher z.B. möchte genauer Bescheid wissen über die Stuktur der Schulklasse oder Kindergartengruppe und führt deswegen den Test durch. Bei einer Zusammenstellung oder Neuverteilung von Gruppen hat das Ergebnis des Tests direkte Konsequenzen für die Mitglieder."[1]

Denkbar ist auch, daß die Kinder ein oder zwei Partner für eine unmittelbar folgende Handlung wählen können. Dabei sollen alle Kinder aus der ganzen Gruppe wählen dürfen.

5.5.3 Erstellen und Auswerten einer Soziomatrix

Anhand eines vorgegebenen Beispieles soll verdeutlicht werden, wie die Daten der Befragung einer Kindergartengruppe gesammelt und ausgewertet werden.

Beispiel
Es handelt sich um eine aus 13 Kindern bestehende Gruppe. Die Erzieherin stellt fest, daß die Gruppe nicht besonders gut harmonisiert und möchte das soziale Gefüge der Gruppe genauer ermitteln.

Fragestellung:
„Wenn Du heute nachmittag eine Spielstunde zu Hause machen würdest, wen würdest Du aus der Gruppe dann gerne einladen?" und *„Wen würdest Du lieber nicht einladen?"*
Vorgegeben sind drei Wahl- und Ablehnungsmöglichkeiten.

Die Antworten der Kinder werden in eine Tabelle eingetragen (siehe Seite 190). Eine solche Tabelle wird **Soziomatrix** genannt und dient der mathematisch-tabellarischen Darstellung der Ergebnisse. Dazu werden in der senkrechten Spalte die Wähler, in der waagerechten die Gewählten eingetragen. Die Wahlen (positive Stim-

---

[1] Jilesen, M.: a.a.O., S. 101.

men) werden mit einem Pluszeichen, die Ablehnungen (negative Stimmen) mit einem Minuszeichen eingetragen. Gegenseitige Wahlen oder Ablehnungen werden deutlich gemacht, indem die Plus- oder Minuszeichen in eine Klammer gesetzt werden.

Beispiel für eine Soziomatrix

Untersucht werden soll eine aus 13 Kindern bestehende Gruppe. Die Erzieherin hat durch Beobachtung eine Cliquenbildung festgestellt, möchte aber genauere Ergebnisse haben.

		Kinder als Gewählte													Kontaktfreudigkeit			soziometrische Ausdehnung	
		1	2	3	4	5	6	7	8	9	10	11	12	13	+	−	Ge-samt	E+	E−
Kinder als Wähler	1		(+)	(+)	(+)									−	3	1	4	$\frac{3}{12}$	$\frac{1}{12}$
	2	(+)		(+)		+								(−)	3	1	4	$\frac{3}{12}$	$\frac{1}{12}$
	3	(+)	(+)											(−)	2	1	3	$\frac{2}{12}$	$\frac{1}{12}$
	4	(+)		+			−	−						−	2	3	5	$\frac{2}{12}$	$\frac{3}{12}$
	5				+										1		1	$\frac{1}{12}$	0
	6	+			+									−	2	1	3	$\frac{2}{12}$	$\frac{1}{12}$
	7								(+)	(+)				−	2	1	3	$\frac{2}{12}$	$\frac{1}{12}$
	8							(+)		(+)					2		2	$\frac{2}{12}$	0
	9							(+)	(+)					−	2	1	3	$\frac{2}{12}$	$\frac{1}{12}$
	10				+			+						−	2	1	3	$\frac{2}{12}$	$\frac{1}{12}$
	11							+	+						2		2	$\frac{2}{12}$	0
	12	+						+						(−)	2	1	3	$\frac{2}{12}$	$\frac{1}{12}$
	13		(−)	(−)									(−)			3	3	0	$\frac{3}{12}$
Grad der Beliebtheit	+	5	2	3	3	2		5	3	2					25				
	−		1	1			1	1					1	9		14			
	Ge-samt	5	3	4	3	2	1	6	2	2			1	9			39		
sozio-metri-scher Status	SS+	$\frac{5}{12}$	$\frac{2}{12}$	$\frac{3}{12}$	$\frac{3}{12}$	$\frac{2}{12}$	0	$\frac{5}{12}$	$\frac{3}{12}$	$\frac{2}{12}$	0	0	0	0					
	SS−	0	$\frac{1}{12}$	$\frac{1}{12}$	0	0	$\frac{1}{12}$	$\frac{1}{12}$	0	0	0	0	$\frac{1}{12}$	$\frac{9}{12}$					
	SS	$\frac{5}{12}$	$\frac{1}{12}$	$\frac{2}{12}$	$\frac{3}{12}$	$\frac{2}{12}$	$\frac{1}{12}$	$\frac{4}{12}$	$\frac{3}{12}$	$\frac{2}{12}$	0	0	$-\frac{1}{12}$	$-\frac{9}{12}$					

SS + = positiver soziometrischer Status = $\dfrac{\text{e.W.}}{N-1}$

    e.W. = erhaltene Wahlen

SS − = negativer soziometrischer Status = $\dfrac{\text{e.A.}}{N-1}$

    e.A. = erhaltene Ablehnung

SS = genereller soziometrischer Status = (SS+) − (SS−)

E+ = positive soziometrische Ausdehnung

E− = negative soziometrische Ausdehnung

N = Anzahl der Gruppenmitglieder

Wie aus dem vorliegenden Beispiel ersichtlich ist, lassen sich nun einige Merkmale sowohl der einzelnen Gruppenmitglieder als auch der gesamten Gruppe durch die Soziomatrix herausstellen und in Zahlen darstellen.

Senkrechte Spalten

Unter der senkrechten Spalte ist die jeweilige Summe der erhaltenen Wahlen und Ablehnungen festgehalten. Somit läßt sich feststellen, wer die meisten erhaltenen Wahlen (positive Stimmen) und die meisten erhaltenen Ablehnungen (negative Stimmen) aufweist, wer also der **Beliebteste** und wer der **Unbeliebteste** ist. In unserem Beispiel erhielten sowohl Nr. 1 als auch Nr. 7 fünf positive Stimmen. Während aber Nr. 7 eine negative Stimme erhielt, weist Nr. 1 keine negative Stimme auf.

Durch die Addierung der erhaltenen Wahlen und Ablehnungen läßt sich der **soziometrische Status** (SS) der einzelnen Gruppenmitglieder feststellen.

SS+ (positiver soziometrischer Status) wird festgestellt, indem man die erhaltenen Wahlen in ein Verhältnis zu der Anzahl der Wähler in der Gruppe setzt. In unserem Beispiel weist also sowohl Nr. 1 als auch Nr. 7 einen SS+ von 5/12 auf.

Der generelle soziometrische Status von Nr. 1 ist höher als der von Nr. 7, da der negative soziometrische Status vom positiven abgezogen werden muß. Nr. 7 weist also nur einen generellen soziometrischen Status von 4/12 auf.

Waagrechte Zahlen

Hinter den waagrechten Zahlen ist die Summe der abgegebenen Wahlen und Ablehnungen aufgeführt. Hier kann festgehalten werden, wer seine Wahl- und Ablehnungsmöglichkeiten voll ausschöpft oder nicht. In unserem Beispiel fällt auf, daß kein Mitglied seine gesamten Wahl- und Ablehnungsmöglichkeiten ausschöpft.

Die abgegebenen positiven Stimmen stellen den **Grad der Kontaktfreudigkeit** dar. Obwohl die Wahlen sowieso auf drei Möglichkeiten begrenzt sind, geben nur Nr. 1 und Nr. 2 alle drei Wahlen ab. Das heißt, sie sind die Kontaktfreudigsten in der Gruppe.

Zählt man nun die abgegebenen positiven und negativen Stimmen zusammen, so erhält man den **Grad der sozialen Ausdehnung** der Gruppenmitglieder. Denn sowohl Wahl als auch Ablehnung sind ein Zeichen dafür, daß die soziale Umwelt wahrgenommen und an ihr teilgenommen wird. Die höchste soziale Ausdehnung weist in unserem Beispiel die Nr. 4 auf.

Um aber die Mitglieder nicht nur untereinander, sondern auch mit Mitgliedern anderer Gruppen vergleichen zu können, muß man die absoluten Zahlen in relative Zahlen umformen und auf die Gruppengröße beziehen. Da dies Merkmale sind, die für den einzelnen gelten, werden sie **individuelle Merkmale** genannt.

---

1. **Status**

   Positiver soziometrischer Status

   $$SS+ = \frac{\text{erhaltene Wahlen}^{1}}{N-1}$$

   Negativer soziometrischer Status

   $$SS- = \frac{\text{erhaltene Ablehnungen}}{N-1}$$

   Genereller soziometrischer Status

   $$SS = (SS+) - (SS-)$$

2. **Ausdehnung** (Expansion)

   Positive Ausdehnung

   $$E+ = \frac{\text{abgegebene Wahlen}}{N-1} \quad \text{(ist zugleich auch die Kontaktfreudigkeit)}$$

   Negative Ausdehnung

   $$E- = \frac{\text{abgegebene Ablehnungen}}{N-1} \quad \text{(ist zugleich auch die Feindseligkeit)}$$

   Generelle Ausdehnung

   $$E = (E+) + (E-)$$

Außer den individuellen Merkmalen gibt es nun aber auch Merkmale der Gruppe, die verschiedene Gruppen vergleichbar machen, sogenannte **Gruppenmerkmale**.

---

1. **Gruppenkohäsion** (Zusammenhalt der Gruppenmitglieder)

   $$K = \frac{\text{gegenseitige Wahlen}}{\text{mögliche gegenseitige Wahlen}}$$

   Die möglichen gegenseitigen Wahlen berechnen sich bei unbegrenzter Wahl nach der Formel $\frac{N(N-1)}{2}$

   Bei begrenzter Wahl lautet die Formel $\frac{f \times N}{2}$, wobei f die Anzahl der begrenzten Wahlmöglichkeiten darstellt.

2. **Gruppenintegration** (Eingliederung der Gruppenmitglieder)

   $$I = \frac{1}{\text{Anzahl der nicht gewählten Personen}}$$

---

[1] Die Brüche stellen keine reinen mathematischen Formeln dar, sondern bezeichnen das Verhältnis der einzelnen Faktoren zueinander.

Aufgaben

1. Erstellen Sie eine Rangfolge der Gruppenmitglieder nach ihrer Beliebtheit.

2. Erstellen Sie eine Rangfolge der Gruppenmitglieder im Hinblick auf ihre soziometrischen Stati.

3. Errechnen Sie die Größe der individuellen Merkmale für die Personen 1 und 13 aus der dargestellten Soziomatrix.

4. Errechnen Sie ebenso die Größe der Gruppenmerkmale.

5.5.4 Erstellen und Auswerten eines Soziogramms

Um die mathematische Darstellung der Soziomatrix anschaulicher darstellen zu können, werden die Daten in ein **graphisches Gebilde,** in das Soziogramm, übertragen. Dies geschieht, indem die Personen durch Kreise und die Beziehungen durch Pfeile wiedergegeben werden. Wahlen können dabei mittels durchgezogener und Ablehnungen mittels gestrichelter Pfeile dargestellt werden. Dabei sollte darauf geachtet werden, daß die sozialen Entfernungen zwischen den Gruppenmitgliedern in etwa den graphischen Entfernungen des Soziogramms entsprechen. D. h., daß in der Mitte des Soziogramms die Personen stehen, die in der Gruppe auch im Mittelpunkt stehen.

Methoden zur Erstellung

1. Versuch und Irrtum

Man versucht solange durch Anordnung von Kreisen und Pfeilen und deren Verbesserung ein Soziogramm zu erstellen, bis es übersichtlich genug ist.

2. Erstellung von konzentrischen Kreisen

Man zeichnet mehrere konzentrische Kreise, wobei die Personen mit den meisten Stimmen in den mittleren Kreis, die mit dem zweitgrößten Stimmenanteil in den zweiten Kreis eingezeichnet werden usw. Die Personen, die nur Ablehnungen erhalten haben, werden außerhalb der Kreise eingezeichnet.

3. Erstellung von Teilsoziogrammen

Sind die Gruppen besonders groß oder die Wahlmöglichkeiten unbegrenzt, fertigt man Teilsoziogramme an. Dabei kann man bestimmte Vorgehensmaßnahmen entwickeln. Man benutzt beispielsweise:

- nur die positiven Wahlen oder
- nur die positiven gegenseitigen Wahlen oder
- nur die erhaltenen Wahlen oder
- nur die abgegebenen Wahlen oder
- nur die Ablehnungen oder
- nur die gegenseitigen Ablehnungen.[1]

---

[1] Vgl. Jilesen, M.: a.a.O., S. 111.

Ein solchermaßen gefertigtes Teilsoziogramm kann dann möglicherweise durch ein weiteres ergänzt werden.

Beispiel für ein Soziogramm

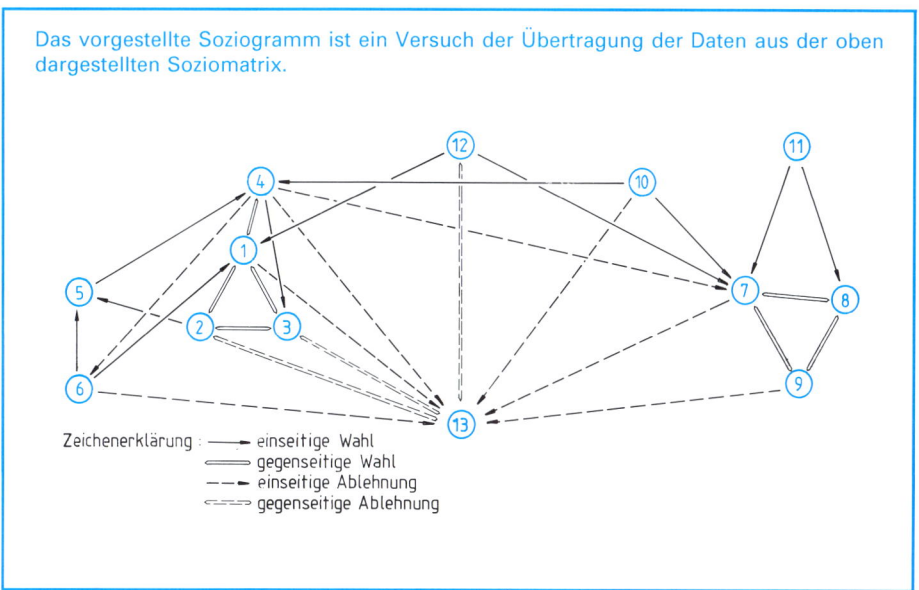

Das vorgestellte Soziogramm ist ein Versuch der Übertragung der Daten aus der oben dargestellten Soziomatrix.

Zeichenerklärung : ⟶ einseitige Wahl
⟹ gegenseitige Wahl
--→ einseitige Ablehnung
⟹ gegenseitige Ablehnung

Anhand dieser graphischen Darstellung der Soziomatrix lassen sich nun typische soziometrische Stellungen der einzelnen Gruppenmitglieder besser erkennen.

Typische soziale Stellungen einzelner Gruppenmitglieder

1. der **Star**: die Person, die die meisten Stimmen erhalten hat.

2. der **Abgelehnte**: die Person, die die meisten Ablehnungen erhalten hat (schwarzes Schaf).

3. der **Außenseiter**: die Person, die keine Wahlen empfängt und selbst auch niemanden wählt.

4. der **Vergessene**: die Person, die zwar andere wählt, aber von niemandem gewählt wird.

5. der **Mitläufer**: die Person, die nicht gewählt wird, den Star wählt und die von der Gruppe abgelehnten Personen ebenfalls ablehnt.

6. die **graue Eminenz**: die Person, die im wesentlichen nur eine gegenseitige Beziehung zum Star hat.

Aber nicht nur die einzelnen Positionen lassen sich mittels des Soziogramms herausarbeiten, sondern auch einzelne soziale Untergruppen, die sich durch ein bestimmtes Beziehungsgefüge auszeichnen wie z. B.:

Typische soziale Untergruppen

1. die **Clique:** einige Gruppenmitglieder wählen sich untereinander sehr häufig, richten wenig Wahlen nach außen und empfangen wenig Wahlen von außen.

2. das **Paar:** zwei Personen wählen sich gegenseitig.

3. das **Dreieck:** drei Personen wählen sich gegenseitig.

4. die **Kette:** eine Person wählt eine andere, die wiederum eine nächste usw.

5. der **Stern:** eine Person wird von anderen häufig gewählt, die sich untereinander nur wenig wählen.

Bei diesen Definitionen gibt es unter den Sozialwissenschaftlern keine allgemeine Übereinstimmung, so daß diese Definitionen nur als Empfehlung gelten können.

Aufgaben

1. *Erstellen Sie auf der Grundlage des auf S. 195 erstellten Soziogramms ein Teilsoziogramm unter Verwendung nur der positiven Wahlen sowie nur der Ablehnungen.*

2. *Interpretieren Sie das auf S. 195 dargestellte Soziogramm in bezug auf die typischen soziometrischen Stellungen sowohl der einzelnen Positionen als auch der sozialen Untergruppen.*

5.5.5 Kritik des soziometrischen Verfahrens

Nun weist dieses Verfahren zur Erfassung der Gruppenstruktur nicht nur Vorteile, sondern auch gewisse Schwächen auf, die man bei seiner Anwendung nicht übersehen darf. Diese Schwächen sollen thesenförmig dargestellt werden.

1. Fragen, die Gefühlsbeziehungen erheben, können gerade bei Kindern starke Emotionen hervorrufen. Fragen, die auf negative Beantwortung abzielen, sollten deshalb unterbleiben oder, wenn notwendig, nur vorsichtig formuliert sein.

2. Es ist nicht feststellbar, inwieweit sich Kinder bei der Frage nach Antipathie oder Sympathie dieser Gefühle bewußt sind. Sie weisen hinsichtlich darauf noch keine Konstanz (Dauerhaftigkeit) auf.

3. Eine Person, die keine Wahlen abzugeben hat, steht unter psychologischem Druck zu wählen.

4. Eine einmalige Erhebung stellt ein Zufallsergebnis dar. Die häufige Wiederholung dagegen kann zur Abstumpfung bei den Befragten führen.

5. Gefühle sind nicht vergleichbar. Deshalb ist es nicht sinnvoll, die Intensität von Gefühlen nach Rangfolge der Wahlen zu messen. Graduelle Unterschiede können nicht erfaßt werden.

6. Die Festsetzung eines Wahlkriteriums (z. B. Zusammenarbeit bei einer Bastelarbeit) kann nicht verhindern, daß andere Motive die Wahl beeinflussen.

7. Wahlbegrenzungen sind unerläßlich, können jedoch die Ergebnisse verfälschen.

8. Der Test gibt die augenblickliche Bevorzugung bestimmter Gruppenmitglieder wieder. Aussagen über ihre Ursache sind damit nicht möglich.

5.5.6 Konsequenzen für die Interpretation

Aus diesen Kritikpunkten ergeben sich bestimmte Konsequenzen für die Interpretationen der Ergebnisse, d. h. für Aussagen hinsichtlich der Bedeutung der Ergebnisse für die einzelnen Personen und für die Gruppe.

1. Konsequenz

Der soziometrische Test zeichnet nur ein momentanes Bild der sozialen Gruppenstruktur.

Dies gilt ganz besonders für eine Gruppe von Kindern. Da ein einziger Test somit kein reelles Bild der Struktur ergeben kann, ist eine häufigere Wiederholung notwendig. Eine solche Wiederholung kann dann die Entwicklung der Gruppe verdeutlichen. Allerdings sei hier noch einmal auf die Gefahr einer zu häufigen Wiederholung hingewiesen, die in der 4. These genannt ist.

2. Konsequenz

Da die wirklichen Motive einer Wahl häufig unbekannt sind, ist eine Interpretation der Ergebnisse nur hinsichtlich des Wahlkriteriums erlaubt.

Einigermaßen objektive Aussagen über Bevorzugungen und Ablehnungen lassen sich nur in bezug auf die gestellte Frage äußern. Es wird jedoch immer eine gewisse generelle Zu- oder Abneigung mitspielen.

3. Konsequenz

Eine Interpretation der Ergebnisse muß immer in Verbindung mit sonstigen Informationen und Kenntnissen über die Gruppe geschehen.

Erst der Vergleich der Testergebnisse mit eigenen Beobachtungen erlaubt beispielsweise eine relativ sichere Aussage über den Grund von Ablehnungen oder Bevorzugungen. Zusätzliche Informationen können aber auch aus vielfältigen anderen Quellen stammen.

1. Überlegen Sie, aus welchem Sichtwinkel die Psychologie und die Soziologie die Gruppe im Gegensatz zur Pädagogik beobachten.

2. Erörtern Sie, welche anderen Maßnahmen erforderlich sind, um Erkenntnisse eines Soziogrammes zu kontrollieren.

3. Überlegen Sie, wie man sogar Vorschulkinder über Freundschaftsbeziehungen befragen kann, wenn man für die Kindernamen Farben- oder Formensymbole nimmt.
Entwickeln Sie das mögliche weitere Vorgehen.

D Sozialpädagogische Einrichtung Kindergarten

Welche Erziehungsaufgaben gehören zur Arbeit im Kindergarten?
Beschreiben Sie stichwortartig, wie der Tagesablauf in einem Kindergarten
aussehen könnte.

Erzieherische Grundfähigkeiten	Wahrnehmen Beobachten	Darstellen Beschreiben	Analysieren Planen	Gestalten	Reflektieren	Kooperieren

1 Die Geschichte der öffentlichen Erziehung von Kleinkindern

Etwa um die Wende vom 18. zum 19. Jahrhundert verstärkte sich das Interesse an der Erziehung des Kleinkindes. Die Industrialisierung erhöhte die Gefahr der Vernachlässigung und Verwahrlosung der Kleinkinder. Deshalb wurden **Bewahranstalten** gegründet. Diese sollten insbesondere Kleinkinder solcher Eltern aufnehmen, die durch die Notwendigkeit, ihren Lebensunterhalt zu verdienen, ihre Kinder nicht beaufsichtigen konnten.

Schon im Jahr 1779 hatte der Pfarrer *Johann Friedrich Oberlin* aus dem elsässischen Steintal in allen fünf Dörfern seines Pfarrbezirks Kindergruppen in kleinen Räumen zusammengefaßt und unter die Aufsicht von Frauen gestellt. Die kleinen Kinder durften spielen, während die älteren Spinnen, Nähen und Stricken lernten. Das Zeichnen und Anmalen von Landkarten, das Singen, Erzählen und Buchstabieren nahmen einen festen Platz in dieser Einrichtung ein.

Hier deutet sich schon der Wechsel von der reinen Bewahranstalt in eine Einrichtung der Unterrichtung und Erziehung an.

In England war es *Robert Owen*, der 1816 ein Schulhaus errichten ließ, das neben einer Art Abendschule für die Älteren auch eine **Tagesschule** für Fünf- bis Zehnjährige umfaßte, der ein **Spielgarten** zugeordnet war.

Die Kinder wurden beaufsichtigt und zum Spielen, Singen und Tanzen angeleitet. Ohne körperliche Strafen sollten sie lernen, sich gegenseitig zu helfen. Großer Wert wurde auf die Befriedigung der natürlichen Neugierde der Kinder gelegt. Zugleich achtete man darauf, daß sie nicht überfordert wurden. Daraus entwickelten sich die sogenannten **Infant Schools (Kleinkinderschulen),** die die Entwicklung in Deutschland stark beeinflußten. Der Begriff Kleinkinderschule wurde danach auch in Deutschland gebräuchlich.

Dieser Begriff fand im Jahre 1840 eine neue Variante, als *Friedrich Fröbel* den **Allgemeinen Deutschen Kindergarten** gründete. Er wurde gegründet, weil Fröbel mit seiner Hilfe die Kleinkinderpflege und -erziehung reformieren wollte. Dazu konzipierte Fröbel geeignetes **Spielmaterial** für die Kinder.

1848 gab es schon in 16 verschiedenen Orten Kindergärten, als Preußen durch eine Ministerialverfügung die Kindergärten verbot. Zehn Jahre lang war die Entwicklung des Kindergartens behindert, unterbunden werden konnte sie dadurch nicht.

Trotz der unterschiedlichen Bezeichnungen bemühten sich fast alle Einrichtungen – auch viele der sogenannten Bewahranstalten –, die Erziehung und Unterrichtung der Kinder durch die Familien zu unterstützen und zu vertiefen. Herrschte dabei allerdings in den früh gegründeten Einrichtungen auch der Gedanke der frühen Unterweisung für spätere berufliche Tätigkeiten vor, so verlor dieser Ansatz durch die Fröbelsche Bevorzugung des spielerischen Elementes an Bedeutung.

Aber nicht nur aus England kamen Einflüsse, die die Entwicklung der außerfamilialen Vorschulkindererziehung beeinflußten. *Maria Montessori*, geb. am 31. 3. 1870, errichtete im Jahre 1907 in Rom das erste Montessori-Kinderhaus. Hier erprobte sie selbstkonzipiertes Lernmaterial, das sie ursprünglich aus der Arbeit mit geistigbehinderten Kindern entwickelt hatte. Dieses Material sollte dazu dienen, die Entwicklung der kindlichen Sinnesfähigkeit zu fördern. Mit seiner Hilfe sollten die Kinder Schreiben, Lesen und Rechnen lernen. Es sollte nicht nur Reaktion, sondern Aktivität auslösen. Fehler, die gemacht wurden, konnten selbst herausgefunden und korrigiert werden, so daß das Kind nicht ständig gestört und berichtigt werden mußte. *Maria Montessori* starb am 6. Mai 1952. Ihr Buch „Die Entdeckung des Kindes" hatte auf die Kindergartenerziehung einen großen Einfluß, der bis heute anhält.

Nach dem Zweiten Weltkrieg gab es mehrere unterschiedliche Reformversuche der Vorschulerziehung. Vor allem zwei Richtungen traten in den sechziger und siebziger Jahren hervor.

1. Der antiautoritäre Kindergarten

Der antiautoritäre Kindergarten entstand durch die Studentenbewegung in den späten sechziger Jahren. Grundlage dieser Richtung war die gesellschaftskritische Haltung der Studenten, die die damalige gesellschaftliche Struktur als autoritär brandmarkten und glaubten, die Gesellschaft nur durch die antiautoritäre Erziehung der nachfolgenden Generation verändern zu können. Viele dieser Studenten gründeten sogenannte „Kinderläden". Sie erhielten diesen Namen, weil die antiautoritären Kindergärten in leeren Räumen meist ehemaliger Einzelhandelsgeschäfte eingerichtet wurden. Zwei Richtungen der antiautoritären Kindergärten entwickelten sich: die „sozialistische" und die „bürgerlich-liberale".

Die **sozialistische Konzeption** war politischer Natur. Ihre Anhänger verstanden erzieherisches Handeln insbesondere als politisches Handeln, das nach ihrer Auffassung in der bürgerlich-kapitalistischen Gesellschaft als Instrument der politischen Unterdrückung benutzt wurde. Antiautoritäre Erziehung verstand sich demgemäß als unterdrückungsfreie Erziehung, die die Kinder gegen die falsche Autorität des unterdrückenden Staates und seiner Vertreter wappnen wollte. Der einzelne wurde so erzogen, daß das Interesse der Gruppe im Vordergrund des sozialen Handelns stand. Da der Erzieher den Kindern viel freien Raum in ihrem Tun lassen sollte und erst dann eingriff, wenn die Belange der Gruppe in Frage gestellt wurden, wird der antiautoritäre Erziehungsstil noch immer häufig mit dem „laisser-faire-Stil" verwechselt. Der antiautoritäre Erziehungsstil weist zwar viele Elemente des „laisser-faire" auf, besitzt aber im Gegensatz zum laisser-faire-Stil klare Zielvorgaben.

Die **bürgerlich-liberale Konzeption** hat zwar in manchen Bereichen ähnliche Ziele, ist aber völlig unpolitisch. Ihre geschichtliche Wurzel liegt hauptsächlich in den Gedanken von *Jean-Jacques Rousseau*. Einen weiteren historischen Bezugspunkt bilden die Vorstellungen von *A. S. Neill*, dem Begründer der Summerhill-Schule. Beide, *Neill* wie auch *Rousseau*, glaubten an das Gute im Menschen, das nur gefördert werden müßte. Im Rückgriff auf solche Positionen hatte die bürgerlich-liberale Richtung der Vorschulerziehung – im Gegensatz zur sozialistischen Variante – vor allem das individuelle Glück im Auge. Dieses Glück des einzelnen sei, so meinten die Verfechter dieser Konzeption, durch Erziehungsprinzipien wie Spontaneität, Selbstregulierung und Selbstbestimmung zu erreichen.

2. Der progressive[1] Kindergarten

Der progressive Kindergarten bildete sich etwa in der Zeit der Entstehung der antiautoritären Kindergärten. Die herkömmliche Kindergartenerziehung sollte durch eine stärker **schulisch betonte Arbeit** ersetzt werden. Der Kindergarten sollte Lernangebote machen, die **wissenschaftsorientiert** auf die Schule vorbereiten sollten.

Solche wissenschaftsorientierten Lernangebote bestanden z.B. in der Vermittlung von Fähigkeiten wie Vergleichen, Wahrnehmen von Beziehungen, Zuordnen usw. Fähigkeiten also, die insbesondere dem kognitiven[2] Bereich zuzuordnen sind.

Es gab darüber hinaus Vorstellungen und Empfehlungen, eine zweijährige Eingangsstufe für die Grundschule zu schaffen: das letzte Kindergartenjahr und das erste Grundschuljahr. Der Kindergarten sollte nur noch von den Drei- und Vierjährigen besucht werden.

Aufgaben

1. **a)** Stellen Sie einen Vergleich her zwischen den Zielsetzungen der sozialistischen und der bürgerlich-liberalen Konzeption der antiautoritären Erziehung.

   b) Leiten Sie weitere davon abhängige Ziele ab.

2. Vergleichen Sie den antiautoritären mit dem progressiven Kindergarten. Worin liegen die hauptsächlichen Unterschiede?

Entwicklung der Kindergärten 1965–1986

Vergleich der Entwicklung der Kindergärten in der Bundesrepublik Deutschland und der Einrichtungen der Vorschulerziehung in der DDR

Jahr	Bundesrepublik Deutschland[3]				DDR[4]			
	Zahl der Kinder der Altersgruppe 3–6 J.[5]	Zahl der Einrichtungen	Zahl der Plätze	Versorgungsgrad[6]	Zahl der Kinder im Kindergartenalter[7]	Zahl der Einrichtungen	Zahl der Plätze	Versorgungsgrad[8]
1965	2 915 000	14 113	952 875	326	1 052 000	12 921	555 472	528
1970	3 013 000	17 493	1 160 000	385	1 001 000	13 105	654 658	645
1980	1 768 000	24 011	1 393 708	788	678 000	12 179	625 359	922
1986	1 821 000	25 890	1 438 383	790	834 000	13 265	779 712	934
1990[9]	1 981 115	—	1 588 723	802	—	—	—	—

---

[1] progressiv = fortschrittlich

[2] kognitiv = geistig

[3] Statistische Jahrbücher der Bundesrepublik Deutschland 1975, 1982, 1988 herausgegeben vom Statistischen Bundesamt Wiesbaden.

[4] Statistisches Jahrbuch der Deutschen Demokratischen Republik 1988 herausgegeben von der Staatlichen Zentralverwaltung für Statistik. Berlin (Ost) 1988, S. 302.

[5] Deutscher Bundestag Drucksache 11/6576 v. 6. 3. 1990 „Achter Jugendbericht", S. 230.

[6] Kinderzahl errechnet in bezug auf Versorgungsgrad und Zahl der vorhandenen Plätze.

[7] Versorgungsgrad bezogen auf die Gruppe der 3–6jährigen Kinder; Plätze je 1000 Kinder.

[8] Versorgungsgrad bezogen auf die errechneten Kinder im Kindergartenalter; Plätze je 1000 Kinder.

[9] Jugendhilfestatistik zum 31. 12. 1990. Auskunft des Statistischen Bundesamtes. Stand: 1992.

Gegen Ende der 60er Jahre traf die Bildungsreformwelle auch den Kindergarten. Es waren 1965 gerade 326 Plätze für je 1000 Kinder der Altersgruppe 3 bis 6 Jahre vorhanden. Die Zahl der Einrichtungen betrug 14113. In den folgenden Jahren bis 1986 wurden fast 11000 Einrichtungen neu geschaffen (+83,4%); das Angebot an Kindergartenplätzen stieg um 512508 (+55,4%).

Da im Zeitraum von 1965 bis 1986 die Anzahl der Geburten in der Bundesrepublik Deutschland erheblich zurückging, verkleinerte sich die Altersgruppe der 3- bis 6jährigen von 2,915 Millionen auf 1,821 Millionen (−37,5%).

So kann wegen der Neuschaffung von Plätzen, aber vor allem wegen des Geburtenrückganges die Statistik für das Jahr 1986 einen Versorgungsgrad von 790 Plätzen für je 1000 Kinder für die Altersgruppe der 3–6jährigen ausweisen.

Bezieht man aber die Zahl der vorhandenen Plätze auf die nicht schulpflichtigen Kinder zwischen 3 und 8 Jahren, dann ergibt sich ein wesentlich höheres Versorgungsdefizit.

Hierzu eine Statistik aus dem Jahr 1987 (dazu eine Vergleichsstatistik 1976):

Kinder im Alter von 3 bis unter 8 Jahren, die noch nicht zur Schule gehen nach Kindergartenbesuch (März 1987[1] u. 1976[2])

Alters-gruppe	1976			1987		
	Kinder insgesamt	darunter im Kindergarten	in %	Kinder insgesamt	darunter im Kindergarten	in %
3–4 J.	650000	199000	30,6	569000	188000	33,0
4–5 J.	718000	398000	55,4	593000	415000	70,0
4–6 J.	770000	512000	66,5	595000	505000	84,9
6–8 J.	697000	508000	72,9	510000	434000	85,1
insgesamt	2835000	1617000	54,2	2267000	1542000	68,8
davon Mädchen	1366000	784000	57,4	1097000	748000	68,1
davon Ausländer	—	—	—	288000	170000	59,6

Nach den ausgewiesenen Statistiken besuchten 1976 von 1000 noch nicht schulpflichtigen Kindern über drei Jahre 542 eine Kindertagesstätte. 1987 waren es 688 Kinder; d.h. bezogen auf die nichtschulpflichtigen Kinder zwischen 3 und 8 Jahren fehlten 312 Plätze pro 1000 Kinder.

Die Steigerung des Versorgungsgrades in der ehemaligen DDR verlief, ebenso wie die Geburtenentwicklung, parallel. Allerdings war 1965 bereits ein Versorgungsgrad von 528 pro 1000 Kinder im Kindergartenalter vorhanden, der sich bis 1986 auf 934 steigerte.

---

[1] „Wirtschaft und Statistik" 1989; Mainz 1989, S. 179.
[2] „Wirtschaft und Statistik" 1978; Mainz 1978, S. 60.

Nach der Vereinigung konnte bei den Flächenstaaten lediglich das Land Baden-Württemberg 1991 einen solchen Versorgungsgrad im Platzangebot erreichen.
Bezüglich der Trägerschaften gab es seit den 70er Jahren leichte Verschiebungen. Die folgenden Statistiken geben hierüber Auskunft.[1]

Kindergärten in der Bundesrepublik Deutschland

Jahr	insgesamt	davon		
		öffentl. Träger	freie Träger	private, gewerbl. Träger
1976	23680	6834	16074	772
1986	25890	8077	17571	242

In der ehemaligen DDR war die Trägerschaft generell kommunal. Nur wenige kirchliche Einrichtungen konnten sich behaupten.

2 Der Auftrag des Kindergartens

Der Kindergarten heute hat seinen eigenen, ganz spezifischen Erziehungs- und Bildungsauftrag. Der Kindergarten **unterstützt und ergänzt die familiale Erziehung**. Er ersetzt sie aber nicht. Er ist auch nicht mehr die Bewahrungsanstalt, die er in seinen Anfängen wohl war. Er gilt als die vorschulische Erziehungsinstitution schlechthin. Dieser spezifische Erziehungs- und Bildungsauftrag beruht auf bestimmten entwicklungspsychologischen Erkenntnissen. Die Entwicklungspsychologie hebt die hohe Bedeutung der frühen Kindheit für die Persönlichkeitsentwicklung hervor. Das Maß der Zuwendung und Förderung des Kindes von seiten seiner Umwelt entscheidet in großem Maße über seine spätere Entwicklung.
Aus diesem Grunde nimmt der Kindergarten die Altersgruppe der Drei- bis Sechsjährigen auf. Hier wird das Kind sowohl in seinen einzelnen Entwicklungsbereichen als auch durch deren wechselseitiges Zueinander-in-Beziehung-setzen ganzheitlich angesprochen und gefördert. Der Kindergarten bietet dabei eine **differenzierende und individualisierende Erziehung**. Dies bedeutet, daß der Erzieher auf die unterschiedlichen Neigungen, Bedürfnisse, Fähigkeiten usw. des Kindes in seinen Planungen Rücksicht nehmen muß und die Lernprozesse an dem jeweiligen Fähigkeitsstand anknüpfen läßt.
Dabei hat er insbesondere die **körperliche, emotionale, soziale und kognitive Entwicklung** im Auge, die er vor dem Hintergrund ihrer gegenseitigen Abhängigkeit beachtet.
Der Kindergarten ist für viele Kinder der erste Ort, an dem sie mit Altersgenossen zusammen leben, spielen und lernen. Hier lernen sie neben den Eltern und Geschwistern neue Bezugspersonen kennen. Dabei ist wichtig, daß der Erzieher im Kindergarten die Normen und Werte der Familie ergänzt, erweitert und vertieft.

---

[1] Wirtschaft und Statistik 1978; Mainz 1978, S. 60.
Stat. Jahrbuch der Bundesrepublik Deutschland. Hrsg. Stat. Bundesamt Wiesbaden 1988, S. 412.

Der Kindergarten ist ein Lebensraum, der dem Kind die Möglichkeit bietet, zunehmend mehr Selbstvertrauen zu gewinnen. Die Spielkameraden werden mehr und mehr zu wichtigen Ansprechpartnern für das Kind, dadurch nehmen sie zugleich aber auch Einfluß auf die Entwicklung seiner Persönlichkeit. Auf der Grundlage eines stabilen Urvertrauens baut der Erzieher das Vertrauen des Kindes zu sich und seiner Umwelt weiter auf und fördert auf diese Weise die Selbständigkeit des Kindes.

2.1 Die gesetzlichen Grundlagen für den Kindergarten

Baden-Württemberg war das dritte Bundesland nach Rheinland-Pfalz und Nordrhein-Westfalen, das am 3. März 1972 das **Kindergartengesetz** verkündete. Das Kindergartengesetz stützt sich auf das ehemalige Jugendwohlfahrtsgesetz (JWG),[1] in dem nach § 5 Abs. 1 Nr. 3 die Jugendämter verpflichtet sind, die für die Pflege und Erziehung von Kleinkindern notwendigen Einrichtungen zu fördern und gegebenenfalls selbst zu schaffen. In Abs. 5 werden die Länder ermächtigt, die Einzelheiten zu regeln und zu bestimmen. Dabei beruht das Gesetz auf dem Grundsatz des § 5 Abs. 3 JWG, der die Jugendämter dazu anhält, solange von eigenen Einrichtungen abzusehen, wie Einrichtungen der freien Träger schon vorhanden sind oder noch eingerichtet werden. Das Gesetz verpflichtet die Länder darüber hinaus darauf, die öffentlichen und freien Träger gleich zu behandeln.

Von einem Kindergarten wird dann gesprochen, wenn er als Tageseinrichtung der Jugendhilfe mindestens dreijährige noch nicht schulpflichtige Kinder durch Erzieher und Hilfskräfte pflegt, fördert und erzieht. Wichtige Faktoren, die eine solche Einrichtung als Kindergarten kennzeichnen, sind hierbei:

– feste, regelmäßig mit Freiflächen verbundene Räume,
– eine gewisse Dauerhaftigkeit der Erzieher,
– eine gewisse Dauerhaftigkeit der Kindergruppen.

2.2 Aufgaben des Kindergartens

Die Erziehung im Kindergarten ist eine **familienergänzende**. Sie unterstützt und ergänzt die Erziehung der Familie. Das Recht und die Pflicht der Eltern zur Erziehung ihrer Kinder werden hierdurch aber nicht berührt. Der Kindergarten hat jedoch einen **eigenständigen Erziehungsauftrag.** Der Gesetzgeber geht davon aus, daß die Erziehung in der Familie der heutigen hochindustrialisierten, hochtechnisierten Welt einer Ergänzung und Unterstützung durch eine außerfamiliale Erziehungseinrichtung bedarf. Die Erziehung hat dabei in **ganzheitlicher** Weise zu erfolgen. Die gesamte Entwicklung des Kindes muß gefördert werden. Einseitige Förderungen werden also abgelehnt.

Eine wichtige Aufgabe des Kindergartens besteht in der Förderung solcher Kinder, die aufgrund eines wenig anregenden sozialen und kulturellen Milieus einer besonderen Hilfestellung bedürfen. Diese Hilfestellung bleibt aber eingebunden in den Erziehungsprozeß der gesamten jeweiligen Kindergruppe.

---

[1] Das JWG wurde ersetzt durch das Gesetz zur Neuordnung des Kinder- und Jugendhilferechts (KJHG) vom 26. 6. 1990, das die genannten Aufgaben regelt.

Die familienergänzende Erziehung des Kindergartens kann jedoch nicht ohne Zusammenarbeit mit den Eltern geschehen. Deshalb genießt die **Elternarbeit** einen hohen Stellenwert in der Kindergartenarbeit.

Grundsätzlich darf sich die Erziehung nur auf dem Boden des Grundgesetzes bewegen. Die Erziehungsziele des Kindergartens orientieren sich deshalb an den Menschen- bzw. Grundrechten. § 1 KJHG[1] verbürgt das Recht jedes deutschen Kindes auf Erziehung zur leiblichen, geistigen und gesellschaftlichen Tüchtigkeit. Die verschiedenen Kindergartengesetze der Bundesländer greifen diesen Auftrag auf und differenzieren ihn.

Im folgenden wird auszugsweise das Kindergartengesetz Baden-Württembergs wiedergegeben, das sich zu den Aufgaben des Kindergartens wie folgt äußert:

„Nach den Ergebnissen der Entwicklungs- und Begabungsforschung ist davon auszugehen, daß die Durchschnittsfamilie den individuellen Möglichkeiten des einzelnen Kindes nicht umfassend gerecht werden kann. Besonderer Ergänzung bedarf die Familienerziehung dort, wo ein **sozial und kulturell wenig anregendes Milieu** vor allem die Sprach- und Sprechentwicklung der Kinder hemmt. Aber auch Familien, die ihren Kindern günstige Entfaltungsmöglichkeiten bieten können, vermitteln nur **begrenzte soziale Identifikationsmöglichkeiten;** die gesellschaftliche Rollenvielfalt, die zum frühen Identifikationsspiel der Kinder gehört, kann nur in der größeren Gemeinschaft erprobt werden.

Die Aufgabe des Kindergartens besteht danach darin, das zu leisten, was die Familienerziehung **tatsächlich nicht leistet oder nicht leisten kann.** Das darf jedoch nicht dazu führen, daß das Kind in einen **Konflikt** zwischen Kindergarten- und Familienerziehung gerät, dem es nicht gewachsen wäre. Um dies zu vermeiden, ist es erforderlich, daß der Erzieher den häuslichen Erziehungsstil kennt. Deshalb bedarf es der intensiven **Zusammenarbeit mit den Eltern,** für die das Gesetz in § 5 die Institution des Elternbeirats vorsieht, die aber auch durch Elternversammlungen, Elternsprechstunden und ggf. Elternbesuche gepflegt werden kann.

Eine besondere Aufgabe hat der Kindergarten gegenüber den Kindern zu erfüllen, die in einer für ihre Entwicklung zu wenige oder zu einseitige Anregungen bietenden Familie aufwachsen. Dabei ist allerdings zu bedenken, daß bis zum Eintritt in den Kindergarten wesentliche Entwicklungsstufen bereits weitgehend abgeschlossen sind und daß seine Aufgabe nicht die alleinige Förderung von benachteiligten Kindern sein kann; diese muß vielmehr eingebunden werden in den Erziehungsprozeß der ganzen, sozial möglichst gemischten Gruppe.

Die Vorschrift nennt in Satz 1 die Aufgabe des Kindergartens vor allem zur Abstimmung mit der Funktion der Familienerziehung. Satz 2 stellt den Inhalt der Erziehung, die **Förderung der gesamten Entwicklung des Kindes,** in den Vordergrund.

Damit erteilt das Gesetz jeder einseitigen Förderung der Kinder im Kindergarten, etwa durch – wenn auch spielerische – Vermittlung nur oder vorrangig von Kulturtechniken wie Lesen, Schreiben und Rechnen eine Absage. Der Kindergarten muß vielmehr, ausgehend von der Lebenssituation jedes Kindes und in ständigem Kontakt mit dem Elternhaus, in gleicher Weise dem Kind zur größtmöglichen **Selbständigkeit** und **Eigenaktivität** verhelfen, seine **Lernfreude** anregen und stärken, dem Kind ermöglichen, seine **emotionalen Kräfte** aufzubauen, die **schöpferischen Kräfte** des Kindes unter Berücksichtigung seiner individuellen Neigungen und Begabungen fördern, dem Kind **Grundwissen über seinen Körper** vermitteln und seine **körperliche Entfaltung** fördern, die **geistigen Fähigkeiten** des Kindes entfalten und ihm dabei durch ein breites Angebot von Erfahrungsmöglichkeiten **elementare Kenntnisse von der Umwelt** vermitteln, ferner das Kind **unterschiedliche soziale Verhaltensweisen, Situationen und Probleme** bewußt erleben lassen und jedem Kind die Möglichkeit geben, seine **eigene soziale Rolle** innerhalb der

---

[1] KJHG vom 26. 6. 1990. § 1 und vor allem § 22 Abs. 2.

Gruppe zu erfahren und seine positiven Wirkungsmöglichkeiten innerhalb einer demokratischen Gemeinschaft zu erkennen und zu üben (so § 2 Abs. 2 und 3 des Kindergartengesetzes für Nordrhein-Westfalen). Daß diese Angebote **frei** sein müssen, daß ihre
Inanspruchnahme altersgemäß ein **spielerischer Prozeß** zu sein hat und jede **lehrhafte
Indoktrination** ebenso wie bewußt erlebte **Leistungsanforderung** und **Leistungskontrol-
le** fehl am Platze sind, versteht sich von selbst. Die Vermeidung von Lernmethoden und
-inhalten der Schule darf allerdings nicht dazu führen, die Schule außer Betracht zu lassen. Kinder, die den Kindergarten besuchen, sollen auch auf den **Übergang in die Schule**
vorbereitet werden. Jede Förderung der gesamten kindlichen Entwicklung muß darauf
abzielen, diesem Übergang den Charakter des Abrupten zu nehmen.

Die Vorbereitung auf die Schule ist jedoch nicht die wesentliche Aufgabe des Kindergartens. Seine Aufgabe wird nicht von der Schule her bestimmt, sondern vom Recht des
Kindes auf Bildung. So wichtig es ist, die Erziehung und Bildung im Kindergarten und in
der Schule besser aufeinander abzustimmen, so wenig kann die Schule die Maßstäbe
für den Inhalt der Erziehung im Kindergarten abgeben. Das gilt auch für die fünfjährigen
Kinder. Vor allem wäre es bedenklich, nur oder vor allem für diese Kinder den Auftrag,
die gesamte Entwicklung zu fördern, ernst zu nehmen. Denn wichtige Möglichkeiten der
Entwicklungsförderung bestehen bereits im vierten und fünften Lebensjahr; sie können
im sechsten nicht mehr nachgeholt werden, wenn sie vorher versäumt wurden." [1]

Aufgaben

1. *Welche Lernangebote kann der Kindergarten machen, die die Familie im
   allgemeinen nicht kann?*
   Erstellen Sie hierzu eine kleine Liste.

2. *Erläutern Sie, was unter einer einseitigen Förderung eines Kindes zu
   verstehen ist.*

2.3 Der Kindergarten zwischen Reformansprüchen und wachsender Nachfrage

Der 8. Jugendbericht[2], der im Februar 1990 vom Bundesministerium für Jugend,
Familie, Frauen und Gesundheit dem Deutschen Bundestag vorgelegt wurde, formuliert die zukünftigen Erwartungen an den Kindergarten:

„Der Kindergarten hat sich in der Phase der Bildungsreform wie wohl kein anderer Bereich in seinem Selbstverständnis und in seiner Akzeptanz verändert. Bei unveränderter
Zugehörigkeit zur Jugendhilfe wurde der Kindergarten als erste Stufe des Bildungswe-
sens (Elementarbereich) bildungspolitisch definiert und aufgewertet. Nach heftigen Kontroversen um unterschiedliche Lernkonzepte für diese Altersphase wurde in Modell-
versuchen verschiedener Bundesländer ein sozialpädagogisches Konzept für die pädagogische Arbeit entwickelt, das dem Kindergarten seine konzeptionelle und institutionelle Eigenständigkeit sichert. Die Orientierung an Lebenssituationen von Kindern und
Familien, das Ernstnehmen der alltäglichen Erfahrungen der Kinder anstelle künstlich
veranstalteten Lernens, das Zusammenleben von Kindern in altersgemischten Gruppen,
die Mitwirkung von Eltern und die Verankerung im Gemeinwesen sind Merkmale dieses

---

[1] Engel, Holfelder, Czerny: Kindergartenrecht in Baden-Württemberg. 4. Aufl. Kohlhammer.
Stuttgart 1983, S. 26 ff.
[2] Deutscher Bundestag: Achter Jugendbericht; Bundestagsdrucksache 11/6576 v. 06. 03. 1990,
S. 97 f. und S. 101 f.

Konzepts (Situationsansatz). Die familiennahe Gestaltung des Kindergartenlebens soll der Ausgrenzung von Kindern in spezialisierten Institutionen entgegenwirken, den Kindergarten für die Familien und seine Umwelt öffnen und die Teilhabe der Kinder am Leben in der Gemeinde bzw. im Stadtteil sichern (...).

Der Kindergarten hat sich mit seiner Nähe zum Lebenszusammenhang von Kindern und Familien und mit dem in der Reformphase konzipierten lebensweltbezogenen Arbeitsverständnis zu einem Ort entwickeln können, an dem die Integration unterschiedlicher Bevölkerungsgruppen stellenweise gelingt. Die sinnstiftenden Erfahrungsprozesse außerhalb herrschender Lern- und Leistungsvorstellungen kommen beispielsweise den Bedürfnissen ausländischer Kinder beim ersten Kontakt mit deutschen Institutionen entgegen. Immer mehr Kindergärten sind erfolgreich bei der Integration behinderter Kinder in eine Einrichtung, in der es auf individuelle Förderung und nicht auf standardisierte Leistungen ankommt, in der man „anders" sein kann, ohne daß es zu Sanktionen führt und in der auch die Familien motiviert werden, aus dem engeren familiären Kreis herauszutreten und mehr Kontakte zu anderen Familien aufzunehmen ...

Es fällt in vielen Kindergärten bei der gegenwärtigen Auslastung und personellen Ausstattung schwer, mit flexibleren Öffnungszeiten auf veränderte familiäre Zeitabläufe zu reagieren, sich durch individuelle Förderung genügend auf die besonderen Bedürfnisse unterschiedlicher Kindergruppen einzustellen und in der Zusammenarbeit mit Eltern Lebensräume für Kinder im Wohnumfeld zu erschließen ...

In der Praxis signalisieren derzeit Konflikte und Spannungen zwischen Familienwünschen und institutionellen Angeboten, daß sich Familienleben und Institutionenlogik auseinander bewegen. Während das Familienleben zunehmend vielfältigere Formen aufweist, orientieren sich die Institutionen mit ihrem Angebot an einem ideologisierten Bild von „Normalfamilie". Wenn z.B. die kirchlichen Träger, die etwa zwei Drittel aller Kindergartenplätze anbieten, nur ein sehr geringes Angebot an Ganztagsplätzen, an Hort- und Krippenplätzen haben, spiegelt sich hier das Festhalten an einer Familiennorm. Je mehr institutionelle Vorgaben an realen Familiensituationen vorbeigehen, um so weniger läßt sich das auf Dauer mit kurzschlüssigen Defizitmodellen von Familien verdecken. Der Widerspruch zwischen der sozialpädagogisch gewollten Öffnung und Orientierung an Lebenssituationen von Kindern und Familien und den abschottenden ausgrenzenden Wirkungen von institutionellen Regelungen macht sowohl den damit professional befaßten Erzieherinnen wie auch den davon in ihrem Alltag belasteten Eltern zu schaffen, wie gegenwärtige Auseinandersetzungen um die Flexibilisierung des Kindergartenangebots zeigen ...

Insgesamt geht die Entwicklung weg von der zentral gelegenen spezialisierten Einrichtung hin zu wohnungsnahen Einrichtungen, die offen sind für möglichst alle Kinder des Einzugsbereichs. Mit dieser Perspektive kommt auf die Kindergärten (als Einrichtungsform, die am flächendeckendsten verbreitet ist) ein breiteres Aufgabenspektrum als bisher zu.

Eine Barriere ist die förderungsrechtlich fixierte Struktur von Kindertageseinrichtungen, die zwischen Altersphasen starre Grenzen setzt und zwischen Bildungsangeboten und Nothilfemaßnahmen trennt. Dies führt zu willkürlichen Segmentierungen im Leben der Kinder und belastet Familien mit mehreren Kindern durch die altersbezogen unterschiedlichen Betreuungsorte. Die Verbindung bisher getrennter Einrichtungstypen zu umfassenden wohnungsnahen Angeboten würde vielen Familien den Zugang erleichtern. Die Bedeutung von Gruppen mit erweiterter Altersspanne sollte angesichts zurückgehender Kinderzahlen in den Familien auch aus pädagogischen Gründen neu bedacht werden, denn das Zusammenleben von Kindern verschiedenen Alters ermöglicht vielfältigere soziale Erfahrungen und erleichtert die Integration von Kindern unterschiedlicher Entwicklungsvoraussetzungen. Eine je nach Bedarf flexiblere Aufnahmepraxis in Kindergärten wird angesichts der demographischen Entwicklung notwendig werden. Man kann sich ausrechnen, daß Institutionen bisherigen Zuschnitts, die die Kinder nach Alter, Betreuungszeit, Fähigkeiten, Behinderungen sortieren, auf Dauer außerhalb der Ballungsräume nicht wohnungsnah zu erhalten sind. Um auch in Zukunft Einrichtungen für Kinder als Bestandteil der regionalen Infrastruktur zu sichern, müssen schon jetzt Wege für eine breitere Nutzung vorhandener Einrichtungen gesucht werden. *Kindergärten als Nachbarschaftszentren* mit breit gestreuten Angeboten und Unterstützungsleistungen sind ein richtungsweisendes Konzept dafür, Verbindungen zwischen professionellen sozialen Dienstleistungen und nachbarschaftlichen Hilfeleistungen anzubahnen wie auch der Tendenz von Institutionen zu erfahrungseinschränkender „Anstaltsförmigkeit" entgegenzuwirken.

Voraussetzungen für eine bedarfsangemessene Weiterentwicklung des institutionellen Angebots sind Anpassungen der Rechts- und Verwaltungsvorschriften sowie eine Lockerung der Verwendungsspielräume bei der Bezuschussung. Es geht sowohl um die Ausweitung der Platzkapazität wie auch um die Schaffung von Rahmenbedingungen, die vor Ort flexible Gestaltungsmöglichkeiten gestatten. Die Nachrangigkeit von Jugendhilfe macht es allerdings schwer, auf der politischen Ebene Zukunftsinvestitionen für Kinder in der Konkurrenz mit Gegenwartsansprüchen durchzusetzen. Die Finanzierungsmodi für Jugendhilfeleistungen haben den Nachteil, daß die Infrastrukturausstattung für Kinder von der regionalen wirtschaftlichen Situation und von politischen Verteilungskämpfen in Land und Kommune abhängig ist. Bei der ungesicherten öffentlichen Finanzierung werden immer wieder Kontroversen um die Einschätzung des Bedarfs ausgelöst. Gerade in belasteten Regionen sind auch die Spielräume zur Gestaltung der Lebenswelt von Kindern eng geworden."

Aufgaben

1. *Skizzieren Sie die einzelnen Reformansprüche an den Kindergarten.*

2. *Was meint „Kindergarten als Nachbarschaftszentrum?*

3. *Diskutieren Sie Konsequenzen aus einer solchen Umstrukturierung des Kindergartens zum Nachbarschaftszentrum in hinsicht auf Auswirkungen für die Erziehenden, für die Träger, für die Erzieherinnenausbildung.*

3 Erziehung in verschiedenen Lebens- und Erfahrungsbereichen des Kindes

Die Erziehung im Kindergarten soll die familiale Erziehung des Kindes unterstützen und ergänzen[1]. Für den Erzieher bedeutet dies, daß er sein pädagogisches Planen und Handeln mit den Lebens- und Erfahrungsbereichen der Kinder abstimmt. Er ist gezwungen, ein qualifiziertes Angebot zu machen, das die Erfahrungsbreite und Erlebnistiefe der Kinder berücksichtigt und ihren Bedürfnissen, Interessen und Fähigkeiten entspricht. Die Kinder bringen je nach Alter, familialer und sozialer Situation, nach kultureller Herkunft häufig stark voneinander abweichende Erfahrungen mit in den Kindergarten, weil durch diese Faktoren der jeweilige Lebensbereich sehr unterschiedlich geartet ist.

Die in diesem Kapitel folgenden Erziehungsbereiche, ihre Ziele, Aufgaben und Vorgehensweisen können nicht alle gleichzeitig im Zentrum des erzieherischen Handelns stehen. Die einzelnen Erziehungsbereiche müssen schwerpunktmäßig auf die einzelnen Lebens- und Erfahrungsbereiche verteilt sein. Aber dabei darf der ganzheitliche Aspekt nicht verlorengehen, der durch die Verzahnung und Wechselwirkung der unterschiedlichen Erziehungsbereiche gegeben ist. Der Mensch ist ein körperlich-geistig-seelisches Ganzes. Dies muß bei der theoretischen Aufgliederung der folgenden Erziehungsbereiche vom Erzieher immer bedacht werden.

---

[1] Vgl. § 2 des Kindergartengesetzes von Baden-Württemberg.

3.1 Personale und soziale Umwelt

3.1.1 Die Sozialerziehung

Der Begriff Sozialerziehung trägt als einziger die Elemente der Planung, Zielgerichtetheit und der systematischen Kontrolle in sich. Begriffe wie soziales Lernen, soziale Entwicklung, Sozialisation lassen dies vermissen.

Mit dem Begriff Sozialerziehung ist nicht nur der geplante Lern- und Sozialisationsprozeß angesprochen, sondern auch der Prozeß der **Personalisation**[1]. Die Sozialerziehung zielt also über das Erlernen sozialer Verhaltensmuster hinaus auf die Ausbildung einer eigenverantwortlich handelnden Persönlichkeit.

Die grundlegende Sozialerziehung erfolgt in der Familie. Der Grad an emotionaler Wärme und Geborgenheit, den die Familie vermitteln kann, entscheidet in hohem Maße über das soziale Vertrauen, das das Kind seiner weiteren sozialen Umwelt entgegenbringen kann. Der Kindergarten hat die Aufgabe, die Sozialerziehung der Familie in ergänzender Weise zu unterstützen. Er ist in der Lage, soziale Beziehungen zu anderen Kindern unterschiedlichen Alters, Geschlechts, unterschiedlicher sozialer und nationaler Herkunft und Religion zu vermitteln. Diese individuellen Besonderheiten anderer Kinder werden zum größten Teil zum ersten Mal im Kindergarten erfahren.

Das ältere Kind in der altersgemischten Gruppe lernt Rücksicht auf jüngere Kinder zu nehmen, sie zu unterstützen und ihnen zu helfen; es erfährt dadurch aber zugleich auch eine Steigerung des Selbstbewußtseins. Das jüngere Kind lernt durch die älteren Kinder, findet in ihnen auch Vorbilder und ahmt sie nach. Durch die Begegnung mit Kindern unterschiedlicher sozialer und nationaler Herkunft lernen sie, unterschiedliche Einstellungen und Ansichten zu akzeptieren, unterschiedliche Haltungen und Werte zu tolerieren.

Die unterschiedliche Geschlechtszugehörigkeit bietet dem Erzieher die Grundlage einer allgemeinen Sexualerziehung: die Auflösung unnötiger Stereotypen der Geschlechtsrollen, aber auch die Vermittlung von grundlegendem Wissen um die eigene Geschlechtszugehörigkeit. Die Kinder erfahren also zum ersten Mal, daß sie sich unterscheiden in ihren Einstellungen, Ansichten, Mentalitäten, Temperamenten, Bedürfnissen, in ihren Fähigkeiten und Merkmalen. Diese Unterschiede ermöglichen vielfältige soziale Erfahrungen, die sich der Erzieher zunutze machen kann.

Die Sozialerziehung ist die Grundlage für alle anderen Erziehungsbereiche; auch für diejenigen Bereiche, die in den folgenden Kapiteln noch behandelt werden.

Ziele der Sozialerziehung

Im obigen wurde ausgeführt, daß die Sozialerziehung zum einen den Erwerb von grundlegenden und dauerhaften sozialen Verhaltensmustern anstrebt, zum anderen letztendlich den Aufbau eines mündigen, sprich eigenverantwortlichen Sozialverhaltens zum Ziel hat.

---

[1] Personalisation = Persönlichkeitsentwicklung

Grundlegende, dauerhafte soziale Verhaltensmuster sind z. B.:

- verschiedene Formen des Verhaltens gegenüber Mitmenschen (wie Mitgefühl, Solidarität, Konformismus[1], Angst, Dominanz usw.)
- verschiedene Formen des Verhaltens in der Gruppe
- Übernahme verschiedener Rollen
- Verhalten gegenüber andersgeschlechtlichen Sozialpartnern
- Entwicklung von Einstellungen und Haltungen
- Internalisierung von sozialen Normen und Werten, also letztendlich die Entwicklung des Gewissens als Regelinstanz des sozialen Verhaltens

Aus diesen Überlegungen heraus lassen sich die folgenden **Voraussetzungen** für den Erwerb solcher grundlegenden sozialen Verhaltensmuster formulieren, die gleichzeitig auch die **Grobziele der Sozialfähigkeit** darstellen:

- mit eigenen und fremden Gefühlen umgehen
- wichtige Regeln des Zusammenlebens kennen und beachten
- eigene Rollen kennen und ausführen
- die eigene und andere Geschlechtlichkeit erkennen
- Bedürfnisse aufschieben
- Notwendigkeit von Regeln erkennen und hinterfragen
- Interaktions- und Kommunikationsfähigkeit besitzen
- zwischen wünschenswerten und nicht wünschenswerten Konfliktlösungsmöglichkeiten unterscheiden
- Vorurteile erkennen und vorurteilsfrei handeln
- Rollenverteilungen kennen und hinterfragen

Bei diesen Zielsetzungen geht es keineswegs nur um den Erwerb einer isolierten Sozialkompetenz, sondern um einen Verbund von **Sachkompetenz, Selbstkompetenz und Sozialkompetenz**. Eine echte Sozialkompetenz kann nur in Zusammenhang mit den beiden anderen Kompetenzen erwartet werden.

Inhalte der Sozialerziehung

Diesen exemplarisch dargestellten Zielen der Sozialerziehung lassen sich folgende Inhalte zuordnen:

- Einfühlung in andere
- Selbstfindung
- Rollentraining
- Umgang mit anderen
- Umgang mit Regeln
- Gruppenerfahrung
- Geschlechtserziehung
- Abbau von Vorurteilen
- Kooperation
- Konfliktlösung usw.

Praktische Übungsfelder zur Verwirklichung der Ziele der Sozialerziehung

Um die Ziele der Sozialerziehung zu verwirklichen, lassen sich ihre Inhalte in praktische Übungsfelder transformieren, von denen einige im folgenden näher dargestellt werden.

---

[1] Konformismus = stets um Anpassung an die bestehenden Verhältnisse bemühte Haltung

Selbstfindung

Die Selbstfindung entsteht durch die Auseinandersetzung mit der Umwelt. Auf der Grundlage dieser Erfahrung ergibt sich beim Kind ein bestimmtes Selbstbild: ob es begabt, unbegabt, minderwertig oder etwas besonderes ist.

Eine Sozialerziehung im Kindergarten sollte den Kindern folgende Erfahrungen ermöglichen:

- die Erfahrung, daß sie eine eigenständige Individualität und eine unverwechselbare Identität besitzen;
- die Erfahrung, daß sie eine individuelle Wichtigkeit aufweisen;
- die Erfahrung, daß sie persönliche Qualitäten besitzen;
- die Erfahrung emotionaler Wertschätzung;
- die Verbesserung der Eigenwahrnehmung und das Ertragen-Lernen negativer Aspekte der eigenen Individualität.

Diese die Selbstfindung betreffenden Erfahrungen können durch Fremd- und Selbstidentifizierungsspiele, Gedichte, Puppenspiele, Selbstdarstellungsspiele anhand eigener körperlicher, sozialer oder innerer Merkmale, Geschichten ohne Schluß zum Selber-Erfinden des Endes usw. vermittelt werden.

Sympathie

In Verbindung mit soziometrischen Verfahren in Kindergruppen besteht die Kritik, daß Sympathiegefühle zwischen Kindern sehr unterschiedlich motiviert sein könnten und daß sie keinesfalls stabil seien. Daß Freundschaften aber durchaus aufgrund spontaner Sympathie entstehen können, wies schon *Kurt Lewin* nach:

> „Enge Freundespaare ... sind weniger leicht zu enttäuschen als Kinderpaare, die nicht befreundet sind. Ihre größere Widerstandskraft gegenüber einer Wunschversagung scheint auf das Gefühl einer größeren Sicherheit unter Freunden zurückzugehen" (1953).

Solche durch Sympathie getragenen Beziehungen weisen häufig positive Aspekte des sozialen Lernens auf. Sie können Grundlage für konstruktivere und bessere soziale Beziehungen sein: man hilft, unterstützt, verteidigt, vermittelt, verzichtet usw. Andererseits aber können sie sich auch nachteilig auswirken: sie können zur Abkapselung, zu Streitigkeiten mit anderen Gruppenmitgliedern, Eifersüchteleien, Abhängigkeiten, zu nach innen zwar intensiven, nach außen aber verarmten sozialen Beziehungen führen.

Erzieherinnen und Erzieher müssen ihre Arbeit daraufhin überprüfen, ob sie genügend Raum geben für Sympathie-Beziehungen, so daß sich Freundschaften entwickeln können. Andererseits aber müssen sie bestimmte Beziehungen lockern oder gar aufzulösen suchen.

Empathie[1]

Empathie erfordert die Einsicht in die Situation, in der ein anderes Kind ein Mißgeschick erfährt, eine gefühlsmäßige Beteiligung und die Fähigkeit, diese auszudrücken. Man konnte nachweisen, daß auch schon Kindergartenkinder zu solcher Empathie fähig sind: Man zeigte den Kindern auf Dia-Serien mit Kindern ihres Alters und Geschlechts vier verschiedene Situationen: Traurigkeit, Fröhlichkeit, Ärger, Furcht. Zwei Drittel der Kinder konnten die Situationen richtig nachempfinden. Ob jedoch Empathie gezeigt wird oder nicht, hängt stark von der eigenen Situation ab. Furcht, Unsicherheit, ja sogar nur intensive eigene Beschäftigungen können Empathie verhindern.

Es ist daher weitgehend von den Erziehern abhängig, ob die Kinder sich im Kindergarten mitfühlend aufeinander einstellen oder nicht.

Empathie ist ein überaus wichtiger Aspekt sozialer Bezüge.
In der Kindergartensituation läßt sie sich fördern durch Kreisspiele, in denen gestisch und mimisch emotionale Zustände dargestellt und nachempfunden werden müssen; Pantomimenspiele, die erörtert werden; Rollenspiele, die eine Verarbeitung von Empathie zulassen; Bilder, die gedeutet werden können; Gesichtsteile, die verschiedenartig zusammenzusetzen sind usw.

Kooperation[2]

Kooperatives Verhalten ist eine wichtige Aufgabe der Sozialerziehung und bedeutet eigentlich Durchsetzen gemeinsamer Bedürfnisse und Interessen. Dies setzt gleichzeitig voraus, daß die Kinder lernen, ihre Möglichkeiten und Grenzen zur gemeinsamen Veränderung einzuschätzen. Dazu sind aber Fähigkeiten notwendig, wie Absprache, Einigung, Gewinnung von Verbündeten, Herausfinden von Strategien, Zurückstellung von individuellen Bedürfnissen usw., also Solidarität.

Bei kooperativem Handeln geht es aber auch um den Aspekt des Helfens; um Verhaltensweisen, die nicht egoistischer, sondern altruistischer[3] Natur sind, die geprägt sind von sozialer Verantwortlichkeit. Also Hilfsbereitschaft kleineren, schwächeren, behinderten Kindern, alten Leuten gegenüber usw. Die Kinder müssen verstehen lernen, daß Zusammenarbeit nützlich und notwendig ist. Und sie müssen außerdem die Notwendigkeit zur Hilfestellung erkennen können.

Hilfreich zum Erlernen von kooperativem Verhalten sind Partnerspiele, in denen zusammen bestimmte Fertigkeiten bewiesen werden müssen; Fortsetzungsspiele, in denen z.B. angefangene Zeichnungen fortgesetzt werden sollen; Bauspiele unter Mitwirkung von anderen Kindern mit Rollenverteilung; Henne und Habicht; Katz und Maus; Rollenspiele, die kooperatives Handeln provozieren und ermöglichen.

---

[1] Empathie = Fähigkeit, sich in die Einstellungen und Verhaltensweisen anderer Menschen einzufühlen.
[2] Kooperation = Zusammenarbeit
[3] altruistisch = selbstlos

Konflikt

Im Bereich sozialer Beziehungen sind soziale Konflikte unabwendbar. Sie können nicht nur soziale Beziehungen scheitern lassen, sie können auch klären und vertiefen. Die Sozialerziehung muß also Konfliktlösungstechniken vermitteln, d.h. sie kann nicht in einem konfliktfreien Raum stattfinden. Konflikte sind deshalb in den Erziehungsprozeß einzubeziehen und pädagogisch zu verwerten. Der Erzieher sollte jedoch nur eingreifen, wenn die Kinder selbst nicht mehr weiterkommen, dann aber nicht als „Racheengel", sondern als neutrale Vermittlungsinstanz. In diesem Zusammenhang sei auf die Modellwirkung des Erziehers hingewiesen, durch sie kann der Erzieher den Kindern friedliche und produktive Formen der Konfliktlösung nahebringen.

Lernangebote zur Konfliktbewältigung lassen sich durch Puppenspiele mit offenem Ende, durch Konfliktbilder zur visuellen Verdeutlichung von Problemgeschichten oder als Rollenspielvorlage und als Gesprächsanreiz für Problemsituationen herstellen.

Toleranz – Frustrationstoleranz

Die Kinder im Kindergarten sind häufig Frustrationen ausgesetzt, die sie durch ihre Spielkameraden erleben müssen. Eine Frustration ist eine Enttäuschung, die mit der Vereitlung einer Zielerreichung verbunden ist.

Frustrierte Menschen neigen dazu, die Umwelt verzerrt wahrzunehmen und emotional heftig zu reagieren. Aggressives oder resignatives Verhalten tritt auf, Ausflüchte werden gesucht, Schuldgefühle werden entwickelt, obwohl objektiv keine Schuld vorliegt. Diese unterschiedlichen Arten, mit denen auf Frustrationen reagiert wird, hängen zum einen von den jeweiligen bisher gemachten Erfahrungen, zum anderen von der konkreten frustrierenden Situation ab. Die Sozialerziehung soll die Fähigkeit vermitteln, trotz solcher Frustrationen realitätsgemäß handeln zu können. Mit anderen Worten: sie soll ein gewisses Maß an Frustrationstoleranz vermitteln.

Bei der Förderung der Frustrationstoleranz geht es aber nicht darum, den Kindern Frustrationen zu ersparen. Frustrationen dienen vielmehr als Lernfeld und sind deshalb in einem bestimmten Maße aufrecht zu erhalten.

Bei Lernangeboten dieser Art handelt es sich insgesamt um prophylaktisches Lernen. Dabei sollen Fertigkeiten erworben werden, die im vorhinein zur Verfügung stehen sollen, um dann Ernstsituationen besser bewältigen zu können.

Dies geschieht, indem die Kinder lernen, daß es Ziele gibt, die nicht erreicht werden können. Sie lernen, in angemessener Weise darauf zu reagieren und werden befähigt, Fehlschläge zu verkraften.

Solche die Frustrationstoleranz betreffenden Lernprozesse können z.B. durch Bildergeschichten angeregt werden, die Gespräche oder Rollenspiele dazu erlauben; durch Puppenspiele, die die Zuschauer miteinbeziehen, um gemeinsam Lösungen zu finden; durch Problemgeschichten mit der Möglichkeit für die Kinder, eigene Reaktionsmöglichkeiten darstellen zu können, die dann diskutiert werden; durch Geschicklichkeitsspiele, Glücksspiele, die aber immer einen Gesprächsanreiz darstellen sollten.

Ambiguitätstoleranz

Jede Erzieherin kennt Situationen, in denen Kinder demselben Tatbestand mit völlig unterschiedlichen Meinungen gegenüberstehen. Ob es sich dabei um entgegengesetzte Empfindungen oder Gefühle gegenüber einem Menschen handelt, ob bestehende Vorurteile mit neuen anderslautenden Informationen vereinbart werden müssen oder ob mehrdeutige Wahrnehmungen verarbeitet werden müssen – häufig führt dies zum Streit zwischen den Kindern.

Menschliche Individuen sind danach zu beurteilen, wie weit sie in der Lage sind, solche mehrdeutigen Situationen zu ertragen, ohne sich vorschnell für eine Lösung zu entscheiden, um damit verbundene Unsicherheiten und Unwägbarkeiten zu vermeiden. Letzteres führt nämlich zu vorschnellen, irrationalen Handlungen, die durch eine einseitige, undifferenzierte und intolerante Betrachtungsweise gekennzeichnet sind, die der realen Situation nicht gerecht wird.

Demnach muß die Sozialerziehung das Ertragen von Uneindeutigkeiten fördern. Sie muß die Kinder zu der Einsicht bringen, daß viele Dinge nicht eindeutig sind, daß dieser Sachverhalt als Tatsache zu akzeptieren ist und, wenn nötig, „Sowohl-Als-Auch"-Schlüsse zu ziehen sind.

Als Grundlage zur Unterstützung der Ambiguitätstoleranz bieten sich Klecksbilder an, die vielfältige Projektionen zulassen. Ebenso optische Täuschungen (Beispiel auch alte Frau – junge Frau), Empfindungsspiele (kalt – warm – heiß; lauter – laut – leise; tief – höher – hoch usw.), die zu einer Diskussion der verschiedenen Empfindungen führen.

Nicht-eindeutige Bilder oder Bilderfolgen, die Vermutungen über Vorgeschichte und Fortgang erlauben, sind auch geeignet.

Didaktisch-methodische Grundlagen

Sozialerziehung im Kindergarten wird zwar in Situationen und Bezügen eben des Kindergartens vollzogen. Soziale Lernprozesse im Kindergarten können aber auch als Spiegelbild und Vorwegnahme wirklicher Lebenssituationen in Gang gesetzt werden. Dies läßt sich am besten durch das Spiel bewerkstelligen. Dazu bieten sich an: Rollenspiele, Gesellschaftsspiele, gebundene Spiele, Bilderbücher, Märchen und Geschichten.[1]

Spielen erlaubt die Verarbeitung von Erfahrungen und Enttäuschungen und den Nachvollzug wichtiger sozialer Strukturen und Handlungsstrategien. Wichtig hierbei ist, daß äußerer Zwang, Repressionen und Angst vor Sanktionen vermieden werden, denn dies verkehrt die eigentliche Absicht des Lernens in sein Gegenteil. Außerdem ist dabei auch zu raten, Wettbewerbssituationen – wenn sie notwendig sind – so zu manipulieren, daß Erfolgserlebnisse für jedes Kind ermöglicht werden.

---

[1] Vgl. Lebensraum Kindergarten, Pädagogische Anregungen für Ausbildung und Praxis. Hrsg. vom Ministerium für Kultus und Sport Baden-Württemberg. Herder Verlag/Verlag Ernst Kaufmann, 1. Aufl. 1981, S. 45.

Methodische Konsequenzen der Sozialerziehung im Kindergarten:

1. Soziale Lernprozesse sollten möglichst durch das Spiel in Gang gesetzt werden.
2. Dabei sollte viel Raum dem freien Spiel gegeben werden.
3. Die Lernangebote sollten lerntheoretisch fundiert und begründet sein.
4. Zur Bewertung der Lernprozesse benötigt der Erzieher Kriterien zur Beurteilung des sozialen Verhaltens.

Denkbare Kriterien zur Beurteilung sozialen Verhaltens sind:
- Alter und Vorliebe für Allein- und Gruppenspiele
- Affektive oder auch schon rational begründete Reaktionen
- Introvertiertes oder extravertiertes Verhalten
- Fähigkeit zur Anerkennung von Regeln und Alter
- Kompromißbereitschaft
- Frustrationstoleranz usw.

Diese didaktisch-methodischen Überlegungen sollten nicht zu dem Schluß führen, daß einem geschlossenen Lernangebot im Sinne einer curricularen Vorgabe das Wort geredet wird; im Gegenteil kann davor nur gewarnt werden. Solche Überlegungen sollen nur aufzeigen, daß soziale Lernprozesse im Kindergarten nicht dem Zufall überlassen werden können, sondern zielgerichtet und geplant sein sollten. Planung soll aber hier verstanden werden als Anregen von spontanen Aktivitäten, die anhand der oben aufgeführten Kriterien beurteilt werden sollen. Man sollte im vorhinein wissen, was man erreichen möchte.

Dies bedeutet aber auch, daß solche Lernangebote in Situationen eingebettet werden müssen, die den Kindern vertraut sind oder die zumindest eine Generalisierung von Lernprozessen gestatten. Dazu sind Vorüberlegungen nötig, die z. B. das Alter, die bisherigen Erfahrungen, das familiäre Milieu, die Gruppengröße, ihre Zusammensetzung, die Gruppenstruktur, bisherige soziale Kontaktmöglichkeiten usw. berücksichtigen. Erst wenn der Erzieher in der Lage ist, seine Lernangebote gemäß diesen Bedingungen zu variieren, ist es ihm möglich, seine angestrebten Lernziele zu erreichen.

Erzieherin als Identifikationsfigur

Der Erzieher als Initiator solcher sozialer Lernprozesse stellt für die meisten Kinder den ersten Erwachsenen außerhalb der Familie dar, der zu einer Identifikationsfigur werden kann und Modellfunktion erwirbt. **Verstärkungslernen**[1] und **Modellernen**[2] weisen in diesem Alter einen hohen Stellenwert auf, so daß der Erzieher aufgerufen ist, die von ihm gesteuerten Verhaltensweisen auch zusätzlich vorzuleben.

---

[1] Unter Verstärkungslernen wird Lernen aufgrund von Belohnung, Lob usw. verstanden.
[2] Unter Modellernen wird Lernen verstanden, das auf der Nachahmung von bestimmten Personen beruht.

Positive emotionale Beziehungen zwischen Erzieher und Kind verstärken diese Nachahmungswirkung. Zudem erhöhen sie das Vertrauen und somit das Selbstvertrauen des Kindes, was wiederum zu mehr Aufgeschlossenheit führt. Dadurch wird die Umwelterschließung gefördert und Lernen in verstärktem Maße in Gang gesetzt. Nur kurz sei hier auch auf den wichtigen Zusammenhang zwischen Erzieherverhalten und dessen Auswirkungen auf das Kindverhalten hingewiesen.[1]

Aufgaben

1. *Suchen Sie zu den praktischen Übungsfeldern der Sozialerziehung konkrete Spiele.*

2. *Formulieren Sie zu den auf S. 211 dargestellten Grobzielen der Sozialerziehung dazugehörige mögliche Teilziele.*

3.1.2 Die Spracherziehung[2]

Die Sprachentwicklung geht parallel einher mit dem Aufbau sozialer Verhaltensmuster. Sie weist für den Erwerb sozialer Verhaltensmuster eine grundlegende Bedeutung auf, denn durch die Sprache werden Sozialbeziehungen aufgebaut und aufrechterhalten.

Eine differenzierte Sprache erleichtert:

1. **Das Sich-Mitteilen-Können**
   Je besser das Sprachvermögen, um so besser kann das Kind die eigenen Absichten, Gefühle und Bedürfnisse ausdrücken.

2. **Das Verstehen anderer**
   Je besser das Sprachvermögen, um so besser können Absichten, Gefühle und Bedürfnisse der anderen verstanden werden.

3. **Die Verhaltenssteuerung**
   Je differenzierter die Sprache, um so größer ist die Einsicht in die Umwelt. Die Sprache bezeichnet nicht nur Gegenstände, sondern teilt gleichzeitig mit, wie man mit ihnen umgeht, welche Bedeutung sie haben.

4. **Die Selbststeuerung**
   Sprache bezeichnet Gefühle, Bedürfnisse und vermittelt die Möglichkeit, sich selbst besser zu verstehen.

---

[1] Der Zusammenhang zwischen Erzieher- und Kindverhalten wird in der Frage der verschiedenen Erziehungsstile deutlich, die in der Pädagogik einen hohen Stellenwert innehat. Vgl. auch S. 177f.

[2] Dieses Kapitel muß eng mit dem auf S. 228f. dargelegten Abschnitt gesehen werden.

Sprache ist aber nicht nur ein Instrument der Kommunikation, sondern hat auch als Mittel des Ausdruckes von Lernerfahrungen eine **denksteuernde Funktion.** Die Sprachentwicklung hat demzufolge auch für die Denkentwicklung eine wichtige Rolle inne.

Umgekehrt hängt es von der Bandbreite des Erfahrungsraumes ab, wie die Kinder ihre Erfahrungen verallgemeinern und damit eine abstrahierende Sprachfähigkeit aufbauen. Dies verdeutlicht die **Wechselwirkung zwischen Sprachentwicklung und Denkentwicklung.**

Beim Eintritt in den Kindergarten verfügt das Kind über grundsätzliche Sprachstrukturen. Es versteht die Sprache und kann sich mit ihrer Hilfe mitteilen. Jedoch geschieht sein Sprechen – wie ja größtenteils auch das Denken – während es mit den Objekten und den Personen umgeht.

Spracherziehung im Kindergarten heißt nicht, Sprachkurse zu entwickeln, sondern heißt im wesentlichen die Sprachlust, das Mitteilungsbedürfnis, die Freude an der Sprache zu fördern. Dies gelingt nicht durch ein dauerndes Verbessern, sondern eher durch ein gutes Vorbild, verbunden mit einer dauernden Ermunterung des Kindes, sich zu äußern. Das bedeutet Übung mit einer allmählichen Verbesserung bestimmter Lücken und Schwächen.

Die Erzieherin hingegen hört zu, läßt sprechen, gibt einen großen sprachlichen Freiraum. Sie selbst muß sich um ein ruhiges Sprechtempo bemühen. In unterschiedlichen Situationen sucht sie zu unterschiedlichen Anlässen die entsprechende Sprachmelodie, Lautstärke und den entsprechenden Sprachrhythmus. Für das Märchenerzählen benötigt sie einen anderen Ton als für das Erklären einer Bastelarbeit. Für Anweisungen im Turnen benötigt sie wiederum einen anderen Ton als bei einer zum Sprechen motivierenden Frage.

Sprachförderung heißt zielgerichtet und geplant Situationen zu schaffen und zu nutzen, in denen das Kind angeregt wird, Sprache zu erleben und zu üben. Da die Sprachförderung vom Kindergartenalltag ausgeht, geht sie von der konkreten Anschauung des Kindes aus, sie stützt sich auf die vorhandenen Sprachmuster und geschieht während des Umganges der Kinder miteinander. Die Kinder sind gute Sprechpartner, da sie sich in ihrem Denk- und Sprachniveau sehr gleichen.

Aber auch die Erzieherin ist Sprechpartner und begleitet das Kind sprachlich vom Umgang mit den Dingen und ihrem ‚Begreifen‘ bis zum abstrahierenden Nachvollziehen nicht-konkreter Abläufe.

Da aber nicht die Erzieherin die zum Sprechen Auffordernde sein soll, sondern die Situation selbst, ist es für sie wichtig zu beobachten, wann, wie und unter welchen Bedingungen die Kinder ihrer Gruppe sich spontan sprachlich mitteilen, welche Geschehnisse sie kennen. Dieses Wissen muß die Erzieherin nutzen, um eine Sprachförderung durchführen zu können, die die sprachlichen Vorbedingungen berücksichtigt. Sprachförderung im Kindergarten läßt sich von den einfachen Grundlagen der Sprachbeherrschung bis zu einer relativ differenzierten Sprachfähigkeit durch unterschiedliche Spielformen aufbauen.

Kreis- und Laufspiele

Diese Spiele eignen sich besonders gut zur **Einübung fester Sprachmuster**. Die ständig wiederkehrenden Situationen im Spiel schaffen festgefügte sprachliche Assoziationen, die routinemäßig wiederholt werden. Eine Beherrschung fester Sprachmuster vermittelt Sicherheit und macht dem Kind Mut, neue Sprachversuche zu starten.

> **Beispiele**
> – „Komm mit"
> – „Lauf weg"
> – „Häschen hüpf"
> – „Alle Kinder setzen sich"

Pantomimenspiele

Pantomimenspiele eignen sich besonders als Anregung zu Mitteilungsversuchen. Einerseits kann das Kind für diese Spiele viele nicht-sprachliche Ausdrucksmittel verwenden, die den sprachlichen Ausdruck ergänzen. Andererseits bieten sie in einem interpretierenden Nachgespräch die Möglichkeit, sowohl für den Darsteller als auch für die Zuschauer, die Pantomime verbal zu erklären bzw. zu interpretieren. Das verstärkt das Verständnis für den **Zusammenhang zwischen Handlung und Sprache** und bietet einen **hohen Anregungscharakter zum Sprechen**. Darstellungen wie ‚Was der Müllmann tut' helfen anschaulich, Begriff und Bedeutung einander zuzuordnen.

Musikalisch-rhythmische Erziehung

Sowohl die Sprache als auch die Musik weisen **Rhythmus** (lang – kurz), **Melodie** (hoch – tief), **Klang** (hell – dunkel), **Dynamik** (laut – leise) und eine **Akzentsetzung** (schwer – leicht) auf[1]. All dies kann in Bewegung umgesetzt werden. So macht Rhythmik musikalisch-sprachliche Zusammenhänge körperlich erfahrbar. Unterschiedliche Versmaße können durch entsprechende motorische Abläufe widergespiegelt werden; unterschiedliche Laute werden in Bewegungen umgesetzt. Differenziertes Sprechen wird durch motorischen Einsatz der Sprechorgane (Lippen, Zunge, Gaumen, Kehlkopf), durch Blas-Spiele, Nachahmung von Tierlauten, durch Verse, in denen abwechselnd bestimmte Vokale oder Konsonanten besonders betont werden, gefördert. Auch hier ist eine zusätzliche Förderung der nicht-sprachlichen Ausdrucksfähigkeit durch bestimmte Mimik, Gestik und Körperhaltung möglich.

Szenische Spiele

Spiele, die an bekannte **Alltagsszenen** anlehnen, aktivieren bereits vorhandene Sprachfertigkeiten und fördern die Redelust. Schilderungen von Handlungen und die Beschreibung von Dingen fördern die Ausdrucksfähigkeit.

---

[1] Vgl. Lebensraum Kindergarten: a.a.O., S. 110.

Rollenspiele

Aufbauend auf solche szenischen Spiele lassen sich Rollenspiele nutzen. Das Rollenspiel birgt große **didaktische Möglichkeiten,** da es dem Erzieher möglich ist, bestimmte Rollen in Abhängigkeit der Sprachfertigkeit besetzen zu lassen, so daß mögliche Versagensängste, Frustrationen usw. nicht auftreten. Durch das Hineinschlüpfen in eine andere Rolle (Person) vergißt das Kind seine eigene Person und verliert die Hemmung, vor anderen Kindern zu sprechen.

Das Rollenspiel bietet außerdem eine breite **Variationsmöglichkeit** von der fest eingeübten Rolle bis zur völlig freien Improvisationskunst.

Darstellende Nacherzählung

Als letztes Glied in dieser Kette bietet sich die darstellende Nacherzählung an, für die sich **Sach- und Bilderbücher** gut eignen. Sie erlauben eine breite Palette von Variationen: von der bloßen Benennung einzelner bekannter Bildgegenstände über ihren Zusammenhang auf Einzelbildern bis zum darstellbaren Zusammenhang aller Bilder. Benutzt man Bildergeschichten aus dem Phantasiebereich, die das Kind emotional ansprechen, kann damit die Redelust des Kindes gesteigert werden.

Aufgaben

1. Versuchen Sie näher zu erläutern, was der Satz meint: „Die Sprachentwicklung geht parallel einher mit dem Aufbau sozialer Verhaltensmuster".

2. Erläutern Sie die charakteristischen Sprech- und Verhaltensweise des Erziehers bei der Erzählung eines Märchens.
Vergleichen Sie dies mit dem Sachgespräch.

3.1.3 Das ausländische Kind im Kindergarten

Problemstellung

Die Problematik der ausländischen Kinder in der Bundesrepublik Deutschland muß eng mit der Problematik der ausländischen Arbeitnehmer und ihrer Familie gesehen werden. Von den Motiven dieser Menschen zur Einreise und ihren weiteren Absichten hängt es zum großen Teil ab, wie die Sozialisation der ausländischen Kinder verläuft.

So ergibt sich eine fortdauernde Diskussion um die Frage, ob man die Ausländer besser zur **Integration** oder besser zur **Reintegration**[1] befähigen sollte.

Die bisherigen Erfahrungen zeigen, daß es unmöglich ist, nur einem dieser Konzepte den Vorzug zu geben. Situative Anlässe können Ausländer, die eigentlich in der Bundesrepublik Deutschland bleiben wollten, dazu bewegen, wieder in ihre Heimatländer zurückzukehren. Andererseits zeigt sich, daß viele Ausländer, die nur auf Zeit in der Bundesrepublik Deutschland leben wollten, hier für immer bleiben.

---

[1] Unter Reintegration wird im allgemeinen der Prozeß zur Rückanpassung in das Heimatland verstanden.

Eine Bevorzugung des Integration-Modells würde vernachlässigen, daß die Ausländer ihre kulturelle und soziale Identität behalten sollten, um nicht bei einer eventuellen Rückkehr als Fremde zu gelten und darunter leiden zu müssen.

Eine Bevorzugung des Reintegration-Modells wiederum vernachlässigt die Tatsachen, daß erstens einmal die Ausländer in der Bundesrepublik Deutschland leben und handeln müssen und daß sie zweitens wie oben schon gesagt, möglicherweise für immer in der Bundesrepublik Deutschland bleiben. Sie brauchen Hilfen zur Integration.

Wenn also die Forderung nach Gleichheit der Bildungschancen noch ernst genommen werden soll, kommt man um Anstrengungen zur Integration und Förderung der ausländischen Kinder in den Bildungsinstitutionen nicht herum.

Der Anpassungs- bzw. Integrationsbegriff

Die bisherigen Überlegungen weisen darauf hin, daß es notwendig ist, den Begriff der Integration genauer zu definieren.

Frühe Untersuchungen gehen von einem völlig automatischen Integrationsmechanismus aus, der quasi eigengesetzlich vor sich geht. Spätere gehen von einem Integrationskonzept im Sinne von Anpassung an eine fremde Kultur aus, bezeichnet als „kulturelle Integration" und gemessen durch den Grad der positiven Einstellung genüber der Gastgebergesellschaft. Aber auch dies ist zu einseitig, da nur die Integrationsanforderungen von seiten der Gastgebergesellschaft im Blickpunkt stehen, nicht aber die Integrationsbedürfnisse des Individuums.

Viele Autoren haben Integration mit dem Begriff der **Akkulturation** gleichgesetzt, wobei *Mühlmann* Akkulturation und Sozialisation sogar synonym verwendet[1]. Diese Sichtweise verschleiert jedoch, daß die Akkulturation Individuen sozialisiert, die Normen und Werte ihrer eigenen Kultur schon längst verinnerlicht haben, während der Begriff der **Sozialisation** einen Prozeß meint, der für Individuen gilt, die in die Normen und Werte des jeweiligen Sozialisationsbereiches erst noch eingeführt werden müssen.

Empirische Ergebnisse erweisen sich immer mehr als Stütze der Sichtweise, daß die Integration in die Gastgeberkultur nicht selbst das Ziel, sondern nur das Mittel zur Erreichung des Aufenthaltszieles ist.

Viele Forscher sind der Meinung, daß die sozio-kulturelle Integration einen eher **partiellen**[2] Charakter aufweist, die je nach den unterschiedlichen Anforderungen des Gastgeberlandes nur in bestimmten Bereichen im Sinne des Nachgebens erfolgt, um damit eine wohlwollende Reaktion der Umwelt zu bewirken. So kann z. B. eine erfolgreiche Integration in die Arbeitswelt erfolgen, während in der Familie die Sitten und Gebräuche der Heimatgesellschaft beibehalten werden.

Ein wenig anders sieht es *Breitenbach*, der der Integration und damit auch der Anpassung einen noch stärker **instrumentalen**[3] Charakter verleiht, so daß die Anpassung „mit zunehmender Zielerreichung (...) wieder revidiert werden kann."[4]

---

[1] Vgl. Mühlmann, W. E.: Akkulturation. In: Bernsdorf, W. (Hrsg.): Wörterbuch der Soziologie, Bd. 1. Fischer Taschenbuch Verlag 1973, S. 21.

[2] partiell = teilweise

[3] Instrumental heißt hier als Mittel oder Werkzeug dienend, um sich soweit wie notwendig an die Gastgebergesellschaft anzupassen.

[4] Breitenbach, D.: Auslandsausbildung als Gegenstand sozialwissenschaftlicher Forschung. SSJP-Schriften, Heft 20. Saarbrücken 1974, S. 258.

Dieses Denkmodell verführt zu der Auffassung, Integrationskonflikte könnten dadurch nicht auftreten. Dies ist jedoch nicht der Fall und auch nicht so gemeint. Konflikte entstehen dadurch, daß die Ziele mehr von der Gastgebergesellschaft vorgegeben sind, die Ziele der Herkunftsgesellschaft jedoch in ihrer Wichtigkeit für die ausländischen Arbeitnehmer überwiegen. Solche Widersprüche führen häufig zu Identitätskonflikten im Hinblick auf die heimatlichen Bezugsgruppen. Dies bedeutet aber auch, daß der Integrationsprozeß um so mehr instrumentalen Charakter annimmt, je stärker Normen und Werte der Heimatgesellschaft verinnerlicht wurden.

Auf unseren Bereich übertragen heißt das, daß die Integration der ausländischen Kinder um so eher nur instrumental begriffen werden kann, je stärker Eltern und andere heimatliche Bezugsgruppen auf die Einhaltung ihrer heimatlichen Normen und Werte bestehen. Genau diese Situation stellt zugleich auch das Konfliktpotential dar, und dies um so mehr, wenn die Ausländer klare Vorstellungen über Aufenthaltsdauer und Rückkehr besitzen. Je kürzer die Verweildauer, desto instrumentaler ist der Integrationsprozeß. Aber gerade die klaren Vorstellungen über die Aufenthaltsdauer und den Zeitpunkt der Rückkehr fehlen häufig wegen der schwierigen finanziellen Situation. Das Konfliktpotential liegt in nicht unerheblichem Maße darin, daß die ausländischen Eltern zum größten Teil zwar in ihr Heimatland zurückkehren wollen und deswegen auch an den Erziehungsnormen und -zielen ihrer Heimatgesellschaft festhalten, aus bestimmten Gründen den Zeitpunkt ihrer Rückkehr aber immer wieder verschieben müssen. Dieser Mechanismus verhindert ein Bewußtwerden über die Notwendigkeit, sich und die Kinder in bestimmten Bereichen besser zu integrieren und sich so auf einen dauerhaften Aufenthalt einzurichten. Es ist nämlich anzunehmen, daß unbestimmte und unklare Rückkehrabsichten mit zunehmender Aufenthaltsdauer weiterhin abnehmen. Damit ist aber nicht automatisch verbunden, daß der Integrationswille gesteigert wird.

Folgt man diesem **Konzept der instrumentalen Integration,** so wird man Integrations- und Förderungshilfen leisten, ohne eine völlige Anpassung an die Normen und Werte unserer Gesellschaft zu verlangen. Dies verhindert erhebliche Rückanpassungsschwierigkeiten bei einer eventuellen Rückkehr in die Herkunftsgesellschaft.

Aufgaben

1. *Suchen Sie ein konkretes Beispiel für die „partielle" Integration.*

2. *Suchen Sie ein konkretes Beispiel für die „instrumentale" Integration.*

3. *Erläutern Sie mögliche Konflikte in den ausländischen Familien, die durch unterschiedliche Integrationsbemühungen der einzelnen Familienmitglieder verursacht sein können.*

Die integrative Arbeit des Kindergartens

Das Vorfeld der integrativen Kindergartenarbeit

Eine ernstgemeinte integrative Arbeit des Kindergartens beginnt nicht erst bei der Aufnahme von ausländischen Kindern im Kindergarten, sondern erfolgt schon in seinem Vorfeld.

Hierbei ergeben sich Aufgaben, die der Kindergarten im Sinne des Werbenden, des Informanten und des Sich-Informierenden übernehmen muß.

Aufgaben des Kindergartens sind z. B.:
- Abbau eigener Vorurteile;
- Aufklärung der ausländischen Eltern über Aufgaben, Bedeutung und Arbeitsweisen des Kindergartens; Versendung, Verteilung von Informationsschriften;
- Motivierung der ausländischen Eltern, ihre Kinder in den Kindergarten zu schicken;
- Heranziehung und Inanspruchnahme von Kontakteltern;
- Einrichtung von Elterntreffpunkten;
- Abhalten von Elternabenden;
- Durchführung von Hausbesuchen;
- Durchführung von Festen, Feiern, Tagen der Offenen Tür;
- Maßnahmen zur Kontaktanbahnung und Kontakterhaltung usw.

Die besten didaktisch-methodischen Programme für eine integrative Kindergartenarbeit nutzen nicht viel, wenn der Erzieher nicht von der Notwendigkeit seiner Arbeit überzeugt ist. Will er Benachteiligungen und Vorurteile abbauen, muß er selbst möglichst vorurteilslos sein. Kein Mensch lebt völlig ohne „Vor-Urteile". Aber gerade der Erzieher sollte sich dieser Vorurteile bewußt werden, sollte ihr Entstehen kritisch erforschen, sie mit der Realität vergleichen und revidieren können.

Wie aber bewerkstelligt man den Abbau von Vorurteilen und die Integration?

1. Man macht sich mit der jeweiligen Kultur vertraut. Hierbei sind vor allem Informationen wichtig über die soziale und kulturelle Lage in den Herkunftsländern, über die Familienstruktur, über die Rollenverteilung innerhalb der Familie, Lebens- und Lernbedingungen, über religiöse Vorstellungen und daraus resultierende Verhaltensweisen.

2. Man bildet Arbeitsgruppen mit Kollegen, um in Teamsitzungen Probleme dieser Art gemeinsam zu erörtern.

   Beispiele
   a) Problemsituationen schildern und beurteilen;
   b) Problemsituationen schildern und durch Rollenspiel bearbeiten;
   c) Grundsätzlich sich über das „Fremde" klarwerden. Fremdartiges darstellen, Empfindungen und Assoziationen subjektiv äußern und diskutieren (Fotografieren usw.).

Erzieher, die mit ausländischen Kindern in ihren Gruppen arbeiten, sollten zusätzlich Zeit erhalten, um solche gemeinsamen Teamsitzungen durchführen zu können.

Hat man die nötigen Schritte ausgeführt, um auch sich selbst möglichst vorurteilslos einzubringen, wären weitere Bereiche zu überdenken, die von außen her auf die integrative Arbeit im Kindergarten positiv einwirken können.

Zunächst einmal kommt es darauf an, die Bereitschaft der ausländischen Eltern, ihre Kinder in den Kindergarten zu schicken, zu wecken. Wenn die Funktion des Kindergartens für die ausländischen Eltern durchschaubar ist, wenn sie einsehen, daß die

Erziehung ihrer Kinder, vor allem die religiöse, in ihrer Verantwortung bleibt, wird diese Bereitschaft erhöht. Diese Möglichkeit der Einsichtnahme aber muß vom Kindergarten oder dessen Träger ausgehen. Es wird also nötig sein, **Informationsblätter** (Elternbriefe usw.) in der jeweiligen Landessprache zu verschicken, in denen über die Erziehungsziele, Erziehungsstile und Erziehungsinhalte, Tagesablauf, Aufnahmebedingungen, Betrieb und Finanzierung aufgeklärt wird. Hierbei sollte auch die Bedeutung des Kindergartens für einen erfolgreichen Schulbesuch hervorgehoben werden.

Diese Aufklärung der Eltern muß in eine *intensive Zusammenarbeit* mit ihnen münden. Eine aktive Mitarbeit der ausländischen Eltern ist eigentlich unerläßlich, denn sie müssen die Erziehung ihrer Kinder im Kindergarten akzeptieren und mittragen. Ohne ein solches Akzeptieren ist eine Integration ihrer Kinder nur schwer möglich.

Die mühsame Integrationsarbeit liegt ja gerade darin, daß das ausländische Kind in Familie und Kindergarten unterschiedliche soziokulturelle Normen, Einstellungen und Gebräuche vorfindet, denen es jeweils entsprechen muß, und so in seiner Identitätsbildung verunsichert wird.

So steht das ausländische Kind immer in der Gefahr, daß es im Kindergarten Verhaltensweisen einübt, für die es zu Hause vielleicht sogar bestraft wird. Die ausländischen Eltern können für die Arbeit des Kindergartens also nicht ausgespart bleiben. Ihre Bereitschaft zur Mitarbeit ist unerläßlich.

Dies hat zur Folge, daß die Elternarbeit in Kindergärten mit ausländischen Kindern verstärkt werden muß. Die Vorurteile sowohl auf seiten der deutschen als auch auf seiten der ausländischen Eltern müssen bewußt gemacht und abgebaut werden.

Solche Kontakte sollten aber zuerst über Feiern, Feste, Ausflüge usw. hergestellt werden, damit die ausländischen Eltern mit dem Kindergarten nicht gleich die an sie gerichtete Anspruchserwartung der Veränderung, Anpassung und Forderung verbinden.

Zur Verbesserung der Elternarbeit könnte man ausländische Eltern, die bereits Kinder im Kindergarten haben, hinzuziehen. Sie könnten eine wertvolle Vermittlerrolle bei der Kontaktanbahnung und Kontakthaltung mit ausländischen Eltern übernehmen (Kontakteltern).

Dazu sollten regelmäßige **Elterntreffpunkte** eingerichtet werden, in denen pädagogische und organisatorische Fragen abgeklärt werden können, die zugleich aber mit Bastel- und Organisationstätigkeiten verbunden sein sollten; dies schafft eine gelockerte Atmosphäre und erleichtert das Kennenlernen.

Besuchstage für ausländische Eltern, die ihre Kinder schon im Kindergarten haben, aber auch für solche, die angeworben werden sollen, sollten eingerichtet werden. Hier können sie den Alltag, die verschiedenen Tätigkeiten, die Beziehung zwischen den Kindern untereinander und die zwischen den Kindern und Erziehern erleben.

Wichtig und vor allem ohne großen Aufwand ist das **Gespräch** mit den ausländischen Eltern beim Bringen und Abholen der Kinder. Hier kann der Erzieher zwanglos auf die Eltern zugehen und so Kontakte knüpfen und aufrechterhalten. Hierbei kann der Erzieher das Interesse der ausländischen Eltern am Kindergarten wachhalten.

Ebenso bieten sich **Hausbesuche** an, beispielsweise, wenn ein Kind erkrankt ist. Dadurch empfinden sich die ausländischen Eltern und Kinder als wichtig und ernst genommen, und die Eltern fühlen sich in der Regel geehrt. Auf diese Weise lernt der Erzieher auch die Wohnsituation, die Familienzusammensetzung, die soziale und ökonomische Situation kennen. Dabei sollte man darauf achten, daß man sich dazu vorher anmeldet.

Zusammenfassend kann gesagt werden, daß eine vertrauensvolle und intensive Zusammenarbeit mit den ausländischen Eltern Voraussetzung für eine erfolgreiche Integrationsarbeit mit ihren Kindern ist. Zudem kann der Kindergarten mit der Elternarbeit einen Beitrag zur Gemeinwesenarbeit in dem betreffenden Wohnbereich leisten.

Aufgaben

1. *Erstellen Sie einen kleinen Katalog von Informationsquellen über die soziale und kulturelle Lage von anderen Ländern.*

2. *Sammeln Sie einige gängige Vorurteile über eine von Ihnen gewählte Nation und überprüfen Sie sie auf ihren Wahrheitsgehalt.*

Sprachschwierigkeiten als Integrationshindernis

Immer wieder wird als eine der wesentlichsten Integrationshemmnisse die Sprachbarriere genannt. Die Sprache ist unzweifelhaft das beste Anpassungsinstrument.

Sprache ist ein System von Lautsymbolen, das durch die Art seines Aufbaues und seiner Verknüpfungsregeln zugleich die Erfahrungs- und Handlungsmöglichkeiten des Individuums kanalisiert. So wie ich handle, spreche ich und umgekehrt. D.h. Sprache ist ein Abbildung der jeweiligen gesellschaftlichen Existenzbedingungen und kann nur in diesem Zusammenhang erschlossen werden.

Sprache ist folglich nicht nur Mittel sozialer Kommunikation, sondern hat als Mittel der Symbolisierung von Lernerfahrungen eine denksteuernde Funktion. Deswegen hat ja die Kulturzugehörigkeit und – mit ihr – die soziale Schichtzugehörigkeit nicht nur für die Sprachentwicklung eine wichtige Rolle inne, sondern auch für die intellektuelle Entwicklung.

Auf die **Situation der ausländlichen Kinder** bezogen, heißt das: Ihre Muttersprache, die sie zu Hause lernen, ist losgelöst von ihrem gesellschaftlichen Zusammenhang und entspricht nicht den realen sozialen und kulturellen Erfahrungen.

Die ausländischen Kinder leben bei uns in einer hochindustrialisierten Gesellschaft, die sich in ihren Lernerfahrungen von anderen mehr landwirtschaftlich bestimmten Gesellschaften, wie z.B. in der Türkei, bestimmten Teilen Italiens usw. deutlich unterscheiden.

Worte auf der konkreten Ebene haben so oft eine andere Bedeutung für das Kind als für die Eltern. Neue Begriffe, die es in der jeweiligen Herkunftssprache gar nicht gibt, müssen aufgenommen werden, was dann meist in Deutsch geschieht, wie z.B. Schichtarbeit, Straßenbahn, U-Bahn usw.

Legt man die Erkenntnisse über die Abhängigkeit der Sprachentwicklung vom gesellschaftlichen Umfeld zugrunde, so kommt man zu dem Schluß, daß die meisten Gruppen ausländischer Kinder durch ihren unterschiedlichen Erfahrungsraum geringere Möglichkeiten haben, ihre Erfahrungen zu verallgemeinern und damit eine der Gastgeberkultur angepaßte Sprachfähigkeit aufzubauen.

Spätestens aber mit Schulbeginn werden sie mit abstrakten Begriffen konfrontiert, mit denen sie dann keine Bedeutung verbinden können, so daß die Verbindung von Denken und Sprache nur unvollkommen ausgebildet wird.

Hier nun muß die **integrierende Arbeit im Kindergarten** beginnen. Vorhandene Sprachprogramme können nur als zusätzliche Hilfsmaßnahmen verstanden werden, da auch sie nicht die natürliche, reale Lernsituation darstellen können, die zur Bildung der abstrakten Begrifflichkeit notwendig sind.

Der Kindergarten mit seiner relativ angstfreien Atmosphäre und einer kindgemäßen Erfahrungswelt erweitert den sprachlichen Erfahrungsbereich über die Familie hinaus im Zusammenhang mit dem **konkret sinnlichen Erfassen von Begriffen**.

Bei der Sprachförderung der ausländischen Kinder kommt es also darauf an, mit den Kindern während des Tuns so viel wie möglich zu sprechen. So werden sie mit der Sprache über das Hören in Verbindung mit dem konkret sinnlichen Erfassen der Begriffe ihre Sprache selbst entwickeln können.

In diesem Zusammenhang fällt dem Erzieher die wichtige Aufgabe zu, für das ausländische Kind der **sprachliche Mittler** zu sein, um über die Sprache und sein Handeln die Integration des ausländischen Kindes zu fördern.

Dem Erzieher kommt es zu, einerseits den sozialen Status des ausländischen Kindes in der Kindergarten-Gruppe zu sichern, andererseits muß er dem ausländischen Kind helfen, Frustration und Versagungen ertragen zu können.

Aufgabe

Erklären Sie mit eigenen Worten, warum die Sprache sowohl als Mittel sozialer Kommunikation als auch als Mittel der Symbolisierung von Lernerfahrungen so wichtig für die Integration ist.

Die integrative Arbeit als Ich-Stützung

Die integrierende Arbeit im Kindergarten muß als ein Prozeß verstanden werden, in dem das Ich des Kindes erweitert werden soll, aber seine Identität zugleich gewahrt bleibt.

Die integrierende Arbeit im Kindergarten darf nicht dazu führen, daß es durch eine totale Anpassung der ausländischen Kinder zu einer Identitätskrise kommt. Eine **Identitätskrise** tritt dann ein, wenn die Familie und/oder die heimatliche Bezugsgruppe den Bedürfnissen des Ich keinen Schutz mehr bieten kann, ohne daß eine Bezugsgruppe existiert, die an ihre Stelle treten könnte. Es ist also besser, die ausländischen Kinder verinnerlichen die Normen und Wertvorstellungen ihrer Eltern, als daß sie in ihren Orientierungsbedürfnissen von den widerstreitenden Wertgefügen der heimatlichen und der Gastgeberkultur verunsichert werden.

Was heißt dies für die Kindergartenarbeit?

Integrationsarbeit ist zugleich auch immer eine **Ich-Stützung**. Sie erfolgt dadurch, daß man auf die nationale und kulturelle Herkunft des ausländischen Kindes in der Kindergruppe eingeht. Konkret kann das folgendermaßen geschehen:

- Man kann zum passenden Zeitpunkt auf Feste, Feiern usw. eingehen, sie schildern und erklären, Parallelen zu unsrigen darstellen und sie beispielsweise, wenn möglich, nachspielen lassen.
- Man kann eine Materialsammlung über die jeweiligen Länder anlegen mit Ansichtskarten, Prospekten, Ausschnitten von Zeitungen oder Zeitschriften über Landschaft, Klima, Kleidung, Verkehr, Berufe usw.
- Man kann Collagen und Leporellos herstellen.
- Man kann geeignete Personen einladen (auch ausländische Eltern), die über die verschiedenen Ländern berichten können. Man kann nationale Tage einrichten oder die Kinder kurze Lieder, Gedichte usw. in der jeweiligen Sprache auswendig lernen lassen.

Es ist für ausländische Kinder außerordentlich befriedigend zu erfahren, daß die deutschen Kinder ihre Sprache kennenlernen und dabei auch Schwierigkeiten aufweisen – ihre eigenen Schwierigkeiten werden relativiert –, und die deutschen Kinder erfahren dabei die Schwierigkeiten der ausländischen Kinder beim Erwerb der deutschen Sprache am eigenen Leib.

Aus der Fülle der gegenwärtig laufenden Programme und Modelle lassen sich zwei Gruppen mit verschiedenen Ansätzen der Integrationsarbeit herauskristallisieren:

- Modelle mit dem Ansatz der bikulturellen Erziehung und
- Modelle mit multikulturellem Ansatz.

Bikulturelle Erziehungsmodelle

Bikulturelle Modelle haben ein zweisprachiges, bikulturelles Erziehungskonzept.

Dieses Modell geht von dem Ansatz der gemeinsamen Förderung je zur Hälfte deutscher und ausländischer Kinder aus, wobei aber immer deutsche Kinder mit Kindern nur **einer** ausländischen Nationalität zusammengefaßt werden. Eine solche Gruppe wird in einer ersten Variante von einer deutschen und einer der Nationalität der Kinder entsprechenden ausländischen Erzieherin ständig betreut. In einer zweiten Variante betreut die nationale Erzieherin im täglichen oder wöchentlichen Wechsel jeweils nur 5–8 Kinder derselben Nationalität.

Multikulturelle Erziehungsmodelle

Multikulturelle Erziehungskonzepte gehen davon aus, daß nicht nur deutsche und ausländische Kinder, sondern auch ausländische Kinder verschiedener Nationalität lernen müssen, miteinander zu leben. Die Realität in deutschen Kindergärten besteht in multikulturellen Arbeitsbedingungen, die sowohl für Kinder als auch für Erzieher häufig Konflikte in sich bergen, die schwer zu bewältigen sind. Multikulturelle Modelle streben an, unterschiedliche, manchmal sogar widersprüchliche Erfahrungsbereiche, wie Familie, Kindergarten, Schule usw. durchschaubarer für die verschiedenen Nationalitäten zu machen und Übergänge zu schaffen. Es soll eine integrierte Erziehung entwickelt werden, die kulturelle, emotionale Besonderheiten respektiert, ja sogar fördert.

Gleichgültig welchem Modell man zuneigt, die integrierende Erziehung ist grundsätzlich eine Arbeit, die soziokulturelle Prozesse in der Kindergruppe deutscher und ausländischer Kinder einleiten muß, in der aufgrund gezielter Rollenverteilung durch den Erzieher eine Statussicherung des einzelnen Ausländerkindes erreicht werden soll. Zusätzliche Orientierungshilfen sowohl für die deutschen als auch ausländischen Kinder werden noch wirkungsvoller, wenn der Erzieher dabei nicht vergißt, daß sein Verhalten zugleich immer auch eine Vorbildwirkung hat.

Aufgaben

1. **a)** *Versuchen Sie eine Liste von Werten aus einem Kulturkreis zu erstellen, der sich stark von dem unsrigen unterscheidet.*
   b) *Stellen Sie ihnen gängige Werte aus unserem Kulturkreis gegenüber.*
   c) *Erläutern Sie, was so „wertvoll" an ihnen ist.*

2. *Stellen Sie die jeweiligen Vor- und Nachteile des bikulturellen sowie des multikulturellen Erziehungsmodelles dar.*

Didaktisch-methodische Möglichkeiten für die Verbesserung des Sprachvermögens

Man kann also sagen: der Kindergarten-Alltag als solcher wirkt sprachfördernd. Dabei müssen aber von den Erziehenden die bisherigen Erkenntnisse berücksichtigt werden. D.h. im einzelnen:

- Die Erzieherin begleitet sprachlich das Kind beim Umgang mit Dingen. Das Ergreifen von Gegenständen und Erfahrung-machen mit solchen Gegenständen – nämlich Kennenlernen des Materials, seiner Beschaffenheit, seiner Eigenschaften und Verwendbarkeit – lassen das Kind begreifen.

- Das gleichzeitige Benennen dieser Dinge durch die Erzieherin aber auch der anderen Kinder erhöht die sprachliche Kompetenz des ausländischen Kindes durch ihre Modellwirkung.

Diese Lernprozesse vollziehen sich im Frühstadium des Spracherwerbs vor allem auf der **emotionalen Lernebene** und später erst auf der **kognitiven**. Mit der Sprachförderung sollte demzufolge die Vermittlung von Selbstvertrauen, Freude, Anerkennung usw. verbunden sein.

Für die Erzieherin ergeben sich folgende **Lernschritte**:

1. Die Erzieherin verwendet Einwortsätze: Zeigen, Greifenlassen und Benennen des Gegenstandes, den das Kind gerade vor sich hat, sind die wichtigsten Merkmale dieses Lernschrittes.

2. Gegenstände werden in Beziehung zum Kind gebracht im Sinne des Zweiwortsatzes: Ali, Ball!, Sonja, Schürze! usw. Dies hat zur Folge, daß das Kind die Gegenstände nicht zusammenhanglos erfaßt, sondern zu sich in Bezug setzt. Zugleich damit kann dieser Vorgang Aufforderungscharakter zu einem Tun besitzen.

3. Die Erzieherin benennt die Tätigkeiten des Kindes. Sie sagt, was es tut: Damir läuft, Anja lacht usw.

4. Die Erzieherin verbalisiert Gefühle, Wünsche, Vorstellungen der Kinder: Toni hat Hunger, er will essen; Anton freut sich; Anja ist traurig, sie will heim usw.

5. Wenn das Kind diese Sprache beherrscht, werden in die Zweiwortsätze allmählich die Verben eingeschoben, den Substantiven der richtige Artikel zugeordnet, deklinierte Formen benutzt und Präpositionen gebraucht: Ali, hole den Ball!; Sonja, binde die Schürze!; der Ball liegt unter dem Tisch usw.

Dabei ist bewußt darauf zu achten, daß Zuwendung durch Gestik, Mimik und Handeln deutlich gemacht wird: das Kind in den Arm nehmen, es streichelnd trösten, an die Seite setzen, auf den Schoß nehmen usw. Dabei ist aber Feingefühl erforderlich im Hinblick darauf, was das Kind davon akzeptiert.

Die Sprachförderung muß in einfachen Sprachformen erfolgen, d.h.:
- Verwendung kurzer, einfacher Sätze, möglichst immer mit der Abfolge: Subjekt – Prädikat – Objekt;
- Vermeidung von Nebensätzen, sie verwirren vorerst nur das Kind und machen unsicher;
- Benutzung von Aktivsätzen mit Gebrauch von Verben;
- Verbindung von Substantiven und richtigen Adjektiven.

Man sieht, diese Empfehlungen richten sich genau nach den Erkenntnissen hinsichtlich der Entwicklung des Erstspracherwerbs. Grundlegende Forderung an Erzieherinnen und Erzieher ist dabei eine langsame und deutlich artikulierte Sprachweise.

Spielformen und Erwerb der deutschen Sprache[1]

Zur Einübung fester Sprachmuster bei den ausländischen Kindern lassen sich einfache **Kreis- und Laufspiele** verwenden, wie z.B. „Komm mit, lauf weg", „Alle Kinder setzen sich" usw.

Hervorragend geeignet ist das **Pantomimenspiel,** da es international ist und viele Mischformen erlaubt. Hier können sich die ausländischen Kinder ungehemmt auslassen und fühlen sich und ihre Beiträge wichtig genommen. In die gleiche Richtung zielt die musikalisch-rhythmische Erziehung, die noch weniger sprachlicher Ausdrucksfähigkeit bedarf, dafür aber Fähigkeiten verlangt, die bei den ausländischen Kindern häufig besser ausgebildet sind als bei den deutschen.

Sind die Sprachfertigkeiten etwas weiter fortgebildet, kann man **szenische Spiele** benutzen, die eng an den Kindern bekannte Alltagsszenen angelehnt sind. So läßt sich – auf Grundkenntnissen aufbauend – die Redelust des ausländischen Kindes weiter fördern.

---

[1] Hier wird noch einmal auf die auf S. 219f. dargestellten Spielformen Bezug genommen, um zu zeigen, daß sie ebensogut als Sprachhilfe für ausländische Kinder dienen können.

In etwa auf der gleichen Ebene liegt das **Puppenspiel,** das besonders bei redege-hemmten Kindern angebracht sein kann. Diese Kinder nämlich können ihre Hem-mungen dadurch leichter überwinden, daß sie nicht selbst zu sprechen brauchen, sondern sozusagen die Handpuppe etwas sagen lassen können.

Daran schließt sich das **Rollenspiel** an, das insofern didaktische Möglichkeiten in sich birgt, als Rollen in Abhängigkeit der Sprachfertigkeit besetzt werden können. Außerdem bietet das Rollenspiel eine breite Variationsmöglichkeit von der fest ein-geübten Rolle bis zur völlig freien Improvisationskunst.

Als letztes Glied in dieser Kette kann die **darstellende Nacherzählung** gelten, für die sich Bildergeschichten gut eignen, da auch sie eine breite Palette von Variationen erlauben: von der bloßen Benennung einzelner bekannter Bildgegenstände über ih-ren Zusammenhang auf Einzelbildern bis zum darstellbaren Zusammenhang aller Bilder zusammen. Diese darstellende Nacherzählung kann noch eine Steigerung er-fahren, indem man ausländischen Kindern mit fortgeschrittenen Sprachfähigkeiten Bildergeschichten aus dem Phantasiebereich vorlegen kann, die das Kind emotional ansprechen und seine Redelust noch weiter steigern.

Hinsichtlich möglicher Sprachhilfen stehen zwei Modelle besonders zur Diskussion, die jeweils sowohl Für- als auch Gegensprecher finden:
● ein zusätzliches Sprachtrainingsprogramm in Deutsch;
● die weitere gleichzeitige Förderung der Muttersprache.

Es geht nicht darum zu befinden, ob die beiden Modelle organisatorisch machbar, sondern ob sie hilfreich und notwendig sind. Wenn man nach diesen Gesichtspunk-ten urteilt, so sind die Sprachtrainingsprogramme unter bestimmten Bedingungen klar zu befürworten. Dann nämlich, wenn sie sich ganz eng an die jeweiligen Spiel- und Lernsituationen der Kindergartenarbeit anlehnen und sich, das Thema vereinfa-chend und eingrenzend, an konkrete und sinnlich erfahrbare Lernsituationen halten, um damit wieder eine Verbindung zur Themenarbeit des Erziehers zu schaffen.

Was die gleichzeitige Förderung der Muttersprache anbelangt, so ist dies zwar eine außerordentlich problematische Angelegenheit, aber letztendlich zu bejahen.

Wenn der Gedanke der Reintegration ernstgenommen werden will, so kommt man um die Förderung der Muttersprache nicht herum. Außerdem verhindert man damit auch die Gefahr der Entfremdung zwischen ausländischen Eltern und Kindern. Es ist nämlich durchaus möglich, daß die Beziehung der Kinder zu ihrer Muttersprache und damit zu ihren Eltern immer mehr verloren geht. Die Entwicklung der Mutter-sprache sollte daher Hand in Hand gehen mit der der deutschen – die intellektuelle Verbindung beider Sprachen verhindert so eine mögliche doppelte Sprachlosig-keit.

Aufgabe

Wählen Sie ein Puppenspiel, anhand dessen Sie die Möglichkeit der Sprach-förderung von Kindern mit nur geringen Deutschkenntnissen demonstrieren können.

3.1.4 Das „schwierige Kind" im Kindergarten

Problemstellung

> **Definition**
> Als schwieriges Verhalten wird ein Verhalten bezeichnet, das erheblich, wiederholt und dauerhaft von den allgemeinen Verhaltensnormen abweicht, ohne daß eine organische Schädigung vorliegt.

Wenn wir von einem schwierigen Kind sprechen, so meinen wir ein Kind, das schwierig in seinem Verhalten ist. Denn Schwierigkeiten eines Menschen werden für den Beobachter nur in dessen Verhalten deutlich. Ob dieses Verhalten nun als schwierig bezeichnet wird, hängt davon ab, was als schwierig und was als nicht schwierig angesehen wird. Wenn man nicht schwieriges Verhalten als „normales" Verhalten bezeichnet, so kann man schwieriges Verhalten als „nicht normales", also als ein **von der Norm abweichendes** Verhalten bezeichnen. Abgesehen von der Schwierigkeit zu definieren, was „normales" Verhalten ist, muß darauf hingewiesen werden, daß die Bestimmung des abweichenden Verhaltens immer davon abhängt, in welcher Situation das abweichende Verhalten gezeigt wird. Wenn ein Kind in einer nicht normalen Situation abweichendes Verhalten zeigt, so kann es auf diese Situation bezogen durchaus ein angemessenes Verhalten sein.

Die Erziehenden können schwierigen Kindern Hilfestellung geben, wenn sie die Fähigkeit besitzen, solche besonderen Schwierigkeiten wahrzunehmen und zu beurteilen. Starke Verhaltensstörungen können sie nicht heilen, solche Kinder müssen an spezielle Beratungs- und Heilstätten überwiesen werden. Aber sie können auch hier unterstützend mitwirken, indem sie auf solche Probleme frühzeitig hinweisen, Eltern beraten und Hilfestellung bei der Heilbehandlung geben.

Ursachen und Erscheinungsformen des Verhaltens schwieriger Kinder

Schwieriges Verhalten beruht auf **Entwicklungsstörungen,** die ein altersgemäßes Entwickeln der motorischen, emotionalen, kognitiven und sozialen Fähigkeiten verhindern.

Die **Ursachen für schwieriges Verhalten** können liegen:
- im **organischen** Bereich (z.B. Sinnesbehinderung, Körperbehinderung, geistige Behinderung, Sprachbehinderung)
- im **emotionalen** Bereich (z.B. fehlende emotionale Sicherheit durch gestörte Mutter-Kind-Beziehung)
- im **sozialen** Bereich (z.B. Randgruppendasein, fehlende entwicklungsgemäße Lernangebote)
- im **traumatischen** Bereich (schockartige Erlebnisse, z.B. Verlust der Mutter)
- in der **Vermischung** mehrerer Ursachen (Mehrfachbehinderung).

Die Erscheinungsformen können so vielfältig auftreten wie die Störungen im Entwicklungsverlauf des Kindes. Denn schwieriges Verhalten ist grundsätzlich nichts anderes als ein **Ausdruck eines Mangelzustandes;** als die Reaktion auf einen unbefriedigenden Zustand. Wie wir aus der Hospitalismusforschung[1] z. B. wissen, führen grundlegende dauerhaft unbefriedigte Bedürfnisse zu Entwicklungsstörungen.

Schwieriges Verhalten zeigt sich:

● im **psychosomatischen** Bereich

   Beispiele:

   Magenbeschwerden, Eßstörungen, Schlafstörungen, Einnässen, Einkoten, Kopfschmerzen, Atemstörungen usw.

● im **psychomotorischen** Bereich

   Beispiele:

   motorische Koordinationsstörungen, Stereotypien in der Bewegung, Daumenlutschen, Tics, Nägelbeißen, Zähneknirschen, Haarausreißen.

● im **affektiven** Bereich

   Beispiele:

   Phobien, Zwangshandlungen, allgemeine Stimmungsstörungen, depressive Verstimmungen, Minderwertigkeitsgefühle, Hyperaggressivität usw.

● im **sozialen** Bereich

   Beispiele:

   dissoziale Verhaltensweisen, Streitsucht, Übergefügigkeit, Mutismus[2], Autismus[3] usw.

● im **Leistungsbereich**

   Beispiele:

   Konzentrations- und Lernstörungen, Unmotiviertheit, große Unordentlichkeit, aber auch Perfektionismus und übertriebener Ehrgeiz usw.

Selten lassen sich die hier genannten Symptome eindeutig einer Ursache zuschreiben. Verschiedene Ursachen können durchaus zu ein und demselben Symptom führen, und umgekehrt können verschiedene Symptome auf ein und dieselbe Ursache zurückgeführt werden.

Wie auch immer, schwieriges Verhalten muß als Hilferuf des Kindes in nicht zu bewältigenden Belastungsstituationen verstanden werden.

---

[1] Hospitalismus = Auftreten von Entwicklungsstörungen bei Kindern als Folge von längerdauerndem Heim- oder Krankenhausaufenthalt.
[2] Mutismus = absichtliche oder psychisch bedingte Stummheit (ohne organischen Defekt).
[3] Autismus = (krankhaft gesteigerte) Selbst- oder Ichbezogenheit, Kontaktunfähigkeit.

Die Erfassung des schwierigen Verhaltens

Wie oben schon erwähnt, ist eine Hilfestellung für schwierige Kinder davon abhängig, ob der Erzieher diese als solche überhaupt wahrnimmt. Die Wahrnehmung eines uns interessierenden Tatbestandes ist die Grundlage für eine systematische Beobachtung, die uns das Kind verstehen hilft, indem wir typische Merkmale und Symptome beschreiben. Eine solche Beschreibung darf

1. nur das tatsächlich beobachtete Verhalten beschreiben und muß
2. auch solches Verhalten festhalten, das nichts mit dem schwierigen Verhalten zu tun hat.

Die Beobachtung des Verhaltens sollte in wesentlichen Situationen des Kindergartengeschehens erfolgen wie z.B.:

- wenn das Kind alleine ist,
- wenn es sich in der eigenen Gruppe befindet,
- wenn es sich in einer anderen Gruppe des Kindergartens befindet,
- wenn es mit seinen Eltern (Mutter und/oder Vater) zusammen ist,
- wenn es mit dem Erzieher alleine ist,
- wenn es mit dem Erzieher in der Gruppe zusammen ist,
- wenn es mit einem Kollegen des Erziehers zusammen ist,
- wenn es mit Eltern und Erzieher zusammen ist,
- und – soweit beobachtbar –, wenn es mit Kindern außerhalb des Kindergartens zusammen ist.

Wenn schwieriges Verhalten bei einem Kind auftritt, so ist von besonderem Interesse:

- ob hauptsächlich das Kind selbst leidet,
- ob hauptsächlich die Gruppe leidet,
- ob das schwierige Verhalten in typischen, immer wiederkehrenden Situationen auftritt,
- ob dabei Mängel im motorischen, sensorischen, sprachlichen oder intellektuellen Bereich zutage treten,
- ob das schwierige Verhalten als Reaktion auf bestimmte Verhaltensweisen anderer Kinder oder des Erziehers auftritt.

Hilfsmittel der Erfassung von schwierigen Kindern

Zur Erfassung des schwierigen Verhaltens stehen mehrere Hilfsmittel zur Verfügung, die es ermöglichen, das Verhalten zu beschreiben.

1. *Der Beobachtungsbogen*
   Der Beobachtungsbogen ist sicherlich das objektivste Verfahren für die Beobachtung von Verhalten (siehe Kap. B 2.3). Dabei sollte aber nicht übersehen werden, daß der Beobachtungsbogen andere wichtige Faktoren nicht erfassen kann wie:
   - Gefühle
   - Gruppensituation
   - aktuelle soziale Umwelt
   - die Lebensgeschichte des beobachteten Kindes
   - Persönlichkeit des Kindes
   - Stärke, Intensität des beobachteten Verhaltens
   - Ursachen des Verhaltens

2. *Akustische Mittel*
   In vielen Versuchen in Kindergärten zeigt sich, daß solche Mittel wie Tonband- oder Cassettengeräte noch viel zu wenig genutzt werden. Kinder gewöhnen sich außerordentlich schnell an solche Geräte und der Erzieher kann sich weiterhin wie gewöhnlich mit der Gruppe beschäftigen.

3. *Optisch-akustische Mittel*
   Über dieses Mittel werden wohl die wenigsten Kindergärten verfügen. Hiermit könnte das Verhalten über die akustische Dimension hinaus mit Hilfe des optischen Wahrnehmens beobachtet werden.
   Ein großer Vorteil dieser akustisch und/oder optisch-akustischen Mittel ist die dauernde Verfügbarkeit und damit gleichzeitige Überprüfbarkeit der dadurch erhobenen Analyse.

4. *Mitlaufendes Protokoll*
   Dieses Mittel in Form eines zeitlichen Ablaufprotokolles kann nur genutzt werden, wenn zwei Erzieher die Gruppe betreuen, so daß der zweite dieses Protokoll anfertigen kann.
   Dieses Verfahren hat wiederum den Nachteil möglicher Beobachtungsfehler.

5. *Informationsgespräche mit Eltern*
   Gespräche mit Eltern sind eine wichtige Quelle für Informationen über das schwierige Verhalten eines Kindes. Besonders wichtig sind solche Gespräche für die Ursachenforschung des schwierigen Verhaltens. Diese Gespräche bieten Einsichten, die im Kindergarten nicht zu erhalten sind.
   Im Informationsgespräch mit den Eltern kann der Erzieher folgende Gesichtspunkte, die zur Erklärung von schwierigem Verhalten geeignet sind, besser erforschen:
   - das soziale Milieu der Familie
   - die soziale Struktur der Familie
   - das Erziehungsverhalten in der Familie
   - die Lebensgeschichte des Kindes
   - die Verhaltensweisen des Kindes in der Familie

Verfahrensweisen bei der Erfassung schwierigen Verhaltens

Um schwieriges Verhalten zu erfassen, ist es ratsam, die Beobachtungssituation einzugrenzen. Dies geschieht, indem man bestimmte Fragestellungen voranstellt:

1. Was soll beobachtet werden?
2. Wer soll beobachtet werden?
3. Welche Situationen sollen beobachtet werden?
4. Wie soll beobachtet werden?

Beispiel

Markus, 4 1/2 Jahre alt, fällt seit einiger Zeit als ständiger Streithammel und Unruheherd in der Gruppe auf. Folgende Gesichtspunkte sind also zu erfassen:

1. das aggressive Verhalten
2. von Markus
3. im freien Spiel
4. mit Hilfe eines Beobachtungsbogens

Nun muß man das aggressive Verhalten für den Beobachtungsvorgang per Beobachtungsbogen operationalisieren[1]. Dabei ist zu beachten, daß sich aggressives Verhalten in unterschiedlicher Weise zeigen kann.

Aggressives Verhalten kann sich äußern gegenüber:

● Sachen
● anderen Kindern
● Erziehern und/oder Erwachsenen
● sich selbst

Solche Äußerungsformen aggressiven Verhaltens können auch zusammen auftreten.

Hilfen bei schwierigem Verhalten

Erzieherinnen und Erzieher leisten eine grundsätzliche Hilfe bei schwierigem Verhalten, wenn sie dem Kind das Gefühl der liebevollen Zuwendung geben; wenn sie es annehmen und es trotz der Schwierigkeiten, die es immer wieder bereitet, in seiner Eigenart bejahen und ihm nicht das Gefühl der Ablehnung vermitteln.

Sie sollten immer wieder Situationen schaffen, in denen das schwierige Kind Erfolgserlebnisse haben kann. Sie sollten dagegen solche Situationen, die das schwierige Verhalten provozieren könnten, vermeiden.

Durch den täglichen Umgang mit dem schwierigen Kind lernen Erzieherinnen und Erzieher bald die Schwächen und Stärken des Kindes kennen; mittels ihrer Vermutungen hinsichtlich des schwierigen Verhaltens und deren Überprüfung leiten sie Folgerungen für ihr helfendes pädagogisches Handeln ab.

Schwieriges Verhalten aufgrund von Wahrnehmungsstörungen

Wenn unser Verhalten von den Reizen, die in einer bestimmten Situation auf uns einwirken, abhängt, so hängt es letztendlich davon ab, wie wir diese Reize wahrnehmen.

Schwieriges Verhalten kann somit zum Teil auf **Fehlreaktionen** aufgrund von **Wahrnehmungsfehlern** zurückgeführt werden.

> „Die bekanntesten Autoren nennen folgende mögliche Folgen von Wahrnehmungsstörungen: Auto-Aggressionen, motorische Unruhe, erhöhte Ablenkbarkeit, Angst vor Veränderungen, undeutliche Sprache, fehlerhafte Grammatik, Lese-Rechtschreibschwäche, Rechenschwäche, Konzentrationsmängel, verminderte Kontaktfähigkeit und Stereotypien (sinnlose Wiederholung von Bewegungen, Handlungen oder Begriffen, wie z.B. Nicken, über die eigenen Haare streichen, immer wieder dasselbe Wort – nicht wahr! nicht wahr! nicht wahr – sagen)."[2]

---

[1] Vgl. S. 75.
[2] Sagi, A.: Verhaltensauffällige Kinder im Kindergarten. Ursachen und Wege zur Heilung. Herder Freiburg 1982, S. 23f.

Die wichtigsten **Wahrnehmungsbereiche** sind:

- der optische Bereich (Gesichtssinn)
- der akustische Bereich (Gehörsinn)
- der taktile Bereich (Tastsinn)

Hinzu kommen weitere Sinnesbereiche wie z. B.:

- der Geruchssinn
- der Geschmackssinn
- der Schmerzsinn
- der Temperatursinn
- der Lage- und Bewegungssinn
- der Spannungssinn
- der Berührungs- und Drucksinn

Alle diese Wahrnehmungsbereiche sollten im Kindergarten eine Schulung und Förderung erhalten. Dabei ist es wichtig, daß das Kind imstande ist, eine Koordination der verschiedenen Sinne vorzunehmen.

Helfen durch das Spiel

Das Spiel hat eine zentrale Bedeutung für die kindliche Entwicklung. Im Spiel besitzt es die Möglichkeit, unbewältigte Konflikte zu verarbeiten, indem es diese nachspielt und möglicherweise spontan zu Lösungen kommt. Das Kind erlebt das eigene Ich in positiver Weise, es erlebt Überlegenheit, Macht sowie die spielerische Form der Einordnung. Das Spiel vermittelt Erfolgserlebnisse und verstärkt somit die Motivation zu sozialem Handeln.

Das **freie Spiel** vermittelt insbesondere das Gefühl eines Freiraumes, den das Kind nutzen kann, um seinen Gefühlen und Bedürfnissen Ausdruck zu verleihen, seine Kreativität zu üben und Einengungen des Alltags auszugleichen.

Das **strukturierte Spiel** bietet dem Erzieher die Möglichkeit, erkannte Mängel durch ein gezieltes Spielangebot zu bekämpfen.

Hinweise für die Beobachtung von schwierigem Verhalten

Die folgenden Hinweise sollen eine Hilfe sein für die Verhaltensbeobachtung von Kindern, die schwieriges Verhalten zeigen. Sie ermöglichen außerdem die Erarbeitung von Fördermaßnahmen und bieten eine Grundlage für Gespräche mit den Mitarbeitern, betroffenen Pädagogen, Psychologen und Eltern. Ein psychologisches Gutachten können sie jedoch nicht darstellen.

1. *Psychosomatischer Bereich*
   - Klagt das Kind häufig über
     - Magenbeschwerden,
     - Kopfschmerzen,
     - Atemnot?
   - Wie läßt sich das Eßverhalten bezeichnen? Ißt das Kind
     - normal,
     - auffallend wenig,
     - auffallend viel?

- Zeigt das Kind häufige Müdigkeit?
  - Klagen Kind und/oder Eltern über schlechten Schlaf des Kindes?
  - Wirkt das Kind auffällig matt und antriebsschwach?
- Neigt das Kind zu allergischen Reaktionen? Hat das Kind
  - asthmatische Anfälle,
  - häufige Hautausschläge,
  - häufige Hautschwellungen?
  (Es ist zu beachten, daß Allergien genau so gut rein körperlich bedingt sein können. Dies können nur Spezialisten klären.)
- Kann das Kind entwicklungsgemäß Blase und Darm kontrollieren?
  - Näßt und kotet es nachts ein?

2. *Psychomotorischer Bereich*
- Kann das Kind grobmotorische Koordinationsabläufe kontrolliert und gezielt durchführen (Gleichgewicht halten, gehen, laufen, springen, bücken, sitzen u.ä.)?
- Hat es Schwierigkeiten bei feinmotorischen Tätigkeiten (Schneiden, basteln, kleben, malen, kleine Gegenstände aufnehmen, bauen, fädeln u.ä.)?
- Zeigt es eine deutliche Links-Dominanz (beim Spielen, Malen, Werfen, Werkzeuggebrauch)?
- Zeigt es motorische Stereotypien das heißt sinnlose Wiederholungen von bestimmten Bewegungen (Hin- und Herpendeln des Körpers, Hin- und Hergehen, dauerndes Anfassen von Gegenständen wie z.B. der Gürtelschnalle, Nicken, sich ständig über die Haare streichen)?
- Zeigt es eine ständige motorische Unruhe oder kann es bei einer Sache ruhig sitzen bleiben?
  - Sind „Ticks" zu beobachten (regelmäßiges Schließen der Augenlieder, ständiges Zucken bestimmter Gesichtsmuskeln oder der Schulter u.ä.)?
  - Beißt es ständig auf den Nägeln?
  - Lutscht es noch ständig am Daumen?
  - Knirscht es ständig mit den Zähnen?

3. *Affektiv-emotionaler Bereich*
- Zeigt das Kind übergroße Ängste, die dem Anlaß nicht entsprechen?
- Zeigt das Kind häufig starke Aggressionen, die dem Anlaß nicht entsprechen?
- Wie äußert es seine Bedürfnisse:
  - selbstbewußt,
  - ängstlich,
  - gehemmt,
  - spontan,
  - gar nicht?
- Wie wirkt das Kind in seinem Gefühlsverhalten:
  - häufig verstört,
  - gehemmt,
  - depressiv,
  - zeigt es Minderwertigkeitsgefühle?

4. *Sozialer Bereich*

- Wie zeigt sich das Kind in seinem Kontaktverhalten:
  - von sich aus aktiv,
  - ungezwungen,
  - spontan,
  - gleichgültig,
  - sehr zurückhaltend,
  - passiv,
  - auf bestimmte Personen fixiert?
- Wie verhält sich das Kind fremden Erwachsenen gegenüber:
  - aufmerksam aber distanziert,
  - sucht sofort undistanziert Körperkontakt?
- Wie verhält sich das Kind bei Streitigkeiten:
  - es stellt sich,
  - es vermeidet sie,
  - es gibt immer nach,
  - es ist sehr streitsüchtig,
  - es kann eigene Bedürfnisse für einen Ausgleich aufgeben?
- Kann es Regeln akzeptieren?

5. *Wahrnehmungsbereich*

- Kann das Kind Töne und Geräusche unterscheiden? Kann es
  - sie identifizieren und zuordnen,
  - zwischen laut und leise unterscheiden?
- Kann es optische Gebilde differenzieren? Kann es
  - Formen unterscheiden und zuordnen,
  - Farben unterscheiden und zuordnen,
  - Einzelheiten aus einem Bild ausgliedern und sie wieder zusammenfügen?
- Liegen Anzeichen für Hör- oder Sehstörungen vor (Arzt einschalten)?

6. *Sprachbereich*

- Zeigt das Kind altersgemäßen Sprachgebrauch? Kann es
  - Erzähltes sinngemäß wiedergeben,
  - klar und zusammenhängend erzählen,
  - Gegenstände benennen, Begriffe definieren,
  - mehrere Aufforderungen in einem Satz befolgen,
  - Kinderreime aufsagen?

7. *Leistungsbereich*

- Zeigt das Kind altersgemäßes Konzentrationsvermögen?
  - Führt es Arbeiten zu Ende?
  - Kann es aufmerksam zuhören?
- Wie bewältigt es unbekannte Situationen?
  - Wirkt es verunsichert, hilflos?
  - Ergreift es Initiativen?
  - Findet es zumindest in Ansätzen selbst Lösungen?

- Kann es phantasievoll spielen?
  - Zeigt es immer die gleichen Denk- und Verhaltensmuster?
  - Ist es lustlos und unmotiviert?
  - Zeigt es einen übertriebenen Ehrgeiz?
- Zeigt das Kind besondere Interessen für bestimmte Dinge?
- Hat es sinnvolle Materialvorstellungen und kann es Material unterscheiden?
- Hat es einen Mengenbegriff?
- Ist das Kind besonders unordentlich oder sehr pedantisch?

Aufgaben

1. *Zeigen Sie konkrete Beispiele dafür, daß Kinder (oder Erwachsene) in nicht normalen Situationen in einer Weise reagieren können, die unter diesen Umständen als angemessen betrachtet werden muß, in einer normalen Situation aber als unnormal gilt.*

2. *Warum ist es falsch, ein bettnässendes Kind dafür zu bestrafen? Kann man das im Hinblick auf jegliches schwieriges Verhalten verallgemeinern? Begründen Sie Ihre Antwort.*

3. *Welchen Bereichen des schwierigen Verhaltens sind besser mit Angeboten des freien Spiels, welchen mit Angeboten des strukturierten Spiels zu begegnen?*

4. *Erarbeiten Sie einen Plan für das Vorgehen, wenn schwieriges Verhalten bei einem Kind im Kindergarten auftritt.*

3.2 Natürliche und technische Umwelt

Der Kindergarten ist für viele Kinder der erste Ort nach der Familie, in dem sie neue Umwelterfahrungen machen. Er vermittelt solche Erfahrungen durch Raumausstattung und -gestaltung, durch Materialausstattung und -bereitstellung, durch seine Angebote zum Erfahren belebter und unbelebter Objekte.

Das Kind besitzt eine natürliche Neugierde, die es von sich aus treibt, die Umwelt zu erkunden. Ein solches Erkunden bietet die Gelegenheit, Erfahrungen zu machen, zu lernen, um Schritt für Schritt die Welt besser erklären und verstehen zu können. Die **Umwelt- und Sachbegegnung** ist somit die **Grundlage zur Förderung der Intelligenz- und Denkentwicklung**.

Der Erzieher muß also belebte und unbelebte Objekte für das Kind erfahrbar machen, muß Einsichten in ihr Wesen, in ihren Einfluß auf den Menschen und die Natur vermitteln. Derartige Einsichten werden vermittelt durch die Fähigkeiten:

- Beobachten
- Beschreiben
- Erklären
- Verstehen
- Handeln

Von eigenen Beobachtungen ausgehend, beschreiben die Kinder die beobachteten Objekte anhand ihnen auffallender Merkmale.

Die Beschreibung von Dingen und Geschehnissen ermöglicht eine Einsichtnahme in deren Zusammenhänge mit anderen Dingen und Geschehnissen. Sie werden somit für die Kinder erklärbar.

Erklärungen für bestimmte Sachverhalte machen ein Verstehen möglich. Können sich die Kinder Zusammenhänge erklären, lernen sie sie verstehen und auf andere ähnliche Sachgebiete übertragen.

Diese **Einsichtsvermittlung** erfolgt prinzipiell auf drei Beziehungsebenen:

- die Mensch-Mensch-Beziehung
- die Mensch-Umwelt-Beziehung
- die Auseinandersetzung des Kindes mit sich selbst[1]

Anhand dieser Reihung wird ersichtlich, daß auch die Umwelt- und Sachbegegnung letztendlich als Teilbereich der Sozialerziehung betrachtet werden kann. Auch hier handelt es sich letztendlich um den Prozeß der Verselbständigung, der Personalisation, die die Endziele der Sozialerziehung darstellen.

Diese drei Beziehungsebenen bauen aufeinander auf, ergänzen sich und führen zu Erkenntnissen, die eine Verselbständigung ermöglichen.

Die Einsicht ist schließlich auch die Grundlage für das entsprechende Handeln. Einsicht und Handeln sind zwei Faktoren, die sich gegenseitig durchdringen. Durch Handeln gewinnt der Mensch Einsicht in die ihn umgebenden Dinge. Will der Erzieher dem Kind Einsichten vermitteln, so muß das immer auch mit der Möglichkeit zu entsprechenden Handlungen verbunden sein. Gewonnene Einsichten wiederum sollen zu den ihnen entsprechenden Handlungen führen.

3.2.1 Eigenarten kindlichen Wahrnehmens

Die Entwicklungspsychologie weist nach, daß Kinder anders wahrnehmen als Erwachsene. Dies rührt aber nicht daher, daß ihre Fähigkeit zur sinnlichen Erfassung der Umwelt nicht vorhanden ist. Sie haben nur noch nicht den Erfahrungsschatz der Erwachsenen, der ihnen hilft, das Wahrgenommene logisch zu verarbeiten. So sind sie gezwungen, das Wahrgenommene mit ihren bisherigen Erfahrungen zu verknüpfen. Dies führt zu Erklärungsversuchen des Umweltgeschehens, die auf Erwachsene häufig rührend wirken.

Beispiele
„Die Sonne versteckt sich hinter den Wolken, damit sie nicht naß wird".
„Die Sonne geht unter, weil sie schlafen will".
„Oma und Mama werden nicht mehr älter, aber ich".

Dennoch tun sie dabei nichts anderes als die Erwachsenen auch. Sie versuchen, sich das Wahrgenommene zu erklären, um es zu verstehen. Dabei verzerren ihre Gefühle, Wünsche und Erwartungen die Wahrnehmung. Die wahrnehmbare Situation wird vom Kind noch subjektiver gedeutet als vom Erwachsenen. Dies kann soweit führen, daß es vermeintlich wahrgenommene Dinge schildert, die in Wirklichkeit gar nicht stattgefunden haben.

---

[1] Vgl. Lebensraum Kindergarten: a.a.O., S. 192.

Eine zunehmend rationale Erfassung der Umwelt fußt auf der Verbesserung ihrer Wahrnehmung. Diese wiederum wird erreicht durch eine Sensibilisierung der Sinne.

Es ist eigentlich falsch, davon zu sprechen, Kinder könnten ihre Umwelt nur ganzheitlich wahrnehmen; sie seien nicht fähig, einzelne differenzierte Gegebenheiten wahrzunehmen. Dazu sind sie durchaus in der Lage. Was ihnen nicht vollends gelingt, ist, diese Einzelheiten sinnvoll in ihren Zusammenhängen zu erkennen, sie angemessen aufeinander zu beziehen.

Deswegen ist es sinnvoll, die Wahrnehmung psychologisch als die **Verknüpfung des Wahrgenommenen mit den bisherigen Erfahrungen** zu definieren.

Die Sensibilisierung der Wahrnehmung bedeutet demzufolge nicht nur die Erhöhung der Bereitschaft zur Wahrnehmung, sondern die Verbesserung der Fähigkeit, Wahrgenommenes mit erweiterten Erfahrungen zu verknüpfen. Dies soll im folgenden anhand einiger beispielhafter Förderungsmöglichkeiten dargestellt werden.

Diskriminierungsfähigkeit

Diskriminieren heißt unterscheiden und meint in diesem Zusammenhang die Fähigkeit, Wesentliches und Unwesentliches zu unterscheiden. Dies gelingt Kindern, wie schon dargestellt, häufig nicht, weil ihnen dazu die Erfahrung fehlt.

Grundlegende Fördermaßnahmen stellen hier die Wahrnehmung und Unterscheidung von Formen, Farben, Mengen, Gerüchen und Geschmacksrichtungen, Signalen und Geräuschen sowie Temperaturen dar. Die Kombinationen dieser unterschiedlichen Wahrnehmungen miteinander setzt eine erhöhte Diskriminationsfähigkeit voraus.

Differenzierungsfähigkeit

Kinder sind noch weniger als Erwachsene in der Lage, Dinge losgelöster von ihren Wünschen, Ängsten und Bedürfnissen wahrzunehmen. Dies wurde in einem Experiment nachgewiesen, in dem Kinder die Größe von Münzen schätzen sollten. Kinder aus finanziell schlechter gestellten Schichten überschätzten die Größe der Münzen, wenn diese einen höheren Wert darstellten. Kindern aus finanziell gut gestellten Schichten passierte dies kaum.

Kinder müssen ganz behutsam dahingeführt werden, wahrgenommene Dinge auf ihren realistischen Hintergrund zu beziehen. Zu vermeiden sind hier strenge Vorhaltungen und Bezichtigungen der Lüge. Dagegen sollte man die Kinder immer wieder dazu auffordern, ihre Erlebnisse zu schildern, und dabei die realistischen Gegebenheiten durch vorsichtiges Fragen und Wiederholen von zu starken Übertreibungen trennen.

Deutendes Wahrnehmen

Auf der Grundlage von Bildbeschreibungen läßt man die Kinder das Gesehene deuten. Hier werden die Kinder dazu geführt, dargestellte Handlungsabläufe vor dem Hintergrund eigener Erfahrungen aufeinander zu beziehen und deutend zu verstehen. Dabei ist zu beachten, daß es nur eine richtige Deutung nicht gibt.

Vorausblickende Wahrnehmung

Um Kindern verständlich zu machen, daß Geschehnisse für die Beteiligten eine Wirkungsfolge haben, werden solche Bilddarstellungen gewählt, die eine im Bild nicht dargestellte Wirkung haben können (z. B. ein nahendes Unwetter, das ein auf noch ruhigem Wasser segelndes Boot gefährdet; eine sich einer Treppe nähernde Person, die ein bis Augenhöhe reichendes Paket trägt usw.).

Konzentration

Die Konzentration ist eine für die Wahrnehmung wichtige Fähigkeit. Insbesondere im Bereich der Wahrnehmung selbst wird die Konzentration gefördert, indem die Kinder über längere Zeit bei einem Bild verweilen und dazu gebracht werden, diesem auch Einzelheiten zu entnehmen. Im übrigen wird die Konzentrationsfähigkeit durch vielerlei Spiele und Angebote gefördert, wenn die Kinder sich hochmotiviert und intensiv einbringen können.

3.2.3 Sach- und Umweltbegegnung

Die Sach- und Umweltbegegnung ist ein Bestandteil der Gesamterziehung im Kindergarten. Sie darf nicht isoliert gesehen werden. Sie ist besonders in Verbindung mit der Wahrnehmungs-, Denk- und Spracherziehung zu setzen. Die natürliche Neugierde des Kindes an seiner Umwelt führt es zu ständig neuen Erfahrungen: Das Kind wird durch sie zur Übung der Wahrnehmung und ihrer Differenzierung angeregt. Mit der sprachlichen Wiedergabe der Wahrnehmungen aber geht ihre gedankliche Aufarbeitung einher.

Darüber hinaus sind die Wechselbeziehungen zu allen anderen Entwicklungsbereichen (wie z. B. zur motorischen und emotionalen Entwicklung) nicht zu vergessen.

Soll nun die erzieherische Absicht der Umwelt- und Sachbegegnung fruchtbar sein, muß sie ihre Angebote dem Erfahrungsbereich der Kinder entnehmen und darauf aufbauen. Der Erzieher muß deshalb den **Erfahrungshorizont** und die **Wahrnehmungsfähigkeit** der Kinder kennenlernen. Je nach Familien- und Milieuherkunft bringen die Kinder unterschiedliche Erfahrungen und Fähigkeiten mit, die der Erzieher nutzen muß, um spontanes und gelenktes Wahrnehmen und Erleben der Umwelt zu ermöglichen.

Grundsätzliches Prinzip ist auch hier die Anschauung und Beobachtung sowie das eigenständige Handeln. Denn nur der Umgang mit den Gegenständen, Materialien und Werkzeugen und ihr „Begreifen" setzen individuelles Erfahren und Erleben in Gang.

Ausgehend von den oben genannten individuellen Fähigkeiten und Erfahrungen der Kinder plant der Erzieher **individualisierende und differenzierende Angebote,** damit jedes Kind angemessen gefördert werden kann.

Das Umgehen mit und das Begreifen von Materialien, Werkzeugen und Gegenständen bietet dem Kind die Basis für die Verfolgung eigener Ziele und ihrer eventuellen

Korrektur bzw. der Korrektur seines Handelns. Die Kinder lernen dadurch zunehmend, Ursachen und Wirkungen zu beobachten, wodurch sie wiederum selbständiger werden und rationaler handeln lernen.

Diese zunehmende Fähigkeit, Vorgänge und Abläufe besser zu durchschauen, sie auf ihre Ursachen und Wirkungen hin zu erfassen, wird weiter verbessert durch Angebote, die die Kinder zum Experimentieren und Erforschen der Zusammenhänge nutzen können.

All diese Erfahrungen legen den Grundstein für die Fähigkeit, Verantwortung für Dinge und das eigene Handeln zu übernehmen. So gelangen die Kinder zunehmend dazu, auch Verantwortung für sich selbst und die Umwelt zu übernehmen.

Bereiche der Umwelt- und Sachbegegnung:
- Der Kindergarten mit seinen Personen, Spiel- und Einrichtungsgegenständen
- Die Umgebung des Kindergartens
- Die Natur und ihre Veränderung im Jahresablauf
- Die Entdeckung von Sachzusammenhängen durch die Erprobung von Materialien und Werkzeugen
- Die Erforschung physikalisch-chemischer Vorgänge in der Natur
- Die Pflege der eigenen Person und Kleidung
- Die Nahrungszubereitung
- Die Zeit
- Das Wohnen
- Der Haushalt und seine technischen Hilfsmittel
- Die kulturelle Umwelt
- Die Berufs- und Arbeitswelt der Erwachsenen
- Der Umweltschutz usw.

3.2.4 Didaktisch-methodische Grundlagen

Das Thema eines Sachgespräches muß nicht nur in den Rahmenplan passen (Ausnahmen davon sind aber immer möglich), es muß auch ein Bezug zur Lebenssituation der Kinder vorhanden sein. Kinder aus Großstadtgebieten besitzen andere Vorkenntnisse und Erfahrungen als Kinder aus ländlichen Regionen.

Erzieherinnen und Erzieher müssen sich darüber informieren, welche Erfahrungen und Kenntnisse, Bedürfnisse und Neigungen in welcher Form bei den Kindern vorhanden sind. Erst dann formulieren sie die Themen, die konkret angeben müssen, was getan werden soll[1]. Dabei kann dayon ausgegangen werden, daß jüngere Kinder eine unmittelbarere Erfahrung mit Dingen und Sachverhalten benötigen (Primärerfahrung) als ältere Kinder, die auch eine vermittelte Erfahrung z. B. durch Bücher, Bilder, Tonbänder usw. nutzen können (Sekundärerfahrung).

---

[1] Vgl. hierzu auch Kapitel C 3.1, S. 130 ff.

243

Die folgende Grafik versucht, solche Grundbedürfnisse von Kindern zu sammeln:[1]

Grundbedürfnisse von Kindern

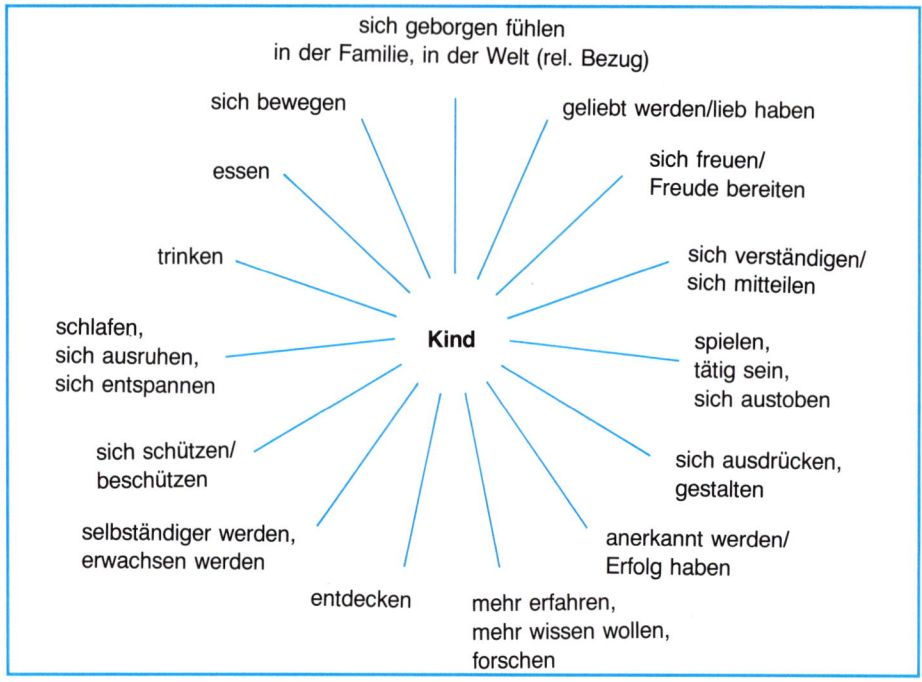

Es gilt nun für Erzieherinnen und Erzieher, diese Grundbedürfnisse durch damit verbundene Erfahrungen (Lernprozesse) zu befriedigen, indem er Themen aus den drei auf S. 240 dargestellten Beziehungsebenen heraussucht. Die folgende Grafik faßt solche wichtigen Themen aus der Beziehungsebene Mensch-Umwelt zusammen:[2]

Themen der Beziehungsebene Mensch–Umwelt

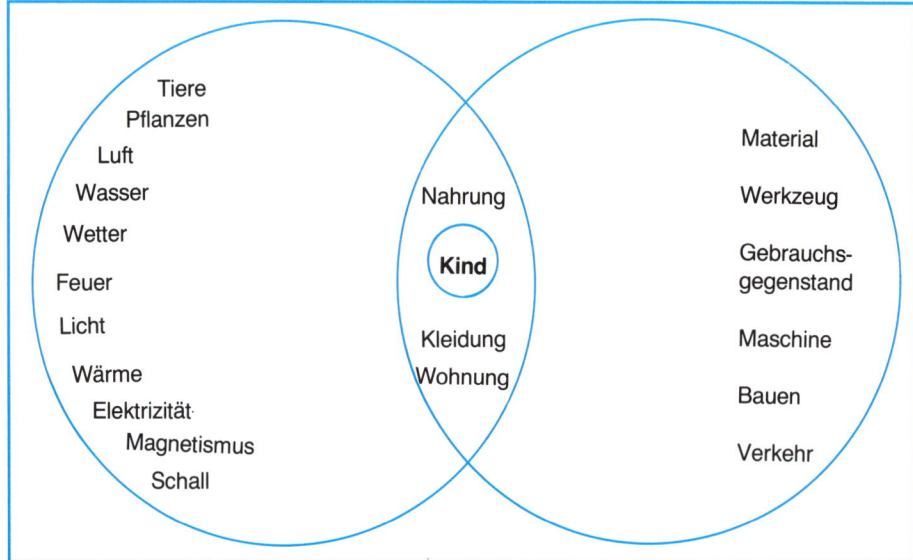

---

[1] Aus: Lebensraum Kindergarten: a.a.O., S. 197.
[2] ebenda = S. 197.

Die Beschäftigungen aus der Umwelt- und Sachbegegnung bedürfen im vorhinein einer **Sachanalyse** durch die Erziehenden. Das bedeutet: Man muß den Inhalt der Beschäftigung von anderen möglichen Inhalten abgrenzen und ihn gedanklich bestimmen. Durch diese Sachanalyse erarbeitet man sich das Wissen, um die Zusammenhänge in richtiger Weise darstellen zu können. Dabei geht es nicht nur um die richtige Darstellung, sondern auch um die richtige Verwendung der nötigen Fachausdrücke. Viele Sachzusammenhänge können durch das Kind aufgrund mangelnder Vorkenntnisse nicht in wissenschaftlichem Sinne erfaßt werden. Hier muß man den reinen Handlungsvollzug wirken und nachvollziehen lassen. Dieses Offenlassen bietet die Grundlage für weitere spätere Fragestellungen und damit weitere spätere Erkenntnisse. So kann z.B. das Licht als theoretisches Konstrukt dem Kind nicht einsehbar erschlossen werden. Hier muß sich der Erzieher auf seine Erscheinungsformen, Entstehungsformen, Auswirkungen usw. beschränken.

Den Hauptteil der Planung stellen die methodischen Vorüberlegungen dar. Der Ablauf jeder Beschäftigung läßt sich in drei Phasen untergliedern[1]:

1. Hinführungsphase
2. Erarbeitungsphase
3. Abschlußphase

1. Hinführungsphase

Die Hinführung muß immer im Bezug zum Thema stehen. Die Hinführung zu einem Märchen erfordert eine andere thematische Einführung als das Sachgespräch. Das Märchen kann je nach Umfang und auftretenden sachlichen Schwierigkeiten mit kurzen einführenden Worten oder einer längeren Ausführung beginnen. Das Sachgespräch über das Licht kann mit kleinen Spielen beginnen oder mit Erörterungen des Problems, Erklärungen des weiteren Vorgehens und Erstellen bestimmter Hypothesen.

Grundsätzlich zielt die Hinführung auf die Zielsetzung der Beschäftigung, so daß die Kinder trotz möglicher Abweichungen letztendlich immer wissen sollen, um was es geht.

2. Erarbeitungsphase

In der Erarbeitungsphase wechselt die Hauptaktivität vom Erzieher zu den Kindern. Der Erzieher tritt in den Hintergrund, läßt die Kinder experimentieren, erzählen, die Erkenntnisse sammeln und gibt notwendige Hilfestellung. Die leicht verstehbaren Sachverhalte werden grundsätzlich vor den schwierigeren dargeboten und erörtert.

3. Abschlußphase

Der Abschluß schließt an die Erarbeitungsphase nahtlos an und legt gerade bei Beschäftigungen der Umwelt- und Sachbegegnung eine kurze, die wichtigsten Aspekte wiedergebende Zusammenfassung nahe. Der Abschluß stellt eine Vertiefung von Erkenntnissen dar, die häufig in Form von Regeln erfahrbar sind.

---

[1] Vgl. die Ausführungen zur Verlaufsstruktur von zielorientierten Lernangeboten in Kapitel C 3.1, S. 139.

Die didaktische Planung von Beschäftigungen der Umwelt- und Sachbegegnung erfordert zudem eine gründliche Vorbereitung auf die zu verwendenden Materialien. Diese Überlegungen beziehen sich auf Auswahl und Bereitstellung des Materials, sie stellen einen wichtigen Faktor für das Gelingen der Beschäftigung dar.

3.2.5 Verhaltensbeispiel Erziehender

Im Bereich der Umwelt- und Sachbegegnung gibt es keine eng umgrenzten, fertig abgeschlossenen Angebote. Sie bauen aufeinander auf, bieten die Grundlage für die nächsten Angebote und vertiefen und erweitern die Erfahrungen und Kenntnisse der vorausgegangenen Tätigkeiten. Erzieherinnen und Erzieher müssen vorschnelle und oberflächliche Urteile bei sich und den Kindern vermeiden. Vor-Urteile stellen hier die Basis für weitergehende Urteile dar und bieten somit eine gute didaktisch-methodische Grundlage zu weiteren Umwelt- und Sachbegegnungen. Hier ist der Erzieher noch stärker der Mitsuchende, Mitfragende. Meinungsverschiedenheiten werden durch die Sache selbst im Laufe des vertiefenden Fragens und Erforschens gelöst, nicht durch ein abschließendes Machtwort des Erziehers.

3.3 Möglichkeiten und Grenzen der Verkehrserziehung

Die Verkehrserziehung kann nicht als isoliertes Lernangebot im Kindergarten betrachtet werden. Vielmehr ist sie eingebunden in das gesamte Lernangebot des Kindergartens. Verkehrserziehung muß daher **folgenden Bereichen zugeordnet** werden:

- dem Bereich Wahrnehmung
- dem Bereich Orientierungs- und Steuerungsfähigkeit/Motorik
- dem Bereich Umwelt- und Sachbegegnung
- dem Bereich Sozialerziehung

Die Kinder im Kindergartenalter befinden sich in einer Phase der **egozentrischen Wahrnehmung**. Die Kinder sehen sich nicht als Bestandteil ihrer Umwelt, sondern sie sehen sich als Mittelpunkt. Die Handlungen der Umwelt, so glauben sie, sind immer auf sie selbst bezogen. Ihre Handlungen, so meinen sie, sind bestimmend für den Ablauf der Dinge. Nicht sie müßten sich dem Verlauf der Dinge unterordnen, sondern die Dinge ihnen. Es kann dabei passieren, daß sie vermeintlich unbedacht und unachtsam über die Straße laufen, obwohl sich ein Auto nähert. Sie verhalten sich ihren eigenen Bedürfnissen und Absichten entsprechend. So kommt es, daß sie spontan über die Straße laufen, weil sie einen Spielkameraden auf der anderen Straßenseite erblickt haben oder einem wegrollenden Ball hinterherlaufen, um ihn zu erhaschen.

Ihr **Denken** ist an das **Tun** gebunden. Sie sind nicht in der Lage, Ursache- und Wirkungszusammenhänge in objektiver, realistischer Weise zu erkennen, so daß sie Gefahren des Verkehrs nicht erkennen.

Ihre visuelle Wahrnehmungsfähigkeit ist noch gering. Entfernungen, Geschwindigkeiten von Fahrzeugen können sie noch **nicht realistisch** einschätzen.

Wenn sie etwas sehen, glauben sie, auch gesehen zu werden. Dies verführt sie all-zuleicht, trotz eines herannahenden Fahrzeuges die Straße zu überqueren, im Glau-ben, der Fahrer habe sie ja gesehen. Die Tatsache der Bremsverzögerung kennen sie noch nicht.

Sie sind zudem nicht in der Lage, psychische Zustände rational zu beherrschen. Begeistertes, freudiges Fangenspielen verführt sie ohne Bedenken dazu, die Straße als Spielplatz zu benutzen oder aber sie laufen aus Angst vor einem großen Hund über die Straße.

Besser dagegen ist die akustische Wahrnehmungsfähigkeit ausgebildet. Kinder in diesem Alter können laute und leise Reize unterscheiden und lokalisieren. Sie sind in der Lage, relativ schnell bestimmte Geräusche ihren Schallquellen zuzuordnen.

3.3.1 Entwicklungsbedingte Voraussetzungen des Kindes[1]

Die Zielsetzung der Verkehrserziehung richtet sich im wesentlichen nach dem, was das Kind grundsätzlich beherrschen muß, um sich schnellstmöglich verkehrsge-recht verhalten zu können und dem, was das Kind hierfür überhaupt an Fähigkeiten aufweist. Kinder sind aufgrund ihrer geringeren Erfahrungen noch nicht in der Lage, die Umwelt angemessen wahrzunehmen. So sind sie auch nicht imstande, das Verkehrsgeschehen angemessen wahrzunehmen und schon gar nicht, darauf in geeigneter Weise zu reagieren.

Diese Fehlreaktionen rühren nicht daher, weil die Sinne noch nicht gut genug funk-tionieren. Die Sinnesfunktionen sind an sich durchaus gut genug ausgebildet. Es liegt vielmehr daran, daß die Kinder mit dem, was sie sehen und hören, noch zu wenig Erfahrung haben. So sehen sie durchaus ein Fahrzeug schnell heranfahren, aber sie wissen nicht, daß ein solches Fahrzeug einen langen Bremsweg hat. Sie glauben eher, daß es auf der Stelle halten kann.

Hier fehlt die Erfahrung, die Gefahren voraussehen zu können und vorbeugend rich-tig zu handeln.

3.3.2 Funktion des Kindergartens

Mit dem Eintritt des Kindes in den Kindergarten verläßt es seine vertraute Umwelt und betritt neue Umgebungen. Der Verkehr ist eine davon, in der das Kind beson-ders gefährdet ist. Es muß erst lernen, sich darin zurechtzufinden und sicher zu be-wegen. Gleichzeitig aber beginnen die meisten Kinder in diesem Alter besonders intensiv, sich dem Neuen zuzuwenden, Erfahrungen zu sammeln. Wirkungen und Zusammenhänge müssen erst erlernt werden. Bisher lebten und handelten die Kin-der in relativ sicherer Umgebung. Die Eltern boten ihnen eine zusätzliche Hilfe. Nun müssen sie lernen, ohne diese Hilfe auszukommen. Diese neue Umwelt ist jedoch zunächst kompliziert und unüberschaubar.

Dem Kindergarten fällt daher die Aufgabe zu, diesen Lernprozeß in einer neuen Um-gebung zu unterstützen. Er soll die Kenntnisse, Fertigkeiten und Fähigkeiten vermit-teln, die dem Kind helfen, sich im Verkehrsgeschehen zurechtzufinden. Bei dieser Aufgabe muß der Erzieher von den Möglichkeiten ausgehen, die die Einrichtung

---

[1] Vgl. Kapitel D 3.2.1, S. 240.

Kindergarten bietet. Diese Möglichkeiten muß er koppeln mit den zu vermittelnden Fähigkeiten. Dabei wird er feststellen, daß der Kindergarten dazu nicht ausreicht. Auf ein **Lernen vor Ort,** also im Verkehr, kann nicht verzichtet werden. Dazu sucht man eine ruhige, sichere Verkehrssituation.

Außerdem wird man feststellen, daß ohne die **Zusammenarbeit mit den Eltern** eine sinnvolle Verkehrserziehung nicht möglich ist. Die grundlegenden Erfahrungen mit dem Verkehr machen die Kinder mit ihren Eltern. Erzieherinnen und Erzieher leisten auch hier eine ergänzende und unterstützende Erziehungsarbeit, die mit den Eltern abgestimmt sein muß.

Diese Zusammenarbeit ist möglich durch Referate, Gesprächsrunden, Arbeitsgruppen an Elternabenden; durch Hinweise auf entsprechende Literatur oder Fernsehsendungen, durch Einzelgespräche usw. Wichtigstes Anliegen sollte dabei sein, die Eltern über die noch nicht genügend entwickelten Fähigkeiten der Kinder für ein angemessenes Verkehrsverhalten zu informieren. Viele Eltern haben diese Kenntnisse nicht und verlangen deshalb von ihren Kindern oft Falsches und Unangemessenes.

3.3.3   Zielsetzung der Verkehrserziehung

Aus den Erwägungen über die entwicklungsbedingten Fähigkeiten der Kindergartenkinder ergibt sich, daß die Kinder für ein verkehrsgerechtes Verhalten Kenntnisse und Fähigkeiten im sinnlichen Bereich (Sensorik), im Bereich der Bewegung (Motorik), im gedanklichen Bereich (Kognition) sowie im sozialen Bereich erwerben müssen.

Ziele der Verkehrserziehung:

- Fähigkeit zur Differenzierung der akustischen und optischen Wahrnehmung des Verkehrsgeschehens;

- Fertigkeiten im sicheren Umgang mit altersgemäßen Fahrzeugen;

- Beherrschung des eigenen Bewegungsverhaltens;

- Fähigkeit, auf diese optischen und akustischen Wahrnehmungen angemessen zu reagieren;

- Fähigkeit zur Rücksichtnahme, der Selbst- und Mitverantwortung;

- Einsicht in die Notwendigkeit von Regeln.

3.3.4   Didaktisch-methodische Hinweise

Diese oben genannten Ziele lassen sich bestimmten Erziehungsbereichen zuordnen. Damit wird auch Verkehrserziehung eine Aufgabe, die in andere Lernangebote einfließt. Besonders die ästhetische Erziehung, rhythmisch-musikalische Erziehung, Bewegungserziehung und Sozialerziehung sind den dargestellten Zielen zuzuordnen.

Grundsätzlich geht es bei der Verkehrserziehung darum – dies geht aus dem oben geschilderten Entwicklungsstand der Kinder hervor –, die für ein angemessenes Verkehrsverhalten notwendigen zusätzlichen Erfahrungen zu vermitteln. Stetes Prinzip ist auch hier, daß dies in spielerischer Form geschieht.

Dies läßt sich vor allem durch das Spiel selbst verwirklichen. Dabei nimmt das Rollenspiel eine zentrale Stellung ein. Außerdem können viele unterschiedliche Spielformen für die Erhöhung der Wahrnehmungs-, Konzentrations- und Reaktionsfähigkeit verwendet werden.

Wahrnehmung

Im Bereich Wahrnehmung lassen sich in spielerischer Weise vielfältige Möglichkeiten nutzen, besonders die visuelle Wahrnehmung – aber auch die akustische – zu trainieren und zu differenzieren.

Die **visuelle Wahrnehmungsfähigkeit** kann verbessert werden, indem die Kinder Formen verschiedener Fahrzeuge, wichtige optische Verkehrssignale beschreiben und unterscheiden sowie bildhafte Verkehrssituationen beobachten und beschreiben lernen.

Für das Training der visuellen Wahrnehmung lassen sich darüber hinaus auch Bildergeschichten aus dem Verkehrsleben nutzen, um Vorgänge im Verkehr zu erleben und zu deuten.

Für die Förderung der **akustischen Wahrnehmungsfähigkeit** lassen sich neben den unterschiedlichsten Möglichkeiten Übungen durchführen, die in direktem Bezug zum Verkehrsgeschehen stehen, wie z.B. die Unterscheidung bestimmter Geräusche, die Bestimmung ihrer Quellen, ihrer Richtungsherkunft, ihrer Richtungsbewegung und das Erkennen ihrer Abfolge und Zeitdauer.

Ratespiele hinsichtlich der unterschiedlichen Schallquellen von Fahrzeugen machen Spaß und bieten die Möglichkeit der Zuordnung. Beobachtungen und kleine Experimente an Straßen (in sicherer Entfernung) schärfen das Urteilsvermögen in Hinsicht auf Entfernungen, Geschwindigkeiten und Bremsverzögerungen.

Orientierungs- und Steuerungsfähigkeit/Motorik

Ebenso läßt sich im Bereich Orientierungs- und Steuerungsfähigkeit in spielerischer Weise die **räumliche Wahrnehmung** und die **Wahrnehmung von Raumlagebeziehungen** üben. Bilder mit einfachen optischen Täuschungen, räumliche Darstellungen und Bewegungsspiele bieten gute Möglichkeiten, spezielle Fähigkeiten in diesem Bereich zu erlangen. Kleine Spiele können verdeutlichen, daß man auch gesehen wird, wenn man selbst nicht sieht oder umgekehrt.

Die Förderung der motorischen Fähigkeiten läßt sich weniger gut direkt auf das Verkehrsgeschehen beziehen. Dafür lassen sich grundsätzlich alle Möglichkeiten der Bewegungserziehung nutzen.

Das sichere Umgehen mit altersgemäßen Fahrzeugen läßt sich ebenfalls üben. Übungen zur Verbesserung der räumlichen Wahrnehmung und zur Wahrnehmung der Raumlagebeziehungen stellt die rhythmisch-musikalische Erziehung bereit.

Umwelt- und Sachbegegnung

Unmittelbare Erfahrungen mit Objekten aus der Umwelt- und Sachbegegnung steigern die Fähigkeit der Kinder, **Ursache- und Wirkungszusammenhänge in realistischer Weise zu erkennen**. Sie lernen durch das Umgehen mit den Objekten und ihren Funktionen, komplexe Geschehnisse zu zergliedern, in Teile zu zerlegen und in ihren einzelnen Zusammenhängen zu erkennen.

Der Erzieher kann hierbei Erlebnisse der Kinder nutzen, um mit ihnen wesentliche Gesichtspunkte des Verkehrserlebens durchzusprechen oder in Rollenspielen nachspielen zu lassen; dadurch können sie Kenntnisse über Verkehrswege, -regelungen, -teilnehmer und -mittel sammeln. Der Garten oder Turnraum läßt sich nutzen, exemplarische Verkehrssituationen nachzubauen und richtiges Verhalten im Verkehr zu üben. Vielleicht ergibt sich sogar die Möglichkeit, einen freundlichen Polizisten einzuladen, der in Uniform hilft, solche realen Verkehrssituationen modellhaft nachzuahmen.

Sozialerziehung

Der Bereich Sozialerziehung bietet insbesondere die Grundlage für die **Vermittlung von Regelkenntnissen.** Das Kind lernt Regeln zu akzeptieren und nach ihnen zu handeln. Es entwickelt das Bewußtsein für die Notwendigkeit von Regeln.

Hierzu bieten sich insbesondere Gespräche (Grün – gehen, Rot – stehen bleiben; was würde passieren, wenn alle Ampeln Grün zeigen?) und vor allem Rollenspiele an, um die Notwendigkeit von regelhaftem Verhalten im Verkehr zu veranschaulichen. So lernt das Kind, die Beziehung des eigenen Verhaltens zu dem der anderen zu erkennen und verstehen. Es entwickelt die Fähigkeit, eigene Absichten mit denen anderer zu koordinieren, mögliche Konflikte sinnvoll zu lösen. Es lernt, Rücksicht zu üben, Schwächeren zu helfen, die Rechte anderer zu achten und eigene zu nutzen. Die für ein angemessenes Verkehrsverhalten notwendigen sozialen Fähigkeiten wie **Rücksichtnahme, Mitgefühl** und **Selbstbeherrschung** sind somit Grundlagen der Sozialerziehung.

All diese Übungen münden in den **kognitiven Bereich,** in dem sie gedanklich aufgearbeitet, ergänzt und erweitert werden. Hierbei werden insbesondere Ursachen – Wirkungszusammenhänge verdeutlicht, die für das Verstehen der Vorgänge im Verkehr notwendig sind. Dies erweitert den Erfahrungsbereich und treibt die kognitive Entwicklung voran.

Grundlegendes Prinzip zur Unterstützung kognitiver Lernprozesse ist die **Anschauung** in Verbindung mit **konkretem Tun.** Dieses Prinzip wird praktisch umgesetzt, indem die Kinder auch im realen Verkehr üben und handeln. Selbstverständlich sucht man sich dazu ruhige Verkehrszonen aus, lädt Polizisten ein, wählt Bildergeschichten aus, besucht Tankstellen, Werkstätten, Fahrradläden, benutzt öffentliche Verkehrsmittel usw.

Aufgaben

1. *Formulieren Sie Feinziele für die auf Seite 248 dargestellten Ziele der Verkehrserziehung.*
   Suchen Sie dafür einen situativen Anlaß.

2. *Planen Sie eine Spielabfolge zur Unterscheidung der Farben „Rot – Gelb – Grün" im Verkehr.*

3. *Stellen Sie eine Liste einfacher didaktischer Materialien zur Steigerung der Wahrnehmungsfähigkeit für den Straßenverkehr zusammen.*

4. *Üben Sie in der sozialpädagogischen Praxis soziale Kontaktaufnahmen „Zeichen geben – Zeichen erkennen – Zeichen deuten".*

3.4 Kunst und Kreativität

3.4.1 Bedeutung von Spielen und Gestalten für die Welt- und Selbsterfahrung

Kreatives Gestalten eröffnet selbständiges Umgehen mit Medien und Materialien, ohne daß einengende Vorgaben des Erziehers vorablaufen. Spielerisch werden so Möglichkeiten zur **Selbstverwirklichung** genutzt, die die Erfahrung vermitteln, daß schon erlebte Eindrücke mittels bestimmter Materialien nachvollzogen werden können. Dies hilft, Gegenstände und Gegebenheiten der Umwelt besser zu verstehen. Die Kinder verarbeiten eigene Erlebnisse und Erfahrungen, indem sie die verschiedensten Materialien kreativ gestaltend einsetzen. So erlangen sie zudem **Sicherheit im Umgang mit Dingen und dadurch auch mit der Umwelt**. Sie gewinnen Einblicke in die Beschaffenheit von Materialien, erkennen deren **Möglichkeiten zur Veränderung** und **Gestaltung**. Dadurch erwerben sie die Einsicht, daß die Umwelt veränderbar und gestaltbar ist. Diese Erfahrungen, Dinge nach eigenem Willen verändern zu können, vermitteln **Erfolgserlebnisse,** die zu weiterem Tun anspornen.

Der Umgang mit Materialien vermittelt aber nicht nur das Bewußtsein ihrer Veränderbarkeit, sondern auch das ihrer **Grenzen.** Materialien sind nicht grenzenlos veränderbar und verwendbar. In der Handhabung von Materialien werden eigene Grenzen bewußt. Spielen und Gestalten sind Tätigkeiten, die sich häufig ineinander verweben. Dadurch ist sowohl ein spielerisches Gestalten als auch ein gestaltendes Spiel möglich. Kreatives Gestalten geht zudem über den Umgang mit nur gegenständlichen Materialien hinaus, denn auch im sprachlichen Bereich kann man gestaltend tätig werden.

Kreatives Gestalten zielt auf eigenständiges gestalterisches Handeln, fördert die Wahrnehmungsfähigkeit, regt Phantasie und Vorstellungskraft an. Erziehende treten dabei in den Hintergrund, der gestalterischen **Spontaneität** des Kindes ist freie Bahn gegeben; gleichwohl können sie beratend und vor allem anregend tätig werden, wenn sie dabei auf stark operationalisierte Lernziele verzichten. Dem Kind soll hier ermöglicht werden, sich selbst zu verwirklichen, indem es sich durch die kreative Gestaltung der Umwelt mitteilt.

Grundlage zum Erwerb dieser unterschiedlichen Fähigkeiten ist das kaum zu sättigende **Neugierverhalten**. Kinder sind neugierig und für alles Neue aufgeschlossen, wenn sie nicht zu viele Mißerfolgserlebnisse hatten.

Hinzu kommt eine überaus große **Funktionslust**. Die Gestaltungselemente werden in vielerlei Art und Weise, in vielfältigen Formen und Experimenten ausprobiert. Man denke hier nur einmal an die Sprachentwicklung. Gerade im Kindergartenalter entwickeln Kinder eine außerordentlich große Lust zu sprachlichem Ausdruck, die beispielsweise in der Lust am Fabulieren und in den Experimenten mit der Sprache sichtbar wird.

Die Grundlage für das kreative Gestalten sind die jeweiligen Vorerfahrungen, die die Kinder mitbringen. Erzieherinnen und Erzieher sollten deswegen darauf achten, daß Anregungen immer einen Bezug zu den Situationen des kindlichen Alltags aufweisen.

Voraussetzungen beim Kind

Das kreative Gestalten steht in engem Zusammenhang mit der Wahrnehmungs- und Denkfähigkeit des Kindes. Kinder haben eine grundlegende Fähigkeit, sich gestalterisch zu beschäftigen. Sie durchlaufen jedoch in ihrer Entwicklung mehrere **unterschiedliche Fähigkeitsstadien**. Diese werden gesteuert von den **unterschiedlichen Wahrnehmungs- und Denkleistungen in der Entwicklung des Kindes**.

Das Kind kann nur soweit gestalten und wiedergeben, als es in der Lage ist, die Dinge wahrzunehmen und sich zu erklären. Das Wahrgenommene muß ja umgesetzt werden in gestalterisches Tun und das Geschaffene mit der Vorstellung verglichen und durch Bewegung immer wieder korrigiert werden. Das verlangt eine **Koordinierung der Motorik mit der Wahrnehmungtätigkeit**. So kann diese Leistung als eine sensumotorische Aktivität betrachtet werden.

Später werden konkrete Dinge **symbolhaft** dargestellt und begrifflich bezeichnet, die wahrgenommene Wirklichkeit wird nun durch die Gestaltung dargestellt.

Zuletzt werden **grundlegende schematische Strukturen** benutzt, da sie helfen, die wahrgenommene Wirklichkeit zu ordnen und damit überschaubar in ihren Zusammenhängen zu machen. Dies stellt eine gegenüber der sensumotorischen Leistung weiterführende geistige Leistung dar.

Darstellungen, die nicht der Realität entsprechen, sind nicht Zeichen geistiger Mängel, sondern ein Spiegel der jeweiligen Entwicklungsstufe des Wahrnehmens und des Denkens.

3.4.2 Schöpferischer Umgang mit Gestaltungselementen[1]

Der Kindergarten weist vielfältige Formen der Förderung des kreativen Gestaltens auf. Gestalterische Fähigkeiten können gefördert werden. Diese Förderung hängt wie jede Förderung auch von der Art und Weise der Zuwendung, der Anerkennung und Wertschätzung von seiten der Umwelt ab. Falsche Fördermaßnahmen können zu starken Hemmungen führen, sich gestalterisch mitzuteilen, und verhindern möglicherweise damit eine Auseinandersetzung des Kindes mit seiner Umwelt.

Fehlverhaltensweisen von seiten der Umwelt können sein:

- Mangelnde Fördermaßnahmen;
- Negative Kritik an der „falschen" Wiedergabe der Umwelt durch die Kinderzeichnung;
- Einteilung des Gestalteten in „schön" und „nicht schön";
- Verbessern des Gestalteten;
- Anhalten, daß Lineale, bestimmte Farbstifte, Malbücher, Schablonen usw. verwendet werden;
- Mangelnde Anteilnahme am Geschaffenen;
- Mangelndes Verständnis für kleine Sammlungen von möglichem Gestaltungsmaterial und deren Abtun als „Krempel" usw.

---

[1] Vgl. Kap. C 3.1, S. 130

Andererseits aber können Erzieherinnen und Erzieher durch vielfältige Angebote hinsichtlich unterschiedlicher Handlungsbereiche mit ihren davon abhängigen Materialien außerordentlich fördernd wirken.

Beispiele für Handlungsfelder

- Zeichnen
- Schneiden und Reißen
- Malen
- Plastisches Gestalten
- Bauen
- Drucken
- Textiles Gestalten
- Mimisch-gestische Spiele

Beispiele für Materialien

- Kreide
- Malstifte
- Papier
- Schere
- Farben
- Pinsel
- Schwämme
- Färbeplatten
- Knet, Ton, Wachs
- Bausteine
- Draht
- Nadeln

3.4.3 Didaktisch-methodische Grundlagen

Schon eingangs wurde erwähnt, daß Erziehende möglichst im Hintergrund verbleiben und allenfalls Anregungen geben sollten. Korrekturen sollten unterbleiben, Vormachen ist nicht sinnvoll. Hier geht es weniger um realistisches Nachzeichnen des Wahrgenommenen, als um selbst erfundenes und gestaltetes Nachzeichnen eigener Erfahrungen. Es geht auch weniger um das Einüben technischer Fertigkeiten, als um experimentierendes Handeln mit verschiedenem Material.

Im folgenden werden die didaktisch-methodischen Überlegungen wieder in drei Phasen untergliedert:

Hinführungsphase

Materialien, Werkzeuge usw. sollten bereitgestellt sein. Ein „Arbeitsklima" sollte geschaffen sein. Mit einer kurzen verbalen Einführung können die Kinder auf die bevorstehenden Aufgaben aufmerksam gemacht werden. Durch die Darstellung eines Sachverhaltes aus der kindlichen Erfahrungswelt und der gemeinsamen Erörterung dieses Sachverhaltes sollen die Kinder individuelle Erfahrungen durch ihre Vorstellungskraft in gestalterische Tätigkeit umsetzen.

Die gemeinsame Erörterung soll einerseits dazu dienen, die Motivation zu kreativem Gestalten zu erhöhen, andererseits ermöglicht sie, die darstellenden Sachverhalte in ihre Einzelabschnitte zu zergliedern, um sie damit der schöpferischen Phantasie des Kindes zugänglich zu machen.

Erarbeitungsphase

In dieser Phase verwirklichen die Kinder ihre Vorstellungen. Insbesondere diese Phase entscheidet darüber, wie sehr die Kinder lernen, ihre Vorstellungen in Handlungen umzusetzen, ihre Phantasie durch praktische Gestaltung zum Ausdruck zu bringen.

Sie entscheidet, ob das Kind auch weiterhin bereit ist, seine Phantasie zu nutzen und weiter zu entwickeln, oder ob es Hemmungen entwickelt. Hier besitzt der Erzieher eine große Verantwortung. Sein Handeln entscheidet zum großen Teil mit darüber, in welche Richtung sich das Kind wendet.

Die Erzieherin schreitet nicht ein bei Versuchen, die ihr nicht gelungen scheinen, sie kritisiert nicht. Durch Gespräche mit dem Kind über das Gestaltete regt sie es an, weitere Vorstellungen zu entwickeln, um es zu einem selbstkritischen Vergleich mit dem bisher Gestalteten zu bringen.

Viele Kinder erleben dabei Krisensituationen, sie kommen nicht weiter, verlieren den Faden, werden unlustig, unkonzentriert, möchten aufhören. Die Erzieherin zeigt keine Lösungsvorschläge auf, sondern akzeptiert die bisherige Gestaltung und macht deutlich, daß es hierbei kein „Richtig" oder „Falsch", „Gut" oder „Schlecht" gibt. Alles ist diskutabler Ausdruck der individuellen Vorstellungskraft. Dabei sind immer Veränderungen möglich, auch Verbesserungen, wenn dem Kind Teile des Bisherigen nicht gelungen scheinen. So wird dem Kind bewußt, daß es nicht um ein Können geht, sondern um ein Versuchen.

Abschlußphase

Das kreative Gestalten wird abgeschlossen, indem das Gestaltete aller Kinder der Betrachtung für alle freigegeben wird.

Die Erzieherin muß sich davor hüten, eine Bewertung vorzunehmen. Auch ohne eine solche Bewertung kann sie Kinder, die häufiger Versagenserlebnisse erleiden, ermutigen und Erfolgserlebnisse vermitteln, indem sie sie bittet, ihr Gestaltetes näher vorzustellen, und dabei intensiv auf diesen Beitrag eingeht.

So erfahren die Kinder, daß Kreatives durchaus recht fremdartig anmuten kann, keineswegs bestimmten Normen unterworfen ist. Sie lernen andere Gestaltungen zu tolerieren, sich mit ihnen auseinanderzusetzen, auch wenn sie ihnen zumindest mißfallen.

Aufgaben

1. *Ordnen Sie den auf S. 253 dargestellten Materialien die darüber dargestellten Handlungsbereiche zu.*
   Ist ein Handlungsbereich nicht zuzuordnen? Wenn ja, welche Materialien könnten hierzu verwendet werden?

2. *Kann das Rollenspiel als kreatives Gestaltungsmittel bezeichnet werden? Begründen Sie Ihre Antwort.*

3. *Bei welchen Lernarten ist kreatives Tun gefordert?*

4. *Suchen Sie einige Ziele der kreativen Gestaltung und formulieren Sie dazu Themen. Benennen Sie dafür geeignete situative Anlässe und Materialien.*

3.5 Feste und Feiern

Feste und Feiern sind Höhepunkte des Lebens, sowohl des einzelnen wie auch der Gemeinschaft. Sie bedeuten für den einzelnen Freude, Hochgefühl, tiefes Erleben. Sie geben dem einzelnen und der Gemeinschaft einen Lebensrhythmus; vor allem jene Feste, die sich wiederholen. Auch sozialpädagogische Institutionen verstehen den Jahreskreis als einen Festkreis.

Welche Wirkungen haben Feste und Feiern für den einzelnen und die Gemeinschaft?

Feste ehren, Feste schließen ab, sie krönen, sie würdigen, sie machen Ereignisse bewußt. Feste integrieren, sie verbinden. Im Fest drückt man Lebensfreude aus, man erinnert sich. Im Fest wird Brauchtum und Tradition sichtbar. Feste bestimmen den Lebensrhythmus. Im Fest erlebt man Gemeinschaft. Feste zeigen unsere Geschichtlichkeit und unsere Zeitlichkeit.

Es gilt bei all diesen Wirkungen, sich auf den Sinngehalt des jeweiligen Festes zu besinnen, sich also zu überlegen, was bedeutet dieses Fest eigentlich, aus welchem Anlaß ist es entstanden, was kann ein solches Fest den Erziehenden und was kann ein solches Fest den anvertrauten Kindern und Jugendlichen bedeuten.

Aufgabe

Suchen Sie Festanlässe zu den oben genannten Wirkungen und Begründungen.

Wirkung von Festen	Festanlaß
Feste schließen ab	*Abschlußfest im Kindergarten* *Schulentlassung* *Abschlußabend nach einer Ferienfreizeit*
Feste bestimmen unseren Lebensrhythmus	*Neujahr* *Ostern* *Fest der Stadtpatrone* *?*
?	*?*

3.5.1 Anlässe zum Feiern

Es ergeben sich verschiedene Möglichkeiten, die Feste, die unseren Lebensrhythmus bestimmen, zu gliedern. Die einfachste Art der Gliederung ist, sie gemäß **Datum** und **Anlaß** hintereinander zu stellen. So ist am 1. Januar Neujahr zu nennen, am 6. das Fest der Erscheinung, hernach Fastnachtsfeiern usw.

Man kann aber auch Feste als ein Werden und Vergehen im Jahreskreis betrachten, d. h. der Natur folgen, so daß man **jahreszeitlich** den Festablauf erkennen kann. Feste im Frühling, Feste im Sommer, Fest des Erntens im Herbst und Feste im Winter.

Es gibt ebenso Feste, die aus dem Leben des **Gemeinwesens** entstehen. Man ist Mitglied einer Kirchengemeinde und erlebt den Festkreis der Kirche. Man ist Mitglied einer bürgerlichen Gemeinde und erlebt die Feste der bürgerlichen Gemeinde: das Stadtfest, Brunnenfeste, Fasnacht usw.

Heia, Walpurgisnacht

Alle Hexen treffen
sich am:
30.4. um:
8^{30} Uhr
im
Kindergarten

<u>Liebe Eltern!</u>

Am Sonntag, den 11. November, ist St. Martin. Wie Sie sicher wissen, gehen dann die Kinder mit Laternen in einem kleinen Umzug durch das Dorf.
              Beginn pünktlich um 17.30 Uhr
Der Martinszug endet dann an der Kirche.

Kurz einige Punkte zu diesem Zug:

1. Der Martinsumzug hat mit dem Kindergarten selbst nichts zu tun. Die Aufsichtspflicht liegt also bei den Eltern. Schicken Sie deshalb Ihr Kind nur in Begleitung zum Laternenzug.

2. Die Kindergartenkinder holen ihre Laternen hier im Kindergarten ab. Der Zug geht dann auch von hier aus los. (Bitte keine Laternenstöcke mitgeben !!!)

3. Vroni und Monika machen mit der großen, gut sichtbaren Laterne den Anfang.

4. Die Kindergartenkinder können noch nicht gleichzeitig Laternen tragen und singen. Deshalb werden wir bei der Sparkasse und beim Gänselieselbrunnen anhalten, um einige Lieder zu singen.

5. Bitte bringen Sie den Zettel, auf dem die Lieder stehen, mit, und <u>singen Sie zusammen mit den Kindern.</u> Unsere Kinder sind meist so zerstreut, daß sie nicht alleine singen können.

6. Zum Abschluß in der Kirche sollen die Kindergartenkinder in die ersten Bänke gehen. Erwachsene etwas weiter hinten. (Die Kinder sehen sonst so wenig.)

Mit freundlichen Grüßen

Daneben gibt es **persönliche Feste**. Das sind bedeutsame Tage und Höhepunkte im Leben des Menschen: Geburtstag, Namensfest, das Fest der Heiligen Kommunion, Konfirmation, Firmung, Schulabschluß, Ausbildungsende, Verlobung, Hochzeit.

Wir erkennen bei der Betrachtung dieser Gruppierungsmöglichkeit, daß es neben den rein jahreszeitlichen auch geschichtliche wie persönliche Anlässe gibt, Feste zu feiern. Für die Arbeit in der sozialpädagogischen Institution empfiehlt es sich, jeweils zum Jahresbeginn eine terminliche Vorausplanung der anfallenden Feste zu machen. Hierbei kann folgende Grundaufstellung eine Hilfe sein:

Beispiel für einen halbjährlichen Feste-Plan

Monat		Leben im Jahreskreis	Leben in der Gemeinschaft		Persönliche Feste	
			Datum	Fest	Datum	Fest
Januar		Schlitten-party	6. 1.	Fest der Erscheinung der Drei Könige	10. 1. 12. 1.	Elkes Geburtstag Peters Geburtstag
Februar	Winter	Schneemann-fest	11. 2.	Fasnachtsdonnerstag „Schmutzige Dunschtig"		
März		Meditation: „Vom Schmelzen, Auftauen und Zerrinnen"[1]	3. 3.	Ostern	19. 3.	Frau Berger (Erzieherin) wird 40 Jahre alt
		Meditation: „Vom Keimen und Zum-Licht-Durchdringen"[2]			21. 3.	Utes Geburtstag
April	Frühling	„Wandertag"	1. 4. 11. 4. 12. 4.	Weißer Sonntag Frühlingsmarkt Stadtfest		
Mai			22. 5.	Pfingsten		
Juni			20. 6.	St. Ulrichsfest der Kirchengemeinde		
Juli	Sommer	Meditation: „Von Sonne und Segen"[3] Sommerfest im Kindergarten				

[1,2,3] Nach: Longardt, Wolfgang: Leben im Jahreskreis 1 u. 2. Praxisbuch Kindergarten Bd. 1. Herder Freiburg/Basel/Wien 1984, S. 19 f., S. 33 f., S. 99 f.

Bei den beiden letzten Spalten werden die speziellen Daten genannt. Es empfiehlt sich, den jeweiligen Wochentag mit zu vermerken. Diese Übersicht ist im Team zu erstellen, mit Ausnahme der persönlichen Feste, die ja von Gruppe zu Gruppe verschieden fallen. Ein solcher Feste-Plan muß nicht einen Zwang zu einem Fest bei jedem Datum bedeuten. Er sollte lediglich durch eine rechtzeitige Terminierung und Terminübersicht eine langfristige Festvorbereitung ermöglichen.

Was sollen die Kinder durch das Fest erfahren und lernen?

Es geht dabei um die Frage nach Zielen, nach Befähigungen und nach dem Erleben der Kinder. Zunächst sollen die Kinder und Jugendlichen einfach einmal Feste miterleben. Sie verspüren die Spannung in der Vorbereitungszeit des Festes. Sie empfinden, wie solche Feste ihrem Höhepunkt zutreiben und erleben das gestaltete Fest mit. Sie nehmen dabei den Sinn, den ein Fest hat, wahr. Sie spüren, daß sie eingebettet sind in die feiernde Gemeinschaft und bemerken, daß sie selbst im Mittelpunkt eines Festes stehen, z.B. bei ihrem Geburtstag oder wenn eine ganze Gruppe beim Sommerfest vom Kindergarten verabschiedet wird.

Es kann den Kindern auch bewußt werden, daß man über die Teilnahme an Festen in die lebendige Tradition, in das vorhandene Brauchtum einer Gemeinschaft eingebettet wird. Die Teilnahme an religiösen Festen, an Feiern der Gottesverehrung eröffnet die Möglichkeit zur Begegnung mit dem Gotteswort, zur Selbstvergewisserung in der gläubigen Gemeinde.

Aber ebenso bedeutsam als Ziel der Erziehung durch und zum Fest ist die Fähigkeit zum Mitgestalten von Festen. Kinder und Jugendliche werden deshalb sobald als möglich in die Festvorbereitung mit einbezogen. Sie lernen die einzelnen Gestaltungselemente von Fest und Feier und deren Abfolge kennen. Dieses Mitvorbereiten und Mitgestalten ist eine auch vom Kind geschätzte Möglichkeit des Beschenkens. „Ich mache damit den anderen eine Freude".

3.5.2 Festvorbereitung und Festgestaltung

Die beiden Begriffe **Fest** und **Feier** werden vielfach synonym gebraucht. Unter Feier versteht man den Teil eines Festes, in dem der Sinn dieses Festes sichtbar wird. Damit wird die Feier zum Kern des Festes. Sie ist meistens dichter gestaltet und trägt in sich eine Reihe von Elementen, die von einigen wenigen oder von kleineren Gruppen gestaltet werden während die übrigen Teilnehmer Festgäste, Zuhörer, Zuschauer sind.

Die Feier hat eine Programmfolge:

Der erste Teil ist die Begrüßung mit einem Hinweis auf Grund und Anlaß. Der Hauptteil ist eine Darstellung, die den Sinn des Festes ausbreitet, vertieft, erklären will. Das kann in einer Festrede geschehen, aber ebenso kann eine Festaufführung diese Aufgabe erfüllen. Der dritte Teil ist gewöhnlich ein Abschluß oder eine Überleitung, die dann eventuell die Feier in das allgemeine Fest überführt.

Wenn man von einer solchen Programmgestaltung des Feierns ausgeht, zeigt sich, daß die in unserer kulturgeschichtlichen Entwicklung entstandenen Elemente des Festens mit verschiedenem Schwerpunkt benutzt werden.

Elemente des Festens und Feierns sind: Musik, Tanz, Spiel, Lied, Gebet, Schmuck- und Raumgestaltung, Reden, Essen und Trinken. Ebenso zählt hierzu das Ritual, aber auch die Improvisation. Für viele Feste ist auch die Kleidung wichtig, und zwar nicht nur die Kleidung jener, die das Fest gestalten, also „kostümiert" sind, sondern auch die Kleidung der Besucher, die mit ihrer Kleidung eine bestimmte Haltung kundtun. Die einzelnen Elemente festlicher Gestaltung sind in vielen Fällen austauschbar, aber gewisse Feste verlangen eine bestimmte Kombination. Zum Beispiel sind Hirtenlieder, Krippenspiel, Christstollen und Weihnachtsgebäck nur einem weihnachtlichen Fest zuzuordnen.

Die Festgestaltung in einer Institution soll, und hierzu ist auch die Übersicht über Feste und Feiern gedacht, den **Lebensrhythmus** der Institution wiederspiegeln. Das verlangt, daß bestimmte Feste, die von der Institution als bedeutungsvoll gesehen werden, Jahr für Jahr wiederkehren. Dieses Festverhalten soll den Mitgliedern der Institution bewußt werden. Sie sind auf diese Feste vorzubereiten, und sie sollen diese Feste mitgestalten.

Es ist auch möglich, daß bei festlichen Anlässen bestimmte Gestaltungselemente, z. B. der musikalische Rahmen, von anderen übernommen werden. So kann z. B. ein Quintett eines Jugendblasorchesters mitwirken. Man sollte allerdings bei allen Festen und Feiern versuchen, diese mit den eigenen vorhandenen Kräften zu gestalten. Zu den eigenen Kräften gehört die Gemeinschaft der Institution. Sie schließt bei sozialpädagogischen Institutionen immer die Kinder und Jugendlichen, die Erzieher und die Elternschaft ein, vielleicht, je nach Situation, auch die nähere Umgebung. Das bedeutet, daß man beim Niveau und bei den einzelnen Gestaltungselementen die Fähigkeit der Mitgestaltenden berücksichtigen muß. Wenn also Kinder im Kindergarten mitgestalten sollen, dann müssen die Gestaltungselemente des Liedes, des Tanzes, des Spieles so ausgesucht werden, daß sie in der Gestaltungsfähigkeit der Kinder liegen. Ein Heim mit Jugendlichen hat hier mehr Möglichkeiten. Aber an ein solches Heim werden auch andere Erwartungen gestellt. Das heißt, generell sollen Gestaltungselemente und Gestaltungsformen für die Feste der Gestaltungsmöglichkeit der Institution angemessen sein.

3.5.3 Anregungen und Vorschläge zu einzelnen Festen

Die folgenden Vorschläge sollen stellvertretend für andere Gestaltungsmöglichkeiten stehen. Sie werden in drei Abschnitte gegliedert. Im ersten Abschnitt wird gefragt, welchen Sinngehalt ein solches Fest hat. Im zweiten folgen pädagogisch-didaktische Überlegungen und im dritten wird ein möglicher Verlaufsvorschlag vorgestellt.

Der Geburtstag

1. Sinngehalt

Der Geburtstag ist noch nicht so lange bekannt, wie wir heute annehmen. Er ist noch keine hundert Jahre alt. Früher wurde anstelle des heutigen Geburtstages der Namenstag, vor allen Dingen in katholischen Gegenden, gefeiert. Das kam daher, daß man in katholischen Bereichen darauf drängte, möglichst am Tag der Geburt zu taufen und dann den Namen des Patrons, des Heiligen, auf den der Geburtstag fiel, wählte; am 19. März Geborene wurden dann auch „Josef" oder „Josefine" benannt.

Dem Geburtstagskind wird bewußt, daß es an einem bestimmten Tag das Licht der Welt erblickt hat, daß es als neuer Mensch in die Gemeinschaft der anderen hineingeboren wurde, daß etwas Einmaliges dabei geschehen ist. Dies ist so wichtig, daß man einen Grund hat, diesen Tag immer wieder ein Leben lang in Erinnerung zu rufen.

2. Pädagogische Überlegungen

Für die Kinder ist dieser Tag selbst sehr wichtig. Sie freuen sich schon längere Zeit auf ihn. Sie wissen, daß sie beschenkt werden, daß sie an diesem Tag im Mittelpunkt der Gemeinschaft (der Gruppe, der Institution) stehen.

Es wird so im Kindergarten immer schwierig sein, für jene Kinder, deren Geburtstage auf Sonnabende oder Sonntage fallen und die nicht zum Zug kommen, eine Feier zu veranstalten. Hier kann man durch eine kleine Nachfeier dem Kind eine Freude machen. Immerhin kann das Kind von diesem Tag an einen Finger mehr an der Hand zeigen, wenn es nach seinem Alter gefragt wird. Es kann sagen „vier" anstatt bisher „drei" oder „fünf" anstatt bisher „vier Jahre bin ich alt". Es wird dem Kind in diesem Augenblick auch bewußt, daß es wieder gewachsen ist oder daß es jetzt eigentlich schon zu den Großen in der Gruppe gehört. Das bedeutet pädagogisch gesehen, das Ichbewußtsein, das Selbstbewußtsein des Kindes wird ganz erheblich verstärkt. Das heißt aber auch, daß überall dort, wo nachgefeiert werden muß, solche Tage nicht mit anderen Geburtstagen zusammengelegt werden dürfen. Der Geburtstag soll das individuelle Fest des einzelnen Kindes sein.

In der Gruppe wird der Erzieher auf diesen Tag vorbereiten. Die einzelnen Kinder können sich Überraschungen ausdenken. Sie können sich ausmalen, wie sie dem Kind eine Freude bereiten wollen; ob sie vielleicht einen kleinen Schmuck, ein kleines Geschenk basteln oder bereitstellen wollen. Für den Geburtstagstisch, an dem auch eine kleine feierliche Mahlzeit stattfindet, kann ein kleiner Lichterkranz geplant werden. Er wird feierlich gedeckt, auf Eigenarten des Kindes kann man eingehen. Das Geburtstagskind selbst darf Wünsche zur Festgestaltung äußern, die, soweit machbar, berücksichtigt werden können.

3. Möglicher Verlauf eines Geburtstagsfestes (Namensfestes)

● Das Kind wird besonders begrüßt, es wird ihm vielleicht eine Geburtstagskrone oder ein Geburtstagskränzchen aufgesetzt. Damit ist das Kind aus dem Kreis herausgehoben.

● Für das Kind können an einer bestimmten Stelle besondere Spielsachen für diesen Tag, „Lieblingsspielsachen", bereitgestellt werden. Man kann solche „Geburtstagsspielsachen" in einer Institution überhaupt bereithalten. Es handelt sich um ein wertvolles Spielzeug, das nur bei bestimmten festlichen Anlässen zur Verfügung steht.

● An einer Stelle im Raum steht der Geburtstagstisch bereits festlich geschmückt. Die Kerzen sind aufgesteckt. Das verpackte Geschenk liegt am Ehrenplatz.

● Wenn das Kind erscheint – an diesem Tag etwas verspätet –, wird es feierlich empfangen: ein Spalier (eine Laube) wird gebildet oder es wird im Umzug an den Geburtstagstisch geleitet.

● Wenn alle Kinder sitzen, werden von älteren Kindern die Kerzen angezündet. Die Erzieherin kann hierbei eine kleine Geschichte aus dem Leben des Kindes erzählen. Dies sollte nur in Absprache mit den Eltern geschehen.

● Die Erzieherin liest eine kleine Geburtstagsgeschichte, passend zum Tag, passend für das Kind oder bei Namensfesten eine Geschichte aus dem Leben des Namenspatrons.

● Die Kinder gratulieren durch Singen, eventuell durch ein kleines Gedicht.

● Es beginnt eine kleine Mahlzeit. Das kann eine Süßspeise sein, das kann ebenso Milch, Kakao oder ein Stückchen Kuchen sein. Unter Umständen genügen auch ein paar Kekse. Es soll sichtbar werden, daß solche persönlichen Feste eigentlich immer mit den Gedanken des Festmahles verbunden bleiben.

● Im Anschluß daran können gemeinsame Spiele, Tänze und Lieder nach der Wahl des Geburtstagskindes angeboten werden.

Aufgaben

1. Erstellen Sie Planungen für einzelne Namensfeste, z. B. Michael (29. Sept.), Georg (23. April), Barbara (4. Dezember). Forschen Sie nach dem Sinn des Namens bzw. nach der Bedeutung des Patrons bzw. der Namenspatronin.

2. Stellen Sie bestimmte Gestaltungselemente zu einem kleinen Festprogramm zusammen.
   a) Wie können die Kinder mitgestalten?
   b) Wie kann den Kindern der Sinn einer solchen Namensfeier vermittelt werden?

Das Sommerfest

Das Sommerfest ist im allgemeinen sehr aufwendig und, da es im Freien gestaltet werden soll, oftmals nur kurzfristig realisierbar. In vielen Fällen wird das Sommerfest mit dem Abschiedsfest für die Kinder, die zur Schule kommen, verbunden. Zum Sommerfest werden im allgemeinen auch die Eltern geladen. Es ist damit auch ein Stück Öffentlichkeitsarbeit.

1. Sinn des Festes

Das Sommerfest wird zur Zeit der Sommersonnenwende, d.h. um den Johannistag, den 24. Juni, gefeiert. Die Kirche hatte das Fest des Heiligen Johannes des Täufers auf diesen Zeitpunkt gelegt, um der von ihr nie erfolgreich bekämpften (heidnischen) Sommersonnenwende einen religiösen Sinn zu unterlegen. Der ursprüngliche Sinn war wohl eine Verehrung der Sonne als der lebensspendenden Kraft, eine Verehrung, wie sie auch in ein paar Kinderliedern sichtbar wird, z.B. „Sonne, liebe Sonne, komm' aus dem Versteck".

Wird das Sommerfest als Abschluß- oder Abschiedsfest gefeiert, dann ist die Gestaltung unter diesem Aspekt durchzuführen.

2. Pädagogische Überlegungen

Das Wissen um das Brauchtum soll sich auch in der Gestaltung zeigen. Der Schmuck, die Dekoration sollten sommerlich sein. Das Fest sollte im Freien stattfinden. Es ist deshalb auch üblich, daß Kindergärten, die in den Städten liegen und über wenig Fläche im Freien verfügen, das Sommerfest nach außen auf einen Waldspielplatz oder auf eine Wiese verlegen. Die Vorbereitungen für das Sommerfest können allerdings nicht sehr langfristig sein, da man witterungsabhängig ist.

Auch hier sollen die Kinder mit einbezogen werden in die Planung und in die vorbereitende Gestaltung. Eltern, die dazu bereit sind, können bei diesen Vorbereitungen und bei der Gestaltung ebenfalls mitarbeiten. Sie können für verschiedene Spielformen Aufsicht und unterstützende Tätigkeiten übernehmen oder an einem vorbereitenden Bastelabend Preise oder Spielmaterialien herstellen, z.B. Windrädchen oder Bonbon-Männchen. Die Vorbereitung sollte für alle sichtbar sein, d.h. sobald das Programm steht, wird man durch ein großes Plakat im Kindergarten die Programmfolge, die Aktivitäten darstellen.

Ein solches Plakat sollte durch entsprechende Bilder auch für die Kinder „lesbar" werden.

3. Möglicher Verlauf

- Die zunächst im Kindergarten versammelten Kinder singen ein Lied und ziehen dann mit Fähnchen oder einem Sommertagsstecken hinaus in den Garten zu den wartenden Eltern.

- Die Kinder nehmen auf den bereitgestellten Stühlen oder Bänken Platz.

- Die Gruppen gestalten aus dem täglichen Spielbetrieb heraus einen Programmteil:
  - Spielen eines Kinderreimes
  - ein Fingerspiel
  - eine instrumentierte Geschichte
  - ein Kreisspiel
  - einen Tanz
  - einen Reigen

- Die Leiterin oder der Elternbeiratsvorsitzende oder eine sonstige wichtige Persönlichkeit hält eine sehr kurze! Ansprache (beim gleichzeitigen Abschlußfest sollte es die Leiterin sein). Sie wird noch einmal darauf hinweisen, daß dies eigentlich die letzte gemeinsame Feier ist für jene Kinder, die verabschiedet werden, für jene Gruppe, die in irgendeiner Weise im Programm noch einmal sich selbst gesondert vorstellen kann.

- Für alle gibt es an bereitgestellten und gedeckten Tischen Kaffee, Kuchen, Kakao. Auch hier wieder der Gedanke, daß ein gemeinsames Fest das „Festmahl" einschließt. Das bedeutet für die Kinder, daß Essen und Trinken über bloße Ernährungsfunktion hinaus auch ein Stück erlebter Gemeinschaft, ein festliches Ritual werden können.

- Im Anschluß daran können die Kinder und die Erwachsenen die Spielmöglichkeiten, die für das Fest bereitgestellt sind, nutzen. Es werden Wettspiele durchgeführt:
  - Sackhüpfen
  - Hindernislaufen
  - Büchsenlaufen
  - Würstchen schnappen
  - Eierlaufen usw.

- Im Anschluß an die Wettspiele gibt es die Preise. Im Kindergarten ist davon auszugehen, daß das Dabeisein belohnt wird und nicht die Leistung des ersten oder fünften Platzes.

- Für Kinder und Eltern gemeinsam können Kreistänze durchgeführt werden oder andere Formen, z.B. eine Polonaise, die von Erwachsenen oder Kindern angeführt wird.

- Beim Sommerfest kann man jemanden von außen zur Programmerweiterung heranziehen: ein Zauberer oder ein Clown tritt auf, ein Kasperlespiel wird aufgeführt. Dies dürfte der abschließende Höhepunkt sein.

- Ein Sommerfest kann am Abend, nachdem die Kinder bereits zu Hause sind, als Elternfest weitergeführt werden. Die Räume sind geschmückt. Es könnten in den Räumen auch Erwachsene bewirtet werden. Falls möglich, kann getanzt werden.

Advent

1. Sinngehalt

Advent steht unter dem Gedanken der Erwartung der Ankunft des Herrn. Die Adventszeit ist eine Fastenzeit, eine Vorbereitungszeit. Sie soll auf das Fest der Geburt Christi und auch auf das Fest der Erscheinung Christi, am 6. Januar, vorbereiten. Es ist also eine Zeit, die eher Stille als Geschäftigkeit verträgt. Hier haben – wie im übrigen natürlich auch im ganzen Jahr – Meditationen und kleine Feiern ihren Platz.

2. Pädagogische Überlegungen

Für die Kinder selbst zählt Advent nicht so wie das Weihnachtsfest. Aus den Lebensgewohnheiten heraus werden die Tage gezählt. Ein Adventskalender läßt das Abnehmen der Tage bis zur Geburt Christi sichtbar werden. Er macht mit den übrigen Festelementen deutlich, daß es einem Höhepunkt, nämlich Weihnachten, zugeht. Vorbereitend in diese Zeit hinein gehört der allmähliche Aufbau einer Krippe. Hinein in diese Zeit gehört auch das Fertigen und Basteln kleiner Geschenke für den anderen. Ein Ziel dieser vorbereitenden Zeit des Advents könnte so das Bewußtsein sein, daß Weihnachten ein Fest des Schenkens ist und nicht ein Fest des Beschenktwerdens.

Eine schöne Möglichkeit ist, vorausgesetzt, daß Platz besteht, auch den Weg Mariens und Josefs festzulegen, beispielsweise mit Tonfiguren, und diese Tag für Tag näher zur Krippe zu rücken. Die Kinder selbst können einzelne Figuren für die Krippe herstellen: Hirten, Tiere. Es werden in dieser Zeit Kinderreime und Kinderlieder gesungen und geübt, die in den Festkreis hineingehören. Durch all das wird deutlich, daß nicht ein einzelner Tag Höhepunkt ist, sondern daß ein Zeitraum, mehr als ein Monat, festvorbereitend gesehen werden muß und die Arbeit bestimmt. Das reicht in sämtliche Erfahrungs- und Erlebnisbereiche der Kinder hinein.

3. Möglicher Verlauf

Die eigentliche Krippenfeier kann am letzten oder vorletzten Tag vor den Weihnachtsferien stattfinden. Sie hat nicht die Aufgabe, das Familienfest Weihnachten zu ersetzen. Sie wird im kirchlichen Kindergarten ein vorbereitendes Element für das Weihnachtsfest in der Kirchengemeinde darstellen.

- Die Krippe ist fertig in einem Raum aufgestellt.
- Um die Krippe herum sind im Halbkreis Stühle aufgestellt. Die Eltern haben schon Platz eingenommen, die Kinder sollen später in ihrer Mitte sein.
- Die Kinder haben sich im Vorraum versammelt und ziehen ein. Während die Kinder einziehen, singen die Eltern ein Lied.
- Gemeinsam singen Kinder und Eltern Weihnachtslieder. Hierzu wird auch musiziert.
- Die Erzieherin erzählt einzelne Abschnitte der Weihnachtsgeschichte. Diese können durch Lieder und Gedichte ergänzt werden.
- Die Kinder „dürfen" die Eltern beschenken.
- Nach einem gemeinsamen Schlußlied zeigen die Kinder den Eltern die Krippe, erklären diese und weisen dabei auch auf „ihre" selbstgemachte Figur hin.
- Mit guten Wünschen für die Festtage werden Kinder und Eltern verabschiedet.

Fest- und Feiergestaltung als Höhepunkte im Leben einer sozialpädagogischen Institution müssen gepflegt werden. Sie geben der Institution den eigenen Lebensrhythmus, der durch den Lebensrhythmus des umliegenden Gemeinwesens mitbestimmt wird.

Feste und Feiern sind organisierbar. Entscheidend sind vor der Vorbereitung liegende **Besinnung auf den Festgehalt** und **pädagogische Überlegung** in Hinsicht auf Auswirkungen beim Kind. Nach diesen Vorüberlegungen sollte eine **gute Organisation** den Verlauf sicherstellen.

Feste und Feiern sind Formen des musischen Lebens. Sie ermöglichen und verlangen **Kreativität.**

Aufgaben

1. *Planen und gestalten Sie in der Gruppe eine Meditation in der vorweihnachtlichen Zeit. Überlegen Sie zusammen, welche Gestaltungselemente hierzu notwendig sind.*
   Planen Sie alternativ für Kinder im Kindergarten, für Kinder im Hort, für Jugendliche im Heim.

2. *Planen Sie in einer Gruppenarbeit innerhalb der Klasse ein Sommerfest für den Kindergarten (einschließlich Abschiedsfest), und gestalten Sie es – wenn möglich – in einer Institution.*

E Sozialpädagogische Einrichtungen für Schulkinder und Jugendliche

Wo liegen im Einzugsbereich Ihrer Fachschule Einrichtungen zur Betreuung von Schulkindern: Horte, Jugendhäuser, ...?
Erkundigen Sie sich nach der Entstehungsgeschichte dieser Einrichtungen.

Erzieherische Grundfähigkeiten	Wahrnehmen Beobachten	↔	Darstellen Beschreiben	↔	Analysieren Planen	↔	Gestalten	↔	Reflektieren	↔	Kooperieren

1   Der Hort

Der Hort versteht sich als eine sozialpädagogische Einrichtung zwischen Elternhaus und Schule. Im Hort werden Schulkinder vor oder nach der Unterrichtszeit, teilweise auch in den Ferien, bis zum späten Nachmittag betreut. Die obere Altersgrenze für Hortkinder liegt bei 15 Jahren. Jedoch werden Horte überwiegend nur bis zum 12. Lebensjahr besucht.

Aus seiner Geschichte heraus ist der Hort als eine **familienergänzende** oder allenfalls **teilzeitlich ersetzende Institution** zu sehen. Das heißt, Hortpädagogik wird ebenso wie Krippen- und Kindergartenpädagogik an der Familienpädagogik gemessen und steht in der Beurteilung unter dem Maßstab einer Familienpädagogik.

So ist es bis heute kaum gelungen, eine eigenständige Hortpädagogik zu entwickeln. Immer stand das Bild der Familie mit der ihr möglichen Erziehungsmächtigkeit leitbildhaft vor einer Hortpädagogik. Dabei wird verkannt, daß Horte einen zwar von der Familienerziehung stark abhängigen und von der Gesellschaft mitbestimmten Erziehungsraum darstellen, daß sie aber auch eine eigene Erziehungswirklichkeit, ein eigenes Feld sind. Hier sei nur daran erinnert, daß das Erlebnis, in größeren

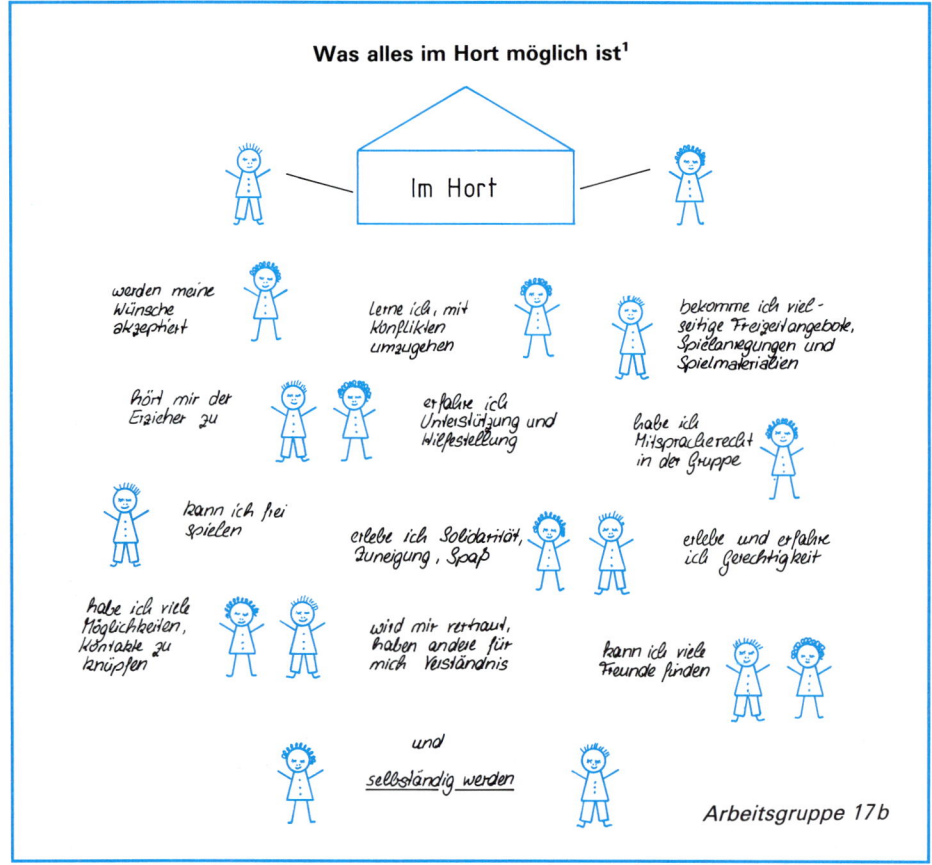

Was alles im Hort möglich ist[1]

Im Hort

werden meine Wünsche akzeptiert

Lerne ich, mit Konflikten umzugehen

bekomme ich vielseitige Freizeitangebot, Spielanregungen und Spielmaterialien

hört mir der Erzieher zu

erfahre ich Unterstützung und Hilfestellung

habe ich Mitspracherecht in der Gruppe

kann ich frei spielen

erlebe ich Solidarität, Zuneigung, Spaß

erlebe und erfahre ich Gerechtigkeit

habe ich viele Möglichkeiten, Kontakte zu knüpfen

wird mir vertraut, haben andere für mich Verständnis

kann ich viele Freunde finden

und selbständig werden

Arbeitsgruppe 17b

---

[1] Entnommen aus: Briel/Mörsberger: Kinder brauchen Horte. Freiburg 1984, S. 42.

Gruppen mit Kindern zu spielen, Hausarbeiten gemeinsam zu machen, Projekte durchzuführen, ein solch eigentümliches Feld von Hortarbeit sein könnte.[1]

Das bedeutet, daß der Hort **zusätzliche Lern- und Erfahrungsmöglichkeiten** für Kinder bietet, die Schule und Elternhaus aus ihrer Struktur heraus nicht bieten können. Damit wird ein Stück pädagogischer Eigenständigkeit des Hortes sichtbar, und er rückt aus der Wertung eines Notbehelfs heraus.

Hinzu kommt, daß neben den vielfältigen sozialen Lernerfahrungen, die Hortkindern ermöglicht werden können, Horte heute auch **pädagogische Aufklärung** betreiben, und zwar durch eine intensive und kontinuierliche Elternarbeit.

Für den anderen Partner des Horts, für die Schule, kann ein Hort Anregung bedeuten, indem im Hort beobachtete Schwierigkeiten mit dem Partner Schule besprochen werden. Ferner wird der Hort in vielen Fällen gerade durch mögliche Freiräume eine Art ergänzendes **Gegengewicht zur Schule** bilden müssen, um vorhandenen Bedürfnissen der Kinder entgegenzukommen.

Organisatorisch sind Horte oft an Kindergärten oder an stärker differenzierte Kindertagesstätten angeschlossen. In manchen Bundesländern haben Einrichtungen mit Kindergarten und mit Hort den Namen Kindertagesheim.

Aufgabe

In der Grafik (S. 268) formulieren Kinder, was ihrer Meinung nach im Hort alles möglich „sei"!

1. Listen Sie diese Wünsche unter den Gesichtspunkten Autonomie, Kompetenz und Solidarität auf!

2. Wie muß ein Hort strukturiert sein, damit er diese Erwartungen erfüllen kann? Entwerfen Sie eine solche Hortstruktur mit entsprechenden Angeboten!

1.1 Zur Geschichte des Hortes

In der Literatur wird im allgemeinen angenommen, daß die ersten Horte im letzten Viertel des vorigen Jahrhunderts entstanden sind. Man ist sich weitgehend einig, daß als Vorläufer der Horte die zum Ende des 18. Jahrhunderts entstandenen **Industrieschulen** anzusehen sind.[2]

Dort arbeiteten die Kinder gegen geringen Lohn und Beköstigung in der Produktion. Die Industrieschulen sind somit eng verbunden mit der Kinderarbeit im 18. und zu Beginn des 19. Jahrhunderts. Die zugrundeliegenden Motive dafür waren verschiedene.

---

[1] Vgl. auch: Empfehlungen der Arbeitsgemeinschaft für Jugendhilfe (AGJ) vom 10. 1. 1992 „Zur Verbesserung der Lebenssituation von Kindern im Schulalter". Bonn 1992.

[2] Arbeitsgemeinschaft Jugendhilfe – AGJ (Hrsg.): Horterziehung in der Jugendhilfe. Grundzüge einer Konzeption. Bonn 1983, S. 11 f.

Briel/Mörsberger: Kinder brauchen Horte. Freiburg 1984, S. 275 ff.

Ulshoefer, Helgard: Der Schulanfänger im Hort. In: Hundertmark, G. und Ulshoefer, H. (Hrsg.): Kleinkindererziehung Bd. 3. München 1972, S. 174.

Einmal galt es, im Rahmen der Manufaktur[1] eine billige Arbeitskraft zum Arbeiten zu befähigen, zum andern aber ist auch immer das Motiv festzustellen, daß die Kinder, deren Mütter in der Manufaktur arbeiteten, vor Verwahrlosung, vor dem Alleinsein geschützt werden sollten.

Anna von Gierke, eine führende Frau in der Entwicklung des Hortwesens zu Beginn dieses Jahrhunderts, konnte so 1929 folgende Aussagen machen:

> „Denn die schon erwähnten im 18. Jahrhundert begründeten Industrieschulen sind nicht nur der erste Versuch einer Ergänzung des theoretischen Schulunterrichtes durch Unterweisung in Handarbeit und Handwerk, sie sind die Keimzellen der Fürsorge für aufsichtslose Kinder während der schulfreien Stunden überhaupt."[2]

Mit der Entwicklung neuerer Produktionstechniken in der Mitte des 19. Jahrhunderts war es mehr und mehr möglich, Kinder und Jugendliche von der produktiven Arbeit in Manufakturen freizustellen und die teilweise zuvor erlassenen Schutzgesetze gegen Kinderarbeit in die Praxis umzusetzen. Damit fällt natürlich das Merkmal unmittelbarer und direkter Qualifikation für eine erwerbende Tätigkeit im Kindesalter weg.

Gesteigerte Anforderungen der Gesellschaft an die allgemeinen Qualifikationen, wie z. B. Lesen, Schreiben, Rechnen und die Freistellung von Manufakturarbeit führten dazu, daß sich im allgemeinbildenden Schulwesen die **Volksschule** etablieren konnte. Allerdings, das ist für Deutschland typisch, führte Deutschland im Gegensatz zu den meisten europäischen Ländern 1872 nur die Halbtagsschule ein. So blieb für viele Kinder eine Versorgungslücke. Das bedeutet, daß das fürsorgende, bewahrende Begründungsargument nach wie vor Geltung hatte.

Pädagogen hatten allerdings schon früher die bildenden Merkmale von Handarbeit entdeckt. Es war kein geringerer als *Pestalozzi*, der auf dem Neuhof, allerdings primär um der Pflege von Gefühl, Seele und Geist willen, auch Handarbeit mit eingeführt hatte.[3] Auch Pädagogen wie *August Hermann Franke, Salzmann, Kampe, Fellenberg* sahen in solchen Industrieschulen, später Armenschulen, eine Chance, überhaupt eine elementare Bildung durchzuführen und außerdem über die Befähigung und handwerkliche Tätigkeit der Schulkinder einen Ersatz für fehlendes Schulgeld zu erhalten.

Es sind bis jetzt also **drei grundlegende Motive** sichtbar geworden, die den Hort begründeten:

1. Schutz der Kinder vor Verwahrlosung
2. Befähigung zum Erwerb des Lebensunterhaltes
3. Allgemeine Bildung durch Unterweisung in Handarbeit und Handwerk

Die jeweilige Gewichtung und die Würdigung dieser Begründung zogen sich gelegentlich als konzeptioneller Streit durch die Diskussion um diese Einrichtung. Doch waren sich alle Verfechter und Begründer einig, daß es sich letztendlich darum han-

---

[1] Manufaktur = produzierende Handarbeit
[2] Gierke, Anna v.: Jugendwohlfahrtswesen und Schule. In: Nohl, H. und Pallat, L. (Hrsg.): Handbuch der Pädagogik Bd. V. Langensalza 1929, S. 53.
[3] Siehe auch S. 315.

delte, beim Kind eine **vielseitige Entfaltung aller Kräfte** zu erreichen. Diese Entfaltung sollte in einer familienähnlichen Gemeinschaft, die zugleich eine Schonzeit für das Kind gewährt, geschehen.[1]

Es gilt noch einem weiteren Argument neben dem fürsorgenden, bewahrenden sowie neben dem allgemeinbildenden Aufmerksamkeit zu schenken. Schon sehr früh, bei *Pestalozzi* und in der Folge bei weiteren Pädagogen, fand immer wieder eine Auseinandersetzung über den **pädagogischen Wert von geistigen und von praktischen Lerninhalten** statt. Eine Auseinandersetzung, die dann im 20. Jahrhundert in der Forderung nach der Arbeitsschule *(Kerschensteiner)* gipfelte. So werteten *Anna von Gierke* und Zeitgenossen um 1930 die Industrieschulen keinesfalls nur als einen Ort möglicher Ausbildung für Kinderarbeit, sondern sie sprechen davon, daß zum Ende des 18. Jahrhunderts Industrieschulen von Menschenfreunden begründet worden seien und man damals einem allgemeinen Verlangen nach Handarbeitsunterricht entgegengekommen sei.[2]

Offenbar wurde in diesen Horten oder Bewahranstalten eine Chance gesehen, neben der mehr theoretischen Unterrichtung und Unterweisung auch eine Einführung in Arbeit, in Arbeitsamkeit, als eine wichtige pädagogische Forderung zu ermöglichen.

So schrieb *Hermann Nohl* 1930 über die damals so empfundene „Buchschule", sie sei eine Schule der Buchmast, des Wortbuchbetriebes. Und es gelte, statt dem bloßen Intellekt der gesamten Seele des Kindes entgegenzukommen. Es gelte, sich nicht nur an die Rezeptivität[3] des Kindes zu wenden, sondern die aktiven und produktiven Kräfte aufzusuchen, es gelte, die Kräfte des Kindes nicht im leeren Raum sich entwickeln zu lassen, sondern an konkreten Sachen in Arbeit und Beruf. Dabei sollten auch die sozialen Antriebe gefördert werden und Gemeinschaft und lebendiger Umgang an die Stelle von Atomisierung und Isolierung von Schülern treten. All diese Forderungen wurden damals wie auch heute eher in außerschulischen Einrichtungen realisiert gesehen als in der Schule. Die Industrieschule selbst wird von *Hermann Nohl* gewürdigt als eine Schule, die zur Arbeitsamkeit führe, zu einer Arbeitsamkeit, die ein wesentliches Merkmal des Emanzipationskampfes des Bürgers im 18. Jahrhundert geworden sei.[4]

Waren in der Industrieschule die Elemente geistiger und handwerklicher Auseinandersetzung verbunden, so wurde mit der Einrichtung der Halbtagsschule ab 1872 diese wieder zur Buchschule. In dem Freiraum, der sich gleichzeitig als Versorgungslücke für viele Kinder erwies, mußte notwendigerweise eine weitere Institution entstehen. Dies ist der Hort im heutigen Sinne. 1881 tauchte dieser Name „Hort" wohl erstmals auf[5]; aus dem Wortverständnis heraus wurde eine solche Stätte als ein Ort des **Schutzes,** der **Geborgenheit** und der **Bewahrung** gesehen.

In Verbindung mit dieser Entwicklung wird man *F. X. Schmidt-Schwarzenberg* wohl als den Begründer einer modernen Hort-Pädagogik sehen müssen. Er gründete in Erlangen 1872 eine Erziehungsstätte für aufsichtslose Knaben in ihrer schulfreien

---

[1] Vgl. Gau, Gertrud: Die pädagogische Aufgabe des Hortes in Geschichte und Gegenwart. In: Blätter des Pestalozzi-Fröbel-Verbandes 3/1957, S. 68.

[2] Gierke, Anna v.: a.a.O., S. 48.

[3] Rezeptivität = passives Aufnehmen.

[4] Nohl, H.: Die pädagogische Bewegung in Deutschland. In: Nohl, H. und Pallat, L. (Hrsg.): Handbuch der Pädagogik Bd. I. Langensalza 1933, S. 327.

[5] Briel/Mörsberger: a.a.O., S. 276.

Zeit; er nannte sie „Sonnenblume". Die Kinder sollten in einem Haus, das mit Garten versehen war, tagsüber ein Zuhause haben mit Verpflegung, mit Schularbeitenhilfe, aber ebenso mit Spiel und Sport. Die Betreuung selbst wurde von Lehrern neben ihrer Lehrtätigkeit durchgeführt. *Anna von Gierke* schreibt über diese Institution:

> „Durch den Namen seines Hortes (Sonnenblume) sollte das Aufwärtsstreben nach Licht und Wärme symbolisiert werden. Anstelle der fabrikmäßigen Beschäftigungen, die nur auf Verdienst eingestellt waren, schuf er (Schmidt-Schwarzenberg) ein Heim, das wirklich die Familie ersetzen konnte. Denn wie in der Familie wurde in der ‚Sonnenblume' nach Erledigung der Schularbeiten spazierengegangen, geturnt, gesungen, gespielt, gelesen, Geschichten erzählt, Bilder erklärt, gegärtnert. Es wurde ein Teller Suppe und Brot gegeben, nach Möglichkeit auch warme Kleidung".[1]

Über diese Einzelgründung hinaus wirkte *Schmidt-Schwarzenberg* durch viele Vortragsreisen noch weiter für die Idee, und er erreichte mit seinem Einfluß, daß in fast allen größeren und mittleren Städten Deutschlands Kinderhorte errichtet wurden. So besaßen 1904 bereits 91 Städte, 1912 256 Städte solche Horte.[2]

Allerdings muß festgestellt werden, daß sich diese Art der Erziehung durch pädagogisch geschulte Persönlichkeiten in freier und zwangsloser Form leider nicht weiter so durchsetzte, wie sie unter *Schmidt-Schwarzenbergs* Leitgedanken konzipiert waren. *Anna von Gierke* schreibt, das gesamte Kinderhort-Wesen sei wieder in „mechanische Methoden" versunken. Das heißt, man habe sich beschränkt, diese Kinder zu sammeln, sie in Ruhe zu halten und in gedankenloser Fortführung von Kleinkinderarbeiten zu beschäftigen.[3]

1884 gründete *Hedwig Heyl* in Charlottenburg ein kleines, nur für die Kinder der in ihrer Fabrik beschäftigten Arbeiter, bestimmtes Heim, das dann durch seine Methoden führend wurde für einen großen Kreis von Heimen, die sich später in einem Verein (Jugendheim) vertreten sahen. Aus diesem Verein heraus konnte 1904 geschrieben werden:

> „Besuchern fällt stets die Fröhlichkeit der Kinder und der Geist, der die Anstalt umweht, vorteilhaft auf; beides ist die Frucht des Bemühens, den oben genannten Gedanken auszuführen, jedem Kind ein Heim zu bieten, für das es arbeiten darf, dessen Wohltaten es genießt als berechtigtes Mitglied des Haushaltes, das es liebt, weil es seine Pflichten lieben lernte.
> Die täglich wiederkehrenden Anforderungen, die Herstellung der Mahlzeiten, Reinigen des Geschirrs, der Räume, Waschen, Plätten, Flicken der Heimwäsche, Pflege der Pflanzen, Vögel, Fische usw. geben immer wieder aufs Neue jedem Kind regelmäßige und doch verschieden Beschäftigung. Erneuerung der alten Bestände, Neuherstellung von Gebrauchsgegenständen, bei denen die Kinder mitwirken können, erfüllen sie mit Stolz über ihre Leistungen. – Jede Arbeit steht unter zwei Gesichtspunkten: Gesehen vom Erzieher – eine erziehende Arbeit, eine Arbeit, die Willen und Charakter bildet, die Sinne schärft, die Geschicklichkeit übt; vom Kinde aus gesehen eine Arbeit, die für das Heim, für die anderen, für das Ganze getan werden muß."[4]

Aus diesem Hort entstand dann das Charlottenburger Jugendheim, das von der Nachfolgerin *Anna von Gierke* weitergeführt wurde, die zu Beginn dieses Jahrhunderts als eine der bedeutendsten Pionierin des Hortgedankens gesehen werden

---

[1] Gierke, Anna v.: a.a.O., S. 54.
[2] Gierke, Anna v.: a.a.O., S. 54.
[3] Gierke, Anna v.: a.a.O., S. 55.
[4] Gierke, Anna v.: a.a.O., S. 55.

darf. *Anna von Gierke* bemühte sich nicht nur um eine Verbesserung der Arbeitskräfte im Hort, sie war entscheidend an der Entwicklung von Ausbildungskonzeptionen beteiligt, eine Ausbildung, in der dann 1928 der Beruf von Hortnerin und Kindergärtnerin zusammengelegt wurde.

1929 stellt *Anna von Gierke* – in Merkblättern zusammengefaßt – ein Konzept der Horterziehung vor. Es enthält sowohl Aussagen über die Auswahl und Unterbringung der Kinder in Horten oder in Tagesstätten und über die finanzielle Beteiligung von Eltern als auch Vorschläge zur Zusammenarbeit zwischen Fürsorge, Einrichtung, Elternhaus, zwischen Beratungsstellen und Jugendamt. Über die Gestaltung des Betriebes heißt es:

> „Tagesheime (Horte) sind überall da notwendig, wo die Mütter den ganzen Tag außerhäuslich erwerbstätig sind. Die Horte müssen neben der Bewahrung die sittliche, geistige und körperliche Entwicklung der Kinder durch frohe Betätigung aller Kräfte und familienhaftes Zusammenleben fördern. Die Beziehung zwischen Hort und Schule muß geregelt und organisch ausgebaut sein. Engste Verbindung durch persönliche Fühlungnahme von Hortleitung und Lehrerkollegium ist erforderlich, jedoch dürfen die Kinder den Hort nicht als Fortsetzung der Schule empfinden. Nahe Verbindung mit dem Elternhaus der Kinder ist dauernd herzustellen, um den erzieherischen Erfolg der Arbeit zu gewährleisten. Die Leiterin muß Hausbesuche machen: Eltern- bzw. Mütterabende sind einzurichten.
> Die Horte sind für Kinder von 6 bis 14 Jahren bestimmt (…). Ein kleiner Hort kann bis zu 50 Kinder aufnehmen – für mehr Kinder ist eine mehrgliedrige Anstalt einzurichten – die Trennung der Kinder nach Alter und Geschlecht empfiehlt sich nicht, da die Einrichtung die Familie ersetzen will."[1]

Ferner äußert sich *Anna von Gierke* dazu, wie der Hort zu situieren ist in bezug auf das bestehende Schulsystem, auf bestehende andere Einrichtungen wie Kindergärten und -krippen, und sie macht Vorschläge über das notwendige Raumprogramm.

> „Wird der Hort in einer Schule eingerichtet, so müssen bis zu 50 Kindern mindestens drei Räume ganz zur Verfügung stehen, außerdem muß die Mitbenutzung von Schulklassen zur Schularbeit, von Turnsaal, Aula, Garderoben, Closetts, Schulhof gestattet sein, evtl. auch noch von Werkstatt und Lehrküche …"

Notwendig seien für Horte von bis zu 50 Kindern:

> „(…) zwei Wohnzimmer, ein Hausarbeitsraum, eine Garderobe, ein Knaben- und Mädchencloset, eine Waschküche, eine Werkstatt, ein kleines Gruppenzimmer, ferner Hof, Garten oder Feld mit Laube oder Gartenhaus."[2]

Um ein möglichst familienhaftes Leben im Hort zu ermöglichen, werden auch an die Einrichtungen gewisse Anforderungen gestellt. So sollen die Möbel keinesfalls schulmäßig sein, also keine Schulpulte und keine langen Bänke, sondern kleine Tische mit Stühlen oder Hocker sollten vorhanden sein. Waschbare Gardinen, gute Bilder, frische Blumen müssen die Räume wohnlich machen. Ebenso sollte ein variables Anordnen von Tischen und Stühlen sowohl Handarbeitszimmer wie auch Handfertigkeitsräume und andere Räume möglichst optimal für die Arbeit im Hort gestalten.

---

[1] Gierke, Anna v.: a.a.O., S. 60 f.
[2] Gierke, Anna v.: a.a.O., S. 61.

Daneben fordert *Anna von Gierke* für den Hort geeignetes Personal. Eine Leiterin könne nicht mehr als bis 30 Kinder für etwa 6 Stunden übernehmen. Sind mehr Kinder da, so sind Helferinnen beizugesellen. Auch muß das Personal vermehrt werden, wenn der Hort wegen ungleichmäßiger Arbeitszeit bzw. Schulzeit vom frühen Morgen bis zum späten Abend geöffnet sein soll.

Für die Arbeit des Hortes gelten folgende Prinzipien: Arbeit und Spiel müssen sich abwechseln. Besonderer Wert ist auf Gartenarbeit und Hausarbeit zu legen. Der Hort soll in seiner Beschäftigung zwar nie der Schule gleichen, aber im Hort soll das Kind das in der Schule Gelernte erleben können. Möglichst viel Spiele sollten im Freien zu allen Jahreszeiten stattfinden können.

Neben geleitetem Spiel muß Raum für Freispiel vorhanden sein. Damit die Kinder die nötige Ruhe finden, ist täglich eine Stunde Liegeruhe notwendig. Ferner sollte der Hort, und das wird als besondere Aufgabe gesehen, das Anfertigen der Schularbeiten beaufsichtigen. Kinder, die sonst kein warmes Mittagessen erhalten können, müssen dies im Hort bekommen.[1]

1.2   Die Lebenssituation der Kinder zwischen sechs und zwölf Jahren in Familie, Schule, Freizeit

1.2.1   Kindheit im modernen Industriezeitalter

Das Verständnis von Kindheit hat sich stark gewandelt. Es ist im Zusammenhang mit dem Entwicklungsprozeß heutiger Zivilisation zu sehen, der die Kinder weitgehend aus dem Alltagsleben der Erwachsenen, aus dem Erwerb, aus der Produktion, aus der Konsumation ausschließt.

Anstelle einer Sichtweise, wie sie *Ariès*[2] aus der mittelalterlichen Lebenswelt der Kinder aufzeigt, tritt die Herauslösung, die Vereinzelung, die besonderer Institutionen auch für den Bereich der Erziehung bedarf. Die von *Ariès* aufgezeigte Einbettung des Kindes in das Gesamt der Lebensverhältnisse und Sozialbezüge des mittelalterlichen Menschen trifft heute nicht mehr zu. Allerdings wird bei der Bewertung der Situation heutiger Kindheit in den verschiedensten Interpretationsversuchen immer wieder dieses Gegenbild beschworen. Wenn man nicht unbedingt das Gesamt der Interpretationen darstellen will, so schälen sich eigentlich im Rahmen der Familienstrukturen einige bedeutsame Faktoren, die als Merkmale der gegenwärtigen Situation gelten können, heraus.

---

[1] Gierke, Anna v.: a.a.O., S. 61f.
[2] Ariès, Philippe: Geschichte der Kindheit. München 1978.

1.2.2 Familien- und Haushaltsstruktur

In der Bundesrepublik hat sich seit dem 1. Weltkrieg die Haushalts- und Familienstruktur ganz wesentlich geändert. *Briel* und *Mörsberger*[1] versuchen, die Entwicklung der Familienstruktur folgendermaßen zu charakterisieren:

- Die kinderlosen Lebensformen nehmen zu.
- Der Familienhaushalt am Anteil aller privaten Haushalte nimmt ab.
- Die Kinderzahlen in den Familien sind insgesamt rückläufig.
- Das bedeutet, daß dies zu einem Defizit familialer Peer-group-Erfahrungen[2] unter Geschwistern und in der näheren Umwelt führe.

Hierzu ein paar Zahlen[3]:

Rückgang der Kinderzahl in Ehen

Zeitraum	Kinderzahl pro Ehe (Angabe der Ehen in %)					Lebendgeborene je 100 Ehen
	0	1	2	3	4 und mehr	
um 1900	9%	12%	16%	15%	47%	393
um 1980	18%	27%	38%	12%	5%	160
um 1990[4]	20%	32%	34%	14%		

Ferner sehen *Briel* und *Mörsberger* als charakteristisch für die Gegenwart die starke Zunahme der sogenannten **Einelternfamilie**.

Zunahme alleinerziehender Frauen und Männer[5]

	Einelternfamilien (mit Kindern unter 18 Jahren)	Anteil an Familien insgesamt (in %)
1970	745000	7,5%
1982	927000	11,4%

1988 hat sich die Zahl der alleinerziehenden Mütter und Väter nochmals wesentlich erhöht. 1,6 Millionen alleinerziehenden Müttern standen 301000 alleinerziehende Väter gegenüber. Die Zahl der nur von einem Elternteil versorgten Kinder erhöhte sich von 2,27 Millionen im Jahr 1978 auf 2,55 Millionen im Jahr 1988. Mehr als 70% der Alleinerziehenden lebten nur mit einem Kind zusammen[6]. Durch die Reduzierung erwachsener Bezugspersonen entsteht ein Defizit in der sogenannten Familienmatrix. Das kann zur Entwicklung von Mängeln bei der Selbstfindung führen, führt aber sicher zur Erhöhung des Bedarfes an Hortplätzen.

---

[1] Briel/Mörsberger: a.a.O., S. 30 ff.
[2] Peer-group-Erfahrung = Erfahrung mit und unter Gleichaltrigen.
[3] Briel/Mörsberger: a.a.O., S. 338.
[4] Vorbemerkungen zum Kinder- u. Jugendhilfegesetz vom 26. 6. 1990. Bonn, 3. Aufl. 1991, S. 11.
[5] Briel/Mörsberger: a.a.O., S. 35.
[6] Statistisches Bundesamt; zitiert nach „Südkurier" vom 13. 12. 1989, S. 4.

Ein weiterer wesentlicher Gesichtspunkt zur Bedarfslage ergibt sich durch die **zunehmende Erwerbstätigkeit der Mütter** vor allem auch bei den alleinstehenden Müttern. Allerdings haben sich seit der Einführung des Bundes- bzw. Landeserziehungsgeldes die Zahlen doch wesentlich differenziert. 1975 hatten 38,5% aller Kinder eine erwerbstätige Mutter; 1987 waren dies 41,7%. Bei den Kindern alleinstehender Mütter ergeben sich andere Werte. Im Jahr 1975 standen bei 45,1% der Kinder die Mütter im Erwerbsleben; der Anteil steigerte sich bis 1987 auf 53,5%. Bei Kindern unter 3 Jahren ergaben sich für Kinder alleinstehender Mütter folgende Veränderungen. 1975 waren noch bei 52,9% der Kinder alleinstehender Mütter diese Mütter berufstätig, 1987 war dies nur bei 37,2% der Fall.

Bei den Kindern im Hortalter also über 6 Jahre alt, hatten im Jahr 1975 55,5% und im Jahr 1987 54,9% eine alleinstehende erwerbstätige Mutter.[1]

Aufgaben

1. *Stellen Sie Funktionen der vorindustriellen Großfamilie, in der mehrere Generationen zusammen lebten, zusammen produzierten, zusammen konsumierten, dar.*

2. *Arbeiten Sie aus den oben genannten, weitgehend demographisch belegten Fakten Funktionen der modernen Kleinfamilie heraus.*

3. *Vergleichen Sie die Funktionen der vorindustriellen Großfamilie mit denen der modernen Kleinfamilie.*

Aus den hier angeführten charakteristischen Merkmalen ergeben sich für die Erziehung der Kinder heute in der Familie folgende grundsätzliche Probleme:

1. Die Lebenswelt des Kindes ist reduziert, d. h. Bewegungs-, Spiel- und Erfahrungsräume sind eingeschränkter.

2. Die Eltern oder Elternteile haben aufgrund räumlicher und zeitlicher Trennung weniger Möglichkeit, die sozialen Beziehungen zu pflegen.

3. Die stark an Leistung orientierte Gesellschaft überträgt über die Familie, über deren Lebensweise dieses Leistungsdenken schon sehr früh auf die Kinder.

4. In besonderer Weise sind Kinder mit alleinerziehenden Elternteilen dieser Problematik ausgesetzt. Allerdings weiß man, daß in vielen Fällen gerade alleinerziehende Eltern sich dieser Problematik stärker bewußt sind und Defizite auszugleichen versuchen.

5. Vor allem kinderreiche und sozial benachteiligte Familien leiden, weil sich räumliche, zeitliche und finanzielle Einschränkungen mehr auswirken, stärker unter diesen gegenwärtigen Bedingungen.

---

[1] 8. Jugendbericht, hrsg. v. Bundesministerium für Jugend, Familie, Frauen und Gesundheit. Bonn 1990, S. 236: Tabelle 9.

6. Noch schwieriger wird die Situation für Kinder ausländischer Familien. Hier ist besonders auf die Schwierigkeit des Erwerbs der eigenen Muttersprache bzw. Sprache des Gastlandes hinzuweisen, aber auch auf die Schwierigkeit des Erwerbs angemessener Schulabschlüsse. Hinzu kommt die Schwierigkeit der grundsätzlichen Auseinandersetzung aus der interkulturellen Konfliktlage zwischen Tradition und Anforderungen des Herkunftslandes einerseits und den Erwartungen des Gast- bzw. Einwanderungslandes andererseits.[1]

1.2.3 Kinder unter schulischer Anforderung

Die **Bedeutung der Schule** in der modernen Industriegesellschaft ist sowohl quantitativ als auch qualitativ größer geworden. Zum einen nimmt individuell wie auch generell die Zeit des Schulbesuchs zu. Außerdem werden mehr und mehr Ausbildungsgänge verschult. Die Lernangebote werden differenzierter und umfangreicher. Der Stellenwert schulischer Leistung hat sich angesichts einer sich verschärfenden Auslese auf dem Ausbildungs- und Arbeitsmarkt vergrößert.

Schulen selbst sind ein Feld von erzieherischer Wirkung geworden, das sich weitgehend vom Erziehungsfeld der Familie, aber auch von den übrigen Lebensbereichen wie Freizeit, Fest und Feier abhebt. Schule ist **organisiert** und **funktional strukturiert**. Familien mit ihren Lebensbezügen und Gewohnheiten sind anders als das Lernfeld Schule. So ist z.B. schulischer Unterricht von der Grundschule bis hin zum Abitur durch Stundenpläne, Stoffpläne und damit Zeitpläne straff organisiert. Das **Lernen** vollzieht sich weg vom Anschaulich-Sinnhaften, vom Handgreiflichen hin zum Abstrakten, zum Formalen. Das Musisch-Kreative tritt weitgehend zurück zugunsten des Erwerbs intellektueller Fähigkeiten. Soziale und emotionale Bereiche der Persönlichkeitsentwicklung werden weniger angesprochen. Hinzu kommt, daß das Lebensganze mit seinen vielfältigen Bezügen und Verflechtungen in der Schule allenfalls vereinfacht dargestellt erlebt werden kann.

Auf der anderen Seite ergibt sich für die Eltern ein starker Zwang, für die Kinder, um der sozialen Selbstbehauptung wie auch des Fortkommens willen, einen möglichst optimalen schulischen Ausbildungsgang zu wählen. Hierbei sind Eltern sicher oftmals aufgrund mangelnder Kenntnis überfordert; aber gerade diese Überforderung führt zu Streß. Hinzu kommt, daß Eltern in vielen Fällen mit neuen Inhalten und Verfahren der Schule konfrontiert werden, die eine Hilfe kaum möglich machen. Hier treten nun neue Einrichtungen, die sich als „hilfreich" erweisen wollen, auf den Markt. Zunehmend finden sich Anzeigen für Nachhilfeunterricht allein oder in Gruppen, finden sich Beratungsstellen, die nicht nur für die Schulaufgaben, sondern auch für das gesamte seelische Wohl des Kindes Hilfe geben wollen.

Durch das Lernfeld Schule ergeben sich Anforderungen an das Kind für das Lernfeld Familie wie auch für das Lernfeld Hort. Hier wird der Hort neben anderen Einrichtungen, vor allem im Bereich der Unterstützung der schulischen Arbeit, aber auch einer sinnvollen Freizeitregelung herausgefordert.

Allerdings muß man wissen, daß das Angebot dieser außerfamilialen Einrichtungen zu knapp ist. Es stehen zur Zeit für Kinder berufstätiger Eltern noch lange nicht genügend Plätze für jene Altersgruppe der 6- bis 10jährigen zur Verfügung. Es würde

---

[1] Vgl. Arbeitsgemeinschaft für Jugendhilfe: Horterziehung in der Jugendhilfe. Bonn 1983, S. 27 ff.

darüber hinaus vielen Grundschulkindern gut tun, hortähnliche Einrichtungen auch dann zu besuchen, wenn die Mutter selbst nicht berufstätig sein muß und zu Hause miterzieht, um mit anderen Kindern soziale Erfahrungen zu sammeln. Dies gilt dort, wo nicht genügend Spielhäuser, betreute Spielplätze, Schülergruppen oder andere Aktivitäten in der Freizeit durch freie Träger angeboten werden können. Die Angebote von Vereinen, z. B. Sportvereinen oder Jugendverbänden, werden im allgemeinen ja erst vom Jugendlichen ab 10 bis 12 Jahren selbst aktiv wahrgenommen, so daß hier eine Lücke für die Altersgruppe der 6- bis 10jährigen besteht.

1.2.4 Kinder in ihrer freien Zeit

Die eigentliche und originale Auseinandersetzung des Kindes mit seiner Umwelt geschieht durch das Hantieren, durch das „Begreifen", das Betasten, das Probieren der Dinge. Man weiß aus der Kindergartenpädagogik und aus der Beobachtung von Kleinkindern, welche Freude es Kindern macht, mit Dingen der Umwelt umzugehen, diese in den verschiedensten Funktionen wahrzunehmen und zu gestalten; die Welt gleichsam spielend zu erproben und zu erobern.

Heute sind Spiel- und Erfahrungsräume der Kinder zumeist eingeschränkt und bieten kaum mehr die Möglichkeit originaler Begegnung. An die Stelle der Auseinandersetzung mit Wasser, Sand, Lehm sind Medien getreten, vor allen Dingen visuelle Medien wie das Fernsehen. Mit der Herausbildung einer speziellen Kindheit, die das Erleben und Erfahren von der Erwachsenenwelt trennt, ist zugleich eine Art **Kinderkultur** entstanden mit bestimmtem Spielzeug, unter anderem auch mit didaktischen Materialien, die sich vermittelnd zwischen eigentliche Umwelt und Kind geschoben haben. Ohne Zweifel haben diese didaktischen Mittler, hier sei an die didaktischen Spiele erinnert, einen hohen Standard erreicht. Aber man darf nicht verkennen, daß es ein Üben, ein **Lernen aus zweiter Hand** bedeutet.

So ist die Welt über die Medien zu einer Art von pädagogischem Surrogat[1] geworden. Man spricht heute bei der Charakterisierung der Kindheit von einer „Medienkindheit"[2]. Damit soll keinesfalls einer Medienfremdheit das Wort geredet werden, es gibt eine Fülle hervorragender Mittler. Außerdem ist nicht in allen Fällen die originale Begegnung möglich. Es wird einem Kind z. B. kaum möglich sein, die Kultur eines Indianerdorfes in Südamerika unmittelbar zu erleben. Medien haben einen positiven Sinn, wo sie helfen, einem sich verengenden Weltbild entgegenzuwirken.

Die Gesamtheit der Medien, beispielsweise Fernsehen, Cassette, Schallplatte, Computer oder Spielzeuge wie Bauklötze und Autos, erzeugt jedoch oftmals eine gewisse Scheinaktivität und damit die Gefahr einer bloß passiven Aufnahme, ohne daß es zu einer aktiven Auseinandersetzung des Kindes mit seiner Umwelt kommt. So steht das Kind einem sehr großen und sicher attraktiven Angebot von Medien gegenüber. Der Besitz und die Handhabung dieser Medien bestimmt weitgehend heutige Kindheit. Ob und in wieweit aber die Aufarbeitung dieser Informationsfülle sinnvoll geschehen kann, bleibt hier eine Frage. Gleichzeitig entstehen Zwänge innerhalb Gleichaltriger, die dazu führen, daß eine Art Konsumationszwang entsteht, um mitsprechen, um mithalten zu können.

---

[1] Surrogat = Ersatz
[2] Arbeitsgemeinschaft für Jugendhilfe – AGJ (Hrsg.): Horterziehung in der Jugendhilfe. Bonn 1983, S. 40 f.

Die Medien selbst bringen Verhaltensnormen, Verhaltensmuster mit, die kritiklos übernommen und nachgeahmt werden können, weil ja das vorgegebene Spiel keinesfalls der echten Lebenswelt standhalten muß. Für das Elternhaus, für die Schule und für sozialpädagogische Einrichtungen ergeben sich hier Aufgaben des Strukturierens, Aufgaben aber auch des Entlarvens und Aufgaben einer sinnvollen Hinführung zu den Medien.

Hier sei noch auf ein weiteres Phänomen hingewiesen: Diese Medien und die fast tägliche Nutzung durch Kinder schaffen für die Kinder quasi Informationsquellen und damit auch Kommunikationspartner technischer Art, durch die ein Teil bisheriger Auseinandersetzung auf der personalen und sozialen Ebene ersetzt wird. Das heißt: die Beziehungen verarmen insgesamt. Damit ist die Familie oder auch das Lernfeld Schule in seinen personalen Beziehungen nicht mehr der verläßliche Hintergrund, vor dem man Normen, Werte, Verhaltens- und Handlungsmuster erwirbt.

So wird aus der Sicht der *Arbeitsgemeinschaft für Jugendhilfe* die Medienkindheit in Hinsicht auf die soziale Entwicklung in folgender Weise bedeutsam:

> „Die Beschäftigung, die das Kind mit dem Medium eingeht, beansprucht Zeit, die dem Kind für andere Aktivitäten verloren geht. In der Mehrzahl der Nutzungssituationen kann man zudem einseitigen passiven Konsum feststellen, bei Fernsehen, Tonträgern und der Rezeption ähnlicher Medien. Eigenständige aktive und kreative Auseinandersetzung mit der Umwelt in sozialer Interaktion wird verhindert bzw. erhält einen andern Stellenwert. Medien und ihre zumeist isoliert erfolgende Nutzung fördern eher die Vereinzelung des Kindes als seine soziale Interaktion.
> Eine direkte soziale Auswirkung der Medien ist darin zu sehen, daß mit den Massenmedien wie Fernsehen und mit seinen Inhalten für die im Kindesalter wichtigen Peergroups gemeinsamkeitsstiftende Figuren, Bezüge, Verhaltensangebote gemacht werden, die für die Interaktion in der gleichaltrigen Gruppe eine jederzeit verfügbare und aktualisierbare Klammer darstellen können".[1]

Das bedeutet, als direkte soziale Auswirkungen entstehen Dispositionen der **Manipulierbarkeit,** der **Außenleitung.**

Es zeigt sich hier in dieser kurzen Übersicht der Lebenssituation der Kinder zwischen 6 und 16 Jahren, daß wohl neben der Familie und in Ergänzung zu derselben Institutionen vorhanden sein müssen, die Defizite im Bereich der Sozialisation kompensieren oder sie gar nicht erst aufkommen lassen.

Die Familie verliert offensichtlich durch die Berufstätigkeit beider Eltern und durch die starke, schnelle Zunahme der Einelternfamilien an erzieherischer Potenz, an Aufsichtsfähigkeit. Die Umwelt selbst ist nicht kinderfreundlich. Mehr und mehr werden die Erfahrungs- und Handlungsfelder von Kindern eingegrenzt. Erfahrungen werden aus zweiter Hand gemacht, die Lebenswelt der Kinder ist weitgehend mediatisiert[2].

Daraus ergibt sich die Notwendigkeit, Horte als Erziehungsinstitutionen neben der Familie aufzubauen, die diese Mängel familialer und schulischer Sozialisation auffangen.

---

[1] AGJ: a.a.O., S. 44.
[2] mediatisiert = durch Medien „vermittelt".

Dies formulierte auch eine *Arbeitsgruppe* auf dem *Bundeskongreß „Hort 1983"*:[1]

„Wir Kinder zwischen 6 und 16

brauchen den Hort
denn:

- wir erleben Gewalt in der Realität

- wir sehen Gewalt im Fernsehen und Video

- wir stumpfen ab gegen Gewalt

- irgendwann werden auch wir Gewalt ausüben

- wir leben in engen Wohnverhältnissen

- in der Wohnung dürfen wir nicht toben und laut spielen

- es gibt viele Parkplätze für Autos, aber kaum Spielplätze für Kinder

wollen den Hort
denn:

- wir möchten Spielmöglichkeiten, die unseren Bedürfnissen entsprechen

- wir wollen uns mit Gleichaltrigen auseinandersetzen

- wir brauchen Hilfe zur Selbstentfaltung

- wir brauchen Geborgenheit

- wir möchten unseren Interessen nachgehen

- wir brauchen Freunde

- wir brauchen Spannung und Entspannung

- wir brauchen Höhepunkte durch gemeinsame Erlebnisse

- wir möchten Anregungen für unsere Freizeitgestaltung"

1.3   Hortplätze in der Bundesrepublik Deutschland und in der ehemaligen DDR

Die folgende statistische Übersicht stellt die Anzahl der Horteinrichtungen und die Anzahl der Hortplätze sowohl in der Bundesrepublik Deutschland wie auch in der ehemaligen Deutschen Demokratischen Republik dar:

Sie gibt auch Einblick in den Versorgungsgrad; die Anzahl der Plätze wird dabei bezogen auf 1000 Kinder der Altersgruppe 6 bis 10 Jahre, bei den Angaben für die ehemalige DDR ist der Versorgungsgrad bezogen auf 1000 Schüler der Klassenstufen 1–4 an zehnklassigen polytechnischen Oberschulen und an Sonderschulen. Bei der Bundesrepublik Deutschland beziehen sich die Zahlen der Einrichtungen auf Kinderhorte, bei der DDR aufgrund der Eigenart dortiger statistischer Darstellungen auf Hortgruppen, die ja immer den Schulen angeschlossen waren.

---

[1] Briel/Mörsberger: „Kinder brauchen Horte". Freiburg 1984, S. 289.

Kinderhorte und Kinderhortgruppen in der Bundesrepublik Deutschland und in der ehemaligen DDR 1965–1986

Jahr	Kinderhorte in der Bundesrepublik Deutschland			Kinderhortgruppen in der ehemaligen DDR		
	Einrichtungen	Plätze	Versorgungsgrad	Hortgruppen	Plätze	Versorgungsgrad
1965[1]	1857	73636	21	18586[5]	424347	466
1970[2]	2036	72937	18	26873[6]	595268	466
1980[3]	3026	105673	39	31555[6]	627401	748
1986[4]	3041	102874	44	35197[6]	742436	833
1990[7]	—	128768	50	—	—	—

Diese Zahlen für die Bundesrepublik Deutschland bedürfen jedoch in bezug auf den jeweiligen Versorgungsgrad oder die Versorgungsquote einer Differenzierung. Hierzu sollen die Zahlen in zwei Bundesländern miteinander verglichen werden, um dann zu untersuchen, warum die relative Versorgung in einem Land wesentlich höher ist als im anderen.

Entwicklung des Hortangebots in Baden-Württemberg seit 1960

	1960	1970	1980	1986	1990[7]
Kinder im Alter von 6 bis unter 10 Jahren	444628	619663	424606	422042	415652
verfügbare Hortplätze	6219	8513	10404	11947	11838
Versorgungsquote (in %)	1,4	1,4	2,5	2,8[1]	2,8

Quelle: Statistisches Landesamt

Entwicklung des Hortangebots in Berlin (West) seit 1960

	1960	1970	1980	1986	1990[7]
Kinder im Alter von 6 bis unter 10 Jahren	69914	94875	68778	65949	76894
verfügbare Hortplätze	8983	10108	15834	17920	22542
Versorgungsquote (in %)	12,8	10,7	23,0	27,2	29,3

Quelle: Statistisches Landesamt

Vergleicht man die Entwicklung in Baden-Württemberg mit der Entwicklung in Berlin (West), so erkennt man, daß die Versorgungsquote (in Prozent) 1960 bis 1990 in Berlin rund zehnmal so hoch war wie in Baden-Württemberg. Im Jahr 1983 lebten in Baden-Württemberg 368480 Kinder im Alter von 6 bis unter 10 Jahren. Für diese

---

[1] „Wirtschaft und Statistik", hrsg. v. Statistischen Bundesamt. H. 8/1977, S. 541.
[2] Statistisches Jahrbuch für die Bundesrepublik, hrsg. v. Statistischen Bundesamt. Wiesbaden 1975, S. 391.
[3] ebenda (1983), S. 403.
[4] ebenda (1988), S. 412.
[5] Statistisches Jahrbuch der Deutschen Demokratischen Republik. Hrsg.: Staatliche Zentralverwaltung für Statistik der DDR. Berlin (Ost) 1968, S. 455.
[6] ebenda (1988), S. 303.
[7] Jugendhilfestatistik zum 31. 12. 1990. Auskunft des Statistischen Bundesamtes. Stand Juni 1992.

war ein Angebot von 10 197 verfügbaren Hortplätzen vorhanden, das entspricht einer Versorgungsquote von 2,6 %. In Berlin (West) standen den 63 004 Kindern im Alter von 6 bis unter 10 Jahren im Jahre 1983 16 505 verfügbare Hortplätze gegenüber, das entspricht einer Versorgungsquote von 26,2 %; 1990 stieg sie auf 29,2 %. Wie erklären sich so große Unterschiede in der Versorgung? Man muß hier grundsätzlich unterscheiden zwischen Flächenstaaten Baden-Württemberg, Hessen, Saarland, Schleswig-Holstein, Nordrhein-Westfalen und den Stadtstaaten Berlin (West), Hamburg und Bremen. Vergleicht man nämlich die Zahlen der Flächen- und Stadtstaaten miteinander, so ergibt sich aus den Statistiken für 1990 folgender relativer **Versorgungsgrad von Hortplätzen:**

Bundesländer	Hortplätze (auf je 100 Kinder)
Flächenstaaten	
Baden-Württemberg	2,8
Bayern	4,4
Hessen	7,1
Niedersachsen	3,1
Nordrhein-Westfalen	3,6
Rheinland-Pfalz	2,4
Saarland	1,9
Schleswig-Holstein	3,9
Stadtstaaten	
Berlin (West)	29,2
Bremen	15,1
Hamburg	19,5

Das zeigt, daß in den Stadtstaaten offenbar günstigere Zugangsbedingungen vorhanden sind. Allein die Einkommenshöhe dürfte in diesen drei genannten Städten in bezug auf das Familieneinkommen besser sein als bei Flächenstaaten, zumal die Beschäftigungsmöglichkeiten in diesen Städten größer sind. Zum andern sind die räumlichen Bedingungen günstiger, d. h. Entfernungen zwischen Arbeitsplatz der Eltern, Schule und Hort sind geringer.

Bei Berlin (West) kommt sicher noch hinzu, daß hier seit 1968 durch gesetzliche Regelungen besonders günstige Bedingungen für den Hortbesuch und zur Einrichtung von Horten geschaffen worden sind. So beträgt z. B. der monatliche Elternbeitrag bei einem anrechnungsfähigen Jahreseinkommen unter 66 000,— DM monatlich 70,— DM. Ansonsten 140,— DM. Eine ähnliche finanzielle Regelung haben auch die Hansestädte Bremen und Hamburg.

Man kann jedoch nicht nur Flächenstaaten und Stadtstaaten vergleichend gegenüber stellen. Man muß auch bei Flächenstaaten eine gewisse Differenzierung vornehmen. Wenn man die regionale Hortversorgung im Bundesland Nordrhein-Westfalen betrachtet, so standen einer durchschnittlichen Versorgung im Land von 2,27 % im Jahre 1978 gegenüber die Stadt Köln mit 12,7 %iger und die Stadt Düsseldorf mit 10 %iger Versorgung. Andererseits finden sich hier wieder Kreise, in denen überhaupt nichts angeboten wird wie z. B. der Oberbergische Kreis, der mit 0,00 % „versorgt" war.[1]

---

[1] Briel/Mörsberger: a.a.O., S. 306 f.

Hortplätze in kommunaler, freier und privater Trägerschaft 1960–1986 in der Bundesrepublik Deutschland[1]

	1960	1970	1975	1980	1983	1986[3]
Hortplätze insgesamt	68630	72937	82730	105673	107368[2]	102874
Hortplätze in kommunaler Trägerschaft	32994[1]	37370	49374	66377	67306[2]	61027
Anteil in %	48,1[1]	51,2	59,7	62,8	62,7	59,3
Hortplätze in freier Trägerschaft	33161[1]	32908	30736	37344	38249	41144
Anteil in %	48,3[1]	45,2	37,1	35,4	35,6	40,0
Hortplätze in privatgewerblicher Trägerschaft	2475[1]	2659	2620	1952	1813	703
Anteil in %	3,6	3,6	3,2	1,8	1,7	0,7

[1] Für 1960 liegt nur die Zahl der Hortplätze in der Bundesrepublik Deutschland insgesamt vor. Nach Trägern getrennt erhoben und ausweisbar werden die Zahlen erst seit 1963; für dieses Jahr sind insgesamt 68630 ausgewiesen, die auch den Berechnungen zugrundeliegen.
[2] Wegen der Umstellung der Jugendhilfestatistik und wegen der damit verbundenen Probleme liegen die aktuellsten Zahlen erst für das Jahr 1981 vor. *Quelle:* Statistisches Bundesamt
[3] Auskunft des Statistischen Landesamtes Baden-Württemberg

Vergleicht man die Trägerschaften der Horte in der Bundesrepublik Deutschland, so kann man drei Gruppen unterscheiden. Es sind einmal Horte in kommunaler Trägerschaft, dann Horte in der Hand der freien Träger (hier sind vor allem die Kirchen und die Wohlfahrtsverbände gemeint) und Horte in privater Trägerschaft (diese sind in der Regel privatwirtschaftlich organisiert).[2]

Die Anteile der verschiedenen freien Träger verteilten sich in bezug auf die Horteinrichtungen, die sie unterhielten, im Jahre 1981 wie folgt:[3]

Freie Träger	Horteinrichtungen
Deutscher Caritasverband e.V.	520
Deutscher Paritätischer Wohlfahrtsverband	95
Arbeiter-Wohlfahrt e.V.	67
Diakonisches Werk	59
Deutsches Rotes Kreuz	6

[1] Briel/Mörsberger: a.a.O., S. 313.
[2] Briel/Mörsberger: a.a.O., S. 313f.
[3] Briel/Mörsberger a.a.O., S. 315.

1.4 Rechtliche Grundlagen der Horterziehung

1983 stellten *Briel* und *Mörsberger* eine relativ geringe Regelungsdichte für den Hortbereich fest. Sie führten dieses Fehlen einer engen gesetzlichen Regelung darauf zurück, daß sich im Bewußtsein der meisten Träger, aber auch der Öffentlichkeit, die Arbeit bereits von selbst so geregelt habe, daß weitere gesetzliche Eingriffe nicht nötig seien.[1]

Soweit Landesregelungen getroffen waren, beschränkten sie sich auf die §§ 78 und 79 des bis 1990 noch geltenden Jugendwohlfahrtsgesetzes von 1922 (JWG), sowie auf allgemein gehaltene Landesausführungsbestimmungen nach dem JWG. Konkretere Festlegungen der Hortstandards und präzisere Regelungen wurden nur in einigen Bundesländern erlassen. Bremen beschloß 1979 ein Kindergarten- und Hortgesetz.

Für Berlin (West) wurden 1968 Ausführungsvorschriften für Kindertagesstätten nach den Paragraphen 78 und 79 des JWG erlassen, dem folgte 1978 ein Kindertagesstättenentwicklungsplan und 1982 das Gesetz über die Beteiligung an den Kosten für die Betreuung von Kindern in Städtischen Kindertagesstätten. Die Vorschriften enthielten Aussagen über die Gruppengröße mit max. 20 Kindern, den Raumbedarf pro Kind (4,6 qm pro Kind). Elternbeiträge wie auch die Mitwirkungsrechte der Eltern fanden eine Regelung. Die Zuschüsse für Freie Träger aber ebenso für Horte in Trägerschaft von Elterninitiativen bzw. für Horte in privatgewerblicher Trägerschaft wurden geregelt. So zahlte die öffentliche Hand in Berlin den Freien Trägern im Jahr 1983 ein Platzgeld in Höhe von DM 20,— pro Öffnungstag.

Mit Wirkung vom 26. 06. 1990 löste das neue „Kinder- und Jugendhilfegesetz" das seit 1922 geltende Jugendwohlfahrtsgesetz ab. Im § 24 wird bezüglich der Ausgestaltung des Förderangebots von den Ländern unter Beibehaltung des Landesrechtsvorbehaltes nach § 26 folgendes gefordert.

> „Alle Kinder, für deren Wohl eine Förderung in Tageseinrichtungen (§ 22) oder in Tagespflege (§ 23) erforderlich ist, sollen eine entsprechende Hilfe erhalten. Die Länder regeln die Verwirklichung dieses Grundsatzes durch Landesrecht und tragen für einen bedarfsgerechten Ausbau Sorge."[2]

Auch nach dem Inkrafttreten des neuen Kinder- und Jugendhilfegesetzes blieb die Situation in den meisten Bundesländern unverändert. Es wurden Anpassungsgesetze beschlossen zum KJHG, aber die finanzielle Situation der Horte blieb im allgemeinen unverändert. Aus der gesellschaftlichen Situation werden Neuregelungen erforderlich. Dies zeigen vor allem die neuen hortähnlichen Einrichtungen an Schulen bzw. die direkten Einrichtungen von Horten an Schulen z.B. in Baden-Württemberg, wo eine Finanzierung der Hortgruppen an Schulen mit 15 000 DM pro Jahr und Gruppe durch das Ministerium für Kultus und Sport vorgesehen ist.[3]

Zu einer weitergehenden gesetzlichen Regelung, die auch die nicht an Grundschulen angeschlossenen Horte finanzierten, kam es bisher nicht.

---

[1] Briel/Mörsberger a.a.O., S. 293.
[2] Gesetz zur Neuordnung des Kinder- und Jugendhilferechts (Kinder- und Jugendhilfegesetz – KJHG) v. 26. 6. 1990.
[3] Siehe im folgenden Abschnitt E 1.5.1 Organisationsformen des Hortes S. 287 f.

Das Land Nordrhein-Westfalen beschloß als zweites Ausführungsgesetz zum neuen KJHG am 29. 10. 1991 das „Gesetz über Tageseinrichtungen für Kinder" (GTK)[1]. In ihm finden sich für Kindergärten, Horte, aber auch für Einrichtungen zur Betreuung von Kindern im Alter von 4 Monaten bis zu drei Jahren sowohl als Krippen bzw. Krabbelstuben detaillierte Regelungen. Ebenso ist die Finanzierung sowohl der Investitionskosten wie auch der Betriebskosten sauber geregelt. Bei den Investitionskosten soll der Träger im allgemeinen 25% übernehmen, bei finanzschwachen Trägern ermäßigt sich dieser Anteil auf 10%, bei Elterninitiativen auf 5%. Der Rest der Investitionskosten wird vom örtlichen Jugendhilfeträger besorgt. Bei den Betriebskosten wird von den Eltern ein Kostenanteil von 19% erwartet, die Elternbeiträge sind sozialgestaffelt.

Als Betriebskosten wurden für das Jahr 1991 folgende Durchschnittskosten errechnet:

Kindergartenplatz	DM 4500
Hortplatz	DM 6300
Tagesstättenplatz	DM 6750
Platz für Kinder unter drei Jahren	DM 15750

1.5 Pädagogische Konzeption des Hortes

1.5.1 Organisationsformen des Hortes

Für den Hort sind organisatorisch mehrere Möglichkeiten denkbar:

- der Hort als selbständige Einrichtung;
- der Hort in Verbindung mit einem Kindergarten;
- der Hort in Verbindung mit einem betreuten Spielplatz;
- der Hort in Verbindung mit einer Jugendfreizeitstätte;
- der Hort in Verbindung mit einer Schule.

Im allgemeinen stehen die Horte in Verbindung mit einer anderen Einrichtung. In vielen Fällen mit einem Kindergarten und mit einer Kinderkrippe, so daß alle drei Institutionen in einer Kindertagesstätte zusammengefaßt sind. Ferner gibt es Formen, bei denen der Hort lediglich einschichtig ist, das bedeutet, daß der Hort im allgemeinen relativ spät am Vormittag anfängt und dann in den frühen Nachmittagsstunden bereits zu Ende ist. Es gibt aber auch zweischichtige Horte; sie sind vor allen Dingen dort einzurichten, wo Schichtarbeit die Mutter sehr früh oder auch sehr spät an den Arbeitsplatz bindet, z.B. in sozialen Einrichtungen wie Krankenhäusern, Kliniken oder in Betrieben mit Schichtarbeit.

Vereinzelt gibt es natürlich noch weitere Organisationsformen wie z.B. Horte, die in Sozialzentren errichtet werden oder in Nachbarschaftshäusern usw.

---

[1] „Plätze für Kinder" – Das neue Gesetz über Tageseinrichtungen für Kinder. Hrsg.: Ministerium für Arbeit, Gesundheit und Soziales des Landes Nordrhein-Westfalen o.O., o.J.

Daneben sind noch andere Konzepte als das Hortkonzept denkbar. Sie seien hier nur am Rande erwähnt, weil sie in folgenden Kapiteln noch aufgeführt werden. Zu denken ist hierbei an Jugendfreizeitheime oder an Häuser der Offenen Tür, ferner an Schularbeitszirkel, Hausaufgabenhilfen. Unter hortähnlichen Einrichtungen müßte man auch noch Ganztagsschulen mit unterrichtsfreien Strukturen ansehen wie auch Tagesheimschulen[1].

Aufgrund gesamtgesellschaftlicher Entwicklungen entsteht Bedarf für eine intensivere Betreuung der Schulkinder – vor allem der Kinder in der Grundschule –, aber auch eine Verstärkung der Zusammenarbeit zwischen Schule und Jugendhilfe. Der achte Jugendbericht sieht die Situation so:[2]

> „Das veränderte Rollen- und Berufsverhalten und die verstärkte Erwerbstätigkeit der Frauen, aber auch die Zunahme der Kinder, die mit Alleinerziehenden aufwachsen, deren finanzielle Situation eine Berufstätigkeit selbstverständlich macht, schaffen ähnlich wie im Bereich des Kindergartens auch im Bereich der Schule eine neue Bedarfssituation. Diese erfordert ein Nachdenken über ganztägige Betreuungsformen, sei es durch Ganztagsschulen, durch den Ausbau von Horteinrichtungen oder durch eine Öffnung der Schulen zu Nachbarschaftszentren mit Freizeitangeboten, integriert in die jeweiligen Stadtteile."

Zu den bereits genannten Gesichtspunkten treten Suchtprobleme, Integrationsprobleme bei Ausländerkindern, Kindern von Aussiedlern und behinderten Kindern.

Selbst die vorgeschlagenen „Ganztagsschulen" können die Probleme nicht befriedigend lösen und bedürfen einer eigenständigen aber kooperierenden sozialpädagogischen Ergänzung.

Vor allem als Folge der Bildungsreformvorstellungen der 70er Jahre entstand eine Reihe von Einrichtungen, die Hortaufgaben oder hortähnliche Aufgaben übernahmen:

- Für präventive Hilfe für Kinder, bei denen eine „Sonderschulkarriere" zu erwarten war, entstanden **Spiel-** und **Lernstuben.**
- **Therapeutische Schülerhilfen** wurden von Kommunen, aber auch von Freien Trägern vor allem für Kinder der ersten Grundschuljahre eingerichtet.
- Ebenso entwickelten sich **Hausaufgabenhilfen** und **sozialpädagogische Schülerhilfen** als Angebote, um die schulische, aber auch die Alltagssituation besser zu bewältigen.
- In Hamburg und in verschiedenen Bundesländern entstanden an Gesamtschulen Angebote einer **Schulsozialarbeit,** die als schulischer Dienst Beratungsaufgaben und auch, wie in Berlin und Niedersachsen, den „außerunterrichtlichen Bereich" mit Angeboten abdecken.

---

[1] Arbeitsgemeinschaft für Jugendhilfe – AGJ – (Hrsg.): Horterziehung in der Jugendhilfe. Bonn 1983, S. 64f.
H. Ulshöfer: „Der Schulanfänger im Hort". In: Hundertmarck/Ulshöfer: Kleinkinderziehung, Bd. 3. München 1972, S. 180ff.
[2] Achter Jugendbericht. Hrsg. vom Bundesministerium f. Jugend, Familie, Frauen und Gesundheit. Bundestagsdrucksache 11/56576 v. 6. 3. 90, S. 120.

Die hortähnlichen Jugendhilfeangebote öffnen sich für die Schule und führen zu neuen Konzepten in der schulischen Arbeit, indem die Schule nun

- nicht nur kognitives, sondern auch soziales und sozialemotionales Lernen fördert,
- auf außerschulische Interessen und Lebenswelten von Schülern und Schülerinnen Bezug nimmt,
- Lernorte außerhalb der Schule, z.B. im Stadtteil (Betriebe, öffentliche Einrichtungen, Krankenhäuser, Museen etc.), erschließt und diese mit dem Lernen in der Schule verbindet und
- projektorientiert und fächerübergreifend, jenseits von traditionellen Lernformen, Themen behandelt. [1]

Baden-Württemberg bietet zum Schuljahr 1991/92 zum ersten Mal auch im Rahmen von Schulsozialarbeit **Kernzeitenbetreuung an Grundschulen** und außerdem den **Hort an Schulen** an. Beide Einrichtungen sind finanziell gefördert. Das Konzept soll hier als Beispiel vollständig vorgestellt werden: [2]

Hort an der Schule

1. Allgemeines zum Hort an der Schule

Der Hort an der Schule ist in einem Schulgebäude oder in räumlicher Nähe zu einer Schule untergebracht, so daß er Einrichtungen der Schule mitbenutzen kann. Er kann schul- und schulartübergreifend geführt werden.

Der Hort an der Schule bietet für Kinder im Alter von 6 bis 12 Jahren eine außerschulische Betreuung am Nachmittag an. In Ausnahmefällen können auch Jugendliche bis zu 15 Jahren aufgenommen werden. Angesprochen werden vorwiegend Kinder Alleinerziehender und berufstätiger Eltern, die wegen einer berufsbedingten Abwesenheit der Eltern nach Schulschluß nicht innerhalb der Familie betreut werden können.

Der Hort an der Schule ist eine Einrichtung der Jugendhilfe. Er steht in der Trägerschaft der Kommune oder eines anerkannten Trägers.

2. Inhaltliche Ausgestaltung und Organisation

Im Rahmen der Betreuung sollen den Schülern altersgemäße und sinnvolle spielerische und freizeitbezogene Aktivitäten angeboten werden.

Der Hort an der Schule arbeitet mit der Schule und dem Elternhaus zuammen. Er hat eine eigene Leitung. Der Hort an der Schule kann in Schulräumen und sonstigen geeigneten Räu-

men in der Nachbarschaft von Schulen (z.B. Gemeindezentren) untergebracht werden.

Für Sport und Freizeitaktivitäten der Schüler können Pausenhöfe, Turnhallen, Sportplätze und sonstige Einrichtungen der Schule mitbenutzt werden.

Jede Gruppe wird in der Regel von einer geeigneten Betreuungskraft betreut. Lehrer können nebenamtlich mitwirken.

Die Teilnahme an der Hortbetreuung ist freiwillig.

Für Schüler, die den Hort an der Schule besuchen, besteht kein gesetzlicher Unfallversicherungsschutz. Eine Ausweitung des gesetzlichen Unfallversicherungsschutzes sowie der freiwilligen Schülerzusatzversicherung auf die Hortbetreuung wird angestrebt. Auf die Möglichkeit, eine private Unfall- und Haftpflichtversicherung abzuschließen, wird hingewiesen.

Der Träger des Horts an der Schule ist für die Aufsicht über die Betreuungskräfte und für die Regelung der Vertretung der Betreuungskräfte zuständig.

Der Schulleiter, in dessen Schule ein Hort eingerichtet ist, ist gemäß § 51 SchG bei der Entscheidung über die Verwendung des Schulgebäudes für den Hort an der Schule zu beteiligen. Er stellt ferner die erforderlichen Schulräume zur Verfügung (§ 41 SchG).

---

[1] Achter Jugendbericht a.a.O., S. 123.
[2] Hort an der Schule. Kernzeitenbetreuung an Grundschulen. Ministerium für Kultus und Sport. Stuttgart 1991.

3. Erlaubnispflicht

Der Betrieb eines Horts an der Schule erfolgt gemäß § 45 des Kinder- und Jugendhilfegesetzes mit Erlaubnis des Landesjugendamts.

4. Kosten

Der Träger des Horts an der Schule trägt die Personal- und Sachkosten. Er kann die Erziehungsberechtigten durch kostennahe Gebühren an den Hortkosten beteiligen.

5. Landeszuschuß und Zuschußverfahren

Die Landesregierung gewährt dem Träger des Horts an der Schule für jede Hortgruppe einen pauschalen Zuschuß. Im Schuljahr 1991/92 beträgt der Zuschuß 14 000,— DM. Er wird zu Beginn eines jeden Schuljahres an die Entwicklung des BAT-Tarifvertrages angeglichen.
Als Voraussetzungen müssen gewährleistet sein:
– Der Hort muß von Montag bis Freitag geöffnet sein. Die tägliche Betreuungszeit muß mindestens 5 Stunden betragen.
– Die Größe einer Gruppe soll in der Regel 15 Schüler nicht unterschreiten.
– Der Träger des Horts an der Schule muß bei den Elterngebühren nach sozialen Gesichtspunkten Gebührenermäßigungen und einen Gebührenerlaß vorsehen.

Der Zuschuß ist für das laufende Schuljahr bis Ende Oktober auf einem Antragsformular beim zuständigen Oberschulamt zu beantragen. Das Oberschulamt bewilligt den Zuschuß nach Maßgabe der entsprechenden Förderrichtlinien des Ministeriums für Kultus und Sport. Der Zuschußbetrag wird ab Februar des darauffolgenden Jahres ausbezahlt.
Im Schuljahr 1991/92 kann der Zuschuß auch nach dem 31. Oktober 1991 beantragt werden.

6. Einführung des Horts an der Schule

Der Hort an der Schule soll ab Beginn des Schuljahres 1991/92 in einer Modellphase erprobt werden. Es wird empfohlen, den Hort an der Schule in Abstimmung mit der Schulverwaltung einzurichten.

7. Verhältnis zur Kernzeitenregelung an der Grundschule

Der Hort an der Schule und die Kernzeitenregelung an Grundschulen ergänzen sich und können nebeneinander bestehen.

8. Ausschlußregelung

Die vorhergehenden Regelungen gelten nur für Horte an der Schule, die nach dem 1. 8. 1991 zusätzlich eingerichtet werden.

Kernzeiten an Grundschulen

I. Zweck

Die Landesregierung will dazu beitragen, daß Alleinerziehende und Elternteile am Vormittag einer Halbtagsbeschäftigung nachgehen können, ohne daß sich daraus Probleme für die Betreuung der Kinder im Grundschulalter ergeben. Im Kindergartenbereich bestehen bereits vielfach Öffnungszeiten, die an eine solche Teilzeitbeschäftigung angepaßt sind. Wenn die Kinder in die Grundschule überwechseln, treten Lücken in der Betreuung auf, weil die berufliche Abwesenheit länger dauert als die Unterrichtszeit. Deshalb soll an Grundschulen eine zusätzliche außerunterrichtliche Betreuung innerhalb gewisser Kernzeiten vor und nach dem Unterricht angeboten werden können. Hierbei handelt es sich um eine örtliche Aufgabe. Das Land ist bereit, sich an solchen Betreuungsangeboten nach Maßgabe nachfolgender Rahmenregelungen zu beteiligen.

II. Trägerschaft

Die Einrichtung von Kernzeiten an Grundschulen (Kernzeiten) erfolgt durch die Kommunen, die Träger der betroffenen Grundschulen sind, in deren Trägerschaft.
Unter der Gesamtverantwortung der Kommune können auch freie Träger oder Elterninitiativen die Kernzeiten einrichten.

III. Ausgestaltung

1. Zeitlicher Umfang

Die Betreuung findet von Montag bis Freitag statt. Kernzeiten und Unterrichtszeiten sollen eine feste Betreuungszeit von mindestens 5½ Stunden gewährleisten. Beginn und Ende der Kernzeiten können nach den örtlichen Verhältnissen ausgerichtet werden (z.B. von 7.30 bis 13.00 Uhr).
Bei Unterrichtsausfall soll nicht auf die Betreuungskräfte der Kernzeitbetreuung zurückge-

griffen werden. Der Unterrichtsausfall soll mit schulischen Maßnahmen aufgefangen werden.

2. Ausnahmeregelung

Um die Möglichkeit zu eröffnen, die Kernzeiten als einheitlichen Block nach dem Unterricht bereitzustellen, ist gem. Ziff. II 2. S. 3 der Verwaltungsvorschrift über Unterrichtsbeginn, Einschulung, Festsetzung der Unterrichtsstunden vom 15. Juni 1983, geändert durch die Verwaltungsvorschrift vom 25. Juli 1990, auch für die Klassen 1 und 2 ein Unterrichtsbeginn mit der ersten Unterrichtsstunde zulässig, wenn die Erziehungsberechtigten aller Schüler der Klasse zustimmen.

3. Inhalt

Im Rahmen der Kernzeiten sollen sinnvolle spielerische und freizeitbezogene Aktivitäten angeboten werden. Unterricht ist nicht Gegenstand des Angebots. Sofern die örtlichen Verhältnisse es zulassen und die Eltern es wünschen, kann den Schülern Gelegenheit gegeben werden, während der Betreuung ihre Hausaufgaben zu erledigen. Die Kernzeiten sollen so gestaltet werden, daß sie auf die Bedürfnisse der Schüler sowie auf die örtlichen und situationsbedingten Gegebenheiten eingehen.

4. Gruppengröße

Die Größe der Betreuungsgruppe richtet sich nach den örtlichen Verhältnissen. In jeder Gruppe sollen mindestens 15 Schüler zusammengefaßt werden.

5. Betreuungskräfte

Jede Gruppe wird in der Regel von einer Betreuungskraft betreut. Als geeignete Betreuungskräfte kommen Erzieher oder Personen mit einer entsprechenden Ausbildung in Betracht. Auch Personen, die Erfahrung in der Kinderbetreuung haben, können die Betreuungsaufgaben wahrnehmen. Sofern Bedarf besteht, können Lehrer außerhalb ihres Deputats mitwirken. Auswahl, Einstellung und Vergütung der Betreuungskräfte werden vom Schulträger übernommen.

6. Raumfrage

Die Betreuung kann in freien Schulräumen stattfinden. Stehen diese nicht zur Verfügung, kann der Schulträger im Benehmen mit dem Schulleiter auf Mehrzweckräume, Kursräume und Klassenzimmer zurückgreifen.

7. Aufnahme

Alle Schüler, die in dem Bezirk der Grundschule wohnen, können an dem Angebot teilnehmen. In begrenztem Rahmen kann das Staatliche Schulamt auf Antrag der Eltern auch Schüler, die außerhalb eines Schulbezirks der Grundschule mit Kernzeiten wohnen, nach Absprache mit dem Schulleiter dieser Grundschule zuweisen. Voraussetzung ist, daß die aufnehmende Schule noch Schüler aufnehmen kann und die Neuaufnahme sich nicht negativ auf die vorhandenen Klassenstrukturen auswirkt. Auch darf die abgebende Grundschule keinen Schaden erleiden. An dem Verfahren ist der Schulträger zu beteiligten. Soweit der zugewiesene Schüler an den Kernzeiten teilnehmen will, ist hierüber ein Einvernehmen mit dem Schulträger herzustellen.

IV. Aufgaben des Schulleiters

Der Schulleiter ist im Rahmen der gesetzlichen Vorgaben zu beteiligen. Über die Verwendung des Schulgebäudes für die Durchführung des Angebots entscheidet der Schulträger im Benehmen mit dem Schulleiter (§ 51 SchG). Der Schulleiter stellt die erforderlichen Schulräume zur Verfügung (§ 41 SchG) und stimmt den Beginn des Unterrichts und die Unterrichtszeiten mit den Betreuungszeiten ab.

V. Aufsicht über die Betreuungskräfte und deren Vertretung

Der Schulträger ist für die Aufsicht über die Betreuungskräfte zuständig. Die Aufgabe gehört nicht zu den Dienstaufgaben des Schulleiters. Jedoch kann der Schulleiter nach Vereinbarung mit dem Schulträger die Aufsicht im Nebenamt übernehmen.

Der Schulträger ist auch für die Regelung der Vertretung der Betreuungskräfte zuständig. Eine Vertretung der Betreuungskräfte kann durch Lehrer im Nebenamt stattfinden. Auch hierüber sollte der Schulträger eine Vereinbarung mit dem Lehrer treffen.

VI. Kosten

Die Finanzierung der Kernzeiten soll grundsätzlich über Elternbeiträge erfolgen. Das kostendeckende Entgelt bewegt sich nach Modellberechnungen im Rahmen von ca. 60,— bis 140,— DM pro Kind und Monat. Es ist abhängig von den örtlichen Gegebenheiten, wie z.B. vom zeitlichen Umfang der Maßnahme, von der Anzahl der zur Verfügung stehenden Betreuungskräfte und von der Gruppengröße. Um allen Eltern die Inanspruchnahme der Kernzeiten zu ermöglichen, sollen Kriterien, die vom kommunalen Träger vorzugeben sind, in einer sozialen Staffelung Beitragsermäßigungen und ein Beitragserlaß vorgesehen werden.

VII. Zuschußverfahren

Die Landesregierung gewährt dem Schulträger für jede eingerichtete Betreuungsgruppe einen Zuschuß in Höhe von 7000,— DM je Schuljahr. Mit diesem Zuschuß beteiligt sich das Land an den Ausfällen, die dem Schulträger durch die Einräumung von Beitragsermäßigungen bzw. einer Beitragsbefreiung entstehen.

Als Voraussetzungen müssen gewährleistet sein:
– Die tägliche Betreuungszeit (einschließlich Unterrichtszeit) muß sich über einen Zeitraum von mindestens 5½ Stunden erstrecken.
– Eine Gruppe muß mindestens 15 Schüler umfassen.
– Der Schulträger muß die soziale Staffelung der Elternbeiträge nach Maßgabe der Ziff. VI regeln.

Der Zuschuß soll bis Ende Oktober beim Oberschulamt beantragt werden. Antragsformulare sind bei den Oberschulämtern und Staatlichen Schulämtern erhältlich. Das Oberschulamt bewilligt den Zuschuß und zahlt ihn ab Beginn des zweiten Schulhalbjahres aus.

Während der Erprobungsphase kann das Ministerium für Kultus und Sport in begründeten Einzelfällen bei einer Unterschreitung der Mindestschülerzahl den Zuschuß bewilligen, wenn dies dem Ziel dient, die Einrichtungen einer Betreuungsgruppe zu erleichtern, und abzusehen ist, daß die Mindestschülerzahl im folgenden Jahr erreicht wird.

Der Schulträger beantragt und empfängt den Zuschuß auch in den Fällen, in denen Elterninitiativen unter seiner Gesamtverantwortung die Kernzeiten eingerichtet haben.

VIII. Einzelfragen

1. Umfang der Maßnahme

Die Kernzeiten werden seit Beginn des Schuljahres 1990/91 in einer Modellphase erprobt. Jeder Schulträger, der die Angebote bereitstellen will, kann an der Erprobungsphase teilnehmen und an einer oder mehreren Grundschulen Kernzeiten einrichten.

2. Mittagessen

Die Verpflegung der Schüler ist Angelegenheit der Eltern. Der Schulträger kann darüber hinaus ein Mittagessen oder sonstige Verpflegungsmöglichkeiten anbieten.

3. Versicherungsschutz

Für die Schüler, die an der Kernzeitbetreuung teilnehmen, besteht während ihres Aufenthaltes in den Betreuungsgruppen ein gesetzlicher Unfallversicherungsschutz. Darüber hinaus können die Eltern eine freiwillige Schülerzusatzversicherung abschließen.

1.5.2 Der Hort im Spannungsfeld von Erwartungen

An die Institution Hort als eine Einrichtung öffentlicher Erziehung ist eine Fülle von Erwartungen gerichtet. Diese Erwartungen sind Vorgaben, die bei der Arbeit berücksichtigt werden müssen. Die Arbeitsgemeinschaft für Jugendhilfe hat in ihren Grundzügen zu einer Konzeption diesen Erwartungsrahmen aufgelistet. Hierbei ist glücklicherweise nicht nur an Erwartungen, die von außen an den Hort herangetragen werden, gedacht. Ausgangspunkt ist vielmehr das Wohl des Kindes.

Die Erwartungen geben wir hier vollständig wieder:[1]

Erwartungen der Kinder:
- Kinder und Erwachsene zum Spielen und zum Gespräch finden,
- Anregungen ggf. Hilfestellung bei Freizeitaktivitäten innerhalb und außerhalb des Hortes erhalten,
- Erzieher, die Zeit zum Zuhören haben,
- Gespräche, um persönliche Schwierigkeiten abzuklären,
- Zeit und Hilfe bei den Schularbeiten,
- Versorgung mit Essen und Trinken,
- Zeit zur Entspannung,
- Hilfestellung bei Erkrankungen, z.B. Zahnschmerzen oder Verletzungen,
- weitestgehende Berücksichtigung ihrer sich ändernden Bedürfnisse.

---

[1] Arbeitsgemeinschaft für Jugendliche (Hrsg.): Horterziehung in der Jugendhilfe. Bonn 1983, S. 62f.

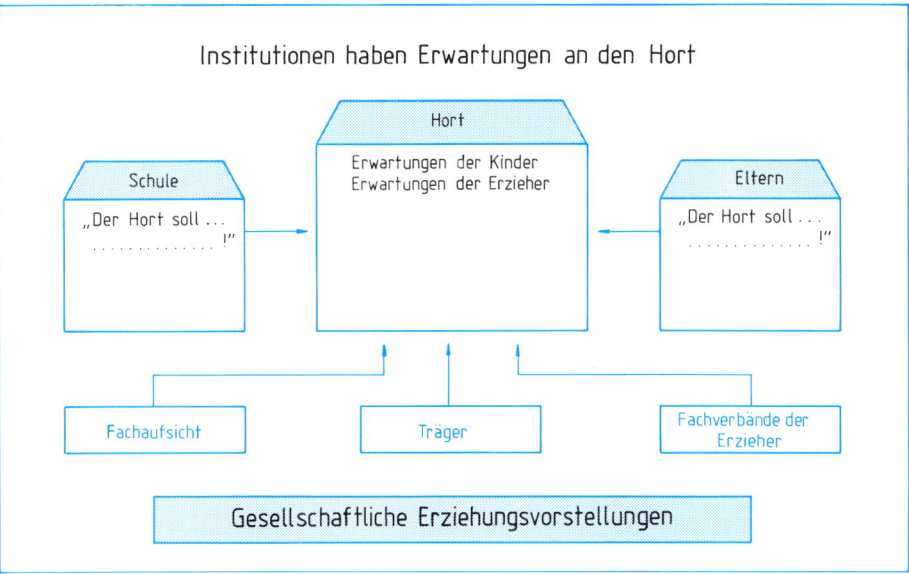

Erwartungen des Trägers:

- der Betrieb in der Einrichtung soll ohne Störungen laufen,
- Eltern und Kinder sollen zufrieden sein bzw. sich nicht beschweren,
- die finanzielle Belastung soll sich in vertretbaren Grenzen halten,
- Informationen über die Arbeit und ggf. besondere Vorkommnisse sollen mitgeteilt werden,
- die Erzieher sollen sich mit der Grundrichtung des Trägers identifizieren können,
- Bereitschaft und Fähigkeit zur Zusammenarbeit mit dem Träger und mit den Mitarbeitern.

Erwartungen der Eltern:

- Berücksichtigung ihrer Situation bei der Festsetzung der Öffnungszeiten,
- Betreuung und Versorgung ihres Kindes im weitesten Sinne, einschließlich Mittagessen,
- möglichst einwandfreie und vollständige Erledigung der Schulaufgaben,
- Verbesserung der Schulleistungen,
- Unterstützung bei Schwierigkeiten mit der Schule und ggf. der Zusammenarbeit mit den Lehrern,
- Hilfe bei eigenen Problemen,
- Beratung und Vermittlung von entsprechenden weiteren Einrichtungen, z.B. Erziehungsberatungsstelle, Sozialamt, schulpsychologischer Dienst,
- Hilfestellung bei Problemen, z.B. mit der Polizei, dem Jugendamt.

Erwartungen der Schule:

- Zeit zur Erledigung der Schulaufgaben und ggf. Hilfestellung,
- Kontaktaufnahme bei im Hort erkennbaren Schulschwierigkeiten eines Kindes,
- Unterstützung beim Abbau von Schwierigkeiten,
- Interesse für schulische Belange (Teilnahme an Schulveranstaltungen),
- Informationen über die Konzeption des Hortes,
- gemeinsame Elterngespräche,
- individuelle geistige, leibliche und seelische Förderung der Kinder,
- Vermeidung von Gefährdungen,
- Kooperationsbereitschaft,
- Offenheit gegenüber Veränderungen, z.B. bei der Festsetzung der Öffnungszeiten und Arbeitszeiten der Erzieher.

Erwartungen der Unfallversicherungsträger:

● Berücksichtigung der Sicherheit und Unfallverhütung bei der Gestaltung des Tagesablaufs, der Gestaltung der Räume und der Außenspielflächen sowie beim Personaleinsatz,
● überlegtes und bewußtes Lernen und Handeln.

Erwartungen der Fachkreise:

● Abbau des negativen Hortbildes und Weiterentwicklung der Hortpraxis z.B. durch öffentliche Arbeit, aktive Teilnahme am Gemeinwesen, Überlegungen zu konzeptionellen Veränderungen,
● Fortbildungsbereitschaft,
● Erfahrungsberichte und Rückmeldungen auf Veröffentlichungen,
● Hinweise, wo Hilfen für die Praxis notwendig sind.

Wenn man diese Erwartungen miteinander vergleicht, erkennt man rasch, daß verschiedene Erwartungen zu Auseinandersetzungen im Hort führen können. Den Erziehern im Hort wird immer wieder die schwere Aufgabe zugemutet, zwischen auseinanderstrebenden oder entgegengesetzten Erwartungen zu entscheiden und aus dem Wohl des Kindes heraus handelnd gewisse Erwartungen zurückzudrängen.

Diese Erwartungen sind nun sowohl in organisatorische Form zu bringen als auch als Aufgaben des Hortes zu formulieren. Dabei haben sich alle Erwartungen und Anforderungen, die aus der Außenwelt an den Hort herangetragen werden, an der Ausgangslage des Kindes zu orientieren.

Aufgaben

1. *Untersuchen Sie den Katalog „Erwartungen der Kinder, Erwartungen des Trägers, Erwartungen der Eltern, Erwartungen der Schule, Erwartungen der Unfallversicherungsträger, Erwartungen der Fachkreise" und stellen Sie fest, wo Divergenzen im Erwartungsbereich auftreten.*

2. *Schildern Sie aus Ihrer eigenen praktischen Erfahrung solche Fälle, wo widersprüchliche Erwartungen zum Konflikt führen, und versuchen Sie, Lösungsmöglichkeiten anzugeben, indem Sie gefällte Entscheidungen oder zu fällende Entscheidungen begründen.*

1.5.3 Grundsätze und Zielvorstellungen der Horterziehung

1. Der erste Grundsatz ist, das Kind in seiner **Lebenssituation** möglichst vollständig kennenzulernen, um ihm die Chancen zu geben, die es braucht.

Der Ausgang von der Lebenssituation des einzelnen Hortkindes bzw. der Kinder, die in der Gruppe aufgenommen worden sind, bedingt, daß schon bei der Aufnahme entscheidende, die Lebenssituation betreffende Fakten aufgenommen werden. Das heißt, neben den persönlichen Daten, Alter, Geschlecht, Stellung der Geschwister, Schullaufbahn ist möglichst der Entwicklungsverlauf eines Kindes festzustellen.

Des weiteren muß die familiäre Situation des Kindes erkundet werden. Erziehende sollten wissen, ob es sich hier um ein Kind aus einer Einelternfamilie handelt; sie sollten wissen, wie das Verhältnis der Eltern zueinander ist, wie die Lebenssituation der Familie ist: Wohnraum, Einkommen, Lebensumwelt.

Darüber hinaus ist es notwendig, die Stellung des Kindes in der Altersgruppe und die Stellung des Kindes in der Schule zu kennen. Erziehende sollten Bescheid wissen über bestimmte Verhaltensweisen der Kinder, über ihre Fähigkeiten, über ihre Neigungen, Interessen, über Verhaltensweisen beim Lösen und Durchstehen von Konflikten usw. Nur daraus lassen sich Ziele und Aufgaben zur Zielverwirklichung formulieren.

2. Ein zweiter Grundsatz besteht in der **Individualisierung der Arbeit**. Das bedeutet, daß in vielen Fällen ein sehr konkreter Erziehungsplan für ein Kind ausgearbeitet werden muß. Ein Erziehungsplan, in dem unter Umständen defizitäre Erfahrungs- und Erlebnisbereiche ausgeglichen werden können, ein Erziehungsplan, in dem aber auch Grenzen des Verhaltens festgelegt sein müssen.

3. Die **Planung der Arbeit** ist ein dritter Grundsatz: Damit die Arbeit akzeptiert werden kann, sollte eine möglichst weitgehende Beteiligung der Kinder bei allen Planungen, bei allen organisatorischen Maßnahmen erreicht werden. Der Weg hierzu sind Gespräche beim Mittagessen, regelmäßig stattfindende Planungsgespräche, entsprechende Informationen usw. Hierbei sollten bei der Beteiligung auch spezielle Wünsche eventuell Konzepte und Pläne erweitern.

4. Als vierter Grundsatz ist die **Beständigkeit und die Zuverlässigkeit einer pädagogischen Konzeption** anzusehen. Das heißt, das Kind muß ein Regelsystem, das im Hort besteht, und die Verhaltenserwartungen, die vom Erziehenden ausgehen, als beständig erfahren, damit es Sicherheit im Umgang bekommt, damit es sich zu Hause fühlen kann.

5. Als fünfter Grundsatz muß gelten, daß zielgerichtete Planung **längerfristig** angelegt sein muß, ihre jeweiligen Feinziele und Konkretisierung aber nur in ständiger Erfahrungsaufbereitung, im ständigen feed back, in ständiger Reflexion erlangen kann.

Wenn man diese Planungsgrundsätze realisieren will, bedeutet das, daß der Hort bei allen seinen Überlegungen und Zielsetzungen sich im Angebot differenzieren und nach innen und außen öffnen muß. Öffnung des Hortes nach außen und innen ist nun gerade eine der modernen Forderungen[1].

1.5.4 Öffnung nach innen und außen

Die traditionelle Hortpädagogik, die ihre Arbeit im wesentlichen als eine Bewahrungsaufgabe den Eltern gegenüber gesehen hat, als eine Versorgungsaufgabe und als eine Hausaufgabenhilfe gegenüber der Schule, hat dazu geführt, daß sich Horte in traditioneller Weise als eine geschlossene Institution gesehen haben, die sich in ihrer Arbeit im wesentlichen an Forderungen des Elternhauses bzw. der Schule orientierte. Ein solcher Orientierungs- und Aufgabenkatalog orientiert sich damit überwiegend an folgenden Gesichtspunkten:

Aufgaben den **Kindern** gegenüber:
● Versorgung
● Beaufsichtigung und Hilfe bei den Hausaufgaben
● individuelle und gemeinsame Beschäftigung
● Schaffung eines Lebensraumes
● Unterstützung individueller Neigungen, Begabungen, Interessen
● Erziehung zu Selbständigkeit

---

[1] Arbeitsgemeinschaft für Jugendhilfe – AGJ – (Hrsg.): Horterziehung in der Jugendhilfe. Bonn 1983, S. 55 f.
Briel/Mörsberger: a.a.O., S. 91 ff.

Aufgaben den **Eltern** gegenüber:
- Beaufsichtigung
- Versorgung (besonders Mittagessen)
- Hausaufgabenhilfe
- Unterstützung bei der Erziehung

Aufgaben der **Schule** gegenüber:
- Hausaufgabenhilfe
- Förderung schulschwacher Kinder
- Regeneration der Kräfte
- Ausbildung der in der Schule geforderten Fähigkeiten und Verhaltensweisen

Aufgaben der **Gesellschaft** gegenüber:
- Versorgung
- Beaufsichtigung
- Betreuung
- Erziehung

Aus diesem Aufgabenkatalog läßt sich unschwer erkennen, daß es Kindern nicht in jedem Fall eine Lust sein konnte, den Hort zu besuchen. Wenn neuerdings die Forderung laut wird, den Hort nach innen und außen zu öffnen, ergibt sich das eindeutig aus der Lage der Kinder. Aus den vorherigen Kapiteln erkennen wir, daß die Lebens-, die Erlebnis- und die Lernwelt der Kinder eingeschränkt ist. Ein Hort könnte auf keinen Fall neben anderen Institutionen eine Antwort auf diese Einschränkung sein, wenn er selbst wieder im wesentlichen einschränkend arbeiten würde.

Zum zweiten sollte der Hort eine individuelle Antwort auf die Nöte einzelner Kinder sein. Auch diese Antwort erfordert eine starke **Differenzierung** und **Dynamisierung** des Angebotes. Das heißt, der Hort muß den Kindern fehlende Erfahrungsräume schaffen. Dabei ist beim Versuch der Öffnung selbstverständlich klassische Arbeit im Hort wie Hausaufgabenbetreuung oder gezieltes Angebot vorhanden. Aber diese Tätigkeiten können durch gewisse Umstrukturierungen erweitert werden.

Öffnung nach innen bedeutet, daß möglichst **altersgemischte Hortgruppen** gebildet werden; so wird erreicht, daß eine feste Bezugsperson während der Gesamtzeit des Hortaufenthalts bleibt, daß aber gleichzeitig die Zusammensetzung der Gruppe durch ständige Erneuerung und Abwanderung eine gewisse Flexibilität im Sozialangebot ermöglicht. Die gleiche Flexibilität sollte auch über den Tageslauf und seine Gestaltung erreicht werden, z.B. dadurch, daß Freiräume, wo sie die Gesamtorganisation nicht wesentlich belasten, gewährt werden.

Es sollte für Kinder möglich werden, spontane und längerfristige Aktivitäten und Tätigkeiten auch allein mit anderen Kindern, teilweise ohne Erzieher, ablaufen lassen zu können. Ferner sollten sich die Kinder weitgehend im Gesamtangebot der Räume bewegen können, soweit nicht andere wesentlich gestört werden. Des weiteren sollen im inneren Ablauf Konfliktlösungen möglichst durch Kinder selbst geregelt werden. Das bedeutet, daß die Erziehenden in ihrem Angebot sich wesentlich zurückhalten; sie initiieren und sie geben Hilfestellung dort, wo kindliche Initiative oder Lösungsfähigkeit nicht vorhanden ist.

Aus dem Wunsch heraus, die institutionelle Geschlossenheit des Hortes aufzubrechen und damit ein Mehr an Erfahrung zu bieten, wurde die Formulierung „Öffnung" propagiert. Sie bedeutet, daß dem Eigenleben des Kindes mehr Raum gewährt werden muß, damit als Folge quasi eine Art **Entpädagogisierung** und **Entschulung** des Hortes stattfinden kann. Das ist ein Ansatz, der für eine dosierte und zurückhaltende pädagogische Intervention und Institutionalisierung steht.

Insgesamt wurden hier aus verschiedenen Richtungen heraus folgende Forderungen laut: Auflösung der altershomogenen Gruppenstruktur und Übergang zur Hortarbeit in altersgemischten und minidifferenzierten Gruppen. Ferner ein Durchbrechen von festen Gruppenabgrenzungen für punktuelle, allerdings festabgemachte übergreifende Angebote nach freier Wahl der Kinder. Hier ist gedacht an Werken und Kochen, an Bastelangeboten, an Arbeitsgemeinschaften. Fast extrem mutet die Forderung nach Beseitigung der gruppenbezogenen und gruppenstrukturierten Tagesplanung an. Ferner sollten Ressourcen außerhalb des Hortes herangezogen werden und Angebote für Kinder ausgenutzt werden, wie z. B. die Mitarbeit von Erwachsenen, die Mitarbeit von Eltern, von Rentnern und Handwerkern, von Hobbykünstlern, Freizeitköchen usw. Der Hort sollte sich auch nach außen öffnen durch Aufenthalte und Lernen außerhalb des Hortes, durch Wanderungen, durch Ausflüge, durch Besuche von Einrichtungen, durch Mithilfe an Projekten, Teilnahme an Freizeiten und Jugendarbeitsangeboten.

Die Arbeitsgemeinschaft für Jugendhilfe e. V. fordert ebenfalls eine solche Öffnung nach innen und außen und fügt den bereits genannten Punkten[1] noch einen wesentlichen Punkt hinzu. Es sollte zumindest einzelnen Hortkindern möglich sein, auch während der offiziellen allgemeinen Hortzeit den Hort für ein an anderer Stelle, in einer anderen Institution wahrzunehmendes Angebot zu verlassen. Das bedeutet z. B., daß Kinder den Hort verlassen, um ein Training in einem Sportverein zu absolvieren, um eventuell wichtige Einkäufe vorzunehmen oder um sich in einer Bibliothek ein Buch zu besorgen.

Andere versuchen die Öffnung des Hortes nach außen durch bestimmte organisatorische Umstrukturierungen vorzunehmen, zum Beispiel dadurch, daß sie den Hort selbst für Kinder aus verschiedenen Bedürfnisgruppen heraus öffnen.[2]

Briel und *Mörsberger* berichten von einem Hort, der Kinder aus ganz unterschiedlichen Anlässen in die Arbeit einbezieht. Einmal sind es die sogenannten **Tageskinder**. Das sind Kinder, die vor und nach der Schule in den Hort kommen, dort essen, ihre Schularbeiten erledigen und ihre Freizeit verbringen. Ferner sind es Kinder, die zwar zu Hause zu Mittag essen, aber ihre schulischen Belange im Hort erledigen und auch ihre Freizeit im Hort verbringen; sie werden dort **Schulfreizeitkinder** genannt. Ferner sind Kinder dabei, die nur zur Freizeitgestaltung die Nachmittage im Hort verbringen, sie werden hier im Hort als **Freizeitkinder** bezeichnet. Eine vierte Gruppe stellen jene Kinder dar, die als **Freunde und Bekannte** der Hortkinder die

---

[1] AGJ, a.a.O.: S. 56.
[2] Briel/Mörsberger: a.a.O., S. 93.

Möglichkeit haben, bei bestimmten Anlässen, bei Festen, bei Aktionen und Veranstaltungen teilzunehmen. Hier werden natürlich die Grenzen fließend, und es stellen sich mit Sicherheit Aufsichtsprobleme, die derzeit über gesetzliche Regelungen noch nicht erfaßbar sind.

Man erkennt unschwer, daß diese Öffnung des Hortes nach innen und nach außen für die Kinder im Hort eine wesentliche Verbesserung des pädagogischen Angebotes bedeutet. Sie bedeutet, daß sich im Hort sowohl der Tageslauf wie auch die inhaltlichen Angebote und eventuell auch die räumliche Struktur ändern müssen.

1.5.5 Gruppenbildung im Hort

Die herkömmliche Horterziehung ging bei der Bildung der Gruppen von geschlossenen Sozialstrukturen aus. Das Kind wurde bei seiner Aufnahme einer bestimmten Gruppe zugewiesen und in dieser betreut. Der Kontakt zwischen den Gruppen wurde weitgehend vermieden. Der dieser Gruppierungsform zugrunde liegende Gesichtspunkt war Verläßlichkeit und Vertrautheit. Das bedeutete, daß das Kind alsbald die Aktionen und Reaktionen von Erziehern und Kameraden klar einschätzen konnte, daß der Raum vertraut war, daß die Erziehungsmethoden nichts Neues brachten und daß die Erziehungs- und Spielregeln Beständigkeit aufwiesen.

Es ist aber nicht zu verkennen, daß dieses starre Einordnen neben den genannten Vorteilen auch Nachteile aufweist. Die Kinder können z.B. die Gruppe nicht wählen, sie werden zwangsweise zugewiesen. Die Kinder müssen in diesen Gruppen oftmals individuelle Wünsche zurückstellen, ein individuelles Arbeitstempo kann kaum berücksichtigt werden, das Gemeinsame wird in diesen Gruppen oftmals überbetont, so daß sich kaum Interessen und Neigungen entfalten können. Die Folge ist oftmals eine sich rasch einstellende „Hortmüdigkeit".

Die neue Forderung nach Öffnung des Hortes nach innen und außen läßt ein starres Festhalten an festen Gruppen durch den ganzen Tageslauf nicht mehr zu. Es ergeben sich bei offener Hortarbeit **neue Gruppierungsformen**. Diese sollte man nicht als jeweils exklusiv ansehen, sondern der moderne Hort versucht, eine Mischung von solchen Gruppierungsformen zu erhalten, um einerseits den Gesichtspunkt der Beständigkeit, der Zuverlässigkeit, der Vertrautheit durchzuhalten, damit sich die Kinder leicht eingewöhnen können. Andererseits aber verlangt das Prinzip der Öffnung eine gewisse Dynamisierung, die individuellen Wünschen der Kinder Rechnung trägt.

So gibt es in vielen Horten die sogenannte **Stammgruppe**. Hier finden die Kinder nach der Rückkehr von der Schule die ihnen vertraute Erzieherin vor. Sie können hier von ihren Erfolgen oder auch Mißerfolgen in den Schulen berichten. In der Stammgruppe wird das Mittagessen eingenommen. In ihr können die Hausaufgaben begonnen und durchgeführt werden. Ob die Stammgruppe altersgemischt oder altersgleich zusammengesetzt werden soll, müssen die jeweiligen Gegebenheiten des Hortes entscheiden. Mehr und mehr neigt man aber aus Gründen der Sozialerziehung zur altersgemischten Stammgruppe. Man nimmt hierbei den Nachteil einer eventuell auftretenden Interessenungleichheit in Kauf.

Sind die Hausaufgaben erledigt, ist es möglich, daß die Stammgruppen sich auflösen und daß sich in Horten, wo auch das Raumangebot offene Hortarbeit erlaubt, **Neigungs-, Projekt- und Interessengruppen** bilden können. Vorteile dieser freien und dynamisierten Gruppierungsformen bestehen darin, daß Kinder sich selbst nach ihren Neigungen und Interessen entscheiden können. Ferner werden die Kinder stark aktiviert und motiviert, da sie selbst einen Großteil des Handelns in den Neigungs-, Projekt- oder Interessengruppen initiieren, planen und gestalten. Hier kommen auch Erzieher mit ihren jeweiligen speziellen „Stärken" zum Zuge.

Doch sollen Nachteile nicht verschwiegen werden. Für jüngere und neu eintretende Kinder bedeutet diese Auflösung der Stammgruppe gelegentlich eine starke Verunsicherung. Ferner ist die Beobachtung einzelner, vor allem problematischer Kinder dadurch erschwert, daß sich die Aufsicht der Erziehenden nicht einheitlich durchhalten läßt.

Für eine „offene" Hortarbeit ergibt sich die Mischform. Sie ermöglicht einerseits Sicherheit und Heimischwerden des Kindes über die Stammgruppe. In ihr ist die stabile Beziehung zwischen Kind und einem Erzieher möglich. Neigungen und Interessen können dagegen im Freizeitbereich des Hortes in den Interessen-, Projekt- und Neigungsgruppen befriedigt werden. Hier kann das Kind seinen individuellen Neigungen nachgehen. Es kann sich auch zurückziehen oder Kleingruppen und Kleinangebote aufsuchen.

1.5.6 Gestaltung des Tagesablaufes im Hort

Bei der Gestaltung des Tagesablaufes, bei der Umsetzung pädagogischer Ideen in den Alltag pädagogischen Handelns bestimmen verschiedene Erwartungen und Fakten mit, so z.B. die Öffnungs- bzw. die Arbeitszeit. Hier liegen Fixpunkte durch den Arbeitsbeginn der Eltern und durch unterschiedliche Anfangszeiten in Schulen. So ergibt sich in vielen Fällen gerade für Kinder der ersten Grundschulklassen die Notwendigkeit eines pädagogischen Frühdienstes, während die älteren Kinder sofort zur Schule gehen, um erst im Anschluß an die Unterrichtszeit den Hort zu besuchen. In Großstädten ist es durchaus üblich, ebenso in Institutionen, die Schichtarbeit haben, daß Horte bereits morgens ab 6.00 Uhr geöffnet sind und nach einem Zwei-Schicht-Betrieb erst abends gegen 20.00 Uhr schließen.

Man muß allerdings wissen, daß damit von der Kinderzahl her, die in den ersten Vormittagsstunden im Hort vorhanden ist, sich nur wenig Chancen für umfangreiche Angebote ergeben. Aber gewisse Möglichkeiten sind vorhanden. Der Morgen ist gerade die Zeit, wo sich eine Erzieherin im Hort einzelnen jüngeren Kindern individuell zuwenden kann.

In den Vormittagsstunden können auch gemeinsame Arbeits- und Teambesprechungen durchgeführt werden, da die Hauptarbeit die Erziehenden am Nachmittag voll beansprucht. In der Regel wird zwischen 13.00 und 14.00 Uhr das Mittagessen verabreicht. Die Kinder können das Essen in einer sogenannten Stammgruppe einnehmen. Hier besteht für die Erziehende die Chance, in einem Gespräch erste Probleme der Kinder aufzunehmen, ihre Erlebnisse mitzuhören, Verabredungen zu treffen und Anregungen für den Nachmittag zu erhalten. Beim Mittagessen ergibt sich eine weitere pädagogische Chance, indem von Erzieherseite versucht wird, die Speisepläne ernährungsphysiologisch mitzugestalten. Es bestehen Möglichkeiten, wenigstens an einigen Wochentagen Kinder in die Planung und die Gestaltung des Essens und der Mittagstafel mit einzubeziehen.

Ein weiterer Fixpunkt im Tageslauf ist die Erledigung der **Schulaufgaben**. Hier muß sich einmal der Erzieher für Hilfestellung bereithalten und freimachen können; zum andern muß für Kinder, die sich mit schulischen Arbeiten befassen wollen und keine Hilfe brauchen, ausreichend Zeit zur Verfügung stehen und geschützter Raum vorhanden sein. Über das Problem der Zusammenarbeit mit der Schule werden später noch Ausführungen folgen.

Nach Erledigung der Schularbeiten sollte ein differenziertes und **vielfältiges Spiel-, Sport- und Freizeitangebot** folgen. Im traditionellen Hort ging man dabei im allgemeinen von einem festen Angebot in festen Zeiträumen aus, das möglichst von allen Kindern wahrgenommen werden mußte. Die neue Forderung ist, die Angebote so weit wie möglich zu differenzieren, sie eventuell auch gruppenunabhängig oder gruppenübergreifend anzubieten, um damit eine Vielfalt von Angeboten zu ermöglichen. Für die Kinder bedeutet das, daß es für sie verpflichtend ist, unter vorhandenen Angeboten eines zu wählen. Wie ein differenziertes Angebot aussehen mag, will folgender Praxisbericht zeigen:

> „Angebote laufen jeden Tag. Bis jetzt meist im Aktionsraum in Form von Bastel- oder Werkangeboten. Während der kalten Jahreszeit hatten wir montags eine Bücherei eingerichtet. Hier hatten die Kinder die Möglichkeit, im Spielzimmer eine Art „Lesenachmittag" zu verbringen und sich Bücher auszuleihen. Sie können sich die Bücher auch für 14 Tage nach Hause nehmen. Außerdem werden Gesellschaftsspiele ausgegeben. Einmal in der Woche ist um 15.00 Uhr Kaffeetrinken. Die Kinder überlegen sich von Woche zu Woche, was sie zum Kaffeetrinken möchten und helfen auch bei den Einkäufen und der Zubereitung. Mittwochs hatten zwei ältere Mädchen eine Tanzgruppe angeboten, die von Erziehern betreut und unterstützt wurde, die die Mädchen aber selbst vorbereiteten und ausführten."[1]

Wenn noch eine Öffnung nach außen erfolgt, können sich die Angebote für einzelne Kinder durch Teilnahme an Angeboten außerhalb des Hortes weiter ausdehnen. Wichtig ist das Wetter und die Jahreszeit. Es ergeben sich durch eine schlechte Witterung und durch die kalte Jahreszeit unter Umständen ganz erhebliche Einschränkungen, die aber durch eine entsprechende langfristige und mit Alternativen ausgestattete Planung aufgefangen werden können.

Eine weitere Grenze für die Gestaltung des Tageslaufes setzen die vorhandenen Räumlichkeiten bzw. die Außenspielfläche.

---

[1] Arbeitsgemeinschaft für Jugendhilfe – AGJ – (Hrsg.): Horterziehung in der Jugendhilfe. Bonn 1983, S. 76.
AGJ Forum Jugendhilfe „Hort". Heft 3/4 1980.

1.5.7 Raumgestaltung und Außenspielflächen[1]

Bei der Betrachtung der gesetzlichen Grundlagen für den Hort wurde wiederholt darauf hingewiesen, daß einzelne Bundesländer über Verordnungen geregelt haben, wie groß die jeweilige Spielfläche pro Kind anteilmäßig gemessen wird. Hat das Land Berlin ein Gesamtangebot von 4,6 qm, so zeigt sich bei anderen Bundesländern, z. B. bei Bayern, daß dort das Angebot von 2,5 qm Fläche ausgeht. Man muß allerdings vorsichtig sein bei solchen Vergleichen, denn auch Baden-Württemberg geht von 2,5 bis 3 qm im Großgruppenraum aus, nimmt jedoch noch einmal 1,5 qm im Kleingruppenraum hinzu und fordert entsprechende Zweckräume. Sicher ist, daß das Angebot insgesamt ausreichend sein muß; das bedeutet, daß neben einem in seiner Funktion mehrfach nutzbaren Großgruppenraum genügend weitere Räume oder Raumeinheiten vorhanden sein sollten. Moderne Hortbauten ermöglichen durch Trennwände flexible Raumeinteilungen.

Hinzu kommt, daß durch modernes Mobiliar entsprechende Raumteilungen vorgenommen werden können. Anstelle der in den fünfziger Jahren noch propagierten Großräume, die weitflächig waren, werden heute in einer Mehrzahl einzelne Aktivitäten besser unterstützende **kleine Raumeinheiten** gefordert. Das bedeutet: diese Räume sollten neben der Funktion Schularbeiten der Funktion Spielen und Erleben gerecht werden.

Es sollte die Möglichkeit bestehen zum Bau und zur Konstruktion von Kuschelecken, von Kletterecken, von Zelten, von Spielpodesten usw. Wichtigste Bedingung der Raumgestaltung ist also eine möglichst **multi-funktionale Nutzung**. Die Räume sind so einzurichten, daß sie den Bedürfnissen der Kinder als Wohnzimmer, als Hobbyraum, als Musikzimmer, als Theaterraum nützen können.

Auch hier sind bei Beachtung aller Hygienevorschriften und dergleichen sicher noch Freiräume vorhanden, die der Erzieher **unter Miteinbezug der Kinder** nutzen sollte. Miteinbezug bedeutet, daß Vorschlägen der Kinder gefolgt werden kann, daß Veränderungen, sie müssen nicht zu häufig sein, möglich werden.

Die Betonung des Anregungscharakters der Räume gilt ebenso für die Außenspielflächen. Ähnlich wie die Raumgestaltung sollte auch das Spielgelände im Freien eine vielfältige Nutzung ermöglichen. Es sollte anregen zu einer Auseinandersetzung mit der Umwelt, die nicht nur betrachtend und beobachtend ist, sondern auch handwerklich gestaltend sein kann. Diese Umwelt in den Außenspielflächen sollte zur Kräfteerprobung dienen. Es müssen also entsprechende, möglichst naturnahe Klettermöglichkeiten und Möglichkeiten zur körperlichen Betätigung vorhanden sein.

Ebenso sollten Möglichkeiten da sein, eventuell auch Veränderungen im Rahmengelände vorzunehmen, z. B. durch Anlegen von kleinen Tümpeln, von Hügeln, von Feuerstellen für entsprechende Spielformen der Schulkinder. Für sportliche Zwecke können in der Nähe gelegene Sport- und Spielflächen genutzt werden. Und, was heute besonders wichtig wird, der Hort sollte mindestens in einer Ecke einen kleinen Nutzgarten bekommen, damit für viele Kinder erste Erfahrungen im Pflanzen und im Hegen möglich werden.

---

[1] Siehe Kapitel B 2.2.

Aufgaben

1. Versuchen Sie, einen Grundriß für einen Hort für 40 Kinder (2 Gruppen) unter dem Anspruch „Mehrfachfunktion der Räume" zu zeichnen.

2. Entwerfen Sie dazu Alternativen.

3. Planen Sie Außenspielflächen für ein rechteckiges Grundstück 40×30 m.

1.5.8 Medien und Materialien im Rahmen von Freizeitgestaltung und von Projekten

Horte sollten auch über ein gewisses Maß an anregenden Spiel- und Gestaltungsmaterialien verfügen. Eine Bücherei mit einer Reihe von Jugendbüchern sollte vorhanden sein, außerdem kann dort, wo es möglich ist, mit den Leihbüchereien der Kommunen oder eventuell der Pfarreien Kontakt aufgenommen werden, so daß Ausleihen möglich wird.

Die Werkräume sind für die entsprechenden Bastelangebote oder Projekte mit genügend Werkzeugen und mit entsprechenden auffordernden Materialien auszustatten.

Eine ausreichende Anzahl von Gesellschaftsspielen muß vor allen Dingen bei schlechtem Wetter die Möglichkeit sinnvoller Freizeitgestaltung bieten. Das Gesamt der Einrichtung sollte über Spielpodeste und eventuell über Kletterwände verfügen, damit dem kindlichen Spieltrieb Genüge getan werden kann. Ebenso sollte eine Kücheneinrichtung vorhanden sein, damit Kaffee getrunken, Tee zubereitet und Kuchen gebacken werden kann oder in der Weihnachtszeit das Plätzchenbacken möglich wird.

Die Träger sollten über ein Spielgeld, wie es in den Kindergärten üblich ist, den Erzieherinnen freie Hand lassen, damit sie entsprechendes Material einkaufen können. Hier ist die Erzieherschaft aufgerufen, Phantasie walten zu lassen, um vielleicht bei der heimischen Industrie, beim Gewerbe oder beim Handel kostenloses Material zu erhalten.

1.6 Kooperation[1]

1.6.1 Erzieherinnen und Erzieher im Hort

Traditionelle Hortarbeit, die weitgehend in abgeschirmten, parallel zueinander arbeitenden Gruppen ablief, benötigte kaum Kooperation. Es waren lediglich Absprachen zum Tagesablauf notwendig, Absprachen zur Schichteinteilung, zur Urlaubsnahme und Urlaubsvertretung. Die neue, sich stärker an Neigungen der Kinder orientierende Hortarbeit verlangt, da die Struktur und die Gruppierungsformen differenzierter werden, eine intensive Absprache zwischen den Erziehern. Sie verlangt

---

[1] Zur Kooperation „Hort und Schule" siehe Kap. G 3.2, S. 287 ff.

eine **intensive Kooperation**. Dies bedeutet, daß nicht nur die Erziehungskräfte, sondern auch die Wirtschaftskräfte und Mitarbeiter von außen in die Zusammenarbeit miteinbezogen werden. Das bedeutet ferner, daß Erziehung und Pflege nicht auseinander fallen können, sondern daß die Hortarbeit als ein Ganzes gesehen werden muß.

Natürlich ergeben sich aufgrund verschiedener Befähigungen der Mitarbeiter eines Hortes Gelegenheit und Chancen zur **Arbeitsteilung**. Diese Arbeitsteilung muß, damit die Zusammenarbeit fruchtbar werden kann, transparent sein. Das heißt: für jeden klar erkennbar und von jedem einzelnen Träger eines Arbeitsteils verantwortlich wahrgenommen. Gerade dort, wo sich Horte zu Mischformen in der Gruppenbildung entschließen, also zu Interessen-, Neigungs- und Projektgruppen neben Stammgruppen, ist eine solche Zusammenarbeit notwendig, um die gruppenübergreifenden Funktionen und Angebote fruchtbar zu machen.

In vielen Gesprächen, Konferenzen und Teambesprechungen sind gemeinsame Aktivitäten zu planen, arbeitsteilig festzulegen, notwendige Informationen über Kinder und Eltern auszutauschen, Beobachtungen bei Kindern mitzuteilen usw. Es ist notwendig, daß die Teambesprechung zur festen Institution im Hort wird. Über Teamarbeit berichten wir in Kapitel G ausführlich.

1.6.2   Elternarbeit im Hort

Die Zusammenarbeit zwischen Erzieherinnen und Erziehern im Hort und den Eltern der Hortkinder ist mehrfach begründet.[1] Einmal ist es für die Eltern wichtig, die pädagogische Zielsetzung, die Arbeit des Hortes kennenzulernen, also zu wissen, wo ihr Kind untergebracht ist. Für den Hort ist es aber ebenso bedeutsam, daß die Erziehenden die Lebensbedingungen der Eltern und auch der Kinder kennen und sich mit diesen Lebensbedingungen (z.B. alleinerziehende Mütter oder alleinerziehende Väter) auseinandersetzen.

Ferner ist die Zusammenarbeit um einer gewissen Einheitlichkeit der praktischen Erziehung willen notwendig. Soll das Kind nicht unnötig widersprüchlichen Verhaltensweisen ausgesetzt werden, muß der Hort die Erwartung der Eltern kennen, aber auch den Eltern gegenüber eigene Vorstellungen präzise und deutlich darstellen. Um Konflikte zu vermeiden oder sie weitgehend konstruktiv umzuleiten, ist Zusammenarbeit zwischen Eltern und dem Hort wichtig.

Für den Erzieher aber auch für Eltern sind Mitteilungen über Beobachtungen am Kind bedeutsam. Wie oft helfen den Erziehern Hinweise der Eltern auf bestimmte Schwächen, Stärken oder besondere Situationen des Kindes. Wie gerne nehmen aber auch Eltern von den Erziehern Berichte über Fortschritte, über ein besonderes Hervortreten des Kindes entgegen. Aber nicht nur, um Konflikte zu vermeiden oder Pannen zu beseitigen, ist Zusammenarbeit notwendig, sondern Erzieher und Eltern sollten gleichsam als gemeinsame Interessenvertreter der anvertrauten Kinder agieren.

---

[1] Vgl. auch Kapitel G „Elternarbeit", S. 336 ff.

Mit den Initiativen zur Elternarbeit wird die Erzieherin beginnen müssen. Sie soll die Information suchen. Sie soll das Gespräch herbeiführen, sie soll Gelegenheiten zur Kommunikation schaffen; sie wird versuchen, Eltern in die Aktivität des Hortes einzubeziehen. Hierbei wirkt die Passivität vieler Eltern den Angeboten der Erzieherin gegenüber oftmals frustrierend. Allerdings muß man wissen, daß diese Passivität auch Gründe hat. Eltern sind oftmals zeitlich überfordert. Auch sind die Gründe, warum Eltern ein Kind in den Hort schicken, recht verschieden. Das bedeutet, daß nicht alle angebotenen Aktivitäten des Hortes auf das gleiche Interesse stoßen können. Die Fluktuation der Eltern ist relativ groß, außerdem sind viele Eltern über die Möglichkeiten einer aktiven Mitgestaltung des Hortes zu wenig informiert. Dabei ist auch klar, daß Mitbestimmungsrechte allein nicht schon zur Mitbestimmung und Mitbeteiligung führen müssen.

Es kommt daher entscheidend auf das erzieherische Angebot im Hort an. Auch hier bewährt sich die „Offenheit" der Hortarbeit. Es sollte für die Eltern ein Bewußtsein entstehen können, daß Mitarbeit mit dem Hort, Zusammenarbeit mit den Erziehern das eigentlich Normale darstellt und daß der Hort nicht nur dann aufgesucht wird und das Gespräch mit dem Erzieher, der Erzieherin nicht erst dann begonnen wird, wenn Komplikationen entstanden sind.

Aus dieser Sicht wollen Vertreter moderner Horterziehung[1] den Begriff Elternarbeit durch den Begriff „Familienarbeit" ersetzt sehen. Das bedeutet keinesfalls das Abkopieren von Volkshochschulangeboten. Vielmehr ist man bestrebt, den Eltern eventuell durch den Hort, durch gemeinsame Veranstaltungen einen erweiterten Erfahrungsraum zu bieten. Einen Raum, in dem Erzieher, Eltern und Kinder gemeinsam den Alltag erfahren können. Daraus resultiert sicher ein besseres Verständnis aller füreinander, daraus resultiert aber auch ein besseres Abstimmen des Erziehungsstiles und der Erziehungspraktiken. Eine solche effektive Familienarbeit verlangt, daß die im jeweiligen Stadtteil als Umfeld des Hortes vorhandenen sozialen und sozialpädagogischen Institutionen sich in ihren Angeboten zueinander in Beziehung setzen und diese miteinander verflechten.

Die Funktion der Familienarbeit soll durch folgendes Zitat sichtbar werden:

> „Familienarbeit enthält umfassende spezifische Elemente sowohl der Sozialarbeit und der Sozialpädagogik als auch der Bildung. Arbeit in und mit der Familie verweist die Eltern nicht ausschließlich auf ihre Elternrolle sondern ist gerichtet auf die Familie in ihrer Gesamtheit; sie umfaßt die Familienmitglieder in ihren unterschiedlichen Rollen und Funktionen. Familienarbeit muß sich demnach mit all den Problemen befassen, die sich unmittelbar im Spannungsfeld der Familie und der Familie zur Außenwelt ergeben. Deshalb muß Familienarbeit bei dem Problemdruck ansetzen, der sich aus der individuellen Situation ergibt. ... Familienarbeit geschieht trotz ihres individuellen Ansatzes im Gemeinwesen – und gesellschaftsbezogen weder beschränkt auf die Hilfeleistungen für die einzelne Familie noch auf Bildungsvermittlung. Ihr Ziel ist die Aktivierung, Befähigung zur Selbsthilfe."[2]

---

[1] Arbeitsgemeinschaft für Jugendhilfe – AGJ – (Hrsg.): a.a.O., S. 89f.
[2] Arbeitsgemeinschaft für Jugendhilfe (Hrsg.): Horterziehung in der Jugendhilfe. Grundzüge einer Konzeption. Bonn 1983, S. 92f.

Ob der Hort eine solche Familienarbeit initiieren und sie zusammen mit den übrigen Institutionen des Umfeldes auch tragen kann, möge hier dahingestellt sein. Sicher ist es ein Wunsch aus dem Gesichtspunkt der Hortarbeit.

Zum Schluß soll noch ein Überblick gegeben werden über mögliche Formen der Elternarbeit.[1]

„**Elternarbeit** ist möglich durch:
1. Die Anmeldung
2. Kontaktaufnahme zu der Familie
   a) Kontaktaufnahme z.B. durch ein Gespräch, einen Hausbesuch
   b) telefonische Kontaktaufnahme
   c) schriftliche Kontaktaufnahme
3. Das Aufnahmegespräch
4. Die Kontaktaufnahme der Eltern und des Kindes zur Gruppe
5. Elternveranstaltung nur für die „neuen Eltern"
6. Integration der „neuen" Eltern in die bestehende Elterngruppe
7. Einzelkontakte zwischen Eltern und Erziehern
8. Familiengespräche
9. Erzieher-Eltern-Gespräche mit Dritten
10. Sprechstunden
11. Elternabende
    a) Der gruppeninterne Elternabend
    b) Der einrichtungsinterne Elternabend
    c) Der einrichtungsübergreifende Elternabend
12. Elterntreffs
13. Feste mit Eltern und Kindern
14. Sitzungen der Elternvertreter
15. Elternmitarbeit
16. Indirekte Formen der Elternkontakte
    a) Die Informationstafel
    b) Schwarzes Brett
    c) Info-Zettel; Merkblätter; Einladungen
    d) Elternbriefe – Kita-Rundbrief – Kita/Hort-Zeitung
    e) Meinungskasten
    f) Kontaktecke
17. Erweiterte Formen der Elternarbeit
    a) Straßenfest
    b) Nachbarschaftsfest
    c) Tag der Offenen Tür
18. Elternkurse, Elternseminare – Elternarbeitsgruppen, Elterninitiativen
    a) Elternkurse, Elternseminare
    b) Elternarbeitsgruppen, Elterninitiativgruppen"

---

[1] Arbeitsgemeinschaft für Jugendhilfe (Hrsg.): a.a.O., S. 88f.

2 Freizeiteinrichtungen für Kinder und Jugendliche

Junge Leute heute – Das Jugendhaus als alternative Welt[1]

In einer Zeit, wo die Jugendarbeit in der Krise steckt, ist dem Radolfzeller Jugendhaus die Wende gelungen

Die offene Jugendarbeit ist derzeit alles andere als offen. Viele Jugendhäuser stecken tief in der Krise; einige versuchen ein neues Konzept aufzustellen, haben aber dabei ihren schlechten Ruf zu überwinden. Der hat viel mit ihrer Geschichte zu tun. In den '60er und '70er Jahren war das „Juze" der Ausgangspunkt von linksextremen Protestbewegungen, eine Tatsache, die heute noch in den Hinterköpfen der Gegner einer offenen Jugendarbeit 'rumgeistert. In den 80er Jahren wollte man sie für eine Betreuung sozialer Randgruppen benutzen, was zur Folge hatte, daß sie zum Randgruppenghetto wurden. Nun ist einem jungen Team von Sozialarbeitern in Radolfzell die Wende gelungen. Eine Neueröffnung des Jugendhauses nutzten sie, um die Jugendarbeit grundsätzlich zu ändern. Schwerpunkte des neuen Konzepts, bisher einmalig in Baden-Württemberg, sind die Vernetzung verschiedener jugendbetreuender Organisationen und ein Jugendgremium, das alle Entscheidungen über das Jugendhaus zu treffen hat.

„Schlechter ging es nicht mehr!". So bezeichnet die Jugendreferentin Kerstin Prinz die Situation des Radolfzeller Jugendhauses im Herbst 1989. Die Besetzung und polizeiliche Räumung eines provisorischen Zentrums im ehemaligen Feuerwehrhaus, eine Demonstration 200 Jugendlicher 1981 gegen die damalige Betreuerin, die Ermordung einer 16jährigen Besucherin im Januar 1986 auf dem Heimweg, all das hing „wie ein Damoklesschwert" über dem Haus, so Prinz. Dazu kam, daß sich, wie in anderen Städten auch, eine Gruppe das Haus zu eigen gemacht hatte. 15 Jugendliche, überwiegend aus Stockach und überwiegend Männer zwischen 17 und 20, konsumierten dort Alkohol und hörten *Heavy Metal*. Vier Generationen von Mitarbeitern hatten sich innerhalb von 10 Jahren an dieser Situation aufgerieben.

Schließlich wurde das Haus geschlossen. Prinz und der pädagogische Mitarbeiter Thomas Büchi entschieden sich, den Bruch für eine radikale Umwandlung zu nutzen. Sie schöpften bei Jugendhäusern in der Stuttgarter Gegend und bei Fachverbänden Inspiration und veranstalteten mit den Schulen über die Klassensprecher Umfrage und Schülerversammlung, so daß schon in der Konzeptionsphase die Jugendlichen mit eingebunden waren. Dies hat nun seit der Eröffnung des „Jugendcafé Lollipop" im April seine Früchte getragen.

„Die Leute, die vorher auf der Straße waren, die sieht man nur noch hier, weil sie sich da treffen und auch ein bißchen austoben können," sagt Sabine Salmonat, 14. Sie kommt jeden Tag, an dem das Haus offen ist. „Zuhause ist es langweilig, meine Schwester ist immer weg und meine Eltern sind beide berufstätig." In der Schule sei es auch nicht besser. Sie ist älter als ihre Klassenkameraden und findet keinen Draht zu ihnen, aber nun kann sie im Lollipop Gleichaltrige kennenlernen.

Sabine gehört zu denjenigen, die das Lollipopteam mit ihrem neuen Konzept ansprechen wollten und das zunächst einmal, weil sie ein Mädchen ist. „Offene Jugendarbeit ist oft Jungenarbeit, die härteren, aggressiveren Umgangsformen, die unter den Jungen herrschen, vertreiben die Mädchen aus den Jugendhäusern", sagte Prinz. So wurden alle Gremien, das Lollipopgremium sowie die Arbeitsgruppen, paritätisch besetzt und das Aufgabengebiet „Mädchenarbeit" der Erzieherin Sonja Risle zugeteilt. Bewußt wurde auch das Café als ruhiger Bereich, wo die Mädchen sich wohl fühlen können, vorgesehen.

Dieses Café ist die Drehscheibe des Hauses, denn dort begegnen die Jugendlichen nicht nur einander, sondern auch den Betreuern. „Der offene Bereich ist der Kernpunkt der Jugendarbeit", erklärt Prinz. „Wenn ein Pädagoge den

---

[1] Quelle: Südkurier v. 7. 6. 1991.

verliert, verliert er alles." Alles, das heißt zum Beispiel die Möglichkeit, sich die Probleme und die Ideen der Jugendlichen in einer entspannten Atmosphäre anzuhören. Alles, das heißt zum Beispiel Nachwuchskünstler für Veranstaltungen zu gewinnen. Was Prinz am meisten am Herzen liegt, ist die Nähe zu den Jugendlichen zu wahren und nicht, wie bisher üblich, ihnen Programme aufzuzwingen. „Die Jugendlichen lassen sich nicht mehr betreuen. Unsere Arbeit hat sich zu einer Organisationsarbeit entwickelt, die die Ideen der Jugendlichen umsetzt, denn ihnen das Gefühl zu vermitteln, daß sie etwas bewirken können, ist die wichtigste Sozialarbeit, die wir leisten können," meint Kerstin Prinz.

Sabine ist keine Ausnahme. Der Trend zur Individualisierung in unserer Gesellschaft, so Prinz weiter, gebe Jugendlichen immer weniger Möglichkeiten, Selbstbewußtsein, Identität, ja sogar eine Streitkultur im Kontakt mit anderen zu entwickeln. Von anonymen Schulzentren und Kleinfamilien, die immer kleiner werden, seien sie nicht mehr aufgefangen. Probleme würden tabuisiert, mit verheerenden Folgen. „Im Grunde drängt man sie rein in eine Lügenwelt," kommentiert sie. „Was man aber machen kann, ist, sie so zu stärken, daß sie das Gefühl haben, man kann ohne Drogen leben, auch ohne den Alkohol, den ihre Eltern zu jeder Mahlzeit konsumieren."

Diese Ziele verfolgt das 21köpfige demokratisch gewählte Jugendgremium, das unter anderem entschied, im Lollipop keinen Alkohol auszuschenken. Die Jugendlichen beschlossen auch ein Rauchverbot, das im ganzen Haus gilt. Eine alternative Welt, in der sich die jungen Leute ihre eigenen Grenzen setzen, wird geschaffen.

Deswegen ist diese Welt aber noch lange nicht abgeschottet. Vereine haben ein Fachwissen, so Prinz, das auf gewissen Gebieten viel größer ist, als ihr eigenes. Warum sollte man diese Ressourcen nicht nutzen, wenn man, zum Beispiel, ein Fußballturnier organisieren will? Jugendbetreuende Organisationen können die Ausstattung und Räumlichkeiten nutzen, wenn sie einmal im Jahr etwas für das Jugendhaus tun.

Die BUND-Jugend, zum Beispiel, veranstaltet kostenlos eine Podiumsdiskussion zum Thema Müll. Gleichzeitig aber gestaltet sie einen Teich im Garten, eine Idee des Gymnasiasten Oliver Moliner. Dabei machen rund 156 Jugendhausbesucher mit. Viele von ihnen hatten noch nie vorher von der BUND-Jugend etwas gehört. Michael, 14, ist einer von ihnen. Er geht in die 8. Klasse der Hauptschule. Jetzt würde er gerne zur BUND-Jugend gehen, aber seine Eltern wollen es nicht.

Vorurteile abbauen, die Unterteilung in verschiedene Schulen zumindest in der Freizeit aufbrechen, das ist das Ziel solcher Projekte. „Das führt zu einer differenzierten Sichtweise", sagt Prinz. „Sie sagen nicht mehr, alle Türken seien blöd, sondern: ‚Der Rüdiger ist blöd‘, und auch der Gymnasiast erfährt, daß der Hauptschüler bestimmte Kompetenzen hat."

Aufgaben

1. Im obenstehenden Zeitungsartikel finden Sie strukturbestimmende Merkmale der beschriebenen Institution. Arbeiten Sie diese heraus.

2. Besuchen Sie mit Mitschülerinnen und -schülern eine Jugendbegegnungsstätte; fragen Sie nach dem Konzept, nachdem Sie längere Zeit beobachtet oder mitgewirkt haben.
   Vergleichen Sie dieses erfragte Konzept mit der angetroffenen Wirklichkeit.

3. Führen Sie ein Interview mit einem Leitungsteam in einem Jugendhaus. Entwerfen Sie zuvor einen Fragenkatalog.

4. Besuchen Sie kirchlich betreute Jugendgruppen, Gruppen der Gewerkschaften, Gruppen bei Sportvereinen usw.
   Vergleichen Sie die verschiedenen Zielsetzungen und Konzeptionen.

5. Vergleichen Sie die unten genannten Konzeptionen mit der Konzeption „Jugendhaus als alternative Welt".

Haus der offenen Tür und Jugendzentrum[1]

Das Haus der offenen Tür gehört, wie gesagt, zu den Jugendfreizeitstätten. Neueren Schätzungen zufolge handelt es sich um die verbreitetste Einrichtung dieser Art. Sie ist allerdings fast ausschließlich auf größere Kommunen beschränkt (...). Die Institution hat von der Ausstattung, dem Personal, dem Programm und von den festgelegten Öffnungszeiten her eine relativ beständige Struktur. Ihre Größe schwankt. Die Häuser der offenen Tür versuchen in unterschiedlichem Maße, den beiden Grundbedürfnissen der Jugendlichen nach einem informellen Freizeitbereich einerseits (für zwanglose Kommunikation) und einem determinierten Freizeitbereich andererseits (für die Befriedigung von Neigungen und Interessen) entgegenzukommen. Bei den Besuchern überwiegt die Gruppe der 15–18jährigen. Dabei sind männliche Jugendliche überrepräsentiert. Hauptschüler, Lehrlinge und junge Arbeiter dominieren bei weitem (...). Das Haus der offenen Tür möchte sich schon durch seinen Namen von Einrichtungen abgrenzen, die ein Jugendliche nicht in vergleichbarer Weise betreten und wieder verlassen kann (wie z. B. die Jugendverbandsheime). Das Merkmal Offenheit gilt aber nicht nur äußerlich. Vor einigen Jahrzehnten stand dahinter die Wunschvorstellung, daß die Einrichtung Modell für eine „offene Gesellschaft" sein könnte, „deren Ordnung so stabil und zugleich dynamisch ist, daß sie Raum hat für den ungeordneten, unter Umständen gegen die Gesellschaftsordnung sich auflehnenden Jugendlichen" (L. Rössner) (...).

Später beschränkte sich die Offene-Tür-Pädagogik realistischerweise eher auf eine Offenheit in dem Sinne, daß sie dem Jugendlichen die Möglichkeit bieten wollte, „mit Freiheit in weitest möglichem Maße zu experimentieren", damit er auf diese Weise „den Umgang mit der Freiheit der Freizeit" erlernt (Deutscher Jugendhilfetag 1970) (...).

Mit der Entstehung der Jugendzentrumsbewegung aus der Studenten- und Schülerbewegung der ausgehenden 60er Jahre wurden die pädagogischen Maßstäbe noch einmal verändert: Nun stand die Selbstbestimmung der Jugendlichen im Vordergrund. Aus ihr erwuchs der Anspruch auf Selbstverwaltung und Selbstorganisation der Freizeitstätten durch die Jugendlichen selbst. Sie sollten das „formale Recht haben, über den Ablauf des täglichen Betriebs selbst zu entscheiden" (R. Krisam) (...). Ein solches Konzept führte nicht nur zu Auseinandersetzungen mit den Trägern der bisherigen Einrichtungen (überwiegend der Kommunen), sondern auch zu Problemen im Rollenverständnis bei den bisherigen Jugendlichen und Betreuern und nicht zuletzt zu Konflikten mit der Öffentlichkeit, die chaotische Zustände heraufziehen sah. Immerhin kam es zu einer großen Zahl von Neugründungen, besonders in kleineren Städten, die bisher noch gar keine entsprechenden Institutionen hatten, während in den Großstädten neue Einrichtungen seltener waren. Dafür wurden vorhandene Freizeitheime umgewidmet. Wo Jugendzentren neu entstanden, wurden von den Kommunen meist ältere Häuser zur Verfügung gestellt, die sich ohne großen Aufwand für die Zwecke der Jugendlichen herrichten ließen.

---

[1] Quelle: Hobmair, H. (Hrsg.): Pädagogik. Köln u. München 1989, S. 341 f.

2.1 Die geschichtliche Entwicklung der Freizeiteinrichtungen

Die Idee der Freizeit, wie wir sie heute kennen, liegt in der Zeit der Aufklärung begründet und wurde durch die aufkommende Industrialisierung begünstigt. Für die Denker der Aufklärung wie *Jean Jacques Rousseau*, *Kant*, *Schiller*, *Herder* u.a. konnte nur dann der Mensch aufgeklärt denken und handeln, wenn er eine gewisse Zeit der Freiheit besäße, sich zu bilden. Da für den Bürger eine völlige Freiheit nicht möglich war – er benötigte auch eine Zeit der Arbeit für seinen Lebensunterhalt – entwickelte sich daraus die Unterteilung in Arbeitszeit und Freizeit.

Der Begriff „Freizeit" taucht zum erstenmal bei *Fröbel* im Jahre 1823 auf und löst den alten Begriff „Zeit der Freiheit" ab. Dabei wurde die Freizeit aber noch nicht mit dem wirtschaftlichen Bereich verknüpft. Erst *Marx* hat in Verbindung mit der Freizeit eine Verkürzung der Arbeitszeit gefordert. Aufgrund der geschichtlichen Analyse lassen sich der Freizeit zwei unterschiedliche grundlegende Gedanken zuweisen: Während der eine Gedanke die Freizeit als wichtige und notwendige Zeit für die **Bildung,** die **Persönlichkeitsentfaltung,** die **Emanzipation**[1] des einzelnen betrachtet, meint der andere Gedanke Freizeit als Zeit der **Erholung,** als notwendige **Grundlage für eine bessere Arbeitsleistung**[2].

Der Gedanke der Aufklärer, die Freizeit habe die Aufgabe, den einzelnen in seiner Persönlichkeit weiter zu entfalten, trat gegenüber dem Gedanken der Erholung durch die rasche Industrialisierung immer mehr in den Hintergrund. Ein gewisses Wiederaufleben dieses Gedankens kann in der Forderung nach Bildungsurlaub gesehen werden. Die Begründung dafür kann aber sicherlich nicht alleine einer emanzipatorischen Idee zugewiesen werden. Gängige Auffassung ist nach wir vor, Freizeiterziehung sei allein eine **Folge der Industrialisierung.**

Konkret läßt sich die heutige Arbeit in den Freizeiteinrichtungen auf die Jugendarbeit der Kirchen im 19. Jahrhundert und auf die Jugendbewegung zurückführen. Sie wird auch heute noch hauptsächlich durch die freien und teilweise durch kommunale Träger in vielfältigen Institutionen, wie z.B. Heimen der Offenen Tür, Jugendzentren, Freizeitheimen, Jugendclubs, Stadtranderholungsheimen, Zeltlagern usw. durchgeführt.

Die **Freizeitstätten** haben nur eine kurze Geschichte. Ihren Ursprung haben sie in dem German Youth Activities-Programm der amerikanischen Besatzungsmacht nach dem 2. Weltkrieg, das in ähnlicher Form auch von den anderen Besatzungsmächten durchgeführt wurde. Ziel dieses Programms war, daß jede größere Gemeinde ein sogenanntes Youth Center erhält, damit sich dort Jugendliche treffen können, um demokratisches Verhalten kennenzulernen und üben zu können.

Im Laufe der stetigen Verbesserung der wirtschaftlichen Lage Deutschlands verloren diese Youth Centers ihre Attraktivität – sie waren geheizt und es gab gelegentlich Mahlzeiten –, außerdem wurden sie nach und nach wegen fehlender finanzieller Mittel geschlossen. Einige wurden jedoch von deutscher Seite übernommen. Dies war die Grundlage für die Errichtung von Freizeitheimen. Das sogenannte Heim der Offenen Tür ist ein solches Nachfolgeheim.

---

[1] Emanzipation = rechtliche und gesellschaftliche Gleichstellung.
[2] Vgl. Nahrstedt, W.: Freizeitpädagogik in der nachindustriellen Gesellschaft, Bd. 1. Luchterhand Neuwied und Darmstadt 1974, S. 10ff.

Als sich insbesondere in den 70er Jahren die finanzielle Situation wesentlich besserte, entwickelten sich neue Modelle.

Der **Jugendclub** ist ursprünglich ein Modellversuch des Landes Hessen. Dieses Modell sollte Erfahrungen ermöglichen hinsichtlich der Frage, ob damit eine moderne Jugendarbeit möglich sei. Es sollte erprobt werden, ob neben anderen Aktivitäten auch Lernprozesse politischer Jugendbildung initiiert werden können. Kulturelle und politische Bildungsangebote standen nebeneinander. Die Jugendlichen sollten auf diese Weise lernen, auf gesellschaftliche Konflikte auch politisch zu reagieren. Dabei sollte auf die schichtspezifischen Bedürfnisse der Jugendlichen angemessen eingegangen werden.

Das Jugendzentrum wiederum ist ein Modell des Landes Bayern. Es sollte der Befriedigung der Freizeit- und Kommunikationsbedürfnisse der Jugendlichen dienen und zugleich zu eigenen Aktivitäten anregen. Darüber hinaus sollten Angebote zur Jugendbildung gemacht werden. Als neuer Aspekt ist die räumliche Aufnahme von Jugendberatungsdiensten zu werten.

Das **selbstverwaltete Jugendzentrum** stellt eine weiterführende Form des Jugendzentrums dar, wobei versucht wird, die geforderte Selbständigkeit in Form einer demokratischen Selbstverwaltung zu verwirklichen. Dazu wählt eine Vollversammlung einen Jugendzentrumsrat, der Entscheidungsbefugnis hat, wobei der Träger Gesprächs- und Verhandlungspartner ist. Aufgabe des Jugendzentrumsrates ist die Organisierung und Verwaltung der Angelegenheiten des Zentrums.

Die Gruppenheime stehen auf der einen Seite den Jugendgruppen der Jugendverbände, auf der anderen Seite aber auch für Angebote der Offenen Jugendarbeit zur Verfügung. Eingerichtet und unterhalten werden sie von Jugendverbänden.

Die Jugendbildungsstätten waren ursprünglich gedacht als Jugendgruppenleiterschulen, die die Arbeit der Jugendverbände unterstützen sollten, indem sie nebenamtliche Jugendleiter ausbildeten. Wie die Freizeitheime sollten sie anfänglich den demokratischen Erziehungsprozeß der Jugendlichen nach dem Kriege einleiten und weiterführen.

Sie wurden aber zunehmend selbständiger und schlossen sich im „Arbeitskreis Deutscher Bildungsstätten" zusammen. Aus den Zielen dieser Jugendbildungsstätten gibt es wesentliche Anstöße für die Jugendarbeit.

Die Abenteuerspielplätze stellen eine Antwort dar auf die mehr und mehr eingeschränkten Spielmöglichkeiten der Kinder. Kinder bevorzugen Plätze, wo sie nach ihrer Phantasie spielen und gestalten können. Mit der zunehmenden Verstädterung der Umgebung gehen solche Spielplätze immer mehr verloren. Der Abenteuerspielplatz soll den Kindern die Möglichkeit bewahren, auf ihren Spielplätzen Hütten zu bauen, in Höhlen zu spielen, auf Bäume, Gerüste usw. zu klettern, sich verstecken zu können, indem die Möglichkeit geboten wird, dies auch mit bereitgestelltem Material selbst zu bauen.

Das Zeltlager ist eine Maßnahme der Kinder- und Jugenderholung. Es besteht aus festen Großzelten mit zentralen Großküchen und sanitären Anlagen für Erholungs- oder Klassenaufenthalte. Es wird während der Ferienzeit von Erziehern geleitet und organisiert.

2.2 Aufgaben der Freizeiteinrichtungen

Verstand sich die Sozialpädagogik lange Zeit als Hilfe in Not- und Verwahrlosungssituationen, die außerhalb der Familie und Schule geleistet wurde, so tritt heute mit dem Rückgang der ökonomischen Notlage der Nothilfe-Charakter der Sozialpädagogik stärker in den Hintergrund. Dies wird z.B. deutlich an der Entstehung und den Aufgaben der heutigen Freizeiterziehung.

Freizeiterziehung meint in engerem Sinne die **Erziehung in der Freizeit für die Freizeit** und ist damit eine reine Domäne der Sozialpädagogik. Im weiteren Sinne meint sie jede Erziehung für die Freizeit. Damit sind alle Erziehungsbereiche betroffen: Familie, Schule, Beruf, Freizeitgestaltung usw. Als Wort taucht die Freizeiterziehung vor den 60er Jahren nur selten auf; davor wurden vor allem die Begriffe Freizeitgestaltung oder Freizeitpädagogik gebraucht. Sie stellt das Aufgabenfeld der Jugendpflege bzw. Jugendförderung dar, die Freizeitangebote für alle Jugendlichen macht. Die Jugendpflege wiederum ist, neben der Jugendfürsorge, das zweite Aufgabenfeld der Jugendhilfe.

Aufgabenfelder der Jugendhilfe nach dem KJHG von 1990

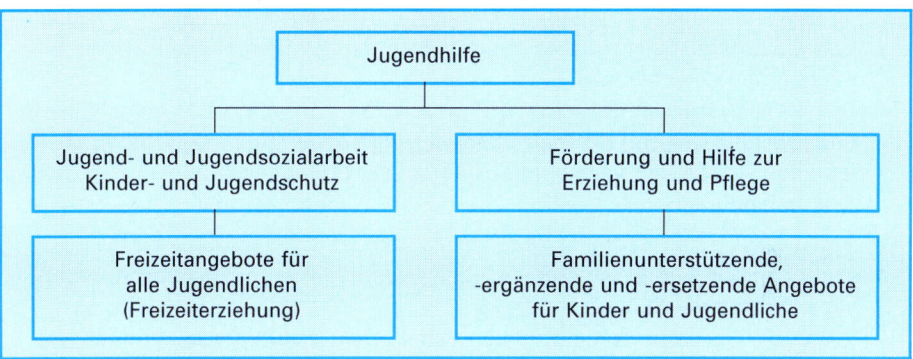

Aufgabe der Freizeiteinrichtungen ist also, grundsätzlich allen Jugendlichen ein pädagogisches Angebot zur Freizeitgestaltung zu machen.

Ziel ist die gesamtheitliche Persönlichkeitsförderung des Jugendlichen, seine Ich-Findung wie auch das Finden seiner Rolle in der Gesellschaft, was außerschulisch und außerhalb von Familie und Beruf auf freiwilliger Basis erfolgt.

Generell lassen sich folgende **Ziele für die Freizeiterziehung** formulieren:

1. Hilfestellung für gefährdete bzw. verwahrloste Kinder und Jugendliche geben (Jugendfürsorge);
2. Präventivmaßnahmen für potentiell gefährdete bzw. verwahrloste Kinder und Jugendliche ergreifen (Jugendpflege);
3. Bildungsangebote für Kinder und Jugendliche machen (Jugendbildung);
4. Eigene Initiativen von Jugendlichen ermöglichen (Jugendselbstbestimmung).

Diesen allgemeinen Zielsetzungen lassen sich differenziertere Aufgaben zuweisen:

Aufgaben der Freizeiteinrichtungen

1. Freizeiteinrichtungen dienen als Ort der gesellschaftlichen und politischen Lebensgestaltung der Jugendlichen.
   Da die Freizeit ein immer größer werdendes Gewicht im Leben des einzelnen gewinnt, wird es Aufgabe der Freizeiteinrichtungen sein, den Jugendlichen sinnvolle Angebote zu machen. Da die gesellschaftliche und politische Lebensgestaltung immer mehr in den Bereich der Freizeit fällt, werden solche sinnvollen Angebote insbesondere auch die gesellschaftliche und politische Lebensgestaltung betreffen müssen.

2. Freizeiteinrichtungen müssen aber auch offen bleiben für neue Wege der Freizeitgestaltung.
   Sie müssen Freiräume für Möglichkeiten zum Experiment mit der Freizeitgestaltung öffnen, so daß die Jugendlichen ihre Aktionsmöglichkeiten selbständig erproben und erweitern können.

3. Freizeiteinrichtungen müssen zusätzlich zu den herkömmlichen Angebotsbereichen neue erschließen.
   Die Freizeit ist ein für alle frei verfügbares Gut. Sie darf nicht verschult werden. Deshalb müssen die Freizeiteinrichtungen über eine möglichst breite Palette von Angeboten verfügen, aus denen der Jugendliche nach freiem Belieben wählen kann.

4. Freizeiteinrichtungen müssen auf der Grundlage neuer didaktisch-methodischer Kriterien arbeiten.
   Wenn die Freizeiterziehung keinen schulischen Charakter bekommen soll – denn dann könnte man sie auch voll in die Schule integrieren – muß sie sich einen eigenen didaktisch-methodischen Rahmen schaffen, der allerdings die Elemente der Schulpädagogik als auch der Sozialpädagogik in sich vereinigt.

2.3 Möglichkeiten und Grenzen der Freizeiteinrichtungen

Unterschiedliche Erziehungskonzepte standen sich nach dem 2. Weltkrieg konträr gegenüber. Hierbei schalteten sich zunehmend auch die Jugendlichen selbst ein. Versuche wurden gestartet, selbstgestaltete Jugendarbeit zu betreiben. Die sich rasch entwickelnde Freizeit- und Konsumindustrie hatte bald den Jugendlichen entdeckt und trat als Konkurrent gegen die offene Jugendarbeit an. Grundsätzlich besteht die Situation noch immer. Der Durchbruch einer sinnvollen Freizeiterziehung scheint noch nicht gelungen.

Die **Arbeit der Freizeiteinrichtungen** ist grundlegend durch drei Merkmale gekennzeichnet:
1. Ihre Teilnahme ist freiwillig.
2. Sie findet außerhalb von Familie, Schule und Beruf in der Freizeit statt.
3. Sie richtet sich an Personen, die noch nicht erwachsen sind. D. h. es sind Personen, die im soziologischen Sinne ihre sozialen Rollen, ihren sozialen Status noch nicht gefunden haben.

Wie im vorigen schon geäußert, muß sich die Arbeit in Freizeiteinrichtungen auch nach der Situation der Kinder und Jugendlichen richten. So verstand sich die offene Jugendarbeit in den Jahren nach dem Kriege stärker noch als Hilfe in Gefährdungssituationen. Man wollte die Jugend von der Straße haben, um einer drohenden Verwahrlosung vorzubeugen.

Lange Zeit hielt sich diese Auffassung, daß Freizeit eher als Problem zu betrachten sei. Man befürchtete, die Jugendlichen könnten in der nicht beaufsichtigten Freizeit Handlungen begehen, die eine soziale Gefährdung bedeuteten. Neuere Ansätze weisen jedoch darauf hin, daß Freizeit durchaus mehr als Chance denn als Problem gesehen werden kann.

Schon 1970 formulierte der *4. Deutsche Jugendhilfetag:*

> „Die Freizeitstätten sollten (...) Emanzipation dadurch provozieren, daß sie den jugendlichen Besucher als bereits emanzipiert annehmen und ihm erlauben, mit Freizeit im weitest möglichen Maße zu experimentieren. Auf diese Weise ermöglichen die Freizeitstätten, den Umgang mit der Freiheit der Freizeit zu erlernen."[1]

Hier wird deutlich, daß auch die Freizeiterziehung in einem Dilemma steckt, das vordergründig die gesamte erzieherische Arbeit aufweist und überspitzt so ausgedrückt werden kann: einerseits soll der Zu-Erziehende zu einer selbständigen und selbstverantwortlichen Person erzogen werden, andererseits aber soll er sich den Regeln der ihn umgebenden Gesellschaft unterwerfen.[2]

---

[1] Jugendfreizeitstätten. Analysen, Konsequenzen, Forderungen. In: Mitteilungen der Arbeitsgemeinschaft für Jugendpflege und Jugendfürsorge 60, Dez. 1970, S. 31.
[2] Das ist allerdings nur dann ein Problem, wenn der Erzieher den Mittelweg nicht findet und entweder nur die eine oder die andere Seite bevorzugt.

Ein weiteres Problem liegt in der Forderung, daß die Angebote der Freizeiteinrichtungen alle Jugendlichen erreichen sollten. Das bedeutet, daß Jugendliche aller verschiedenen sozialen Schichten, aller Interessengruppierungen und Bildungsniveaus ein ihnen angemessenes Freizeitangebot bekommen sollen.

Darüber hinaus sollen diese Angebote freiwillig sein. Niemand also kann gezwungen werden, die Angebote wahrzunehmen.

Unzweifelhaft sind diese grundsätzlichen Forderungen richtig. Angebote der Freizeiteinrichtungen können nicht verpflichtend gemacht werden – sonst könnten sie gleich in die Schulpädagogik übernommen werden. Wenn die Teilnahme freiwillig sein soll, muß sie aber attraktiv sein. Sind aber attraktive Angebote auch immer pädagogisch sinnvoll? Diese Frage führt auf die didaktische Ebene: Was soll Wem Wie Wo angeboten werden? Diese Frage führt wiederum zurück auf das zweite oben genannte Problem: kann die Freizeiterziehung allen verschiedenen Jugendgruppen ein für sie attraktives Angebot machen? Dazu ist ein viel größeres Netz von vielfältigen Freizeiteinrichtungen notwendig – das bedeutet aber auch einen hohen finanziellen Aufwand.

Natürlich ist das oben dargestellte Dilemma der Freizeiterziehung überspitzt formuliert. Wir wissen, für denjenigen, der in einer Gesellschaft lebt, gibt es keine absolute Freiheit, keine Freiheit von allen Normen und Regeln, nur die Freiheit zur Handlung innerhalb dieser Regeln. Trotzdem aber scheiterten bisher die meisten Versuche von Freizeitstätten, Jugendliche sich selbst verwalten zu lassen – zweifellos nicht nur ein Verschulden der Jugendlichen selbst. Dies ist aber ein Zeichen dafür, daß es noch kein einheitliches Verständnis aller Beteiligten davon gibt, wie eine von allen akzeptierte Freizeiterziehung gestaltet sein soll.

Die Konsequenz daraus lautet: es muß ein neues Konzept geschaffen werden, das den bisher stärkeren Charakter der Nothilfe zugunsten einer anderen Konzeption der Freizeiterziehung ersetzt. Die bisherigen Angebotsbereiche müssen ausgebaut und durch neue erweitert werden. Es fehlt noch immer an fertigen Konzepten für Angebote in den Bereichen Kommunikation (Geselligkeit), Konsum, Erholung, Lebenshilfe, aber auch Sexualität. Diese Forderungen scheinen vielleicht auf den ersten Blick als überzogen. Bedenkt man aber, daß die Freizeiterziehung als Teilbereich der Jugendpflege ein Instrument der Jugendhilfe ist, so gilt auch für sie: **Prävention**[1] **ist billiger als Rehabilitation**[2] **und Resozialisierung**[3].

Zuletzt sei hier darauf verwiesen, daß letztendlich die Freizeiteinrichtungen in der heutigen Zeit, in der die Menschen immer älter werden, aber auch immer mehr Freizeit gewinnen, sich nicht nur an Kinder und Jugendliche wenden müssen, sondern Angebote für alle Altersphasen bereitstellen sollten.

---

[1] Prävention = Vorsorge, Vorbeugung
[2] Rehabilitation = Wiederherstellung der alten Fähigkeiten
[3] Resozialisierung = Wiedereingliederung in die Gesellschaft

1. Erweitern und begründen Sie die auf der folgenden Seite dargestellten Strukturprobleme mit eigenen Argumenten.
2. Was könnte man Ihrer Meinung nach tun, um diese Probleme zu lösen?

Erzieherische Grundfähigkeiten

| Wahrnehmen Beobachten | ↔ | Darstellen Beschreiben | ↔ | Analysieren Planen | ↔ | Gestalten | ↔ | Reflektieren | ↔ | Kooperieren |

Die Unterbringung in einem Heim ist ein außerordentlich gravierender Vorgang für die betroffenen Kinder und Jugendlichen. Sie bedeutet den Abbruch der bisherigen Familienbeziehungen und trägt zugleich das Risiko des Scheiterns in sich. Die Forderung nach einer lebensweltorientierten Jugendhilfe weicht die traditionellen Formen der Heimerziehung auf. Die Heimerziehung öffnet sich flexibleren, differenzierteren Formen und kann somit besser den jeweiligen Bedürfnissen der betroffenen Kinder und Jugendlichen erzieherisch entsprechen. Trotzdem können noch immer bestehende **Strukturprobleme** nicht übersehen werden. Einige formuliert der 8. Jugendbericht des Deutschen Bundestages wie folgt:[1]

> „Die Vermittlung von Lehrstellen und Arbeitsplätzen ist für Heimbewohner schwierig – vor allem für Mädchen ist es oft verzweiflungsvoll verführerisch, die Schuld für ihr Scheitern resignativ bei sich selbst zu suchen und sich angesichts fehlender Berufsperspektiven gleichsam im Heimleben abzukapseln (…)."
> „Als zunehmend brisant erweisen sich die Probleme der Mädchenerziehung. – Die Belastungen der Mädchen (…) werden dramatischer, die Ansprüche von Mädchen auch an Berufsqualifikation wachsen. Wie sehr auch die Heimerziehung den traditionellen Klischees über die Möglichkeiten und Aufgaben von Frauen in der Gesellschaft verhaftet war (repräsentiert gegenüber der Jungen-Erziehung etwa in geringeren Pflegesätzen und schlechteren Personalschlüsseln, aber auch in überholten Erziehungskonzepten und vor allem Ausbildungsangeboten), ist inzwischen deutlich und wird geändert (…)."
> „Probleme der Ausländer – und hier vor allem wiederum auch der ausländischen Mädchen – werden zunehmend brisant und verlangen vor allem intensive Kenntnis der besonderen Lebenstraditionen und Lebensbewältigungsaufgaben (…)."
> „(…) daß Heimerziehung die Aufgabe hat, den Heranwachsenden einen aushaltbaren, einen „gelingenden" Alltag zu ermöglichen, ist in der derzeitigen Diskussion als Zielprojektion nicht bestritten. Diese Formel hat ihren guten Sinn darin, daß sie – in Anknüpfung an die pädagogische Tradition zum Beispiel des Wohnstubenlebens (Pestalozzi) oder der Lebensgemeinschaftserziehung (Reformpädagogik) – auf die besonderen Aufgaben der Lebensbewältigung im Alltag zielt. Damit ist aber Heimerziehung hineingerissen in all die Schwierigkeiten, wie sie sich aus den brüchig werdenden und den ihnen entsprechenden Prozessen der Pluralisierung und Individualisierung von Lebensentwürfen ergeben; Erziehung im Heim wird komplizierter, so wie es überhaupt in unserer Gesellschaft geworden ist – das Alltagsleben in der Gruppe zu strukturieren ist schwierig und gelingt offensichtlich so häufig nicht, daß es für Heranwachsende ebenso wie für Pädagogen belastend, ja überfordernd erscheint (…). Die Bewältigung von Alltagsaufgaben ist belastet durch Defizite in der Partizipation im Heimleben, also durch Defizite der Mitbestimmung der Bewohner im Gruppenleben und Heim und Defizite der Zuständigkeit der Mitarbeiter für ihre Arbeit (…).

1 Die geschichtliche Entwicklung der familienersetzenden Einrichtungen

Das letztendlich angestrebte Ziel der Sozialpädagogik ist die **soziale Integrationshilfe**. Dies leistet sie insbesondere dann, wenn die primären Sozialisationsfelder Familie und Schule entweder versagt haben, deswegen ersetzt werden müssen oder nicht zuständig sind bzw. ergänzt werden müssen.

Bis in das späte Mittelalter war die vorherrschende Familienform die **bäuerliche Großfamilie**. Man lebte und arbeitete zusammen. Die Schwachen wie Kinder, Kranke, Waisen, Alte usw. wurden in der Großfamilie mitversorgt. Schwachen und Hilfsbedürftigen, die nicht von ihren Familien versorgt wurden, halfen im wesentlichen

---

[1] Achter Jugendbericht S. 154 f.

christliche Gruppen und Einrichtungen, wie z.B. die Diakonissen (Frauen, die aus religiösen Beweggründen halfen), Ordensritter, Mönche usw. Etwa ab dem 13. Jahrhundert wurden **städtische Spitäler** für die Schwachen und Hilfsbedürftigen eingerichtet. Etwa zu Beginn des 16. Jahrhunderts wurden den Spitälern **Findel- und Waisenhäuser** angegliedert. Dies geschah auch, um die bis zum Mittelalter relativ hohe Zahl an Kindesaussetzungen und -morden zu verringern. Viele dieser Findel- und Waisenhäuser wiesen eine sogenannte „rota" auf, ein Drehgestell, in das man das Kind legte, die Findelglocke betätigte und das Gestell drehte, so daß das Kind im Inneren des Hauses aufgenommen werden konnte.

Im 17. Jahrhundert wurden die Armen- und Waisenhäuser immer mehr zu Arbeitshäusern, die zu eigenen Wirtschaftsunternehmen gerieten. Gegen Ende des 18. Jahrhunderts und zu Beginn des 19. Jahrhunderts wurden insbesondere für die Armenkinder **Industrie- oder Arbeitsschulen** gegründet. Darin erlernten die Schüler grundlegende Kenntnisse des Lesens und Schreibens und wurden daneben zu verschiedenen Textilarbeiten herangezogen.

In der Folge entwickelte sich der Gedanke des „Rettungshauses". Bis etwa 1850 wurden über 60 Heime für schwer erziehbare (verwahrloste) Kinder und Jugendliche eingerichtet. Grundlegender Gedanke war dabei, daß die Erziehung dieser verwahrlosten Kinder und Jugendlichen zu einer Angelegenheit der Gemeinde werden müsse.

Als Grundprinzip der Erziehung galt dabei zum ersten Mal, daß die Kinder und Jugendlichen in familienähnlichen Gruppen betreut wurden. Großer Wert wurde auf religiöse Unterrichtung und landwirtschaftliche Tätigkeit gelegt, denn als wesentliche Ursache der Verwahrlosung galt die Industrialisierung der Gesellschaft.

Im folgenden werden vier bedeutende Pädagogen vorgestellt, die mit ihrem Wirken einen wesentlichen Einfluß auf die Entwicklung der familienersetzenden Einrichtungen ausübten.

Johann Heinrich Pestalozzi

Die erzieherischen Ideen lagen insbesondere dem Erziehungskonzept des Schweizers *Johann Heinrich Pestalozzi* (1746–1827) zugrunde.

1774 gründete er ein Waisenhaus für arme Kinder auf dem Neuhof. Dort erhielten die Kinder schulische Elementarkenntnisse.

1799 gründete er ein Kinderheim in Stanz. Sein „Stanzer Brief" gilt als ein erster theoretischer Ansatz für die Heimerziehung.

1799– war er Lehrer in Burgdorf. Hier entwickelte er seine schulpädagogischen Konzep-
1803 tionen.

1804 übernahm er die Leitung einer Heimschule in Iferten, die er bis 1825 innehatte.

Pestalozzi beklagte zwar die negativen gesellschaftlichen Zustände, beabsichtigte aber keine Gesellschaftsreform. Er wollte eher wieder die traditionelle mittelalterliche Ständegesellschaft herstellen. Dies versprach er sich durch eine einfache, religiöse, landwirtschaftlich orientierte Lebensweise. Seine Erziehung war demzufolge eine **Standeserziehung,** die den gesellschaftlichen Wandel verhindern sollte. Dieser Wandel nämlich war seiner Meinung nach an der Verarmung und Verwahrlosung der Kinder und Jugendlichen schuld. Seine von ihm erzogenen Kinder und Jugendlichen sollten zu brauchbaren Mitgliedern ihres Standes werden.

Hinrich Wichern

Die oben genannte Idee des Rettungshauses wurde insbesondere durch *Hinrich Wichern* (1808–1881) verwirklicht. Im „Rauhen Haus" (einem strohgedeckten Haus nahe bei Hamburg) sammelte er verwahrloste Jugendliche, um sie in familienähnlichen Gruppen zu erziehen. Es kam ihm dabei vor allem darauf an, unabhängig vom Staat oder einer anderen Institution zu bleiben. Dabei organisierte er einen Kreis von Männern, insbesondere Handwerker und Beamte, die durch ihre Spenden die Unterhaltung dieses Hauses ermöglichten. Die einzelnen Gruppen, in der Regel zwölf Kinder, wurden von einem unverheirateten Leiter („Bruder") geleitet. **Sport, Spiel, Werken** und **religiöse Unterweisung** standen im Vordergrund ihrer Erziehung.

Die „Brüder" wurden für ihre Tätigkeit intern ausgebildet. Daraus entwickelte sich 1840 eine der ersten Heimerzieherschulen, aus der sich später die Diakon- und Diakonissenkollegs entwickelten.

1848 gründete *Wichern* die Innere Mission, die eine Zusammenfassung aller von ihm oder seiner Mitarbeiter aufgebauten evangelischen Hilfswerke darstellt.

Seine sozialpädagogische Idee war wie die *Pestalozzis* stark im religiösen Glauben verankert. Seine Arbeit verstand er als Rettung von Verlorenen, die er mit Gott und der Gesellschaft versöhnen wollte. Ihre sittliche Erziehung sollte zugleich zu einem befriedigenden Ausgleich zwischen den oberen und unteren Schichten führen und sie von dem aufkommenden sozialistischen Ideengut fernhalten.

Die heutige Heimerziehung wurde in starkem Maße durch die Idee der Rettungshäuser geprägt und weist heute noch viele Elemente der Sozialpädagogik *Wicherns* auf.

Don Giovanni Bosco

Ähnlich wie *Wichern* beschäftigte sich in Italien seit 1841 der Priester *Don Giovanni Bosco* (1815–1888) mit verwahrlosten Kindern und Jugendlichen. Erst 1846 gelang es ihm, ein Erziehungsheim zu gründen. Zuvor zog er rastlos mit diesen Kindern und Jugendlichen umher, um eine Unterkunft für alle zu suchen.

Aus seiner Erfahrung auch mit Strafgefangenen und Strafentlassenen hielt er die **Prävention** (Vorbeugung, Vorsorge) für die wichtigste pädagogische Maßnahme. Als einer der ersten machte er sich Gedanken über den Sinn und Zweck der Strafe, über Nutzen und Anwendung der Prävention. Selbst über einen erfolgreichen Unterricht dachte er nach.

Don Bosco kann heute sicherlich als einer der ersten Jugendpsychologen betrachtet werden, der nach noch heute gültigen psychologischen Gesetzmäßigkeiten und Regeln in der Erziehung von Kindern und Jugendlichen vorging.

Makarenko, Anton Semjonowitsch (1888–1939)[1]

„Makarenko, der einflußreichste Sowjetpädagoge und der bedeutendste slawische Erzieher nach *Tolstoi*, wurde am 13. 3. 1888 in der Familie eines ukrainischen Malers in Bjelopolje geboren. Schon als Kind für den Erzieherberuf interessiert, erwarb er zunächst die Lehrbefugnis für Elementarschulen und absolvierte dann das Lehrerinstitut in Poltawa mit der ‚Goldenen Medaille'. Nach der Revolution entwickelte Makarenko in sog. Arbeitskolonien für jugendliche Rechtsverletzer den neuen Stil der Sowjetpädagogik, und zwar gegen den Widerstand seiner vorgesetzten Behörden. Von 1920 bis 1935 war er leitend in diesen Kolonien tätig. Dank der Initiative *Maxim Gorkis* legte er in den

---

[1] Quelle: Lexikon der Pädagogik; Herder, Freiburg 1954, Bd. III, Sp. 413f.

letzten Jahren seines Lebens die dort gewonnenen Erfahrungen in lebendigen Abhandlungen nieder. Gestorben 1. 4. 1939.

Ausgangs- und Kernpunkt der Pädagogik Makarenkos ist das *Kollektiv*. Es ist zugleich Weg und Ziel seiner Sozialerziehung: durch das Erziehungskollektiv soll der Zögling hingeführt werden zum Lebenskollektiv der Sowjetvölker. Ganz im Dienste der Kollektiverziehung steht die Individualerziehung, deren Mittel die *Ordnung* und deren Ziel die bewußte *Disziplin* ist. Makarenkos methodische Grundbegriffe sind die *Dialektik* und die *Perspektive*. Die pädagogische Dialektik besteht für ihn negativ in der Absage an jede Art schematischer Erziehung (,Standarte'); positiv in dem jeweils situationsbedingten Ausgleich zwischen dem Einzel- und Gruppeninteresse.

Es bleibt dem pädagogischen Genius Makarenkos vorbehalten, einen solchen Ausgleich von Fall zu Fall erreicht zu haben. Der egozentrische ,Blick' des Zöglings wird schrittweise durch Aufweisung gemeinschaftsverbundener Aufgaben und Möglichkeiten ausgeweitet und gehoben. Es handele sich dabei um ein ,überaus kompliziertes System kollektiver Perspektiven'. Der Inhalt des kollektiven Lebens ist die *manuelle Arbeit*. Bereits das Spiel wird als ,Vorbereitung für die Arbeit' aufgefaßt, und die Freizeit dient zur Kraftakkumulation für den folgenden Dienst (,Organisation der Muße').

Bedeutung und Grenze der Pädagogik Makarenkos überschneiden sich in ihrer bewußt weltanschaulich-politischen Orientierung. Die Tragweite seines Einflusses auf die moderne Sowjetpädagogik kann kaum überschätzt werden; er gilt unumstritten als ,Bahnbrecher der sozialistischen Pädagogik'. Hinter der besonderen Situation seiner Praxis und der Gebundenheit seiner Ideale und Begriffe verbirgt sich eine Fülle rein pädagogischer Einsichten und Beispiele, die namentlich für jeden Sozial- und Fürsorgeerzieher vorurteilsfreier Prüfung wert sind."

2 Grundsätze der Heimerziehung

Wenn Kindern und Jugendlichen geholfen werden soll, weil sie entweder keine Eltern mehr haben oder in ihrer angestammten Familie keine „Heimat" finden und dort nicht die erforderliche Erziehung und Förderung bekommen können, ist die Sozialpädagogik gehalten, in diesen Erziehungs- und Lebensschwierigkeiten Hilfen durch eine Fremdunterbringung zu geben. Diese Fremdunterbringung erfolgt durch verschiedene Formen der Unterbringung in Pflege- oder Adoptionsfamilien sowie der Heimerziehung.

Bei der Fremdunterbringung gelten folgende Grundsätze:

1. Ambulante Hilfen sind der Fremdunterbringung vorzuziehen.
2. Die Unterbringung in Pflege- oder Adoptionsfamilien ist der Unterbringung im Heim vorzuziehen.
3. Wenn eine Heimunterbringung erforderlich scheint, so sind Tages- oder Wohngruppen geeigneter. Die Einrichtungen sollten dezentralisiert und regionalisiert werden.
4. Bei Beendigung der Fremdunterbringung müssen Maßnahmen zur Nachbetreuung ergriffen werden.
4. Bei allen diesen genannten Maßnahmen müssen alle Beteiligten einbezogen werden wie zum Beispiel Eltern, Verwandte, Freunde, Ämter, Lehrer usw.

Die verschiedenen Formen der Heimerziehung haben sich in den letzten Jahren aus ihren starren Strukturen gelöst und zu mehr integrativen und differenzierten Organisationsformen gefunden. Kriterien solcher Formen sind die Fragen, ob die betroffenen Kinder und Heranwachsenden

- außerhalb ihrer Familien auf Dauer oder nur auf Zeit untergebracht werden müssen,

- besondere soziale, schulische, berufliche oder therapeutische Hilfen benötigen,

- in ihre Familien zurückkehren können oder aus der Fremdunterbringung in die Selbständigkeit entlassen werden sollen,

- durch bestimmte pädagogische Angebote geprägte Unterbringungsformen benötigen oder in selbständigen Gruppen leben können oder gar eine Einzelbetreuung brauchen,

- in ein selbständiges Leben überwechseln können und welche Hilfen sie dabei brauchen,

- oder sogar eine Unterbringung in Tagesgruppen ausreicht.[1]

Aufgaben

1. *Suchen Sie pädagogische Begründungen für die oben genannten Grundsätze der Fremdunterbringung.*

2. *Welche Beziehungen bestehen zwischen den Grundsätzen und den Kriterien der Fremdunterbringung? Ziehen Sie zur Beantwortung der Frage einzelne Grundsätze und Kriterien hinzu.*

2.1 Neue Gesichtspunkte der Heimerziehung

Die verschiedenen Formen von Heimen stellen den Versuch dar, auf die jeweiligen pädagogischen Bedürfnisse der Kinder und Jugendlichen durch ganz spezielle Angebote eingehen zu können. Diese Spezialisierung führte zugleich aber zur gegenseitigen Abschottung. Um diese Abschottung aufzuheben wurde das „Gesetz zur Neuordnung des Kinder- und Jugendhilferechts" (Kinder- und Jugendhilfegesetz – KJHG) vom 26. Juni 1990 neu gefaßt. Es beschreibt für die Jugendämter eine Reihe von Zuständigkeiten neu und bündelt sie in einer Hand. Diese neue Entwicklung läßt Überschneidungen zu, wobei die Heimerziehung hauptsächlich unter folgenden Prinzipien zu sehen ist:

1. Differenzierung
Mehr noch als früher versucht die Heimerziehung, auf die vielfältigen und unterschiedlichen Bedürfnisse der Kinder und Heranwachsenden einzugehen und ihnen dadurch eine sehr differenzierte Hilfestellung zu geben. So können Angebote gemacht werden, die zum Beispiel eher familien- oder alltags- oder wohngemeinschaftsorientiert sind und sowohl verschiedene Gruppengrößen als auch verschiedene pädagogische Konzeptionen aufweisen.

---

[1] Die Erörterung der Tagesgruppen erfolgt auf S. 322.

2. Integration

Es wird demzufolge weniger versucht, auf mehrere Bedürfnislagen mit ein und demselben pädagogischen Angebot unter dem Dach einer Einrichtung zu reagieren. Man versucht nun, mit unterschiedlichen pädagogischen Angeboten unter einem Hauptdach auf die unterschiedlichen Bedürfnisse einzugehen.

3. Dezentralisierung

Die heutige Tendenz in der Heimerziehung geht hin zu einer Verkleinerung der Institutionen. Große, zentralisierte Institutionen sind unbeweglich und können nicht in befriedigendem Maße auf die vielfältigen Bedürfnisse antworten. Kleinere Häuser unter einem Hauptdach können dies besser.

4. Regionalisierung

Die Regionalisierung in der Heimerziehung bedeutet zum einen, daß sie sich stärker auf die Bedingungen des umliegenden Umfeldes, also der Region bzw. der Stadt bezieht und bedeutet zum anderen, daß sie sich als ein Hilfsangebot für Region und Stadt versteht. Dadurch wird zugleich die Kooperation aller in der Region an der Jugendhilfe Beteiligten gestärkt.

Wie oben schon erwähnt, befinden sich die traditionellen Formen der Heimerziehung in einem Wandel. Die starren Formen werden abgelöst durch Strukturen, die stärker auf die differenzierten Bedürfnisse der Kinder und Jugendlichen ausgerichtet sind, die unter einem Hauptdach mehrere Hilfsangebote integrieren und die in dezentralisierter Form stärker auf die regionalen Bedingungen eingehen. Im folgenden sollen sowohl die Formen dargestellt werden, die eher noch dem traditionellen Bild verhaftet sind als auch diejenigen, die als Alternativangebote mit ihnen verbunden sind.

2.2 Formen der Heimerziehung nach dem KJHG

2.2.1 Heime für Kleinst- und Kleinkinder

In der Regel werden hier Kinder im Alter bis zu drei Jahren dauernd oder zeitweise aufgenommen. Es sind entweder selbständige oder anderen angegliederte Einrichtungen. Diese Heime bestehen in der heutigen Form erst seit relativ kurzer Zeit. Einen Vorgänger findet man wohl in den Findel- und Waisenhäusern, die mittels der schon erwähnten „rota" (Drehlade) anonym ausgesetzte Kinder aufnahmen.

Für Errichtung, Organisation und Durchführung gelten das Grundgesetz, das Bürgerliche Gesetzbuch (BGB), das Bundessozialhilfegesetz (BSHG) und das Kinder- und Jugendhilfegesetz (KJHG).

Verstand man noch vor Jahren die rein pflegerische Betreuung als Hauptaufgabe, so wird heute die **pädagogische Aufgabe** in den Vordergrund gerückt.

Die Zahl der Heimplätze, insbesondere in den Heimen für Kleinst- und Kleinkinder, ist in den letzten 15 Jahren ständig zurückgegangen. Dies ist vor allem darauf zurückzuführen, daß die Kinder verstärkt in Pflegefamilien untergebracht werden, um ihnen eine möglichst familiäre Umwelt zu bieten. Hinzu kommt, daß es zunehmend mehr Tagespflegestellen gibt, so daß Kinder, bei denen es nicht erforderlich ist, nicht dauerhaft aus ihren Familien herausgerissen werden.

Das Kinder- und Jugendhilfegesetz formuliert dazu folgendermaßen:

§ 23 Tagespflege

(1) Zur Förderung der Entwicklung des Kindes, insbesondere in den ersten Lebensjahren, kann auch eine Person vermittelt werden, die das Kind für einen Teil des Tages oder ganztags entweder im eigenen oder im Haushalt des Personensorgeberechtigten betreut (Tagespflegeperson).

(2) Die Tagespflegeperson und der Personensorgeberechtigte sollen zum Wohl des Kindes zusammenarbeiten. Sie haben Anspruch auf Beratung in allen Fragen der Tagespflege.

(3) Wird eine geeignete Tagespflegeperson vermittelt und ist die Förderung des Kindes in Tagespflege für sein Wohl geeignet und erforderlich, so sollen dieser Person die entstehenden Aufwendungen einschließlich der Kosten der Erziehung ersetzt werden.

(4) Zusammenschlüsse von Tagespflegepersonen sollen beraten und unterstützt werden.

§ 24 Ausgestaltung des Förderungsangebots

Alle Kinder, für deren Wohl eine Förderung in Tageseinrichtungen (§ 22) oder in Tagespflege (§ 23) erforderlich ist, sollen eine entsprechende Hilfe erhalten. Die Länder regeln die Verwirklichung dieses Grundsatzes durch Landesrecht und tragen für einen bedarfsgerechten Ausbau Sorge.

2.2.2   Heime für Kinder und Jugendliche

Wie das Heim für Kleinst- und Kleinkinder tritt das Heim für Kinder und Jugendliche stellvertretend für die Familie ein, wenn diese entweder nicht mehr vorhanden ist oder zumindest zeitweise nicht für die Erziehung der Kinder sorgen kann. Es versucht, den Kindern die Familie zu ersetzen, soweit es möglich ist. Durch die begleitende Arbeit mit den Eltern muß die Familie und das Kind auf seine Rückkehr vorbereitet werden. Wenn dies nicht möglich ist, ist grundsätzlich eine Vermittlung in eine Pflege- oder Adoptionsfamilie zu erwägen. Dazu ist im KJHG folgendes festgehalten:

§ 34 Heimerziehung, sonstige betreute Wohnform

Hilfe zur Erziehung in einer Einrichtung über Tag und Nacht (Heimerziehung) oder in einer sonstigen betreuten Wohnform soll durch eine Verbindung von Alltagserleben und pädagogischen und therapeutischen Angeboten Kinder und Jugendliche in ihrer Entwicklung fördern und entsprechend ihrem Alter und Entwicklungsstand sowie den Möglichkeiten der Verbesserung der Erziehungsbedingungen in der Herkunftsfamilie

1. eine Rückkehr des Kindes oder des Jugendlichen in die Familie zu erreichen versuchen oder
2. die Erziehung in einer anderen Familie oder familienähnlichen Lebensform vorbereiten oder
3. die Verselbständigung des Jugendlichen fördern und begleiten.

Die Jugendlichen sollen auf ein selbständiges Leben vorbereitet und in Fragen der Lebensführung, der Ausbildung und Beschäftigung beraten und unterstützt werden.

2.2.3   Heime und Einrichtungen der Erziehungshilfe

Heime und Einrichtungen der Erziehungshilfe sind aus den früheren „Erziehungsheimen" hervorgegangen. In der Regel werden sowohl schulpflichtige als auch schulentlassene Kinder und Jugendliche aufgenommen, die infolge organischer Störungen oder Schädigungen, negativer sozialer Einflüsse oder schwerwiegender Erziehungsmängel Verhaltensstörungen aufweisen und damit in ihrer Persönlichkeitsentwicklung beeinträchtigt sind. Eine wichtige Aufgabe dieses Heimes besteht also darin, die Verhaltensauffälligkeiten und ihre Ursachen mit sozialpädagogischen, heilpädagogischen und sozialtherapeutischen Maßnahmen zu bekämpfen. Daneben müssen die Kinder und Jugendlichen aber auch in schulischen Belangen, in ihrer Berufsfindung, Berufsvorbereitung und Berufsausbildung unterstützt werden.

Eine unterstützende Elternarbeit soll zumindest für einige Kinder und Jugendliche die Rückkehr in die Familien ermöglichen.

Die Aufnahme der Kinder erfolgt in der Regel auf Antrag der Eltern, sie kann aber auch gegen deren Willen rechtlich durchgesetzt werden.

2.2.4 Kinderdörfer

Um die negativen Begleiterscheinungen, die lange Zeit mit der Massen-Institution Heim verbunden waren, zu vermeiden, teilte man das Heim in einzelne Häuser auf. Darin wurden familienähnliche Gruppen einquartiert, damit die Kinder und Jugendlichen eine familienhafte Erziehung erfahren konnten.

Allerdings gibt es für den Begriff Kinderdorf keine einheitliche Definition. Am gebräuchlichsten wird dieser Begriff für die SOS-Kinderdörfer verwendet. Der Kinderdorfgedanke entstand nach dem Zweiten Weltkrieg und hatte die Absicht, auf Grund der Kriegsfolgen heimatlosen verwaisten Kindern aus ganz Europa ein Zuhause zu geben. Das erste Kinderdorf war das Pestalozzi-Kinderdorf in Trogen (Schweiz), das 1946 errichtet wurde.

Ein Jahr später wurde in Wahlwies am Bodensee ein deutsches Pestalozzi-Kinderdorf gegründet. Das Christliche Jugenddorfwerk gründete ebenfalls 1947 auf Schloß Kaltenstein bei Vaihingen sein erstes Jugenddorf. Darin sind insbesondere Jugendliche untergebracht, die eine Berufsausbildung erwerben.

Am häufigsten sind jedoch die SOS-Kinderdörfer, von denen das erste in Imst (Österreich) im Jahr 1949 von *Herrmann Gmeiner* gegründet wurde.

Der Grundgedanke des Kinderdorfes beruht auf den pädagogischen Konzepten von *Pestalozzi, Wichern, Don Bosco* u.a., die alle der familienähnlichen Erziehung die größte Bedeutung zumaßen. Aus diesem Grund hat die Kinderdorfmutter die wichtigste Funktion inne. Sie soll die Geborgenheit und Nestwärme vermitteln, die Heimkindern so oft fehlen. Sie stellt so die wichtigste Bezugsperson dar. Grundlegendes Prinzip neben dem Vorhandensein einer dauerhaften Bezugsperson ist das Leben in einer möglichst familienähnlichen Gruppe und in einer sie umgebenden größeren Gemeinschaft – dem Dorf. Daraus lassen sich vier wesentliche Bezugsgrößen für die Kinder ableiten:

1. Die Kinderdorfmutter/Kinderdorfeltern
2. Die Geschwister
3. Das Haus
4. Das Dorf

Neben den hier exemplarisch vorgestellten Einrichtungen der Heimerziehung sind weitere zu nennen wie zum Beispiel Behindertenheime, Wohnheime, Erholungsheime, Drogentherapieeinrichtungen, Internate. Allen ist gemeinsam, daß sie die Jugendlichen in Gruppengemeinschaften zusammenfassen. Für Jugendliche, denen im Rahmen von Gruppengemeinschaften nicht geholfen werden kann, werden zunehmend alternative Formen angeboten.

2.2.5 Tagesgruppen

Für Kinder und Jugendliche, die zusätzlich eine pädagogische Hilfe benötigen, ohne aber aus ihrer Familie herausgenommen werden zu müssen, werden Tagesgruppen angeboten. Damit kann ein Umzug in das Heim vermieden werden. Hier finden sie die erforderliche pädagogische Unterstützung, Beratung, Lernhilfen, Spielanregungen sowie eine zuverlässige Versorgung. In Krisensituationen in der Familie können sie zudem auch für die entsprechende Zeit in der Tagesgruppe wohnen. Dabei muß zwangsläufig eine intensive Elternarbeit durch die Erzieher geleistet werden.

2.2.6 Dem Heim angeschlossene Einzelunterbringung

So werden für Heranwachsende, die für ein Leben in Gruppen mit ihren Konflikten, Rivalitäten, ihren Regeln und der erforderlichen Rücksichtsnahme nicht zurechtkommen, Erziehungsstellen angeboten, in denen sie einzeln mit Erwachsenen zusammenleben. Diese Erziehungsstellen sind eng an bestehende Heime angelehnt, nutzen deren pädagogischen Hilfen, werden dort beraten und sind in ihrem organisatorischen und finanziellen Rahmen durch das Heim abgesichert. Somit stellen diese Erziehungsstellen eine spezifische Form der Heimerziehung dar.

2.2.7 Betreute Wohngemeinschaften

Neben diesen Formen, bei denen ein Zusammenleben mit Erwachsenen pädagogisch wichtig ist, entstehen Lebensformen in Wohngemeinschaften oder sogar auch in Einzelwohnungen. Hier können die Heranwachsenden ihr Leben selbst gestalten, werden dabei jedoch durch Erzieher unterstützt, beraten und betreut bis sie zu einem völlig selbständigen Leben fähig sind. Diese Form ist vor allem für diejenigen Jugendlichen von Bedeutung, die einen Übergang in die Selbständigkeit benötigen. Auf diese Weise wird eine Überforderung vermieden, die bei einem abrupten Übergang in die Selbständigkeit mit all ihren neuen Anforderungen auftreten kann.

2.2.8 Nachbetreuung

Für die Kinder und Jugendlichen, die entweder in ihre Familien zurückkehren können oder insbesondere in die Selbständigkeit entlassen werden, stellt sich die Notwendigkeit der Nachbetreuung. Die mit dem Auszug aus dem Heim verbundenen neuen emotionalen, sozialen und beruflichen Belastungen können häufig nicht ohne eine nachgehende Hilfe durch die vertrauten Erzieher bewältigt werden. So bilden die Erzieher eine verläßliche, tragfähige Brücke zur Selbständigkeit hinüber. Auf diese Weise kann die schwierige Ablösung aus dem beschützenden Raum der Heimerziehung erfolgreicher bewältigt werden.

Aufgaben

1. *Inwieweit entsprechen diese Formen der Heimerziehung den unter Ziff. 2.1 dargestellten neueren Prinzipien?*

2. *Führen Sie im einzelnen aus, welche*
   a) emotionalen,   b) sozialen,   c) beruflichen
   Schwierigkeiten mit dem Auszug aus dem Heim verbunden sein können?

3. *Sammeln Sie alle Vorteile, die die Alternativformen ab Kap. 2.2.5 Ihrer Meinung nach gegenüber den traditionellen Formen aufweisen.*

3 Funktion und Organisation familienersetzender Einrichtungen

3.1 Zielsetzung

Grundlegendes Ziel der Heimerziehung ist die **(Wieder-)Eingliederung** der Jugendlichen in die Gesellschaft. Eine solche (Wieder-)Eingliederungshilfe ist insbesondere dann notwendig, wenn die Erziehung durch die Familie nicht geleistet wird oder nicht geleistet werden kann. Dies ist immer dann der Fall, wenn die Familie nicht mehr existiert oder die Eltern bzw. der Elternteil zu einer entsprechenden Erziehung nicht in der Lage sind.
Die Heimerziehung ist aber auch dann sinnvoll, wenn die Kinder aufgrund einer geistigen, körperlichen oder Sinnesbehinderung in ihrer Erziehungsfähigkeit so stark eingeschränkt sind, daß die Eltern zu einer fördernden Erziehung nicht mehr in der Lage sind.

3.2 Aufgabe

Die Aufgabe der Heimerziehung besteht darin, die Kinder und Jugendlichen in ihrem Verhalten unter Berücksichtigung ihrer individuellen Möglichkeiten so positiv zu beeinflussen, daß sie auf die sozialen Anforderungen des Lebens vorbereitet sind. Das Heim ersetzt also die Familie.

3.3 Organisationsformen der Erziehung

Unter Organisationsform der Erziehung wird die Form der Gruppenbildung der Kinder im Erziehungsprozeß verstanden. Im folgenden werden zwei wesentliche Organisationsformen dargestellt.

Das homogene[1] System

Hierbei erfolgt die Einweisung in die Gruppe aufgrund bestimmter gleichartiger Merkmale der Zu-Erziehenden, wie z.B. Alter, Geschlecht, Körperstruktur, Persönlichkeitsstruktur usw. Auf diese Weise wird versucht, ähnlich geartete Kinder und Jugendliche zusammenzufassen, um damit eine fachlich bessere Behandlungsbasis zu schaffen und ein den Ursachen besser entsprechendes erzieherisches Verhalten zu ermöglichen. Außerdem erleichtert eine solche Form den Kindern und Jugendlichen die Anpassung an die Gruppe.
Andererseits ist aber zu bedenken, daß der normale Ablauf in der Gesellschaft vornehmlich heterogene[2] Gruppierungen schafft. Ein möglicher Nachteil des homogenen Erziehungssystems besteht also darin, daß die Kinder und Jugendlichen nicht lernen, sich in heterogene Gruppen zu integrieren.
Es sollten also nur dann homogene Gruppen gebildet werden, wenn diese ihren Mitgliedern Vorteile bringen. Dies betrifft im wesentlichen solche Kinder und Jugendliche, die infolge ihrer speziellen Schwierigkeiten in einer heterogenen Gruppe nicht anpassungsfähig sind und deswegen auch nicht entsprechend behandelt werden können.

---

[1] homogen = gleichartig, gleicher Herkunft. Vergleiche auch S. 128.
[2] heterogen = ungleichartig, ungleicher Herkunft.

Das heterogene System

Im Gegensatz zum homogenen System versucht man im heterogenen System, durch die Zusammensetzung vieler unterschiedlicher Persönlichkeiten eine realere Angleichung an die Alltagssituation zu schaffen. Gerade die Verschiedenartigkeit der Gruppenmitglieder soll die Grundlage bieten für soziales Lernen: sich einerseits so weit wie möglich einzugliedern und andererseits, sich so weit wie notwendig aber auch durchzusetzen.

Eine solche vielfältige Gruppenzusammensetzung bietet die Möglichkeit zur Einnahme von vielerlei unterschiedlichen Rollen und Aufgaben für das einzelne Gruppenmitglied. Die konsequent heterogen zusammengesetzte Gruppe umfaßt demzufolge verschiedenartige Persönlichkeiten des weiblichen und männlichen Geschlechts in unterschiedlichen Entwicklungsphasen.

3.4   Arbeitsweisen

Die Erziehung im Heim erfolgt im öffentlichen Auftrag und muß deswegen der Öffentlichkeit über ihr Tun auch Rechenschaft ablegen. Sie muß also überprüfbar sein. Angesichts der Tatsache, daß es sich bei den Heimkindern meist auch um verhaltensschwierige Kinder handelt, ist zusätzlich eine starke Kontinuität des Erziehungsprozesses erforderlich. Das kann jedoch nur durch eine planvolle, systematische Erziehungsarbeit geleistet werden, die eine ständige Kontrolle des erzieherischen Tuns erfordert. Dies schließt keineswegs spontanes erzieherisches Handeln aus, nur darf die Spontaneität den Rahmen des vorgegebenen Zieles nicht verlassen.

Ohne Frage ist vieles in der Erziehung nicht planbar und muß dem spontanen und intuitiven Handeln anheimgestellt werden; in der Hoffnung, daß dies die richtige Reaktion war. Aber gerade deshalb muß das nicht planbare Handeln vom planbaren umrahmt werden. Planen heißt also, **nicht planbares Handeln einzuplanen**.

> **Definition**
> **Erzieherisches Planen besagt, daß auf der Grundlage der Neigungen und Fähigkeiten des Kindes oder Jugendlichen die notwendigen Maßnahmen (Methoden, Erzieherverhaltensweisen, Erziehungsmittel usw.) getroffen werden, die die dem Kind oder Jugendlichen erreichbaren Ziele ermöglichen, und daß zugleich eine ständige Überprüfung in der Hinsicht erfolgt, ob das Ziel erreicht wurde oder gar weitergesteckt werden sollte.**[1]

Dabei umfaßt die Planung **drei Planungsbereiche**:
1. den **Eintritt** in das Heim
2. den **Aufenthalt** im Heim
3. den **Austritt** aus dem Heim

---

[1] Vgl. S. 86 ff.

Die Planung selber läßt sich in **drei Planungsstufen** untergliedern:

1. die Momentan-Planung
2. die Teil-Planung
3. die Voll-Planung

Bei der **Momentan-Planung** werden einzelne Erziehungsprozesse je nach Bedarf abgesprochen und gestaltet.

Bei der **Teil-Planung** treffen sich die Erzieher mehr oder weniger regelmäßig, um über jedes Kind zu sprechen.

Bei der **Voll-Planung** treffen sich alle am Erziehungsprozeß Beteiligten regelmäßig zu Planungssitzungen, in denen detailliert festgehalten wird, wie der Erziehungsprozeß des jeweiligen Kindes bzw. Jugendlichen gestaltet werden soll. Der Verlauf des Erziehungsprozesses wird ständig ausgewertet und laufend in die weitere Planung einbezogen.[1]

Die Planung der Erziehung jedes einzelnen Kindes wird in mehrere **Planungsschritte** unterteilt:

- die Vorausdiagnose
- die Vorbereitung und Durchführung der Aufnahme
- die differenzierte Beobachtung
- die fortlaufende Diagnose
- die Kontrolle und Aktualisierung
- die Vorbereitung für die Entlassung

Die Vorausdiagnose

Schon vor der Aufnahme des Kindes bzw. Jugendlichen muß eine Diagnose erstellt werden, welches Heim in welcher Form unter Einbeziehung welcher Bezugspersonen das Kind bzw. den Jugendlichen aufnehmen soll. Dies setzt aber voraus, daß intensive Erhebungen und Überlegungen angestellt werden. Es gilt nämlich, die Persönlichkeit des Kindes bzw. Jugendlichen mit seinen Eigenheiten, Neigungen, Fähigkeiten, aber auch seinen Schwächen zu erfassen. Nur dadurch kann von Anfang an verhindert werden, daß es zu Fehleinweisungen kommt. Die Erzieher im Heim haben auf diese Weise die Möglichkeit, nach einem vorläufigen Erziehungsplan von Anfang an gezielt auf die Persönlichkeit des aufgenommenen Kindes/Jugendlichen in angemessener Weise einzugehen.

Vorbereitung und Durchführung der Aufnahme

Um Ängste, Verunsicherungen, das Gefühl des Verlassenseins, aber auch Trotz, Aggressionen bei der Heimaufnahme zu vermeiden, ist eine gute Vorbereitung der Aufnahme erforderlich. Wichtig ist dabei, daß auch alle dem Kind verbundenen Personen und Institutionen eingeschaltet werden, wie z. B. Eltern oder Vormund oder Pflegeeltern, das Jugendamt, die Schule usw. Das Kind/der Jugendliche

---

[1] Vgl. Amsler, W., u. a.: Konzepte der Heimerziehung. Verlag der Schweizerischen Zentralstelle für Heilpädagogik. Luzern 1980, S. 85 f.

selbst muß vorbereitet werden auf das, was es/ihn erwartet. Die Angehörigen müssen von der Notwendigkeit der Heimerziehung überzeugt sein. Häufig stehen sie einer Heimerziehung ihrer Kinder negativ gegenüber, wenn sie sie selbst nicht gewünscht haben.

Es ist also wichtig, daß die aufzunehmenden Kinder und Jugendlichen schon vorher Erzieher des Heimes kennenlernen und Antworten auf das Heim betreffende Fragen erhalten. Es ist dabei notwendig, daß die Heimerziehung nicht als Strafmaßnahme betrachtet wird, damit nicht von vornherein eine negative Einstellung gegen das Heim beim aufzunehmenden Kind/Jugendlichen erzeugt wird. Dies ist besonders dann schwierig, wenn eine Heimeinweisung aufgrund jugend- oder vormundschaftsgerichtlicher Verfügung erfolgt. Hier sollte insbesondere das Heim mit **Einfühlungsvermögen** und **Verständnis** auf das Kind bzw. den Jugendlichen und seine Familie zugehen.

Die Vorbereitung auf die kommende Heimerziehung sollte in jedem Fall mit den betreffenden Eltern geschehen, damit sie in die Vorbereitungen eingebunden sind. Sie müssen es sein, die ihr Kind auf das Kommende vorbereiten. Auf diese Weise akzeptiert ihr Kind die Einweisung eher und sie selber fühlen sich nicht übergangen. Es bietet sich an, Eltern und Kind zu einem Besuch des Heimes einzuladen. Durch **Gespräche und Besichtigung vor Ort** können viele Unklarheiten und falsche Vorstellungen beseitigt werden. Die Eltern können Wünsche äußern und werden auf diese Weise von dem Geschehen um ihr Kind nicht distanziert. Dies ist äußerst wichtig, damit die Eltern-Kind-Beziehung möglichst aufrechterhalten bleibt.

Die Aufnahme selbst sollte dann geschehen, wenn die Erzieher sich um den Neuankömmling kümmern können. Dabei müßten die Eltern so weit gebracht werden, daß sie auch am Aufnahmetag ihr Kind begleiten. Gelingt dies nicht, sollte eine dem Kind bzw. Jugendlichen schon bekannte Person die Begleitung übernehmen.

Manche Heime sind dazu übergegangen, Kinder oder Jugendliche aus dem Heim als Begleitung zu wählen. So fällt der Übergang nicht so schwer, viele Ängste kommen gar nicht auf. Die Eingliederung in und durch die Gruppe wird auf diese Weise erleichtert.

Die differenzierte Beobachtung

Vom Aufnahmetag an wird eine differenzierte Beobachtung in gezielter und systematischer Form durchgeführt. Als Grundlage der Beobachtungstätigkeit können die Ergebnisse der Vorausdiagnose dienen. Es muß aber sichergestellt werden, daß die Vorausdiagnose nicht kritiklos fortgeschrieben wird, sondern nur als Kontrollkriterium dient.

Wesentliche Beobachtungsbereiche sind z. B. das soziale, das emotionale und das Lern- und Leistungsverhalten. Diese müssen weiter untergliedert werden, wie z. B. in das Verhalten gegenüber den Gruppenmitgliedern, den Erziehern, den Eltern usw. oder in das Lern- und Leistungsverhalten im schulischen oder außerschulischen Bereich. Wenn diese Beobachtungsbereiche und ihre Teilbereiche ausgewählt wurden, können dazu Beobachtungsbögen erstellt werden, um mit ihrer Hilfe Aussagen zu den dazu gesuchten Kategorien machen zu können.[1]

---

[1] Vgl. hierzu Kapitel B 4.1.

Die fortlaufende Diagnose[1]

Nur eine genaue, differenzierte Beobachtung ermöglicht eine gute Diagnose. Aufgrund der Ergebnisse der Beobachtung und der Vorausdiagnose versucht die Diagnose nun zu klären, worin die Ursachen des jeweiligen Verhaltens liegen. Zugleich legt sie fest, durch welche Maßnahmen das Verhalten verbessert werden kann. Diese Maßnahmen können bis zu einer Therapie durch den Psychologen reichen.

Nun gilt auch für das Verfahren der Verhaltensdiagnose, daß sie nicht einfach in einer bestimmten Zeit erstellt wird und damit abgeschlossen ist. Vielmehr muß auch die Diagnose laufend neu erstellt werden, denn Verhalten unterliegt einer ständigen Veränderung. Selbst nach Jahren läßt sich insbesondere bei Heimkindern und -jugendlichen immer wieder feststellen, daß sie plötzlich ein völlig verändertes Verhalten als bisher zeigen. Diesen Veränderungen kann nur eine fortlaufende Diagnose gerecht werden.

Die Kontrolle und Aktualisierung

Die fortlaufende Diagnose erfordert demzufolge eine ständige Kontrolle des vorliegenden Erziehungsplanes. Immer wieder muß überprüft werden, ob die Zielsetzung des Erziehungsplanes, die insbesondere durch die Diagnose vorgegeben wird, vor dem Hintergrund des beobachteten Verhaltens noch immer die gültige ist. Stellen sich Veränderungen ein, muß überdacht werden, ob der Erziehungsplan daraufhin nicht geändert, aktualisiert werden muß. Eine solche Kontrolle geschieht am besten in Zusammenarbeit aller an der Erziehung des Kindes bzw. Jugendlichen beteiligten Personen. Dabei sollte man die Eltern nicht ausschließen, sofern sie noch in Kontakt zu ihrem Kind stehen.

Die Vorbereitung für die Entlassung

Steht die Entlassung bevor, so muß – ebenso wie bei der Aufnahme – behutsam vorgegangen werden. Auch hier müssen Ängste, Unsicherheiten vor dem Neuen und Ungewohnten abgebaut werden. Der Wechsel ist ein wichtiger Schritt im Leben des Heimkindes.

Wie bei der Aufnahme muß der Erzieher das Kind/den Jugendlichen in die andere Umwelt begleiten. Er muß ihm aus der Gruppe heraus- und in die neue Umgebung hineinhelfen. Dazu zählt, daß der Erzieher schon lange vor dem Entlassungstermin des Bekanntwerdens seines zu erziehenden Kindes mit der neuen Umgebung ermöglicht. Das Kind/der Jugendliche muß dabei das Gefühl haben, daß der Erzieher ihn nicht ausliefert, sondern hinter ihm steht. Zeichnet sich ein Scheitern frühzeitig ab, sollte die Entlassungsabsicht fallengelassen werden.

In diese Bemühungen um die Erleichterung der Entlassung sollte auch wieder die Gruppe eingebunden werden. Durch ein kleines Abschiedsfest kann dem Kind oder dem Jugendlichen der Weggang erleichtert werden. Es sollten aber weiterhin Besuche im Heim möglich sein, damit Freundschaften nicht abrupt unterbunden werden. Außerdem bietet ein solcher Anlaß auch die Möglichkeit für die Gruppe, sich mit dem – alle betreffenden – Thema auseinanderzusetzen.

Die Begleitung in die neue Umgebung sollte durch eine Vertrauensperson erfolgen. Eine fremde Person verstärkt nur die sowieso schon vorhandenen Unsicherheiten und Ängste. Auf keinen Fall sollte man das Kind/den Jugendlichen alleine losschikken.

---

[1] Diagnose entstammt dem griechischen Wort dia-gnoscein und heißt hindurch-schauen.

3.5   Aufbau und Struktur

Jede Institution benötigt eine Organisation, damit ihre Arbeit wirkungsvoller und die Zusammenarbeit der in ihr befindlichen Menschen leichter wird.

Die meisten Heime sind eine Unterorganisation einer größeren Organisation. So kann z. B. das Heim eine Unterorganisation des Stadtjugendamtes einer Gemeinde sein oder aber eine Unterorganisation eines freien Trägers, wie z. B. des Caritasverbandes. Oft ist dabei das Heim nur eine von vielen anderen über-, neben- oder untergeordneten Abteilungen. Die Heimleitung ist also meistens **weisungsgebunden**. Das bedeutet häufig, daß die unterschiedlichen Entscheidungsbereiche von verschiedenen übergeordneten Abteilungen abhängen. Wirtschaftlich-finanzielle Entscheidungen müssen so z. B. von der Haushaltsabteilung, personelle von der Personalabteilung und rechtliche Fragen von der Rechtsabteilung getroffen werden. Diese Spezialisierung soll die Arbeit im Heim erleichtern, da nur wenige Mitarbeiter über so viele spezielle Fachkenntnisse verfügen können.

Natürlich ist die Organisation nicht in allen Einrichtungen immer gleich. Zu unterschiedlich sind Größe, Lage, Aufgabe, Personal, Träger der Heime.

Der wichtigste Faktor für die Wirksamkeit ist zweifellos das Personal. Zusammen mit den Kindern/Jugendlichen prägt es in entscheidendem Maß das Zusammenleben im Heim.

Das **Heimpersonal** läßt sich in drei Gruppen aufgliedern:

1. das pädagogische Personal
2. das Verwaltungspersonal
3. das Haus- und Wirtschaftspersonal

Das pädagogische Personal

Es besteht aus der Heimleitung, den Erziehern, Lehrern und dem gruppenübergreifenden Personal.

Die Heimleitung trägt die Verantwortung für das gesamte Heim. Sie trifft die Entscheidungen in den Organisations-, Personal- und Erziehungsangelegenheiten.

Die Erzieher bestehen vor allen Dingen aus den Gruppenerziehern. Sie führen die Gruppen und leben mit ihnen in direktem Kontakt. Sie stellen für die Kinder und Jugendlichen die Bezugspersonen dar und tragen die pädagogische Verantwortung für die ihnen anvertrauten Zöglinge.

Ist dem Heim eine Ausbildungsstätte für die berufliche Ausbildung oder eine Arbeitsstätte angegliedert, so sind darin auch Erzieher am Arbeitsplatz tätig. Ist auch noch eine Heimschule vorhanden, so gehören dem pädagogischen Personal auch Lehrer an, die die Kinder und Jugendlichen darin unterrichten.

Das gruppenübergreifende Personal rekrutiert sich aus den Personen, die über die einzelnen Gruppen hinaus medizinische, pädagogische und psychologische Hilfestellung geben. Dabei handelt es sich vor allem um Beschäftigungstherapeuten, Ärzte, Psychologen, Pädagogen, Seelsorger, Psychotherapeuten usw. Diese Mitarbeiter sind meistens jedoch nur nebenamtlich in einem Heim tätig. Hauptamtlich tätige gruppenübergreifende Mitarbeiter sind vor allen Nachhilfelehrer, Sportlehrer, Werk-, Musik- und Kunsterzieher usw.

Das Verwaltungspersonal

Meist ist das Verwaltungspersonal der Heimleitung unterstellt. Es hat die Aufgabe, die Buchhaltung zu führen, Einnahmen und Ausgaben des Heimes zu kontrollieren, die Kassenführung für die Heiminsassen zu übernehmen und den Haushalt zu verwalten. Außerdem sollte die Verwaltung bei der Erstellung des Haushaltsplanes mitwirken.

Daten, Gutachten, Personalpapiere usw. der Heiminsassen müssen aufgehoben und ergänzt werden.

Die Personalangelegenheiten der Mitarbeiter obliegen der Verwaltung, sie ist die Anlaufstelle für die Öffentlichkeit.

Das Haus- und Wirtschaftspersonal

Das Haus- und Wirtschaftspersonal ist für die hauswirtschaftlichen Aufgaben verantwortlich. Es untersteht der Wirtschaftsleitung. Ihr obliegt die Organisation des Einkaufes, der Lagerung und der Zubereitung der Nahrungsmittel, der Pflege und Reinigung des Hauses, der Pflege, Reinigung und Wiederinstandsetzung der Wäsche, Textilien, des Mobiliars usw. Diese Arbeiten werden vom Haus- und Wirtschaftspersonal durchgeführt. Dabei ist es natürlich möglich, daß solche Arbeiten auch außer Haus durchgeführt werden. Nicht jedes Heim hat eine Küche, eine Näherei, Wäscherei, Werkstatt usw.

Zusammenarbeit des Personals

Außerordentlich wichtig ist die Zusammenarbeit der verschiedenen Personalgruppen. Alle sind dem hauptsächlichen Ziel der erzieherischen Arbeit mit den Kindern und Jugendlichen unterworfen.

Es ist deshalb notwendig, daß die Heimleitung regelmäßig Gespräche über Erziehungsfragen mit dem Verwaltungs-, sowie dem Haus- und Wirtschaftspersonal führt. Außerdem sind Gespräche dieser beiden Gruppen mit dem pädagogischen Personal immer wieder erforderlich, denn durch unterschiedliches Verhalten, das häufig unbedacht geschieht, kann der Erfolg der Erziehungsarbeit in Frage gestellt sein. Nur wenn alle die gleichen Informationen über den Entwicklungsstand der Kinder besitzen, ihre Probleme kennen, ist ein gemeinsames Handeln möglich.

Ein aufeinander abgestimmtes Verhalten ist insbesondere zwischen den Erziehern erforderlich. Dazu werden **Teambesprechungen** durchgeführt, in denen Informationen über den jeweiligen Stand ausgetauscht und gemeinsame Probleme diskutiert werden.

In der **Erzieherkonferenz** werden gruppenübergreifende Probleme erörtert, organisatorische Dinge geregelt, verschiedene Meinungen ausgetauscht, Wünsche und Anregungen diskutiert.

Zu einer partnerschaftlichen Führung gehört auch die Möglichkeit der Mitbestimmung durch das Personal, was durch die **Personalvertretung** verwirklicht werden kann. Sie setzt sich aus allen im Heim vorhandenen Personengruppen zusammen und soll die Interessen des Personals vertreten.

In Heimen, in denen ältere Kinder leben, findet man zuweilen auch einen **Heimsprecher**. Dieser von den Kindern und Jugendlichen gewählte Sprecher vertritt deren Interessen, so daß sie in die Entscheidungen miteingebunden sind.

Heimordnung

In einer solch großen Institution, in der so viele Kinder, Jugendliche und Erwachsene zusammenleben, sind **gemeinsame Regeln unerläßlich**. Diese Regeln können schriftlich fixiert oder mündlich vereinbart sein. Es müssen Essenszeiten, Schulzeiten und andere Termine geregelt werden, Wäscheausgabe, Taschengeldausgabe, Ausgangszeiten und dergleichen müssen organisiert werden.

Grundsätzlich kommt es sehr darauf an, wie man mit einer solchen Heimordnung umgeht. Wenn man stur auf die Heimordnung achtet, ohne auf persönliche Bedürfnisse, Notsituationen, pädagogisch angemessenen Freiraum einzugehen, wird pädagogisch falsch gehandelt. Regeln bieten einen Rahmen für sinnvolles Miteinander-Umgehen. Sie sind niemals Selbstzweck.

4 Möglichkeiten und Schwierigkeiten der Heimerziehung

4.1 Möglichkeiten der Heimerziehung

In der Heimerziehung sollte so wenig wie möglich dem Zufall überlassen bleiben. Eine geplante und systematische Erziehung bedeutet aktives Hinarbeiten auf die (Wieder-)Eingliederung der Kinder und Jugendlichen unter Beachtung ihrer individuellen Neigungen und Fähigkeiten.

Um eine persönlichkeitsbezogene Erziehung und Bildung zu gewährleisten, wird heute eine **familienähnliche Situation** bevorzugt. Dabei ist die **Gruppe**[1] der Ort, der eine individualisierende Erziehung ermöglicht. Die Gruppe wird also zum einen Erziehungsfeld, zum andern bietet sie zugleich neben anderen Möglichkeiten, wie z. B. Einzelfallhilfe oder Einzeltherapie, auch einen Teil der Behandlung. In der Auseinandersetzung mit den Ansprüchen der anderen Gruppenmitglieder, lernt der einzelne, soziale Beziehungen einzugehen und damit soziales Verhalten. Er lernt durch das Spannungsfeld zwischen Anpassung und Widerstand in der Gruppe, seine Persönlichkeit zu entwickeln. Die Gruppe vermittelt das Verantwortungsbewußtsein für sich und andere, ohne daß das einzelne Mitglied gezwungen ist, bedingungslos alle gesellschaftlichen normierten Verhaltensmuster zu übernehmen. Die Gruppe stellt ein Übungsfeld dar für das gesamte soziale Verhaltensspektrum.

Voraussetzung für eine solch hilfreiche Funktion ist jedoch die **Überschaubarkeit der Gruppe**. Nur wenn die Gruppe übersichtlich bleibt, können die einzelnen Mitglieder gegenseitige Beachtung und Vertrauen finden.

Eine weitere wesentliche Voraussetzung ist die **Zusammensetzung der Gruppe**. Durch das Zusammenleben in geschlechts- und altersgemischten Gruppen lernen die einzelnen Mitglieder eher Toleranz, Rücksichtsnahme, Hilfsbereitschaft, aber auch Selbstbehauptung. Dabei kommt es mehr auf das Entwicklungsalter als auf das Lebensalter der Gruppenmitglieder an. Eine nicht zu große, alters- und geschlechtsgemischte Gruppe kann am besten den erwünschten Familiencharakter

---

[1] Siehe Seite 172 ff.

herstellen. Je günstiger die Bedingungen der Gruppensituation für die Kinder/Jugendlichen sind, um so besser kann die Heimerziehung die ihr zugewiesenen Aufgaben meistern.

Das grundlegende Ziel der Heimerziehung, die Eingliederung in die Gesellschaft, ist nur über die Befähigung des Zu-Erziehenden zur **Selbständigkeit**[1] möglich. Die Selbständigkeit zu fördern muß Aufgabenstellung der modernen Heimerziehung sein. Dies kann die Heimerziehung auch durch Maßnahmen fördern, die außerhalb des engen erzieherischen Tuns der Erzieher liegen. **Selbständigkeit ermöglichende Maßnahmen** können z. B. sein:

- Bereitstellung einer Teeküche
- Bereitstellung von Waschmaschinen
- Möglichkeit zur Selbstverpflegung
- Freie Verfügung über Geld zum Kauf bestimmter Utensilien wie Bekleidung, bestimmten Schulutensilien
- Bereitstellung von Einzelzimmern
- Organisierung von Putz- und Arbeitsgruppen
- Errichtung von Außenwohngruppen bei älteren Jugendlichen

Natürlich hängt die Ermöglichung solcher Maßnahmen grundsätzlich von der Bereitstellung der notwendigen Finanzen ab.

Mit einer besseren finanziellen Ausstattung können folgende **Verbesserungen der Heimerziehung** durchgeführt werden:

- Es können kleinere Gruppen gebildet werden.
- Es können mehr Erzieher eingestellt werden, damit verbessert sich das Verhältnis der Anzahl von Kindern zu einem Erzieher.
- Es kann die Ausbildung des Erzieherpersonals verbessert werden, damit auch deren pädagogische Fähigkeiten.
- Es kann die Bezahlung des Personals erhöht werden. Damit gewinnt der Beruf des Erziehers an sozialem Prestige, was wiederum den Stellenwert der Heimerziehung verbessert.
- Es können bauliche Investitionen vorgenommen werden.
- Es können Inneneinrichtungen ergänzt, verbessert oder erneuert werden.

So wird deutlich, daß die Finanzierung für die positive Gestaltung eine große Rolle spielt. Damit wird zum einen eine bessere Erziehung zur Selbständigkeit unterstützt und zum anderen eine eher familienorientierte Heimsituation ermöglicht. Dies bedeutet aber nicht, daß die Bereitstellung von Geldern automatisch zu Verbesserungen führt. Diese Verbesserungen werden nur erreicht, wenn die Sozialpädagogik die finanziellen Möglichkeiten zur dauernden Überprüfung ihrer Zielsetzung zum Wohle der ihnen anvertrauten Kinder und Jugendlichen nutzt.

---

[1] Selbständigkeit ist als ein Zustand der Selbstverwirklichung und Eigenständigkeit zu verstehen, in dem sich physische, geistig-seelische und soziale Fähigkeiten in einem optimalen Verhältnis zueinander befinden. Dabei muß man sein Handeln sich selbst und anderen gegenüber auf der Grundlage der Menschenrechte verantworten können.

4.2 Schwierigkeiten der Heimerziehung

Wenn im vorherigen Kapitel von Möglichkeiten der Heimerziehung und ihrer Verbesserung gesprochen wurde, so beinhaltet dies zugleich auch den Hinweis auf Grenzen, die die Heimerziehung im Vergleich zur familialen Erziehung in ihrer Normalform aufweist.

Die Heimerziehung ist nun einmal nur **Ersatz für die Erziehung in der Familie,** und es kann nicht übersehen werden, daß die Heimerziehung mit sehr vielen Schwierigkeiten zu kämpfen hat.

Ein großes Manko besteht in der noch immer großen **Fluktuation**[1] sowohl des Erzieherpersonals auch auch der Gruppenmitglieder. Für eine gesunde Entwicklung ist eine vertrauensvolle Beziehung zum Erzieher sehr wichtig. Ein häufiger Wechsel der Erzieherperson verhindert den Aufbau eines solchen Vertrauensverhältnisses und führt möglicherweise zu Entwicklungsverzögerungen.

Hier ist nicht einmal so sehr der ständige Wechsel der Erzieher im Schichtdienst gemeint, sondern die relativ kurzfristige Beschäftigung von Erziehern. Es hat sich herausgestellt, daß die Kinder und Jugendlichen sich auf den Wechsel der Erzieher – durch den Schichtdienst bedingt – besser einstellen lernen, wenn eine längerfristige Beziehung zwischen Erzieher und Kindern/Jugendlichen vorliegt. Wichtig dabei ist die Erfahrung, daß sich die Kinder und Jugendlichen auf das Wiederkommen des Erziehers verlassen können.

Ein häufiger Wechsel der Gruppenmitglieder verhindert das Entstehen von festen sozialen Strukturen in der Gruppe und führt damit zur Verhaltensunsicherheit. Freundschaftsbeziehungen, Vertrauensverhältnisse werden so unterbunden

Ein ebenso schwieriges Problem ist die **Rivalität** zwischen den Erziehern. Jeder Erzieher stellt nun einmal eine sehr individuelle Persönlichkeit dar, mit zum Teil unterschiedlichen Vorstellungen über Erziehungsziele, -methoden und -verhalten. Vorhandene Unstimmigkeiten der Erzieher untereinander nützen die Kinder/Jugendlichen wie in der Familie gerne aus, um für sich Vorteile daraus zu ziehen. Dies kann den Erzieher dazu verleiten, in Konkurrenz zum Kollegen um Zuneigung, Einfluß und Wertschätzung bei den Kindern und Jugendlichen zu treten. Deshalb bedarf die Heimerziehung einer ständigen Abstimmung der erzieherischen Tätigkeit zwischen den einzelnen Erziehern: Ihnen wird somit eine ständige Kompromißbereitschaft abverlangt. (Dieselben Schwierigkeiten treten auch gegenüber den Eltern der Kinder und Jugendlichen auf, z.B. im Falle von häufigen Wochenendfahrten der Eltern.)

Solcherlei Schwierigkeiten können auf Dauer bei den Erziehern zu einem solch großen Überdruß führen, daß sie bald den Arbeitsplatz wechseln, um eine leichtere Tätigkeit zu suchen. Noch immer kann man davon ausgehen, daß die Mehrzahl der Heimerzieher nach wenigen Jahren ihren Arbeitsplatz wechselt.

Die Gefahr der **Überorganisation** der Heime birgt zudem die Gefahr der **Überversorgung** der Kinder und Jugendlichen in sich. Dies steht aber im Gegensatz zum Anspruch auf Selbständigkeit der Kinder und Jugendlichen. Eine Überorganisation der Institution kann zur Resignation bei den Erziehern führen, die damit ihre ganze erzieherische Arbeit in Frage gestellt sehen, weil durch die damit verbundene Einengung des Handlungsspielraumes eine immer mehr zunehmende Unselbständigkeit der Zu-Erziehenden erzeugt wird.

---

[1] Fluktuation = Wechsel

G Zusammenarbeit

Aus dem „Vorpraktikum" kennen Sie bereits wesentliche Elemente der Zusammenarbeit mit Eltern, mit dem Team, mit den Trägern und vielleicht auch mit der Schule.

Stellen Sie im Verband Ihrer Gruppe/Klasse „10 Goldene Regeln für eine Zusammenarbeit" mit den Eltern … auf.

Lesen Sie hierzu auch den folgenden „Elternbrief".

Erzieherische Grundfähigkeiten

| Wahrnehmen Beobachten | ↔ | Darstellen Beschreiben | ↔ | Analysieren Planen | ↔ | Gestalten | ↔ | Reflektieren | ↔ | Kooperieren |

Liebe Eltern!

Zu Beginn des neuen Kindergartenjahres möchten wir Sie
auch im Namen unserer Mitarbeiterinnen recht herzlich
grüßen. Die Familien der neu hinzukommenden Kinder heißen wir in unserer Runde willkommen und hoffen, daß sich
Ihre Kinder bald in unserem Kindergarten wohlfühlen werden.
Ich hoffe auf eine gute Zusammenarbeit zwischen Elternhaus und Kindergarten zum Wohle Ihrer Kinder.
Ich möchte Ihnen noch mitteilen, daß seit dem 1. September Frau Barbara Feinert als Vorpraktikantin hier in unserem Kindergarten mithilft. Wir freuen uns darüber und
hoffen, daß Barbara viel Spaß an der Arbeit mit den Kindern hat. Barbara hat eine Lehre als Arzthelferin in einer Kinderarztpraxis gemacht und ist daher auch den Umgang mit Kindern gewöhnt.
Für etwa 4 Wochen ist Frau Sonja Marbach ebenfalls als
Praktikantin hier.
Sie beginnt danach mit dem Studium, dazu wünsche ich ihr
schon jetzt viel Erfolg.
Bedanken möchte ich mich bei Herrn Erwin Schneider für
die schönen großen Spielkisten, gefüllt mit Holzteilen,
die unseren Kindergarten bereichern.

Termine, die zu beachten sind:
Musik bei Frau Franke: montags ab 10 Uhr
Turnen beginnt am 16. und 17. 10. 90
           Gruppe 1 Vroni: immer mittwochs
                               9.20 an der Turnhalle
                               oder 9.10 ab Kindergarten
           Gruppe 2 Monika: immer mittwochs 10 Uhr
                               ab Kindergarten
           Gruppe 3 Johannes: immer donnerstags 10 Uhr
                               ab Kindergarten
Bitte Aushang am Gartentor beachten.
Dienstag, 2. Okt. 90 ist Elternabend (Wahl der Eltern-
                     beiräte)
Freitag, 2. Nov. 90 nach Allerheiligen bleibt der Kin-
                    dergarten geschlossen
Sonntag, 11. Nov. 90 Laternenumzug

Ziel unserer Arbeit ist es, ergänzend zu der Erziehung
im Elternhaus, die gesamte Entwicklung Ihres Kindes zu
fördern und zu unterstützen.

Dazu gehören das Einüben sozialer Verhaltensweisen wie
zum Beispiel Rücksichtnahme, Achtung des anderen, Hilfsbereitschaft, ferner die Übung der Wahrnehmungs- und
Ausdrucksfähigkeit, die weitere Entdeckung der Umwelt,
das Sammeln von Erfahrungen mit Kindern und Erwachsenen.
In der Kleingruppenarbeit werden darüber hinaus Spiel-
und Beschäftigungsangebote gemacht, die auf das spezielle Interesse einer Altersgruppe abgestimmt sind und der
Einübung bestimmter Fähigkeiten dienen.
Über die spielerischen Tätigkeiten soll Ihr Kind Freude
am Leben gewinnen. Die Erzieherinnen werden dabei den
Kindern Hilfestellung und weiterführende Anstöße geben.
Zum Bildungs- und Erziehungsauftrag gehört jedoch nicht,
den Kindern möglichst früh viel Wissen zu vermitteln.
Die Vermittlung von Wissen aufgrund vorgegebener Lehrpläne ist Aufgabe der Schule, nicht jedoch des Kindergartens.
Sie vertrauen Ihr Kind für 3 wichtige Jahre den Mitarbeiterinnen unseres Kindergartens an. Zu Recht verbinden
Sie damit Wünsche und Erwartungen an den Kindergarten.
Sollten diese einmal nicht mit der an unserem Kindergarten geleisteten Arbeit übereinstimmen, sprechen Sie darüber bitte mit den Mitarbeiterinnen unseres Kindergartens. Es ist sehr wichtig, daß sich Ihr Kind im Kindergarten angenommen und geborgen fühlt.
Wenn Sie merken, daß Ihr Kind im Kindergarten Schwierigkeiten hat, daß es in sich gekehrt oder bedrückt ist,
vielleicht sogar nicht mehr in den Kindergarten möchte,
seien Sie besonders liebevoll zu ihm und üben Sie keinen
Zwang aus. Sprechen Sie das weitere Verhalten mit den
Mitarbeiterinnen unseres Kindergartens ab.
Erkennen Sie das, was Ihr Kind selbst gemacht hat, an,
und sagen Sie es ihm. Vermeiden Sie aber, den Eindruck
zu erwecken, Sie hätten etwas Schöneres oder Besseres
erwartet.
Wir würden uns sehr freuen, wenn Sie den Kindergarten
als eine Begegnungsstätte nicht nur der Kinder, sondern
auch der Eltern sehen würden und wenn Sie sich am Tages-
geschehen, an den Elternabenden und an den Festen des
Kindergartens rege beteiligen würden.
Wir hoffen mit Ihnen, daß Ihr Kind sich bei uns wohlfühlen möge und den Kindergarten gerne besuchen wird.

Mit freundlichen Grüßen

Vroni
Monika   *Johannes*

1 Zusammenarbeit mit Eltern am Beispiel Kindergarten

Die Zusammenarbeit mit Eltern ergibt sich zwingend aus den Aufgaben der Institution und aus den Erwartungen, die von seiten der Erzieher und Erzieherinnen wie auch von seiten der Eltern vorhanden sind. Um des Kindes willen ist eine intensive Zusammenarbeit notwendig, weil das Kind wegen verschiedener Erziehungsziele in Familie und im Kindergarten nicht unnötig in Konfliktlagen gebracht werden darf. Ebenso sollten in intensiver Zusammenarbeit die erzieherischen Formen und Erziehungsstile gegenseitig dargestellt und angeglichen werden.

Eltern wie Erzieher müssen auch zusammenarbeiten, weil beide das Kind jeweils nur im spezifischen Feld Familie oder im spezifischen Feld Kindergarten handelnd sehen. Manche Erzieherin hört mit Erstaunen, was das Kind zu Hause spricht, manche Mutter bemerkt vielleicht mit Entsetzen, wie sich ihr Kind im Kindergarten benimmt. Hier gilt es, die jeweiligen Sichtweisen einander bekanntzumachen. Daraus resultiert auf beiden Seiten ein besseres Verstehen des Kindes.

Austausch von Informationen

Für die Erzieher ist es interessant zu wissen, wer die Eltern sind, wo sie arbeiten, welche Erziehungsgeschichte das Kind bisher hatte und welche Wünsche und Vorstellungen von Elternseite vorgebracht werden. Aber ebenso sollten Eltern die Vorstellungen des Kindergartens über Erziehung, die Formen der Arbeit im Kindergarten kennenlernen.

Für den Kindergarten, der einen Platz in der Gemeinde, in der Gesellschaft einnimmt, ist Elternarbeit – über die Verständigung über einzelne Kinder hinaus – ein wichtiger Teil von Öffentlichkeitsarbeit. Bei diesem Austausch von Informationen will der Kindergarten aber auch darstellen, was er an Erwartungen an die Eltern hat. Der Kindergarten will den Eltern sagen, was ein Kind z. B. schon können sollte, wenn es in den Kindergarten eingeschrieben wird. Der Kindergarten will den Eltern sagen, welche sozialen Verhaltensweisen ein Kind für den Kindergarten mitbringen muß, damit ein Eingewöhnen und Zusammenleben mit andern in der Gruppe möglich wird.

Beratung in Erziehungsfragen

Für viele Eltern gilt der Kindergarten als eine Institution, die für pädagogische, oft auch familiäre Probleme ein Ratgeber sein kann. Professionelle Erziehende sind in den Augen von Müttern und Vätern mit einer höheren Erziehungskompetenz ausgestattet. Sie gelten als fachlich fähig. Hier wird die Zusammenarbeit zu einem Beratungsfeld zwischen den an der Erziehung Beteiligten. Mit Sicherheit gewinnen auch die Erzieher über die Beratung neue Kenntnisse und Erkenntnisse. Aber nicht nur Beratung ist eine Funktion der Elternmitarbeit.

In vielen Fällen wird der Kindergarten über Einzelberatung hinaus durch Informationsveranstaltungen, durch Bildungsveranstaltungen, aber auch durch gesellige Möglichkeiten für Eltern Informationen zur Erziehung der Kinder bereitstellen; diese Veranstaltungen können auch individuelle Hilfen geben.

Elternbildung

Über Beratung und Information hinaus wird auch Elternbildung geleistet, z.B. in Vortragsreihen oder in Einzelvorträgen, die fast wie eine Volkshochschule in die Elternkreise hineinwirken.

Elternmitarbeit – Elternmitbestimmung

Eine weitere wichtige Funktion der Zusammenarbeit von Kindergarten und Eltern besteht darin, die Eltern in die Arbeit mit einzubeziehen. Dieses Einbeziehen meint zum einen, die Eltern im Rahmen gesetzlicher Bestimmungen im Kindergarten mitbestimmen zu lassen. Neben der gesetzlich für die Kindergärten in allen Bundesländern vorgesehenen Mitbestimmung, über die an späterer Stelle noch berichtet wird, ist außerdem die Möglichkeit der Elternmitarbeit gegeben. Das bedeutet, Eltern können im pädagogischen Alltag erzieherische Mithilfe leisten. Selbstverständlich ist Voraussetzung, daß sie sich in das Gesamtkonzept der Arbeit einbinden lassen.

Beispiele:

So finden sich immer wieder junge Väter zusammen, um für einen Kindergarten im Frühjahr die Freispielflächen außerhalb des Hauses in Ordnung zu setzen, sie nach dem Winter wieder benutzbar zu machen. Andere bauen das Spielhaus im Garten wieder auf oder versuchen, durch ein Spielhaus im Innern das Raumangebot zu differenzieren. Wieder andere helfen bei der Vorbereitung oder der Durchführung von Festen.

Das Gesamt von Beratung, von gegenseitiger Information, von Bildung, von Mitbestimmung und Mitarbeit kann so, wie es *Huppertz*[1] versteht, als Elternintegration bezeichnet werden.

Huppertz selbst begründet die gesamte Elternarbeit aus solchen Funktionen und faßt sie für den Kindergarten – und das gilt wohl auch im übertragenen Sinn für andere sozialpädagogische Institutionen – in zehn Thesen zusammen.

„Thesen zur Elternmitarbeit

1. In der Elternarbeit ergibt sich eine erzieherische Kooperation zwischen Familie und Kindergarten, die dem Kind unerträgliche Konflikte erspart.
2. Elternarbeit ermöglicht die nötige Transparenz der Kindergartenerziehung.
3. Elternarbeit ermöglicht ein emotionales Verstehen der Erziehungspartner.
4. Aus der Elternarbeit resultiert, daß die Erzieherin aus der Kenntnis der elterlichen Situation ein besseres Verständnis für das Kind gewinnt.
5. Elternarbeit könnte dem Kindergarten zu seinem Platz in der Gesellschaft verhelfen.
6. Elternarbeit im Sinne von funktionaler Erziehungsberatung sollte der Kindergarten leisten, weil andere Institutionen dem Bedürfnis nicht entsprechen können.

---

[1] Vgl. Huppertz, Norbert: Elternarbeit vom Kindergarten aus. Herderbücherei Bd. 9011. Freiburg 14. Aufl. 1979, S. 33.

7. Unter allen pädagogischen Berufsgruppen bilden die Erzieherinnen des Kindergartens diejenige, die von den berufsqualifizierenden Voraussetzungen her am besten für die Tätigkeit geeignet ist.
8. Der Kontakt, als wichtige Voraussetzung für Bildungs- und Beratungstätigkeit, ist zwischen Erzieherin und Eltern bereits vorhanden.
9. Die Kindergärtnerin trifft in ihrer Tätigkeit „vor Ort" auf äußerst günstige Bedingungen (Problemsituation der Eltern usw.).
10. Eine günstige Voraussetzung für die Elternarbeit kann auch sein, daß die Eltern schon Kontakte untereinander haben."[1]

1.1 Inhalte und Ziele der Elternarbeit

Aus den Funktionen der Elternarbeit: Austausch von Informationen, Beratung in Erziehungsfragen, Elternbildung, Mitarbeit und Mitbestimmung ergeben sich eine Reihe von Inhalten, die für die Kooperation von sozialpädagogischen, Institutionen wie Kindergarten, Heim usw. und Elternhaus typisch sind.

So ist es wichtig, daß die Institution selbst immer wieder ihre Konzeption vorstellt. Dazu genügen Tür- und Angel-Gespräche nicht, sondern eine solche Konzeption mit ihren Zielvorstellungen, mit den Begründungen ihrer Ziele, muß zuvor im Team der Erzieher, oftmals in Zusammenarbeit mit den Trägern, erarbeitet werden. Es muß überlegt werden, in welcher Weise diese Konzeption vorgestellt werden kann. Es muß oftmals auch gegenüber zu hohen oder vielleicht auch unberechtigten Erwartungen die Konzeption verteidigt werden. Auch hierzu sind Überlegungen notwendig, müssen Strategien und Formen der Arbeit entwickelt werden.

Es ist heute üblich, die Eltern über Planungen im Kindergarten zu informieren. Diese Planungen können die nächsten Tage oder eine ganze Kindergartenwoche betreffen. Sie können sich auch nur auf einzelne Projekte einer Institution beziehen. So muß und wird ein Heim, das mit einem Teil der Heiminsassen eine größere Reise plant, dies den Eltern mitteilen.

In sozialpädagogischen Institutionen, in Kindergärten, in Heimen, in Kinderdörfern entstehen immer wieder Probleme. Ursache hierfür können Schwierigkeiten sein, die bei einzelnen Kindern auftreten. Durch Personalwechsel können ebenso Probleme hervorgerufen werden. Auch hier wird es notwendig, entsprechende Informationen an die Erziehungspartner, die Eltern zu richten, mit ihnen diese Problemlagen zu erörtern, sie um Mithilfe bei der Lösung der Probleme zu bitten.

Oftmals treten spezielle Schwierigkeiten im Verhältnis des Erziehers zu einem einzelnen Kind oder Jugendlichen auf. Oder die Erzieherin erfährt von einem gebrochenen Erziehungsverhältnis zwischen Mutter und Kind; das Kind schlägt z. B. immer wieder nach der Mutter, wenn die Mutter erscheint oder streckt die Zunge heraus usw. Zusammenarbeit in Form von Beratung wird notwendig, um diese Erziehungsschwierigkeiten zu beheben. Oder die Erzieherin, die mit einem Kind oder mit einer Besonderheit des Kindes nichts anzufangen weiß, wird sich bei der Mutter über dieses auffällige Benehmen des Kindes erkunden und vielleicht dann Verständnis für die Auffälligkeit gewinnen.

---

[1] Huppertz, Norbert: a.a.O., S. 31f.

In den meisten Kindergärten wird heute die Mitarbeit der Eltern gesucht. Die Form der „offenen Kindergartenarbeit" ist fast überall als Grundgedanke gemeinsamen Erziehens durchgedrungen. Für den Kindergarten erwächst die Aufgabe, die latente oder auch offen vorhandene Bereitschaft der Eltern zur Mitarbeit und Mitgestaltung zu nutzen, aber auch, wenn notwendig, sie zu kanalisieren bzw. zu bremsen.

Ehe man Initiativen ergreift, sollte man überlegen, wie, in welcher Weise und in welchem Umfang Eltern in die Arbeit, in den Tageslauf, in besondere Projekte einer Einrichtung miteinbezogen werden können. Ein besonders behutsames Vorgehen ist notwendig, um gegenseitige Erwartungen nicht zu hoch zu schrauben. Keiner der Partner darf sich bei solchen Einbeziehungen als ausgenutzt empfinden. So sind die Eltern nicht einfach nur Gebäcklieferanten. Aber ebensowenig kann sich eine sozialpädagogische Einrichtung als Animateur für Feste und Feiern empfinden. Mitarbeit bedeutet gemeinsames Tun, gemeinsames Planen, gemeinsames Handeln.

Gemeinsames Tun, gemeinsames Handeln und Verantwortung tragen wird dort notwendig, wo unter Umständen eine sozialpädagogische Einrichtung in ihrer Funktion von außen her beeinträchtigt wird.

Beispiele:
Durch Änderung eines Bebauungsplanes wird das Grundstück, das bisher einer sozialpädagogischen Einrichtung als Spielfläche zur Verfügung stand, wesentlich eingeschränkt. Oder es wird sehr dicht an der Institution eine neue Verkehrsanbindung geplant, die den Kindergarten sehr stark verlärmt.

In Zusammenarbeit von Eltern und Kindergarten entsteht im Interesse der Kinder eine gemeinsame „Lobby", die die berechtigten Anliegen und Interessen der Kinder auch einer Öffentlichkeit gegenüber durchzusetzen versucht. Damit ist keineswegs einer Politisierung des Kindergartens das Wort geredet, es geht vielmehr um pädagogisch begründete Interessen.

Wenn man gemeinsam handeln will, muß man sich kennen.

Die Elternarbeit hat ebenfalls zum Ziel und zum Inhalt, daß sich Erzieher und Eltern, aber auch die Eltern untereinander besser kennenlernen. Durch die Elternarbeit könnte eine Klärung verschiedener, zum Teil auch entgegenlaufender Interessen stattfinden; es könnten sich aber auch gemeinsame Interessen herausbilden. Für verschiedene Interessenlagen wird mehr Verständnis entstehen.

Für Eltern bedeutet die Möglichkeit zur Mitarbeit in vielen Fällen eine Verbesserung der Kommunikationsfähigkeit, da sie sich bei geselligen Veranstaltungen oder Elterntreffs auch in Bereichen artikulieren können, in denen sie kompetent sind. Denn in vielen Fällen bleiben Eltern in erzieherischen Fragen stumm, weil sie sich hier den Berufserziehern unterlegen fühlen. Hier haben „Treffs", „Hocks" eine ganz wichtige Funktion. Ein wesentlicher Inhalt ist also verbessertes Kennenlernen und damit die Verbesserung sozialer und kommunikativer Fähigkeiten. Für die Erzieher selbst ermöglicht und bedeutet das, die Eltern unter ganz anderen Bedingungen zu sehen: In geselligen Formen werden für Erzieher Fähigkeiten bei den Eltern sichtbar, die bei starren didaktischen Formen der Elternarbeit verborgen blieben.

Inhaltliche Schwerpunkte der Elternarbeit:

- Information über die Konzeption der Einrichtung
- Information über die Erwartungen der Eltern bezüglich der Einrichtung
- Information über Erziehungsvorstellungen beider Partner
- Information über die Kinder
- Information über Planungen und Vorhaben
- Beratung bei Problemen der Institution
- Beratung von Eltern
- Elternbildung
- Elternmitarbeit
- Elternmitbestimmung
- Zusammenarbeit mit Eltern in der Öffentlichkeit
- Sich kennen lernen

1.2 Formen der Elternarbeit

Wir können aus den Zielen und Inhalten der Elternarbeit zunächst zwei große Gruppen verschiedener Arbeitsformen unterscheiden. Es sind einmal die Formen, die sich **direkt** an die Eltern wenden und hier die Aufgaben Information, Beratung, Bildung, Mitarbeit und Mitbestimmung in unmittelbarer Kontaktnahme erfüllen.

Hiervon unterscheiden wir die **vermittelten Formen,** die sich nicht in gemeinsamer Gegenwart abspielen.

Ein weiteres Unterscheidungsmerkmal sind Formen, die sich an **einzelne Eltern** wenden, weil jeweils nur das Anliegen eines Kindes bedeutsam ist und Formen, die sich an die **gesamte Elterngruppe** einer Institution wenden. Die anschließende Übersicht ordnet die Fülle der Formen unter diesen Gesichtspunkten. (Vgl. Übersicht auf S. 341.)

Es lassen sich aber noch andere Gliederungen finden. So gliedern die „Empfehlungen für den Elementarbereich" des *Bayerischen Staatsministeriums für Unterricht und Kultus*[1] die praktischen Möglichkeiten der Zusammenarbeit von Kindergarten und Elternhaus nach den Gesichtspunkten:

- Informieren
- Einladen
- Übereinstimmung herstellen
- Aktivieren
- Beraten
- Fördern

(Vgl. hierzu die Übersicht auf S. 341f.)[2]

---

[1] Bayerisches Staatsministerium für Unterricht und Kultus (Hrsg.): Der Übergang vom Kindergarten zur Grundschule. Donauwörth 11. Aufl. 1979.
[2] a.a.O., S. 18ff.

Formen und Inhalte der Elternarbeit

	bezogen auf einzelne Eltern	bezogen auf die gesamte Elterngruppe

direkte Formen	• Beratungsgespräch
	• Hausbesuch
	• Aufnahmegespräch
	• Aufnahme- bzw. Eingewöhnungsverfahren
	• „Tür- und Angel-Gespräch"
	• Schlichtungsgespräch
		• Elterninformationsabend
		• Elternfortbildungsangebote
		• Elternbeiratswahl
		• Planungsrunden
		• Elternmitarbeit:
		  – im Kindergarten
		  – bei Projekten
		  – bei Festen
		• Gemeinsame Feste
		• Tag der offenen Tür für Eltern
		• „Elternhock"
		• Elterntreff

vermittelte Formen	• Telefonat • Aufnahme- bzw. Personalbogen • Erinnerungszettel • Brief • Kurzmitteilung	• Elternbrief • Planungsaushang • Plakatierung, Ausstellung • Informationsbrett • Wunschkarten • „Meckerecke" • Kindergartenzeitung • Merkblatt
Sonderform	Eltern-Kind-Arbeit	

Praktische Möglichkeiten der Zusammenarbeit von Eltern und Kindergarten[1]

Informieren	Einladen	Übereinstimmung herstellen	Aktivieren

Elternabende
– Aussprache
– Referat
– schriftliche Vorlage
– Medieneinsatz
  Fernsehen
  Radio
  Dia etc.
Protokolle
– Mitarbeitergespräche
– Kindergartenbeiräte
– Elternabende
Elternbriefe/Zeitung
Rundschreiben
Merkblätter
	Wöchentlicher Tag der Offenen Tür
	Gruppen oder einzelne Einladungen
	Mitgestaltung von
	– Festen
	– Spielnachmittagen
	– Einzelaktionen
	Verpflichtung auf Mitarbeit bei Aufnahmegespräch
	Aushang
	Persönlicher Brief
	– von Kindern gemalt
	– vervielfältigt
		Gruppendiskussion
		Besprechen von Erziehungszielen
		Eltern referieren
		Vereinbarungen schriftlich festhalten (Protokolle)
			Material erbitten
			Große Tonne in Flur stellen
			Wunsch-Arbeitskalender
			Aufträge, Wünsche, usw. (wer sich ein Blatt nimmt, sorgt für dieses Problem)
			Briefkasten
			Kontakte zwischen Eltern anregen und ermöglichen
			– Spielgruppen
			– Theaterbesuche
			– Spielplatzaufsicht
			– Fahrgemeinschaft (bringen/abholen)
			– Babysitter

---

[1] Bayerisches Staatsministerium für Unterricht und Kultus (Hrsg.): a.a.O., S. 20.

Anschläge (Schwarzes Brett)
– Organisatorisches
– Empfehlungen (Prospekte, Buchbesprechungen …)
– Arbeitsvorhaben
– Zeitungsausschnitte
Tag der Offenen Tür
Dokumentation
– Photos
– Materialien
Ausstellungen
	Einladung durch
	– Träger
	– Kindergartenbeirat
	– Leiterin d. Kindergartens
	– Gruppenleiterin
	– Kinder
	Telefonisch
	Im Gespräch beim
	– Bringen
	– Abholen
	Durch Bilden informeller Gruppen
	Durch Plakate
	    Handzettel
	    Zeitung
	    Stadtteilzeitung
			Kindergartenbazar mit „Produkten" von Eltern
			Rollenspiele mit Eltern
			Kinder-Flohmarkt
			Eltern sammeln untereinander für den Kindergarten
			Tages- und Wochenausflüge
			Mitberatung bei Mitarbeit
			– Kindergartengestaltung
			– Materialerstellung
			Elterngruppen bilden
			Elterninitiativen zu konkreten Problemen unterstützen
			Väter/Mütter mit „hilfreichen" Berufen ansprechen (z.B. Schreiner, Glaser)

Beraten	**Fördern**		**Eltern haben noch folgende zusätzliche Möglichkeiten, die Zusammenarbeit zu erweitern:**
Sprechstunde – einzeln – Gruppen *Ausstellung* – von Kinderarbeiten – von empfohlenem Material (Spiele, Bastelsachen, Bücher usw.) *Fach-Referate* *Kontakte zu Spezialisten vermitteln* *Elternbrief* *Telefon* *Hausbesuch*	*Eltern-Kind-Turnen* *Spielnachmittage* *Hospitation der Eltern im Kindergarten* *Förderstunde durch Erzieher beim Hausbesuch* *Elternabend zu Methoden* *Absprache über Einsatz von Förderprogrammen* *Elternverhaltenstraining*		*Eingaben an z.B.* – Kindergartenbeiräte – Träger – Aufsichtsbehörden – Gesundheitsamt

1.3　Funktionen und Formen der Elternarbeit

1.3.1　Gegenseitige Information

Gegenseitige Information umfaßt Gespräche zwischen einzelnen Erziehern und einzelnen Eltern oder Elternteilen. Es gelten hier alle Regeln der Gesprächsführung.

Vorab eine Grundfeststellung. Eltern sind in bezug auf ihre Kinder sehr sensibel. Erzieher sollten davon ausgehen, daß sie sehr verletzbar sind. D.h. Gespräche mit den Eltern müssen, da sie zur Zusammenarbeit führen sollen, äußerst behutsam geführt werden.

Hier sind noch einmal die Funktionen, die die **Sprache** für das Individuum hat, kurz dargestellt:

● Sprache ist **Ausdruck eines inneren Zustandes**.
● Sprache dient als **Appell an den Mitmenschen**.
● Sprache dient der **Bezeichnung von Gegenständen und Ereignissen**.
● Sprache dient der **Herstellung von Beziehungen**.

Gelegenheitsgespräch; „Tür- und Angelgespräche"

So hat gerade das sogenannte „Gelegenheitsgespräch", das „Gespräch zwischen Tür und Angel", das den Erziehern fast täglich mit verschiedenen Elternteilen möglich ist, eine wichtige Beziehungsfunktion. Es dient vor allem der Herstellung einer guten Beziehung. Es werden dabei auch Informationen in Kurzform ausgetauscht. Aber die wichtigste Funktion besteht darin, daß die Erzieherin den Eltern signalisiert: sie hat ihre Anwesenheit bemerkt, sie freut sich darüber, daß die Eltern das Kind zum Kindergarten gebracht haben oder daß der Vater den Jungen abgeholt hat.

Das kurze Gespräch kann für die Eltern auch zur Versicherung des eigenen Handelns dienen. Sie werden in der Richtigkeit ihres erzieherischen Tuns bestärkt, weil sie sich vom Kindergarten, von der Institution akzeptiert sehen. Solch ein Gelegenheitsgespräch dient der Kontaktpflege auch vor allem dort, wo die Eltern den Kontakt „scheuen".

Aufnahmegespräch

Das Aufnahmegespräch dient der Information der sozialpädagogischen Einrichtung. Hier wird über den Personalbogen hinaus in Erfahrung gebracht, welche Konstellationen, Strukturen im Elternhaus die Erziehungsgeschichte des Kindes bedingen.

Es ist wichtig zu wissen, welche Erziehungsvorstellungen im Elternhaus vorherrschen und in welcher Weise sie erzieherisch handelnd umgesetzt werden. Bei diesem Aufnahmegespräch kann man Erwartungen der Eltern und das Bild der Eltern über die Einrichtung erfahren. Gleichzeitig ist es auch hier schon möglich, zu hoch gespannte Erwartungen zu reduzieren, eigene Vorstellungen der pädagogischen Institution darzustellen, wahrgenommene Gemeinsamkeiten über die Erziehung bei diesem Kind festzustellen. Vielleicht gelingt es auch schon in dieser ersten umfangreichen, wechselseitigen Information, erzieherische Konzepte anzugleichen.

Ferner liefert das erste informierende Aufnahmegespräch Daten über Besonderheiten, über Krankheitsverläufe, über Geschwister, über die Stellung des Kindes in der Geschwisterreihe. Kurzum, dieses informierende Aufnahmegespräch muß die Grunddaten ergeben, mit denen die Institution in die Erziehung des Kindes eintreten kann.

Aufgaben

1. *Stellen Sie eine Liste der wesentlichen Gesichtspunkte zusammen, die in einem Aufnahmegespräch unbedingt besprochen werden müssen.*

2. *Simulieren Sie in einem Rollenspiel solche Gesprächsverläufe, z.B. Erzieherin – alleinerziehender Vater; Erzieher – Vater eines spanischen Kindes, usw.*

Das intensive Aufnahmegespräch sollte über vier Bereiche Auskünfte geben:

1. Es sollte das **erzieherische Konzept** sichtbar werden, also z.B.: das Ziel der Erziehung, das Erzieherverhalten, Fragen, wie weit z.B. zur Selbständigkeit erzogen wird, wie weit sich der Kindergarten aus seinem Selbstverständnis heraus religiös orientieren wird. Es sollten Aussagen gemacht werden z.B. über Gesundheitserziehung, über Verkehrserziehung, über Medienerziehung, Sozialerziehung, über die Möglichkeit vorschulischer Förderung, letztlich über die gesamte Bildungsfrage.

2. Dieses Gespräch sollte auch Aufschluß und Informationen geben über die **Organisation des Kindergartens.** Den Eltern muß aus der Konzeption des Kindergartens heraus der Tagesablauf bekanntgemacht werden. Es muß gesagt werden, wann die Kinder gebracht und wann sie abgeholt werden sollen, wie die Ferienordnung aussieht. Weitere Fragen sind in diesem Zusammenhang beispielsweise: Wie hoch sind die Kindergartenbeiträge? Wird Mittagsruhe eingehalten? Ist bei der Kleidung der Kinder auf etwas zu achten? Ferner sollte unter organisatorischen Aspekten gesprochen werden über Entschuldigungen bei Krankheiten der Kinder, über die Formalitäten des An- und Abmeldens, über mögliche Formen einer kurzfristigen Benachrichtigung von Eltern bzw. des Kindergartens.

3. Das Gespräch sollte über **Art und Umfang der Elternarbeit** informieren. Schon beim Aufnahmegespräch sollte den Eltern klar gemacht werden, daß Kindergartenarbeit immer auch Zusammenarbeit zwischen Eltern und Erziehern bedeutet, daß also Elternarbeit vom Kindergarten aus eine notwendige Sache ist. Die Form der Elternarbeit, ob Sprechstunden, Elterninformationen, Planungsvorstellungen usw. stattfinden, sollte auch vorab geklärt werden. Viel Ärger läßt sich vermeiden, wenn die Eltern von vornherein wissen, daß sie jederzeit Informationen über die Arbeit der nächsten Wochen finden können. Viele Rückfragen bleiben erspart, wenn vorab die Informationswege geklärt werden.
Die Erwartungen, die man an die Eltern bezüglich der Mitarbeit hat, müssen klar formuliert werden. Es muß von vornherein gesagt werden, wenn es erwünscht ist, daß Eltern sich an Exkursionen beteiligen. Es muß den Eltern von vornherein klar sein, daß die Mitbestimmung im Kindergarten ernst genommen wird.

4. Das Gespräch sollte Aufschluß über den **Entwicklungsverlauf des Kindes** geben.

Im Aufnahmegespräch müssen noch einmal all die Daten aufgenommen werden, die der bereits ausgefüllte Personalbogen enthält. Hier ist die gesamte Biographie des Kindes über die schriftliche Darstellung des Personalbogens hinaus von Elternseite darzustellen. Es ist wichtig für die Erzieherin zu wissen, wie die Eltern selbst frühere Erkrankungen des Kindes bewerten, wie sie Beeinträchtigungen auf Grund frühkindlicher Erlebnisse verstehen usw.

Es ist ebenso wichtig, daß dabei die familiale Situation insgesamt zur Sprache kommt. Man spürt sehr rasch, welches Verhältnis Eltern zu Kindern haben, ob es sich um ein überbehütendes Elternverhalten handelt oder ob die Eltern froh sind, das Kind wenigstens zeitweilig abgeben zu können. Behinderungen, Einschränkungen der Leistungsfähigkeit sind ebenfalls wahrzunehmen und mitzuteilen, da sie die Arbeit mit dem Kind erheblich beeinträchtigen können.

Hausbesuch

In der Bewertung im Rahmen der Kooperation zwischen Elternhaus und sozialpädagogischer Institution sind die Hausbesuche nicht unumstritten. Sie können dort, wo man als Besucher willkommen ist, sehr viel zur Verbesserung des Gesamtklimas beitragen und liefern gleichzeitig eine Fülle von Informationen, die man bei einem Gespräch in der Institution nicht erhielte.

Sie sind notwendig, wenn sich bestimmte Problemlagen ergeben, die eines längeren Gespräches bedürfen und wenn die Eltern nicht wünschen, ein solches Gespräch in der sozialpädagogischen Institution zu führen. Sie haben aber dort Grenzen, wo bei den Eltern der Eindruck entsteht oder entstehen könnte, daß der Erzieher in ihre Privatsphäre eindringt.

In Grenzen angewandt sind Hausbesuche eine positive Möglichkeit der Gestaltung der Zusammenarbeit.

Weil Hausbesuche nicht unproblematisch sind, sollten einige Dinge jedoch unbedingt beachtet werden:
- Vorab so viele Informationen sammeln, wie man erhalten kann!
- Bewußt peinliche Bereiche vermeiden! („Ich habe gehört, daß Ihr Sohn ...")
- Sich rechtzeitig und frühzeitig anmelden!
- Den Besuchszeitpunkt nach den Eltern richten!
- „Tratsch" vermeiden!
- Rechtzeitig den Besuch beenden!
- Amtsverschwiegenheit beachten! („War ich doch jüngst bei Familie B.")

Telefonat, Kurzmitteilung

Um über ein Kind Auskunft zu erhalten oder Eltern rasch zu benachrichtigen, greift die Erzieherin oftmals zum Telefon. Es kann benutzt werden, um den Eltern eine kurze Information zu geben, meist eine Information, bei der die Übermittlung eilig ist.

Telefonate, die länger dauern, sollten nicht aus der Institution hinausgeführt werden, wenn die Erzieherin allein in der Gruppe ist. Sie müßte die Gruppe verlassen und könnte dadurch der Aufsichtspflicht nicht nachkommen.

In der Regel sollte man eher die Form der „Kurzmitteilung" oder des „Erinnerungszettels" wählen. Diese Formen der Kurzmitteilung werden notwendig, wenn kurzfristig ein Ereignis eintritt, das man den Eltern mitteilen möchte. So werden solche kleine Zettelchen persönlich mitgegeben, wenn beispielsweise an einen noch nicht eingegangenen Elternbeitrag erinnert werden soll oder wenn die Erzieherin eine Mutter zu einem kürzeren Gespräch in die Einrichtung bittet.

Brief

In manchen Fällen läßt sich kein Gespräch arrangieren, dann muß ein Brief geschrieben werden. Hierbei gelten alle Regeln des Briefeschreibens, die auch sonst üblich sind. Besonders ist zu beachten, daß Geschriebenes gleichsam dokumentiert ist und mehr Gewicht als Gesprochenes hat.

Um der Zusammenarbeit willen muß ein Brief so abgefaßt sein, daß der Adressat, der Partner bereit bleibt, auch danach noch ein Gespräch zu führen. Diese vermittelten Formen der Arbeit mit den Eltern einzelner Kinder haben im wesentlichen informativen Charakter. Sie sollen auf eine unmittelbare direkte Begegnung vorbereiten und damit in vielen Fällen die direkten Formen einleiten.

1.3.2 Beratung; Konfliktlösung; Erziehungshilfe

Beratungsgespräche

Immer wieder tauchen in sozialpädagogischen Institutionen Probleme auf, Konflikte müssen gelöst werden. Auf Grund der bereits geschilderten hohen Empfindlichkeit der Elternschaft in bezug auf ihre Kinder ist Vorsicht geboten.

Welche Inhalte haben die beratenden, konfliktlösenden, problemlösenden Gespräche? Die meisten Autoren weisen auf folgende Anlässe:

1. Anlaß sind Fragen, die mit dem „angepaßten" Verhalten der Kinder in der Institution zusammenhängen. Hier wird der Wunsch vieler Eltern offenkundig, daß die Kinder ein der Institution angepaßtes Verhalten zeigen mögen. Sicher spricht hier auch ein Stück Angst, aber ebenso auch der Wille, daß Kinder in einer vernünftigen Weise soziabel werden sollen.

2. Insgesamt nimmt, wie in der Literatur allgemein behauptet wird, die Anzahl der Kinder zu, die Verhaltensstörungen oder Verhaltensauffälligkeiten aufweisen. Die Gründe hierfür sind sicher mannigfaltig. Einmal liegt dahinter wohl der Verlust an Wertorientierungsfähigkeit, des weiteren treten für Kinder in zunehmendem Maße familiale Probleme als Ursache auf. Ursachen für Verhaltensauffälligkeiten können aber auch eine mangelnde Erziehungsfähigkeit der Eltern oder aber professioneller Erzieher sein. Folgende Probleme wie Sprachstörungen, Aggression, Bettnässen, Verwendung von Schimpfwörtern, Verhalten bei Tisch, Kontakthemmungen, unkonzentriertes Spielverhalten oder Lügen und Stehlen bereiten Eltern Sorgen und sind Gründe dafür, daß sie um ein Gespräch nachsuchen oder daß der Erzieher selbst initiativ wird, damit bei Eltern ein solcher Wunsch entsteht.

3. Eltern selbst sind in einer Industriegesellschaft im Regelfall leistungsorientiert. Immer wieder tauchen Fragen auf wie: „Wie wird mein Kind die Schule bestehen?" oder „Wird mein Kind eventuell eine Höhere Schule besuchen können?" Das bedeutet, daß Eltern vor allem auch an Gesprächen interessiert sind, die sich mit Themen wie Schulfähigkeit, spezieller Begabungen befassen. „Sie arbeiten doch auch mit Vorschulmappen?" Hier wirken die öffentlichen Medien zum Teil durch ihre Programme, durch ihre wirkliche und manchmal leider auch nur pseudohafte Aufklärung initiierend.

4. Wie man richtig erzieht, ist eine Frage, die immer wieder an Erzieher gestellt wird. Es handelt sich hierbei nicht um Erziehungsschwierigkeiten im eigentlichen Sinne, sondern darum, was als erzieherisches Konzept richtig ist. Durch die bereits genannten Medien sind die Erwartungen und Ansprüche im Hinblick darauf gewachsen und Fragen entstanden, die aber unbeantwortet geblieben sind. Sie werden in die erzieherischen Institutionen hineingetragen und treffen als Erwartungen auf die Einrichtungen.

5. Immer wieder Anlaß zu Fragen und zu Gesprächen gibt das Problem, warum sich Kinder in sozialpädagogischen Einrichtungen anders verhalten als im Elternhaus. Es ist für Eltern oftmals nicht verständlich, daß ein anderes soziales Feld, ein anderer erzieherischer Anspruch andere Verhaltensweisen herausfordert und fördert.

Zusammenfassend kann man sagen, daß sich die Inhalte von Beratung und Gesprächen, Inhalte also von direkten Formen der Elternarbeit, auf pädagogische Fragen, auf Fragen der speziellen individuellen Herausforderung und Förderung der Kinder erstrecken.

Das Bewußtsein, daß Gespräche mit Eltern, seien sie problemlösender, konfliktlösender oder beratender Art, grundsätzlich „elternzentriert" geführt werden müssen, mutet dem Erzieher, der das Gespräch führt, einen hohen Grad an Sensibilität zu. Im Rückgriff auf *Mollenhauer* und *Huppertz*[1] geben wir deshalb fünf Gesichtspunkte wieder, die wir für Beratungsgespräche als besonders bedeutsam erachten.

Beratung entsteht:
1. „... nur angesichts einer Frage. In dieser Frage dokumentieren sich nicht nur die relative Selbständigkeit und Distanz eines Klienten, sondern in ihr ist auch die methodisch entscheidende Tatsache gesetzt, daß ausschließlich die Erwartungen des Klienten – und nicht die Erwartungen, Wünsche, Normen, Hoffnungen des Beraters – den Ansatz und Fortgang der Beratung bestimmen. Nur was der Ratsuchende formuliert, ist ein vertretbarer Gegenstand der Beratung.
2. Beratung schreitet fort als Gespräch, d.h. als rein verbales Wechselspiel. Insofern die Frage des Ratsuchenden immer auch eine Frage nach Sachverhalten (nach Wirklichem) ist, enthält das Beratungsgespräch immer auch Information. Eine Beratung kann, wenn nach nichts anderem gefragt ist, damit enden.
3. Insofern die Frage des Ratsuchenden aber eine Frage nach seinen eigenen Möglichkeiten ist, enthält das Beratungsgespräch Elemente einer kritischen Aufklärung.
4. Die Beratung endet mit dem Rat, der, wenn er sich nicht als Ergebnis des Gesprächs für den Ratsuchenden selbst ergibt, vom Berater erteilt wird. Dieser Rat ist insofern verbindlich (für den Berater) als er das Engagement des Beraters enthält. Er ist insofern unverbindlich (für den Ratsuchenden) als er auch die subjektiven Motivationen des Beraters enthält. Für den Ratsuchenden also nur Beispiel ist.

---

[1] Huppertz, Norbert: Elternarbeit vom Kindergarten aus. A.a.O., S. 141.

5. Sowenig indessen der Berater auf eigenes Engagement verzichten bzw. es völlig unterdrücken kann, so sehr kann gerade dies das entscheidende Engagement des Ratsuchenden verhindern. Häufig genug hat der Ratsuchende die Tendenz, in der akuten Unselbständigkeit, in der er sich befindet, zu verharren, noch tiefer in sie hineinzuflüchten dadurch, daß er sich an den Berater anlehnt, sich seiner Meinung unterwirft, sich als selbst Entscheidender und Planender aufgibt. Der Beratungsvorgang würde seiner Möglichkeit als Aufklärung zuwiderlaufen, wenn das Engagement des Beraters entscheidendes Gewicht bekäme."

Das bedeutet, daß nur dann, wenn ein Leidensdruck verhanden ist, Beratung gesucht wird, daß das Engagement des Beraters kein Hindernis für den Ratsuchenden werden darf und daß das Ergebnis der Beratung vom Ratsuchenden auch ausgeschlagen werden kann.

Für die Erzieherin, für die Gesprächsführenden bedeutet das unter Umständen eine herbe Enttäuschung. Aber es liegt im Wesen des Rates, im Wesen der Beratung, daß sie kein Befehl, kein Auftrag sein kann.

Ebenso muß sich der Erzieher bei allen beratenden Gesprächen, bei Schlichtungen, bei Konflikt- und Problemlösungen seiner Kompetenz bewußt bleiben, d.h. er darf solche Gespräche nur dort führen, wo er dazu befähigt ist.

An den Erzieher ist ein hoher Anspruch zu stellen, damit er der Beratungssituation und der Konfliktsituation gewachsen ist. *Huppertz* formuliert diesen Anspruch folgendermaßen:[1]

> „1. In der Beratung sollte man ‚dem Menschen im ganzen' gerecht zu werden versuchen, also dem Menschen in seiner Eigenart und Würde als Person, seiner Individualität.
>
> 2. Die Selbsthilfemöglichkeiten des zu beratenden Adressaten müssen geweckt oder entdeckt und gefördert werden. Wie in der sonstigen Sozialarbeit gilt auch hier das Motto: Hilfe zur Mit- bzw. Selbsthilfe.
>
> 3. Eltern sollen in der Einstellung der Erzieherin als Partner angesehen und behandelt werden.
>
> 4. Eltern sind so zu akzeptieren, wie sie sind. Andererseits müssen ihnen aber ihre Grenzen und Fehler in einer humanen und toleranten Form aufgezeigt werden.
>
> 5. Die Situation und Verhaltensweise der Eltern sind unvoreingenommen zu beurteilen, nicht aber von einer „richtigen" Haltung aus.
>
> 6. Dort anfangen, wo die zu beratenden Eltern stehen! Dies gilt im Hinblick auf deren Interessen, Fähigkeiten zur Einsicht, Fühlen und Wollen usw.
>
> 7. Wo auch immer es möglich ist, sollte man mit den Stärken der Eltern arbeiten, statt nur gegen ihre Schwächen zu kämpfen. Man muß dazu allerdings bereit und in der Lage sein, nach Stärken zu suchen.
>
> 8. Man sollte alles daran setzen, daß die Eltern die Möglichkeit erhalten, sich frei zu äußern.
>
> 9. Vom Kindergarten aus müssen wir darauf bedacht sein, den Eltern zu helfen, ihr Recht auf Selbst- und Mitbestimmung sowie ihre Pflicht auf Selbst- und Mitverantwortung zu sehen und zu realisieren, soweit immer dies möglich und vernünftig ist.
>
> 10. Es ist wichtig, daß den Eltern geholfen wird, sich selbst, ihre Situation und die mit ihren Problemen in Zusammenhang stehenden Personen immer besser zu verstehen."

---

[1] Huppertz, N.: a.a.O., S. 143 f.

Die Sozialpsychologie hat für Beratungsgespräche, aber auch für Konfliktlösungen Hilfen bereitgestellt, die man aufnehmen sollte. Hier ist besonders auf *Gordon* hinzuweisen.[1] Seine Methode des „aktiven Zuhörens" ist eine wesentliche Voraussetzung dafür, daß der Gesprächspartner sich öffnen kann. Wird das Gespräch in der Weise geführt, daß dem Partner über entsprechende Rückmeldung immer wieder bestätigt wird, daß er in seinem Anliegen, in seiner Not, in seinem Problem verstanden wird, dann bleibt er auch selbst bereit, Rat anzunehmen.

Folgende Vorteile des aktiven Zuhörens für die Konfliktlösung und Beratung ergeben sich:

Vorteile des aktiven Zuhörens:

- Aktives Zuhören läßt erkennen, daß das Anliegen des Konfliktpartners ernstgenommen und anerkannt wird;
- Aktives Zuhören ermöglicht eine offene und ehrliche Kommunikation;
- Aktives Zuhören vermeidet durch die Rückmeldung eine verzerrte Kommunikation;
- Aktives Zuhören gibt dem Konfliktpartner das Gefühl, verstanden zu werden, so daß dieser nicht in eine verkrampfte Verteidigungshaltung zu verfallen braucht, sondern sich bemühen kann, sein Gegenüber ebenfalls zu verstehen.

Im Anschluß an *Gordon* lassen sich sechs methodische Schritte zur Lösung von Problemen bzw. zur Konfliktlösung vorschlagen. Hierbei müssen aber alle Beteiligten präsent sein:

Methodisches Vorgehen zur Konfliktlösung

1. Der Konflikt wird identifiziert und definiert.
2. Alternative Lösungsmöglichkeiten werden diskutiert und entwickelt.
3. Alle Alternativen werden kritisch bewertet und in ihren Konsequenzen durchdacht.
4. Daraufhin wird die Entscheidung für die beste annehmbare Lösung getroffen, d. h. es kann bei Konflikten und Problemen immer nur eine Lösung in Frage kommen, die für keinen völlig unannehmbar und für jeden soweit als möglich annehmbar wird.
5. Anschließend werden Wege zur Ausführung der Lösung abgesprochen.
6. Nach einiger Zeit wird die vereinbarte Lösung kritisch bewertet.

Man wird vor allem bei Schlichtungsgesprächen, wo also ein aufgetretener Konflikt, ein gegensätzliches Verständnis von Erziehung Gesprächsanlaß ist, diesen von *Gordon* beschriebenen Weg suchen. Zu bedenken ist, daß Schlichtung immer die Gedanken des Ausgleichens, des Versöhnens, der Annäherung enthält.

---

[1] Gordon, T.: Familienkonferenz. Die Lösung von Konflikten zwischen Eltern und Kind. Hamburg 1972.

Eingewöhnungshilfe

Für viele Kinder ist der Übergang von der familialen Spiel- und Erlebniswelt in eine neue Einrichtung recht schwierig.

Hier ist die Institution herausgefordert, zusammen mit Eltern zu überlegen, wie man diesen Übergang für die Kinder weniger problemreich gestalten kann.

Nennen wir einige der Möglichkeiten zur Erleichterung der Eingewöhnung:

- Es gibt Kindergärten, die die Eltern schon einige Zeit vor der Aufnahme mit ihrem Kind besuchen können, so daß das Kind diese Einrichtung in ihrer Normalität und im Beisein der Mutter erleben kann. Es kann sich in eine Gruppe begeben und mit den anderen spielen, während die Mutter dabei ist. Eine solche Möglichkeit ist auch dort vorhanden, wo z. B. schon ältere Geschwister im Kindergarten sind. Die Mutter nimmt das kleinere Kind mit, wenn es den älteren Bruder, die ältere Schwester zum Kindergarten bringt oder abholt.

- Ebenfalls praktiziert wird, daß die Kinder zunächst nur kurze Zeit im Kindergarten sind, und die Mutter ist ebenfalls da. Nach kurzer Zeit läßt sich der Zeitraum der Anwesenheit der Mutter verkürzen.

- Es besteht ferner die Möglichkeit, daß die Mutter das Kind in den Kindergarten bringt und ihm klar sagt, daß sie mit der Erzieherin für eine halbe Stunde im Büro etwas zu besprechen hat und daß es solange mit den anderen Kindern spielen möge. Das Kind weiß, daß die Mutter da ist, daß jederzeit die Möglichkeit besteht, die Mutter dort aufzusuchen.

Alle die drei genannten Möglichkeiten lösen letztendlich das **Problem der Trennung** nicht. Ja, sie können sogar die Gefahr in sich tragen, daß nicht das Kind für das Abschiednehmen vorbereitet wird, sondern die Mutter für ein verlängertes Dableiben. Es bewähren sich wohl jene Methoden besser, die dem Kind eine Trennung auf bestimmte Zeit zumuten, eine Trennung, die zu Hause schon geübt werden muß.

Die wichtigste Voraussetzung ist hierbei die **Verläßlichkeit der Eltern**. Das heißt, wenn die Mutter sagt, sie kommt in einer Stunde, dann muß die Mutter nach einer Stunde da sein, damit das Kind sicher ist, daß die Mutter wieder kommt. Kinder, mit denen das früher schon praktiziert wurde, die sicher sind, daß die Mutter wiederkommt, sind hier weniger problematisch.

So hat sich für den Kindergarten folgende Lösung bewährt:

Die Erzieherin spricht mit der Mutter in der Anfangsphase ab, daß diese z. B. nach einer Stunde, später nach eineinhalb Stunden wiederkommt. Auf diese Weise kann der Zeitraum allmählich ausgedehnt werden, in dem das Kind ohne Beisein der Mutter im Kindergarten ist. Das ist eine Gewöhnung, die nicht die Mutter an eine Zeit der Anwesenheit bindet, sondern die das Kind langsam an eine sogenannte „mutterlose" Zeit gewöhnt.

Die oben beschriebenen Möglichkeiten lassen sich jedoch nur ausführen, wenn man **Zeit** dafür hat. Das bedeutet, daß der Kindergarten die Zusammenarbeit mit den Eltern nicht erst in der allerletzten Woche vor der endgültigen Aufnahme praktizieren kann. Die Phase des Übergangs zur Milderung des Schocks muß also mehrere Wochen vor der endgültigen Aufnahme beginnen, dadurch werden gleitende Aufnahmen möglich. Hier sollte der Kindergarten das Verhalten der Eltern, der Mütter steuern. Es wird wenig nützen, wenn die Mutter lediglich den Kindergarten verlassen würde, um nach einer Stunde wiederzukommen, dazu aber nicht das Kindergartengelände verläßt, sondern sich in den Hof des Kindergartens begibt, um zum Fenster hereinzuschauen. Das Kind würde seine Mutter sehen – die Trennung würde nicht erleichtert.

1.3.3 Elternbildung

Der Elternabend

Elternabende haben je nach Funktion einen **informierend-fortbildenden** Charakter, vielleicht auch eine mitplanende-problemlösende Aufgabe, oder aber sie sind **vorbereitend** und **erarbeitend** für weitere Projekte. Bei den Elternveranstaltungen, seien sie mehr informierender, mehr planender, mehr vorbereitend-handelnder Art, muß man mehrere Phasen beachten. Voraus läuft eine Vorbereitungsphase, im Anschluß daran findet eine Verlaufsplanung und der Verlauf selbst statt.

Ehe man in die Vorbereitung direkt eintritt, sind einige Grundfragen zu klären:

- Was für ein Anliegen hat der Elternabend? Was will die Institution damit bezwecken? Welche Ziele setzt man?
- Welche Inhalte wähle ich, um diese Ziele, diese Absichten zu erreichen?
- Wer soll diese Inhalte vermitteln, wer ist eigentlicher „Veranstalter"? Ist es die Leiterin mit ihrem Team, die den gesamten Elternabend direkt bestreitet oder wird ein Redner zu einem entsprechenden Thema gesucht?
- Wie bereite ich mich als Leiterin, wie bereitet das Team sich selbst auf diese Inhalte vor? Gibt es hierüber Bücher, Zeitschriften, Aufsätze? Gibt es Anschauungsmaterial für die Vorbereitung des Teams?
- Benötige ich Medien, um die Inhalte darzustellen? Gibt es Filme, Diareihen oder entsprechende Poster? Wo kann ich sie erhalten? Kann ich sie bei der nächsten Kreisbildstelle oder bei einer Schule ausborgen? Oder hat die Pfarrei oder die Gemeinde entsprechende Medien zur Verfügung? Welches Gerät brauche ich? Wer kann dieses Gerät bedienen?
- Wie möchten wir den Ablauf gestalten? Wie planen wir den Verlauf? Welche Methoden sind hier anzuwenden? Genügt der Vortrag und anschließende Fragen aus der Elternschaft, oder müssen wir mit kleinen Gruppen arbeiten?
- Welche der Eltern werden wohl kommen? Wie sprechen wir besonders die Eltern an, die recht kritisch sind?
- Wie laden wir ein? Genügen dieses Mal Anschläge in den Gruppenzimmern oder am Schwarzen Brett? Sollen wir den Kindern eine Kurzmitteilung oder ein längeres Schreiben mitgeben?
- Sind die Eltern bei der Einladung auch zu informieren, ob sie bestimmte Materialien, z. B. zum Basteln mitbringen sollten? Vergessen wir nicht, die Eltern zu informieren, wenn es Eintritt kosten soll?
- Soll die Veranstaltung nur für Eltern des Kindergartens sein oder soll ein weiterer Kreis angesprochen werden? Ist die Presse hinzuzuziehen? Wollen wir den Artikel selbst verfassen? Wer soll ihn schreiben?

● Welcher Termin ist geeignet? Hier sind Jahreszeit, der örtliche Veranstaltungskalender, aber ebenso das Fernsehprogramm zu berücksichtigen. Im Falle von Bundesligaspielen oder Spielen auf europäischer Ebene ist kaum damit zu rechnen, daß Väter erscheinen.

Vorüberlegungen zum Elternabend in Stichworten:

● Ziel des Elternabends
● Inhalt des Elternabends
● Personen, die agieren, die veranstalten
● Eigenvorbereitung des Teams, Literatur ...
● Medien, die verwendet werden sollen
● Verlaufsplanung und Methoden
● Frage nach den Adressaten

● Form der Einladung
● Frage nach Umfang der Zuhörer
● Überlegungen zur Terminierung
● Frage nach den Kosten und danach, wer sie bezahlt
● Darstellung nach außen

Organisationsplan für einen Elternabend

Zeit und Beteiligte	Organisations-probleme/Organisationsaufgabe	Erläuterungen
Eltern/Team	Anlaß	– Wunsch der Eltern „Unsere Kinder kommen zur Schule!" – Problemlage des Kindergartens „Montagsspiele ..." – Wir wollen ein Fest vorbereiten „Fasnacht im Kindergarten", „Herbstfest" – Ein Redner steht zur Verfügung. „Schulzahnarzt" ... – „Wir wollen uns wieder eimal treffen und miteinander reden".
Team (mit Eltern)	Zielüberlegung: Was wollen wir erreichen, welches Ziel formulieren wir?	„Montagsspiele" ... Westernspiele. Ältere Kinder spielen am Montag oftmals recht wild und eigentlich rücksichtslos ihre Westernspiele. Jüngere Kinder werden überrollt, aber ahmen das Verhalten der älteren dennoch nach, da sie ebenfalls bestimmte Fernsehsendungen am Wochenende wahrgenommen haben.
Team	Zielformulierungen	Erwünscht ist eine Verhaltensänderung der Eltern in Hinsicht auf das Fernsehverhalten der Kinder, auf den Fernsehkonsum. „Bewußtere Auswahl der Fernsehsendungen durch Eltern und Kinder, weniger Westernfilme."
Team	Thema	„Einfluß des Fernsehens bzw. von Videofilmen auf das Verhalten der Kinder am Beispiel Westernfilme". Themenformulierungen sehr sorgfältig prüfen, da das Thema Erwartungen erweckt. Die Eltern erwarten, daß das gewählte Thema behandelt wird.

Leitung	Rednersuche
	Das Team kann auch selbst gestalten, dann ist kein Referent notwendig.
		– Referent der Aktion Jugendschutz;
		– Dozent oder Lehrer einer Fachschule für Sozialpädagogik;
		– Die Korrespondenz mit dem gewünschten Referenten muß folgende Punkte klären:
		  – Präzisierung des Themas
		  – Mögliche Termine des Referenten; vielleicht schon exakte Festlegung des Termins
		  – Wesentliche Verlaufswünsche des Referenten, z. B. nur Vortrag, oder Vortrag mit anschließender Diskussion, oder Vortrag mit Vorführung von Beispielen und Gruppenarbeit
		  – Klärung der Honorarfrage

Team	Eigenvorbereitung Mediensuche	Suchen nach Literatur – z. B. Sammeln der auffallenden „Montagsverhaltensweisen" – Überspielen von Fernsehbeispielen auf Video – Sichten von Filmen oder Videobändern bei Bildstellen
5 oder 6 Wochen vor der Veranstaltung Team in Absprache mit der Elternvertretung	Terminfestlegung	Bei der Terminfestlegung muß berücksichtigt werden, was eventuell auf demselben Termin liegen könnte. Rückfrage halten bei örtlichen Verkehrs- und Veranstaltungsämtern. Ungeeignet sind z. B. Abende, an denen bedeutsame Fußballspiele stattfinden oder ein wichtiges örtliches Anliegen die Eltern von einem Besuch im Kindergarten abhalten könnte.
3 Wochen vor dem Elternabend Kindergartenleitung/Team	Einladung an die Eltern	Einladung enthält folgende Angaben: Wochentag, Datum, Uhrzeit, Ort der Veranstaltung, Themenangabe (eventuell mit Referent), Eintrittsgeld. Graphische Gestaltung beachten. Plakatierung und Aushang am Schwarzen Brett, Mitteilung in schriftlicher Form an die Eltern (Einladungsschreiben; Kurzbrief; …). Eventuell Mitteilung an die örtliche Presse als sogenannte Erstankündigung. In der Presse sollte noch einmal zwei Tage vor der Veranstaltung erneut angekündigt werden.
Vor dem Elternabend Team (mit Eltern)	Weitere Organisationsaufgaben	– Bestuhlen, Arrangieren der Tische – Raumschmuck – Medien funktionsgerecht arrangieren – Springkraft für Eventualitäten festlegen (z. B. Verdunkeln des Raumes, Licht wieder einschalten) – Eventuell Geschenk für Referenten bereitstellen

Vor dem Eltern-
abend und am
Elternabend selbst
 	
Team
Leiterin
Referent
Leiterin/Eltern-
vertreter
Leiterin
	Verlauf:
	Planung
	Durchführung
		– Begrüßung
		– Einführung in das Thema: Anlaß („Mon-
		  tagsspiele …")
		– Darstellung des geplanten Verlaufes (z.B.
		  Arbeitsformen)
		– Vorstellung des Referenten, wer ist er,
		  was tut er, worin liegt seine Kompetenz?
		– Das Referat
		– Diskussionsleitung, Dank an den Referen-
		  ten, Einführung in die Diskussion
		– Verabschiedung und Dank

Nachher Team (mit Eltern)		Aufräumen, umräumen „… da es morgen wieder klappen soll!" „Wer bringt die Filme weg?" Abrechnen der Einnahmen. Vielleicht ein kleiner Abschlußhock mit den Aktiven.

Nachher
Team
	Nachüberlegen,
	Nacharbeiten
		Wie verlief der Abend?
		– Wie kam er bei den Eltern an?
		– War das Thema richtig gewählt?
		– Hatten wir den richtigen Referenten?
		– Was brachte die Diskussion?
		
		Wo lagen Schwachstellen in der Organisa-
		tion?
		– Einladung nicht klar?
		– Bestuhlung ungeschickt?
		– Medien nicht passend?
		– Betriebsamkeit zu aufdringlich?
		
		Ergeben sich Folgerungen
		– in Hinsicht auf erzieherisches Handeln?
		– in Hinsicht auf Veränderung des Erzieher-
		  verhaltens, der Eltern, des Teams?
		– in Hinsicht auf Veränderung der Erwar-
		  tungen an den Träger?
		– in Hinsicht auf Forderungen an die Ein-
		  richtung, z.B. Wunsch nach einer weite-
		  ren Förderungsmöglichkeit, z.B. frühmu-
		  sikalische Erziehung?

Team/Leiterin	Darstellung nach außen	Wie stellen wir diesen Abend dar? – Durch Pressebericht? Wer verfaßt ihn? – Durch Darstellung in einem Elternbrief? – Durch Aushang eines Kurzberichtes am Schwarzen Brett.

Dieses Beispiel eines Organisationsrasters muß je nach Anlaß, je nach Thema, je nach gewählten Arbeitsformen variiert werden. Es kann hier nur bestimmte Anhalts-punkte aufzeigen, die berücksichtigt werden müssen. So ist es auch denkbar und wird vielfältig praktiziert, Elternabende ohne Referenten zu veranstalten oder Zusam-menkünfte zwischen Erziehern und Eltern außerhalb der Institution zu organisieren (z.B. ein gemütliches Beisammensein in einer Gaststätte). Hier soll der Phantasie der Erzieher keine Grenze gesetzt sein. Ganz gleich, ob man hier eine rein informative beschulende Form wählt oder geselliges, gelockertes Beisammensein vorzieht, im-mer muß ein solcher Abend sorgfältig vor- und nachbereitet werden.

1.3.4 Elternmitverantwortung – Elternmitbestimmung: Der Elternbeirat im Kindergarten

Rechtliche Grundlagen der Elternbeiräte

Im *Kindergartengesetz von Baden-Württemberg* vom 29. 03. 1972 wird in § 5 festgestellt:[1]

> „Bei den Kindergärten werden Elternbeiräte gebildet. Sie unterstützen die Erziehungsarbeit und stellen den Kontakt zum Elternhaus her."

Bereits aus dem § 2 dieses Gesetzes geht hervor, daß der Kindergarten die Aufgabe hat, die Erziehung der Familie zu unterstützen und sie zu ergänzen. Offenbar wird der in § 5 gesetzlich vorgeschriebene Elternbeirat als ein mögliches Mittel gesehen, die Verbindung von Kindergarten und Eltern herzustellen. Weiter hat er die Aufgabe, die Erziehungsarbeit zu unterstützen. Im Kommentar zu diesem § 5 konkretisieren und erweitern die Autoren den Aufgabenkatalog.

> „Zu ihnen (den Aufgaben) gehört auch, das Verständnis der Öffentlichkeit für die Erziehungs- und Bildungsarbeit zu wecken, an der Verbesserung der inneren und äußeren Verhältnisse im Kindergarten mitzuarbeiten, Wünsche, Anregungen und Vorschläge der Eltern entgegenzunehmen, zu beraten und gegebenenfalls dem Träger sowie den im Kindergarten tätigen Kräften zu unterbreiten, überhaupt den Eltern Gelegenheit zur Aussprache und Information zu geben und, falls erforderlich, das Interesse und die Verantwortung der Eltern für die Erziehungs- und Bildungsarbeit im Kindergarten, aber auch für die häusliche Erziehung zu stärken."[2]

Ergänzt wurde der § 5 des Kindergartengesetzes durch *„Richtlinien über die Bildung und die Aufgaben der Elternbeiräte nach § 5 des Kindergartengesetzes vom 20. Januar 1983"*. Wir drucken diese Richtlinien hier vollständig ab.

Richtlinien über die Bildung und die Aufgaben der Elternbeiräte nach § 5 des Kindergartengesetzes
Vom 20. Januar 1983 (GABl. S. 463)

1. Allgemeines

1.1 Der Elternbeirat beim Kindergarten ist die Vertretung der Eltern der in den Kindergarten aufgenommenen Kinder.

1.2 Eltern im Sinne dieser Richtlinien sind auch Erziehungsberechtigte, denen die Sorge für die Person des Kindes anstelle der Eltern zusteht.

2. Bildung des Elternbeirats

2.1 Zur Bildung des Elternbeirats werden die Eltern der in den Kindergarten aufgenommenen Kinder nach Beginn des Kindergartenjahres (1. August bis 31. Juli) vom Träger einberufen.

2.2 Der Elternbeirat besteht aus mindestens drei Mitgliedern. Die Eltern jeder Gruppe wählen aus ihrer Mitte ein Mitglied. Sind weniger als drei Gruppen vorhanden, wählen alle Eltern aus ihrer Mitte ein bzw. zwei weitere Mitglieder.

Für jedes Mitglied im Elternbeirat ist ein Vertreter zu wählen.

2.3 Das Wahlverfahren bestimmen im übrigen die Eltern.

2.4 Der Elternbeirat wählt aus seiner Mitte den Vorsitzenden und dessen Stellvertreter.

---

[1] Engel, Holfelder, Czerny: Kindergartenrecht in Baden-Württemberg. 4. Aufl. Kohlhammer. Stuttgart 1983, S. 31.
[2] Engel, Holfelder, Czerny: a.a.O., S. 32.

2.5 Die Amtszeit des Elternbeirats beträgt in der Regel ein Jahr. Bis zur Wahl des neuen Elternbeirats führt der bisherige Elternbeirat die Geschäfte weiter.

2.6 Scheidet das Kind eines Mitglieds (Vertreters) des Elternbeirats vor Ablauf der Amtszeit aus, endet mit dem Ausscheiden auch die Mitgliedschaft im Elternbeirat.

3. Aufgaben des Elternbeirats

3.1 Der Elternbeirat hat die Aufgabe, die Erziehungsarbeit im Kindergarten zu unterstützen und die Zusammenarbeit zwischen Kindergarten, Elternhaus und Träger zu fördern.

3.2 Der Elternbeirat setzt sich dafür ein, daß der Anspruch der Kinder auf Bildung und Erziehung im Kindergarten verwirklicht wird.

Er hat zu diesem Zweck insbesondere

3.2.1 das Verständnis der Eltern für die Bildungs- und Erziehungsziele des Kindergartens zu wecken,

3.2.2 Wünsche, Anregungen und Vorschläge der Eltern entgegenzunehmen und dem Träger oder der Leitung des Kindergartens zu unterbreiten,

3.2.3 sich beim Träger für eine angemessene Besetzung mit Fachkräften sowie für die sachliche und räumliche Ausstattung einzusetzen und

3.2.4 das Verständnis der Öffentlichkeit für die Arbeit des Kindergartens und seine besonderen Bedürfnisse zu gewinnen.

4. Sitzungen des Elternbeirats

4.1 Der Elternbeirat tritt auf Einladung seines Vorsitzenden nach Bedarf, jedoch mindestens zweimal jährlich zusammen. Der Elternbeirat ist von seinem Vorsitzenden einzuberufen, wenn der Träger, mindestens zehn Eltern oder zwei seiner Mitglieder unter Benennung der Besprechungspunkte dies verlangen.

4.2 Verlangen die Eltern die Einberufung des Elternbeirats, ist ihnen Gelegenheit zu geben, ihr Anliegen dem Elternbeirat vorzutragen.

4.3 Zu den Sitzungen des Elternbeirats sollen die pädagogischen Mitarbeiter des Kindergartens und Vertreter des Trägers nach Bedarf eingeladen werden.

5. Zusammenarbeit zwischen Elternbeirat und Kindergarten

5.1 Der Elternbeirat arbeitet mit den pädagogischen Kräften, der Leitung und dem Träger des Kindergartens zusammen.

5.2 Der Träger sowie die Leitung des Kindergartens informieren den Elternbeirat über alle wesentlichen Fragen der Bildung und Erziehung im Kindergarten, insbesondere soweit sie das pädagogische Programm, die Organisation und die Betriebskosten betreffen.

5.3 Der Elternbeirat ist vor der Regelung der Ferien- und Öffnungszeiten, der Festsetzung der Elternbeiträge im Rahmen der für den Träger verbindlichen Regelungen, der Festlegung von Grundsätzen über die Aufnahme der Kinder in den Kindergarten sowie vor der Einführung neuer pädagogischer Programme zu hören.

6. Weitere Bestimmungen

6.1 Der Elternbeirat berichtet den Eltern mindestens einmal im Jahr über seine Tätigkeit.

6.2 Der Träger sowie die Leitung des Kindergartens unterrichten und beraten die Eltern allgemein oder im Einzelfall, soweit sich dafür aus der Bildungs- und Erziehungsaufgabe des Kindergartens ein Bedürfnis ergibt.

6.3 Der Träger des Kindergartens soll zusammen mit dem Elternbeirat und nach Anhörung der Leitung des Kindergartens den Eltern Gelegenheit geben, Fragen der Elementarerziehung gemeinsam zu erörtern.

7. Inkrafttreten

Diese Richtlinien sind vom 1. Januar 1983 an anzuwenden.[1]

---

[1] Engel, Holfelder, Czerny: a.a.O., S. 194 ff.

Auch die Richtlinien gehen im wesentlichen von den beiden Aufgaben aus, die in § 5 genannt sind:

a) Unterstützung der Erziehungsarbeit und
b) Förderung der Zusammenarbeit zwischen Kindergarten und Eltern bzw. Kindergarten, Eltern und Träger.

Sie konkretisieren aber die Unterstützung der Erziehungsarbeit in den Punkten 3.2.1 bis 3.2.4. Ein eigentliches Mitbestimmungsrecht wird jedoch im Kindergartengesetz und in den Richtlinien nicht ausgesprochen. Der Elternbeirat kann seine Anliegen zwar vortragen, aber gesetzlich mitbestimmen in Organisation, Personalbesetzung usw. kann er nicht.

Es ist allerdings in Abschnitt 5 festgestellt, daß Träger wie auch die Leitung des Kindergartens den Elternbeirat über wesentliche Fragen der Bildung und Erziehung, insbesondere auch über das pädagogische Programm, über die Organisation und die Betriebskosten informieren muß. Die Formulierung besagt, daß von seiten des Elternbeirats ein **Recht auf Information** besteht. Ferner besteht die Pflicht, den Elternbeirat zu hören, bei folgenden Regelungen:

– Ferienzeiten,
– Öffnungszeiten,
– Festlegung der Elternbeiträge im Rahmen der für den Träger verbindlichen Regelung,
– Festlegung von Grundsätzen über die Aufnahme der Kinder in den Kindergarten,
– Einführung neuer pädagogischer Programme.

Der Elternbeirat hat also ein Recht auf Anhörung.

Die Wahl der Elternbeiräte

Zu Beginn des Kindergartenjahres, also nach dem 1. August des laufenden Jahres, sollen die Eltern zur Wahl einberufen werden. Es sind jeweils mindestens drei Mitglieder aus den Reihen der Eltern zu wählen. Außerdem ist für jedes Mitglied des Elternbeirates ein Vertreter zu wählen. Diese Elternbeiratswahl sollte als Gelegenheit gesehen werden, den Kindergarten selbst vorzustellen.

Daraus ergibt sich als **möglicher Verlauf:**

● Begrüßung durch die Kindergartenleiterin;
● Vorstellung der Mitarbeiter des Kindergartens entweder durch die Leiterin oder durch Selbstvorstellung;
● Darstellung des Kindergartens: pädagogisches Konzept, Organisation, Eingebundenheit in die Gemeinde, Formen elterlicher Mitarbeit und Zusammenarbeit;
● Kennenlernen der Eltern. Hier gibt es eine Reihe von Möglichkeiten: Die Eltern stellen sich selbst kurz vor. Man veranstaltet ein kleines Rundgespräch. Hierbei nennen sich die Eltern jeweils mit Namen. Man gibt den Eltern beim Eintreffen in den Kindergarten kleine Namenskärtchen. Vielleicht ist es auch möglich, eine Art kleinen Stehempfang zu veranstalten, bei dem sich die Eltern mit einem Glas Wein begrüßen und sich bekanntmachen. Hier darf Phantasie verwendet werden.

- **Bestimmen des Wahlleiters.** Das wird den Eltern überlassen; es kann auch ein Mitglied des Teams die Wahl selbst leiten, und weitere Mitglieder können den Zählausschuß bilden.

- **Festlegen des Wahlverfahrens** durch die Eltern. Die Wahlleitung kann offene oder geheime Wahl vorschlagen. Geheime Wahl ist bei Personenabstimmungen zweckdienlich. (Genügend Wahlzettel bereithalten, nach Beendigung der Wahl vernichten.)

- **Sammeln von Wahlvorschlägen.** Die Mütter und Väter, die genannt werden, sollten auf einer großen Wandtafel namentlich notiert werden.

- **Unmittelbar vor der Wahl:** Eventuell müssen sich die Kandidaten noch einmal vorstellen und über ihre Person nähere Angaben machen.

- **Wahl.** Dieses Verfahren ist durch die Richtlinien exakt geregelt: „Die Eltern jeder Gruppe wählen aus ihrer Mitte ein Mitglied. Sind weniger als drei Gruppen vorhanden, wählen alle Eltern aus ihrer Mitte ein bzw. zwei weitere Mitglieder. Für jedes Mitglied im Elternbeirat ist ein Vertreter zu wählen".[1]

- **Auszählung des Wahlganges:** Diese geschieht öffentlich, die Anzahl der abgegebenen Stimmen wird hinter den auf der Wandtafel notierten Namen notiert. Gewählt ist, wer jeweils die meisten Stimmen erhält.

- **Abschluß der Wahl.** Die Gewählten werden von der Wahlleiterin bzw. vom Wahlleiter befragt, ob sie die Wahl und das Amt annehmen. Bei Bejahungen werden sie beglückwünscht.

- **Dank an die Mitwirkenden.** Der Wahlleiter bedankt sich bei allen Eltern, die bereit waren zu kandidieren, für die Bereitschaft zur Mitarbeit im Elternbeirat.

- **Glückwunsch.** Die Kindergartenleiterin beglückwünscht, wenn sie nicht als Wahlleiterin fungiert hat, die neu gewählten Mitglieder des Elternbeirates und bedankt sich ebenfalls bei den Eltern, die zur Kandidatur bereit waren. Sie bittet ferner um eine positive, konstruktive Zusammenarbeit und bietet diese von sich aus an.

- **Wahl des Vorsitzenden und dessen Stellvertreters.** Den Mitgliedern des Elternbeirats ist Gelegenheit zu geben – vielleicht im Personalraum des Kindergartens –, noch die Wahl des Vorsitzenden und dessen Stellvertreters vorzunehmen.

- **Schlußwort.** Im allgemeinen wird dann der neu gewählte Vorsitzende ein kurzes Schlußwort sprechen.

Im Verlauf des weiteren Abends kann das Jahresprogramm oder das Programm des nächsten Quartals den Eltern vorgestellt werden. Hierbei sollte von der Kindergartenleitung schwerpunktmäßig die Elternmitarbeit oder die Formen der elterlichen Information herausgestellt werden.

---

[1] Siehe „Richtlinien", S. 194, im gleichen Kapitel, dort Abschnitt 2.2.

1.3.5 Elternmitarbeit

Beim Kapitel Hort wurde als ein Grundsatz moderner Hortarbeit die „Öffnung des Hortes nach innen und nach außen" genannt und diese Öffnung auch näher beschrieben. Die Mitarbeit der Eltern in der Institution wird unter diesem Gesichtspunkt der Öffnung der Institution begründet. Hierbei ist es für Eltern möglich, das erzieherische Geschehen in der Institution, also im Kindergarten, im Hort, im Jugendhaus, nicht nur beobachtend, sondern teilnehmend und mithandelnd zu gestalten.

Art und Umfang der Elternmitarbeit sind je nach Institution differenziert zu sehen.

Eine zu intensive Elternmitarbeit könnte z.B. den Aufbau der Beziehungen Erzieher-Kind nachteilig beeinflussen oder gar blockieren.

Gründe für Elternmitarbeit in sozialpädagogischen Einrichtungen

● Elterliche Mitarbeit soll die Distanz zwischen Institution und Elternschaft verkürzen. Sie soll die Zusammenarbeit fördern.

● Elterliche Mitarbeit kann den Eltern vertieften Einblick in die Institution geben.

● Elterliche Mitarbeit ist eine der Möglichkeiten elterlicher Mitbestimmung.

● Elterliche Mitarbeit setzt an die Erzieherschaft einen neuen Anspruch in bezug auf ihr eigenes erzieherisches Handeln, da dieses einerseits als Vorbild gewählt, andererseits von der Elternschaft auch kritisch hinterfragt werden kann.

Grenzen wird diese Mitarbeit dort finden, wo die Erziehungsarbeit aus dem Selbstverständnis der Institution heraus empfindlich gestört würde. So ist es nicht denkbar, daß in einer Institution ständig andere Eltern tageweise auftauchen, um irgendeinem Geschäft der Erziehung nachzugehen. Je mehr Eltern sich außerdem daran beteiligen, desto mehr Umstrukturierungsprozesse würden in den Gruppen initiiert, die Gruppen würden kaum stabile Beziehungen aufbauen können. Elternmitarbeit ist also weniger im erzieherischen Alltag möglich, dennoch hat sie sich bei einer Reihe erzieherischer Projekte in sozialpädagogischen Institutionen bewährt.

Möglichkeiten der Elternmitarbeit

● Eltern können das Umfeld der erzieherischen Institution mitgestalten. Durch sie können funktionelle Veränderungen und Instandsetzungen auf dem Grundstück oder in den Räumen erfolgen.

● Eltern können bei bestimmten Anlässen oder Projekten mitvorbereiten und mitwirken.

● Feste und Ausflüge können zusammen mit Eltern geplant und durchgeführt werden. Sie können am Spielort die Teilaufsicht und die Gestaltung übernehmen, z.B. Sackhüpfen, Wurfspiele.

Faßt man solche Möglichkeiten konkret, so erkennt man, daß es eine Fülle von Anlässen gibt, wo elterliche Mitarbeit in mitgestaltender, vorbereitender, mitverantwortlicher Weise möglich ist.

Beispiele für die Mitarbeit der Eltern

- Eltern helfen mit, das Grundstück im Frühjahr wieder bespielbar zu machen.
- Die Außengeräte auf dem Grundstück der Institution müssen mit einem Anstrich versehen werden.
- Das Spielhaus braucht ein neues Dach.
- Für das Martinsfest müssen Laternen erstellt werden.
- Es ist eine bestimmte Schmuckform für Advent zu erstellen.
- Es soll ein Beet im Grundstück für eine künftige Bepflanzung durch Kinder vorbereitet werden.
- Ein Vater zeigt den Kindern seine Werkstätte, die Backstube.
- Spielzeug ist zu reparieren oder zu ergänzen.
- Mütter begleiten die Kinder bei einem Ausflug oder bei einem Umzug.
- Eltern übernehmen den Getränkeverkauf, das Grillen von Würsten beim Kinderfest.
- Eltern helfen bei komplizierten Dekorationsarbeiten usw.

Wichtig ist für Elternmitarbeit, daß ein guter Kontakt zwischen Erziehern und Eltern vorhanden ist; er entsteht oftmals infolge dieser Möglichkeit der Mitgestaltung.

Eltern müssen über solche Möglichkeiten auch rechtzeitig informiert werden. Hierbei ist es wohl richtiger, immer wieder andere Eltern anzusprechen, um den Anschein von „Cliquen-Wirtschaft" zu vermeiden. Eine weitere Voraussetzung für ein gutes Zusammenarbeiten ist das frühzeitige Einbeziehen der Eltern in die Planung solcher Projekte. Es soll nicht so sein, daß nur das Team im Kindergarten plant und die Eltern diese Arbeiten durchführen dürfen. D. h. **Elternmitarbeit** heißt auch **Elternmitplanung.**

Aufgaben

1. *Welche Erwartungen haben Eltern an den Kindergarten? Erarbeiten Sie eine entsprechende Liste.*

2. *Stellen Sie einen Katalog von Fähigkeiten auf, die das Kind haben soll, wenn es in den Kindergarten aufgenommen wird. Besprechen Sie diesen Katalog mit einer Erzieherin Ihrer Praxisstelle.*

3. *Welche Erwartungen und Vorstellungen über häusliche Erziehung sind bei Erziehern vorhanden?*

4. *Beobachten Sie in der sozialpädagogischen Praxis Kontakte zwischen Erziehern und Eltern. Gibt es Unterschiede? Welche?*

5. *Wie formulieren die Eltern ihre Wünsche gegenüber den Erziehern? Gibt es hierbei Unterschiede, die durch Wohngebiet oder durch Geschlecht bestimmt sind?*

6. *Wie werden Erwartungen des Kindergartens an die Eltern formuliert? Wie reagieren Erzieher, wenn solche Erwartungen nicht erfüllt sind?*

7. *Wie werden Eltern durch die Praxisstelle informiert? Gibt es ein Info-Brett? Werden Briefe geschrieben? Gibt es eine Kindergartenzeitung?*

8. Besuchen Sie mit Erlaubnis der Praxisstelle wenigstens einen Elternabend. Was stand auf dem Programm? Wie wurde eingeladen? Wie wurde der Elternabend organisiert?

9. Entwerfen Sie eine Einladung für einen Elternabend.

10. Entwerfen Sie für ein Informationsbrett ein Beispiel einer Wochenplanung, die auf Eltern, die die Stelle besuchen, attraktiv wirken könnte.

11. Stellen Sie einen Organisationsplan auf
    a) für einen Elternabend mit Redner
    b) für einen Elternbastelabend.

12. Erstellen Sie eine Vorankündigung für ein Sommerfest, bei dem Sie die Mitarbeit der Eltern dringend brauchen.

2 Sozialpädagogische Institutionen und Öffentlichkeitsarbeit

Sozialpädagogische Institutionen leben im Gemeinwesen. Dieses Gemeinwesen hat ein Bild von den sozialpädagogischen Institutionen, die in ihrer Mitte beheimatet sind. Wie sieht dieses Bild aus? Ist es positiv? Ist es negativ? Entspricht es der Wirklichkeit oder ist es ein unrealistisches Bild, das sich die umgebende Öffentlichkeit von einer Institution macht? Entspricht dieses Bild dem Selbstverständnis, dem Konzept, das sich eine Institution erarbeitet hat oder prägen dieses Bild nur Inhalte und Vorstellungen von Nichtbeteiligten, von Menschen, die von einer Institution „keine Ahnung" haben?
Dieses Bild von einer Institution, das in einer Öffentlichkeit vorherrscht, wirkt sich zugleich auf das Verhältnis dieser Öffentlichkeit zu einer Institution aus. Es prägt auch das Verhalten der Menschen zur Institution. Es bestimmt den Charakter der Einschätzung, der Beurteilung der Arbeit der Institution, es bestimmt den Umgang mit Mitgliedern, mit Mitarbeitern.
Aus dem Genannten wird deutlich, daß es für sozialpädagogische Institutionen wichtig ist, Öffentlichkeitsarbeit zu betreiben, das heißt, das „richtige" Bild in der Öffentlichkeit darzustellen.

2.1 Funktionen der Öffentlichkeitsarbeit

Wie bereits erwähnt, gilt es bei der Öffentlichkeitsarbeit, die Arbeit einer Institution, ihre Organisation, ihre Ziele, ihre Struktur einer Öffentlichkeit nahezubringen. Diese Funktion nennen wir **Selbstdarstellungsfunktion**. Die Institution braucht diese Selbstdarstellung, damit in der Öffentlichkeit ein realistisches Bild von ihr entsteht, damit sich ein realistisches Bild auch behaupten kann. Das heißt, in dieser Funktion der Selbstdarstellung ist immer auch ein Stück **Selbstbehauptung** vorhanden.
Aber eine Institution möchte sich nicht nur in der Öffentlichkeit behaupten, sie möchte auch ihre Bedeutung, ihre Arbeit für die Öffentlichkeit verdeutlichen. Sie möchte nicht nur ihre Eigenart darstellen, sondern in der Öffentlichkeitsarbeit auch bewußtmachen, daß sie ein Stück dieser Öffentlichkeit selbst ist, daß sie sich selbst

als ein Stück eines Gemeinwesens versteht. Man spricht hier von einer weiteren Funktion, der Funktion des Sicheinbindens in das Gemeinwesen, in dem die Institution selbst lebt: die **Integrationsfunktion.**

Öffentlichkeitsarbeit bedeutet immer auch Auseinandersetzung mit den eigenen Vorstellungen, den Inhalten und Formen der Arbeit. In dieser Auseinandersetzung um das eigene Selbstverständnis soll ein Stück Sicherheit und Selbstsicherheit für die Arbeit gewonnen werden. Diese Selbstsicherheit braucht, damit sie echte Selbstbehauptung, aber auch echtes Sicheinfügen werden kann, den Austausch und den Dialog mit der Öffentlichkeit. Dieser Austausch mit der Öffentlichkeit bedeutet, daß die eigene Arbeit ständig bereichert wird, daß sie ständig neue Anregungen erhält. Darüber hinaus wird die Arbeit durch den Austausch für alle Beteiligten, nämlich die Institution und die sie umgebende Öffentlichkeit, selbstverständlicher. Wir sprechen von einer **Austauschfunktion.**[1]

Öffentlichkeitsarbeit sozialpädagogischer Institutionen kann aus folgenden Funktionen begründet werden:
- Selbstdarstellung
- Selbstbehauptung
- Integration
- Austausch

2.2   Adressaten der Öffentlichkeitsarbeit

Die Öffentlichkeitsarbeit richtet sich einmal an das unmittelbare Umfeld einer Institution: an die **Eltern,** an die **Gemeinde,** sowohl als kirchliche wie auch als politische Gemeinde. Sie richtet sich aber auch an die **politischen Gremien** und an die **Medien.** Dies geschieht vor allem dann, wenn es für eine sozialpädagogische Institution darum geht, in richtiger Weise ihre öffentliche Funktion herauszustellen, wenn es also gilt, sich zu behaupten.

Wenn man die Öffentlichkeitsarbeit in Hinblick auf die Adressaten sieht, stellt sich die Frage, was umgekehrt das Bild, das die Öffentlichkeit von einer Institution hat, beeinflußt.

- Es sind zunächst eine ganze Reihe von „Meinungsmachern", die dieses Bild entscheidend mitzeichnen. Die Medien, Fernsehen, Zeitung, Zeitschriften bestimmen oft in entscheidender Weise dieses Bild.
  So waren es vor allem die Massenmedien, die bestimmte Formen der Elementarerziehung propagierten und damit ein Umdenken in diesem Bereich bewirkt haben. Dabei ist die traditionelle Kindergartenerziehung zunächst sehr negativ dargestellt worden, um demgegenüber die neuen Inhalte und Formen der Erziehung desto positiver abheben zu können.
- Das Bild sozialpädagogischer Institutionen wird aber ebenso gestaltet durch politische Gremien. Durch Gesetzgebung und politische Diskussion werden Funktionen und Bedeutung von Institutionen für die Öffentlichkeit dargestellt. Erinnert sei hier nur an die bildungspolitische Diskussion in den frühen 70er Jahren, wo der Vorschulerziehung durch die Politik eine hervorragende Bedeutung zugemessen wurde.

---

[1] Vgl. Huppertz/Scholten/Tolksdorf: Ein Kindergarten stellt sich vor. Praxis der Öffentlichkeitsarbeit. Herder Freiburg 1984, S. 14 ff.

- Das Bild einer sozialpädagogischen Institution wird schließlich auch durch die unmittelbare Umgebung, durch die Gemeinde, die sie trägt und umgibt, geprägt. Es hängt entscheidend davon ab, wie ein Gemeinderat oder wie Kirchengemeinden mit diesen Institutionen umgehen. Werden diese Einrichtungen räumlich, organisatorisch und personell gut ausgestattet, kümmern sich die Träger, die politisch Verantwortlichen um diese Institution, so wird für die Umgebung die Bedeutung dieser Institution unterstrichen. Es entsteht ein positives Image. Negativ für das Bild einer Institution wäre es dagegen, wenn sie, einmal geschaffen, dann aber vernachlässigt und nicht mehr beachtet würde.

Die Bestandteile, aus denen sich das Bild einer Institution zusammensetzt, sind auch gestaltbar durch die Mitarbeiter der Institution. Der sorgsame Umgang mit Gebäude, Grundstück und Dingen ergibt ein anderes Bild als ein schlampiges und liebloses Behandeln. Dieses Erzieherverhalten wird von der Umgebung rasch wahrgenommen und entsprechend gewertet.

Auch der Umgang der Mitarbeiter miteinander, der Umgang der Mitarbeiter mit ihrem Klientel, mit den Kindern, mit den Jugendlichen, mit den Eltern, all das vermittelt Eindrücke, die das Bild von der Institution mit prägen.

> Das Bild, das in der Öffentlichkeit von der Institution besteht, wird von folgenden Faktoren wesentlich mitbestimmt:
>
> - von den Medien
> - von der Politik
> - von der Umgebung, das heißt dem Gemeinwesen, dem die Institution zugehört
> - von den in der Institution handelnden Personen.

2.3 Öffentlichkeitsarbeit und die Regeln der Kommunikation

1. Öffentlichkeitsarbeit ist immer ein Versuch, mit jemandem zu kommunizieren. Das heißt, sie orientiert sich, wie bereits dargestellt, am **Adressaten:**

   Beispiele:
   - Wer soll angesprochen werden?
   - Wie sieht dieser Adressatenkreis aus?
   - Sind es Politiker?
   - Sind es Stadträte?
   - Sind es Eltern oder ist es die nähere Umgebung eines Kindergartens, die angesprochen werden müssen?
   - Wie sind die Bedürfnisse, die diese Adressaten bestimmen?
   - Haben wir Kenntnis vom Bild des Kindergartens, des Heims, der sozialpädagogischen Institution bei diesen Adressaten?

2. In der Kommunikation stellt sich immer die Frage, was man erreichen will, was das **Ziel** ist. Ehe man eine bestimmte Form der Öffentlichkeitsarbeit wählt, z.B. eine Veranstaltung plant, sollte man sich über Ziele und Absichten klar werden.

3. Weiterhin ist zu klären: Welche **Inhalte** will die Öffentlichkeitsarbeit vermitteln, und durch welche **Formen** kann das geschehen? Die Frage nach Inhalt und Form der Vermittlung wird mitbestimmt durch das Bild, das wir vom Adressaten haben; durch das Bild, das der Adressat von uns hat; durch die Bedürfnisse, die wir bei den Adressaten vermuten und durch die Ziele, die wir mit der Öffentlichkeitsarbeit erreichen wollen.

Fassen wir all das zusammen:

Öffentlichkeitsarbeit ist immer auch Kommunikation.

Für uns Erzieher als „Sendende" ist deshalb wichtig zu wissen:

● An wen wollen wir uns wenden mit der Öffentlichkeitsarbeit?
● Wie sehen die Bedürfnisse und die Vorstellungen dieses Adressatenkreises aus?
● Welche Interessen und Ziele verfolgen wir?
● Welche Inhalte wollen wir aus diesem Grund vermitteln?
● Welche Formen wählen wir?

Ferner ist zu bedenken:

● Bedarf die gewählte Form der Öffentlichkeitsarbeit noch weiterer ergänzender vorbereitender, unterstützender Formen?

Beispiel:

Ein Kindergartenfest braucht neben der eigentlichen Festvorbereitung und Festgestaltung noch eine Vorbereitungsphase in der Presse, braucht Berichterstattung nach dem Fest in der Presse, braucht unter Umständen Formen dokumentierender Art, die das Fest begleiten usw.

2.4 Formen der Öffentlichkeitsarbeit

Ehe einzelne Formen oder Formengruppen vorgestellt werden, ist noch eine Unterscheidung notwendig. Öffentlichkeitsarbeit meint nicht das Gefüge der Zusammenarbeit mit Eltern, mit den Trägern oder den Trägerverbänden. Sie meint auch nicht die Zusammenarbeit mit anderen pädagogischen oder sozialpädagogischen Institutionen. Diese Zusammenarbeit ist geprägt durch sogenannte interne Beziehungen. Öffentlichkeitsarbeit ist gerade das **Überschreiten der internen Beziehungen,** das Hinausgehen aus diesem Beziehungsgefüge, um für die Institution zu werben, sie zu rechtfertigen, sie zu behaupten, sie für einen weiteren Kreis darzustellen.

Versucht man die Fülle möglicher Formen der Öffentlichkeitsarbeit wie Plakate, Handzettel, Schaukasten, Pressemitteilungen, Informationsschriften, Aufführungen, Darbietungen, Tage der Offenen Tür, Basare usw. unter bestimmten Gesichtspunkten zu ordnen, ergeben sich folgende Möglichkeiten:

● Zum einen sind es Formen, die über die Arbeit der Organisation, über Ziele, Inhalte und mögliche Methoden berichten. Hierzu zählen Plakate, Bilddokumentation, Kindergartenzeitungen, Informationsschriften usw.

● Daneben gibt es Formen, die am Leben der Institution, des Kindergartens, des Heimes teilhaben lassen. Das bedeutet, diese Formen haben einen dialogischen Charakter. Es wird ein Austausch möglich. Solche Formen können sein: Tage der Offenen Tür oder ein Kinderfest, zu dem geladen wird.

● Des weiteren gibt es die Möglichkeit, daß die Institution in die Öffentlichkeit tritt, um eine Funktion in der Öffentlichkeit selbst wahrzunehmen.

Beispiele:
– Die Institution übernimmt einen Teil bei der Mitgestaltung eines Gemeindefestes.
– Die Institution gestaltet einen Fest- oder Fasnachtsumzug mit.
– Die Institution veranstaltet einen Basar.
– Die Institution beteiligt sich an einer Aktion des Gemeinwesens.

Man könnte nun geneigt sein, die drei Formengruppen, nämlich **Abbildung** der Arbeit, **Teilhaben-lassen** an der Arbeit, **Übernahme von Aufgaben** in und für die Öffentlichkeit, den vorgenannten Funktionen zuzuweisen, nämlich der Funktion Selbstdarstellung, der Funktion Mitglied der Gemeinde sein und der Funktion Auseinandersetzung mit der Öffentlichkeit. Das mag zum Teil zutreffen, aber bei den meisten Formen der Öffentlichkeitsarbeit sind alle Funktionen in verschiedener Intensität und in verschiedener Absicht bedeutsam. Im Folgenden soll ein kleiner Überblick über die verschiedenen Formen der Öffentlichkeitsarbeit gegeben werden. Die Funktion der Selbstbehauptung ist in allen Formen realisierbar.

Formen der Öffentlichkeitsarbeit

abbildende, berichtende Formen	mitgestaltende, in die Gemeinde eingebundene Formen	austauschende, teilhabende Formen
● Info-Tafeln ● Info-Wände ● Ausstellungen ● Plakate ● Zeitungsbericht ● Schaukasten ● Kindergartenzeitung ● Informationsschriften (z. B. Konzeption der Einrichtung)	● Mitgestaltung eines Gemeindefestes ● Teilnahme am Festumzug, Fasnachtsumzug ● Basar	● Tage der Offenen Tür ● Kinderfest ● Leserbrief ● Informationsveranstaltung ● Anhörung

Aus der Übersicht der möglichen Formen der Öffentlichkeitsarbeit wählen wir die folgenden drei für eine eingehendere Darstellung aus:

● Informationsveranstaltung
● Tag der Offenen Tür
● Mitgestaltung eines Gemeindefestes

1. Die Informationsveranstaltung

Anlaß

– Die Institution braucht eine zusätzliche Spielplatzfläche im Außenbereich.
– Es gibt Ärger mit relativ dicht angrenzenden Nachbarn wegen der Spielaufenthalte im Freien usw.

Es gibt eine Menge Gründe, aus denen sich die Institution an die Öffentlichkeit wenden kann bzw. muß. Hier ist es notwendig zu informieren, damit ihr Anliegen für die betroffene Öffentlichkeit verständlich wird.

Ziel

Die Informationsveranstaltung möchte Verständnis wecken für die Erweiterung der Außenflächen. Wichtig ist nun, die „bedeutsamen" Adressaten herauszufinden. Einmal sind es die Betroffenen aus dem Wohnumfeld; ferner: der Träger sowie Persönlichkeiten aus dem öffentlichen und politischen Bereich, die meinungsbildend wirken können. Wichtig ist auch das Einladen der Presse.

Vorbereitung

Für den Verlauf des gesamten Abends kann das Vorbereitungsraster des Elternabends (siehe Seite 352 ff.) benutzt werden.

Zur Vorbereitung zählt ebenfalls die Einladung. Man muß beim Kreis der Einzuladenden unterscheiden zwischen solchen Personen, die man persönlich schriftlich einlädt, und zwischen solchen Personen, die man über ein vervielfältigtes Schreiben, also formalisiert, einladen kann. In einigen Fällen genügt es, Handzettel in die Briefkästen der umliegenden Wohnungen oder des entsprechenden Adressatenbereiches zu stecken. Plakate, rechtzeitig aufgehängt, sollten auf die Veranstaltung hinweisen. Es empfiehlt sich ferner, die örtliche Presse um einen Veranstaltungshinweis im Lokalteil zu bitten. Hierbei ist Gelegenheit, die Vertretung der örtlichen Presse zur Veranstaltung selbst zu laden.

In dieser Vorbereitungsphase ist die Gestaltung der Räume für die Veranstaltung mitzubedenken. Sehr zeitig muß genügend Informationsmaterial beschafft werden, aus dem das Konzept der eigenen Einrichtung ersichtlich ist. Aus Fotosammlungen, aus Plakaten, aus Programmen früherer Zeit läßt sich eine kleine Ausstellung aufbauen.

Möglicher Verlauf

● **Begrüßung**

Die Leiterin (ein Vertreter des Trägers) begrüßt die Personen, die erschienen sind. Besonders „bedeutende" Anwesende werden mit Titel und Namen begrüßt.

● **Vorstellung**

Die Leiterin (der Leiter) der Einrichtung stellt die Mitarbeiter vor, stellt dar, wer die Institution trägt. Sie gibt einen Überblick über die Organisation und die Struktur der Einrichtung. Das Konzept wird aufgezeigt.

● **Information**

In der folgenden Information muß das Anliegen der Institution dargeboten werden. Hierbei ist die gegenwärtige Situation ebenso klar herauszustellen wie die erwünschte neue Situation: „Mehr Fläche im Freien ...".

In der Informationsphase sind folgende Darstellungsmöglichkeiten gegeben:

1. In einem Vortrag kann das Konzept der Institution vorgetragen werden. Dieser Vortrag kann durch Medien (Dias, Video-Ausschnitte) unterstützt werden.

2. Es ist auch denkbar, das Konzept der Arbeit zusammen mit dem Anliegen in Form eines nachvollziehbaren Alltags (einer Kindergartenwoche) vorzustellen. Auch diese Vorstellung dürfte im wesentlichen durch eine Person vorgetragen werden.

3. Es gäbe auch die Möglichkeit, in einer dialogischen Form der Darstellung das Konzept darzubieten. Es könnten durch verschiedene Erzieher einzelne Spiel- und Lernsituationen so aneinandergereiht werden, daß das Konzept deutlich wird. Diese dialogische Form hat den Vorteil, daß gleichzeitig die Zusammenarbeit der Erziehenden für das Publikum deutlich wird.

Beispiele

Das Konzept sieht in unserem Falle vor, intensive „Begegnungen mit der Natur" zu ermöglichen und zu fördern. Es wird deutlich, daß für solche Begegnungsmöglichkeiten genügend Flächen im Außenbereich unseres Kindergartens vorhanden sein müssen; Flächen zum Säen, zum Wachsen und Wachsenlassen, zum Pflegen und zum Ernten. Vielleicht ist auch der Wunsch vorhanden, ein kleines Biotop „Miniteich" anzulegen.

Die Darstellungen des Konzeptes können verstärkt werden durch den speziellen Wunsch nach Vergrößerung der Außenflächen, durch eine begleitende ein- oder mehrtägige Ausstellung im Kindergarten, z.B. unter dem Motto „Kinder gestalten ihre Umwelt", „Kinder gestalten ihren Garten" usw.

● **Diskussion**

Wie der Vortrag in den jeweiligen Formen muß die Begründung und die Diskussion versuchen, bei allen Beteiligten, bei allen Hörern, bei allen Mitsprechern eine gewisse Betroffenheit auszulösen. Eine Betroffenheit, die zur Identifikation mit der Einrichtung führt. Es ist deshalb notwendig, daß alle Vortragenden von vornherein von „unserem Kindergarten" sprechen; die Kinder sind „uns allen" anvertraut usw. Nur wenn diese Identifizierung mit der Institution und mit ihrem Anliegen erreicht wird, kann erhofft werden, daß die Informationsveranstaltung ihr Ziel erreicht.

Nachbereitung

Neben den üblichen Arbeiten, die das Auf- und Umräumen, den Abbau der Ausstellung usw. betreffen, darf nicht vergessen werden, geliehenes Material, geliehene Medien rasch wieder zurückzugeben. Es sollte auch Sorge dafür getragen werden, daß ausgehängte Plakate wieder abgehängt werden.

Wichtig ist, daß die Pressearbeit nach einer solchen Informationsveranstaltung fruchtbar wird. Wenn der anwesende Pressevertreter keinen Bericht schreibt, wird man sich selbst die Mühe machen, einen solchen Bericht zu erstellen.
Hier wurde hauptsächlich nur über die Informationsveranstaltung berichtet. Bei dieser Form der Öffentlichkeitsarbeit müssen aber auch andere Formen mit eingesetzt werden.

Beispiele

● Einladungen in der Vorbereitungsphase,
● Plakatierungen,
● Info-Wand,
● Ausstellungen,
● vorbereitende Pressenotiz,
● nachfolgender Pressebericht usw.

Zugleich wird deutlich, daß bei dieser Form der Öffentlichkeitsarbeit neben der Darstellungsfunktion auch die Funktion des Austausches in der Diskussion mit ins Spiel kommt. Für die Teilnehmer wird sichtbar, daß diese Institution Teil der Gemeinde ist, daß er sich mit dieser Gemeinde auch weitgehend selbst identifiziert und sich in sie integriert.

2. Der Tag der Offenen Tür

Bei der Informationsveranstaltung wird vorwiegend über die Arbeit der Institution, über die Arbeit im Kindergarten, über die Arbeit im Hort berichtet. D.h. es handelt sich im wesentlichen um Darstellungen aus zweiter Hand. Die unmittelbare Begegnung hingegen und der Austausch zwischen den Besuchern und den in der Institution Wirkenden ist bei Tagen der Offenen Tür möglich. Diese Tage haben zwar auch eine darstellende Funktion, aber die Funktion des Austausches, die Funktion des sich Hinterfragenlassens wird stärker betont. Hier findet der Dialog vor Ort statt.

Anlässe

Es gibt die verschiedensten Anlässe, die eine solche Öffnung nach außen rechtfertigen. Der tiefere Grund ist jedoch, daß im Rahmen einer Demokratisierung ein Mehr an Öffentlichkeit hergestellt werden soll, damit ein Mehr an Transparenz möglich wird. Natürlich könnte man diese Transparenz verabsolutieren und die Institution generell offenhalten. Allerdings wären hierbei erhebliche Störungen der pädagogischen Prozesse, die sehr empfindlich sind, gegeben. Aus diesem Grund wird man nicht zu oft im Kindergarten solche Tage der Offenen Tür durchführen.

Es besteht auch dort, wo mehrere Kindergärten an einem Ort von einem Träger unterhalten werden, die Möglichkeit, daß diese sich zu einer Aktionswoche zusammenfinden, und innerhalb dieser Woche je ein Tag von einem oder zweien dieser Kindergärten als Tag der Offenen Tür gestaltet wird.

Adressaten

In diesem Falle sind die Bürger eines Gemeinwesens die Adressaten. Die Institution will einfach zeigen, was sie kann, will sich zur Diskussion stellen. Sie will vielleicht auch modellhaft wirken, um eventuell sogar bei Trägern anderer Einrichtungen Nachdenken auszulösen.

Tage der Offenen Tür sollten in enger Zusammenarbeit mit dem Träger und mit der eigenen Elternschaft geplant und durchgeführt werden. Hier gibt sich die Möglichkeit einer integrierenden Mitarbeit für Eltern. Diese Mitarbeit bedeutet die Möglichkeit zur Diskussion, aber auch die Möglichkeit zur Identifizierung mit der Institution.

Planung

Die Planung muß, da sie sich an eine breitere Öffentlichkeit wendet und mit einem Publikum rechnen muß, das die Institution von ihrer Art her unter Umständen nicht kennt, sehr sorgfältig und sehr umfangreich erfolgen. Es können hierzu die bereits vorgestellten Planungsvorschläge einmal beim Elternabend bzw. bei der Informationsveranstaltung mitverwendet werden. Entscheidend ist, daß man sehr früh mit der Planung und der Organisation beginnt, daß man die Planung sehr sorgfältig auch schriftlich festhält, die Arbeit teilt und die Kompetenzen klar zuweist.

Verlaufsmöglichkeiten

Tage der Offenen Tür sollen ein Bild des Alltags in der Institution vermitteln. Ein Kindergarten will z.B. zeigen, was er im Laufe eines Tages tut. Er will zeigen, was Erzieher und Kinder können. Aus diesem Grund empfiehlt es sich, gleichsam den

Tageslauf in möglichst vielfältigen Spiel- und Lernsituationen durchzuspielen. Damit diese Spiel- und Lernsituationen möglichst von einem breiten Publikum wahrgenommen werden können, wird man, obwohl die Institution üblicherweise an diesem Tag geschlossen ist, unter Umständen einen Samstag wählen.

Beispiele für Angebotsmöglichkeiten

● Freispiel
  Es muß im Laufe des Tages immer wieder eine Freispielsituation in den verschiedenen Gruppen möglich werden. Hierbei können wieder verschiedene Möglichkeiten des Arrangierens benutzt werden.

● Lern- und Spielsituationen, die unter dem Aspekt der kreativen Gestaltung gesehen werden, können ebenfalls zu verschiedenen Zeitpunkten in verschiedenen Gruppen laufen, z.B. Arbeiten mit kostenlosem Material, Arbeiten mit plastischem Material. Ferner wäre es möglich, im fast freien Angebot vor einem Festkreis unter Umständen auch mit Fingerfarben die Fenster oder bestimmte Malwände zu gestalten.

● Rhythmisch-musikalische Erziehung mit den verschiedensten Möglichkeiten wäre eine weitere Möglichkeit, ebenso Angebote zur gezielten Förderung im Bereich der Umweltbegegnung, im Bereich der Spracherziehung und Sprachförderung.

● Die Räume, die nicht für diese Gruppentätigkeiten beansprucht werden, können Möglichkeiten für Bewirtung und zur Ausstellung bieten.

● Für eine mögliche Diskussion, den Austausch von Meinungen bzw. Informationen müssen Zeiträume frei bleiben und es muß Personal freigestellt werden.

Der oben geschilderte Verlauf wird für Besucher vor allem dann überschaubar, wenn für den Verlauf und für die verschiedenen Aktivitäten ein Zeitraster erstellt wird, so daß die Besucher auf großen Plakaten die verschiedensten Aktivitäten zu dem genannten Zeitpunkt erkennen können. Dadurch ist eine Auswahl möglich, und zugleich wird das breite Spektrum des Handelns in der Institution sichtbar.

Diese Zeitfolge sollte auch in vorausgehenden Presseberichten bekanntgemacht werden, um so die Besucher hinsichtlich bestimmter Interessenbereiche anzusprechen. Allerdings wird man um der Kinder willen eine gewisse Flexibilität ermöglichen. Es kann auch sein, daß eine solche Flexibilität aufgrund bestimmter Besucherschwerpunkte notwendig wird.

Auswertung

Es empfiehlt sich, nach solchen Veranstaltungen im Team eine kleine Auswertung vorzunehmen. Folgende Fragen sind zu beantworten:

● Was war für unsere Kinder an diesem Tag gut, was hat sie aber auch weniger gefördert?

● Was war wohl für die Besucher interessant, wo haben sie die Schwerpunkte gelegt?

● Wo entstanden Diskussionen, wo wurden Gespräche gesucht?

● Was hat der Tag uns, den Erziehern, gebracht? Wo erhielten wir Anregungen, wo wurde Kritik laut?

Ferner wird die Auswertung kritisch bedenken müssen, wo Schwächen in der Planung, in der Organisation und in der Durchführung lagen.

3. Mitgestaltung eines Gemeindefestes

Eine Mitgestaltung durch die Institution soll der Gemeinde zeigen, daß man sich ihr zugehörig fühlt und daß man Teil dieser Gemeinde ist. Das bedeutet: da der Festanlaß in den meisten Fällen gar nicht bei der Institution liegt, sondern da es sich um ein öffentliches Fest handelt, zeigt man, daß man dieses öffentliche Fest als bedeutsam ansieht und deshalb seinen Teil dazu beitragen möchte.

Anlässe

- In einer Kirchengemeinde soll z. B. ein Missionsbasar stattfinden. Ein Missionspriester, der aus dieser Gemeinde stammt, ist zurückgekehrt und derzeit auf Urlaub in der Gemeinde. Die Gemeinde möchte mit ihm ein Fest veranstalten. Der Erlös des Festes soll der Mission zufließen.
- Eine andere Möglichkeit sind Feste in Kirchen oder bürgerlichen Gemeinden, die als Patrozinien oder als Jubiläumsfeste stattfinden. Oder es wird in der Gemeinde ein Gebäude eingeweiht, eine Schule, das Rathaus, eine Sportstätte, eine Jugend- und Begegnungsstätte.
- Es kann auch sein, daß der Kindergarten selbst einen Festanlaß hat. Er wird 50 Jahre alt, so daß daraus ein Fest für die Gemeinde wird, bei der der Kindergarten mitwirkt und unter Umständen auch die Hauptlast der Gestaltung trägt.
- Auch das Mitfeiern von Straßenfesten ist eine Möglichkeit, ebenso wie die Teilnahme an Umzügen, mögen sie historischer Art sein oder in einem Brauchtum wie Fasnacht ihren Ursprung haben.

Vorbereitung, Gestaltung und **Nachbereitung** können nach den gleichen Organisationsstrukturen verlaufen wie die bereits beschriebenen Feste.

Entscheidend ist jedoch, daß Anlaß und Intention hier jeweils andere sind. Die Institution bietet für alle sichtbar einen Dienst für die Gemeinde an.

Voraussetzungen für eine effektive Öffentlichkeitsarbeit

Eine wirkungsvolle Öffentlichkeitsarbeit kann nur unter bestimmten Voraussetzungen stattfinden:

- Öffentlichkeitsarbeit muß von allen Mitarbeitern der Institution getragen werden. Der Träger muß ihr zustimmen und sie unterstützen.
- Öffentlichkeitsarbeit erfolgt langfristig; sie ist ein Teil der konzeptionellen Arbeit und steht selbst unter dem Konzept.
- Erzieher brauchen, um wirkungsvoll Öffentlichkeitsarbeit betreiben zu können, Kenntnisse und Fähigkeiten im Bereich der Kommunikation.
- Erzieher brauchen Fähigkeiten zur Planung und Durchführung von Veranstaltungen der Öffentlichkeitsarbeit. Ein Teil dieser Befähigungen kann erst im Berufspraktikum und im Verlauf der beruflichen Arbeit über Fortbildung erworben werden.
- Erzieher müssen in der Lage sein, Materialien und Medien für die Öffentlichkeitsarbeit bereitzustellen, ja sie unter Umständen auch herzustellen.

Abschließend kann gesagt werden: Dort wo gute Arbeit geleistet wird, verbunden mit einer guten Öffentlichkeitsarbeit, kann das Bild der Institution in der Öffentlichkeit nur positiv sein, und diese Öffentlichkeit wird diese Institution sicherlich mittragen.

1. *Fertigen Sie in Gruppenarbeit Plakate mit Einladungen für eine Informationsveranstaltung eines Kindergartens oder einer anderen Einrichtung für verschiedene Anlässe an.*

2. *Schreiben Sie eine Einladung für den Bürgermeister, den Vorsitzenden des Trägervereins und weitere „wichtige" Personen der Gemeinde.*

3. *Gestalten Sie in Gruppenarbeit eine Info-Wand unter dem Motto eines Festes (Gemeindefest, Fastnachtsumzug ...).*

4. *Entwerfen Sie das Konzept einer Institution in kurzer Form – schlagwortartig – zum Drucken von Handzetteln.*

5. *Fertigen Sie gemeinsam einen Organisationsplan für einen Tag der Offenen Tür an.*

3 Zusammenarbeit sozialpädagogischer Einrichtungen mit anderen Einrichtungen

Die Arbeit der sozialpädagogischen Einrichtungen ist eingebettet in Arbeitsgebiete anderer Einrichtungen, die vielfältige Beziehungen in sich bergen und eine gute Zusammenarbeit erforderlich machen. Die folgenden Schaubilder verdeutlichen, mit welchen Einrichtungen eine solche Zusammenarbeit erforderlich ist:[1]

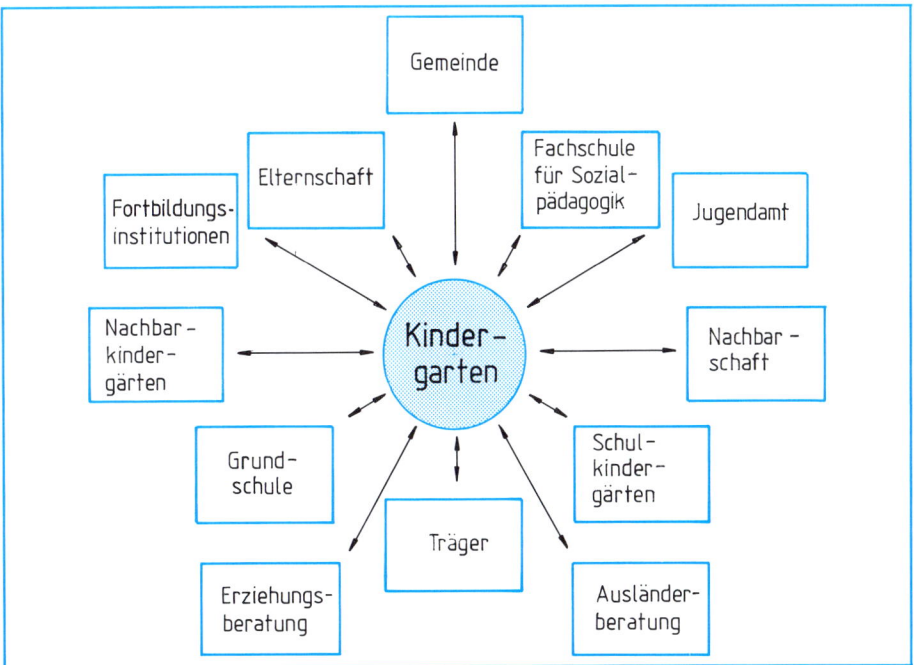

---

[1] Das Schaubild versucht durch verschiedene Entfernungen die unterschiedliche Bedeutung der Einrichtungen hinsichtlich der Zusammenarbeit zu verdeutlichen.

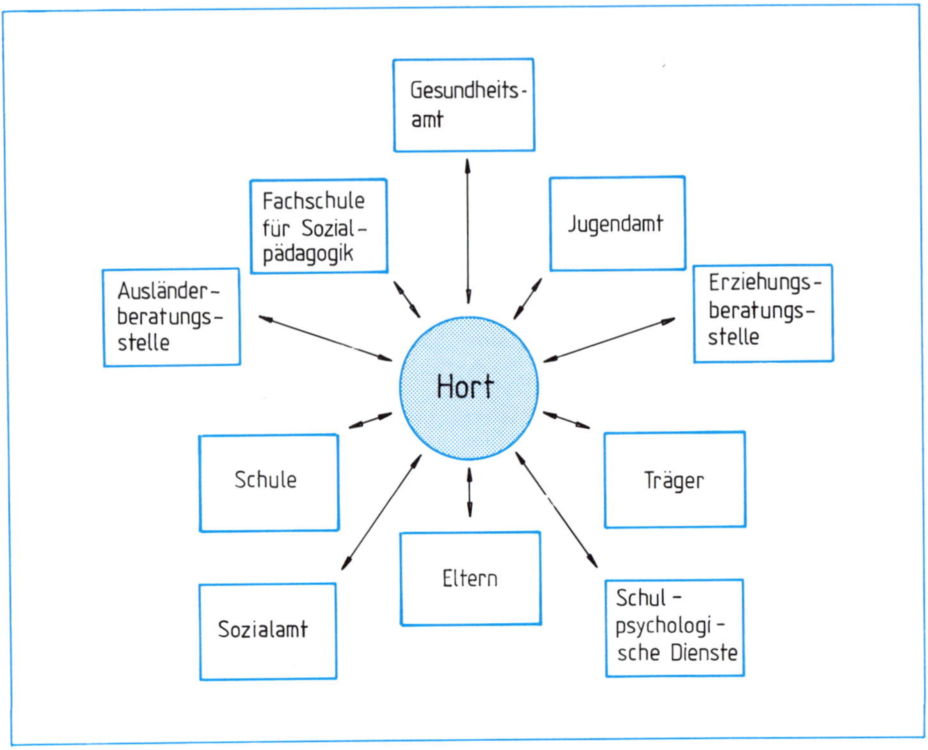

Gesundheits-amt

Fachschule für Sozial-pädagogik

Jugendamt

Ausländer-beratungs-stelle

Erziehungs-beratungs-stelle

Hort

Schule

Träger

Sozialamt

Eltern

Schul-psychologi-sche Dienste

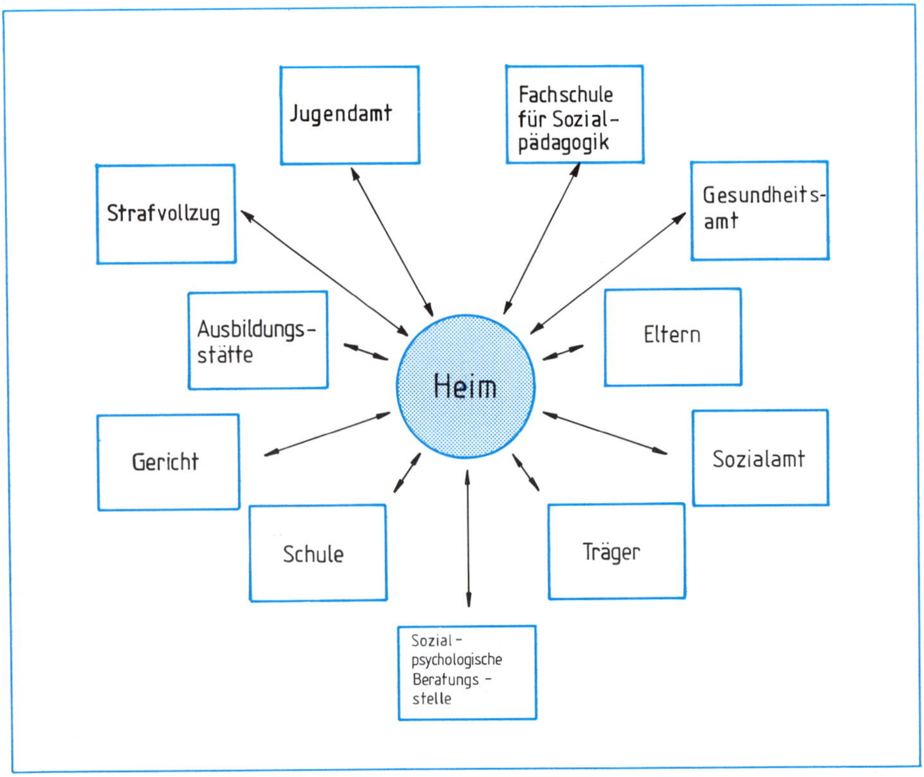

Jugendamt

Fachschule für Sozial-pädagogik

Strafvollzug

Gesundheits-amt

Ausbildungs-stätte

Eltern

Heim

Gericht

Sozialamt

Schule

Träger

Sozial-psychologische Beratungs-stelle

3.1 Zusammenarbeit Kindergarten–Schule

Grundlegendes Ziel der Zusammenarbeit zwischen Kindergarten und Schule ist ein möglichst problemloser Übergang der Kinder vom Kindergarten in die Schule. Dies kann von zwei Seiten aus geschehen:

● vom Kindergarten aus, ● von der Schule aus.

Der Kindergarten versucht diesem Ziel gerecht zu werden, indem er die ihm anvertrauten Kinder auf die Schule vorbereitet. Damit ist nicht gemeint, daß die Kinder möglichst schon lesen, schreiben und rechnen können, wenn sie in die Schule kommen. Die Kinder sollen vielmehr im psychischen, sozialen, kognitiven und motivationalen Bereich so gefördert werden, daß sie den schulischen Anforderungen gewachsen sind.

Die Schule kann diesem Ziel entsprechen, indem sie sich an dem Entwicklungsstand des aus dem Kindergarten kommenden Kindes orientiert.

Dieses Ziel wird aber nur erreicht, wenn der Erzieher weiß, was in der Schule und der Lehrer, was im Kindergarten vor sich geht. Dazu sind immer wiederkehrende Gespräche zwischen Erzieher und Lehrer notwendig. Solche Gespräche sind aber nicht nur erforderlich, um die jeweiligen Bedingungen, Anforderungen und Möglichkeiten der beiden Einrichtungen kennenzulernen und sich darüber abzustimmen; sie sind auch erforderlich, um sich über konkrete Einzelfälle zu beraten. So kann frühzeitig ein einzelnes Kind kontinuierlich und individuell gefördert werden, wenn sich herausstellt, daß Schwierigkeiten hinsichtlich der Schulfähigkeit zu erwarten sind. Ein solch frühzeitiges Eingehen auf die Kinder ermöglicht eine frühe Förderung und verhindert Fehlbeurteilungen. Denn damit ist ein stetiges Beobachten der Kinder möglich. Außerdem kann auf diese Weise eine wirksame Elternberatung stattfinden.

Bei diesem Vorgehen ist zu beachten, daß ein gewisser Zeitplan eingehalten werden muß.

Zeitplan zur Beurteilung der Schulfähigkeit

Herbst vor dem kommenden Einschulungsjahr
● Beobachtung aller Kinder, die in die Schule überwechseln werden.
Weihnachten
● Gemeinsame Entscheidung von Erziehern und Eltern über die fragliche Schulfähigkeit einzelner Kinder.
Anfang des Jahres
● Elterninformation und -beratung der betreffenden Kinder. Erörterung möglicher Förderungsmaßnahmen. ● Beginn mit den Fördermaßnahmen und begleitender Beobachtung. Bei Unsicherheit über die einzuleitenden Fördermaßnahmen Einschaltung von Beratungsdiensten.
Etwa 2–3 Monate vor Schuljahresbeginn
● Gemeinsame Entscheidung, ob Schulfähigkeit vorliegt oder nicht. Bei Unsicherheit Veranlassung der pädagogisch-psychologischen Prüfung. Elterngespräche.

Die Zusammenarbeit ist nicht nur auf der Ebene Erzieher–Lehrer erforderlich. Sie sollte unbedingt auch mit den Kindern selber stattfinden, indem diese schon einige Zeit vor dem Übergang die Schule mit eigenen Augen kennenlernen. Dabei sollten sie sowohl die Schule als auch die Lehrer/innen kennenlernen.

Hierzu gibt es viele vorbereitende und hinführende Gelegenheiten:

1. Der/die Lehrer/in kommt in den Kindergarten.
2. Die Kinder spielen Schule.
3. Schulkinder werden in den Kindergarten eingeladen.
4. Schon vorhandenes Wissen wird in der Kindergartengruppe untereinander ausgetauscht und wenn nötig richtiggestellt.
5. Die Kinder besuchen die Schule.

Bei einigen dieser Möglichkeiten ist eine Nachbereitung und Aufarbeitung des Gesehenen und Erlebten notwendig, damit Unverstandenes oder falsch Verstandenes richtig gestellt werden kann. Außerdem bietet das sowohl den Erziehern als auch den Lehrern die Möglichkeit, die Wirkung der einzelnen Angebote zu beurteilen.

Bei der Vorbereitung der Kinder auf die Schule dürfen die Eltern nicht ausgeschlossen bleiben. Deshalb werden Elternabende durchgeführt, an denen Fragen der Einschulung und der Vorbereitung erörtert werden. Hierzu bietet es sich an, Lehrer dazu einzuladen, die die Schule betreffenden Fragen beantworten können. Nicht zuletzt bietet dieser Elternabend den Lehrern auch die Möglichkeit, die Erwartungen und Einstellungen der Eltern kennenzulernen. So können auch einseitige Einstellungen und falsche Vorstellungen auf allen Seiten abgebaut werden.

3.2 Zusammenarbeit Hort–Schule

Eine wichtige Aufgabe des Hortes ist die Hilfestellung bei der Hausaufgabenbetreuung. Die Tatsache, daß Hortkinder häufig Schulschwierigkeiten aufweisen, erhöht die Bedeutung der Hausaufgabenbetreuung im Hort. Mit den Schulschwierigkeiten sind häufig auch Verhaltensschwierigkeiten verbunden. Dies erschwert die Hausaufgabenbetreuung zusätzlich. Die Schule übt demzufolge einen großen Einfluß auf den Hort aus. Umgekehrt wiederum ist auch die Schule von der Tätigkeit des Horts abhängig. Aber immer noch wissen Schule und Hort zu wenig voneinander. Eine Zusammenarbeit dieser beiden Einrichtungen muß demzufolge folgende Ziele haben:

● Information der Lehrer über Zielsetzung und Aufgabenstellung des Horts;
● Information der Erzieher über Ziele und Methoden des Unterrichts;
● Abstimmung zwischen Lehrer und Erzieher über Art und Weise der Hausaufgabenerledigung der einzelnen Kinder;
● Austausch von Informationen über einzelne Kinder und Abstimmung der erzieherischen Vorgehensweise;
● Gemeinsame Elternarbeit.

Diese Zusammenarbeit kann in vielerlei Formen stattfinden. Ratsam ist jedoch eine **zielgerichtete und geplante Zusammenarbeit,** die über eine spontane, bei einem gegebenen Anlaß erfolgende Zusammenarbeit hinausgeht. Da aber auch bei aktuellen Anlässen eine Zusammenarbeit erfolgen muß, ist ein Verbund verschiedener Maßnahmen erforderlich.

1. **Regelmäßig stattfindende Treffen**
   Diese bieten sich an zu Beginn eines Schuljahres, nach dem 1. Schulhalbjahr und zu Ende des Schuljahres. In Abhängigkeit von der Zusammensetzung der Hort- bzw. Schulkinder ist zu überlegen, ob man solche Treffpunkte in Form einzelner Zusammenkünfte oder in Arbeitsgruppen durchführt.

2. **Spontan erfolgende Treffen**
   Diese werden erforderlich sein, wenn aktuelle Geschehnisse den Erzieher oder den Lehrer dazu aufrufen, Kontakt mit den jeweils anderen aufzunehmen, um Absprachen über das weitere Vorgehen zu treffen.

3. **Gegenseitige Besuche der Elternabende**
   In der Regel lebt das Hortkind in drei Erziehungsbereichen: in der Familie, in der Schule und im Hort. An den Elternabenden ist es möglich, alle Beteiligten zu einem gemeinsamen Gespräch zusammenzuführen.

4. **Gegenseitige Hospitation im Hort bzw. in der Schule**
   Solche gegenseitigen Hospitationen sind durchaus möglich, da die Schule hauptsächlich vormittags und der Hort hauptsächlich nachmittags stattfindet. Diese Besuche lassen Aufgabenstellung und Arbeitsablauf, aber auch den Alltag der jeweiligen Einrichtung „hautnah" miterleben.

Bevor aber solche Treffen stattfinden, sollte der Erzieher gut vorbereitet sein und genau wissen, was er will.

Der Erzieher sollte also festgelegt haben:

1. welchem **Ziel** das Gespräch dient;
2. wie sich die **gegenwärtige Situation im Hort** darstellen läßt;
3. welche Erkenntnisse er über die **Situation in der Schule** hat;
4. welche **Argumente für die Zielsetzung** zu verwenden sind;
5. welche **Argumente von seiten des Lehrers** zu erwarten sind;
6. welche **Einigung** möglich erscheint.

Wichtig für solche Gespräche ist, daß der Erzieher seine Unsicherheit und seine Vorbehalte gegenüber der Person des Lehrers abbaut. Auch der Lehrer findet eine Situation in der Schule vor, die er nicht nach Belieben gestalten kann. Ein gutes Gespräch kann nur stattfinden, wenn beide Seiten Verständnis füreinander mitbringen.

3.3 Zusammenarbeit Heim – Schule

Genauso wie es zwischen Heim und der ihr angeschlossenen Heimschule eine enge Zusammenarbeit geben muß, ist auch eine enge Zusammenarbeit zwischen Heim und der externen Schule erforderlich. Viele der Heimkinder leiden unter Verhaltensstörungen. Verhaltensstörungen und Schulschwierigkeiten bedingen sich sehr häufig gegenseitig, so daß das eine Problem nur durch die Lösung des anderen behebbar ist. Somit sind Lehrer und Erzieher nur gemeinsam in der Lage, den Kindern über diese Schwierigkeiten hinwegzuhelfen. Beide Seiten müssen sowohl die jeweiligen Probleme der Kinder, als auch die allgemeine Situation und deren Bedingungen in Schule und Heim kennen.

Häufig ist das Wissen übereinander zu gering und die Einstellung zueinander zu sehr von Vorurteilen geprägt. Diese Mängel können nur durch bessere Informationen über Ziele, Aufgabenstellung und Arbeitsweise der jeweilig anderen Einrichtung behoben werden.

Am besten geschieht dies durch einen Verbund verschiedener Maßnahmen. **Gegenseitige Hospitationen** sollten dazu gehören. Durch das Erleben des Kindes in der Gruppe, der allgemeinen Atmosphäre im Heim, aber auch durch das Kennenlernen der anderen es umgebenden Kinder erhält der Lehrer wichtige Hinweise für die Beurteilung seines Verhaltens in der Schule. Durch die Beobachtung des Kindes im Unterricht erhält der Erzieher wichtige Aufschlüsse für seine erzieherische Tätigkeit im Heim und bekommt eine Vorstellung von dem, was von dem Kind in der Schule verlangt wird. Arbeitsweise und Ziele des schulischen Unterrichts werden ihm verständlicher.

Der Lehrer sollte aber auch zu den Erzieher-Konferenzen eingeladen werden, damit er die Probleme des erzieherischen Alltags kennenlernt und bei der Erörterung einzelner Fälle mitwirken kann. Ebenso sollten **Zusammenkünfte zwischen Eltern, Erzieher und Lehrer** arrangiert werden.

Die Zusammenarbeit zwischen Heim und Schule soll vor allen Dingen verhindern, daß ein Heimkind in der Schule überfordert wird. Zu groß ist die Gefahr, daß die Überforderung über Versagenserlebnisse die vorhandenen Verhaltensschwierigkeiten verstärkt. Durch Abstimmung bestimmter Maßnahmen, z.B. auch durch Klassenwiederholung, Überwechseln in andere Schularten usw., kann dies verhindert werden.

Aufgabe

Erstellen Sie einen Maßnahmenkatalog für die Zusammenarbeit zwischen Heim und Schule auf der Grundlage der in 3.2 gemachten Vorschläge.

4 Aufgabenstellung anderer wichtiger Einrichtungen

4.1 Schulkindergarten[1]

Der Schulkindergarten ist eine Einrichtung für Kinder, die vom Schulbesuch zurückgestellt worden sind, weil sie den Anforderungen des schulischen Lernens noch nicht gewachsen sind. Dies muß nach § 74, Absatz 3 des Schulgesetzes von Baden-Württemberg durch eine pädagogisch-psychologische Überprüfung und eine Untersuchung durch das Gesundheitsamt festgestellt werden. Bei dieser Überprüfung der Schulfähigkeit wird insbesondere der psychomotorische, soziale und kognitive Entwicklungsstand des Kindes beurteilt.

Wird ein Kind noch ein Jahr zurückgestellt, so soll es durch die fördernde Hilfestellung des Schulkindergartens die Möglichkeit zur Nachreifung erhalten. Grundsätzlich wird das Kind aber auch im Schulkindergarten nicht mit schulischen Lernangeboten konfrontiert. Es soll dort vielmehr durch eine verstärkt fördernde Hilfestellung, insbesondere in den Bereichen, in denen es Entwicklungsverzögerungen aufweist, die Rückstände aufholen und so eine verbesserte Vorbereitung auf die Schule erfahren.

Ansätze zur Zusammenarbeit

Aus der Aufgabenstellung des Schulkindergartens wird schnell ersichtlich, wo die Ansatzpunkte für eine Zusammenarbeit zwischen Kindergarten und Schulkindergarten liegen.

Zum einen liegen sie auf einer allgemeinen grundsätzlichen Ebene. Dabei geht es vor allem um eine ganz grundlegende Informationsgewinnung, um insbesondere die erzieherische Arbeit im Kindergarten zu verbessern. Dadurch soll erreicht werden, daß so wenig Kinder wie möglich den Schulkindergarten besuchen müssen.

Zum andern liegen sie auf einer eher fallbezogenen Ebene, wie das z. B. in bezug auf die Abstimmung der beiden Einrichtungen in Hinsicht auf bestimmte, möglicherweise in den Schulkindergarten aufzunehmende Kinder deutlich wird. Hierzu bedarf es vorbereitender Gespräche zwischen den Erziehern der beiden Einrichtungen.

4.2 Trägerverbände

Es gibt zwei Hauptgruppen von Trägern sozialpädagogischer Einrichtungen:

1. Die Träger der freien Jugendhilfe

Nach dem KJHG vom 26. 6. 1990 sind darunter die freien Vereinigungen der freien Jugendwohlfahrt zu verstehen. Dies sind die sechs Spitzenverbände: Diakonisches Werk, Caritas-Verband, Deutscher Paritätischer Wohlfahrtsverband, Arbeiterwohlfahrt, Deutsches Rotes Kreuz und die Zentralwohlfahrtsstelle der Juden in Deutschland.

Dazu gehören auch die sogenannten juristischen Personen, wie z. B. als gemeinnützig anerkannte Vereine oder nicht als öffentlich-rechtlich anerkannte kirchliche Gemeinschaften. Des weiteren zählen auch Kirch- und Religionsgemeinschaften des öffentlichen Rechts dazu. Ausdrücklicher Zweck muß hierbei die Förderung der Jugendwohlfahrt sein.

---

[1] Siehe Kap. A 1.2

2. Träger der öffentlichen Jugendhilfe

Hierunter zählen Kreise, Städte – auch kreisfreie – und Gemeinden, die ein Jugendamt besitzen.

Gewerbliche Träger, die nicht den Status der Gemeinnützigkeit aufweisen, haben keinen Anspruch auf Förderung aus öffentlichen Mitteln.

Ansätze zur Zusammenarbeit

Es liegt in der Natur der unterschiedlichen Aufgaben, daß die Träger häufig andere Erwartungen und Vorstellungen haben als die Erzieher. Dies liegt darin begründet, daß die Erzieher ihre Arbeit nach pädagogischen Gesichtspunkten ausrichten. Die Trägerverbände, Träger und ihre Vertreter beurteilen ihre Arbeit aber auch nach ökonomisch-politischen Kriterien. Dies erschwert die reibungslose Zusammenarbeit, und die Erzieher müssen häufig in ihrer Arbeit Zugeständnisse machen. Mit möglichst wenig Mitteln müssen sie die bestmögliche erzieherische Arbeit leisten.

Für eine gute Zusammenarbeit müssen die Erzieher lernen, diese Kriterien zu akzeptieren und auf Gespräche mit dem Träger gut vorbereitet zu sein. Ihre Argumente müssen die ökonomisch-politischen Gesichtspunkte antizipieren.[1]

Darüber hinaus sollten die Träger in für sie wichtige Entscheidungen immer miteinbezogen sein. Sollten die Träger bei solchen Entscheidungen nicht teilnehmen können, so empfiehlt es sich, sie über solche Entscheidungen, z.B. durch Protokolle usw., zu informieren.

4.3   Jugendamt

Die Aufgabenstellung des Jugendamtes läßt sich in bezug auf die angesprochenen sozialpädagogischen Einrichtungen in drei Bereiche gliedern:

1. **Planung von sozialpädagogischen Einrichtungen**
   Dabei hat das Jugendamt darauf zu achten, daß diese Einrichtungen nach dem entsprechenden Bedarf angeboten werden.

2. **Anregung der Träger zum Bau und Betreiben der erforderlichen sozialpädagogischen Einrichtungen**
   Es stellt hierfür den freien Trägern Mittel zur Verfügung.

3. **Übernahme von Trägerschaft in eigener Regie**
   Dies ist immer dann der Fall, wenn keine anderen Träger diese Aufgaben übernehmen wollen.

Das Jugendamt hat im Bereich der Jugendhilfe sowohl eine beratende als auch kontrollierende Funktion. Nach dem Kinder- und Jugendhilfegesetz obliegt dem Jugendamt die Heimaufsicht. Es kann sich z.B. Erziehungsberichte über ein bestimmtes Kind vorlegen lassen, um sich über die Entwicklungsfortschritte des Kindes zu informieren. Werden für bestimmte pädagogische Maßnahmen finanzielle Mittel benötigt, so müssen diese Mittel beim Kostenträger beantragt werden.

---

[1] antizipieren = vorwegnehmen

Ansätze zur Zusammenarbeit

Die Zusammenarbeit zwischen den Einrichtungen und der Jugendarbeit ist durch die Tatsache beeinträchtigt, daß sich ein Jugendamt stark an Gesetzen, Verordnungen und Richtlinien orientieren muß. Das ist auf der einen Seite notwendig zum Wohle der Kinder, auf der anderen Seite erhöht dies die Gefahr, daß die betreffenden Kinder zu einem bloßen Verwaltungsfall werden. Die Zusammenarbeit soll verhindern, daß das Jugendamt Entscheidungen trifft, ohne die anderen Beteiligten, insbesondere auch die Erzieher, zu Rate zu ziehen.

Für das Erzieherpersonal bedeutet dies, sich mit den Bestimmungen des Gesetzes und der Verordnungen vertraut zu machen. Auf diese Weise können sie die Handlungsweisen des Ämter-Personals besser verstehen. Außerdem können so auch Fehlentscheidungen eher verhindert werden.

Wie bei jeder guten Zusammenarbeit sollte auch hier das Gespräch miteinander gesucht werden. Gegenseitige Besuche verbessern das Verständnis füreinander. So sollten insbesondere die Verwaltungskräfte immer wieder in die Einrichtungen eingeladen werden, um gegebenenfalls auch bestimmte Kinder kennenlernen zu können. Auf diese Weise können sie besser in die Lösung von Problemen einbezogen werden.

5 Arbeitsorganisation und Zusammenarbeit im Beruf

5.1 Aufgaben der an der Kindergartenarbeit direkt Beteiligten

Die Aufgaben für alle an der Kindergartenarbeit direkt Beteiligten lassen sich in drei Bereiche untergliedern:

1. in Aufgaben des pädagogischen Bereichs,
2. in Aufgaben des organisatorischen Bereichs,
3. in Aufgaben des verwaltungstechnischen Bereichs.

Im folgenden werden beispielhaft Aufgaben der Arbeitsorganisation und Zusammenarbeit der Beteiligten in diesen drei Bereichen dargestellt.

5.1.1 Aufgaben des Trägers

Im *Kinder- und Jugendhilfegesetz* und in den *Kindergartengesetzen* der Länder ist geregelt, wer Träger eines Kindergartens sein kann. Nach *Kap. 5 §§ 69 ff. des KJHG* kommen als Träger eines Kindergartens in Betracht:

1. **Träger der freien Jugendhilfe:**
   a) die freien Vereinigungen der Jugendwohlfahrt,
   b) juristische Personen, deren Zweck es ist, die Jugendwohlfahrt zu fördern,
   c) die Kirchen und sonstige Religionsgesellschaften des öffentlichen Rechts,
   d) Elterninitiativen (nach § 25 und 74 ff. KJHG).

Zu a) Zu den freien Vereinigungen der freien Jugendwohlfahrt gehören vor allem die Verbände der freien Wohlfahrtspflege mit den ihnen angeschlossenen Verbänden und Institutionen.

Zu b) Juristische Personen sind z.B. Körperschaften, Stiftungen, eingetragene Vereine, deren wesentlicher Zweck die Forderung der Jugendwohlfahrt ist. Das können also auch Elterninitiativen sein.

Zu c) Kirchen und sonstige Religionsgesellschaften des öffentlichen Rechts sind alle kirchlichen Gemeinschaften, die öffentlich-rechtlich anerkannt sind. Wenn kirchliche Gemeinschaften, die nicht öffentlich-rechtlich anerkannt sind, Träger eines Kindergartens werden wollen, müssen sie sich einer anderen anerkannten Rechtsform bedienen (z.B. gemeinnütziger Verein mit der notwendigen Zweckbindung).

2. **Träger der öffentlichen Jugendhilfe**
   Die zweite große Trägergruppe von Kindergärten stellen die Gemeinden, Gemeindeverbände, Stadt- und Landkreise dar. Als Träger der öffentlichen Jugendhilfe erfüllen sie natürlich die Voraussetzungen zur Führung eines Kindergartens.

3. **Einzelpersonen, gewerbliche Kindergartenträger oder Betriebs- bzw. Personalkindergärten**
   Einrichtungen, die gewerblichen Zwecken dienen oder nicht allgemein zugänglich sind, haben keinen Anspruch auf staatliche Förderung. Dies gilt auch für die Träger der freien Jugendhilfe.

Der Träger ist verantwortlich für seinen Kindergarten. Auf der Grundlage der gesetzlichen Rahmenvorschriften legt er die Grundkonzeption des Kindergartens fest.

Aufgaben des Trägers im pädagogischen Bereich

1. Er legt z.B. die Werte fest, nach denen die Erziehung in seinen Kindergärten erfolgt (kirchliche Träger werden sicherlich stärker nach religiösen Prinzipien erziehen als der öffentliche Träger, der nach der Verfassung zur weltanschaulich-religiösen und politischen Neutralität verpflichtet ist).
2. Er gibt damit zugleich die Erziehungsziele vor.
3. Er wirkt auf die Erziehungsmethoden der Erzieher ein.
4. Er kontrolliert dabei die Erziehungsmittel und Erziehungsstile der Erzieher.
5. Er setzt die Gruppengröße der Kinder fest.
6. Er wählt die aufzunehmenden Kinder aus.
7. Er wählt die Erzieher nach ihrer Qualifikation aus.
8. Er legt die Zusammensetzung des Erzieherpersonals fest usw.

Aufgaben des Trägers im organisatorischen Bereich

1. Er legt die Öffnungs- und Schließzeiten des Kindergartens fest.
2. Er bestimmt den formalen Tagesablauf im Kindergarten.
3. Er legt die Ferienzeiten fest.
4. Er regelt die Zusammenarbeit mit anderen Institutionen, Trägern usw.
5. Er organisiert und ermöglicht Fortbildungsveranstaltungen usw.

Aufgaben des Trägers im verwaltungstechnischen Bereich

1. Er verwaltet und kontrolliert die Haushaltsmittel und stellt sie bereit.
2. Er plant die baulichen Maßnahmen.
3. Er sorgt für die Unterhaltung der Gebäude.
4. Er führt das Personal.
5. Er ernennt die Leiterin.
6. Er legt die Gebühren fest.
7. Er stellt die Erzieher und das weitere Personal ein usw.

5.1.2 Aufgaben der Kindergartenleiterin

Gemäß *§ 7 des Kindergartengesetzes* (KigaGesetz) können für die Leitung eines Kindergartens insbesondere eingesetzt werden:

● staatlich anerkannte oder graduierte Sozialpädagogen,
● staatlich anerkannte Erzieher/staatlich anerkannte Erzieherinnen.

Unter bestimmten Umständen kommen dafür aber auch in Frage:

● Ordensschwestern,
● von den Diakonissenhäusern ausgebildete Kinderschwestern,
● staatliche anerkannte Kinderpflegerinnen
● sowie andere Mitarbeiter.

Aufgaben der Kindergartenleiterin im pädagogischen Bereich

1. Die Kindergartenleiterin überwacht die Aufrechterhaltung der vom Träger vorgegebenen Werte.
2. Sie kontrolliert die Einhaltung der Erziehungsziele.
3. Sie achtet auf die Durchführung angemessener Erziehungsmethoden.
4. Sie sorgt für die Anwendung geeigneter Erziehungsmittel und die Einhaltung pädagogisch sinnvoller Erziehungsstile.
5. Dies wird sie jedoch in angemessener Weise tun, unter Respektierung der pädagogischen Eigenverantwortung ihrer Mitarbeiter.
6. Sie leitet und berät ihre Mitarbeiter in pädagogischen Fragen.
7. Sie leitet die Teamsitzungen, gibt Anregungen, nimmt Vorschläge auf.
8. Sie führt Elterngespräche durch.
9. Sie führt, wenn erforderlich, Beurteilungen ihrer Mitarbeiter, insbesondere der Praktikantinnen, durch.
10. Sie wählt in Absprache mit den Mitarbeitern das pädagogische Spiel- und Lernmaterial aus.
11. Sie leitet die Erstellung und Durchführung der Jahres-, Wochen- oder Tagespläne usw.

Aufgaben der Kindergartenleiterin im organisatorischen Bereich

1. Sie plant und leitet den Einsatz der Mitarbeiter.
2. Sie überwacht die ständige Fortbildung der Mitarbeiter.
3. Sie leitet die Planung und Durchführung von Elternabenden, Festen und Feiern.
4. Sie ist verantwortlich für die Erstellung und Übermittlung von Elternbriefen und Informationsschriften.
5. Sie leitet die Planung und Durchführung von Ausflügen, Besichtigungen, Einladungen (z. B. von Polizisten, Ärzten, älteren Menschen usw.).
6. Sie pflegt die Zusammenarbeit mit den Fachschulen für Sozialpädagogik, der Gemeinde, dem Jugendamt usw.

Aufgaben der Kindergartenleiterin im verwaltungstechnischen Bereich

1. Sie führt und überwacht die Haushaltsfinanzen.
2. Ihr obliegt die Kassenführung diverser Gelder, z. B. der Spendenkasse.
3. Sie führt und überwacht die Karteien.
4. Sie führt die verschiedenen Listen des Kindergartens, z. B. das Lern- und Spielmaterial, Einrichtungsgegenstände, Küchengeräte usw.

5.1.3 Aufgaben der Gruppenleiterin

Zur Leitung einer Kindergartengruppe ist gemäß § 7 KiGaGesetz dieselbe Personengruppe befugt, die auch einen Kindergarten leiten darf (vgl. 5.1.2). Die Aufgaben der Gruppenleiterin sind an der direkten erzieherischen Arbeit mit den Kindern orientiert, die ständig in der Gruppe sind, die die Gruppenleiterin verantwortlich zu führen hat.

Aufgaben der Gruppenleiterin im pädagogischen Bereich

1. Sie überwacht die Erreichung der Erziehungsziele.
2. Sie benutzt angemessene Erziehungsmethoden.
3. Sie wendet die gemeinsam abgesprochenen Erziehungsmittel und -stile an.
4. Sie plant und gestaltet die erzieherischen Angebote in der Gruppe.
5. Sie gibt Hilfestellung bei der sozialen Integration isolierter Kinder in die Gruppe.
6. Sie arbeitet mit an der Erstellung der Jahres-, Wochen- und Tagespläne sowie der pädagogischen Konzeption.
7. Sie arbeitet mit an der Planung von Ausflügen, Besichtigungen und Besuchen usw.
8. Sie unterstützt die Kindergartenleiterin bei der Anleitung von Praktikantinnen usw.

Aufgaben der Gruppenleiterin im organisatorischen Bereich

1. Sie plant und führt Besichtigungen, Besuche und Besprechungen ihrer Gruppe durch.
2. Sie plant und führt Feste, Feiern, Geburtstage usw. ihrer Gruppe durch.
3. Sie plant und organisiert Veranstaltungen für Eltern ihrer Gruppe.
4. Sie kooperiert mit anderen Mitarbeitern der Institution.
5. Sie nimmt die Aufsichtspflicht für die Gruppe wahr.
6. Sie ist verantwortlich für die Gestaltung des Gruppenraumes und mitverantwortlich für die Gestaltung der gesamten Räumlichkeiten.
7. Sie sorgt für die Spiel- und Lernmaterialien ihrer Gruppe.
8. Sie hält den Kontakt zu den Eltern usw.

Aufgaben der Gruppenleiterin im verwaltungstechnischen Bereich

1. Sie überwacht die Gesundheit der ihr anvertrauten Kinder.
2. Sie führt die Anwesenheitsliste.
3. Sie unterstützt die Karteiführung der Kindergartenleiterin.
4. Sie verwaltet die Spielkasse der Gruppe usw.

5.2 Teamarbeit

5.2.1 Bedeutung der Teamarbeit

Grundsätzlich sind Erzieherinnen und Erzieher zunächst einmal verantwortlich für ihre Gruppe, die erzieherische Arbeit mit den Kindern. Sobald sich aber in einer Einrichtung mehrere Erzieherinnen und Erzieher befinden, ist eine Zusammenarbeit erforderlich. Die Teamarbeit ermöglicht es den Erziehenden, die Aufgaben im Kindergarten gemeinsam zu lösen. Teamarbeit soll auf der einen Seite die **Zufriedenheit der Mitarbeiter** erhöhen, weil sie z.B.:

● mitbestimmen können;
● ihre Probleme mit anderen erörtern können;
● ihre eigenen Fähigkeiten in das Team einbringen können;
● nach gemeinsamer Entscheidung hinsichtlich des eingeschlagenen Lösungsweges sicherer sind usw.

Auf der anderen Seite soll damit eine **effektivere Arbeit** erreicht werden, weil z.B.:

● die Arbeit und die Vorgehensweise vereinheitlicht wird;
● unterschiedliche Aufgaben aufeinander abgestimmt werden können;
● die einzelnen Aufgabenstellungen für alle klarer und verständlicher werden;
● dadurch viele Konflikte schon im Vorfeld ausgeräumt werden können.

Die **Teamarbeit** erlaubt also:

● einen Erfahrungsaustausch
● eine gemeinsame Analyse
● eine gemeinsame Planung und Vorbereitung
● eine gemeinsame Durchführung und
● ein gemeinsames Reflektieren der vorgenommenen Arbeitsabläufe

5.2.2 Voraussetzungen der Teamarbeit

Erzieherinnen und Erzieher müssen in der Lage sein, gruppenpädagogische und gruppendynamische Aspekte bei ihrer erzieherischen Arbeit mit Kindern zu berücksichtigen. Häufig jedoch ist zu bemerken, daß die Erziehenden all die gruppenpädagogischen Prinzipien (vgl. Kapitel C, 5.3.1), die sie bei der Erziehung ihrer Kinder beachten, bei ihrer eigenen Zusammenarbeit mit Kollegen scheinbar vergessen haben. Die Grundsätze der Gruppenpädagogik gelten aber auch für die Zusammenarbeit von Erwachsenen. Damit eine solche Teamarbeit sinnvoll gestaltet werden kann, müssen bestimmte Voraussetzungen gegeben sein.

Voraussetzungen für eine optimale Teamarbeit

- Anerkennung unterschiedlicher Fähigkeiten der einzelnen und entsprechende Zuteilung von Aufgaben;
- Grundsätzliche Bejahung der Teamarbeit durch die einzelnen Erziehenden;
- Übereinstimmung der Erzieher hinsichtlich grundsätzlicher Erziehungsziele und -methoden;
- Bereitschaft zum ständigen Informationsaustausch;
- Vertrauen zueinander;
- Bereitschaft, eigene Vorstellungen zur Diskussion zu stellen und auch zu überdenken;
- Bereitschaft, zur Lösung von Konflikten beizutragen usw.

Aufgabe

Suchen Sie Gründe für die Störung von Teamarbeit, indem Sie Faktoren bestimmen, die eine Gruppenarbeit im Unterricht stören oder verhindern.

Lösung von Konflikten

Jede Teamarbeit trägt die Möglichkeit des Auftretens von Konflikten in sich.

Gründe für Konflikte:

- unterschiedliche Vorstellungen und Meinungen treffen aufeinander;
- es werden unterschiedliche Rollen eingenommen;
- unterschiedliche Persönlichkeiten stehen sich gegenüber.

Konflikte haben nicht automatisch nur schlechte Seiten, sie können einer Gruppe auch weiterhelfen. Wichtig ist dabei nur, wie die Teammitglieder mit solchen Konflikten umgehen.

Ein wesentliches Element der Konfliktlösung ist die ständige Bemühung um die Integration aller Teammitglieder. Nur dadurch ist das Gespräch miteinander möglich, das zur Lösung von Konflikten führen kann.

Bei der Konfliktlösung sind folgende Gesichtspunkte zu berücksichtigen:

- Der andere muß seinen Standpunkt ausführlich darstellen können.
- Man vergewissert sich, ob man die andern richtig verstanden hat (aktives Zuhören).
- Der Beitrag des andern wird ernst genommen und nicht lächerlich gemacht oder auf andere Weise entstellt.
- Man versucht die Bedürfnisse, Gefühle und Sachargumente zu verstehen, die hinter dem Beitrag des andern stehen.

- Wünsche und Absichten der vorgetragenen Vorschläge werden positiv formuliert.
- Fertige Lösungsvorschläge werden vermieden.
- Sachideen zur Lösung werden gemeinsam gesucht.
- Der eigene Standpunkt wird relativiert, ohne ihn zu verlassen.
- Einwände werden abgewartet und zugelassen.
- Vorgetragene Standpunkte werden hinsichtlich ihrer Absichten, Interessen und Argumente gemeinsam bewertet.[1]

Unter Beachtung der bisherigen Gesichtspunkte ergibt sich für eine effektive Problemlösung im Team folgendes schrittweises Vorgehen:

1. Begrüßung
2. Genaue Darstellung des Problems
3. Äußerung der Beteiligten zur Verdeutlichung der unterschiedlichen Interessen
4. Diskussion möglicher Lösungen
5. Zusammenfassung der Diskussionspunkte durch den/die Leiter/in
6. Darstellung der Lösungskonsequenzen
7. Entscheidung für einen Lösungsvorschlag (bei Konflikten Kompromißvorschlag)
8. Aufgabenverteilung
9. Aufgabendurchführung (Ziele und Zeitraum vorgeben)
10. Aufgabenkontrolle
11. Nachbesprechung

Aufgaben

1. Suchen Sie nach Gründen für die Entstehung von Konflikten in einem Erzieherteam

2. Nennen Sie Beispiele aus Ihrer eigenen Erfahrung, wie mit Konflikten umgegangen wurde. Wurden Lösungen gefunden? Wenn ja, welche?

3. Gliedern Sie unter den beiden Gesichtspunkten Projekt und Konflikt nach den oben vorgegebenen Verlaufspunkten.

Projekt	Konflikt
„Laternenfest"	„Weigerung einer Erzieherin, ein weiteres Kind in ihre Gruppe aufzunehmen"
?	?

---

[1] Vgl. Kap. G 1.3.2, S. 346.

Verwendete und weiterführende Literatur

Allgemein

Amsler, W. u.a.: Konzepte der Heimerziehung. Verlag der Schweizerischen Zentralstelle für Heilpädagogik. Luzern 1980
Arbeitsgemeinschaft für Jugendpflege und Jugendfürsorge: Jugendfreizeitstätten. Analysen, Konsequenzen, Forderungen. Mitteilungen Nr. 60. Dezember 1970
Arbeitsgruppe Elternarbeit: Orientierungsmaterialien für die Elternarbeit. Schriftenreihe des BMJFG. Band 94. Stuttgart 1981
Argyle, M.: Soziale Interaktion. Köln 1972
Aries, Philippe: Geschichte der Kindheit. München 1978

Bernsdorf, W.: Wörterbuch der Soziologie. Band 1–3. Frankfurt 1973
Bernstein/Lowy: Neue Untersuchungen zur sozialen Gruppenarbeit. Freiburg 1975
Bornewasser, M. u.a.: Einführung in die Sozialpsychologie. Heidelberg 1986
Bundesminister für Bildung und Wissenschaft: Grund- und Strukturdaten 1982/83. Bonn 1982

Claessens, D.: Familie und Wertsystem. Soziologische Abhandlungen Heft 4. Berlin 1962

Deutscher Bildungsrat: Empfehlungen der Bildungskommission. Strukturplan für das Bildungswesen. 4. Auflage 1972
Dollase, R.: Entwicklung und Erziehung. Stuttgart 1985

Eyferth, H./Otto, H.-U./Thiersch, H. (Hrsg.): Handbuch zur Sozialarbeit/Sozialpädagogik. Darmstadt 1984

Hebenstreit, S.: Einführung in die Kindergartenpädagogik. Klett 1980
Hederer, J./Träger, W. (Hrsg.): Telekolleg für Erzieher. Pädagogik Bd. I München 1974, Bd. II München 1975, Bd. III München 1975
Heiner, M.: Selbstevaluation in der sozialen Arbeit. Freiburg 1988
Hierdeis, H. u.a.: Basiswissen Pädagogik. Bd. 1 und 2. München 1976

Klafki, W. u.a.: Funkkolleg „Erziehungswissenschaft" Bd. 1–3. Frankfurt/M. 1971
Kreft, D./Mielenz, I. (Hrsg.): Wörterbuch Soziale Arbeit. Weinheim/Basel 1988

Lüscher/Lupri: Soziologie der Familie. Sonderheft 14 der Kölner Zeitschrift für Soziologie und Sozialpsychologie. Opladen 1970

Müller, W. C. (Hrsg.): Einführung in die soziale Arbeit. Weinheim/Basel 1985/87

Süssmuth, R.: Familie – noch Lebensraum für Kinder? in: Zeitschrift: Welt der Kinder. 57. Jg. Heft 1. München 1979

Winkler, M.: Eine Theorie der Sozialpädagogik. Stuttgart 1989

Zu A: Erzieherisches Handeln in sozialpädagogischen Arbeitsfeldern

Arbeitsgemeinschaft Jugendhilfe – AGJ (Hrsg.): Horterziehung in der Jugendhilfe. Grundzüge einer Konzeption. Bonn 1983
Arbeitsgemeinschaft Jugendhilfe – AGJ (Hrsg.): Erzieherausbildung zwischen inhaltlichen, organisatorischen Weiterentwicklungen und administrativen Regelungen. Köln 1989
Amsler, W. u.a.: Konzepte der Heimerziehung. Verlag der Schweizerischen Zentralstelle für Heilpädagogik. Luzern 1980

Bartlett, H.: Grundlagen beruflicher Sozialarbeit. Freiburg 1979
Beller, E. K.: Untersuchungen zur familialen und familienergänzenden Erziehung von Kleinstkindern. In: Enzyklopädie Erziehungswissenschaft. Bd. 6. Erziehung in früher Kindheit. Hrsg.: Zimmer, J. Stuttgart 1985
Bensinger, C.: Die Kinderkrippe der rheinischen Gummi- und Cel'uloidfabrik in Mannheim-Neckarau. In: Zeitschrift für Säuglingsschutz 2. H. 10, 1910
Bodenburg, I./Grimm, G.: Zusammenleben mit Kleinstkindern. Anregungen für die Arbeit in Krippe und Krabbelstuben. FIPP, Berlin 1986
Bischoff, H.: Soziale Berufe. Ein Wegweiser für Schulabgänger, Berufstätige und Umsteiger. Biederstein Verlag, München 1983
Bittner, G./Schmid-Cords, E.: Erziehung in früher Kindheit. München 1986
Bundesanstalt für Arbeit (Hrsg.): Blätter zur Berufskunde. Band 2 „Erzieher". 6. Aufl. 1989
Bundesfamilienbericht 1974: Deutscher Bundestag, 7. Wahlbereich. Drucksache 7/3502
Bundesministerium für Jugend, Familie und Gesundheit (Hrsg.): Familie mit Kleinkindern. Stuttgart 1980

Derschau von, Dietrich: Die Erzieherausbildung. München 1974
Deutscher Bildungsrat: Empfehlungen der Bildungskommission. Strukturplan für das Bildungswesen. 4. Aufl. 1972
Deutscher Verein für öffentliche und private Fürsorge (Hrsg.): Materialien für die sozialpädagogische Praxis (MSP) 4. Frankfurt 1979
Deutsches Jugendinstitut: Der Elementarbereich im Zahlenspiegel. Reihe: Tageseinrichtungen für Kinder. Heft 2. München 1986
Deutsches Jugendinstitut (Hrsg.): Wie geht's der Familie? Ein Handbuch zur Situation der Familie. München 1988

Jilesen, M.: Eine Einführung für Erzieherberufe. Köln-Porz 1982

Frauenknecht/Irskens: Probleme der Tagesbetreuung von Kindern unter drei Jahren. Materialien für die sozialpädagogische Praxis (MSP) 4. Frankfurt 1979

Irskens, B.: Ich wollte schon immer etwas mit Babys machen. Materialien für die sozialpädagogische Praxis (MSP) 8. Frankfurt 1983.

Krüger, H./Rabe-Kleberg, U./v. Derschau, D. (Hrsg.): Qualifikationen für Erzieherarbeit. Bd. 1: Anforderungen, Veränderungen, Kritik. DJI-Verlag, München 1984. Bd. 2: Spezialisierung und Kooperation. DJI-Verlag, München 1983. Bd. 3: Berufs- oder Privatarbeit – eine falsche Alternative. DJI-Verlag, München 1986
Kultus und Unterricht: Bildungsplan für das Berufskolleg. Bd. 6, Fachschule für Sozialpädagogik (Berufskolleg). Lehrplanheft 50/1989. Neckar Verlag

Münchmeier, A.-B.: Kleinkinder-Treff. 4. Aufl. Reinbek 1988
Münchmeier, A.-B.: Spiele mit kleinen Kindern und Babys. Ideen – Anregungen – Spielzeug im Test. 3. Aufl. Reinbek 1988
Müller, S./Otto, H. U./Peter, H./Sünker, H. (Hrsg.): Handlungskompetenz in der SA/SP, Bd. I und II, 1982 und 1984
Müller, W. C.: Wie Helfen zum Beruf wurde. Eine Methodengeschichte der Sozialarbeit. Basel 1988

Napp-Peters, A.: Ein-Elternteil-Familien. Soziale Randgruppe oder neues familiales Selbstverständnis? Weinheim 1985

Pechstein, J.: Das junge Kind in Heim und Krippe. In: Hundertmarck/Ulshöfer: Kleinkinderziehung Bd. 3, München 1972
Pfaffenberger, H.: Zur Situation der Ausbildung für das Praxisfeld. In: Kerkhoff, E. (Hrsg.): Handbuch Praxis der Sozialarbeit. Bd. 1. Düsseldorf 1981

Reyer, J.: Entstehung, Entwicklung und Aufgaben der Krippen im 19. Jahrhundert in Deutschland. Zeitschrift für Pädagogik. Heft 5/1982. Weinheim/Basel 1982
Rolff, H.-G./Zimmermann, P.: Kindheit im Wandel. Eine Einführung in die Sozialisation im Kindesalter. Weinheim/Basel 1985

Schasmann, D.-L./Schasmann, Th.: Die Vaterrolle im Sozialisationsprozeß. In: Neidelhardt, F.: Frühkindliche Sozialisation. Stuttgart 1975
Schmidt-Kolmer, E.: Diskussionsmaterial zu einem Erziehungsprogramm für Kinder in den Krippen. Potsdam 1966
Schmidt-Kolmer, E.: Pädagogische Aufgaben und Arbeitsweisen der Krippen. Berlin (Ost) 1968
Schneider, C.: Zur Situation der Krippenbetreuung. In: Zeitschrift für Pädagogik Heft 5/82. Weinheim/Basel 1982
Schneider, K.: Krippen-Bilder. Gruppen-Erfahrungs-Spielräume für Säuglinge und Klein(st)kinder. FIPP, Berlin 1989
Sozialpädagogisches Institut (SPI): Kinder unter drei Jahren in Tageseinrichtungen in Nordrhein-Westfalen. Köln 1986
Swientek, C.: Alleinerziehende – Familien wie andere auch? Zur Lebenssituation von Ein-Eltern-Familien. Bielefeld 1984

Tugendreich, G.: Die Mutter- und Säuglingsfürsorge. Stuttgart 1909/10

Weg, M. u. a.: Erwerbstätigkeit und Mutterschaft. Möglichkeiten und Probleme von Berufsunterbrechung und Berufsrückkehr bei Müttern von Kindern unter drei Jahren. Hrsg.: Bundesminister für Arbeit und Sozialordnung. Reihe Sozialforschung. Bonn 1986
Wiesner, R.: Der Stellenwert der Tagesbetreuung in einem neuen Jugendhilfegesetz. In: „Tagesmütter", Nr. 42, 1989

Zwerger, B.: Bewahranstalt – Kleinkinderschule. Aspekte nichtfamiliärer Kleinkinderziehung in Deutschland im 18. Jahrhundert. Weinheim/Basel 1980

Zu B und C: Voraussetzungen und Bedingungen sozialpädagogischer Arbeit und Grundformen erzieherischen Handelns

Colberg-Schrader, H. u. a.: Soziales Lernen im Kindergarten. Ein Praxisbuch des DJI. München 1991
Colberg-Schrader, H./Krug, M.: Lebensnahes Lernen im Kindergarten. 3. Aufl. München 1986

Deutsches Jugendinstitut – Arbeitsgruppe Vorschulerziehung: Anregungen Bd. 2. Zur Ausstattung des Kindergartens. 2. Aufl. 1974
Deutsches Jugendinstitut – Arbeitsgruppe Vorschulerziehung: Anregungen Bd. 3. Didaktische Einheiten im Kindergarten. 1976

Geißler, K. A./Hege, M.: Konzepte sozialpädagogischen Handelns. 3. Aufl. Weinheim, Basel 1985

Kelber, M.: Was verstehen wir unter Gruppenpädagogik. In: Müller, C. W. (Hrsg.): Gruppenpädagogik. Weinheim 1970
Krenz, A.: Der „Situationsorientierte Ansatz" im Kindergarten. Freiburg 1991
Kösel, E.: Sozialformen des Unterrichts. Workshop Schulpädagogik. Materialien 4. 6. Aufl. Ravensburg 1978

Jilesen, M.: Soziologie. Eine Einführung für Erzieherberufe. Köln-Porz 1982

Lorentz, G.: Freispiel im Kindergarten. Chancen seines bewußten Einsatzes. Freiburg 1983

Mahlke, W./Schwarte, N.: „Raum für Kinder". Ein Arbeitsbuch zur Raumgestaltung im Kindergarten. Weinheim/Basel 1989
Mayntz, R.: Soziologie der Organisation. 6. Auflage, Hamburg 1972
Messner/Rumpf (Hrsg.): Didaktische Impulse. Österreichischer Bundesverlag. Wien 1971
Meyer, H. L.: Einführung in die Curriculum-Methodologie. München 1972
Minister für Arbeit, Gesundheit und Soziales des Landes Nordrhein-Westfalen (Hrsg.): Arbeitshilfen zur Planung der Arbeit im Kindergarten. 2. überarb. u. erw. Aufl. Köln 1986
Möller, Chr.: Technik der Lernplanung. Weinheim 1969
Moreno, J. L.: Die Grundlage der Soziometrie. Wege zur Neuorientierung der Gesellschaft. Köln/Opladen 1967

Peterßen, W. H.: Gegenwärtige Didaktik. Positionen, Entwürfe, Modelle. Ravensburg 1977

Rösner, D.: Gegen Eintönigkeit und Langeweile. Das Spielgelände im Kindergarten – ein trauriges Kapitel. In: Welt der Kinder. Heft 1/1985

Scheibner, O.: Der Arbeitsvorgang in technischer, psychologischer und pädagogischer Erfassung. In: Gaudig (Hrsg.): Freie geistige Schularbeit in Theorie und Praxis. Breslau 1928
Sjölund, A.: Gruppenpsychologie für Erzieher, Lehrer und Gruppenleiter. Hrsg.: E. Meyer. 2. Aufl., Heidelberg 1976

Tausch, R./Tausch, A. M.: Erziehungspsychologie. 8. Aufl., Göttingen 1977
Themenheft: Außengelände – Spiel im Freien. In: Theorie und Praxis der Sozialpädagogik. Heft 2/1989
Thiel, S.: Lehr- und Lernziele. Workshop Schulpädagogik. Materialien 2. 4. Aufl., Ravensburg 1975
Vogel, A.: Artikulation des Unterrichts. Workshop Schulpädagogik. Materialien 3. 5. Aufl., Ravensburg 1975

Zimmer, J.: Der Situationsansatz als Bezugsrahmen der Kindergartenreform. In: Enzyklopädie Erziehungswissenschaft. Bd. 6. Erziehung in früher Kindheit. Stuttgart 1985

Zu D: Sozialpädagogische Einrichtung Kindergarten

Arbeitsgemeinschaft für Jugendhilfe: Zur Situation gegenwärtiger Kindergartenerziehung. Bonn 1988

Bayerisches Staatsministerium für Unterricht und Kultur: Der Übergang vom Kindergarten zur Grundschule. 11. Aufl., Donauwörth 1979
Büchin, I.: Kindgemäßes Lernen im Kindergarten. Stuttgart 1976

Colberg-Schrader, H.: Kindertageseinrichtungen – Antwort auf Lebensbedingungen von Kindern und Familien? In: Familie und soziale Arbeit. Schriftenreihe des Deutschen Vereins für öffentliche und private Fürsorge. Frankfurt 1987

Deutsches Jugendinstitut – Arbeitsgruppe Vorschulerziehung: Anregungen Bd. 2: Zur Ausstattung des Kindergartens. 2. Aufl., 1974, Bd. 3: Didaktische Einheiten im Kindergarten. 1976
Deutsches Jugendinstitut: Soziales Lernen. Bd. 1–10. München 1980
Deutsches Jugendinstitut (Hrsg.): Ausländerarbeit und Integrationsforschung. München 1987
Deutsches Jugendinstitut (Hrsg.): Beiträge zur Ausländerforschung – Wege der Integration. München 1988
Deutsches Jugendinstitut: Kinder unter drei im Zahlenspiegel. In der Reihe: Tageseinrichtungen für Kinder. Heft 1. München 1988

Engel, Holfelder, Cserny: Kindergartenrecht in Baden-Württemberg. 4. Aufl., Stuttgart 1983
Erning, G./Neumann, K./Reyer, J. (Hrsg.): Geschichte des Kindergartens. 2 Bände. Freiburg 1987

Freudenreich, D. u. a.: Rollenspiel. Hannover 1978

Gordon, T.: Familienkonferenz. Die Lösung von Konflikten zwischen Eltern und Kind. Hamburg 1972
Großmann, W.: Kindergarten. Weinheim und Basel 1987

Hielscher, H.: Sozialerziehung Konkret. Hannover 1981
Hössl, A.: Entwicklungen integrativer Erziehung im Elementarbereich. In: Behinderte und Nichtbehinderte lernen gemeinsam. Handbuch der Integrationspädagogik. Hrsg.: H. Eberwein. Weinheim/Basel 1988
Hundertmarck, G./Ulshöfer, H.: Kleinkindererziehung. Bd. 1–3. München 1972
Hundertmarck, G. (Hrsg.): Leben lernen in Gemeinschaft. Behinderte im Kindergarten. Freiburg 1981
Huppertz, M. u. N.: Rollenspiel und Vorschulmappe. 3. Aufl. Stuttgart 1977

Landeswohlfahrtsverband Baden (Hrsg.): Materialien zur Planung der pädagogischen Arbeit in Kommunalen Kindergärten. 1989
Lüdecke, B.: Eine Brücke zu Dir. Behinderte Jugendliche erzählen. Wien 1981

Miedaner, L.: Gemeinsames Leben lernen im Kindergarten. Pädagogische Arbeit bei der integrativen Erziehung behinderter und nichtbehinderter Kind. Deutsches Jugendinstitut, München 1986
Minister für Arbeit, Gesundheit und Soziales des Landes Nordrhein-Westfalen (Hrsg.): Arbeitshilfen zur Planung der Arbeit im Kindergarten. Köln 1983
Ministerium für Kultus und Sport Baden-Württemberg (Hrsg.): Lebensraum Kindergarten. Freiburg 1981
Mörsberger, H. u. a. (Hrsg.): Der Kindergarten. 3 Bde. 3. Aufl. Freiburg 1988
Müller, C. W. (Hrsg.): Gruppenpädagogik. Weinheim 1970

Oertel, F. u. a. (Hrsg.): Elementare Sozialerziehung. Praxishilfen für den Kindergarten. München 1982

Projektgruppe Ganztagseinrichtungen: Leben und Lernen in Kindertagesstätten. Deutsches Jugendinstitut. München 1984
Projektgruppe „Gastarbeiterkinder" (Hrsg.): Fremde und Freunde. Kindergarten, ausländische Kinder und ihre Familien. Gelnhausen 1983

Rosenberger, M. (Hrsg.): Ratgeber gegen Aussonderung – Gemeinsames Leben und Lernen von behinderten und nichtbehinderten Kindern. Heidelberg 1988

Straßmeier, W.: Frühförderung konkret. 260 lebenspraktische Übungen für entwicklungsverzögerte und behinderte Kinder. 2. verb. Aufl. München 1984

Zeile, E. (Hrsg.): Ich habe ein behindertes Kind. Mütter und Väter berichten. München 1988
Zeissner, G.: Arbeitsbuch Kindergarten. München 1978
Zimmer, J.: Die vermauerte Kindheit. Bemerkungen zum Verhältnis von Verschulung und Entschulung. Weinheim und Basel 1986

Zu E: Sozialpädagogische Einrichtungen für Schulkinder und Jugendliche

Allerbeck, K./Hoag, W.: Jugend ohne Zukunft? Einstellung, Umwelt, Lebensperspektiven. Piper Verlag, München 1985
Arbeitsgemeinschaft für Jugendhilfe (AGJ): Zur Verbesserung der Lebenssituation von Kindern im Schulalter durch Betreuungs-, Erziehungs- und Bildungsangebote. Ein Diskussionsbeitrag der AGJ vom 10. 01. 1991
Arbeitsgemeinschaft für Jugendhilfe (Hrsg.): Horterziehung in der Jugendhilfe, Bonn 1983
Arbeitsgemeinschaft für Jugendpflege und Jugendfürsorge: Jugendfreizeitstätten. Analysen, Konsequenzen, Forderungen. Mitteilungen der Arbeitsgemeinschaft für Jugendpflege und Jugendfürsorge Nr. 60, Dezember 1970
Auernheimer, G. (Hrsg.): Handwörterbuch Ausländerarbeit. Weinheim 1984

Baacke, D.: Die 6- bis 12jährigen. Weinheim und Basel 1984
BAG der Landesjugendämter und überörtlichen Erziehungsbehörden: Mobile Jugendarbeit. Beschluß in der 61. Arbeitstagung vom 15.–17. 10. 1986. Hildesheim 1984
Böhnisch, L./Funk, H.: Jugend im Abseits? Zur Lebenslage Jugendlicher im ländlichen Raum. München 1989
Böhnisch, L./Münchmeier, R.: Wozu Jugendarbeit? Orientierungen für Ausbildung, Fortbildung und Praxis. Weinheim 1987
Böhme, I.: „Wissen Sie vielleicht, wie weh das tut? He?"
– Szenen aus der pädagogischen Arbeit mit ausländischen Kindern – Fachbuchhandlung für Psychologie, Eschborn 1986
Briel, R./Mörsberger, H. (Hrsg.): Kinder brauchen Horte. Angebote der Jugendhilfe für Kinder im Schulalter. 3. Auflage, München 1986

Damm, D.: Die Praxis der bedürfnisorientierten Jugendarbeit. Juventa Verlag, 2. Auflage, Weinheim 1986
Damm, D./Schröder, A.: Projekte und Aktionen in der Jugendarbeit. Ein Gruppenhandbuch. DJI-Verlag, Deutsches Jugendinstitut, München 1987
Deinet, U.: Im Schatten der Älteren. Offene Arbeit mit Kindern und jüngeren Jugendlichen. Juventa Verlag, Weinheim 1987
Deinet, U.: Als Berufsanfänger in der offenen Jugendarbeit. Einführung in ein „chaotisches" Arbeitsfeld. Situationen und Strukturen aus der Praxis. AGJ (Haager Weg 44, 5300 Bonn 1), Bonn 1983
Deutsches Jugendinstitut (Hrsg.): Immer diese Jugend – ein zeitgeschichtliches Mosaik 1945 bis heute. Kösel Verlag, München 1986

Essinger, H. (Hrsg.): Ausländer im Konflikt. Athenäum-Verlag, Königstein 1981 (Taschenbuch)

Gau, G.: Die pädagogische Aufgabe des Hortes in Geschichte und Gegenwart. In: Blätter des Pestalozzi-Fröbel-Verbandes 3/1957
Gierke, A. von: Jugendwohlfahrtswesen und Schule. In: Nohl, Pallat (Hrsg.): Handbuch der Pädagogik Bd. 5, Langensalza 1928
Gökce, G. (Hrsg.): Kursbuch zur Arbeit mit ausländischen Kindern und Jugendlichen. Fischer Verlag, Frankfurt (Main) 1986 (Taschenbuch)

Iben, G.: Erzieheralltag. Hilfen für die Arbeit mit sozial Benachteiligten. Otto Maier Verlag, Ravensburg 1980

Jordan, E./Sengling, D.: Einführung in Geschichte und Handlungsfelder, Organisationsformen und gesellschaftliche Problemlagen. Weinheim/München 1988
Jugendwerk der Deutschen Shell: Jugendliche und Erwachsene '85. Hamburg 1985

Kraußlach, J. u.a.: Aggressive Jugendliche. Jugendarbeit zwischen Kneipe und Knast. Juventa Verlag, 5. Auflage, Weinheim 1985

Nahrstedt, W.: Freizeitpädagogik in der nachindustriellen Gesellschaft Bd. 1. Neuwied und Darmstadt 1974

Opaschowski, H.: Pädagogik und Didaktik der Freizeit. Verlag Leske & Budrich, Opladen 1987

Rolle, J./Kesberg, E.: Der Hort. Handbuch für die Praxis. 4 Bände. Köln 1986

Sozialpädagogisches Institut: Kennen Sie den Hort? Sozialpädagogisches Institut NRW (Postfach 27 05 28, 5000 Köln 1). 2. Auflage, Köln 1987
Speichert, H.: In tausend Spiegeln. Jugendliche und Erwachsene 1985. Rowohlt Verlag, Reinbek 1986 (rororo panter Taschenbuch)
Swoboda, W. H.: Jugend und Freizeit. Orientierungshilfe für Jugendpolitik und Jugendarbeit. Gesellschaft zur Forschung der Freizeitwissenschaften. Erkrath 1987

Ulshöfer, H.: Der Schulanfänger im Hort. In: Hundertmarck, G./Ulshöfer, H. (Hrsg.): Kleinkinderziehung Bd. 3, München 1972

Zu F: Heimerziehung und neue Formen der familienersetzenden Betreuung

Almstedt, M./Munkwitz, B.: Ortsbestimmung der Heimerziehung – Geschichte, Bestandsaufnahme, Entwicklungstendenzen. Beltz Verlag, Weinheim/Basel 1980
Amsler, W. u.a.: Konzepte der Heimerziehung. Verlag der Schweizerischen Zentralstelle für Heilpädagogik. Luzern 1980

Bäuerle, W./Markmenna, J. (Hrsg.): Reform der Heimerziehung. Materialien und Dokumente. Weinheim/Basel 1974
Blandow, J.: Quantitative Entwicklungen der Heimerziehung seit 1976. Daten und Einschätzungen. In: Materialien zur Heimerziehung 1987
Blandow, J.: Der „Zwischenbericht", die Heimreform und die Zukunft der Heimerziehung. In: Sozialpädagogik, 29, 1987
Der Bundesminister für Frauen und Jugend (Hrsg.): Das neue Kinder- und Jugendhilfegesetz. 3. Aufl., Bonn 1991
Deutscher Verein für öffentliche und private Fürsorge (Hrsg.): Arbeitshilfen. Heft 30, Familie – Pflegefamilie – Heim. Verlag Kohlhammer 1986

Flosdorf, P. (Hrsg.): Theorie und Praxis der stationären Erziehungshilfe, Bd. I: Konzepte in Heimen der Jugendhilfe. Bd. 2: Die Gestaltung des Lebensfeldes Heim. Lambertus Verlag, Freiburg 1988
Freigang, W.: Verlegen und Abschieben. Zur Erziehungspraxis im Heim. Weinheim 1986

Hanselmann, P. G./Weber, B.: Kinder in fremder Erziehung – Heime, Pflegefamilien, Alternativen. Ein Kompaß für die Praxis. Beltz Verlag, Weinheim/Basel 1986
Heitkamp, H.: Sozialarbeit im Praxisfeld Heimerziehung. Zu pädagogisch-therapeutischen, rechtlichen und verwaltungsbedingten Aspekten des Alltagshandelns. Diesterweg Verlag, Frankfurt/Berlin/München 1984

Institut für Sozialarbeit und Sozialpädagogik (ISS): Mobile Betreuung – ambulante Hilfe in der Heimerziehung. Dokumentation einer Fachtagung. Frankfurt 1985

Landenberger, G./Trost, R.: Lebenserfahrungen im Erziehungsheim. Frankfurt/M. 1988

Mehringer, A.: Heimkinder. Ernst Reinhardt Verlag, München/Basel 1976
Münder, J. u. a.: Frankfurter Lehr- und Praxis-Kommentar zum KJHG. Münster 1991

Peters, F. (Hrsg.): Jenseits von Familie und Anstalt. Entwicklungsperspektiven in der Heimerziehung. Bielefeld 1988
Planungsgruppe Petra: Was leistet Heimerziehung? Ergebnisse einer empirischen Untersuchung. Hrsg. von der Internationalen Gesellschaft für Heimerziehung. Frankfurt/M. 1988

Simmen, R.: Heimerziehung im Aufbruch – Alternativen zu Bürokratie und Spezialisierung im Heim. Haupt Verlag, Stuttgart 1988

Zu G: Zusammenarbeit

Arbeitsgruppe Elternarbeit: Orientierungsmaterialien für die Elternarbeit. Schriftenreihe des BMJFG, Bd. 94. Stuttgart 1981
Dauber, H./Liegle, L./Süssmuth, R.: Familienerziehung und Professionalisierung der Elternrolle. In: Zeitschrift für Pädagogik. Beiheft 1977

Furian, M.: Praxis der Elternarbeit. 2. Auflage, Stuttgart 1976

Niehuis, E.: Elternbildung durch Elternmitwirkung. In: Neue Praxis, H. 5, 1975

Huppertz, N./Scholten, A./Tolksdorf, U.: Der Kindergarten stellt sich vor. Praxis der Öffentlichkeitsarbeit. Freiburg /Basel/Wien 1984
Huppertz, N.: Elternarbeit vom Kindergarten aus. Freiburg/Basel/Wien 1979

Schubert, M.: Das Gespräch in der Sozialarbeit. Freiburg 1980

Sachwortverzeichnis